U0825912

“十三五”国家重点图书出版规划

— 大学之道 —

# Knowledge and Money: Research Universities and the Paradox of the Marketplace

# 大学与市场的悖论

[美] 罗杰·盖格　著
郭建如 马林霞 等　译

北京大学出版社
PEKING UNIVERSITY PRESS

著作权合同登记号　图字：01-2006-0965
**图书在版编目(CIP)数据**

大学与市场的悖论/(美)罗杰·盖格著；郭建如等译．—北京：北京大学出版社，2020.5
(大学之道丛书)
ISBN 978-7-301-21622-4

Ⅰ．①大…　Ⅱ．①罗…　②郭…　Ⅲ．①高等教育—研究—美国
Ⅳ．①G649.712

中国版本图书馆CIP数据核字(2020)第066291号

**Knowledge and Money: Research Universities and the Paradox of the Marketplace, by Roger L. Geiger**, published in English by Stanford University Press.
Copyright © 2004 by the Board of Trustees of the Leland Stanford Jr. University. All rights reserved. This translation is published by arrangement with Stanford University Press, www.sup.org.

| | |
|---|---|
| **书　　名** | 大学与市场的悖论<br>DAXUE YU SHICHANG DE BEILUN |
| **著作责任者** | [美]罗杰·盖格　著　郭建如　马林霞　等译 |
| **责任编辑** | 刘　军 |
| **标准书号** | ISBN 978-7-301-21622-4 |
| **出版发行** | 北京大学出版社 |
| **地　　址** | 北京市海淀区成府路205号　100871 |
| **网　　址** | http://www.pup.cn　　新浪微博：@北京大学出版社 |
| **电子信箱** | zpup@pup.cn |
| **电　　话** | 邮购部 010-62752015　发行部 010-62750672<br>编辑部 010-62767346 |
| **印 刷 者** | 北京中科印刷有限公司 |
| **经 销 者** | 新华书店 |
| | 650毫米×980毫米　16开本　18.5印张　283千字<br>2020年5月第1版　2020年5月第1次印刷 |
| **定　　价** | 95.00元(精装版) |

---

未经许可，不得以任何方式复制或抄袭本书之部分或全部内容。
**版权所有，侵权必究**
举报电话：010-62752024　电子信箱：fd@pup.pku.edu.cn
图书如有印装质量问题，请与出版部联系，电话：010-62756370

# 导　言

美国研究型大学迈入21世纪时，正处于史上最强的状态。① 来自世界范围内的学者和高级研究人员在此寻找机会分享学识。总的说来，科学家们将这些机构视为进行研究的最好场所。美国最有能力的高中毕业生倾向于在这些高校进行本科学习。捐赠者以更多的馈赠表达着他们的赏识。大学谨慎而成功地使自身对美国社会更有用处，并把“后工业社会中轴机构”这一有些预言性的称号正当化。②

像人们可能会怀疑的那样，这些不可否认的标志性成就并不是故事的全部。在可能是“做得越好，感觉越糟”的典型情境中，大学似乎处于很多批评家的围攻中。在艾伦·布鲁姆(Allan Bloom)的《走向封闭的美国精神》(*The Closing of the Minds American*)于1987年出版后，抨击大学就成为文化上的固定内容。国会的立法者和各州因大学受到的一些指控而忧虑，对所谓的弊端提出它们自己的草率的补救办法。而且，一个为国家高等教育机构改善运行和提高效率提供药方的小产业也发展起来了。

这本书以大学对美国社会的贡献以及相应的社会需求和条件如

---

① 美国庞大的高等教育系统拥有将近4000所高校和1500万学生。不加区分地对整个系统发表评论是没有意义的。本研究的主题是研究型大学——这些高校大多专注于通过科研和学术进行知识生产，开展博士教育和本科教学。为了追踪这些高校的发展，我收集了附录中所列的99所高校的信息。选取标准兼顾了学术实力和科研活动，这些高校构成了美国高等教育的关键部分，它们承担了将近75%的学术研究，授予28%的学士学位、34%的第一级专业学位和68%的博士学位。

② Daniel Bell, *The Coming of Post-Industrial Society: A Venture in Social Forecasting* (New York: Basic Books, 1973)。这一观点被包括Clark Kerr和Harold Perkin在内的许多社会理论家引用过。

何塑造大学的特征为基础，提出了一种不同的观点。它预设了一个超越教学、科研和服务等特定功能的大学概念，这些功能以及大学的独有角色是以大学在生产和传播高深的专门知识中所处的特权位置为基础的。当代的美国大学实际上是一种知识聚集体，而维持这一角色的代价很高昂。例如，本研究关注的99所大学，它们的开支占到美国经济的1%。大学对获得如此庞大资源的需求，已对其行为产生了强有力的影响。

从历史上看，这种情况并非历来如此。欧洲大学在传统上是由国家给予充裕的支持，以培育和传授学识。“二战”前，私人赞助者以相似方式资助美国大学，尽管这种方式要更不稳定些。欧洲和美国的高校在规模上比较适中：毕业生是数量较少的“精英”。同样的默认的传统管理着人力资源。学生很少是招来的，而是遵循着从中学到大学这个已很牢固地确立起来的路径进入的；教授们普遍是在他们出身的院校接受的训练。大学用绝对的、规范的术语规定其自身的工作，对与其他类型的机构进行竞争或彼此进行竞争的任何建议都深恶痛绝。

在美国，1945年以后，这种状况在一些关键方面发生了变化。联邦政府开始承担学术研究资助的更大份额。大学认为这种支持已被增进知识的内在价值正当化，但是，政府机构提供这些资金主要是为了促进它们自己的使命。不同的目的并没有阻止这种极其富有成效的政府与大学的关系的发展，但每当考虑到政策议题时，潜在的张力就会浮出水面。随着时间的推移，学术研究因为大量地与外部目标关联着，所获得的支持在稳定增长。大学必须适应赞助人的利益以获得研究资助，它们在这样做时，也在彼此竞争。人力资源领域的变化趋势大致相同。高等教育的大扩张导致更为明显的任务分化。对大学而言，在全国乃至全世界范围招收最有能力的学生成为一种挑战。对教师和研究者来讲，也是一样。作为教育机构以及作为知识聚集体的成功，一所大学开始依赖于它对稀缺的、至关重要的投入要素的竞争能力。

尽管这些发展变化有其很深的根源，但它们现在的特征却主要是在20世纪的最后20年形成的。在20世纪70年代的大部分时间里，高等教育渴望联邦政府能恢复其20世纪60年代的慷慨资助。只是在20世纪80年代左右，因为一些我们将要考察的原因，根本性的重新定位开始了。大学接受了对经济作贡献的使命，特别是通过与私营产业建立联系的方式进行。它们对其主要产品——本科教育的定价和销售进行大量修订，并改变它们的劳动投入，尤其是对教师的使用。到20世纪90年代，这些实践成为高等教育的新的现实。在20世纪90年代晚期如火如荼的经济中，这些取向为那些最有能力的院校带来了想象不到的繁荣景象。市场——确实是有许多不同的市场——总体上讲，在这一点上对大学是很慷慨的，但是产生了什么样的最终效果呢？

市场对当代大学根本性的知识任务实现的影响是本研究的主题。有关这一广泛主题的许多论述相当零散，且通常持消极论调。市场通常是与创收、提高学费或者是获得教师的发明专利联系在一起。实际上，大学所在的一些最重要的竞争市场，是那些人力资源、智力资源的市场。如今，大学依赖市场寻求对其实现核心知识任务而言必不可少的资源，智力和财力资源的互动对它的生存至关紧要。但是，依赖市场意味着什么呢？

查尔斯·林德布罗姆（Charles E. Lindbolm）写道："市场体系是通过参与者相互调整而不是经由集权协调者的一种社会协调方式。"因此，它对提升商品和服务的生产有两个重要的要求。第一，"市场体系能广泛地、常规性地实现大体上是有效率的定价"，并且"有效率的定价……允许大幅度地改善有效选择"。第二，"得到有效定价信息的参与者有着强烈的激励采取行动，这样做，就会获得特定的'或有收益'（contingent benefits）"。于是，反映内在价值的定价和基于信息的行动动机支撑了市场协作产生的相互调整的自发行动。[①]

这与高等教育有何关系呢？对整体社会而言，教育产出是至关重要的关注点，教育因而具有很高程度的集权协调（central coordination）。高等教育的定价是更武断而非有效率的，价格只是部分地引导参与者追求或有收益。因此，高等教育市场即使不是完全不同寻常的，也是相当不完善的。尽管如此，参照林德布罗姆的社会协调的基本要素——相互调整、定价及动机，它们也可以被更好地理解。甚至是在非常不完善的市场，这些要素在当代也能产生出日益塑造着大学的市场力量。

---

① Charls E. Lindblom, *The Market System: What It Is, How It Works, and What to Make of It* (New Haven, Conn: Yale University Press, 2001)，引文见 pp. 23, 141, 142, 143。

具体而言,市场力量的日益盛行将会引起高等教育运行方式的变化。首先,集权协调在某种程度上被市场形式的协调所替代。其次,价格影响参与者选择的作用日益增强。最后,在更大程度上,那些源自高等教育的或有收益将决定个人动机。这一视角形成了关于美国大学深度卷入市场的可能后果的一些初步概念。这些特别关注在最后一章中会被再次提及,这些发展的意义和重要性会得到更深入的探究。

第一章为随后的主题打下了基础。大学与众不同的特征源于它们的创造、加工并传播知识的目的。这些内在的本质上的事务引起了两种有着松散联系的情形:一种与本科教育质量有关,另一种与学术和研究声望有关。这一章还描述了市场力量如何冲击这些过程,并以对始于 1980 年左右的私有化时代的界定而结束。

接下来的四章构成这一研究的主体。每一章都是通过将其主题放入广阔的背景中开始的,包括自 1980 年以来的重要发展。

第二章从竞争卓越和竞争资源的视角出发,处理大学成本的上升问题。私立大学娴熟地使用联邦和院校的财政资助,建立起逐步升高学费标价并使收入最优化的差异收费系统。公立大学只能部分地遵循这一高学费-高资助方案。当代,尽管绝大多数大学已增加了收入,但公立、私立大学之间出现了鸿沟。大学应对财政挑战的某些战略被认为是大学成本上升的根源。

第三章研究了美国的本科教育,这依然是美国大学最重要的任务。不过,高校的地位竞争已经使招生的选拔性比卓越的教学更引人关注。受到忽视本科生的批评及基于选拔性的糟糕的排名的刺激,公立大学不得不改善它们的形象,并更有力地竞争一流学生。不过,"以学生为中心的研究型大学"的纪录是令人疑惑的:加强对有能力的学生的竞争为本科教育带来了一些改善,但也极大地助长了学生的消费主义,削弱了大学对学生学习的控制。

尽管有着喋喋不休的抱怨和担忧,学术研究还是在当代强劲地发展起来了。第四章的相关内容显示,学术的扩张远不仅仅限于学生或教师。要理解这些发展,不仅需要审视由学术系教师构成的学术核心(academic core),也需要审视医学院和独立组织的研究机构(organized research units)的独立研究角色。在公立大学,雄厚的财力是与核心研究的扩张联系在一起,但在私立大学,财力并不必然用于研究的扩张。不过,对研究的态度是多变的。在世纪之交,大学给予推进研究的使命以更高的优先性。

支持学术研究的关键因素是它与经济发展的联系。第五章综述了大量有关大学与产业及经济发展之间的关系的资料,详细地说明了大学研究在增强产业研究中所担当的传统的、无可争议的角色。当代的公共政策鼓励大学发挥这一角色,以促进技术创新和区域经济的发展。生物技术出现了不同的范式,鼓励学术研究通过申请专利及创办企业直接进行商业化。第五章分析了驱动这些发展的力量,以便评估对学术规范和大学诚信的威胁。在可接受的限度内,与经济发展的联系对学术研究持续的生命力而言是一种激励。

最后一章试图在更为深入的层次上解释在这四个领域内起作用的驱动力。毫无疑问,借助于市场的社会协调形式在当代发展起来了,在这一发展过程中,政策的制定者和大学的领导者影响事态的能力被削弱。像别处一样,作用于大学的市场协调已造成更大的财力不平等,也加剧了高质量院校中学生的社会分层。它在最初建立了看似无法持续的高学费与基于需求的财政补助体系,现在已开始用竞争性的、基于学绩的补助来削弱它。生物技术产生了超出学术控制的商业化过程。尽管如此,总体上而言,美国大学投身于市场后,带来了更多的资源、更好的学生以及增进知识的更大能力。大学的这些收益与不受欢迎的社会后果的对比,产生了市场悖论。

# 目　录

# 第一章 大学——以知识为基础的机构

21 世纪的美国大学是一类特色鲜明的组织，在结构上分成若干彼此独立的部分(compartmentalization)以执行多重功能，这些功能大多建立在大学对专业性、专门性和理论性的知识拥有唯一资格这一基础上。[①] 大学的教师和研究人员主要因他们在已划定边界的知识领域拥有专长而受到尊重，这些领域有其固有的专门性和深奥性。与其他的专业知识截然不同，学术知识追求普遍性，即有着不可避免地寻求理论的倾向。事实上，现代大学首先是这类知识的宝库。大学确实是将知识储存在图书馆、博物馆、档案馆和研究所中，不过，最重要的知识储存在教师等专业人员的专长中。

大学最重要的规范是寻求曾被称为真理(truth)的东西，尽管相对主义风行于某些领域，许多学者回避这个词。对这个规范更为中立的陈述可以是“通过系统的探究，建立有效的知识”。学术性学科或其他组织化形式的共识界定了何种形式的探究(inquiry)是合法的，何种知识因此而被承认是有效的。

大学的绝大多数活动源于这个学术知识的根基，如培育新手或羽毛未丰的专家、扩展知识前沿、应用知识于实践，或在学术界内外传播知识。在这个基本体系中，尚有许多没有处理的细节。长期以来，大学一直涉足于表演艺术或体育等辅助性的活动，但这些领域也需要求助于专门知识，并不断努力扩展和提升表达或表演的可能性。学术知识的核心构成了大学大部分活动的基础。

① Burton R. Clark, *The Higher Education System*(Los Angeles: University of California, 1983), Chapter 1.

以知识为中心的机构通常给予专业雇员大量的自主和自由裁量权。软件企业、生物技术公司和大学大多会给予知识工作者以只有他们自己最了解的方式使用专业知识的自由。因此,本质上,以知识为基础的机构是分权性的,或用组织学的术语讲是“底部沉重”(bottom-heavy)的。大学尤其如此。在教学中对知识进行组织或在努力扩展自己的专业知识时,个体教师依赖的主要是个人的独自工作。研究是更互动性的过程,但也仍然是分权性的。为将课程和学位项目的活动进行结构化,大学教师在已被承认的知识领域的基础上,聚集成系。系进而组成学院,以便处理更大的知识领域。而最为重要的东西——也就是知识——的权威,仍是这些机构层级的根基。结果,每个单位都拥有很大程度的自主,更大的结构整合在本质上是共识性的(consensual)。

然而,作为整体,院校需要某些组织控制的手段。对美国大学而言,最强有力的杠杆是财政。如果说共识性权威是从机构底部向上流动的话,财政控制则是自上而下地被使用。在绝大多数的大学,教务长或学术副校长——在校长直接领导下——管理着学术机构,负责即时地监督学术事务和分配资金。教务长办公室根据大学的政策和优先事项将资金分配给各个学院。学院院长根据政策和学院的优先事项决定系的预算。而系的预算集中投在教师和职员的薪酬上。这样,如果系没有从院长那里寻求到额外资金,就很少会有主动性。同样的原则也适用于院长,他必须从教务长那里得到额外资源。管理机构对其组成部分拥有很大的财政控制权,同时允许知识工作者在他们的领域内自行其事。

这个基本结构有着许多种组合,单个大学依照某种组合自然运行。比如,那些能够形成它/他们自己收入的机构和教授,相应地就会拥有更大的自主性——例外证实了通则。不过,这个双重权威结构表达了大学组织的首要原理。对大学而言,这些原理有着重要的推论。

内聚(cohesion)和向内聚焦(inward focus)刻画了组成大学运行单位的各知识领域。虽聚集于一所院校,这些单位仍采用各自高度独立的结构。事实上,最早期的美国大学被描述成“依靠各组成部分的模式化分治”而繁荣。[①]

大学自身提供了有关规制、服务和资源支付的总体框架，每一机构根据这一松散的框架对其运行需要进行调适。教师的工作和学生的学习——如在化学这样的实验科学、商业这样的应用领域和历史这样的人文学科——在组织上确实有差异。而且，每个机构的成员其注意力都集中于自己的事务上，对其他领域既无理解力，又无有意义的影响力。但是各部分彼此独立以执行不同功能的结构已扩展到学术机构外。例如，大多数大学感到有必要为某些类型的研究建立独立的中心或者研究所。在加州大学，这些机构长期带着“独立组织的研究机构”(organized research units)或 ORUs 的类属标签，ORUs 这个缩略词现在已被广泛地使用。事实上，大体上独立且财政通常自给的单位的增加已允许大学执行与学术有关的大量不同的任务。

大学的多目标特征在学术机构内和跨机构间是显而易见的。知识或学识再次成为共同的分母——培育学生的学识、促进教师的学问，同时使大学的学习仓库可为社会所用。这些不同的目的被个体教师所感知，他们必须运用专业判断来平衡对学生、对研究、对内部自我管理和为外部“选民”(constituencies)服务之间的责任。教师们对这些活动的平衡，依个体倾向和能力有很大的差异。就个体的职业生涯而言，其变化也很大。

大学同时也依靠特定机构执行许多有关联的、辅助性的任务。除学术系和 ORUs 外，今天一个典型的规模较大的大学还会经营着旅馆和住宿系统、研究园区(可能与商业孵化器连在一起)、医院、大学出版社、广播台，可能还有电视台、继续教育部门以及体育娱乐综合体等。这样的院校目前都在进行着十亿美元计的运营。如果用美元测算，教学可能还占不到它们活动的一半，本科教学所占的比例可能更小。这种混合活动中的大多数活动和大学的知识核心有一些关联，但有时候这种联系很微弱。

大学以知识为中心的特征与财政控制的方式相结合，产生了另外一组后果。大学各组织层次上的机构通过获得尽可能多的财政资金，寻求将自身的活动范围最大化，同样的准则适用于作为整体的大学。

① Laurence Veysey, *The Emergency of the American University* (Chicago: University of Chicago Press, 1965), p. 338.

著名的霍华德·鲍文(Howard R. Bowen)定律认为:"为了追求卓越、声望和影响……每所院校都尽其所能地筹集资金……(并)花光它所筹集的全部资金。"[①]大学的院系通常以相似方式寻求扩大资金的分配。这一动机并不是出于贪婪或饕餮,而更像是慢性营养不良。在大多数大学,学术机构在大多数时间会相信自己需要额外的财力来完成应该做或应该更好地做的工作,以实现更高水平的绩效。

因此,学术机构是资源消费者,并在很大程度上与募集和分配资金的组织经营方面分离开来。很多方法被设计出来以改变这一局面,刺激这些消费性的机构多进行生产,而不是相反——给予它们更少的资源。[②] 但是,这种关系仍是根本性的——这并不异乎寻常:它广泛地存在于非营利组织中。

## 1.1 非营利组织和追求知识

如果高等教育与自由市场的模型是一致的,即竞争会降低成本并获得市场出清的价格,那将是很奇怪的事情。学院和大学提供的是高度差异的产品,即便产品可以进行比较,但因它们对应的是一定的技能和文凭,竞争将不会完全基于定价。交货的快捷与方便对消费者的机会成本有着强烈的影响。针对年轻人的本科教育,特别是传统的寄宿制形式,很少有自由市场的特征。除差异化外,本科教育也是一种高度补贴性的服务,包含着第三方付费,这种服务适合被定位于公共性的和非营利性的机构。

经济学家发展出不同的概念透镜(conceptual lens)来分析非营利组织。根据定义,这类组织被禁止将剩余收入(利润)分配给它们的官员或理事,而且这类组织还必须把其资产捐献出来,用于它们自己所宣称的目的。很明显,在信任是极其重要的议题的地方,如在高等教育中,这样的组织比营利性企业更可取。供给者和消费者之间存在着

---

① Howard R. Bowen, *The Cost of Higher Education* (San Francisco: Jossey-Bass, 1980), p. 20. 这一法则看似简单,实非如此:David Breneman 称之为"值得考虑的仅有的两个(关于高校成本的)基本理论之一",见"An Essay on College Costs,"in National Center for Education Statistics, *Study of College Costs and Prices: 1988—1989 to 1997—1998*, vol. 2(Washington, D.C.: NCES, 2001), pp. 13-20,引文见 p. 14。鲍文法则和第二种基本理论将在第二章中进一步讨论。

② 见第二章和第六章;也见 Daniel Rodas, *Resource Allocation in Private Research University* (New York: Routledge Falmer, 2001)。

信息不对称，导致购买者难以对服务的质与量进行评价。因为注册入学是具有高交易成本的长期承诺，消费者应该对高校不会利用它固有的优势而牟利有信心。另外，非营利形式创造了适宜的慈善目标，捐助者相信通过这种形式，馈赠将被用于他们所预设的目的。[①]

基于相同理由，理论上相信，公立大学也不会不公平地利用其对消费者的优势，但在这里，另外的考虑占了上风。各州对帮助每位公民获得与其能力和倾向相称的教育具有浓厚的兴趣。充分就业允诺将产品和服务的生产最大化，在这种意义上，充分教育(full education)应该对社会成员的生产率和福利的最大化做出贡献。很明显，最近几十年来，各级政府都毫无保留地依此理论而行动：建立学院并为绝大多数想接受高等教育的人提供机会。但是，高等教育的公共供给(public provision)受到政府及选民所认为的适当水平开支的约束。那些希望得到不同的或更昂贵的替代品的个人，很大程度上转而寻求私立非营利部门。[②] 绝大多数私立学院和大学宣称提供某方面的“特色”教育，一些私立学院和大学也通过充足的师资、设备和便利的生活设施，提供更高质量的教育。这些高校绝大多数收费很高，但它们名义上的质量有许多也来自于高水平的补贴。

美国的高等教育可从许多途径获得补贴。公立学院和大学主要依靠各州的拨款，但是其他形式的公共支持，包括学生的财政资助在内，都是既提供给公立院校，也提供给私立院校的。免税是基于对公共物品的贡献，这是另一种暗补。高等教育的基建成本是个非常庞大的数字，采取的是几乎完全补贴的形式。

纵观美国历史，学生极少被要求为他们受教育时使用的土地和建筑付费。[③] 政府和私人捐助者提供了大量的基建，使得院校预算几乎只是反映直接的运行成本。最后，与世界上其他大学不同，美国大学

---

① Henry Hansmann，“Economic Theories of the Nonprofit Sector，”载于 Walter W. Powell，ed.，*The Nonprofit Sector：A Research Handbook*（New Haven，Conn.：Yale University Press，1987），pp. 27-42。

② Roger L. Geiger，“Finance and Function：Voluntary Support and Diversity in American Private Higher Education，”载于 Daniel Levy，ed.，*Private Choice and Public Policy in Private Education*（New York：Oxford University Press，1986）。

③ 随着公立和私立大学基建贷款的增加，这种情况有所变化。由于捐赠基金的利率低而回报高，这种形式的套利一直具有吸引力，结果是学生现在要对所使用的设施付一定费用。另一个例子是，债券评级目前已成为市场中各大学的重要考虑因素。

从捐赠人的善行中得到了大量补贴。当前的馈赠(gifts)和以往馈赠的遗留作为捐赠基金保留下来,以提供大量补贴,这些补贴在不同的院校之间有着很大差异。这些补贴使高等教育能低于成本而定价,从而为充分教育和造福社会做贡献。另一方面,有人可能会说,补贴会允许提供比绝大多数人能支付得起的教育好得多的教育。这种由补贴引起的质量差别或差距(margin)广泛地存在于从社区学院到常春藤联盟的大学之中。

任何给定院校的教学成本都可以表示为学生为所受教育而支付的学费与附加的补贴之和。这些收入的总量合起来,大体上决定了大学能够在何种程度上实现它们独特的知识任务。如果所有的高等教育服务都完全一样,并都在市场出清的价格上提供,实现这些独特任务的活动几乎都将不会存在。教学劳务将会向下出价到最小能力,辅助性的服务活动将不能持续下去,也没有办法支持知识的增进。[①] 事实上,允许知识活动激增的界限在院校之间也存在很大差异。超越假定的市场出清最小值的实际支出界限,能使那些最能使大学呈现出特色的条件——优质的教学、学术知识的生产和多目标的共生——成为可能。

大学教师的高资历(overqualification)对作为学习场所的大学来说是基本的,这也是教育劳动力的部分独特之处。进入学术职业的门票是博士学位——一种长期的、昂贵的、狭窄的、个体化的专门训练形式。一旦受聘于大学,教师被期望着将自己的职业生涯奉献给基于自身专业知识的某种被清晰界定的任务。[②] 院校通过支持教师的职业发展,来支持相关的专业知识的进一步发展。

在有效率的学术劳动力市场中,能为知识增长提供最大机会的职位——高校的最大投资——将被授予最有希望对学术做出贡献的学者。事实上,大学会绝对依此标准对未来的教师进行精确评价。学者读研究生时所在系的声誉、博士生导师的推荐和初始奖学金都能证明候选人在该领域增进知识的潜力。受资助的身份在将博士生与学术生涯相匹配上发挥了很大作用,而那些还不是很受青睐的人也能够通

---

① 事实上,这一描述适合营利性高等教育。

② Michael S. McPherson and Gordon C. Winston, “The Economics of Academic Tenure: A Relational Perspective,” 载于 David W. Breneman and T. I. K. Youn, eds., *Academic Labor Markets and Careers* (New York: Falmer Press, 1984), pp. 174-199。

过奖学金的力量进入到更多地带有培养性质的职位。

学者和位置相匹配的过程是连续的。这些学者在被考虑给予终身制之前有六年的试用期,就是期望他们能够实现某些承诺。那些把最大投资用于年轻教师的大学,期待着这些教师为了将要得到的终身教职能有大量给人印象深刻的成就。投资越少的地方,期望的通常也就越少。对比期望,衡量成就——相对于学术环境的富裕程度——同样的过程持续贯穿于整个学术生涯。结果是,专业知识的发展远超过给那些几乎是最优秀的学生教学的最低要求。

因此,获得终身教职的和未获得终身教职的教师所了解的知识都远远超过他们在本科生课堂上传授的显性知识(codified knowledge)所必需的限度。大学承认确实使用了许多低资质的教师——研究生助教或兼职教师——讲授不那么高深的课程。在这种意义上,教师的高资质使他们作为本领域的专家,能在更高级的教学、服务于知识消费者和增进本领域的知识上做出更多非凡的贡献。

美国大学的这些活动可能是它们最容易被误解和最容易遭到批评的部分。[①] 这也是20世纪美国大学显著上升的基础。可能有人首先不是问它可能会如何变化,而是会问它何以被证明是有效的。事实上,教师的高资质能促成大学另外两个独特的品性,即知识的生产和多目标的共生。

大学中的知识生产有其自身的内在价值。大学绝不是发现新知的唯一场所,但是它们的角色是独特的。大学中广泛的教学戒律要求发展和维持庞大的基础知识库。教学维持了知识前沿与更为普通的学科基础之间的连接。学术的专门知识在大学里通过训练新的学者——大学的专门角色——进行再生产。这一过程不仅产生了新一代的专家,而且也强有力地刺激着创造力,防止停滞现象的出现。在某种重要程度上,学术知识的价值吸引了它自己的资源流,从而增强了经济的与智力的初始基础。

对社会和个体来说,以知识为基础的各种活动存在着大量的互补性。教学、研究和应用以大量的不可预估的方式增长和孕育。研究激活了应用,而应用也产生了问题,或刺激更进一步的研究发现。类似

---

① Burton R. Clark, "The Modern Integration of Research Activities with Teaching and Learning," *Journal of Higher Education* 68(1997): 241-255.

地，用于教学的知识的组织和综合为应用和研究提供了反馈。当然，这些活动中的每一项也都会在其他的活动中努力实现，这种做法是合适的。一所大学纯净的环境，应当是最适于追求系统的、理论性的知识。这些活动以互补的方式进行时，就实现了效率。单独而言，这三种活动彼此渗透，同时进行。而且，具有高度专门化知识的个体在不同类型活动的联合方式中，能够比进行单一的活动——例如研究或者教学——在运用其专业知识上有更高的生产率，直至收益递减。

具有教师身份的学者拥有的精深的专业知识、知识库的内在价值和多种知识任务的互补，一起构成了美国大学的理想典范。然而，这种典范的本质——即它对稀缺资源的要求——意味着它只能被相对较少的高校所接近。结果，大学系统内在地形成了等级制——部分地是基于院校实现这些知识任务的能力。

## 1.2 声望的双重结构

美国高等教育体系具有内在的等级性，等级化的方式反映出远比国家对排行的热情更多的东西。与欧洲大陆的体系不同，那里的政府受到约束，要公平地对待所有的大学。美国的体系则是通过学生的自由选择、联邦和各州不加协调的支持以及私人支持的多重渠道形成的。这种投入的混合和其引起的竞争产生了高校之间广泛的差异，从而产生了自然的区分。声望，这种等级效果的主观反映，也被区分开来。然而，在院校对资源的竞争程度上，声望具有现实后果。

声望也是需要小心对待的（模糊的）一个概念。那些试图将大学的复杂行为模型化的人，有时候会假定院校的行为意图是声望最大化。[①] 事实上，这个观念具有误导性。大学致力于聘用可能聘请到的最好的教师，支付它们能够负担得起的薪水；同时，招收最合格的学生，提供它们所能提供的最好的服务。就本质上必须要玩这场游戏而言，大学握有一些牌。大学大部分的能量用在日常事务上，这其中的大部分是利用可得的资源去教学生。

在完成这些任务的同时，大学也小心谨慎地关注于维持它们的声誉，例如保持学术标准和研究诚信等。大学保持着对名誉和声望的强

---

① David A. Garvin, *The Economics of University Behavior* (New York: Academic Press, 1980), pp. 22-24.

烈关注。[1] 在其他方面,有关建筑、聘用和资金募集的相应决策也要根据这些考虑而定。然而,这些日常的"最大化声望"的活动范围很小。当作为参照系的大学以完全相同的方式行动时,大学必须持续地寻求改进,甚至即便是为了要让自己保持在同样的相对位置上也需要这样做。这种竞争在两个主要的舞台上展开——一个是上文描述过的由知识任务构成的舞台,另一个是本科招生的舞台。

大学基于教师学术成就的声望反映了科学本身的声望结构。科学内部的承认与奖励主要是基于某种贡献对这个领域而言的重要性或基础性而给予的。如同科学社会学家所描述的那样,对科学家的承认和奖励通过"确保最具生产力的科学家被给予最有利的工作位置"提供了关键性的分类功能,即:拥有最好资源的大学将永远招收和聘用最好的科学家。对这一过程的调节贯穿于整个 20 世纪。在 20 世纪初,首先做出的努力是鉴别出国内最有造诣的科学家。一旦知道他们在哪里工作,大学的排行也就随之产生。从 1960 年起,有四种系统性的评估(分别在 1966 年、1970 年、1982 年和 1995 年)来判断学术系的研究和相应的研究生教育的杰出性。在这些排行中,个体教师成员的专长被加总到每个学科的系的排行序列中。不言而喻,这也是对整个大学进行排行。[2]

其他指标也被用于评价大学的研究角色。研究的总支出或联邦支持的研究支出,为衡量单独预算的研究(事实上是所有的科学研究)提供了标准。教师的出版物数量及其被引用的数据也被用于评价教师的生产率和影响力。[3] 这些测量,确切地说,只与部分院校有关。1994 的卡内基分类法(Carnegie Classification)将 125 所院校列为研究型大学,120 所大学花费了 85% 的学术研究预算资金。相似的数字是,1995 年的排行中有超过 10 个以上的系被认为是值得进行评估的。

---

① 名誉和声望的区别,见 Dominic J. Brewer, Susan M. Gates, and Charles A. Goldman, *In Pursuit of Prestige: Strategy and Competition in U.S. Higher Education* (New Brunswick, N.J.: Transaction, 2002)。

② Roger L. Geiger, *To Advance Knowledge* (New York: Oxford University Press, 1986), pp. 38-39; David S. Webster, "Reputational Rankings of Colleges, Universities, and Individual Disciplines and Fields of Study, from Their Beginnings to the Present," 载于 John Smart, ed., *Higher Education: Handbook of Theory and Research* 7 (1992): 234-304;第四章中将进行讨论。

③ Hugh Davis Graham and Nancy Diamond, *The Rise of American Research Universities* (Baltimore: Johns Hopkins University Press, 1997).

在这些大学中，对研究和学问的测量反映了大学在完成那些基本的知识任务的相关能力上存在着实质性的差异。

不过，美国高等教育最大的单项任务仍是本科教育，依据各自角色，院校有很明显的分层。这个声望等级无疑是建立在大学对国内最有能力的高中毕业生的吸引程度的基础上。吸引力转化成选拔性，这是可能的，而且是可以被测量的。有数十种已出版的商业性的大学指南，根据大学申请者的数量、申请人被接受的百分比和注册人数的比例对大学进行排名。最重要的是这些被录取者的集体资格——他们的标准化考试成绩、高中的分数和表现以及其他成就。尽管指南按这些标准给院校打分没有困难，但这种等级制也还是有其模糊性。

选拔性对公立院校和私立院校来说，有着不同含义。大多数私立学院和私立大学一年级的班级规模非常小，这样能够对录取设定较高标准，选拔性对它们来说也具有更多效果。对私立的学院和大学来说，选拔性等于市场力量。合格的申请人可以直接转化为支撑基本知识任务的收入和资源。当然，文理学院通常会避开这类任务，因为绝大多数的文理学院都太小，不能在实验科学中胜出或支撑起博士项目。不过，对私立大学来说，本科选拔性的声誉同财力和学术实力是密切相关的。

对公立院校而言，学术实力也有助于吸引高素质学生。但是，这类学校一年级的班级规模较大，它们在本质上不是那么排外。州立大学本科生的形象因大学在州内的教育角色而有些变化。申请人的数量和质量对公立大学的声望有作用，但对财政的直接影响要小些。因为这些原因，尽管州立大学吸引了很大份额的高素质本科生，但它们对本科选拔性的承诺是多变的。

公立大学与私立大学的声望等级有些不对称。尽管如此，公立、私立大学都有着各部分独立且执行着多种功能的结构，有着多重目标的特征，同样致力于核心的知识任务。因此，它们都渴望获取同样的、大量的、稀缺的资源来完成自己的使命。这些资源如何分配是美国大学体系的基本特征。而且，分配机制的不平衡提供了演化变迁的动力。

## 1.3 市场中的大学

当同时提及大学和市场时，主题通常是大学闯入商业领域：申请专利、授予许可证、开发房地产或参股新企业。[①] 非营利大学参与市场是以投资的利润回报为基础的，反对声音经常也就随之而来。尽管对商业事务有争议，但它们只是大学所有活动中的极小部分。另一方面，大学核心功能涉及的市场主要是高等教育的内部市场——学生、教师和大学的关键资源的市场。

在这个意义上，市场是稀缺资源的配置系统。在经济学的自由市场范式中，资源是通过价格机制进行配置的，服从供求原理。在高等教育中，教学、研究和服务的基本产出受到高度补贴，价格是不完善的信号工具。例如，大多数情况下，教学是低定价的。理论上，需求将大于供给，在某些情况下的确如此。在这种情况下，配置过程必须引入定量配给。院校——卖方——有权选择它们的消费者；学生——买方——变成恳求者。在这一颠倒的关系中，价格起了不同作用。

在这样的市场中，供给和需求不能设定市场出清的价格，但这绝不是说它们之间毫无关系。供给和需求之间的不平衡产生了对资源分配有着重要后果的市场力量。在高等教育中，价格很少剧烈地或快速地变动，大多数的价格是一学年才调整一次，因此，高等教育价格趋向于"黏性"，但从长期看，价格还是要受市场力量摆动的影响。

总体而言，高等教育是混合经济，而不是市场经济。政府提供了很大一部分收入，理论上，来自捐赠的收入使得某些院校在一定程度上能独立于市场的压力。用非营利组织的语言来说，在经费获得方式上，大学既是捐助型的事业单位，又是商业性的企业，但大学还需要其他的资源。人力资源的配置创造了高等教育的内部市场。而且，事实上，这些市场处在零和状态，各院校竞相争夺有限的资源份额。这些领域很少用市场术语进行分析，但市场力量还是对它们有着很大影响。

博士教育，尤其是科学领域中的博士教育，代表了高等教育中最完善的竞争市场。每年冬季，具备必要资格的学生开始向那些他们最想进入也最有可能接纳他们的科学和工程院系提出申请。这些申请者非常了解他们想要的学术训练，而且具有很强的流动性。每个院系

---

① Derek Bok, *Universities in the Marketplace: The Commercialization of Higher Education* (Princeton, N.J.: Princeton University Press, 2003). 博克将校际运动会作为商业化危害的典型。

都是小规模的独立的生产者，各学科领域的院系集中而成全国性市场。除定价外，博士教育还比较符合完全竞争的要求。

博士生是大学科学类院系必要的投入，他们承担了助研和助教工作，还支撑着博士项目。出于这一原因，他们中的大多数人在学习过程中受到了资助，通常包括全部学费、某些津贴和生活补助。每年春季，这一市场达到出清，参与者实现了申请者和院系提供的入学机会之间的最好匹配。

这个市场的关键特征是申请者和院系的质量以双方都能充分了解的方式变化：申请者和各院系都能根据其愿望对对方进行排名，于是产生了双重竞争——院系希望吸引到最想要的学生，学生希望进入最想进的院系。这种情况产生了配置的排队和溢出过程。顶尖院系选择最好的学生，也被最好的学生所选择；下一个层次的院系也这样选择剩余的学生，以此类推。不过，这一市场是高度竞争的，而且竞争条款界定得很公平。如果提供的价格太低，即使是顶尖院系也难以吸引到他们想要的学生；最好的学生也不可能要求高于标准的补助。然而，从长期看，市场力量的相互作用将影响这场竞争的条款。

从20世纪70年代后期开始，希望在科学和工程学领域接受博士教育的合格学生的供应逐渐少于他们可能获得的入学机会。换句话说，市场力量有利于申请者，这带来了明显后果，其中一个结果是国际学生人数大幅增加。大学用高质量的国际生代替低层次（或不存在的）的国内学生，扩大并提高了合格申请者的供给。从20世纪70年代后期到90年代早期，向外国学生颁发的博士学位数量翻了三倍，超过工程学毕业生的50%、自然科学毕业生的30%。第二项发展是对博士生配套资助的逐渐增加。为争夺更好的学生，院系延长了资助保障时间，提高了补助金额。

专业学院市场——医学、牙医和法学，在一定程度上还有商学——与博士教育很相似，至少是对那些服务于全国性市场的院校来说。也存在着区域性的和地方性的市场，在这些市场中，本地性强烈地影响着招生。但是，在全国性市场中，排队和溢出过程仍占主导地位。顶尖学生当然应该获得奖励，但是专业学院却很少对注册的学生提供资助。相反，主导性的观点认为，学生进入这些可能会很赚钱的职业，就应该为自己支付培养费。即使对博士项目的兴趣在衰退，对专业学院入学机会的需求还在增长（这是另一组市场力量的结果）。

从 20 世纪 70 年代开始，市场力量有利于专业训练的供给者。可以看出，它们的反应是逐渐提高价格。于是，专业学院的学费相应上涨，大大高于本科生和研究生学习的学费。

本科教育的巨大市场更难描绘。这一市场被地理位置、院校类型和入学方式所分割，尤其重要是，是被严格的学术标准所分割。这一图景可通过只关注大学新生来做些简化——最近的高中毕业生居压倒性优势——他们进入四年制学院，几乎全部是全日制住宿生。每年春季，市场出清，高中毕业生将他们自己与适合他们志向和成就的院校进行匹配。

从 20 世纪 70 年代中期开始，这一市场在院校和入学人数方面都十分稳定。例如，1/3 以上的四年制学生持续选择进入私立院校。更令人惊讶的是，每年的入学人数几乎相同——在 110 万至 120 万之间——这种情况持续了 25 年，即使高中毕业生的人数在波动，从 320 万降到 230 万，而后又上升到 280 万(1998)。① 这一事实强烈地表明，总的来说，这些机构的新生入学人数主要取决于所提供的入学机会。

四年制学院的学生供给不限于新近的高中毕业生。1997 年，有近 400 万学生在两年制学院中以全日制或非全日制形式参加了学位项目。其中只有一小部分学生能转到可授予学士学位的学院，他们不仅仅只是补充那些学院自然减少的新生。自 20 世纪 70 年代中期以来，四年制学院本科生人数以每年 1%的速度攀升。每年授予的学士学位数量——美国的学院产出——只以略高于这一比例的速度在增长。美国高等教育的扩张在 20 世纪 70 年代中期至 90 年代中期是极度缓慢的，虽然自那以后又有些许加快。

供给约束的概念很难符合某些非常明显的境况。从垂死挣扎的文理学院到萧条地区的州立大学，许多非选拔性的学院和大学显然存在着尚未发挥的能力。但是，这些学校提供的入学机会可能在地理上、职业上或文化上并不符合现有需求。

美国高等教育中存在着大量的中等层次的学院和大学，其中大多数还算幸运，申请者多于它们提供的入学机会，它们通常选择提高录取学生的质量而不是数量。这一行为与基于选拔性的声望是一致的，

① National Center for Education Statistics, *Digest of Education Statistics, 2000* (Washington, D.C.: NCES), figure 182.

而且还通常具有财政意义。如果入学人数超过最优人数，就会因增加空间和人员而要求额外的支出——边际成本激增。额外的支出本可以用来改善现有学生的境况，尤其是提高学校的声望。没人能够对几百所学校进行归纳来仔细评估每所学校应该在何时、何地以及如何录取和录取哪些新增的学生，但总的来说，推演的结果并不青睐于扩招。①

高等教育中选拔性强的院校在更复杂的方面类似于博士教育和专业教育的市场，即，各院校竞争最有才华的申请者，申请者也竞争最渴望进入的学校。可以想见，这将产生大量的排队：针对文理学院、针对私立大学、针对顶尖州立大学和工程学院。在院校这一方，学院和大学并不是依据单一标准选择学生，而是根据它们希望的多种特征进行挑选。它们的目标是形成一群具有很强的学术技能又具有不同的能力和资格的学生。排队和溢出过程是复杂的，其所产生的市场力量也是如此。

希望进入高选拔性院校的申请人数是重要的市场因素，只能推算出来（见第三章）。目前，对这类高校的需求显然是旺盛的，而且学生对进入某一特定院校的渴望程度随院校声望的上升而增加。这一模式导致了对一流院校的巨大需求，而处在不明确的、更低的界限上的选拔性院校还在尽力吸引它们喜欢的有才华的学生。这种情境有利于一流院校——价格引领者——稳步地提高学费。选拔性私立院校和一定范围内的公立大学执行高学费-高资助政策，这将在下一章进行更全面的探讨。最值得注意的是，这种发展增大了选拔性竞争的利益，如第三章解释的那样。

在双重声望结构中，私立院校在选拔性的竞争中有更大利益。对文理学院来说，选拔性与公共声望和财政实力是一致的。对私立大学而言，本科学院的选拔性同样有助于提高大学的声望和生存能力。最近，在这个领域，公立大学对私立院校不遑多让，更积极地招收一流学生。20 世纪 90 年代，这些院校都逐渐提高了选拔性。在跟踪实践的理论中，有学术文献把学生同伴作为教育过程的关键投入。预期学院

---

① 有些高校有意限制入学人数以提高选拔性。见 Elizabeth A. Duffy and Idana Goldberg, *Crafting a Class: College Admissions and Financial Aid* (Princeton, N. J.: Princeton University Press, 1998)。

的选拔性可对教育的产出产生实质性的影响，因此要提高对申请者的资助。随着20世纪90年代学院对学生的竞争和学生对学院的竞争的加剧，选拔性的财政后果也在增强，大学也做出了相应的反应。

大学调整了它们进行着的多重活动的重点。运行预算可能反映了这些重点的逐渐转移，而发起新项目或进行新投资的决策表明了目前的优先性所在。20世纪90年代，大学主要是对最想要的本科生通过增加投资对来回应加剧的竞争。一定程度上，这个回应还包括本科教育，但更大的刺激和回应是与招生和选拔性有关的。20世纪90年代"以学生为中心"的大学的首要特征是关注招收想要的本科生，目前这已成为高等教育中最有竞争性的市场。

以学生为中心的大学还参与其他市场的竞争：教师、研究经费和院校支持的其他来源的市场。事实上，这些市场力量的表现和含义正是本书的主题。所有这些市场力量的共同特征都是对大学行为施加强制性的影响。所有市场参与者的行动产生了对单个院校的选择与活动范围加以严格限制的条件，即亚当·斯密的"看不见的手"。有人可能会反对这一观点，指出美国高等教育一向是分权化的和竞争性的，院校行为也高度雷同。在某种程度上，这是正确的。不过，新的条件反映了竞争程度的显著变化。当代和当下的市场源于20世纪80年代开始的各种趋势和事件的交汇。

## 1.4 私有化时期

为理解在20世纪80年代出现的美国大学的重新定位，首先必须正确评价20世纪70年代的一些"不舒适"。这十年标志着始于20世纪30年代的美国政府在高等教育中的协调作用扩大的趋势达到了顶点。更直接的是，前面的十年经历了公共投资前所未有的扩张，从科学实验室到为贫困学生提供工-读(work-study)补贴。这一系统的最终改进是在20世纪70年代早期完成的：州和地方政府在全国建立了一大批社区学院，联邦政府以基于需要的财政资助形式向高等教育承诺提供长期的系统性资助，这写进了1972年的《高等教育法修正案》。但是随着这些最后的重大努力，这一趋势的劲头也被耗尽了。政府对高等教育开支的相对增长再也维持不下去，也许再也不能被正当化。正如早期的批评家所预测的，政府的钱总是伴随着更大的政府干预。

更令人悲叹的是，1975年后，美国高等教育的入学人数有史以来第一次停止了增长。经济学家仔细研究了大学学龄人口的减少规模和正在缩减的大学毕业生的工资溢价（premium），自信地预测在未来几年入学人数将会减少。[①] 最终，持续的高通货膨胀会销蚀大学的资产。

从20世纪70年代早期到80年代早期，整个高等教育真实的生均教育成本是下降的。其中，人员经费受到最严重的影响，教师和管理人员的薪水与先前的最高峰相比，降低了20％。当滞后于充满通胀的经济时，无论是公立高校，还是私立高校，以经过通货膨胀调整后的美元计算，高等教育价格变得更可承受。[②] 大学总体上能够比高等教育的其他机构更好地经受住这些变化，但它们也会经历间断性的危机。在联邦研究支持迅速增长的黄金年代，私立研究型大学欣然扩张，但接着在下个十年的很长时间内经历了痛苦调整。对公立大学而言，最严重的财政压力发生在1980年左右。在这两个部门，应对措施都是减少投入和削减成本。削减开支成为一句口号，冻结人员招聘成为共同经验。

各大学在努力平衡自己的预算，政府咄咄逼人的存在支配着它们的前景。联邦政府一系列的法定要求覆盖了从问责到“平权行动”等诸多方面。除要应对它们需要购买的商品与服务价格的上涨外，大学还必须从紧缩的收入中拿出更大的份额用于行政管理工作。在各州，“协调”在上升：如果每个院校都能被限制在它自己的活动范围内，传统的智慧是站得住脚的，即“浪费和重复”会被根除。总而言之，不仅高等教育的环境转向苛刻，而且约束大学的政府政策也不再仁慈了。

20世纪80年代初期见证了时代思潮的某种变动，这种变动容易描述，却难以解释。有关政府作用的规模和范围还处于激烈争论中，占上风的观点是：逐渐从政府赞助这种解决方式转向更少的政府干预——从国有化到私有化。从国际上看，这一冲突被理解为福利国家

① Richard Freeman, *The Over-Educated American* (New York: Academic Press, 1976).

② 对这一现象的估算因采用的单位和计算通货膨胀的方法不同而有差异：见 NCES, *Digest of Education Statistic*, *1999*，表 342，343；Kent Halstead, *Higher Education Revenues and Expenditures*: *A Study of Institutional Costs* (Washington, D.C.: Research Associates of Washington, 1991)；和 American Association of University Professors, “Annual Reports on the Economic Status of the Profession,” 每年都发表在3—4月号的 *Academe* 上。

的危机。在美国,关注点集中于产业竞争力的下降,据称是由于太多的政府管理和太少的研究造成的。英国首相玛格丽特·撒切尔(Margart Thatcher)和美国总统罗纳德·里根(Ronald Reagan)都奉行和推动这一转变,但这两位领袖在他们各自国家的校园里也都很不受欢迎。相应地,需要催化剂将私有化植根于美国大学中。这一角色就由美国严重的通货膨胀来担当。

从 1978 年到 1982 年,通货膨胀销蚀了美元 1/3 的购买力。虽然这种发展将显而易见的困境施加在大学,尤其是大学的雇员身上,这也影响到相关的行为和态度。通货膨胀对大学和大学的"客户"(clienteles)倾向采取新的私有化行动有着微妙的和不由自主的影响。最显著的发展是大学和私人产业之间的亲善、大学管理的增强、精英院校重新流行和院校教育资助方式的转变。

20 世纪 70 年代早期,大学和企业之间的联系达到低潮。在前些年,激进主义定下了大学话语的基调,并逐渐发展成为对社会正义的一种自私性的关切,致力于批评资本主义企业而不是与之合作。但是,在化学系、工程学院和医学院这些专业实践超过意识形态的地方,与企业的联系仍维持着。在随后的几年,这种联系趋向于加强。在这个十年末期,有三种发展转变了大学的态度。

第一,众所周知的经济竞争力危机支持产业对学术研究加大投资以及将学术研究的成果转化到商业部门。第二,生物技术的出现强有力地强化了这种状况。这里举个与药物和农产品开发直接相关的基础研究的例子。随着大学的生物学家成立或加入到生物技术企业中,商业联结就形成了,大学很少去阻止它。第三,那些积极申请专利或建立研究园区的大学不断取得的明显成功形成了激发大学兴趣的另一种榜样。对那些为应对严重的通货膨胀而努力争取收入的大学来说,加强与企业的联系或直接参与商业冒险,也许能获得更多急需的收入。当哈佛校长德里克·博克(Derek Bok)谈论到这些意外收入能够"让每个为平衡难驾驭的预算而备受折磨的管理者心潮澎湃"时,他是在为他的同行们辩护。[①]

---

① Derek Bok, *Beyond the Ivory Tower: Social Responsibilities of the Modern University* (Cambridge, Mass.: Harvard University Press, 1982), p. 141. 但无论是当时还是现在,博克的观点并未引起关注(p. 142)(见注释 15)。

大学对这种评论即便不是持有敌意，也倾向于怀疑。大学卷入商业企业中或进入商业市场时，要注意以下方面：有关领域教师的强大的相关利益、为这个目的创建新的组织机构时的行政领导力，以及不久之后政府对大学-产业合作的补贴政策。

20 世纪 80 年代早期的一本颇有影响的书指出，美国的高等教育发生了“管理革命”。大学很迟才认识到管理是“任何复杂的组织都不可或缺的知识与技能的体系”。[①] 在没有计算机的时代（计算机发明以前），大学还是很原始的组织（rudimentary organizations），尤其是在财政和管理的支持服务方面。到了 20 世纪 70 年代，随着活动范围急剧扩大，这些方面发生了转变。规制和提交报告的要求极大地增加了日常行政管理杂务。要建立大的办公室以负责“拨款和合同管理”“学生财政资助”以及更为复杂的预算执行。

财政危机推动了管理上更根本的转变。为理解和控制它们自身的财政困境，大学求助于管理分析的新维度，聘请了顾问、配置了计算机程序，更为深远的是，某些形式的战略规划成为新的管理需要。这些在私立大学中发展得更早，也更全面，因为这些大学必须处理迫在眉睫的财政危机。

紧随着管理革命的是另一项变化，即，新的经济理性的标准正日益渗透到大学的决策中。当大学将无效率的业务——像书店——私有化时，这是最明显的。但是，更多的大学组织机构被期待着支付它们自己应承担的费用。这些趋势进一步发展，教师的影响力从大学事务的某些重要部分退出。正如一位管理者对其五年规划的解释：“当然，我们后悔没有得到教师的认可……但是，我们不是一个自下而上的规划过程，而是一个自上而下的过程。”[②]展望未来，新管理主义促进了私有化政策自上而下的实施。

在 20 世纪 70 年代玩世不恭的氛围中，纯粹的博雅教育在寄宿制环境中已不再被看重。学生被鼓励从学院“中途退学”以学习经验，或参加暑期学校以更早毕业来省钱。在这十年中，大量的毕业生转向职业性专业。未来的学生中获得文凭的人数直线下降，进一步损伤了传

---

① George Keller, *Academic Strategy*: *The Managerial Revolution in American Higher Education* (Baltimore: Johns Hopkins University Press, 1983), p. 57.

② Ibid.

统的文理学院。[1]

这些院校在20世纪80年代的前景似乎更为黯淡，但事实并非如此。关键因素已开始变化了。高中和大学毕业生的收入差距开始拉大，这提供了经济激励。学生也许感觉到了通货膨胀的效果（或者大学毕业生明显供过于求），抱着更势利的期望，并采取了相应的受教育策略。至于选拔性学院，则通过投入更多的人员、直接邮寄、市场分析等方式加倍努力地招生，来应对它们吃紧的境况。在未来的学生中，对最主要的私立学院感兴趣的学生明显增多。申请者的行为也变得更加积极，他们向自己偏爱的学院寄出更多的申请。[2] 也许最引人注目的是，尽管学费飞涨，对最昂贵的学院的需求仍在上升。

高通货膨胀时代重构了美国人对大学的付费方式。1972年确立的联邦学生财政资助系统建立了两种基于需求的助学金：一是基本支持（现在称为佩尔助学金）；另一种是为进入更昂贵的学院的学生提供资助。补贴性贷款项目支撑着为有额外的特殊需要的学生提供这一关键性的资助。虽然通货膨胀导致了更高的名义入学成本，但是在强大的政治压力下出台的制度为中产阶级提供了援助。1978年的《中等收入学生资助法案》处理这种所谓的对既不能获得资助又不是富裕的家庭的"挤压"，废除了需要担保的低息贷款的学生收入上限要求。不久，利率暴涨，形成了贷方和借方都能从政府慷慨的条款中堂而皇之地得益的情景。三年中，实际的贷款总量增长了60%，而且，贷款人数也急剧增加。当联邦学生贷款的供给随后收紧时，无论是贷款者还是贷出量都没有下降。在这些新的更高水平上，贷款作为最大的学生资助形式使联邦助学金黯然失色。[3]

事实上，在同时，一流的私立大学微调了政策，但这却具有重要意义。哈佛和其他常春藤联盟大学提高学费，积极解决财政窘境。但为了保持强烈的社会正义感，它们也向贫困学生提供额外资助，表面上，

---

① Roger L. Geiger, *Research and Relevant Knowledge*, *American Research University since World War II* (New York: Oxford University Press, 1993), pp. 256-257; Roger L. Geiger, "Curriculum and the Marketplace," *Change* (Nov./Dec. 1980): 17-23; Duffy and Goldberg, *Crafting a Class*.

② Duffy and Goldberg, *Crafting a Class*, pp. 64-67.

③ James C. Hearn, "The Paradox of Growth in Federal Aid for College Students, 1965—1990," 载于 John C. Smart, ed., *Higher Education: Handbook of Theory and Research* 9(1994): 94-153。

这些资助是来自于它们自己的财政收入。1978年以后,联邦贷款开放的“机会之窗”大大地推动了这个取向。于是,高学费-高资助战略在院校实践的精细调整中产生了,并通过长达数年无情的通货膨胀压力加强了。通过明显地提高学费上限,定价引领者为其他私立学院和大学提供了提高收费的充足空间。在随后的几年,这种情境逻辑已稳定地变成了现实。

在20世纪80年代中期,当美国高等教育再次回归繁荣时,这一系统本身已发生了实质性的变化。提高大学的价格和增加大学支出的条件已经成熟,而后者可以提升院校对所偏爱的学生的吸引力。额外的支出还可以用来增强大学内部的研究能力,进而支持为经济发展做贡献这一新发现的目标。即便这些路标还不够清晰,大学的运行现在被一群新的富有技能和权威、能够读懂这些信号和设置行动路线的管理者所指挥。新的时期将会产生什么,这是下一章的主题。

# 第二章 大学的成本

1997 年，美国国会成立国家高等教育成本委员会，在六个月内对大学的成本和价格进行全面审核。学费的持续上涨是 20 世纪 80 年代中期直至 90 年代公众最为关注的高等教育问题，这种特殊的联邦关注表明这一问题具有紧迫感和重要性。因此，委员会的监管和它 1998 年的报告都聚焦于这一公众界定的“问题”：为什么学院和大学耗资如此之大？① 学生如何承受不断上涨的价格？② 但很大程度上忽视了高校对这一问题的看法。

这一关注与早先联邦对高等教育财政困难进行的测算尝试有着显著的不同。1972 年，全国委员会（National Commission）受命参与联邦中等后教育资助项目的审查工作，该委员会明确指出当时许多学院和大学面临着财政困难③，它也关注确保所有合格的人都能进入高等教育，并能在高校中进行合理选择，并且，它希望联邦政府能够实施某些项目以达成上述目标。相反，1997 年成立的委员会则假定存在着市场环境，它关注生产者价格的上涨水平、向消费者提供的产品信息的充分性，以及使这一市场运行的补贴、优惠和贷款安排的效果。

---

① National Commission on the Cost of Higher Education（NCCHE），*Straight Talk about College Costs and Prices* (Phoenix，Ariz.：Oryx Press，1998)。

② 限定这项研究范围的相关国会法令将在第二份报告中呈现：National Center for Education Statistics，*Study of College Costs and Prices*，*1988—1989 to 1997—1998*，2 Vols. (Washington，D. C.：NCES，2001)。

③ National Commission on the Financing of Postsecondary Education，*Financing Postsecondary Education in the United States*（Washington，D. C.：GPO，1973）。这项研究成为 1972 年《高等教育修正案》的一部分，该修正案使学生财政资助的联邦项目系统化，最终使这些项目合理化而不是使之成形。

本研究在精神上更接近于1972年的委员会,它要问是什么因素在影响着美国一流大学的财政,并考察其造成的后果,主要是对高校和学生而言的后果。本研究假定,是收入(revenues)而不是应该被最小化的社会成本才是这些高校和其他大学的命脉。大学从社会中获得资源的水平对大学的活动范围和有效性有着很大影响,这些资源的提供者对大学的行为也有着重大影响。① 20世纪80年代,大学普遍能将自身的资源水平提高到超过70年代末的水平;20世纪90年代,进展变得更不平衡。大学的支出经历了当代高等教育这二十年的发展,成为当前争论的中心议题。

## 2.1 收入和不断上升的成本

在当代,大学财政经历了根本性的转变。首先,随着需求和支出的上升,大学学习的额外成本大量地由学生及其家庭承担。其次,学生的财政资助从例外变成了通则。绝大多数全日制本科生现在获得了某种形式的财政资助,最常见的是联邦贷款。在私立大学,高校助学金或学费减免同样也成为通则,这样,大多数学生接受相同教育所支付的费用是不相同的。这些发展都强烈地影响着大学的成本。

高等教育的成本是学院和大学用于教学等相关目的的支出,或者可以称为生产成本。② 因此,成本不同于高等教育的价格(对学生而言的成本),因为有财政资助,这与现在很生动地称之为"标价"(sticker

---

① 分析院校行为的新近研究包括 Charles T. Clotfelter, *Buying the Best: Cost Escalation in Elite Higher Education* (Princeton, N. J.; Princeton University Press, 1996); Michael S. McPherson and Morton Owen Schapiro, *The Student Aid Game: Meeting Need and Rewarding Talent in American Higher Education* (Princeton, N. J.; Princeton University Press, 1998); Ronald G. Ehrenberg, *Tuition Rising: Why College Costs So Much* (Cambridge, Mass.: Harvard University Press, 2000); Jeffrey E. Olsen, "The Cost-Effectiveness of American Higher Education: The United States Can Afford Its Colleges and Universities," in *Higher Education: Handbook of Theory and Research* 12(1997): 195-242。

② D. Bruce Johnstone, "Higher Education and Those 'Out of Control Cost'," NCES, *Study of College Costs*, vol. 2, pp. 21-43, 22ff. 该研究并未关注高等教育的成本函数;Paul T. Brinckman 的"高等教育的成本函数"; Stephen A. Hoenack 和 Eileen L. Collins, eds., 参见 Paul T. Brinckman, "Higher Education Cost Functions," in Stephen A. Hoenack and Eileen L. Collins, eds., The Economics of American Universities(Albany: State University of New York Press, 1990), pp. 107-128,"; Darrell R. Lewis 和 Halil Dundar, "Costs and Productivity in Higher Education: Theory, Evidence, and Policy Implications," 载于 John C. Smart, ed., *Higher Education: Handbook of Theory and Research* 14(1999): 39-102。

price)的东西有很大的不同。大学还存在其他与教学并不直接相关的成本。研究的直接成本是独立预算的,并且大部分是外部资金。因此,这部分成本支出独立于其他内部成本。公共服务的成本同样是由特定资金满足,这部分成本各高校间变动很大且很随意。住宿、餐饮服务和医院的运行成本混在附属企业中,要求自理。余下的开支是高校的核心成本:用于教学及支持、教师学习、学生需求、行政管理和校园维护等。这些成本绝不能等同于单一的教学成本,教学成本这个概念在有着多目标的高校中没有进行精确细分。而核心成本反映的是高校用于培育和传播知识这些核心任务的资源。

为本研究的目的,估算了 99 所研究型大学——33 所私立大学和 66 所公立大学——的核心成本(见附录 A)。这些大学是既提供研究生教育又提供本科生教育的一流研究型大学。[①] 它们承担将近 70%的学术研究,授予 68%的博士学位,还授予 28%的学士学位和 34%的第一专业学位。它们中包含了美国高等教育巨系统中最大的和在许多方面最好的高校。因为它们是多目标高校,为多目标和互补的目的花费资源,它们的支出模式难以比较。在本研究中,它们为这些目的不得不花费的所得——收入——是各高校在不同时段最具可比的支出尺度。这种方法与霍华德·鲍文提出的成本的收入决定理论(revenue theory of costs)是一致的,该理论认为"每所高校尽可能地筹集资金……[并]花光所有资金"。[②] 在实践中,每年的预算规模取决于计划收入的多少。

生均核心教育收入是将净学费(总学费减去学生获得的高校资助)、捐赠支出和对州立大学的州拨款等加总后除以全日制当量学生(FTE)的总人数。为便于比较,所有数据都根据通货膨胀率进行了调整,并以 1996 年的美元表示。其结果见附录 A。

---

① 本研究的数据涉及 99 所大学(其中 33 所私立大学,66 所公立大学),这些大学承担了最多的研究,拥有最多的被评价和被排行的博士项目(RU 数据库,下同);见附录 A。某些分析会忽略一些数据不完整的大学,例如,罗格斯(Rutgers)大学和尔湾加州大学(UC Irvine)两所大学没有完整的财务数据。因此,公立大学的平均成本是根据 64 所高校计算得到的。本研究还排除了没有本科生教育的医学院。所选的这 99 所大学代表了 20 世纪 80 年代至 90 年代的研究型大学,是否成为本研究的分析对象并不意味着对某所高校进行评判。

② Howard R. Bowen, *The Cost of Higher Education* (San Francisco: Jossey-Bass, 1980), p. 20. 在他写这篇文章的二十年后,鲍文法则的例外情况出现了:最富有的大学不再花光所有的经费,而是创造了盈余。见后文的讨论;以及 David W. Breneman, "An Essay on College Costs," in NCES, *Study of College Costs*, vol. 2, pp. 13-20。但是 Breneman 支持了鲍文的收入决定理论(pp. 14-15)。

大学核心成本这一定义提供了各高校在不同时段具有可比的近似值,忽略了某些类型的收入,例如即时使用的礼物、用于研究的间接成本管理费、专利许可的收入等。这些收入倾向于用在特定用途上,大多数与教学无关。在分类账目的另一侧,也忽略了某些限制性的可能被用于类似的非教学目的的捐赠收入。对成本的这个界定尽管不精确,但是便于计算,也具有适当的准确性。如果有什么问题的话,就在于它低估了支出。

相比较而言,另一种计算教学相关支出的方法非常复杂。首先,将不同科目的支出划分为教学和非教学两部分。使用内部会计系统的高校能够进行这样的计算,但这样的结果事实上不能用于比较的目的。① 这种界定也忽略了基建成本。尽管大学的土地和建筑毫无疑问是教育成本,但是,尚未就这一成本的计算和折旧方法达成一致。它们也没有作为直接开支计入年度运行预算。② 本研究所使用的大学成本是指用于支持核心的、综合性的教育事业的经常性收入(current income)。

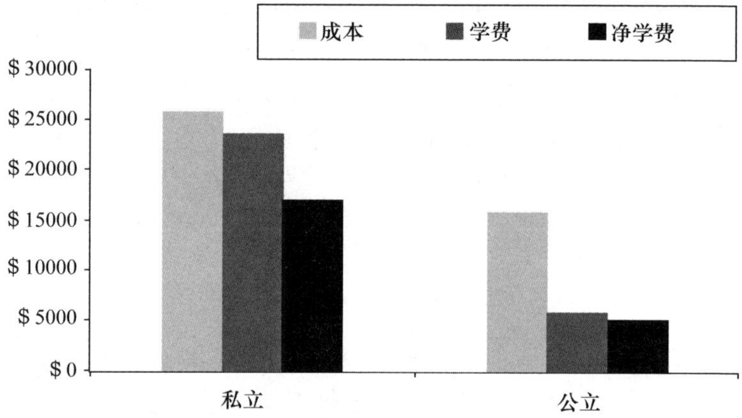


**图 2.1　33 所私立大学和 64 所公立大学的生均平均成本与学费收入,1999—2000**

---

① 1999 年 10 月,全国院校事务官协会(NACUBO)发起了一个项目来界定所选高校的本科教育成本。该项目在界定教学支出时遇到了极大困难,最终推荐了一种包含 25 个要素的方法。最终报告并未提供具有可比性的高校数据,只是对数据进行了汇总;见 NACUBO,*Explaining College Costs*:*NACUBO'S Methodology for Identifying the Costs of Dilivering Undergraduate Education* (Washington D. C.:NACUBO,Feb,2002)。

② Gordon C. Winston 认为土地、房产和设备价值的折旧与机会成本应计入教育成本;见 "Capital and Capital Service Costs in 2700 U. S. Colleges and Universities," Discussion Paper 33, Williams Project on the Economics of Higher Education, Williams College, Dee. 1995。这种取向也出现在 NCCHE 的 *Straight Talk* 中(p. 32)。这些大约使总成本增加了 15%,也许富裕的学校增加得更多,但也带来了很大的不确定性,见第 38 页注释①。

目前的关键问题是对于这些成本学生应该承担多少，这部分就是净学费。剩余的成本被认为是补贴，由捐赠收入和公立大学获得的州拨款提供。关键的考虑是学费标价和净学费之间的关系，尤其是对私立大学来说(见后文的讨论)。图 2.1 显示了 1999—2000 年公立和私立大学的相关数据。图 2.1 显示，私立大学的全日制当量学生的生均支出为 25781 美元，其中，学费为 17095 美元，高校提供了剩余部分(8686美元)。后者中的 6474 美元是向未支付全额学费的学生提供的助学金，2212 美元是向所有学生提供的普通补贴。[①] 各所高校的成本见附录 A。

公立大学所有学生获得的普通补贴为 9927 美元，而高校提供的生均助学金只有 704 美元。这些数据的含义将在接下去的两节中进行探讨。在此，首先介绍这些模式是如何形成的，以及为何形成的一些背景情况。

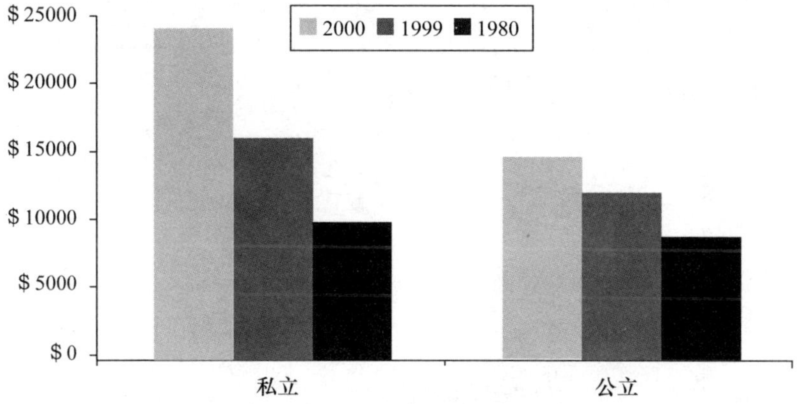


**图 2.2 33 所私立大学和 64 所公立大学全日制当量学生的生均成本，1980—2000**

20 世纪 80 年代和 20 世纪 90 年代，大学的支出增长了(控制了入学人数和通货膨胀)，私立大学高出公立大学两倍多(见图 2.2)。1980 年，公立、私立大学的平均差异较小，之后二者的差距稳步扩大。

增长的支出大多来自学生学费，但是公私立部门间同样存在差异

① Gordon C. Winston 精心划分的这些类别被广泛用于刻画大学的成本："A Guide to Measuring College Costs," Discussion Paper 46, Williams Project on the Economics of Higher Education, Williams College, Jan. 1998。

（见图 2.3）。私立大学净学费的增长更为急剧，真实价格（real terms）增长了两倍多。公众的愤怒主要集中于一流大学公布的学费价格的名义增长，从 1976 年的大约 4000 美元激增至 2000 年的 24000 美元。实际上，1980 年至 2000 年，净学费平均增长 138%，大学支出也有类似的增长（142%）。学生支付了更多费用，但获得的补贴和教育价值也成比例地增加了。公立大学的情况并非如此，虽然基数更小，但净学费增长得甚至更快（176%），而支出增长只有 62%。在公立大学，学生大约多支付 3200 美元的净学费。由于州的拨款增长缓慢，它们获得的补贴只增加了 2500 美元。研究型大学的这些情况反映了全国趋势。总之，学生为高等教育支付的费用大幅增加。学生及其家庭将如何承担这些费用呢？

对这一问题的简单回答是，他们直接承担的只是这些支出的一部分。联邦贷款补偿了学生额外成本的很大部分。但贷款仍然是一种支出，实际上是双重支出：不仅学生要还本付息，运行这些项目所花费的纳税人的钱占到贷款金额的 1/3～1/2。不过，这不同于由当期收入或储蓄偿付并受其约束的那些支出。

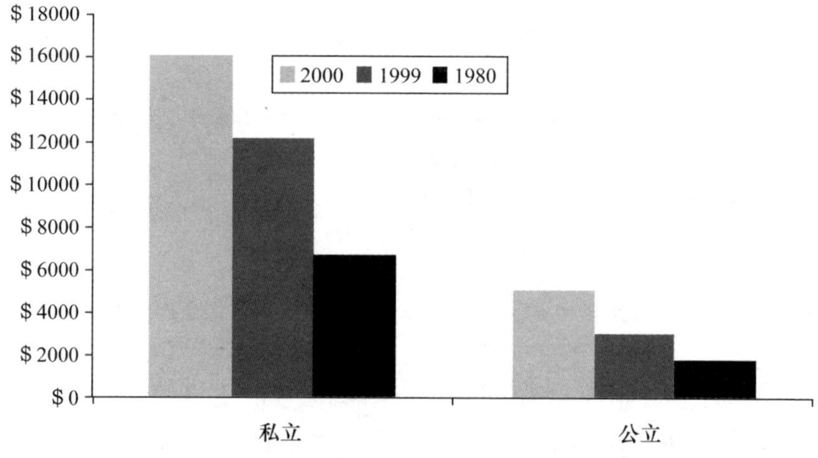


**图 2.3　33 所私立大学和 64 所公立大学全日制当量学生的生均净学费收入，1980—2000**

1978 年至 1996 年，学生承担的高等教育实际成本近乎翻了一倍。同期，国内生产总值（GDP）和个人可支配收入的增长均只略高于 50%。入学成本的增长速度接近于经济增长速度的两倍。国家会计科目中出现这样的剧烈增长，通常会要求获得一些新的收入来源。在这种情况下，学生（和某些情况下父母）的未来收入通过贷款转变为现期支出。这个区分是很重要的。新的购买力来源允许学生扩大他们的开支，以便与上涨的学费水平保持同步。[①] 一项粗略的比较足以说明这一点。从 1980 年至 1996 年，美国高等教育总学费收入从 240 亿美元增加至 550 亿美元（1996 年的美元）。同期，联邦学生贷款从 90 亿美元增至 270 亿美元。这样，正好有一半以上的新增购买力是来自于联邦贷款。[②] 贷款不同于助学金，因为贷款者有义务偿还贷款。高等教育为了维持自身的财政能力，也对联邦学生贷款负有责任。

从 20 世纪 80 年代开始，对学生的财政资助和不断攀升的学费价格之间的关系，就存在着持续的争论。批评者宣称，大学利用联邦学生财政资助项目提高学费。在佩尔助学金和基于校区的资助（campus-based aid）中，任何单独的效果都是微不足道的。这些项目对财政需求有着严格要求，对不同的水平设定了上限，限制其对高学费院校的影响。贷款就更令人怀疑。那些否认贷款和学费之间存在联系的人指出，贷款数额的增加和学费的上涨之间不存在短期联系。但从贷款的绝对数量看，几乎不可能认为，如果没有贷款，入学成本会出现大量增长。[③] 当考察学生财政资助的终止和发放的实际程序时，后一种观点似乎更有道理。

财政资助程序在高等教育中是高度标准化的。它被描绘成一张平衡表，即一侧是某所给定高校的“估算的入学成本”，另一侧是将各种费用加总直到足以支付这些成本。第一种是“期望的家庭分担”，根据财政资助申请表中的储蓄和收入信息，采用标准方法计算而得。接下来加上向有资格的学生（如果有）发放的“基于需要的资助”。这一资助包括佩尔助学金和所谓的基于校区的联邦项目［补充教育机会助学金、工读资助和帕肯斯（Perkins）贷款］，后者规模有限，并针对低收

---

① 联邦学生资助政策从助学金转变为贷款的总体情况，见 James C. Hearn, “The Paradox of Growth in Federal Aid for College Students, 1965—1990,” *Higher Education: Handbook of Theory Research* 9(1994): 94-153。

② NCES, *Digest of Education Statistics*, 2000 (Washington D. C.: NCES)，表 331, 359。这些年，学生的房租、伙食和杂费上涨了，但是，佩尔助学金、州提供的学生资助以及学校提供的财政资助也增加了。因此，学费和联邦贷款是最大的变化。这一分析有力地支持了 Arthur M. Hauptman and Cathy Krop, “Federal Student hid and the Growth of College Costs and Tuitions: Examining the Relationship,” in NCCHE, *Straight Talk*, pp. 70-83。

③ 同上，p. 73。*Straight Talk* 概括了反面的和中立的案例（pp. 300-302）。

入学生，州的资助也纳入这一项中。其余不足部分由“联邦贴息贷款”和“高校财政资助”补齐。大多数公立大学只提供有限数额的资助，其中有些经常是基于学业优秀而非基于需要。在私立的学院和大学，不足部分由贷款和高校资助（或学费减免）结合在一起来补齐。最后加入的这一项是很关键的，因为它能够支付入学成本，使学生顺利入学。

最后这一阶段的某些细节对高等教育系统的运行至关重要。

第一，有担保的学生贴息贷款存在着年度上和总额上的供给限制，这些限制一直持续到 1992 年。在高收费院校，大多数有大量需要的学生是在年度的最大限额上借款。对额外需要，他们可以求助于针对学生或家长的无贴息贷款项目。这样，尽管存在着贷款限制，高等教育系统在适应更高价格上还是有弹性的。

第二，在私立高校，贷款和学费减免之间存在着替代关系。这使大学能够有空间操作米歇尔·麦菲森（Michael McPherson）和莫顿·欧文·斯查皮罗（Morton Owen Schapiro）所谓的“学生资助博弈”——基本上是向学校更想要的（或更不情愿被该校录取的）学生提供更有吸引力的条件。[①] 这样，贷款的可得性助长了学费的上涨，但是，贷款和学费减免的结合所发挥的作用更大。[②]

第三，尽管有以上做法，最后一美元的资助仍来自高校。出于这一原因，高学费院校提高了入学成本，不论是学费、住宿还是餐饮，这一提高主要是与对符合条件的学生的资助的提高相配套的。这产生了多重作用，成本上升由此带来了学费的成比例上涨。例如，如果减免 25%的学费，这接近于平均水平（见图 2.1），要获得 3 美元的额外收入，大学就需要将学费上涨 4 美元。

尽管资助包的建立使高校能够影响学生的财政决策，但最终的决定还是取决于学生。学生贷款数额在 20 世纪 80 年代初首次大幅增加，当时极其优惠的贷款条件强烈地鼓励了贷款。之后，贷款只有适度增加，直到 1992 年《高度教育修正案》扩大了贷款资格并提升了贷款限额。在接下来的两年，贷款量激增 77%。随后的 7 年（1994—2001）只增长了 50%，尽管当时的经济空前繁荣。这些增长很多是出

① McPherson and Schapiro, *Student Aid Game*, pp. 53-103.

② Roger L. Geiger, "High Tuition-High Aid: A Road Paved with Good Intentions" (Paper presented at meeting of the Association for the Study of Higher Education, Sacramento, Calif., Nov. 2002).

现在无贴息的贷款项目中,这一项目现在比设有贷款上限和收入限制的担保贷款项目要大。因此,1992 年后的很大一部分增长是中等收入学生的贷款。[①] 这样的证据表明,目前贷款的增加更少地源于贫困需求,更多地源于鼓励将贷款作为第一求助手段这一文化。另一个支持贷款文化的因素是,学生贷款者如果离开学校就必须开始还款。因此,他们有强大的激励仍留在学校,即使这意味着——正如通常情况那样——追加借款。

在最后的分析中,学生贷款文化的出现以及与学费减免的结合,形成了这种情形:用于支付入学成本的最终增量是能够获得的。在这些条件下,学生对价格上涨的抵制(即减少需求)在经济学意义上,尤其在名气更大和学费更贵的高校中,事实上是徒劳的。[②] 对其他类型的学费增长的约束仍然存在,包括这一产业的定价结构、学生资助系统的特征以及公众批评的潜在威胁。但是,从 20 世纪 80 年代开始,环境更有利于高学费-高资助政策的成长。相应地,学费收入成为应对迅速增长的大学成本的主要贡献者。

## 2.2 私立大学的成本

高学费-高资助政策有着悠久的历史。20 世纪 60 年代的研究明确指出,州对公立大学的资助导致了收入从不太富裕的美国人流向更富裕的美国人,富人注册入学旗舰大学的人数与其总人口占比是不成比例的。这个理论是 1972 年《高等教育法》修正案颁布之前经济学研究的关注点。当时的注意力都集中于公立高校,这些高校的学生平均支付了估算成本的1/6。大多数的分析家认为,如果有承受能力的学生支付了其教育成本的更大份额,无法承受的学生获得了基于财政需要的资助,那么就能实现公平这一目标。

这种取向的更激进的解释提出:公立大学的富人学生应该支付全额成本,其他所有的学生获得与需要相称的资助。但是,卡内基高

---

① King, "Student Borrowing," pp. 6, 13; Thomas J. Kane, *The Price of Admission: Rethinking How Americans Pay for College* (Washington D. C.: Bookings Institution Press, 1999).

② 有证据表明来自低收入家庭的学生,尤其是就读于非精英型高校的学生已经出现了价格敏感性。不过,McPherson 和 Schapiro 发现"没有证据表明净成本的上升抑制了富裕学生的入学率"(*Student Aid Game*, pp. 39-40)。

等教育委员会(以下简称“卡内基委员会”)清晰地表达了一项折衷性共识,建议公立大学的学费价格逐步上涨到教育成本的1/3,同时“增加对低收入学生的配套资助”。① 卡内基委员会努力地将其提出的占成本1/3的基准正当化,其推理大体上反映了那个时代的历史环境。人们可以近似地认为,向富裕家庭的学生收取更大部分的成本、全额成本或某个额外费用就能够实现更大公平。卡内基委员会提出的基准在理论上被高度重视,但是,无论是当时还是现在,都没有经济学原理能够说明高学费应该高到何种程度。②

尽管卡内基委员会做出了具有说服力的研究,但是,20世纪70年代公立和私立大学的实际学费水平都大大低于通货膨胀率。许多因素影响了大学的定价能力,包括招生人数停止增长、学校容纳力出现大规模的新增长以及大学毕业生工资的溢价从未有过的低增长。③ 只有在这十年结束时,作为对两位数通货膨胀率的回应,学费水平才大幅上涨,首先从私立大学开始。

整个20世纪都存在着一个默认的大学学费上限,这一上限是最著名的东北地区的大学设定的。从1975年开始,这一区域内几所最富有的和最具选拔性的高校加入了高等教育财政联盟(COFHE),该联盟追踪了其成员的招生和财务数据。这些高校,尤其是常春藤联盟的三大校——哈佛、耶鲁和普林斯顿,大体上倾向于协力行动,因为它们彼此之间的竞争最严重。20世纪70年代末,哈佛标出了最高的学费价格,而且是第一个将价格大幅提高。1978年,在通货膨胀达到峰值前,哈佛的学费上涨了18%,从4450美元增至5265美元。④ 随后的十年,它的学费年均增长840美元。在上涨前,哈佛的学费就比

---

① 这一领域的开创性研究是 W. Lee Hansen and Burton A. Weisbrod, *Benefit, Cost, and Finance of Public Higher Education* (Chicago: Markham, 1969)。同样见 W. Lee Hansen and Burton A. Weisbrod, “A New Approach to Higher Education Finance,” 载于 M. D. Orwig, ed., *Financing Higher Education: Alternatives for Federal Government* (Iowa City: American College Testing Program, 1971), pp. 117-142;卡内基高等教育委员会,*Priorities for Action: Final Report of the Carnegie Commission for Higher Education* (New York: McGraw-Hill, 1973), p. 66。回顾起来,具有讽刺意味的是,卡内基委员会讨论的一个问题是如何理解私立院校在市场之外自行定价这一特殊现象。双管齐下的解决方案是提高公立大学的学费,同时提高公私立大学的学生资助。

② 2000年,本研究中65所公立大学的学费占比是22%至71%,平均为37%。

③ Mark Nerlove1972年的分析特别关注了“私立高校学费的下行压力”,见“On Tuition and the Costs of Higher Education: Prolegomena to Conceptual Framework,” *Journal of Political Economic* 80(May-June, 1972): S178-S218,引文见 p. S211。

④ 学费数据来自 Cltfelter, *Buying the Best*, pp. 71,81。

COFHE 的平均水平高出 4 个百分点；到 1984 年，它高出其 12 个百分点。但从那时开始，其他学校开始缩小与哈佛的学费差距。

定价的领导权掌握在具有最强势的市场地位以及最有能力向其学生提供财政资助的高校手中。当它们成功地取得优势时，就成为其他高校的榜样。不仅 COFHE 高校跟着哈佛的足迹（耶鲁和普林斯顿紧随其后），学费水平通常低于东北地区的其他区域的私立学院和大学也这样做。

20 世纪 80 年代，私立高校学费上涨，这并不是私立高校疏远学生，而是这些高校与质量和声望更紧密地联在一起。因此，越来越多的高校采取了高学费政策，这些高校总是通过发放大量的不断增加的院校资助来缓和严重的社会道德压力。[①] 2001 年，学费上限升至 27000 美元，本研究中的大多数私立大学的学费都在25000美元以上。学费在其财政中的作用保持相对稳定。[②] 但是，总量的稳定和类似的标价掩盖了各高校间不同的财政状况。

拥有大量捐赠的私立大学已发放了大量基于需要的财政资助。它们采取“不问家境”（need-blind）的招生政策，满足所录取的学生的全部财政需要。受到可得贷款的极大诱惑，私立大学支持以同样大的幅度提升学费。[③] 20 世纪 80 年代，哈佛和耶鲁的总学费收入中用于学生资助的比例——学费减免——几乎没有变化。[④] 但是，捐赠较少的大学受到了很大影响。近十年来，5 所最“穷”大学的学费减免平均从 12%升至 19%——到 20 世纪 90 年代这一趋势加速了。但是，在 20 世纪 80 年代的十年中，私立大学采取的高学费-高资助政策获得了

---

① Carolyn M. Hoxby, “How the Changing Market Structure of U. S. Higher Education Explains College Tuition,” Working Paper 6326, National Bureau of Economic Research, Cambridge, Mass., Dec. 1997.

② 本研究涉及的 33 所私立大学净学费相当稳定：1980 年占成本的 69%，1990 年占 70%，1996 年占 71%，但 2000 年为 66%。高校奖学金随着总学费收入的增加而上涨，从 1980 年的 18%涨至 1990 年的 20%，1996 年为 24%，2000 年为 27%。

③ 的确，没有贷款而仅靠高校资助不能维持实际的学费水平。例如，1996 年高校资助取代了有担保的贷款后，样本中私立大学的学费折扣从 24%提高到大约 42%。

④ 换句话说，至少考虑了直接成本后，支付全额学费的学生获得的是负补贴。学校提供的学生资助是真实的成本还是价格折扣，仍然是个难题。在概念上可以做区分：对于那些拥有优质申请者的高校，资助是对学生质量的投资；对于那些不存在过剩学生的学校，资助是优化收入的折扣；见 William G. Bowen and David W. Breneman, “Student Aid: Price Discount or Educational Investment?” *Brookings Review II* (1993): 28-31。实际上，大多数高校现在将这两个目的合并在一个战略中；见 McPherson and Schapiro, *Student Aid Game*。

巨大成功。

私立大学的实际生均支出基数提高了63%，这一繁荣的景象存在于各类大学中，极少例外。例如，处于最底层的5所大学的支出扩大了75%。没有一个单一因素能解释这一现象。细想一下，学术一流的大学，从它们能够提供的真实价值和拥有高质量申请者的潜在需求方面看，它们的定价较低。在这个群体中处于中层和底层的高校成功地将自身与这些一流高校紧紧地联系在一起，收取相同学费，并希望吸引到更多申请者。20世纪80年代中期的经济发展提高了捐赠数额和高收入家庭的收入。来自捐赠的支出与学费收入的上涨基本保持同步，尽管实际的捐赠增长更迅速。1980年左右，当学费标准开始快速攀升时，私立大学明显感到紧张。这类高校的捐赠支出率在1983年达到6.5%的峰值，但在这十年结束时，降低了近2个百分点。捐赠支出向下调整到更谨慎的水平，学费仍占核心支出的近70%。

20世纪80年代上涨的经济潮抬升了大多数的船只。在33所大学中，即使是那些绩效欠佳的高校都将实际的支出至少提升25%（见附录A），但这种情况并未持续到20世纪90年代的前半期。富裕和不富裕的私立大学不久后出现了明显差异。生均实际支出在1990年至1996年间增长了17%。最富裕的10所高校中只有2所低于这一数字，处于最底层的10所高校中只有3所达到这一数字。位于中层的高校其情况是混合型的，但即便是绩效最佳者也未能达到顶层那些高校的水平。总体而言，引人注目的图景就是富的变得更富。20世纪90年代后期的繁荣呈现出类似模式，尽管所有高校的情况都有所改善。倒数第三的高校，其支出上升17%，中层的上升28%，正数第三的高校上升31%。同样是富的变得更富，尤其是哈佛、耶鲁和普林斯顿，它们上升了50%。在20世纪80年代，不富裕的高校呈现出良好的绩效后，很难理解这种情况在20世纪90年代为何会发生变化。

进一步的分析显示，高学费-高资助政策本身是互相缠绕在一起的。每所高校在决定标价、学生财政资助和捐赠支出的关系时有着自己的指导方针。例如，对本科生、博士研究生或专业学院的预设和计算方法可能是不同的。但是，当高校资助数额大大超过捐赠支出时，警示灯就亮了。当这种情况发生时，不考虑大学的其他收入，高校的生均支出可能会少于其全额的标价。[①] 1980 年,33 所私立大学中的 8 所出现了这种情况。1990 年这个数字上升为 12 所,在经济繁荣之前的 1996 年升至 20 所,2000 年减至 16 所。

只有在某些参数下,高学费-高资助政策才是有效的。[②] 它取决于预期的家庭分担、学生贷款,或者是其他的州和联邦学生财政资助项目掌控的大量的"他人资金"。因此,它对获得资助的学生数与全额付费的学生数之比,以及与需要获得资助的学生数,或更简单地说,与父母收入之比是很敏感的。父母收入越高,学费收入就越高;父母收入越低,财政资助就越高。[③]

这项政策对政府的财政资助水平也很敏感。但是,所有基于需要的资助项目都设定了上限。提高这些上限可以使大学通过更高的学费或更少的院校资助获得更多的联邦资金。设定了上限,学生支出的最终增量只能通过院校资助来满足。也许出于这一目的,联邦政府从 1992 年开始几乎不倾向于提高这些上限,即使是其他形式的学生资助都有所提高。

高校为了增加来自学费的收入,必须提高全额付费学生的人数,或提高预期的家庭分担。但是,每年学费的增加都将使高校资助的增量进一步扩大,因为有更多的学生要求获得资助。这样,从学费的每个新增美元中获得的收入将减少。20 世纪 90 年代,这种情况就出现在较弱的私立高校中,但未出现在较强的私立高校中。

生均支出最低的 14 所大学都受到了影响。其中 3 所从学费的每个新增美元中大约获得了 55 美分;还有 3 所获得的更少。其中 6 所高校(加上另一所边际收益次低的高校)是这类高校中支出水平最低的。14 所大学中的其余几所从学费的每个新增美元中获得的收益都少于 70 美分,这一数字低于它们总的学费减免率。换言之,这些高校

---

① 大学从捐赠和科研拨款中获得额外收入,但是这些经费大多有特定用途。学生在校园、建筑和设备的使用价值上获得大量补贴,但这些价值很难量化,因为它取决于计算机会成本时假设的利率以及对房地产价值的不确定估算;见第 29 页注释②。

② 模型见 David W. Breneman, *Liberal Arts Colleges: Thriving, Surviving, or Endangered?* (Washington, D.C.: Brookings Institution Press, 1994);对学费折扣的评论见 Madlynne Veil Griffiths, "The Financial Effects of Tuition Discounting: An Analysis of Private Colleges in Pennsylvania" (D. Ed. diss., Pennsylvania State University, 1996)。

③ 蕴含的深意在 Geiger 的"High Tuition-High Aid"一文中得到了阐述。

已经误入歧途——迈向较高的学费减免——损害到它们的收入。①

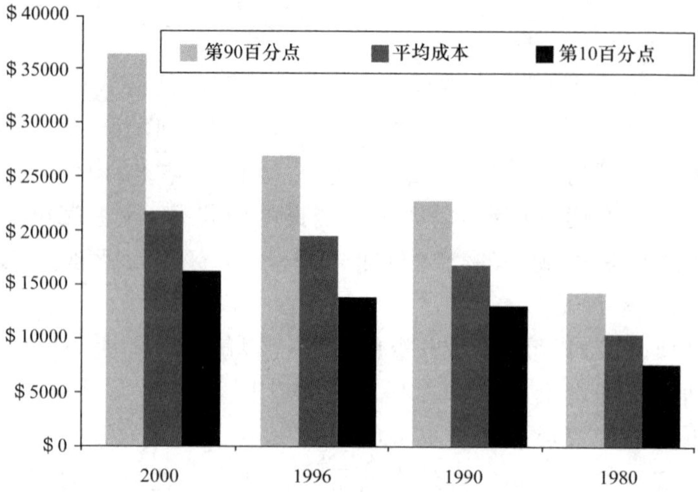


**图 2.4　33 所私立大学的成本离差，1980—2000**

将最高和最低的 10％作为奇异值排除后，财政手段之间差异的扩大清楚地反映在图 2.4 中。2000 年，成本范围在 16000 美元至 36000 美元之间。对照从 18500 美元至 22900 美元（第 10 至第 90 个百分点，1996 年美元）的标价，生均净学费的收入在 12000 美元至 18000 美元之间变动。这些大学之间成本的巨大差异源于捐赠收入的巨大差异（见图 2.5）。拥有少量捐赠收入的大学实际上在用富裕学生的学费收入补贴那些需要财政资助的学生。拥有大量捐赠的大学可以容忍大面积的学费减免（或减少学费收入），并保持很高的成本。

高学费-高资助政策使私立大学形成了独特的价格体系（见图 2.6）。学费水平相似，但支出水平差异巨大。这种模式并非美国高等教育所特有，但随着财政资助的扩大变得更显著。1980 年，这些高校（同样排除了最高和最低的 10％）的学费水平在 4500 美元到 6200 美元这一范围，变异系数为 27.5％。在 1996 年，学费价格在 18000 美元至

① 与其他私立高校相比，这一问题在私立研究型大学中不太严重；见 Lucie Lapovsky, "Institutional Financial Health: Tuition Discounting and Enrollment Management," 载于 NCES, *Study of College Costs*, vol. 2, pp. 57-73。

22000美元的范围，变异系数为18%。① 可见，定价变得更为一致，而支出水平的差异却在增大。这一趋势只能视做异常，不像是能够持续。

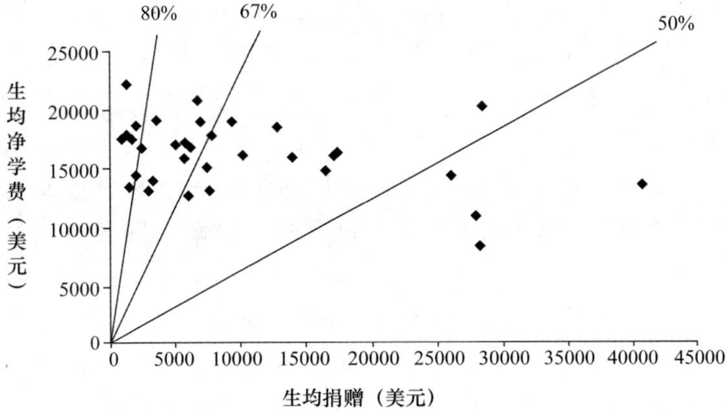


**图 2.5 33 所私立大学的学费依赖度，2000**

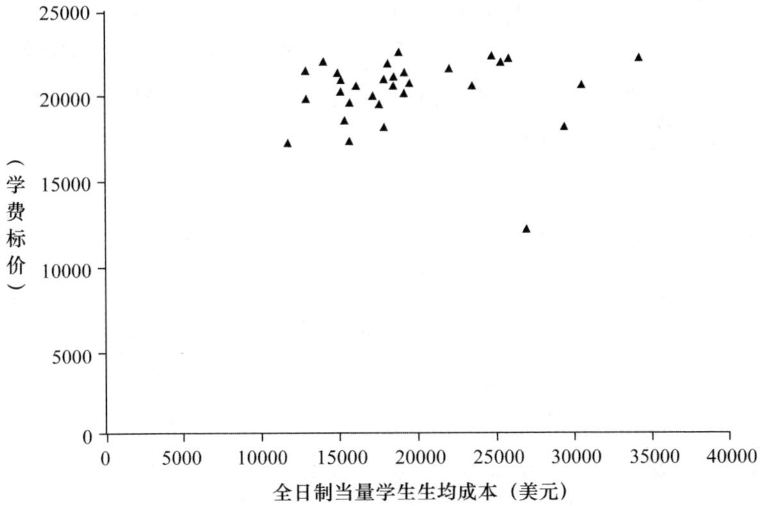


**图 2.6 33 所私立大学的学费标价和全日制当量学生的生均成本**

学费减免的盛行导致另一种异常。在同一大学中，学生为同样的教育支付的费用有很大的不同。这种情况本身并不新鲜，对有需要的

① 2001—2002年，将最低的和最高的10%排除后，这些高校的学费为22000美元至26700美元，变异系数为18%。

学生提供资助从美国大学诞生之日起就存在。但现在,在私立大学,大多数学生在付着不同的价格。

而且,20世纪90年代,私立大学采用财政资助方式更策略性地提高学生质量及学生的付费能力。随着这些做法日益盛行,更难为差异定价的合法性进行辩护,实际上导致了第三种异常。策略性资助在原则上既未反映学术业绩,也未反映财政需求,只是以高校的财政利益为基础。这一情形似乎有悖于非营利部门的一个基石性原则——信任的至关重要的角色(见第一章),也反映出财政资助实践似乎引起了内在矛盾。①

这三种异常有着不祥的暗示,但在经济繁荣期,它们持续着未受挑战的状态。在许多方面,这些年都是新的黄金年代。私立大学有机会增加自身的财政和学术力量。但这十年的基本模式——富的变得更富——仍在继续。单就捐赠而言,1995年捐赠额不足5亿美元的10所高校,到1999年平均增长了101%,高于10亿美元的13所高校增长了128%。当然,换算成当期美元后,这些百分比代表了巨大差异。这些年,哈佛新增的80亿美元的捐赠大致相当于那些财富只翻了一倍的10所大学的捐赠总和。大量的、不断增加的不平等似乎是21世纪私立部门的通例。②

## 2.3 公立大学的成本

公立大学和私立大学与市场的关系在许多方面是不同的。每所私立大学都是独特的,是其独特的历史、领导力和"选民"(constituencies)形塑而成的。每所高校与全国市场的关系也是独一无二的。但作为结果,所有高校都必须与相同的市场力量进行竞争,都被这些力量以相同方式塑造着。高学费-高资助政策就是一个例子,另一个例子是本科生选拔的固定模式,这将在下一章进行讨论。

---

① 许多私立高校都采用了学费折扣这种做法。一些高校不采用这种做法,而是将学费大幅减至更真实的水平,最著名的是马克金格姆学院(Muskingum College);见 Geiger, "Signposts on the Path to Privatization," p. 54; Ehrenberg, *Tuition Rising*, pp. 83-84。

② Gordon C. Winston 描述了整个美国高等教育的不平等程度,并预见了不平等将由于"盈余"或捐赠来源的不同而恶化;见"Economic Stratification and Hierarchy amony Colleges and University,"Williams Project on the Economics of Higher Education, Williams College, Nov. 2000.

比较起来,公立大学显示出许多共同特征。由于是州的产物,公立大学核心经费中很大一部分来自法定拨款,它们对政府有着不可逃避的义务。在实践中,这意味着要向本州大量的年轻人提供入学机会;不论是否为赠地学院,都要教授实践领域的课程;向纳税人和本州经济提供某些服务。这些义务并不排斥它们追求学术卓越,至少大多数州立大学是如此,但的确造成了这两个目标之间潜在的张力。除了这些共同点,植根于特定的州也会导致各公立大学之间的差异。首先,本科生大多来自本州,每所州立大学的组成都受到州内高校任务分工的影响。有些州立高校(曾经)是开放入学的,其他的传统上是有选拔性的。其次,治理安排在各州之间也存在着广泛差异,高校的自治程度也是如此。再次,对学术卓越的渴望和可能性也显著不同,并且将继续波动。最后,由于各州的经济、人口和政治的不同,实现其使命的财政工具也不同。这里所考察的公立研究型大学在 20 世纪 80 年代和 90 年代的评估中呈现出共同的主题,但在如何实现这些主题上存在着重要差异。

在 20 世纪的大多数时间,州立大学依靠州的立法机构获得大部分的运营资金,拨款量在大部分时间是较适宜的。但是,当州的收入在困难时期下降时,州的拨款也经常随之削减。当情况好转时,这些削减又得以恢复,拨款增加的成长曲线通常又重新开始。这种模式发生在 20 世纪 70 年代初期,20 世纪 80 年代开始时再次发生。在 1980 年,州向公立大学提供了每 1 美元中的 78 美分,其余 22 美分由学生负担(或学费占 22%;见图 2.7)。这低于(它们)10 年前的拨款,但仍高于 20 世纪 70 年代早期卡内基委员会每 1 美元提供 67 美分的建议。

州立大学在那个时点之后获得的资助记录显示在图 2.7 中。20 世纪 80 年代尽管以疯狂的通货膨胀和两位数的经济衰退开始,但对大多数高校来说,仍是相当不错的繁荣的十年。以不变美元计算,州的拨款增长 32%。学费增长率更高,如前文所述,但起始基数相当低。在新增美元中,州作为整体,负担的部分高于学生平均负担的部分(3278 美元对 2394 美元),学费比例接近 28%,但结果确实是混合性的。5 所大学从学生那里获得的经费高于从州获得的经费(科罗拉多大学、特拉华大学、密歇根大学和匹兹堡大学以及宾夕法尼亚州立大学),但其他高校有少量减少或没有减少。

20 世纪 90 年代,州和大学之间的基本关系发生了变化。州对这

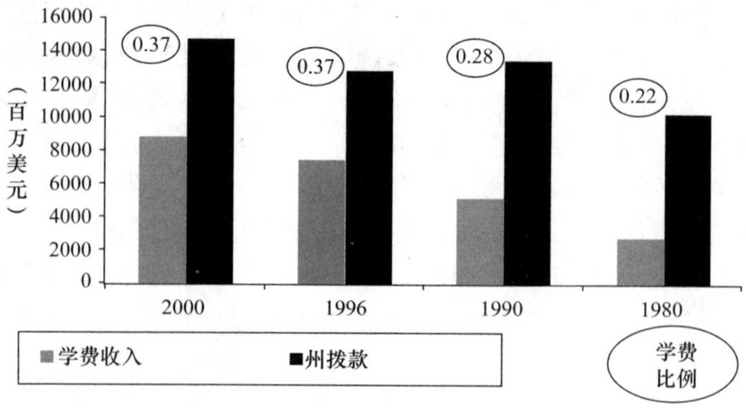


**图 2.7　64 所公立大学的学费收入与州拨款，1980—2000**

些大学的实际拨款从 1996 年开始减少，因此，收入的增加完全来自学生的学费。最大的灾难发生在加州大学，州收入的减少要求废除传统的低收费和高拨款政策。在州拨款削减 15%，学生收费翻了一倍多之后，大学的学费比例上升至接近全国平均水平。收取高额学费的运动变得更加普遍。例外的是将学费比例保持在 1980 年的全国平均水平上的处于阳光地带的那些州（佛罗里达、佐治亚、新墨西哥和北卡罗来纳）。①

某种程度上，这些措施是经济状况推动的。从 1990 年的经济衰退中恢复过来耗时太长，程度太弱。经过多年，税收收入才大幅增加，才使州能扩大预算。而且，20 世纪 90 年代的预算周期恢复阶段异常脆弱。最普遍的扩张是其他类型的州支出——尤其是医疗和教养——它们“挤占”了先前高等教育要求的州预算份额。② 州的支出反映了政治选择，这些年对大学的热情跌落低谷（见第三章），这可能是抑制州拨款或减缓州拨款恢复的因素。

在 20 世纪 90 年代后期的经济繁荣期，大多数的州对提高拨款仍迟疑不决，但至少学费比例保持稳定。整个十年，州实际的拨款只增加了 12 亿美元，而学费收入是这一数字的三倍。于是，形成了一种模

① Patrick M. Callen and Joni E. Finney, eds., *Public and Private Financing of Higher Education* (Phoenix, Ariz.: Oryx Press, 1997), pp. 81-136.

② 同上，pp. 6-10。

式：经济情况好时只恢复少量拨款，经济情况恶化时则大量减少拨款。后一种情况在2001年的大衰退后真实地再现了。许多州削减了大学拨款，有些州多次削减。2002学年，公立大学的学费出现了大规模的绝对上涨。[①]

20世纪90年代普遍的怀疑情绪使州大胆地干预了大学的内部事务，干预范围超过"二战"后反共产主义的歇斯底里以来的任何时期。大多数的干预是由完全的不信任引起的。人们广泛地支持这一主张，即州立学院和州立大学必须——对学生的学习量、教师的教学量以及它们的支出量负责。尽管大学的领导者对选举产生的官员负有直接或间接责任，立法者都倾向于认为大学管理者不能胜任他们的基本工作。1996年，15个州冻结或制定了指导性学费，18个州发起对教师工作量的调查，21个州在某种程度上将高校资助与绩效挂钩。[②] 这些州及其他州对大学管理的干预引起了本文无法解答的根本性的治理问题。更重要的后果是，这些措施限制了大学处理因州拨款减少而面临的困难的能力。

对州立大学的不信任也使州将资助直接发放给学生而不是发给高校，这种现象是高学费-高资助政策的公众版。州府官员通常对此有两种看法。低学费对那些庇护州立高等教育机构的投票者有着强烈的吸引力，在许多州强有力的传统力挺着这一原则。在其他州，关于公平的争论很容易引来高收费的合理化，经常也要求州同时提供更多的学生财政资助。

尽管在1990年至1996年，实际的州高等教育拨款略有削减，但对小型助学金项目的资助上涨了55%。这种发展反映出正日益从对高校的资助转向对学生的资助。这一时期，州的项目新增了10亿美元(1996年美元)用于发放学生资助，但州立高校中学生支付的学费也上涨了72.5亿美元。在大多数的州，这些资金同时面向公立和私立

---

① 2002—2003学年，十大校中的公立学校将学费和杂费提高8%～27%不等。额外的杂费和不同的收费难以比较。公立大学的学费比例大幅提高至40%。

② *Chronicle of Higher Education Almanac*（1997年8月19日）：12. 最后的这一潮流在南卡罗来纳最为流行，实施者使焦点群体确信州立大学的资助过程需要"重新设计"，他们设计的系统已经被制定成法律，将所有州拨款与37项绩效指标挂钩，而其中有些指标是无法测量的；见 William Trombley, "Performance-Based Budgeting: South Carolina's New Plan Mired in Detail Confusion," *National Crosstalk* 7, no. 1 (1998): 14-16。这一无法实行的计划在那之后被不断修改。

高校的学生,反映了私立高校具有的政治力量。这些项目也是相当集中的:纽约、加利福尼亚、伊利诺伊、新泽西和宾夕法尼亚(给全州32%的学生)的拨款占州全部学生财政资助的3/5。

20世纪90年代后期,州向学生提供助学金的政治热情仍然存在,但资助学业优秀的项目呈现出更强的主导性。[①] 1993年,佐治亚州开始向高中平均成绩达到B的本州学生提供希望奖学金(Hope scholarships)。1997年,佛罗里达实施了类似的大型项目,要求学业成绩达到较高水平。1999年,密歇根州也紧随其后。[②] 2000年,加利福尼亚州对财政资助项目进行大幅扩张,既使用学业优秀标准,也同时使用需求标准。[③] 值得注意的是,这四个州的学生资助项目都不属于高校拨款支出。佐治亚州和佛罗里达州将新的彩票收入用于这一目的,密歇根州使用的是它从烟草诉讼中获得的横财,加利福尼亚州恢复了大部分20世纪90年代早期削减的拨款,致力于确保预算盈余。其他州发起了限制条件更多的项目,通常鼓励学业优秀者留在本州。

学生财政资助成为全国各州议会很受欢迎的项目。部分是因其基本理由在于减轻前些年高学费的影响,但是,很具讽刺性的是,这些额外资助产生的市场力量通过扩大学生的购买力,可能鼓励公立(私立)高校的学费在未来继续上涨。

公立大学的定价结构与私立高校显著不同。本州本科生的学费因各州的传统和政策的不同变化很大。2001—2002学年,州内本科生的学费从2500美元(亚利桑那、佛罗里达和犹他州)左右到宾夕法尼亚州的接近7500美元。这些差异从1980年以来几乎没有变化,当时的差距是500美元至1500美元。而且,将私立大学考虑在内,标价和高校成本之间并无联系(见图2.8)。

在某些州,拨款低于学生收费,但在其他州,拨款比学费高出4倍。这些差异与收取的学费数额或购买的教育质量之间没有关系。

---

① 见 Donald E. Heller, "The Policy Shift in State Financial Aid Programs," 载于 John C. Smart, ed., *Higher Education: Handbook of Theory and Research* 17(2002):221-262。

② Donald E. Heller and Patricia Marin, eds., *Who Should We Help? The Negative Social Consequences of Merit Aid Scholarship* (Cambridge, Mass.: Harvard University Press, The Civil Rights Project, 2002).

③ William Trombley, "California's Improved Financial Aid Program," *National Crosstalk* 8, no. 4 (2000): 1,8.

州内学生的学费经常更像是部分负担(copayment),而不是反映服务价值的某个价格。2000 年,州拨款占总成本的 5/8,补贴的差异实际上比学费的差异要大得多。因此,尽管学费普遍上涨,州的基本拨款对这些大学的财政仍是至关重要的。从州拨款的角度看:2000 年的平均拨款为 2.5 亿美元,大致等于向一所支出标准为 5%的私立大学捐赠 50 亿美元。州拨款和学费的数据呈现在图 2.9 中。

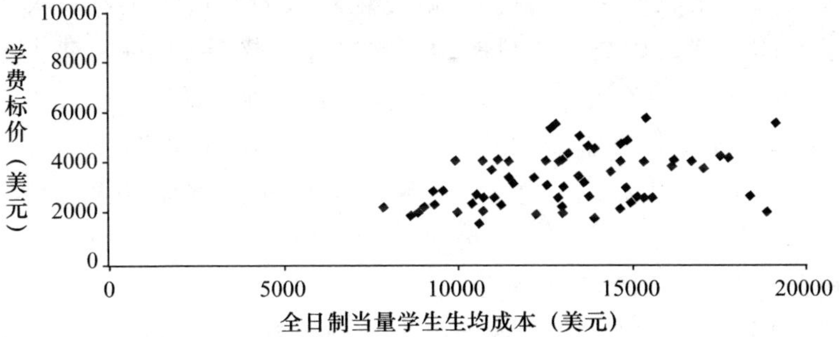


**图 2.8　64 所公立大学的学费标价和全日制当量学生的生均成本,1996**

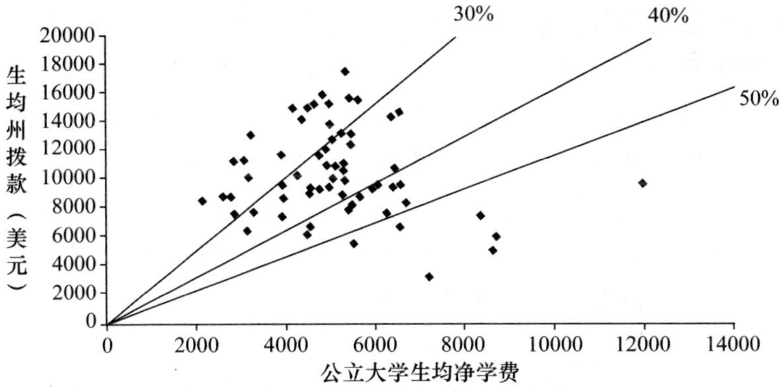


**图 2.9　64 所公立大学的学费依赖度,2000**

公立高校定价的另一个显著特征是生均净学费高于本州本科学费的标价。在私立高校可以发现,生均净学费收入比总学费低 24%。在公立高校,生均净学费比本州学生学费高 24%(1996 年)。公立大学通过几种渠道形成这一特征。首先,它们向州外学生收取更高的学费。州立大学中非本州学生的学费平均是本州学生的 3 倍,因此,当 35%的学生为非本州学生——这是州能够容忍的最大比例——时,

“外州人”提供了60%以上的学费收入。这种向非本州学生敲竹杠(soaking)的政策——或像某些州那样，向他们收取“全成本”——在20世纪80年代非常普遍。许多州立大学现在悄悄越过董事会进行招生，甚至提供少量的学业优秀资助金吸引优秀学生。因此，很像私立大学，州立大学行为也受到对高学费收入需求的影响。

收取不同水平学费的实践在公立大学变得日益普遍。有些高校向高收入学生收取更高费用，向研究生收取的费用也很高。大多数专业学院的学费大大高于本科的学费水平。在极端例子中，弗吉尼亚大学董事会在1995年取消了法学院和商学院所有的州资助，使它们自力更生，主要是依靠学费。[①] 最后，州立大学通过向学生收取各种使用费榨取额外收入。总之，公立大学想尽办法将学费收入最大化，但对本州的本科生——它们最明显的和政治上最重要的顾客——的标价却保持不变，并尽可能地低。而且，许多公立大学仿效私立大学的做法，采取高学费-高资助政策。但这两类大学仍然存在着本质区别。

平均而言，私立大学的教育标价过高，所以通常以优惠价格出售。公立大学的教育标价过低，所以它的顾客中只有少数愿意高于标价以额外费用购买。有趣的是，这两种独立实践共同创造了有特色的本科生教育全国市场。大多数旗舰大学的非本州学生的学费正降至11000美元至15000美元(2001年)，私立大学的学费在减免40%后接近这一数字。这样的定价代表了州内公立大学学费和私立高校全额收费之间的中间点。到了20世纪90年代，这个市场变得更具竞争性，公立和私立大学彼此间的竞争很激烈。

即使大多数的公立高校拥有定价能力去收取更高费用，实践中，它们主要受制于政治约束，往往不能这么做。许多州立大学无权设定自己的学费。其他公立高校面临着法律约束，而私立高校可能害怕学费上涨过于迅速将引发惩罚性的反应。但现在，少数州立大学也收取了它们的市场能够承受的费用。在这种情况下，将来的继续上涨将不利于入学率和收入。州有充分理由对学费进行限制。公立大学有义务向本州适当比例的本科生提供较高质量的教育，而不是像大多数研

---

① David W. Breneman, “The Privatization of Public Universities: A Mistake or a Model for the Future?” *Chronicle of Higher Education* (1997年7月3日)。

究生课程那样招收国内或世界上最好的学生。州立大学显然没有资源通过向大多数学生提供学费减免以实施高学费政策。

与私立大学一样，1980 年至 2000 年州立大学的支出水平范围表明学费水平最低的大学在 20 世纪 80 年代大幅提高学费，但随后的十年涨幅减缓（见图 2.10）。支出水平较高的大学在这几十年中，学费的上涨相对比较平稳。1990 至 1996 年，收入停滞以及随后更为稳健的收入大部分是因为州取消或恢复了对拥有 9 个校区的加州大学的资助。从全国范围看，对州立大学的资助在这二十年中呈现出稳步增长——中层高校年增长约 2%。但是，这种清晰可见的增长掩盖了两个不断发展的结构性问题。

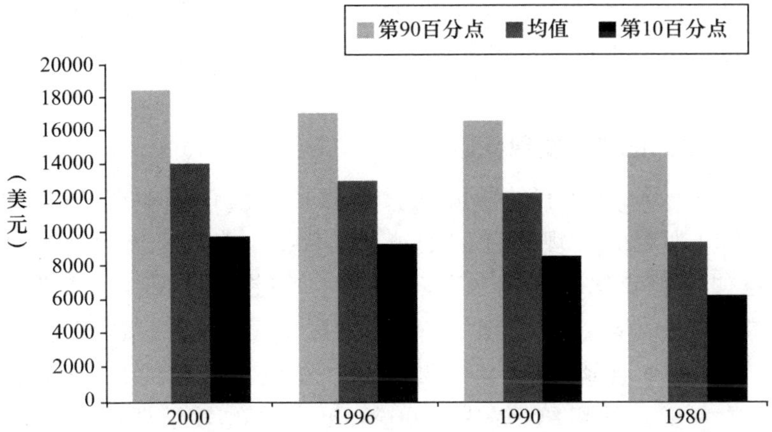


**图 2.10　公立大学全日制当量学生生均成本的离差，1980—2000**

首先，当前的主导趋势是相对较少的州资助和更多地依赖学费，这种趋势并未有减弱的迹象。20 世纪 90 年代后期的发展点燃了某些希望，即对冷酷的私有化的恐惧正不断增强，随着州财政的充盈，甚至溢出，州对大学的资助恢复了往日的势头。但是，更多的拨款往往伴随着许多附加条件，对学生的收费没有下降，很少例外（见图 2.10）。新十年的模式预示着将复制 20 世纪 80 年代和 90 年代的情况——只能最坏。

州自身是 21 世纪前十年早期经济衰退的最大受害者，它们的反应仍逃脱不了老一套，即对高等教育资助进行限制。州立大学在经历这些之后，也许变得更明智，将这些公开削减视为机会之窗。许多州立大学大幅度地提高学费，并欣然接受对学费的更大依赖。看起来，依赖学费比依赖州拨款更可取。当被迫在放弃质量和放弃入学机会之间做选择时，高校都选择了后者。这样做，它们是对市场而非对政府做出反应，部分原因源于它们的第二个结构性问题。

公立大学年均2%的支出增长率与私立大学相比是如此苍白无力，处于中间状态的私立大学的支出增长率是这一数字的两倍。公立和私立高校之间的比较，因最富裕高校的巨大成功而受到了扭曲。但是，在1980年，公立和私立大学的成本都有所增长，尽管私立大学的均值更高。2000年，成本更低的半数私立大学与成本较高的半数公立大学的成本增长情况大致相同。公立大学的学术竞争力有了绝对提升，但与私立大学相比还有所下降。不断扩大的差距是不利的。评价这些差异要弄清成本意味着什么，为什么它们会不可抗拒地上涨。

## 2.4 大学的成本：发现问题

许多人认为，所有的学院和大学的平均教育成本在20世纪都经历了难以改变的有规则性的上涨。实际上，这些变化的速度是不一的，正如引起变化的原因也是不同的。学院或大学的年均学习成本（即高校支出）从1939年到1972年实际上只翻了一倍，而1972年达到的支出水平直到1984年才被超越。在成本翻倍的几十年间，大学变成更为复杂的组织，提供了更多、更丰富的教学课程。1984年至1995年，教育成本上涨19%，但是由于先前的停滞，可以说在1972年之后的二十三年间，支出水平几乎保持不变。20世纪80年代中后期是整个高等教育挽回先前十年的财政损失并有所进步的时期。[①] 到了20世纪90年代，成本仍在上涨，增长率大致等于国内生产总值的同期增长率。[②] 但本研究考察的研究型大学，其支出增长得更多，尤其是私

---

① NCES, *Digest of Education Statistic*, 1999, 表343, 有所调整以减少教育中的非教学部分和一般性支出。同样见 Johnstone, "Higher Education," pp. 23-24。

② 同上，表31. 20世纪80年代和20世纪90年代，初等和中等教育的支出也以相同比率增长。

立大学(见图 2.2)。①

前面的讨论聚焦于使支出增长变为可能的资源。这一问题的另一面是这些支出购买了什么东西?人们往往更关注这一点。从经济学角度看,成本上升有三种可能的解释:低效率,即支出更多而带来的产出更少;质量提升,即增加投入以提高产出质量;以及生产要素价格的上升,即花更高的价格购买相同的投入。② 第一种情况似乎是可悲的,第二种情况是可赞的,第三种情况则可能是不可避免的(除非能够找到替代品)。但实际上要做出这些判断并非易事。

低效率最经常遭到批评家们的抨击,无疑,任何细心的观察家都能轻易地在一所典型的大学校园中发现浪费、重复或有问题的支出的例子。但是,批评家们断言大学在本质上就是低效率的,例如大学教师的学术假、终身制以及教师研究所使用的设备等。

这些抨击忽视了大学以知识为中心的本质,包括先前章节中描述的教师的高资历。在这一点上,将大学与商业组织甚至是只教授课本知识的教育机构进行比较有误导性。③ 公平起见,大学应该与执行类似职能的机构进行比较。在这一比较的基础上,大学的规模和范围表现出显著的效益。例如,大学通常是前沿研究的低廉从事者④,管理成本大大低于独立的或产业的实验室。而且,当购买高端的、个性化教学时,商业和政府支付的价格通常都超过了精英型的学院教育的价格。⑤

这些效率首先源于大学的多目标特征。真实且宝贵的协同作用源自于大学在教学、研究及基于知识进行服务方面的共同追求。但这些协同作用也使评价单个目标的效率变得困难,尤其是评价教学的效率。

---

① 使用另一种测量方法,1976 至 1995 年,全日制当量学生的生均实际支出增长情况如下:

大学:公立,20%;私立,59%

四年制学院:公立,13%;私立,34%

两年制学院:公立,12%(同上,表 349—353)。

② 见 Clotfelter, *Buying the Best*; Charles W. Smith, *Market Value in American Higher Education* (Lanham, Md.: Rowman and Littlefield, 2000), pp. 32-42。

③ 见 Birnbaum, *Management Fads* pp. 215-217 的讨论;以及 William F. Massy, *Honoring the Trust: Quality and Cost Containment in Higher Education* (Bolton, Mass.: Anker, 2003), pp. 29-44。

④ Charles T. Goldman 等人, *Paying for University Research Facilities and Administration* (Santa Monica, Calif.: Rand, 2000),第三章。

⑤ Smith, *Market Value*, pp. 29-44.

但是,大学运行的内在结构中,的确存在潜在的低效率。最根本的是大学的学年制和大学 12 个月的运行预算制。这种结构要求在本学年中制订下个学年所有的计划。这样制订的预算、计划和课程是难以在中途进行更改的,只有在回应批评时才会进行中途调整。也许更糟糕的是,任何重要的改变都需要两年或更长的时间——清楚地阐明一项通常需要进行痛苦谈判的改革,并将其整合进未来的计划中。因此,年度的计时方式并不鼓励适应性调整。[①] 预算结余不能结转入下一个财年的做法,导致这个系统的劣势在大多数公立大学中进一步恶化。大学不是谨慎地管理资源,而是在每年结束时支出或浪费掉这些资源。

对教学安排的年度设置和提前制作课程表,使实现最佳的课程注册人数变得困难。尽管平均的注册人数看起来不错,但它掩盖了某个学期可能存在大量的注册不足或退课率过高的课程。这一问题类似于客机的上座率,只是每门课程都为期半年。入门课和必修课很容易达到较高的上座率,但高年级的本科生课和研究生课就比较难把握。大多数的大学可能对后一类课程的使用不足,而这些课程要求教师更多的专业知识。从这一点上看,像加州大学这类招收更多高年级学生、更少低年级学生的大学对教师的利用率可能更高。

研究学术组织的学者很少会相信大学能够对聘用员工、配置资源进行有效率的决策。尽管在设置和分配教师岗位时使用了业绩标准,但在决定究竟多少行政岗位是必需的或想要的,似乎并无可靠的标准。大学普遍主张增加行政岗位,但缺乏相关的数据支持。1980 年到 1996 年,私立(从 13%增至 14.6%)和公立(从 10.5%增至 11.3%)研究型大学报告的支出中,行政管理的支出比例都有适度增长[②],但无法得知这些新增的管理成本有多少是合理的。研究型大学的行政管理支出均低于各自对应的私立和公立其他高校,这表明对这些大型高校的管理存在着规模经济。

同样,大学对学术共同体建设赋予了很高的优先权,但这些支出

---

① 此外,各院校都认为自己对年度预算拨款持有"所有权","所有权"只有在极端紧急的情况下才会被撤销;见 William F. Massy, *Resource Allocation in Higher Education* (Ann Arbor: University of Michigan Press, 1996), p. 29。

② RU 数据库。大多数的增加发生在规制负担加重的 1980 年至 1985 年。20 世纪 80 年代,行政管理费用普遍上涨的数据来自 Karen Grassmuck, "Colleges Hired More Non-Teaching Staff Than Other Employees throughout the '80s," *Chronicle of Higher Education* (1991 年 8 月 14 日)。

的结果却难以用成本效率加以分析。公平是这一价值的重要组成部分,这可能导致纯学术学科的教师工资高于市场工资。对教师采用公平准则,也可能导致将研究时间分配给无科研生产力的教师。更严重的是,会怀疑大学为了它们的学术人员、管理人员等雇员的舒适投入了过多资源。同样,因为组织上的缘故,大学存在着一个生产弱点,即它所生产的中间产品并不能增加实际的产出。[①] 尤其是对后面这些缺陷,智慧和明智的领导可能能够加以防止。但大学的本质是不同的"选民"持着不具可比性的论据,抱着不同的使命和长期抱负推动着各种竞争性的主张。由于这些主张彼此间无法很容易地进行加权,因而导致了被组织理论家们称为"垃圾罐决策"的结果。

避免这些根本性的低效率并不要求有超人般的管理者,相反的做法来自于成本的收入决定理论所隐含的长期供给不足。由于经费总是不足以满足大学的运行需要,所以大学始终有激励去将那些与其使命关系不大的成本最小化,并将资源重新用于更有价值的目的。例如,实习车间支出的相对下降似乎就是源于这样的过程。[②] 实际上,目前大多数的大学在持续地将不重要的任务外包出去。更普遍的是,在质量欠佳的情况下运行,迫使高校紧缩现在的收入以尽可能节省。这种需要在 20 世纪 90 年代早期大学不断遭遇到预算紧缩时变得更明显。[③] 许多大学将各自不同的成本削减策略制度化,希望能够达到更高的效率。

由于存在着收入约束这一原则,目前大学的效率似乎不可能变得更低。也许与大多数组织相比,大学更应该牢记固有的效率挑战,但将高成本归因于低效率是有问题的。

经济学家通常假定高等教育的质量会随成本而上升,但这是如何发生的仍然是个黑箱。一种解释是,更高的成本与更多、更好的服务相联,因此可以作为更好的质量的代表。[④] 这些服务通常包括教师的

---

① Johnstone, "Higher Education," p. 33.

② 从 1980 年至 1996 年,私立大学实习车间的支出从 13.2%减至 10.6%,公立大学从 13.4%减至 11%(RU 数据库)。

③ 见,例如(密歇根大学和斯坦福大学),William F. Massy and John W. Meyerson, eds., *Strategy and Finance in Higher Education* (Princeton, N. J.: Peterson's Guides, 1992), pp. 67-78, 87-100。

④ Carolyn M. Hoxby, "The Incentive for Higher Education," in James M. Poterba, ed., *Tax Policy and the Economy*, vol. 12 (Cambridge, Mass.: MIT Press/National Bureau of Economic Research, 1998), pp. 49-81, 尤其是 p. 60。

学习、学生同伴的智力以及学生的身心健康——这些都具有市场价值。教育质量更多地源于这些要素的化学作用，而不是它们的总和，但更多更好的服务显然好过于更少更差的服务。成本数据显示，公立和私立大学中处于第 90 百分点的大学的生均支出是处于第 10 百分点的大学的将近 2 倍（见图 2.4 和图 2.10）。质量差异是否与支出成正比？这样的结论似乎是有问题的。

对黑箱进行深入分析，可以假设支出和质量的一般关系取决于几个相互关联的因素。最明显的差异是私立和公立大学的支出，而下面的因素与两个部门中的大学都有关。

1. 项目构成。每所大学都有独特的学术性的和专业性的项目组合，这些项目的单位成本变化范围很大。高成本的私立大学一般具有更高比例的高收费专业学院。有些专业学院，例如医学院，特别昂贵；其他的，如法学院和商学院，由于有大量的收入，因此支出很自由。博士项目本质上也是很昂贵的，所以，拥有越多博士生项目的大学，成本就越高。

2. 课程成本。各学科课程的成本有很大的不同。研究型大学中的演说课（speech）和社会学课程的生均成本最低，但是，生物学课程的成本是其两倍，工程学的是其三倍。这些数字对投入要素的价格（教师的薪水）的敏感程度低于它们对注册人数的敏感程度。主要针对高年级和研究生的、采用小班化教学的专业学科就更贵。同样的，著名大学倾向于支持高深领域的小型学术项目，尽管这些项目很贵。不同大学同一学科的成本从第 25 百分点到第 75 百分点，相差很大。①

3. 生师比。这一指标部分地反映了项目的构成，部分地反映了基本的文理课程的教师配置。因为存在大量的医学院人员及兼职教师，难以获得准确的教师人数，但自我报告的数据显示，公立大学的每名教师对应的学生数比私立大学多 50%。不过，只考虑教师人数是不全面的。公立和私立大学中非学术人员的支出大致等于教师成本，这意味着公立大学也有着更高的学生与职员比（student-to-staff ratios）。②

---

① 这些数据由 Delaware Study of Instructional Costs and Productivity 汇编；见 Michael F. Middaugh, "Measuring Higher Education Considerations and Cautions," 载于 NCES, *Study of College Costs*, vol. 2, pp. 87-116。

② NCES, *Digest of Education Statistics*, 1999, 表 228,229。

4. 教师薪水。2001 年,私立大学的教师薪水比公立大学高 25%。① 这一差异再次反映了项目构成,但在可比领域,私立大学的教师仍获得了更好的报酬。这对质量的含义是明显的:私立大学更有优势竞争到它们想要聘用的学术人员。它还可以对这一要素进行定价:比公立大学高 25%的薪水溢价和低 50%的生师比结合起来,意味着私立大学在每个学生身上支出的教师工资比公立大学高 87.5%。管理人员和专业职员也可进行相似计算。

5. 设施和空间。在激烈竞争顶尖学生时,硬件设施扮演着重要角色。大学倾其所有,使华丽的校园变得更加华丽。这些投资中的大部分用于生活福利设施——新的学生中心、娱乐设施以及宽敞的宿舍,还对教育设施进行投资,包括图书馆和"智能"教室。

6. 有才能的学生同伴。私立大学四处宣传它们对新生的选拔,这一因素通常表现为《美国新闻和世界报告》(见第三章)进行的年度排名。选拔的代价,正如所看到的,就是学生的财政资助。如果高成本大学想招收到高素质学生,它们就必须对其中很大部分的学生进行补贴。理论上,即使全额付费的学生补贴了更贫困的同伴,同伴学生的更高质量也将带来大量的收益。②

7. 研究。对教师的独创性研究和学术活动提供的支持直接涉及诸如博士项目和高薪之类的其他成本因素。它也意味着在系的(即教学)预算中要向教师分配更为适度的教学责任和做出更适当的规定。此外,研究型大学在 20 世纪 90 年代不断新增和维护研究设施,此后还加速了这些投资。③ 在理论上,这些支出通过增进教师的学识从而提高了教学质量。这些因素都关乎大学教师的学术声誉,而学术声誉取决于同行评价和突出成就,这使得高成本和学术声誉之间的联系相

---

① 对于第一类(博士学位授予型)大学,见"Annual Report on the Economic Status of the Profession, 2001—2002", *Academic* (Mar.-Apr. 2002): p. 32, 表 4。

② Roger L. Geiger, "The Competition for High-Ability Students: Universities in a Key Marketplace," in Steven Brint, ed., *The Future of the City Intellect: The Changing American University* (Stanford Calif.: Stanford University Press, 2002), pp. 82-106.

③ Leslie Christovitch, "Top 100 R&D Performing Institutions Continue Increased Facilities Construction," *Data Brief* (Washington D. C.: National Science Foundation, Division of Science Resource Studies, June 22, 2000); Goldman, *Paying for University Research*, p. xiii. 理科教师的启动成本数额巨大。康奈尔的一项研究发现这些成本中将近一半来自一般性经费;见 Ronald G. Ehrenberg, "Financing Higher Education Institutions in the 21st Century" (Cornell Higher Education Research Institute, 2003 年 3 月 25 日,初稿)。

当紧密。大量独立预算的研究支出与大学成本的联系就更不紧密。这部分的资金主要来自外部资源，在许多大学，大多数这样的研究是在院系外的独立的研究中心和研究所(见第四章)进行的。学术院系(或医学院)之外的研究有其自身的成本准则。最后，对大学而言，建立和维持排名很高的院系是很昂贵的。

显然，质量是种复杂的现象，但这七大因素将质量与成本紧密相连。而且，它们大致能够表明，将增加的支出假定为额外收入的形式是可行的。具有更少研究导向的高校在这些特征上的支出经常被指责为"学术漂移"(academic drift)。不过，如果这些高校不在这些领域取得进步，将无法使自己提升为知名高校。对知名的研究型大学而言，拉力是更强有力的。事实上，一项对一流私立大学的成本进行的研究，将成本增长的最大部分归因于大学提高质量的内在动力。[①] 总而言之，20 世纪 90 年代的发展有利于私立大学提高教育质量，尤其是教师质量。

教师代表着高等教育中关键的要素价格。当然，大学购买了各种商品和服务，但大多数的必要支出，像公共事业一样，都具有三个特征：大学对价格几乎没有控制；大学希望最小化它们的成本和消耗；价格与高校的质量无关。相比较，教师拥有的专业知识是大学不可或缺的，大学会仔细考虑能够购买多少，应该支付怎样的价格。而且，教师的薪水对高校中其他专业人员的报酬具有指导意义。

根据目前的经济学观点，传统课堂中的教师劳动的成本显示出内在的上升趋势。正如威廉姆·鲍文在 20 世纪 60 年代后期解释的那样，技术固定的劳动密集型行业的生产力是无法提高的，如表演艺术或大学，其薪水成本会随着经济体中其他行业生产能力的提高而被拉升。[②] 这些专业工作者希望自己的报酬能够与那些同样资历的、能享受生产力提升成果的工作者提升的生活标准保持一致。这种普遍效应在特定时期内起作用的程度取决于多种市场条件以及高校能够花

① Clotfelter, *Buying the Best*；一项关于教学与科研互补的开创性分析认为，对大学的基础研究进行积极的社会投资"可能使本科教育变得更加昂贵，但是从整个社会的角度来看，这种成本的上升是值得的"；见 Nerlove, "On Tuition and the Costs of Higher Education," p. S204。

② William G. Bowen, *The Economics of Major Private Universities* (New York: Carnegie Commission on Higher Education, 1968)。这种效果也归功于 Bowen 的合作者 William J. Baumol，但 Bowen 最先用其解释高等教育价格的持续上涨。

费的收入总额。

因为高等教育中的劳动力市场是高度分割的，所以鲍文效应的作用并不明显。大多数学科的教师不参与非学术职位的竞争，也不直接与其他院系的同事展开竞争。但仍然存在着超越这种分割的内部和外部的影响。如果学术人员的薪水太低，有些人将离开大学，其他潜在的教师将放弃学术职业。[①] 在这种情况下，聘任新教师就必须提供更具有吸引力的条件，在新旧教师之间制造“薪水压缩”(salary compression)。但是，对公平的普遍关注对大学产生了重大影响，要求大学随着时间的推移减少这种差异。[②]

私有化时代，在分子生物学和计算机科学领域，学术职业和商业职业之间的距离缩小了。在产业中，就业选择对工资上涨施加了真实的压力。理论上，管理者倾向于在大学中保持横向公平，但内部分割和资源约束使大学难以抵抗这些外部市场的拉力。法学院和商学院早就制定了自己的薪水表，现在，其他与经济领域相关的教师也要求提高薪水补助。[③] 这些都证明了鲍文的观点，即现实的经济环境拉动了大学工资成本的上升，但在 20 世纪 90 年代，这些作用的效果还远未统一。

20 世纪 80 年代中期至 90 年代后期，尽管实际薪水有所上涨，高校教师的薪水仍落后于其他要求具备较高教育程度的专业人士。[④] 二者之间差距的扩大产生了提高学术人员薪水的压力。但是，正如美国的经济环境一样，高等教育中不平等的扩大是普遍的。在授予博士学位的大学中，教师获得了大量的薪水补助。一流研究型大学中的教师

① 本质上，同样的机制对管理人员和专业人员都起作用。从事商业或技术服务的人员可能更接近于商品经济，但是内部公平的观念同样也起作用。历年来，教师和管理人员的工资上涨情况都很相似。

② 例如，新聘任的助理教授之间的薪水差异大于正教授之间的差异；见 Ehrenberg, *Tuition Rising*, p. 119。

③ David A. Hollinger, “Money and Academic Freedom a Half Century after McCarthyism: Universities and the Force Fields of Capitalism,” 载于 *Unfettered Expression* (Ann Arbor: University of Michigan Press, 2000), pp. 161-184。

④ 1985 年教师的平均薪水比其他要求较高教育程度的职位低 23%，1997 年低 32%；见 Linda A. Bell, “More Good News, Why the Blues? The Annual Report on the Economic Status of the Profession,” *Academe* (Mar.-Apr. 2000): 12-21。

得到的多，私立研究型大学的教师得到的更多。[①] 在这些大学中，各领域补偿的差异是显著的，“明星薪水”已扩大了更高层的差异。[②]

研究型大学的教师并没有遭受使教师职业整体饱受折磨的相对剥夺。[③] 这些大学主要通过限制教师数量来保护教师的生活标准。这种行为证实了通过多种途径发挥作用的鲍文效应的存在。与高等教育中的其他部分相比，研究型大学聘用了更多与商业经济有紧密联系的教师，也为发挥教师的全部才华而在竞争环境中运行。它们对教师数量的限制有着深远意义。

图2.11和图2.12显示了20世纪80年代以来教师人数的有限增加。在私立大学，20世纪80年代收入增加了78%，带来13%的教师人数增长。从1990年至1996年，收入增加24%，而教师人数只增加了1%。在公立大学样本中，20世纪80年代收入增加41%，带来7%的教师人数增加。从1990年至1996年，收入有了10%的适度增加，但只增加了390名固定(regular)教师(+0.6%)。公立和私立大学利用预算留住更资深的教师，尽力维持具有竞争力的薪金水平。但是，它们这样做是以牺牲低年资教师的聘任为代价的，尤其是在公立大学。公立和私立大学正教授的人数和比例的上升都意味着教师的专业水平和资历的上升，但这种作用在私立大学中更明显。

这种高度停滞的模式在世纪之交发生了变化。从1996年到2002年，私立大学继续增加正教授，但是增速减缓(这一时期大约为400人，而1990年至1996年为500人)。但是，在这十年中，这些高校第一次增加了低资历教师的职位——超过500个。这些增长使教师规模在六年内增长了5.5%。这些大学多半会继续追求和聘任明星教授，但考虑到是投标竞争，助理教授也许能带来更大的价值。最显著的变化是，最富裕、排行最高的大学带头增加教师职位，而在前一时期，它

---

① F. King Alexander, “National Trend in the Relative Fiscal Capacity of Public Universities to Compete in the Academic Labor Market” (University of Illinois, typescript, n. d.).

② 同上，pp. 15-18；Ehrenberg, *Tuition Rising*, p. 119。

③ 博士授予型大学中的教授比低一级大学中的教授多挣29%。尽管这一比较并不精确，但这一优势是32%的“相对剥夺”中的重要部分(见本章第65页注释⑤)；还可见Bell, “More Good News,” pp. 15-16。

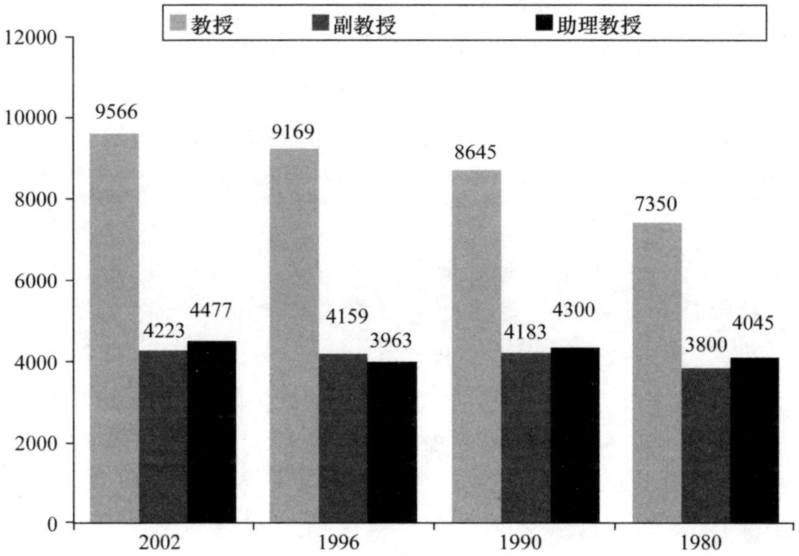


**图 2.11 28 所私立大学分职称的教师人数,1980—2002**

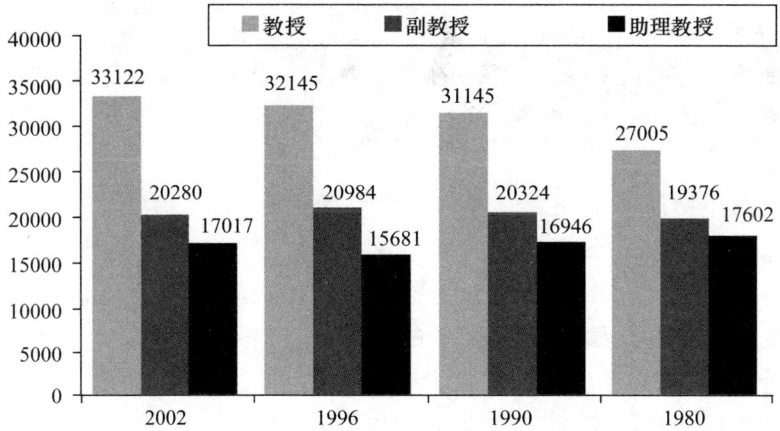


**图 2.12 64 所公立大学分职称的教师人数,1980—2002**

们是有意避免这样做的。①

这些年,公立大学也增加了低资历教师的职位,超过 1300 个。这

① 南加州大学走在了其他大学前面,2002 年,它宣布将投资 1 亿美元招聘 100 名"世界级"的资深教师,这些教师任教于文理学院(College of Letters, Arts and Science)——这将空前地丰富其知识资源。

些年公立大学教师总人数几乎都有所增长，可能是因为持续的预算约束使它们用低资历教师来填补资深教师的空缺。情况自然是混杂的。例如，加州大学大幅增加各级教师的人数，超过 20 世纪 90 年代前期流失的教师人数。但是，其他公立大学的教师人数有所减少。而且收入显著增加的州立大学都倾向于增加教师，教师流失最为严重的是那些收入没有增长的州。许多州还没有明显从 20 世纪 90 年代早期到 2001 年的经济衰退中恢复过来。

教师是大学知识能力的最关键投入。上面评论的这些推动力并不表明，教师人数或薪水本身推动了成本上升。[①] 相反，教师支出受制于预算约束。对大多数的大学而言，需要更多的教师来覆盖不断涌现的知识领域，需要杰出的教授提供知识领导力，需要提高并平等化教师薪水，这些都对增加收入形成了一定压力，使大学能在核心任务上有所提升，避免在最糟糕的状况下衰落。

## 2.5 维持质量，适应变化

自 1990 年以来，有些私立大学变得史无前例的富裕，它们摆脱了资金长期不足这一普遍存在的大学境况。它们要应对深受欢迎的重大挑战，以长期谨慎的、对社会负责而又低调的方式慷慨地使用这些资金。

对包括所有公立大学在内的大多数大学而言，编制年度预算仍然意味着要与第一章中界定的质量欠佳这一事实做斗争。许多大学努力恢复 20 世纪 90 年代减少的资助。其他大学希望抓住这一有利机会提升自己在全国大学等级中的位置。还有一些大学尽管取得了显著进步，但还必须应对由富裕大学设定的不断提升的标准。这后一类大学不仅包括著名的公立大学，它们发现自己正不断落后于私立大学，而且还包括其他不太富裕的私立大学。质量欠佳这一问题不仅是地位较量。[②] 当前，学术知识的范围正在加速扩展。不论学生或教师

---

① 1980 年至 1996 年，固定教师的薪水在大学支出中的比重以及在教学预算中的比重都下降了(RU 数据库)。这一变化反映出兼职教学人员的增多和院系管理的增强。

② Patricia J. Gumport, "Universities and Knowledge: Restructuring the City of Intellect"; 以及 Burton R. Clark, "University Transformation: Primary Pathway to University Autonomy and Achievement," 载于 Brint, *The Future of the City of Intellect*, pp. 47-81. 322-343。

的人数是多少，大学都必须在智力上不断增长，否则将停滞不前。它们还要适应不断变化的社会的和工作场所的条件。因此，不仅要求它们不断追求质量，还要求它们适应专业知识不断变化的要求。

“质量欠佳”这一概念需要做进一步阐释。从某些方面看，大学是自我恢复能力很强的组织，它们利用给定时期内能够获得的比以前更少或更多的资源来完成教学、研究和服务的使命。在财政紧缩时期，它们仍百折不挠地坚守着追求卓越的传统。它们非常关注自身活动的质量。质量关键取决于来自两个渠道的资源水平。就内部而言，资源是根据通常的标准进行测量的，削减意味着更少的教师和更大的班级、延期维修、无法更换过时的设备、图书馆购买更少的图书。就外部而言，下降或不变的资源损害到大学的竞争地位。受到威胁的是吸引或留住顶尖教师、招收优秀学生或有效竞争研究经费的能力。这两方面是相互联系的，但在经费减少时，通常更强调保证内部维持，在经费增加时往往强调竞争。

大学通常有能力在不明显损害其声望的情况下容忍大量的财政削减。正如通常认为的那样，扩大班级规模将降低教学的有效性，但是，这一边际效应太微弱，无法测量。财政紧缩对研究的影响更间接，因为研究资金大都来自外部。即使在困难年份，大学的领导者也有很大的回旋余地来保护和安抚最具生产能力的学者。当大学年复一年地根据财政紧缩进行调整时，它们也以这种方式积累了质量缺陷。这种效果在这些高校中越来越明显，尽管从外部经常难以发现。测量这些质量缺陷总是存在着问题，但生均核心支出水平是一个合理的指标(见附录A)。大约1/3的公立大学和3/5的私立大学在20世纪90年代早期至中期成功地避免了这种情况的发生。它们以令人满意的速度增加了支出，以保证学术进步。但对其他大学而言，这些年大都是勉强维持现状，或变得更糟。

那些有幸能够在20世纪90年代末的繁荣期解决财政缩减这一问题的大学，接下去的道路是明朗的。如果总的运行预算能增加，首先要调整的是教师和职员的薪水。由于薪水是大学预算中的最大项(大约占75%)，这一措施本身将占用总预算中新增部分的很大比例。同样，用于维持和装备的支出以及图书馆等方面已被延迟的支出也要给予考虑。尤其重要的——而且昂贵的——是填补空缺的教师职位。这整个过程大部分是为了通过将大学的运行升级到更佳水平来解决内部层面的质量损失问题。但为了保持竞争力和时代性，大学还要投资于改进和变革。这一要求带来了不同层面的挑战，这些挑战是无法通过传统方式得以解决的。

20 世纪 90 年代，美国大学受到了前所未有的挑战，要求更新并扩大大学的活动。本科教育的巨大转变是下一章关注的焦点。这里只要提及 1990 年左右大量出现的负面论调就够了，这些论调迫使大学证明它们对本科生及本科教育的关注。这一困境也激发了新项目的设立，这些项目将强调科研活跃的大学在教育上的优势。基于学业优秀的资助不断普及，进一步证实了顶尖学生的价值、稀缺性和不断上涨的成本。这种情况与研究生相似。较弱的博士教育需求和一流的私立大学充足的资源都使院系能更慷慨地提供研究生奖学金。[①] 在这些领域，大学必须支出更多才能维持现状。

信息技术（IT）成为大学一项额外的、昂贵的必需品。硬件、软件和支持性人员都成为持续增加的支出。IT 改变了图书馆、行政管理和研究的本质，也改变了学生生活，从而自然地产生了节省，但技术进步的法则仍大体有效：还能做得更好，但需要更多的资金。目前正在将 IT 应用于教学，结果通常是可以想象而无法预见的。但是，智能教室变得普遍，而不再是例外。可以肯定的是，大学必须提前准备好额外的投资。

大学对发现、整合和传播新知识的承诺是无止境的挑战。开创新领域和拓展旧领域从大学诞生之日起就在不断地挑战着大学。20 世纪 90 年代及之后的范式挑战（paradigmatic challenge）是作为生物技术基础的科学基础（scientific base）的快速演变。它的影响远远超越学术性学科，但竞争向大学提供了额外动力，使大学力争处于基础研究的前沿。

其他领域，尽管不是那么出名，但其发展之快也是不遑多让的，包括计算/信息学、微电子和材料科学；智力的酵菌已溢出到带着更多传统名字的领域，例如生物化学和电子工程学。对大学而言，这些领域带来了巨大的资本需求、组建多学科团队的组织挑战以及与产业竞争稀缺科学家的需要。但是，这些领域都不能被忽略。大学声称要增进

---

① Roger L. Geiger, "Doctoral Education: The Short-Term Crisis vs. the Long-Term Challenge," *Review of Higher Education* 20(1997):239-251.

知识、训练未来的科学家、将新知识转化成经济增长，这些都有赖于对这些领域的培育。

要求大学处于知识发现的前沿，并不能坐等国库出现剩余。结果是，大学奋力提高适应变化和扩展财政管理的能力。20世纪90年代，有四种明显模式：基础预算的惯性增长、再分配策略、企业家精神以及撬动私人捐赠。虽然大多数大学采用了这四种模式，某些高校仍有自己的独特模式。

对大学而言，预算增长是“二战”之后的二十五年中自然而然的事。当高校大幅度地扩大其活动的规模和范围时，入学人数和资源则以不稳定的比例波动性地增长着。大约从1970年开始，入学人数很少增长，尤其是在私立高校，因此也不再有额外的资源渠道。大学要处理变迁的急迫要求，就必须寻找其他途径去获得可自由支配的资源。

如上所述，最富裕的私立大学从20世纪90年代的经济环境中获益最大。尽管学费收入上升了，但它们主要的收益来自于急剧膨胀的捐助、繁荣的市场和慷慨的捐赠。世纪之交的市场巨浪使领导者们切实遭遇到了富裕的窘境。①

大学每年都必须支出一部分捐赠。尽管大部分捐赠的用途受到限制，但其必须为之支出的用途也包括教师薪资和学生资助，这是任何大学都要提供的。每所大学对捐赠资金的使用都有自己的规则，尽管它们确实很雷同。典型的是，将相当于前三年市场价值4%～5%的移动平均数额用于下一年的预算。当市场价值快速增加时，正如20世纪90年代后期那样，迟滞的移动平均数额可能使支出低于4%的当期市场价值。不过，如果更少，可能会对大学的非营利身份造成法律上的挑战。因此，最富裕的私立大学在这十年的初期就开始对它们引人注目的财富进行配置。

当耶鲁的资源在20世纪90年代增加时，它首先考虑的是使耶鲁学院的学生受益，他们的前辈为大学的繁荣承担了很大责任。耶鲁建立了第十三所寄宿学院——不是为了扩大招生，而是为了备用。每所

① 哈佛尤其被指责参与抢夺自身并不需要的经费。2000年捐赠数据的公布引起了更多的指责，批评这些大学获得了太多；见 Kit Lively and Scott Street, “The Rich Get Richer,” *Chronicle of Higher Education*（2000年10月13日）。采用4%的支出原则，2000年捐赠的价值能够带来如下的生均支出：普林斯顿，52000美元；耶鲁，40000美元；哈佛，38000美元。

现有的学院在旧宿舍翻新的一年中轮流使用这个备用院舍。这项投资是巨大的、长期的,集中关注大学最有价值的组成部分。照顾了学生利益后,耶鲁开始增加(或恢复)教师职位。这种做法是在像政治科学这类具有较高声望的院系中形成资深的或“明星”教授聚集,从而支持和保护顶尖的学术声誉。耶鲁下一个承诺是对生物和物理科学进行惊人的投资——十年内分别投资5亿美元。这是继20世纪20年代和30年代斯特林(Sterling)捐赠后,耶鲁作为研究型大学为追求未来的卓越所进行的如此巨大的投资。

普林斯顿一向就更专注于本科学院,它的投资选择反映了这一重点。1997年,普林斯顿任命了一个专门的董事委员会权衡各项战略选择。它的建议是不同寻常的,因为它使普林斯顿打乱了COFHE正式会员的阵脚。尽管联邦反托拉斯诉讼阻止大多数这类高校在招生中进行合作,但它们仍作为默认的卡特尔组织在发挥作用。① 它们在计算财政需求时遵循类似的指南,至少最富裕的学校还坚守着不问家境(need-blind)的录取原则和满足需要的(full-need)资助原则。它们也避免招生远超过边际增长:选拔性是极为重要的,申请者的池子是有限的。

1998年,普林斯顿打破了第一条规则,改变了财政资助的发放公式。它增加了自身发放的(高校资助)资助,使更多学生获益,同时降低了学生对贷款的需求。这项措施使中间阶层的家庭尤其受益,普林斯顿认为入学成本的存在将抑制招生质量。2001年,普林斯顿进一步取消了其财政资助包中所有的贷款条件。不出所料,这些对学生质量的投资使净学费收入减少了,但它也迫使与普林斯顿同类的高校进行类似调整,这些调整是大多数高校不愿进行的。②

2000年春季,普林斯顿打破了第二条规则,宣布扩招500名本科生。③ 尽管普林斯顿的标准很高,但仍可以轻松地招到这些新增学生。同样,这一部门的其他顶尖高校并不欢迎这种做法,其候选学生中损

---

① 见第三章的讨论。

② Andrew Brownstein, “Upping the Ante for Student Aid,” *Chronicle of Higher Education* (2001年2月16日): A47-A49。取消贷款预计将使普林斯顿2002财年多花费1600万美元。

③ Princeton University, “Wythes Committee Report,” Apr. 2000 (www.princeton.edu/pr/reports/wythes).

失了125名第一流的学生。

普林斯顿扩招决定背后的推理反映了收入高速增长的结果。在持续地投资教师和设施后，普林斯顿判断其教学能力能够在不降低质量的情况下多培养500名学生。[①] 而且，在普林斯顿的研究生教育悄然扩张了几十年，这些扩招的本科生将使本科学院恢复到一个更适当的体量。资金不是问题。这些新学生的学费就能补偿他们的边际成本，基建预算能通过新建宿舍轻松地安顿他们。经费的增加使普林斯顿能向新增的有才华的学生提供优质的教育。[②] 在设定优先次序时，普林斯顿董事会首先和最重要的是转向巩固本科学院，同时在其他方面继续那些为学校带来显著繁荣的课程。

对这些高校和它们极少数富裕的同类高校而言，世纪末的收入增长克服了资金不足和质量缺陷。尽管它们彼此仍在竞争，但它们也认识到要谨慎地使用这些资金，避免抬高业已膨胀的成本。所以，普林斯顿采取的放宽财政资助政策表明，这些高校支出的可控性增加——并且并非偶然地，使它们与那些采取紧缩措施的高校距离更远。

但是，这些超级富裕的高校在满足需求后，如何处理剩余资金呢？简单的答案是储蓄，而储蓄有多种形式。捐赠的基金本身就是最显著的储蓄形式。[③] 传统上，它的增加来自于馈赠和增值，但超级富裕的大学对能带来额外收入的大量盈余进行多年经营。私营公司可以将这些资金称为利润，但它们与捐赠的资金混在一起，因此难以明确它们的性质。

大学还通过大量新建和翻新的项目进行另一种形式的储蓄。新建筑是大学的资产，因此增加了净资产。与捐赠不同，建筑存在着折旧而不是增值，但是它们的使用价值高于折旧。在基建资金难以获得的时期，这些大型的基建项目满足了大学的未来需要。翻新也是如

① 普林斯顿大学在所有大学中生均捐赠最多、师生比最低(7∶1)，校园设施非常完备。随着新领域增加，教师规模稳步扩大，不断增加的捐赠收入“几乎都投资于校园的硬件设施”；同上，p.26。

② 普林斯顿估算其能招收的学生是目前1150名的两倍，且不会造成优秀学生的损失。Wythes委员会认为，新增的学生将提升班级的智力水平，这意味着招收更多高智商的学生从而稀释捐赠的数额和运动员的比例。普林斯顿还担心录取了太多支付了全额学费的(富裕的)学生。

③ Henry Hansmann, “Why Do Universities Have Endowments?” *Journal of Legal Studies* 19 (Jan, 1990): 3-42.

此。耶鲁重建了20世纪30年代的寄宿学院，满足了未来几十年耶鲁本科生的需求。耶鲁投入科学中的10亿美元中也包含了大量基建工程。建筑用的起重机大量活跃在私立大学，因为这些高校用当前的财富创造着未来的资产。

在公立大学，匮乏的经济状况依旧普遍存在。密歇根大学是公立大学中预算增长的突出代表，但这些增长象征着私有化时代的来临。1980年至2000年，州的实际拨款年均增长仅略高于1%。这所大学通过大幅提高学费来补充资金，州内学费达到全国的最高水平。密歇根大学是第一所向高年级和研究生收取高额学费的大学，也增加了补贴。由于存在着大量的本州以外的需求，密歇根大学是唯一一所州外学生学费可与私立大学学费相比的州立大学。① 它的学费政策表现为私立大学的高学费-高资助的取向，这其中包括2001年13%的学费减免。密歇根大学有着很强的自愿赞助传统，20世纪90年代，它的院校捐赠基金在单个的州立大学中是最大的。只有少数的公立大学从捐赠基金中获得了大量收入，而密歇根大学在2001年的年度收益就达到生均5000美元。②

私有化收入的成功以及对州支持的持续不满使詹姆斯·杜德斯达(James Duderstadt)建议"私人资助的公立大学"应摆脱公有制。他推想到，州只是大学的采购者(procurement relationship)，大学应该摆脱州制定的约束，从而全面地提高来自学费、研究赠款、私人资助以及附属的服务收入。这类大学就是"私人资助但公共所有的"。③ 但是，事情并不是沿着这条道路发展。尽管私有化不会放缓，充盈的州财库将会给予更慷慨的拨款，杜德斯达的继任者与州培育了更合作的关系。

私人收入允许密歇根大学稳步地扩大其核心预算，尤其是在20

① James J. Duderstadt, *A University for the 21st Century* (Ann Arbor: University of Michigan Press, 2000), p. 312. 学费收入从1980年的7800万美元增加到1998年的51300万美元，实际增长了244%。1998—1999年的全部数据都来自密歇根大学，截至1999年6月30日的财务报告。

② 更大规模的捐赠掌握在加州大学系统和得克萨斯"公立大学基金"手中，后者主要使得克萨斯大学和得克萨斯A&M大学受益，并非由其他高校所控制。例如，2000年密歇根大学生均所获捐赠约10万美元，而普林斯顿、耶鲁和哈佛为100万美元，甚至更多。密歇根大学来自捐赠的支出远远少于生均10万美元中的5%。

③ Duderstadt, *University for the 21st Century*, p. 312. 20世纪90年代中期，类似的观点在威斯康星广为流传。

世纪 90 年代末获得大量收入的时期。在这个结合点上，密歇根大学很容易成为加州大学系统外在财政和学术上最强的公立大学。密歇根大学进步的关键在于它更早地产生了动力，有能力进行大量的面向未来的投资。

从 20 世纪 80 年代后期起，密歇根大学实施了更进取性的政策，促进整个大学的多样性，这项政策在教师聘用和招生两个方面获得了大量的财政支持。[①] 媒体活动中心(Media Union)的成立是将新技术直接带给学生的开创性行动。大学致力于提高本科教育质量，同时并没有减少研究的重要性。

20 世纪 90 年代早期，当一流的研究型大学发现它们的研究份额减少时，密歇根大学成长为学术 R&D 的最大的承担者。这一成功源自持续的投资支持。密歇根大学在 1999 年以其典型风格启动了生命科学行动，旨在使大学的科学家站在生物信息和磁共振成像等新兴领域的前沿。从 20 世纪 80 年代开始，密歇根大学投资于变革的这一目标变得根深蒂固，并通过私有化获得的稳步增长的预算得以实现。

在 20 世纪 90 年代预算停滞的环境中，再分配资源以适应变革成为日益紧迫的焦点，同时管理问题也日益受到关注。长久以来，人们已普遍认识到，传统的增量预算法几乎不可能大量削减任何一所大学机构的资金。[②] 尽管提出了各种方法，但挑战在于如何高效且合理地达成这一目的。[③] 通常，教师就被认定是问题所在，因此，管理系统要向教师或院系提供激励，使他(它)们在进一步推动高校目标实现的同时节约或重新分配资源。最终，再分配策略在向运行层次下放权力和在中枢核心保留方向设定权之间形成了张力。

最常见的再分配方式与过时的增量主义是一致的，即对运行单位“征税”。那些被要求将申请的预算逐年减少一定的百分比的单位将被迫做出选择，或者是变得更有效率。高校的中枢管理部门可以根据自身目标对作为结果的资金池进行再分配，特别是倾向于新项目或补

---

① 院系受到鼓励招聘高价值的少数族裔和女性候选人，并获得聘用他们的经费；同上，pp. 201-211。1997 年，密歇根激进的平权政策成为两项法律诉讼的长期靶子，这两项诉讼于 2003 年由最高法院做出了裁决。

② Massy, *Resource Allocation*, pp. 26-31.

③ Robert Birnbaum, *Management Fads in Higher Education* (San Francisco: Jossey-Bass, 2000); Gary Rhoades, “Who's Doing It Right? Strategic Activity in Public Research Universities,” *Review of Education* 24 (2000): 41-66.

充给那些值得给予资金的单位。对组织万能这一观点的忠实拥护者而言,“征税”是无效的方法。它压榨了下属机构,没有改变它们的根本行为,学校的中枢管理部门仍处于要扩大资金补充范围的压力之下。[①]

这种分权化方式的另一种更强的版本是将管理的战略目标与运行单位慎重选择的新计划联系起来。麦迪逊威斯康星大学就采用这种方式引导各院系之间的合作。它在相关院系合作提交的建议书的基础上保留了20个授予院系的教师职务。行政机构像基金会那样评议建议书,并将职位授予给那些被相信会做出最好业绩的人。[②] 这种做法产生的跨学科教师职位不同于按照标准程序产生的教师职位。

至少在理念上还存在着相反方式,即下放财政职责使资源(收入)与运行直接联系在一起。“各学院自治自理”(every tub on its own bottom)是哈佛延续了一个世纪的至理名言。宾夕法尼亚大学和其他私立大学目前也采用这项原则,主要用于包容和安抚强势的专业学院。应用到大型的州立大学,这种方式被称为“以责任为中心的管理”或RCM。[③] 作为一项颇受偏爱的措施,RCM使运行机构能保留许多自有收入,但也要对其自身的成本负责。这一理论认为,各机构存在着增加收入、减少成本的动机——换言之,就像高效的企业那样行事。但是由于有些大学机构,例如图书馆或中枢管理部门并没有任何收入,它们的资金来自其他机构通过内部税收或补助金系统上缴的资金——其本身就极大地偏离了RCM原则。

位于布卢明顿的印第安纳大学从1990年开始实施RCM,在5年

① Rhoades提供了相关证据,表明这一方法无法解决“管理困境”,即在高度变化和政治化的环境中如何建立透明、公平合理的标准将资金分配给应该优先发展的活动(“Who's Doing It Right?” p. 53)。

② 作者对麦迪逊威斯康星大学校长David Ward进行了访谈,UC Berkeley Center for studies in Higher Education,Oct. 5,2000.

③ 分权化预算的其他术语包括“收入责任预算(revenue responsibility budgeting)”。由于包含了量化的绩效指标,它成为“绩效责任预算(performance responsibility budgeting)”或“价值责任预算(value responsibility budgeting)”。见Massy, *Resource Allocation*, pp. 163-190,293-324。20世纪80年代,宾夕法尼亚大学和南加州大学都采用了收入责任预算;同上, pp. 163-184。

期的审核结束后又重申了两次①,并进行了微调。印第安纳系统根据学生的学分学时将所有的学杂费收入拨给教学单位,并用州的拨款提供补助金以平衡不平等。而后,它对每个教学单位进行“评估”,找出那些非教学机构。RCM 明显达成了它的某些预期目标。教学单位对自身的预算和未来拥有更大的控制权,院系能敏锐地感知学生对课程的偏好。

20 世纪 90 年代州拨款的停滞使这项尝试颇为受挫,但其本身也存在缺陷。第一,RCM 使各单位之间产生了冲突,不论是学分学时,还是评估结果。它产生了零和状况,即一个机构的所得只能来自另一个机构的损失。② 各单位对此的感觉是五味杂陈,同事关系遭难,尽管这很难证实。第二,资金分配的运算法则变成全能——就像老式的预算方式那样难以改变。第三,在执行过程中,RCM 剥夺了中枢管理发挥其领导力时可用的财政手段。这些损失是系统运行顺利的吉兆,因为这个系统是受数量(即,学生的学分学时)驱动的,确保或提升学术质量的责任则丢给了行政管理。由研究生院(Graduate School)分配的研究赞助考虑了质量的权重,但权重应该更大一些。第一份 RCM 评估建议赋予校长一笔自由支配的经费,第二份评估则要求扩大这笔经费的数额。③

在印第安纳大学,RCM 引起的反应是混合性的,但对资源再分配的影响显得很微弱,这曾是它发誓要达成的目标之一。在某种程度上,资源从具有重要地位的文理学院转移到了专业学院。但是,中枢管理部门更多地承担起适应变革这一责任。④

尽管环境更有利,密歇根大学在采用 RCM 时却出现了更多问题。密歇根大学在增加而不是停滞的资源基础上执行它的 RCM 版本。也

---

① Indiana University,RCM Review Committee,“Responsibility Centered Management at Indiana University, Bloomington”(1996 年 10 月); Indiana University, RCM Review Committee,“Responsibility Centered Management at Indiana University, Bloomington, 1999-2000”(2000 年 5 月)。

② 例如 RCM 下各单位的战略行为,见 Massy, *Resource Allocation*, pp. 171-172 以及第 69 页的注释①。

③ Miles 校长还实行了一项耗资 2500 万美元的“战略方向”计划。该计划采用基金方式征求和审查为达到各种目标而提交的申请。但是,奖励大多用于增强科研,而且操作过程并不受教师的欢迎;印第安纳大学,“The Strategic Directions of Indiana University, 1994—1999”(n. d.)。

④ 伊利诺伊大学香槟校区也实施了 RCM,但将大量的财政裁量权保留在教务长手中。

许最重要的是，在高度私有化的校园中，各单位积极向外寻找机会增加收入，而不是与本校其他单位进行竞争。但是，这些条件并没有阻止各单位之间怀有恶意的争吵。而且，RCM破坏了大学促进跨学科合作这一明确的承诺。仅仅两年后，RCM模式就被新上任的李·波林格(Lee Bollinger)校长(1997—2002)加以改变。特别是，中枢管理部门保留了足够的权威和资源对学术单位施加影响，并发起重要的行动计划。①

相比较，在康奈尔，一位仔细的观察家谴责RCM之类的方法内在地存在浪费。康奈尔大学的各学院采取了战略行动来吸引或储备有价值的入学者，而不关注学生或大学的最佳利益。霍华德·鲍文的成本的收入决定理论是对的，最成功的(即，最富裕的)学院花光它们获得的所有收入，从而抬高总的大学成本。② 综上所述，这些例子似乎表明，尽管在某些条件下RCM是可行的，但作为再分配策略，其效力是微弱的，甚至是负面的。它创造的"市场"是以人为价格为基础的，参与者的行为调整经常是不可预见的。人为的内部市场的局限性将在第六章中进行讨论。

企业家精神是刺激变革的分权化策略。通过释放或鼓励教师和专业职员的行为，大学在它们的环境里锻造了新增的联系，并获得了适应这种联系带来的变化的动力。现在，所有的研究型大学必须在许多方面具有企业家精神。但是，对基本预算陷入停滞的那些高校而言，企业家精神成为其保持研究竞争力的一项战略。这种方式引起了许多连带的问题，其中大多数是这一问题——谁从这些活动中获益，是"企业家"，还是大学——的变种。

伯顿·克拉克对欧洲的创业型大学进行的研究为这种现象提供了分析框架。关键因素是培育"不断发展的外围"，主要包括但不仅仅包括研究中心或研究所。这些单位形成了一个灵活的基础结构，其范围穿越了大学内部的各学术院系，并与外部的组织建立起联系。它们

---

① David L. Kirp, *Shakespeare, Einstein, and Bottom Line: The Marketing of Higher Education* (Cambridge, Mass.: Harvard University Press, 2003), pp. 122-129。Kirp还描述了RCM预算在南加州大学的失败(pp. 116-122)。

② Ehrenberg, *Tuition Rising*, pp. 157-170。Ehrenberg得出的结论是，"内部转账定价系统[RCM所要求的]形成的经济激励并不总是与教育目标保持一致……因此，结果总是无效率"(p. 165)。一项关于私立大学的研究也指出了RCM存在的这一基本问题：Daniel Rodas, *Resource Allocation in Private Research Universities* (New York: Routledge Falmer, 2001)。

刺激了克拉克所说的“第三股收入渠道”的发展——除了基本预算和常规研究拨款之外——使资金来源更为多样和充足。

现在,第三股收入主要来自于同产业的合作。对大学组织而言,至关重要的是将“外围”与学术人员和管理者的“学术的心脏地带”和“驾驭核心”整合在一起。[①] 两个条件使这些关系变得至关重要。目前大学面临着“过度需求”,它们的许多“选民”要求获得的服务超过了大学的供给能力。由谁来决定哪些需求应该满足?是“企业家”,还是管理者?这将最终决定大学的性质。但这些活动最终都取决于学术人员的创造性和主动性。结果,企业家精神就取决于赋予学术人员自由和激励的那些措施。将“外围”与“学术心脏地带”以及“驾驭核心”整合在一起,是内在地有问题的。集权化的大学,尤其是多大学系统并不适合采取具有企业家精神的行动。

美国大学在整个20世纪培育了不断发展的外围(见第四章),但在这些努力中,企业家精神的强弱是以如下几个因素为条件的。

**研究中心和研究所** 这些实体包括各种类型,但每个中心都与外部的赞助者保持着真实的或潜在的联系。组建研究中心的灵活性和机构运行的自由都有助于推进企业家精神。

**研究人员** 非院系的研究者,从博士后到高级的研究型科学家,能极大地扩大大学的研究能力。鼓励研究人员申请自己的研究经费,而不是只参与其他人的研究,从而提高了研究能力。[②]

**间接的成本补偿(ICR)** 如何处理联邦和其他合同的所谓管理费在获得新增研究中起着重要作用。大学允许包括院系在内的类似单位保留这些用于研究目的的资金,同时培育争取额外项目的主动性和改进争取额外项目的方式。

具有创业精神的大学通常将研究经费的增加作为目标——这项合理的大学使命无须通过与教学的联系来证明其正当性。因此,大学欢迎所有能够增加研究拨款和第三股收入的行动,但这种态度同样存在缺陷。

创业精神扩大了学术圈中的不平等。与研究中心发生联系的教

① Burton R. Clark, *Creating Entrepreneurial Universities: Organizational Pathways of Transformation* (London: IAU Press, 1998), pp. 5-8.

② 各高校对待“软钱(soft-money)教师”的做法差异很大;见 Marcia Barinaga, “Soft Money's Hard Realities,” *Science* (Sept. 22, 2000): 2024-2028。

师和研究者往往享受着更好的设施、更多的人员支持和薪水报酬。这些优势可能激励更多更好的研究，但也会招致某些教师的嫉妒。“外围”与外部赞助者的联系有效地减少了来自研究中心的影响。在一所多目标的现代研究型大学中，这些联系几乎不起作用，但它们产生了潜在的问题。大学对教师只有微弱的控制，放任自由的政策增加了某些人轻视大学规则的可能性。最难监管的无疑是大学的卫生中心(health centers)，在那里，研究者必须带来大量经费以维持他们的实验室，那里存在着大量的第三股收入。

与之抵消的力量源于外围单位与学术心脏地带的整合以及对统一的学术文化的培植。但这一过程对那些脱离教学和学生的单位来说，可能是困难的。因此，美国的大学无法确保学术的心脏地带都能够进行创业活动。各单位更多的是单独对它们所在领域中的机会做出反应。

对于那些核心预算中几乎没有资金用于变革的大学而言，企业家精神也许是最被看好的行动方针。位于邦德(Boulder)的科罗拉多大学是样本中获得州资助最少的大学，但其 2000 年的总研究支出在公立大学中排名第 13。这一业绩的达成有赖于大量的研究中心和研究所，主要是物理和环境以及空间科学，这些领域占大学研究拨款的 2/3(见第四章)。在终身轨道教职仅增加 47 名的十年中，非教师研究者(nonfaculty researcher)增加了 327 人。科罗拉多大学的大多数研究单位与联邦机构有着密切的联系，都关注基础研究。这些因素促进了学术融合。大学的政策也鼓励具有企业家精神的行为。大学的研究者有权支配自己的拨款，大多数的 ICR 属于拨款获得者。邦德地区的研究工作蒸蒸日上，但由一般性拨款支持的学术系仍然步履维艰。[①]

犹他大学感叹自己的拨款基数低于其他拥有医学院的公立 AUU(全美大学协会)成员，但通过给予科学家更大的自由，研究工作获得了活力。直到 20 世纪 80 年代后期，州都要求获得 70%的 ICR 收入。为促进研究，政策发生了转变，允许这些资金留在大学和产生它们的单位。犹他大学目前大约有 200 个研究中心(尽管有些几乎没有资

① *Annual Report of Sponsored Programs*, *University of Colorado at Boulder*, *Fiscal Year* 1998—1999;“The Plan: University of Colorado at Boulder, Master Plan”;对 Carol Lynch 的访谈(2000 年 9 月 7 日)。

金)。但重要的一点是,大学对能够扩大它的研究量的任何方式都开放。拥有大量"封地"和赞助者的医学院就是这种精神的典型代表。企业家精神带来了明显成就。犹他大学尽管收入基数停滞,但仍保持了其自身所占有的研究份额和声望。此外,它变得与区域经济越来越融合,并因此增加了大量的第三股收入。

撬动私人资金是大学寻找资源来适应认知变革(cognitive change)的第四种方法,它与私有化的时代潮流是协调的。将几种来源的资金结合起来用于资助主要项目的实践存在着多种形式。私立大学传统上依赖私人捐赠者实施主要的基建工程。只是在最近,不断增长的捐赠使他们能自信地公布那些重要赞助者最终肯定会签约的宏大计划。①

基金会长期利用杠杆原理设计它们给出的项目,提供初始投资激发从其他渠道得到的额外资金。20 世纪 80 年代,政府也采用这种方式支持校企合作。许多州和联邦的项目在拨款时都要求大学和产业参与者提供配套资金。直到 20 世纪 90 年代末,杠杆作用使公立大学呈现出独特的苦恼。州的专项拨款要求有更大数目的私人资金作为配套。

这些新的行动的首要理由是使研究与经济发展相关联。20 世纪 90 年代早期,州不愿资助那些与本科教育无关的活动,但到了这个十年结束时,对研究的资助以改头换面形式得以恢复(见第五章)。这种杠杆撬动的方式避免了另一个棘手的政治议题,即来自其他州机构的敌对性诉求。只有一流的研究型大学才有能力募集几百万美元的追加资金来置备重要的研究设施。

位于香槟区(Urbana-Champaign)的伊利诺伊大学是将公共和私人资金共同用于巨型项目的楷模。整个 20 世纪 90 年代,饱受州对学术项目支持不足的煎熬,大学的显赫声望越来越依赖于大学所汇集的先进的研究设备。

贝克曼(Beckman)高级科学和技术研究所是公私合作的典范。该研究所是阿诺德(Arnold)和马贝尔·贝克曼(Mabel Beckman)基金

---

① Donald Kennedy 将用于科研设备的"激增的私人资金"与"产业对基础研究兴趣的爆发和对大学基础研究设施私人资助的不断增加"联系起来;见"Reshape Basic Research," *Science* (Oct. 20, 2000): 451。Ehrenberg 在 *Tuition Rising* pp. 104-109 中讨论了这些项目给大学带来的财政义务。

会为促进跨学科研究于1989年成立的，目前，研究所从大学中获得了运行经费，对特定项目的支持来自基金会，还有3000万联邦研究赠款（1999年）。[①]

类似地，1997年，大学提供配套的运行资金，克科（W. M. Keck）基金会提供一套精密仪器给大学用于遗传学研究。最终成立的克科比较和功能遗传学研究中心向伊利诺伊大学的科学家提供了本领域最先进的设备。

随后的两个项目更直接涉及州的资金。用于信息技术的一个花费1亿美元的四合院（quadrangle）式建筑就结合了重要的私人捐赠、国家科学基金会通过国家超级计算机中心提供的资助和一笔来自伊利诺伊立法机构的4200万美元专项拨款。[②] 类似的安排也被用于波斯特遗传学研究所（Post Genomics Institute）。

综合而言，这些设施代表了大学研究能力的显著增加，而且足以支付未来十几年的利息，但目前，它们只能通过私人资金投入的战略储备，才能成为可能。

在伊利诺伊模式中，私人资金在某种意义上撬动的是州以外的公共资金。在加州，州使用其预算盈余来撬动不是来自州（nonstate）的资金。2000年实施了一项计划，在三年内向加州大学的三个“科学和创新研究所”分别提供1亿美元拨款，其目的是提高加州在学术科学方面的领先地位，并促进未来的经济增长。这项拨款要求有2亿美元的配套资金，使最终的初始投资达到9亿美元。甚至对加州大学而言，这笔经费都大大提高了其研究能力。

20世纪90年代的情况是只有少量高校有财政余地，并通过传统的预算增长来适应知识增长的需要。出于对财政状况的绝望，再分配政策被应用在资源停滞或资源减少的情况下。这些政策充分地利用了这些悲惨的情境，但最终还要取决于大学领导者分配资金的技巧。认为通过人为市场就能达到高效行为，这种想法太过天真。对高度分化、各自独立、与外部有着各种联系的高校而言，“各学院自治自理”也许是最佳方式。不过，RCM的版本主要取决于复杂的“税收”和补助

---

① Beckman Institute for Advanced Science and Technology, *Annual Report*, 1999 (Urbana-Champaign, Ill., 1999).

② 这种拨款受到经济发展方面考虑的激励，并直接流向学校——绕过了伊利诺伊高等教育董事会和伊利诺伊大学系统办公室。

金的运算法则，具有刚性，难以调整——与市场定价完全相反。这些措施一旦实施就会使资源分配失去平衡，偏向专业学院。企业家精神和杠杆作用本质上都倾向于将资源投入到那些与经济联系密切的领域。对本研究中的大多数大学而言，确保足够的一般性运行经费仍然是主要的关注点。这一点在21世纪前十年早期的经济持续低迷时变得更现实。

新世纪伊始，曾重创20世纪80年代和90年代的经济疲软再次来临。二十年的私有化证明了公立大学最容易受到影响。尽管它们在2002和2003学年大幅提高学费，但它们的目光很快就从充满希望的资源扩张转回到内部维持。像杠杆撬动资金这类短期策略也变得易受影响。

位于麦迪逊的威斯康星大学也许是1999年从杠杆撬动作用中获益最多的大学。麦迪逊行动(Madison Initiative)许诺四年内向学校增拨5700万美元，其中包括捐赠者和两个大学基金会提供的4000万美元。在预算停滞期结束后，大学终于使州确信学术卓越是威斯康星的一项宝贵资产。它尤其认为大学支出至少应该增加到十大校(the Big Ten)的平均水平，但是这一安排的达成需要大量的私人资金。[①] 首个两年期的分期付款使麦迪逊校区新增了100个教师职位。然而，当遭遇财政危机时，州政府食言了，它拒绝提供允诺的部分。更糟糕的是，州政府的食言解除了私人捐赠者资金配套的义务——这是一个逆向杠杆撬动的例子。随着麦迪逊行动的撤销，至少到2005年，大学都要正视严苛的预算。大多数的公立大学认为州拨款的前景同样惨淡。

2003年，斯坦福大学震惊了高等教育界，它宣布在下个学年将实行工资冻结和其他严苛的措施。拥有80亿美元捐赠基金的大学所遭受的这种命运，退一步地说，至少是值得关注的。但是，最该受批评的应该是预算增长的基本战略。斯坦福不仅与最富裕的大学展开直接的竞争，而且还必须适应硅谷的繁荣。深陷股票市场以及不断提高的

---

① 麦迪逊行动原本应该在两个预算周期中实施。1999—2002年，州拨付了2900万美元，配套2000万美元的私人资金；2001—2003年，州许诺2800万美元，同样配套2000万美元的私人资金。私人资金主要由威斯康星大学基金会和威斯康星校友研究基金会保障。此外，威斯康星大学还参与了一项大型的研究设施新建项目，州和私人分别负担一半的经费。对先前州和大学之间的恶劣关系(2002年大学对州进行了报复)的讨论见 David J. Weerts, *State Government and Research University: A Framework for a Renewed Partnership* (New York: Routledge Falmer, 2002), pp. 49-60。

财政资助导致 2500 万美元的资金短缺，但前几年的慷慨支出似乎也为此埋下了隐患。[①] 而且并非只有斯坦福一所大学宣布了这样的措施。尽管如此，前几年的经济繁荣使富裕的私立大学在财政情况上远远好于同类的公立大学。

在分析目前大学财政变化的影响时，必须区分长远的发展和当前的关注点。在过去的二十年中，大学明显地提高了自身的支出水平和财富水平。

20 世纪 80 年代的情况是水涨船高，而 20 世纪 90 年代则扩大了不平等。但是大学增加财富的方式越来越取决于市场力量，市场限制了大学行动的独立性。现在，提高质量的获利越来越多，表现为更好的学生、更高的学术认可以及资金募集的成功。但是，挑战在于采用何种方式来为不断提高的质量付费。

私立大学使用学生财政资助撬动学费收入的大幅增加，尽管它们稳定保持着对学费的相对依赖。它们更努力地参与竞争，并向顶尖学生支付奖金。公立大学变得更依赖学费，最终被更深地拉进了这场竞争中。

相关的发展细节将在下一章进行考察。市场力量塑造了大学努力竞争教师和努力竞争研究赞助的同种模式。今日的大学与 20 世纪 80 年代的大学相比，学生和教师的人数大致相同，但体格更大、设施更完善。然而，竞争和不平等使它们的存续更不稳定。与同类的私立大学相比，公立大学遭受着劣势不断增长的痛苦，私立大学间不断增长的不平等恶化了所有私立大学的不安全感，最富有的大学除外。因此，大学对那些有价值但很少产生或者不能产生收入的活动的支持已减少。目前，总体上，市场向大学提供的资源不断扩大，尤其是对那些在市场上具有价值的资源而言，市场是很慷慨的。

---

① Robin Wilson, "Stanford U. Freezes Faculty and Staff Salaties," *Chronicle of Higher Education*（2003 年 3 月 21 日）：A14。

# 第三章 大学的本科生教育

本科教育一直是并将持续是美国大学的基本任务。不管是给研究或卫生中心投入更多的钱,或者是扩大研究生和专业学生的入学人数,在美国公众的意识中,大学主要的目的还是将青年人培养成"大学毕业生"。当今,尽管本科招生规模已停滞,大学的其他活动正在扩张,但这个观点已根深蒂固。本科教育的突显对院校的发展产生了强有力的影响。不过,这种影响对私立学校和公立学校而言是有差异的。

在私立大学,市场力量是最重要的。毫无疑问,这些大学收取了很高的学费,这笔学费对每个学生而言都具有相当可观的经济价值。地位竞争使每所高校的选拔性成为首要的声誉象征。对财力和声誉的考虑在选拔竞赛(selectivity sweepstakes)中事实上已汇合在一起——每年招收全国最好的和最聪明的新生的竞争。对这些高校而言,这场竞争是影响声誉和繁荣发展的最具后果性的因素。

在公立大学,确实是不同的机制在起作用。"在这些庞大的、不太人性化的高校中,本科的优先性很低"这个陈腐的"叠句"被批评家们在 20 世纪 90 年代以新的形式重新唱起。正如已看到的那样,这样的控诉加重了经济疲软所造成的财政灾难。于是,州立大学在这十年的很长时间内摆出一副防御姿态,处理它们的弱项,突显本科项目。

结果是,在私立高校和公立高校中,本科学院出现了两种不同的故事,这两者仅有少许的共同基础。一方面,研究型大学的本科教育存在着功能障碍的论断很少触及私立大学。事实上,它们增长的收入允许它们大量地为强大的基本项目"锦上添花"。另一方面,一流的公立大学,无论其是否愿意,都发觉自己已卷入选拔招生的竞赛中。如果它们想分享有才华的学生,它们也就不得不加入竞争。对20世纪90年代的公立和私立高校而言,本科教育成为首要的优先事项。

## 3.1 选拔竞赛

美国的学院和大学选拔学生的方式在20世纪发生了显著变化。一直到20世纪20年代之前,大部分大学接受全部的"符合资格"的学生。对那些顶尖的私立大学——它们在20世纪初已经成为规模最大的高校——而言,用两种方式对招生进行缓冲处理。第一,每所学校有自己的入学考试。这种方式缩小了申请者人数,它们也定期提高入学标准。① 第二,教育系统以社会的、宗教的和教育的因素为基础,形成了高度的自我选择。入学名额并不设定,超出校园容纳量的学生就流入周边的城市或城镇。学校不得不悄悄对校内的宿舍进行定量配置,这经常是在论资排辈的基础上进行的(而不是像现在这样考虑未成年人)。

第一次世界大战后,大学引入了更为系统化的选拔方式:明确拒收不合格的学生。在那些年,申请入学者的数量激增,大学的价值观也发生了变化。高校现在希望限制招生规模的增长,让学生拥有一段校园生活经历。这两个方面结合在一起:如果所有的学生都住在校园,融入校园生活,学生数量就不得不有个上限。当一流的私立大学开发出实现这一目标的程序时,美国高校的选拔系统的基本特征就出现了。

选拔招生的最初结果就是排除那些学业记录最不好的申请者。这一措施本身提高了新生群体的学术形象,得到了教师们的衷心拥护。然而,所有的东部大学都认为学术能力并不能作为入学的单一决定因素。它们认为大学的角色是开启智慧、形成个性,并敏锐地意识

---

① 1901年,一流的私立大学成立学院委员会(College Board)开展各自的入学考试,考试过程包含了一项测试,对那些没有精心准备的候选人进行评估。直到"二战"后,学院委员会才成为一个兼容性机构;见 Harold S. Wechsler, "Eastern Standard Time: High-school-College Collaboration and Admission to College, 1880—1930," 载于 Michael Johanek, ed., *A Faithful Mirror: Reflections on the College Board and Education in America* (New York: College Entrance Examination Board, 2001), pp. 43-80。

到应培育良好的社会环境以促进课外学习和社会化。因此，非学术标准在招生选拔的决策中逐渐显现。

在实践中，私立学校的毕业生和校友子弟受到欢迎；外来者，特别是那些申请附近精英学院的大量犹太学生不同程度地被屏蔽。选拔系统在两次世界大战之间加入了新内容：积极招收所偏爱类型的新增申请者。最初，校友们被征来审核意向申请人是否具备需要的社会特征。20 世纪 30 年代，哈佛创造了一项新纪录，哈佛的校长，詹姆斯·科南特(James B. Connant)设立了明确针对高素质学生的竞争性的全国性奖学金。①

到 20 世纪 50 年代，当退伍士兵招生在各高校出现膨胀后，精英高校发现它们总会有剩余的申请者。这一次又是哈佛首先抓住了机遇。多亏了它的招生主任，哈佛创制了一个以录取精英为主的系统，在与哈佛传统的客户(clientele)保持联系的同时，为不太富裕的学生提供了满足其全部需要的财政资助。到了 20 世纪 50 年代末退休的时候，该招生主任给继任者写了一份指南，这份指南包括了刚刚出现的选拔招生系统。该主任做了思考，最终对纯精英路线的诱惑发出警告，这条路线是从"前百分之一"的学生中选拔新生。太多这样的学生仅仅是获得高分的能手，或者，更糟糕的，还有"老气横秋式"(bearded types)的。哈佛最好是能够承认学生的个性和特长的重要性，承认学生对课外生活包括对体育运动的潜在贡献的重要性，并认识到学校对给予慷慨支持的毕业生和捐助者们的"债务"。到这个时期为止，哈佛以及同类学校已经发展出致力于提高学术标

① Harold S. Wechsler, *The Qualified Student: A History of Selective Admissions in America* (New York: John Wiley and Sons, 1977); Marcia Graham Synnott, *The Half-Opened Door: Discrimination in Admissions to Harvard, Yale, and Princeton*, 1900—1970 (Westport, Conn.: Greenwood Press, 1979); Roger L. Geiger, *To Advance Knowledge* (New York: Oxford University Press, 1986), pp. 130-138, 215-219; Nicholas Lemann, *The Big Test: The Secret History of the American Meritocracy* (New York: Farrar, Straus and Giroux, 1999), pp. 38-40. 关于哈佛大学，见 Morton Keller and Phyllis Keller, *Making Harvard Modern: The Rise of America's University* (New York: Oxford University Press, 2001) pp. 32-38。其他常春藤高校遵循科南特的领导，在 20 世纪 30 年代末象征性地进行了奖学金考试。20 世纪 20 年代，斯沃思莫尔学院的荣誉项目已在招收有才华的学生。

准的招生政策,同时还要考察融入学院生活的非学术维度。[①]

在实践中,美国的招生选拔系统意味着从一群申请者中挑选出具有适当的高学术资质的学生。因此,一所高校需要有足够多的申请者才能从中进行选择。选拔性入学从 20 世纪 50 年代晚期的模式演变到 90 年代的竞赛选拔模式,关键在于这样的关系:大学如何扩大它们的本科市场,更大的消费者意识如何影响着潜在学生的行为。

开始于 20 世纪 50 年代的选拔性高校的市场结构是通过整合过程形成的。[②] 国家最具声望的大学和学院扩大了招生规模,通过超越传统的地区和客户群的限制吸引强有力的申请者,从而替代较弱的学生。这样,新生群体的学业形象(academic profile)就必然得到了改善。这个过程也得到了发展着的考试产业的支持。

美国学院委员会(The College Board)的学术能力测试(SAT)早先仅由会员院校使用,战后很短一段时间内就得到普及。1956 年开始引入全国学业考试(National Merit Examinations),随后在 1960 年引进了美国大学入学考试(ACT)。[③] 虽然它们彼此有些不同,但主要是通过鉴定一定范围内人口的成就水平来帮助高校。

婴儿潮一代在 20 世纪 60 年代早期成为大学的适龄人群,使得选拔性招生的高校呈现出巨大的增长,而这些高校自身却很少付出什么努力。同伴群体中有抱负的学生激增,有许多是来自具有实力的高中项目。随着市场上更多的优秀学生涌现出来,适度扩大招生地理范围的高校很容易网罗到新增的一流申请者。许多采取选拔招生方式的高校扩大了招生,同时也提高了学费。到了 20 世纪 60 年代,另外两个发展进一步扩大了市场。

---

① Wilbur J. Bender, "A Report on the Admission and Scholarship Committee for the America Year 1959—1960," *Report of the President of Harvard College*, 1959—1960 (Harvard University, 1960), pp. 52-62; David Karen, "Who Gets into Harvard? Selection and Exclusion at an Elite College" (Ph. D. diss., Harvard University, 1985), pp. 118-124; Synnott, *Half-Opened Door*, pp. 205-207; Keller and Keller, *Making Harvard Modern*, pp. 239-296; Roger L. Geiger, "Market History: Selective Admissions and American Higher Education since 1950," *History of Higher Education Annual* 20(2000): 93-108.

② 以下讨论引自 Carolyn M. Hoxby, "The Changing Market Structure of U. S. Higher Education" (Harvard University, 1997, mimeo); 以及 Elizabeth A. Duffy and Idana Goldberg, *College Admissions and Financial Aid* (Princeton, N. J.; Princeton University Press, 1998)。

③ 1954 年,精英型高校联合成立大学奖学金服务处,对学生的财政需求进行统一计算。参与的高校保证只发放基于需要的资助而不是学术奖学金。Hoxby 认为这些高校这么做保证了它们在质量上而不是在价格进行竞争;见"Changing Market Structure"。

民权运动改变了对少数族群学生的态度。特别是招收黑人学生变得较为普遍,这在以前是十分罕见的。[①] 这类努力扩大了选拔性招生高校的视野,使它们超越了通常的私立高中和郊区高中,这也要求增加财政资助。

20 世纪 60 年代中期后,来自联邦政府的以需要为基础的资助的可得性增加了,这是对市场扩大的第二个帮助。到了 20 世纪 70 年代早期,选拔性学院和大学已设立了独立的财政资助办公室,实施资助的共识是:应建立在财政需要上,而不是学识(scholarship)上。招收少数族群学生和财政资助的作用增强,毫无疑问其影响超过了那些直接受益的学生。禁止很多人申请这些选拔性高校的排外观念明显减少了。此外,一直只招收男生的高校开始招收本科女生。虽然一开始并没有招收同等多的女生,这一措施却让申请者数量扩大了一倍。

20 世纪 70 年代,选拔性高校仍进行了多次尝试。高中毕业生的学术能力下降,精英主义甚嚣尘上。针对现存制度(或既成体制)普遍的玩世不恭也没有放过私立大学,这些高校大部分留下了学生们叛逆的伤痕。但这种情况下的困难激发了更大的努力。私立高校的招生办公室增加了职员,采用新的市场销售方法,包括直接邮寄这种形式,进一步扩大了选拔性高校的招生范围。

更广泛和更有针对性的市场推广的使用一直延续到 20 世纪 80 年代,至今也未停止。这些努力获得了如前所述的高学费-高资助的大力支持。选拔性高校通过给中产阶级提供财政资助进一步拓展了它们的市场。直到 20 世纪 90 年代,传统的自我选择的招生方式大大地减弱了,尽管这种做法在很长时期内形成了这些高校的独有特征。对选拔性的学院和大学而言,一个真正的全国市场出现了。这个市场反映了消费者和高校的行为变化,这也有一个历史的发展过程。

到 20 世纪 50 年代末,学院和大学的招生数据大体上不对外公开。然而,当学院委员会开始向高校发布 SAT 结果时,高录取平均分就成为大学引以为豪的事情。在 20 世纪 60 年代的繁荣期,巴伦恩(Barron)和彼德森(Peterson)出版了最早的商业性的学院指南(学院委员会的《手册》发布于 1959 年)。除给潜在的学生提供有关许多高

---

① 见 Synnott, *Half-Opened Door*; Duffy and Goldberg, *College Admissions*, pp. 137-165; Karen, "Who Gets into Harvard?" pp. 144-152。

校的基本知识外，它们根据选拔性的广泛程度将学院和大学进行分类。通过这种方式，一直作为有关院校声誉的缄默知识开始为消费者更广泛地获得。到了20世纪70年代，学院指南的激增反映了这个进程的全国化，或者说是这个市场的整合。1983年，《美国新闻与世界报道》在发布学院和大学数字化的排行榜时，又增加了一种新的维度。

表面上，《美国新闻与世界报道》的排行只是在众所周知的大学声誉上附上一些精确的数字（而这是每年都在变化的！）。更重要的是，它们强有力地推进了选拔性，将它作为市场中的私立学院和大学最具后果性的特征。排行榜起初是一个人为市场，很快它就开始定义市场。最初两次（1983年和1985年）的《美国新闻与世界报道》的排行是建立在对大学校长的调查基础上。这样，它们就能反映大学的声誉，这几乎很明确地是在紧密跟踪选拔性。正因为这一点，该杂志感到有必要采用更客观的方法，将方兴未艾的大学排名合法化。

1987年后，年度排名吸收了关于招生、毕业率和资源等数据，采用了晦涩难懂的方法。[①] 不过，结果主要反映的是选拔性，特别是SAT的平均成绩。[②] 招生数据——选拔性自身——在2000年只占15%的权重，但是声誉调查（25%）和与选拔性相关的财务变量构成了权重的主要部分。[③] 这样《美国新闻与世界报道》排行就确认了现存的等级秩序。通过使这个等级秩序在数字上变得更清楚，它们使微小的变化显示出高度重要的结果。

大部分学者对《美国新闻与世界报道》的排名感到悲哀，因为它们将一个复杂的、多维度的现象很粗糙地具体化了。但是正是因为这个原因，在与这个复杂性奋战的人们——某些申请者——也许会发现它们很有用。甚至一些学者也使用它们作为不同类型的学院和大学的简易清单。实际上，排名无疑是明确界定了在全国性市场中地位还很模糊的那些选拔性高校，这是真正的主题。它们现在拥有50所“全国性大学”名单和50所“全国文理学院”名单。对那些竞争一流生源的

---

① Nicholas Thompson, "Playing with Numbers," *Washington Monthly* (Sept. 2000).

② 一项对大学排名的分析发现“严重而普遍的多重共线性”（大多数变量测量的是同样的东西），平均的SAT成绩最为显著；Thomas J. Webster, "A Principal Component Analysis of the *U.S. News & World Report* Tier Rankings of Colleges and Universities," *Economics of Education Review* 20 (2001): 235-244，引文见 p. 243。

③ 排名和方法见 *U.S. NEW* 的网址（www.usnews.com/usnews/edu/college/rankings/）。

高校而言,好的排名是关键资格。同样,对那些处在临界线上的高校来说,加入列表,因此而在全国市场上获得正式认可,是至关重要的。有多重要呢?一项研究发现了让人惊讶的直接结果。顶尖学院和大学在排行中的轻微下滑对下一年的新生招生有立竿见影的效果,所有的选拔指标都会遭难,包括 SAT 的平均分;更为不妙的是,录取的学生需要更多的经济资助,这减少了净学费。[①]

这些发现反映了市场的状况,这是大量消费者必须将他们的选择收缩至可控的一组高校后进行认真考虑的市场。受欢迎的排名明显吸引了注意力和申请者,正像篮球锦标赛和其他受大众欢迎的形式那样。然而,排名的严重结果突出了这个市场更根本性的特征:选拔性、成本和对高校质量感知之间的紧密联系。

选拔性高等教育的整合性全国市场有着高度的消费者意识,其演变加强了美国高等教育内在的等级制效果。经济学家抓住了这个产业的独特特征,已有模型对这个选拔部门的运行做了很好的说明。克罗林·M.霍克斯比(Caroline M. Hoxby)在其文章中充分地展示了这个模型,该模型强调市场整合引起质量竞争,这对成功的高校来说变成了自我强化。[②] 对选拔性的私立学院和大学而言,这种反馈环可以表达为图 3.1 所示。

该图展示了一个正向反馈环,同样的过程也可以以相反方向运行,正如在《美国新闻与世界报道》排行中下降的高校所遇到的那样。实际上,所显示的这些关系是权宜性的,或受制于许多环境。但是,这个基本过程支持霍克斯比模型,包含了当代选拔性院校的演变动力。[③]

依据霍克斯比模型,首要的变化是全国市场的整合带来的市场结构的变化。选拔性高校正在扩大的市场将会自动依据能力水平产生

① James Monks and Ronald G. Ehrenberg, "The Impact of the *U. S. News & World Report* College Rankings on Admissions Outcomes and Pricing Policies at Selective Private Institutions," Working Paper 7227, National Bureau of Economic Research, Cambridge, Mass., 1999 年 7 月,也发表在 *Change* (Nov/Dec, 1999: 43-51)。

② Carolyn M. Hoxby, "How the Changing Market Structure of U. S. Higher Education Explains College Tuition," Working Paper 6326, National Bureau of Economic Research, Cambridge, Mass., 1997 年 12 月。还可见 Hoxby, "Changing Market Structure"。

③ 对这些过程的阐释也见 Gordon Winston 的文章"Subsidies, Hierarchy, and Peers: The Awkward Economics of Higher Education," *Journal of Economic Perspectives* 13 (Winter 1999): 13-16。

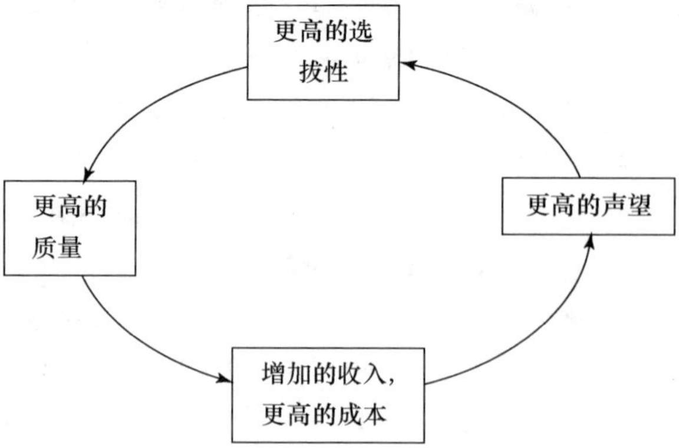


**图 3.1　选拔性高校的质量竞争反馈环**

更大的学生分割。一流学生拥有更多的选择，他们倾向于选择质量最好的高校。这个自然趋向在高等教育中产生了独特的反馈，因为学生不仅仅是高等教育的消费者，也是关键的投入要素。因为他们在相互教育中的角色（同伴效应），高素质学生有聚集在一起的激励。① 高素质学生产生高质量，反过来又会吸引更好的学生。

大学意识到这些学生的价值并竭尽所能地吸引他们。长期看，最有效果的引导是高质量，因此它们主要求助于质量竞争。替代选择则是价格竞争——以更为粗放的形式限制投入，并降低质量。“质量”，这里就不用详细说明了，因为它可能反映的是聪明的同伴、充足的投入或其他品质的效果。事实上，这些有着很高价值的投入的累积效果的产生有着明确的条件。特别是，增加提高质量的支出不仅仅是为它的短期目的服务，更是要吸引更一流的学生，这对进一步提高质量仍会有多种效果。

声望应该反映质量，但还有更丰富的内涵。作为消费者意识的函数，声望受选拔性高校推销自己的整个方面以及它们被媒体如何对待的影响。正如已看到的那样，排行推动了它们自己的声望界定。选拔

① 这是一个晦涩的经济学发现（见第 82 页注释②和本页注释①），也是一种传统的智慧。《美国新闻与世界报道》告诉读者“学生自身的才能越高，在教室和校园中获得的教育经验就越丰富”；*U. S. News and World Report*，Oct. 16，1989，p. 58。

竞赛在这方面被称为“地位市场”(positional market)。[①] 高校在各自特定的层次上顽强地竞争相对位置，或者吹牛说它们位于某某群体(前二十名、前五十名等等)。在这场竞争中的地位标示(与真正的地位市场中的地位物品近似)是选拔性、成本和排名指标。声誉仍然是至关重要的，因为它和高校的财富如此紧密地联系在一起。[②]

质量的竞争明显刺激着大学增加教育支出，这主要是通过高学费和高资助政策进行的。最有声望的高校最有能力使这种方式服务于它们的优势。因此在这个方面，声望有助于学费收入的最优化。声望在吸引自愿支持方面也是关键因素。声望对这些目的来说，可谓是相辅相成。学术盛名，特别是本科教育的学术盛名，是开启校友慷慨捐赠之门的最有力因素。第二章关于成本的讨论突出了那些最有声望的私立大学在财政上颇为壮观的成功。私立大学中的高成本和高选拔性紧密联结，其高选拔性以 SAT 成绩进行量度。换言之，高支出水平似乎促进了更高的学生质量。对那些全国最富有的大学而言，支出更多的压力是永远的，这种压力习惯上被称为“军备竞赛”。[③]

正如第二章描述的，在 20 世纪 80 年代，最富有的高校借助于联邦贷款和高校资助，咄咄逼人地提高了学费。但是，它们也稳定地扩大了给所有学生的资助，质量刺激确保了它们市场的主导地位。这一过程被心怀感激的校友的慷慨馈赠进一步推动，这些校友们一直很珍惜母校的成功和名声。不难看出，《美国新闻与世界报道》排名是如何促进这个变动的。它们正如墙上挂的镜子，反映了选拔竞赛，忠实地宣布那些最有选拔性的私立学院和大学就是它们中最有希望的。不过，“镜子”也包含有许多扭曲。

---

① Winston, "Subsidies, Hierarchy, and Peers," p. 28. Robert H. Frank and Philip J. Cook 在 *The Winner-Takes-All Society* (New York: Free Press, 1995) 中对地位市场(positional markets)进行了阐释。

② Gordon C. Winston 在 Williams Project on the Economics of Higher Education 的系列论文中将财富作为分析美国高等教育中的地位的标准；Robert Zemsky 用高校财富来界定美国高等教育中的市场分割：Robert Zemsky, Susan Shaman, and Daniel B. Shapiro, "Higher Education as Competitive Enterprise: When Markets Matter," *New Directions for Institutional Research III* (2001 年秋季)。

③ Winston 述及这种情况，“基于捐赠收入的等级制是高度扭曲的”；但是，退出这项“军备竞赛”的企图将是“对信用的不负责任”，“在地位市场中，好东西不怕多……在等级制度中，财富绝对是个好东西”(同上，pp. 27,31)。

## 3.2 选拔实践

刚刚展示过的模型抓住了选拔性院校的基本动态，但社会现实更复杂。为了更好地理解美国大学的客户和选拔性模型的参数，应对这个模型的要素进行仔细研究：选拔性的学院和大学面对的消费市场；《美国新闻与世界报道》和私立高校提出的选拔性定义；教育过程中同伴效应的本质和意义；高成本和高资助的作用。这里的每个要素在公私立大学之间都有显著的不同。

到 20 世纪 90 年代末，全美 400 万左右的 18 岁人口中，有近 300 万从高中毕业，大约 200 万直接进入大学。在这后一群体中，大约有 120 万注册为四年制学院或大学的全日制学生。[①] 其中有多少学生进入了选拔性高校呢？对这样一个从根上就模糊不清的类别给出精确的答案几乎是不太可能的，但是，基于选拔性的流行观念做一番大致的估计还是可能的。用《美国新闻与世界报道》列出的 50 所顶尖“全国性大学”和“全国性文理学院”名单作为适当的代表，选拔性院校大约有 145000 名新生：64000 名在 16 所公立大学，56000 名在 34 所私立大学，25000 名在 50 所文理学院。[②] 这些注册人数不到私立高校新生的 1/5，公立高校新生的 1/10，实际情况还要比这个数字少。举个例子，这个群体中的成员院校，至少有一半的新生分数在考生中排名前 10%～15%。这种处理方法反映的是选拔性高校的院校定义，并没有表明谁进入了这些院校中。

支撑着全国选拔性私立学院和大学的“选民”，大致可归到下面某一类或某几类中：

（1）极高成就的学生，他们有这样的基础，他们的学校和其他人鼓励他们实施有雄心的教育策略。一些在学术上有天分的少数族裔青年也在此类。今天的现实是，任何在高中阶段证明有很高成就的学生都会被选拔性高校承认并被录取。

---

① National Center for Education Statistics, *Digest of Education Statistics*, 2000 (Washington, D. C.: NCES).

② 同上，这张列表与 Barron 1999 年版 *Profiles of American Colleges* 中的列表进行了对比。65 所高校被归入“最具竞争力”类，其他 90 所高校为“具有高度竞争力”类。这些高校每年大约招收 18 万名新生：其中 5 万就读于 96 所私立非博士型大学；5.7 万就读于 36 所私立博士型大学；7.2万就读于 23 所公立博士型大学。Barron 的归类方法给予了文理学院过高的地位。

(2) 来自中上阶层家庭的孩子们,其父母自身受过很好的教育,对教育热情关注。这样的父母通常会竭尽全力为他们的孩子创造所有可能的教育优势,一般都会极力引导孩子进入可能的最好的学院和大学。

(3) 那些能支付选拔性私立学校成本的家庭,或者是足够富裕,能住在一流的郊区校区的家庭的孩子。这类孩子拥有经济上的或者是教育上的优势,倾向于上私立高校。①

这个群体往往可以通过他们购买大学教育的方式来加以刻画。这些学生无疑会查阅《美国新闻与世界报道》的排名和其他的学院指南。在精挑细选的过程中,他们会访问五所甚至更多的大学校园。他们会较早地参加 SAT 考试,并参加一些专门的课程来提升他们的成绩。任何聘请大学顾问为入学过程提供帮助的学生都是该群体的核心成员。而且,他们会申请许多所高校,主要是私立大学,或者是争取早点进入他们梦想的大学。② 这些学生证实了选拔性的流行观念,他们的父母提供了大体上能够支撑起这些选拔性私立院校的资源。

这些如此勤奋地挑选大学的学生通常都是富有或者是家境殷实的。同时,他们也受过超乎想象的高质量的教育,有助于他们(获得)进入这类高校的资格。私立大学这种高学费-高资助的系统天生地依靠这部分学生家庭的高收入。

只有三种主要收入来源支持基本的教育事业:学生父母的资源、外部的学生资助(包括贷款)以及捐赠收入。除少数大学有充足的捐赠外,家长资源肯定是收入的主要来源。在 2000 年,有大学入学适龄孩子的家庭可能有 7%能够支付得起每年 3 万~3.5 万美元的私立大学教育与生活费用。实际上,这些家庭的大多数将他们的孩子送入私立高校,特别是那些学费昂贵的高校。在有着最高成本和选拔性的前 10 名非教学型大学中,45%的学生没有获得资助——也就是说,这些学生明显能够支付 15 万美元左右的费用,这是一名 2001 级的新生从

---

① 关于高智商学生择校行为的大量研究发现,第三类学生中 2/3 进入了私立学院或大学;见 Christopher Avery and Carolyn M. Hoxby, "Do and Should Financial Aid Packages Affect Students' College Choices?" Working Paper 9482, National Bureau of Economic Research, Cambridge, Mass., 2003 年 2 月。

② 招生办公室对这个群体十分了解,但并未进行研究。见 Patricia M. McDonough et al., "College Rankings: Who Uses Them and with What Impact" (American Educational Research Association 会议论文,1997 年 3 月)。

入学到2005年毕业的花费。此外，接受了资助的人中有许多来自收入高于平均水平的家庭，这些家庭也支付了账单的很大部分。①

当代选拔竞赛的发展演变，毫无疑问扩大了"客户"进入选拔性高校的购买选择。同时，通过扩大经济资助，它也帮助了更大比例的低收入家庭学生进入选拔性高校。但是，富人学生肯定是主要的受益者。1981年，选拔性高校录取的学生中大约有25%来自富裕家庭（1998年的富裕家庭拥有20万美元或更多的收入）；1998年，这个数字是35%。② 毋庸置疑，选择性高校的位置（position）绝大多数是学生通过学业上的成就获得的。而且，顶尖高校在招生上可能变得更精英化。然而，随着竞争的加剧，那些富裕并受过出色的学校教育、拥有累积优势的学生获得了这些位置，他们分享的位置份额不断增长。因为这个原因，在这场选拔竞赛中，最聪明又最富有的美国青年人成为明显的获胜者。

选拔性这个定义更适合于规模较小的私立高校。商业指南既根据录取的难易程度，也会依据录取质量对高校进行排名。排外性是根据申请者录取的比例（越低越好）和被录取者入学的比例（越高越好）评定的。学生质量是通过考试的平均分和在高中毕业年级中排名前10%的学生的比例进行衡量的。在计算这些比例和平均分时，规模会导致极大的差异。典型的州立大学，新生就有3000到6000人，而私立大学大概只有其1/4。顶尖的州立大学可能有1000名新生，也许还可以和绝大多数一流的私立大学一比高下，增加4000名，新生的平均分肯定会降下来。如果选拔性用一流学生的绝对数量来衡量，私立与公立大学的对比可能会有相当大的变化。

要描述完整的高素质学生市场，就应该测量这些学生在不同高校的数量分布，而不是他们的比例。标准化考试分数为这样的比较提供了可

---

① Roger L. Geiger, "High Tuition-High Aid: A Road Paved with Good Intentions" (Association for the Study of Higher Education 会议论文，Sacramento, Calif., 2002年11月)。

② 这种比较是不精确的。1981年，24.9%的富裕学生进入了选拔性高校，占录取人数的7.9%；1998年，34.7%的富裕学生进入了选拔性高校，占高等教育录取人数的9.8%。因此，本研究界定的选拔性高校已经扩大了，见 Michael McPherson and Owen Morton Schapiro, "Reinforcing Stratification in American Higher Education: Some Disturbing Trends," Technical Paper 3-20，斯坦福大学，National Center for Postsecondary Improvement，表8。

行的单一标准，即便考试分数仅仅代表了学术能力和入学标准的一个维度。[①] 在 SAT 考试中，语言或数学成绩在 700 分或更好的学生，或者是 ACT 考试在 30～36 之间的学生，大体组成了参试者前 5%的部分。表 3.1 和表 3.2 估计了 1997 年秋季各高校新生中获得这样成绩的学生的理论数字。这个数字是理论上的，原因是数学和语言各得 700 分的学生可能被计算了两次。这些高分学生是众多高校竞相争取的对象，他们有相当多的院校可供选择。他们的录取决策自然就会反映出高校的吸引力，而不管这所学校的规模大小。

**表 3.1 拥有 700 分以上 SAT 学生数量最多的私立大学**

| 院校名称 | 新生群体 | 700 分以上学生所占百分比 | 700 分以上学生数 | 1995—2000 年 SAT 中位数变化 |
|---|---|---|---|---|
| 康奈尔大学 | 2971 | 39 | 1159 | 20 |
| 哈佛大学 | 1643 | 70 | 1150 | 20 |
| 斯坦福大学 | 1647 | 69 | 1136 | 30 |
| 杨伯翰大学 | 4864 | 23 | 1118 | n. a. |
| 宾夕法尼亚大学 | 2349 | 45 | 1057 | 70 |
| 杜克大学 | 1623 | 53 | 860 | 20 |
| 耶鲁大学 | 1307 | 65.5 | 856 | 15 |
| 纽约大学 | 3257 | 25 | 814 | 55 |
| 布朗大学 | 1411 | 54.7 | 772 | 10 |
| 普林斯顿大学 | 1175 | 64.5 | 758 | 45 |
| 麻省理工学院 | 1064 | 71 | 755 | 25 |
| 西北大学 | 1891 | 37.5 | 709 | 60 |
| 波士顿大学 | 3867 | 18 | 696 | 35 |
| 达特茅斯学院 | 1093 | 56.5 | 618 | 10 |
| 圣母大学 | 1904 | 29.5 | 562 | n. a. |
| 卡内基-梅隆大学 | 1270 | 44 | 559 | 35 |
| 乔治敦大学 | 1393 | 38 | 529 | n. a. |

① 除 SAT 和 ACT 分数外，选拔性高校很看重高中阶段的学术记录：平均绩点、班级排名、所修课程，尤其是先修课程的难度。此外，高选拔性高校在众多优秀申请者中进行挑选时还非常强调学术之外的因素。见 Jean H. Fetter, *Questions and Admissions: Reflections on 100000 Admissions Decisions at Stanford* (Stanford Calif.: Stanford University Press, 1995); Geiger, "Market History".

续表

| 院校名称 | 新生群体 | 700分以上学生所占百分比 | 700分以上学生数 | 1995—2000年SAT中位数变化 |
|---|---|---|---|---|
| 哥伦比亚大学 | 967 | 50 | 484 | 35 |
| 莱斯大学 | 704 | 64 | 451 | (15) |
| 南加州大学 | 2758 | 16 | 441 | 115 |
| 芝加哥大学 | 999 | 42.5 | 425 | 15 |
| 塔夫茨大学 | 1273 | 30.5 | 388 | 30 |
| 约翰·霍普金斯大学 | 945 | 39 | 369 | 25 |
| 华盛顿大学 | 1231 | 28.5 | 351 | 90 |
| 波士顿学院 | 2168 | 16 | 347 | n. a. |
| 范德比尔特大学 | 1506 | 22.5 | 339 | 15 |
| 路易斯安那杜伦大学 | 1491 | 22 | 328 | (40) |
| 埃默里大学 | 1170 | 22 | 257 | 65 |
| 威克森林大学 | 975 | 26 | 254 | 15 |
| 罗彻斯特大学 | 908 | 26 | 236 | 75 |
| 圣路易斯大学 | 1118 | 21 | 235 | n. a. |
| 凯斯西储大学 | 739 | 31.5 | 233 | 0 |
| 华盛顿大学(WU) | 1716 | 13.5 | 232 | 0 |
| 布兰戴斯大学 | 794 | 28 | 222 | 20 |
| 雪城大学 | 2587 | 8 | 207 | 25 |
| 合计(35所院校) | 58778 | 34 | 19907 | 31(平均) |
| n. a. =无数据 | | | | |

**表 3.2 拥有700分以上SAT学生数量最多的公立大学**

| 院校名称 | 新生群体 | 700分以上学生所占百分比 | 700分以上学生数 | 1995—2000年SAT中位数变化 |
|---|---|---|---|---|
| 伯克利加州大学 | 3573 | 37 | 1322 | 15 |
| 伊利诺伊大学,(香槟-厄巴那) | 5805 | 21.3 | 1238 | (5) |
| 密歇根大学(安娜堡) | 5458 | 22 | 1201 | 15 |
| 威斯康星大学(麦迪逊) | 5882 | 20 | 1176 | 25 |
| 得克萨斯大学(奥斯汀) | 6945 | 13 | 903 | (10) |
| 弗吉尼亚大学(主校区) | 2903 | 29.5 | 856 | 5 |

续表

| 院校名称 | 新生群体 | 700分以上学生所占百分比 | 700分以上学生数 | 1995—2000年SAT中位数变化 |
|---|---|---|---|---|
| 洛杉矶加州大学 | 3810 | 21 | 800 | 65 |
| 得克萨斯A&M大学 | 6196 | 9.5 | 589 | 5 |
| 北卡大学(查玻尔希尔) | 3413 | 16 | 546 | 10 |
| 俄亥俄州立大学(主校区) | 5852 | 9.3 | 544 | n.a. |
| 佐治亚理工学院 | 1848 | 29 | 536 | 15 |
| 密苏里大学(哥伦比亚) | 3514 | 15 | 527 | 20 |
| 马里兰大学(学院区) | 3960 | 13 | 515 | 80 |
| 宾夕法尼亚州立大学(主校区) | 4244 | 11.5 | 488 | (10) |
| 佛罗里达大学 | 3699 | 13 | 481 | (45) |
| 明尼苏达大学(双城) | 3895 | 12.3 | 480 | 113 |
| 密歇根州立大学 | 6815 | 7 | 477 | 20 |
| 圣地亚哥加州大学 | 3268 | 14 | 458 | 0 |
| 衣阿华州立大学 | 3954 | 11 | 435 | 85 |
| 罗格斯特大学(新布拉兹威克) | 3900 | 11 | 429 | n.a. |
| 普渡大学 | 6544 | 6 | 393 | 35 |
| 堪萨斯大学(主校区) | 3555 | 11 | 391 | 70 |
| 衣阿华大学 | 3662 | 10 | 366 | 5 |
| 俄克拉荷马大学(纽曼校区) | 2800 | 13 | 364 | 30 |
| 科罗拉多大学(邦德) | 4349 | 8.3 | 362 | 0 |
| 华盛顿大学(UW) | 4505 | 8 | 360 | 15 |
| 佐治亚大学 | 4189 | 8.5 | 356 | 10 |
| 威廉&玛丽亚学院 | 1334 | 26 | 347 | n.a. |
| 戴维斯加州大学 | 3540 | 9.5 | 336 | 20 |
| 北卡罗来纳州立大学(罗利) | 3620 | 9 | 326 | 15 |
| 弗吉尼亚工艺学院 | 4460 | 7.25 | 323 | n.a. |
| 路易斯安那州立大学(巴顿鲁治) | 4443 | 7 | 311 | (40) |
| 亚利桑那州立大学 | 5191 | 5 | 260 | 10 |

续表

| 院校名称 | 新生群体 | 700 分以上学生所占百分比 | 700 分以上学生数 | 1995—2000 年 SAT 中位数变化 |
|---|---|---|---|---|
| 内布拉斯加大学（林肯） | 3200 | 8 | 256 | 115 |
| 田纳西大学 | 3890 | 6.5 | 253 | 15 |
| 合计(35 所院校) | 148216 | 13 | 19273 | 23(平均) |
| n. a. =无数据 | | | | |

表 3.1 和表 3.2 显示出究竟有多少这样的高分学生选择进入招生规模最大的 35 所私立大学和 35 所公立大学。[①] 令人吃惊的是，总的看来，这两组的总数实际上是相当的。每组大学都宣称招到了全国高分学生总数的 30%。比较发现，35 所最具选拔性的私立高校只招收了这些学生中的 8%，新生平均分数低于 550 分。[②] 招生数量最多的 4 所高校全部都是公立的。12 所私立大学和 7 所公立大学招收了 700 名甚至更多的高分新生。很明显，从 1995 年到 2000 年，两类高校都提高了招生质量(SAT 平均分数)，虽然私立大学在这方面胜过公立大学。

市场的景象证实高素质学生有扎堆的倾向。然而，不像选拔性模型预测的那样，在最具选拔性的高校中，他们并不一定这样做，就像传统上认定的那样。这就产生了另一个基本问题：如果高选拔性是由聪慧学生的同伴效应和高水平的教育支出引起和强化的，为什么这些州立高校能吸引到如此多的一流学生呢？

理论分析和传统的智慧都认为聪明学生聚集到一起可互相教育，这种相互教育不可能在混杂的环境中进行。果真如此，高校就会采取

---

① 数据来自 *Barron's Profiles of American Colleges*(1999)和 Peterson 的 *Guide to Four-Year Colleges*, *1999*。标准化的考试分数是 1997—1998 年度的。SAT 中位数的变化是作者使用佛罗里达大学 Lombardi Program on Measuring University Performance 的数据(www.TheCenter.edu)计算的。

② Roger L. Geiger, "The Competition for High-Ability Students: Universities in a Key Marketplace," 载于 Steven Brint, ed., *The Future of the City Intellect*: *The Changing American University* (Stanford Calif.: Stanford University Press, 2002), pp. 82-106, 尤其是 p. 91。

行动,但是没有明确无疑的关于积极效果的证据。① 因而,对这个因素的研究有些推测性。

有两个问题需要考虑。第一,同伴究竟是如何影响学生学习的(例如,相对于为未来就业提供有用的帮助而言)?第二,什么样的安排可以激发出这些效果?谈到学习,三个与之相关的过程似乎在起作用。聪慧学生的优势有重要的课程效果,允许更具挑战性的教学——需要更多的课程、更丰富的内容和更高的复杂性。② 聪慧的同伴也许还有直接的人际效果,提升朋友或室友的学术绩效。还有更广泛的文化影响也来自于这个丰富的因果环境,在这种环境中学生们可以相互获取通识性的知识和精致的文化。孤立地测量人际效果被证明是困难的,虽然这样努力的结果似乎具有启发性。③ 课程研究更可行,但结果却是高度模糊的。

选拔性学院和大学在判断申请者的适合度时,对缜密的课程安排怀有强烈的信任。不过,在提供各自的课程表时,流行的做法一直很有吸引力,而不是苛求式的,原因就在于消极性的惩罚普遍不受欢迎。《美国新闻与世界报道》对保留率的指标给予排行分25%的权重,选拔性的院校有强大的激励不让学生失败或给他们很糟的分数——教师坚持严格评分的院校很自信地认为这是有问题的。事实上,如果学生学业失败,这对学校的收入和招生都有破坏性的效果。结果,分数膨胀在选拔性学校臭名远扬,懒散的(lack-adaisical)学生几乎不花力气

① George Goethals, Gordon Winston, and David Zimmerman, "Students Educating Students: The Emerging Role of Peer Effects in Higher Education," 见 Discussion Paper 50, Williams Project on the Economics of Higher Education, Williams College, Mar. 1999; Gordon C. Winston, and David J. Zimmerman, "Peer Effects in Higher Education", 见 Discussion Paper 64, Williams Project on the Economics of Higher Education, Williams College, Jan. 2003。Ernest T. Pascarella 和 Patrick T. Terenzini 发现没有令人信服的证据表明选拔性高校学生的学识在事实上增长更多,但他们也说明了为什么这些作用难以证明或测量;见 *How College Affect Students* (San Francisco: Jossey-Bass, 1991), pp. 73-83, 133-136。

② 以课程考试的分析为基础进行的关于学术难度的两项研究得出了不同结论。第一项研究发现选拔性文理学院课程难度更大,但是第二项研究没有发现选拔性研究型大学具有更大的难度;见 John M. Braxton and R. C. Nordvall, "Selective Liberal Arts College: Higher Quality as Well as Higher Prestige?" *Journal of Higher Education* 56(1985): 538-554; John M. Braxton, "Selectivity and Rigor in Research University," *Journal of Higher Education* 64(1993): 656-675。

③ David J. Zimmerman, "Peer Effects in Academic Outcomes: Evidence from a Natural Experiment," Discussion Paper 52, Williams Project on the Economics of Higher Education, Williams Colleges, 1999. Bruce Sacerdote, "Peer Effects with Random Assignment: Results from Dartmouth Roommates," *Quarterly Journal of Economics* (2001).

也能蒙混过关。[①]

大体上，选拔性高校都能提供丰富的、高水平的课程以诱发学生们最佳的努力。事实上，招生过程就是要识别出学业优胜者，筛选掉那些可能是懒鬼的申请者。选拔性高校的课程通常会避免只是使用教科书和对显性知识进行陈述，而是喜欢列出很长的用于学术研究的阅读清单。学生很少是根据客观考试，而是通过他们可在其中表达自己观点的问答形式的考试(essay exams)或提交论文的方式判定分数。大部分学生在这样的环境中能够学到很多，他们的智慧得到启迪，并为希望进行研究生学习的抱负所激励。环境本身很明显要依赖聪明、有动力的学生，他们能对这种宽松且没有惩罚性的环境给予积极反应。

在大型的州立大学，也能找到许多同样的条件，但是在那里，同伴效应承担的角色有点不同。这些院校经常通过把高素质学生聚集起来，为它们的一部分学生创造优良的学习环境。荣誉项目(honors programs)就长期用于这样的目的，近年来，这些项目成为更新的重点。不过，在公立大学，同伴效应主要来自内部的高度分化。事实上，这些庞大的高素质学生群体被期待着能在几个领域产生关键的集群(a critical mass)。

有才能的学生内部聚集的最重要形式是通过对主修专业的选择发生的。[②] 例如，学习医学预科、物理或电子工程的学生，期待着能够体验到大量的积极的同伴效应，特别是在大学一年级以后。[③] 事实上，选拔性公立大学在自然科学和工程学方面特别有吸引力，这些学科中 SAT 数学成绩在 700 分以上的学生数比 SAT 语言类成绩在 700 分以上的多。这种不同可能是私立大学和公立大学在招收一流学生的主

---

① 分数膨胀的明显证据来自 www.gradeinflation.com。在非选拔性高校很明显，分数膨胀从底层就开始了。最值得注意的是，在保持了十多年的相对稳定后，在 20 世纪 80 年代后期分数膨胀现象迅速上升。同样见 George D. Kuh and Shouping Hu, "Unraveling the Complexity of the Increase in College Grades from Mid-1980s to the Mid-1990s," *Educational Evaluation and Policy Analysis* 21 (1999): 297-320; Henry Rosovsky and Matthew Hartley, *Evaluation and the Academy: Are We Doing the Right Thing?* (Cambridge, Mass.: American Academy and Arts and Sciences, 2002)。

② Pascarella and Terenzini, *How College Affects Students*, p. 82.

③ 伯克利加州大学的院校数据表明，SAT 分数最高的毕业生主要就读的专业是生物工程、电气工程/计算机科学、物理、机械工程、分子和细胞生物学和数学。这些学生 SAT 数学平均分数大大超过 700。我感谢 Martin Trow 提供了这些信息。

要差别。

公立和私立大学的第二个重大的不同就是高校的成本，平均来说，私立大学的成本要高出50%。如果高成本能产出高质量，最有能力的学生就会倾向于选择私立大学。在这方面，平均水平和比例也可能具有欺骗性。举例来说，作为一种教育资源，图书馆的规模比生均拥有的书籍数更重要。实际上，一流的公立大学拥有巨大的学习资源，但是比私立大学多得多的学生在使用着这些资源。[①] 然而，对要求严格的项目中那些一流的学生来说，这不算什么。他们有充足的渠道接触到非常好的教师、设施和图书馆。[②] 前面已提到，高成本私立大学在生活设施和学生资助方面投入很多。这些开支，如生活设施方面的投入，对全面质量有间接的贡献。

最后，公立大学以较低的价格提供了相对高水平的质量。尽管存在着一个整体性的全国市场，州立大学拥有对州内学生来说的一个受保护的本地市场。在州立大学学习的总费用比在私立大学大概要少一半。对不够资格申请财政资助的中产阶级学生来说，本州的旗舰大学，甚或是外州的公立大学，都可以提供高质量的教育，而且能节省可观的费用。

为了把进入州立大学学习的选择正当化，高素质的学生经常不得不克服心理障碍。[③] 这样的学生很早就定下了雄心勃勃的教育计划，强烈地感受到进入高声望大学的压力。因此，声誉是重要的考虑，这与希望进入到拥有其他高素质者的学校的想法是吻合的。因为许多人希望将来能进入研究生院或专业学院，他们关心大学是否拥有进入这些有声望的研究生院的通道。

比较强的州立大学在证明这样的资格方面毫无困难，但是，潜在学生会审慎地考虑。州立大学在价格方面的优势与长期的教育战略

---

① 规模较小的区域性州立大学的生均教育成本有时接近顶尖高校，但前者缺乏与研究相关的这类经费。

② “如果周围同学明显不如自己，那么一名高智商学生将能够获得更多的学校资源。但大学的有些资源（如教师质量）是所有学生平等享有的，而其他资源（如教师的时间）则可以不成比例地分配给某些学生”；见 Avery and Hoxby，“Financial Aid Packages”。内部差异和个人的努力都将强化这种“不成比例的分配”。

③ George Bradshaw，Suzanne Espinosa 和 Charles Hausman，“The College Decision-Making of High Achieving Students”（见 Association for the Study of Higher Education 年度会议论文，Sacramento，Calif.，2002年11月）。

相得益彰。那些期望一直读到研究生的学生希望避免读研究生时再换学校。绩优资助也起到关键作用,这种作用应该更多是象征性而非仅是金钱上的。高素质学生收到纷至沓来的奖学金后,通常会感受到他们有权利获得某些资助。因此,适度地给予绩优资助通常能够吸引他们做出到公立大学就读的决定。①

选择大学的整个过程受到选拔竞赛的条件限定。能力强的学生使用排行榜对学校进行广泛的分类和评估,但对公立大学的偏见会直接影响他们的选择。他们会感觉到来自其他学生和老师要求他们进入卓越院校(medallion institution)的压力,他们也许会强调州立大学有专门为有学术天分的学生提供的项目以及在某些学术领域中的卓越,以捍卫他们对这些排名较低、学费较低的大学的选择。这样,州立大学就需要用一些声望标记,作为对竞赛排行的抗辩,而不仅仅是打消那些已经计划入学的申请者的疑虑。

对大量的一流学生来说,公立大学的独特品性是它们在研究和学术方面的声誉,这反映在研究和研究生项目的很好的排名上。一流的私立研究型大学也有星级排名(stellar ratings),但是它们更依赖选拔性和充沛的教育资源。对顶尖的公立研究型大学来说,研究声誉对那些超级优秀的本科生来说是块磁铁。② 有着最大数量的高素质学生的7所公立大学(见表3.2),也位列研究和博士教育排行最高的公立大学之中。其他的公立大学通常也是很强的研究型大学,它们在某些领域非常杰出。它们的声誉,特别是在所在州可以吸引有才华的学生。然而,如果去看远在这些学术上很强的公立大学之后的那些州立大学,那些大学的排名和声望就会迅速下降,一流学生数也就落到平均的5%之下了。③ 简单地说,拥有排名很高的院系的公立研究型大学

① Avery and Hoxby 在"Financial Aid Packages"一文中认为这些学生可能会损失人力资本——终生收入的现值。但是,这一计算存在着许多不确定因素。Ann L. Mullin 发现未来收入受学习领域和就读高校之间复杂交互作用的影响;见"The Effect of Institutional Stratification on College Graduates' Career Trajectories"(Association for the Study of Higher Education 会议论文,Sacramento, Calif., 2002年11月)。

② Stephen D. Gruning 的一项定量研究发现"大学的科研量将有助于大大提升其本科教育的声誉";见"Research, Reputation, and Resources: The Effect of Research Activity on Perceptions of Undergraduate Education and Institutional Resource Acquisition," *Journal of Higher Education* 68(1997):17-52,引文见 p.42。

③ 计算了研究型高校Ⅰ和Ⅱ类中SAT分数超过700的学生人数,但表3.1和3.2只显示了人数最多的35所高校。

能够吸引到高素质学生，没有这些院系的大学通常吸引不到高素质学生。

公立和私立大学在同样的市场中运行，但是它们不同的结构使它们受到不同的动力影响。具体地说，在私立高校看到的反馈环（见图3.1）在公立大学有着不同的结果。学术上有才能的学生进入州立大学的可比较份额和霍克斯比模型有冲突。[①] 这类学生有一部分是来自流动的、选拔性院校所期望的全国市场，另一部分来自对州内居民来说是受保护的市场。然而，州立大学似乎并不能在学生质量上有更多的自信。正如前文所指明的，同伴效应肯定存在，但是它们可能仅仅集中在学生主体中的某一部分。全国排名对这些高校声誉打了折扣，虽然这点已被更广泛地认识到。因为它们有着庞大的学生群体，这些学校中的排行位置缺乏顶尖私立高校的稀缺价值。

对州立大学来说，最大的问题是，来自质量的反馈并不像在私立高校那样产生高的收入回报。通过吸引额外的州外学生，声望可以转化为学费收入，但是大部分高校直接或间接地面对着录取这些学生的上限。大部分州立大学不可能提高学费而不受惩罚。声望很有利于吸引自发的货币化支持，这部分钱在支撑质量和竞争力方面有着重要作用。然而，州立大学获得的捐赠倾向于已设定的目的，在它们提供的总的支持范围内，捐赠的影响力在庞大的学生群体中被稀释了。

然而，政治是奖赏质量的首要障碍。大部分的州立法机构抵制较高的大学成本，在20世纪90年代，对此特别警惕。州的立法机构并不会用更多的拨款来奖赏质量或声望。这样，质量的提高就不能通过收入的主渠道得到加强。结果是一种奇特的模式：在当代，私立高校间的支出水平差异在扩大，而公立大学间的支出水平差异在减少。

这种存在于两类学校间的基本差异解释了州立大学的困境。它们绝不会放弃巩固教育质量的努力，但是缺乏来自公共财政的鼓励，于是，它们就从私人渠道争取资源。这样一来，朝向私有化的普遍趋势，部分地就被捐助者和赞助者对卓越的理解所推动。同样，公立大学从它们的研究角色中获得了积极的增援。研究带来了大量的自有

---

① Hoxby写道，"市场的引入给老牌的选拔性公立高校带来了尤其强烈的竞争影响，使它们与私立高校和其他公立高校竞争更具流动性的、更优秀的和更有前途的学生"（"How the Changing Market Structure Explains College Tuition," p. 40）。表3.2表明最强的公立大学保持甚至增加了在这一市场中的份额。

资源,带来了间接成本管理费、与赞助者有价值的关系以及声望的提升。一点也不意外,公立大学喜欢增加它们的研究量,喜欢提升它们的学术声望。这样,市场在使这些大学集中关注它们最重要的客户——本科生上就很少有激励。事实上是非市场资源给予公立大学以压力,使它们给予本科教育以更高的优先性。

### 3.3 研究型大学的本科教育:批判和现实

有关大型州立大学忽视本科教育的说法有着久远的历史。在 20 世纪 60 年代,当婴儿潮一代到了上大学年龄时,这种情况有些符合事实。这些学校极少是选拔性的,当时流行的哲学是"自生自灭"(sink or swim),像化学、微积分学这些入门课程采取放羊式考核,让少数能力差的学生上要求低的专业,或者是直接扫地出门。

不管学生是否有所准备、是否有所请求,或者智力上是否足够,几乎不用考虑这些,每个班总会有因不及格而退学的,这是可预见的结果。从 20 世纪 60 年代中期开始的学生大反叛一直持续到 20 世纪 70 年代初,已出现了对这种做法的抱怨。学生们的力量在减少不及格人数方面间接地起到了作用。课程,或者至少一部分课程容易一些了,新的选择比如在学期的后半段退课,或对一门课程采取通过或不通过的办法,降低了得到差成绩或被开除的危险。

也许更重要的是本科教育文化的变化,教师们对学生的要求开始没有那么苛刻了,或者是在给他们成绩时更慷慨了。此外,一些大学变得更有选拔性,学生也变得更有能力。保有学生成为州立大学公开宣讲的目标,学生也更容易获得学术帮助,只要他们选择去争取的话。然而,到 20 世纪 80 年代中期,类似的抱怨现象再次出现:大学在忽视它们的学生。这一次,看起来是大学给学生教得不够。

对本科教育的批评始于 20 世纪 80 年代,到了 20 世纪 90 年代这种声音越来越大。自此以后,批评就极少消失,而是在大学实践和一些宣传机构(advocacy organizations)中被制度化了。这种"批评",正如在这场讨论中所定义的那样,包含着三个松散联系的命题:① 在规模大的大学(主要是公立高校),本科教学是十分糟糕的;② 主要原因是教师们的忽视;③ 教师忽视教学而偏爱研究,或者是因为他们自己的倾向,或者是对来自他们所在高校压力(即"奖赏机制")的反应。一旦这三个命题联系起来，不同的观点就争相涌现，甚至包括许多改进建议。然而，这些观点引发的空话很明显更多的是陈词滥调、花言巧语而没有新意。批评本身并不是独立的运动，而是松散联系着的、分享某部分核心主题的一些努力。它出现在两处交汇点，而这两处在其他方面极少有共同点。

对高校的一连串抨击是20世纪60年代的文化战争的复燃，是“保守的美国”(Conservative America)对“左翼学界”(Left Academy)的还击。威廉·本特(William Bennett)是最早也是声音最响的批评者。他一开始就致力于复兴人文主义的传统观点，接着，当他在1985年成为教育部长时，就有意识地使用他的“天字第一号”讲坛，因他们所断定的课程和道德的缺陷而严惩大学。本特的姿态毫无疑问为布鲁姆在1987年出版的畅销书《走向封闭的美国精神》提供了土壤。本特和布鲁姆展示了批评的所有要素，即便它们的攻击主要是瞄准别的地方。表面上，教授们应该受到指责，不仅仅因为他们在政治上左倾，还因为他们一心想着专业领域和研究。本科学生是受害者，不仅仅因为被灌输了错误教条，同时也因为教学很糟糕(批评者漏掉了这种并置的讽刺意义)。

攻击大学的书如洪水般涌现，并非所有都是，但大部分是保守主义者写的。[①] 政治正确是罗格·金保(Roger Kimball)的《拥有终身教职的激进分子》(*Tenured Radicals*, 1990)和丹希·德苏扎(Dinsh D'Souza)的《狭隘的教育》(*Illiberal Education*, 1991)的主要靶子，对教授们和研究的批评只是控诉的一部分。在查尔斯·希科斯(Charles Sykes)的《教授们的诡计》(*Profscam*, 1988)、佩吉·史密斯(Page Smith)的《精神毁灭》(*Killing the Spirit*, 1990)和马丁·安德森(Martin Anderson)的《神殿中的冒名顶替者》(*Impostors in the Temple*, 1992)中，这部分成了主要的批判靶子。无论作者是要发泄什么情绪，毫无疑问，他们总是能唤起对学生的关注，并假定这些学生是因为他们老师的失败，而拒绝接受他们应

① 这一批评的完整表述见 Paul von Blum，一位加州大学系统中不满意的学者发表于1986年的 Stillborn Education: *A Critique of the American Research University* (Lanham, Md.,: University Press of American, 1986)。由于缺乏对大学文化的批判，这篇文章基本上被忽视了。

该受到的(或付出了昂贵学费的)教育。①

另外一种不同形式的批评来自于可被称为组织上的上层建筑的东西,这些组织包围着、支撑着、代表着和宣传着高等教育行业。20 世纪 80 年代中期,响应《国家处于危急中》(1983)的报告所提出来的 12 级教育改革的号召,三份官方报告力图阐述大学教育的不足。② 内容最全面的是《投入学习》(*Involvement in Learning*, 1984),专门处理本科教学改进的必要性,它宣告了许多要在那个世纪剩下的时间重做的主题。不过,它并没有单单挑出大学(在其他类型的高校中,情况似乎更糟);它也没有指责教师,也没有认为研究是错的。③ 这份报告鼓励采用一些评估形式作为教育成就的证明工具。很明显是受到这个观点的鼓励,代表着行政管理人员并主办《变迁》(*Change*)杂志的美国高等教育协会(AAHE)接受了这一想法,特别是有关评估的想法。

在《投入学习》这份报告中,作为为学生提供更多有关他们绩效信息的普通方式,评估方式(这种评估也被称之为形成性评估)受到认可,这样,就可以对学习进行改善。然而,很快,它就转化成对传统学术实践的一种内在的批评性运动。④ 这场评估运动似乎忽视了学生是根据他们在课堂上所做的所有事情被打分的,或者说是"被评估的",而这些评估最后汇总在学院的记录上(college transcript)。它追求的是替代性的学习测量方式,这些是可以用作"教育产出"的指标。特别

---

① 想了解这些著述的共同之处,请参阅 Edward Jayne, "Academic Jeremiad: The Neoconservative View of American Higher Education," *Change* (May/June, 1991): 30-41。Dinesh D'Souza (*Illiberal Education*)很欣赏新保守派风格的标题,但是 *Killing the Spirit as well as A People's History of the United States* 的作者 Page Smith 被认为是左派人物。

② National Institute of Education 出版了 *Involvement in Learning* (1984), the American Association of Colleges 出版了 *Integrity in the College Curriculum* (1985), the Southern Regional Education Board 出版了 *Access to Quality Undergraduate Education* (1985)。见 John S. Stark and Lisa R. Lattuca, *Shaping the College Curriculum: Academic Plans in Action* (Boston: Allyn and Bacon, 1997), pp. 80-104。这里所列的评论试图把 20 世纪 80 年代强调西方知识的重要地位以及 20 世纪 90 年代早期强调政治正确性的批评潮流从其他事情中隔离开来。

③ Study Group on the Conditions of Excellence in American Higher Education, *Involvement in Learning: Realizing the Potential of American Higher Education* (Washington, D.C.: National Institute of Education, 1984). 在此披露:本书作者曾为该研究小组撰写了一篇背景文章: Roger L. Geiger, "American Research Universities: Their Role in Undergraduate Education"。这篇文章似乎对最终的报告没有显著影响。

④ 找寻如此含糊的一个概念的起源是徒劳的,但 *Change* 显然从 1985 年 11/12 月这一期开始持续不断地大肆宣传。当年它还召开了第一次年度评估会议。传统观点认为学生个人应该为自己的学习负责,并在课堂上被评价。

是，它力图测量智力成就，如批判性思考和分析推理的能力，而不是仅仅对知识的掌握。

明确指出并记录这种模糊的能力，不管是对个人、班级、项目，还是学生全部的校园生活，都是一种真正的挑战。① 很长一段时间内，评估运动呈现出救世主运动的特征，为实现不可能达到的理想（完善的绩效测评）而展开无边际的求索（总有评估不完的内容）。在它的倡导者手中，评估朝着这样的观念发展：学院和大学应该通过对学生的学习成就做出明确且可比较的测评，从而对其学习负责。

难道 20 世纪 80 年代中期的美国大学生真的比 70 年代——或者 60 年代、50 年代的大学生学得少吗？这个问题基本上是无法回答的。在统计上，有太多的背景差异很大的学生进入了大学和从大学中毕业。他们中的大部分都不再学习早他们一代的学长们被要求学习的东西（比如外国语）。② 而且，在这些交替中从来就没有认识到，在历史上美国高校从未拥有跨越大多数高校的严格标准。有关大学毕业生缺乏基本的语言和数学能力的控诉逐渐形成。③ 旨在改善美国高等教育服务而建立的上层建筑组织，因这样的机会而活跃起来。评估运动获得了动力，它和保守派的指责有更多的共同点。

欧内斯特 · L. 博伊尔（Ernest L. Boyer），卡内基基金会教学促进会主席，提出了一个关键的批评要素。在 1987 年出版的《学院》（*College*）一书中，博伊尔指出了在平衡教学和研究这个永久问题上的两种截然不同的立场。他承认，在研究型大学，"学问、研究和发表应该继续作为衡量教师绩效的核心准则"，但是他也认为，这些学校"必须积极地支持好的教学"。不过，其他院校不应盲目模仿研究标准，而

---

① 关于评价或评估的不同水平，见 Stark and Lattuca，*Shaping the College Curriculum*，pp. 282-309。

② *Involvement in Learning* 认识到人口的变化。学习减少的唯一证据是研究生入学考试（GRE）中大多数毕业生分数的下降。它将这一现象以及其他趋势视为"预警信号"（pp. 8-9）。也见 Clifford Adelman，*The New College Course Map and Transcript Files*：*Changes in Course-Taking and Achievement*，1972—1993（Washington，D. C.：Department of Education，1995）。

③ 这一似是而非的情况建立在难以置信的基础上。例如，几位评论家将全国成人读写能力调查的结果扭曲后宣称高校毕业生没有竞争力；见 Wingspread Group on Higher Education，*An American Imperative*：*Higher Expectations for Higher Education*（Racine，Wisc.：Johnson Foundation，1993），pp. 5-6。实际上，样本中 40%以上的个体超过 40 岁，因此与高等教育的当前情况并无关联：National Center for Education Statistics，*Adult Literacy in America*（Washington，D. C.：Office of Educational Research and Improvement，1993）。

是应该公开承认它们教师的其他形式的智力成就。在他接下来的书《学术研究再思考：教授们的优先事项》(*Scholarship Reconsidered: Priorities of the Professoriate*, 1991)中，博伊尔对第二个观点进行了详细阐述，这本书成为旨在提升大学教学的运动的最有影响力的范本。[①] AAHE 将它作为第一届"教师角色与报酬论坛"的组织由头。这类集会的前提是假定那些妨碍教学质量提高的"问题"在于报酬结构：给予研究方面的成就以特权，而对其他的成果形式没有足够的承认，特别是教学方面。随着这个转向，改革派接受了与保守派批评家同样的启示性观点：研究霸权规定着教授们的行为，减少他们投入有效的教学所需要的时间和努力。[②]

20 世纪 90 年代早期，校园中的政治正确成为全国性争论的议题。斯坦福间接成本管理费丑闻，以及对其他高校类似的断言，伴随着对科研中的欺骗指控的广泛报道，进一步败坏了研究型大学的声誉。在这种气氛下，一批带有偏见、喋喋不休的批评被轻率地接受了。国家人文科学捐赠基金会(National Endowment for the Humanities)主席将研究型大学比作"专制机器"。[③]

如上所述，媒体和政界对大学的理解比过去二十年受学生反叛影响的结果要更负面。这些负面理解对高等教育有着决定性的影响。高校的失败是评估运动的重要激发力量。认证机构通过要求某些形式的评估或再认证扩大了它们的使命。大学自身很难忽视这类骚扰。大部分的一流大学开展了对本科教育的内部研究，思索应对这些控诉的行动。可能对公立大学最有预示性的是，政治家开始不仅对大学应该怎样教育本科生，还对大学如何专心研究形成了批判性的关

---

① Ernest L. Boyer, *College: The Undergraduate Experience in American* (New York: Harper and Row, 1987), pp. 126-117; Ernest L. Boyer, *Scholarship Reconsidered: Priorities for Professoriate* (Princeton, N. J.: Carnegie Foundation for Advancement of Teaching, 1991); Marvin Lazerson, Ursula Wagener, Nichole Shumanis, "What Makes a Revolution? Teaching and Learning in Higher Education, 1980—2000," *Change* (May/June 2000): 12-19.

② Russell Edgerton, "The Re-Examination of Faculty Priorities," *Change* (July/Aug. 1993): 12-15. 象征性地：Ernest Boyer 和 William Bennett 的认可美化了 Martin Anderson 的老调的批评：*Impostors in the Temple: A Blueprint for Improving Higher Education in America* (Stanford. Calif: Hoover Institution Press, 1996[1994])。

③ Lynne V. Cheney, *Tyrannical Machines: A Report on Educational Practices Gone Wrong and Our Best Hopes for Setting Them Right* (Washington, D. C.: National Endowment for the Humanities, 1990), p. 27.

注。总的来说,在20世纪90年代,对本科教育的批评成为影响高校生存的切实力量。考虑到其重要性,这个批评的细节需要更仔细的说明。

这个批评的根本论点是:教学和研究互相冲突,而不是相互强化或是联合生产的活动(作为补充理由在第一章中有表述)。在20世纪90年代早期,存在着把这种内在冲突正当化的努力。例如,卡内基基金会开展了一场广泛的教师调查,隐含地将教学和研究列为相互竞争的选择。可以发现,用社会科学的语言刻画教师研究癖性的文章容易得到AHHE主办的《变迁》的支持和快速发表。① 这样的论文用巴甫洛夫(Pavlovian)式的语言描述教师,将其归于仅是对多涎的刺激性的条件反射。

一个大学教师的角色实际上包括了以专业知识为中心的许多任务。作为一名专业人士,教师被认为应该最能判断如何平衡这些责任要求。履行教师角色,不仅高度依赖专业判断,而且依赖对看上去可随意选择的任务的执行意愿,无论是参与委员会的工作,还是参加学生的社会活动。正如批评者坚持认为的那样,通过操纵奖励系统来改变这种微妙的平衡关系的观念,违背了大学所依赖的教育责任感。如果草率地去做,肯定会产生意想不到的和不受欢迎的后果。

也许更为有害的推论是,在那些基本使命是教学的高校中,教师不应该参与研究。这种观点在一流的研究型大学中获得了支持,它们担心它们的联邦研究经费会被分享。然而,当这类高校的学术研究角色成长时,不鼓励参与研究的政策对这类高校的教师而言等于是去专业化。许多有能力的年轻学者在教学居主导的高校中找到了自己的位置,然而对新教师而言,这是一个没有生气的市场;同时,互联网让这些学者们更容易在研究前沿保持活跃。阻止或者不鼓励这些高校的科学家参与研究,不仅切断了他们的专业发展,也将降低学术科学

① Carnegie Foundation for Advancement of Teaching, *The Condition of the Professoriate* (Princeton, N. J.: Carnegie Foundation for Advancement of Teaching, 1989); Gordon C. Winston, "The Decline in Undergraduate Teaching: Moral Failure or Market Pressure?" *Change* (Sept. /Oct. 1994): 8-15; William F. Massy and Robert Zemsky, "Faculty Discretionary Time: Departments and the Academic Ratchet," Discussion Paper 4, Standard Institute of Higher Education Research, Standard University, May 1992.

的潜力。[1]

如果批评者的处方失误,那主要是因为他们诊断有误。但是,这并不意味着病人——本科教育——并没有毛病。围绕着这个问题的关切和惊慌失措是众所周知的,人们很可能会问:20 世纪 80 年代的高等教育领域究竟发生了什么样的根本性变化?有无教学质量已经下降的切实证据呢?

对大学教师而言,20 世纪 80 年代是学术活动的加速期。在经历了十年的相对停滞后,学术研究在这十年中翻倍。根据钟摆理论,对于当前的发展,普遍的看法是,到 20 世纪 90 年代早期,对研究的重视会摆到极端。有关教师活动的自我报告指出:科研上花的时间呈边际增长,但是,这些数据最可能反映的是某些研究型大学中的大量增长。[2] 在这里,条件证据也许更有信息量。20 世纪 80 年代,研究和研究生教育的增长远远超过正式教师人数的增长。专业的学术协会、会议和期刊都是在这个时期以不易测量的趋势激增,扩展了专业活动,并要求占用教师们的时间。

特别地,对低资历的教师而言,充足的、训练有素的博士毕业生和新聘用位置的缺乏提高了获得学者身份的障碍。这些也都表明教师角色有更大的压力。这倒不完全是件坏事。如果参与和高期望对学生有好处,它们也应该对教师产生积极的影响。然而,这些趋势在 20 世纪 90 年代并没有减弱的迹象,因此钟摆没有理由摆向本科教学方向。

替代性解释也是基于大众印象,认为学业成就在销蚀,主要是因为学生们变化着的特征。如坊间流传的,"第 X 代"沉溺于流行媒体的幻想文化,藐视理性探究和高校权威。消费主义影响了视野,第 X 代人感到他们不仅有权享有高等教育机会,而且也应该得到好的成绩。作为学生,第 X 代人期待着在课堂上享受娱乐。他们抵制智力的使

---

① 按照 Marc Nerlove 提出的并在第六章讨论的模型,将科研引入纯教学的环境中将会促进教学;见"On Tuition and the Costs of Higher Education: Prolegomena to a Conceptual Framework," *Journal of Political Economy* 80 (May-June,1972): S178-S218。

② Martin J. Finkelstein, Robert K. Seal, and Jack H. Schuster, *The New Academic Generation: A Profession in Transformation* (Baltimore: Johns Hopkins University Press, 1998), pp. 1-5, 65-84. 高校科研数量的变化情况,见 Roger L. Geiger and Irwin Feller, "The Disperson of Academic Research in the 1980s," *Journal of Higher Education* 66 (1995): 336-360。

用，对敢于挑战他们洋洋自得的观点的教师进行惩罚。[①]

在这些印象的背后，是对态度发生根本转变的真实忧虑。戴维·里斯曼(David Riseman)注意到，在20世纪80年代开始时，学生消费主义开始上升。而克拉克·克尔(Clark Kerr)声称“这种从学业绩效向学生消费主义的转变……是美国高等教育整个历史上最大的方向逆转之一”。[②] 在20世纪80年代，第X代的反智主义和后现代主义也许极大地放大了学生消费主义的影响。一种略微不同的观点认为，容忍学生消费主义观念的教授和高校应该对令人失望的课程负责。[③] 这或许可以解释为是对学生消费主义的院校回应。精英大学的一位助理教授这样讲：面对注册学生人数的减少和来自学生的潜在敌意，最后，他降低了课程对智力水平的要求，以使学生感到舒适。[④]

如果学生消费主义在上升，并且学生厌恶消极的惩罚，长期维持与学生的期待明显不一致的学术标准，对今天的教授们来说，在心理上是不可能的。如果教授们要对注册人数、成绩和学生评价负责，这种态度是自杀性的。

不过，研究钟摆和第X代可能影响到了20世纪80年代的学生学习，评估运动本身代表了新的生活事实。评估运动要求用本科学习的“问题”将其存在正当化。某些形式的总测量应该运用于整个校园生活中，而不是仅仅针对个体的学生和课程，这一理念就是在第一波的高等教育报告中提出来的。这是美国高等教育系统中一个全新的期望。它对管理者，甚至州政府有吸引力是很自然的。正如倡导者所解释的，因为“根据定义，课程和项目评估是外在于教育过程的……学术管理者和教师都应该对评估过程负责——很自然，这是一个让许多教师不舒服的观点”。此外，评估“自动意味着要问：获得的结果与投入的资源相比，在某种意义上是否值得”，这种观念很快引起了州立法机

---

① Peter Sacks, *Generation X Go to College* (Chicago: Open Court, 1996).

② David Riesman, *On Higher Education* (San Francisco: Jossey-Bass, 1980)，引文见 p. xi；也见 Sacks, *Generation X*。

③ National Association of Scholars, *The Dissolution of General Education, 1914—1993* (Princeton, N.J., National Association of Scholars, 1996).

④ Stuart Roystaczer, *Gone for Good: Tales of University Life after the Golden Age* (New York: Oxford University Press, 1999), pp. 13-26.或参考 Harvey Mansfield 的观点，他强烈谴责分数膨胀，但认为如果不进行分数膨胀又对自己的学生不公平：“Grade Inflation: It's Time to Face the Facts,” *Chronicle of Higher Education* (2001年4月6日): B24。

构在金钱上的兴趣。①

教师们可能会觉得很不舒服。对大学教育的内容(在这点上存在着极度的不一致)或者它如何测量,不存在共识。在这样不确定的基础上进行成本效益分析的观念,虽然是种智力上的空想,但却有很多政治上的诉求。

评估为管理者和州的政治家们获得了撬动教师——他们被假定为改革的障碍——的一种手段。在20世纪80年代的剩余时间,州对评估的兴趣大增,而后暂时减弱。但是与管理者结盟的上层建筑组织会继续拥护这个目标。不过,相关的历史观点是,服务于如此多的利益相关方的“问题”,毫无疑问是不会消失的。无论学生们是学得多还是学得少,或者学的是同样数量——和无论教授们是花费太多的时间做研究与否——学生的学习对美国高等教育的上层建筑来说是一个问题。对大学来说,这也是个问题。

大学很难回避对这类问题的回应。在论战持续的这些年,大学自发地进行了许多内部研究以估量本科教育状况,它们抱着进行结果评估的念头测量了可测算的东西(诸如学生保有率和毕业时间等)。大学校长开始成为改善本科教育的直率的斗士。毕竟,对外部的“选民”来说,他们代表着大学,并在事实上被迫为学生而战。

所有这些活动引导着大学到了必须对三项责任进行回应的地步。第一,很清楚,本科教育存在着改善空间。大学并不容易被改变,而与这个批评相联系的深远的考评方法,比如改变报酬结构,也许特别难推行,但是大学都被驱动着努力改善学生的学习。第二,大学处于回应社会批评的压力之下。回应这些非市场的压力,它们需要做些改革来处理这些批评,并将要求加在自己身上。第三,学生消费主义仍在上升,这些消费者并不是非要得到他们以自己的名义所说的同样东西。因此,对本科生而言,市场的要求经常是与非市场的苛评不一致的。这些力量一起塑造了20世纪90年代以学生为中心的大学。

---

① Peter Ewell, “Assessment: What's It All About,” *Change* (Nov./Dec. 1985): 32-36,引文见 p. 33;还可见 Pat Hutchings and Ted Marchese, “Watching Assessment——Questions, Stories, Prospects,” *Change* (July/Aug. 1990): 12-38; Lazerson, Wagener and Shumanis, “What Makes a Revolution?” pp. 14-15。

## 3.4 以学生为中心的研究型大学

### 雪城大学

1992年2月,在就任雪城大学(Syracuse Universirty,SU)校长仅仅数月后,肯尼思·肖(Kenneth Shaw)就宣布了一项意图建立"以学生为中心的研究型大学"的改革计划。接着,虽正处在对此恶名进行批评的顶点,肖并没有制止将这些负面的陈词滥调用到研究型大学。"以学生为中心的研究型大学"是英明的市场策略?或是严峻的削减计划的伪装?或者是试图将统一的认同强加在学校这个庞然大物上的一种努力?可以认为所有这些都在其中。20世纪90年代初,雪城大学在为竞争市场地位而挣扎,并且急需新的策略。

雪城大学在进入当代时拥有相对较好的条件。20世纪70年代,它经历了长期的预算赤字、痛苦的学生抗议以及与五角大楼的研究联系切断等事情。① 到1980年,高等教育趋势又一次偏爱雪城大学不得不提供的东西。学生们对职业学习的偏爱与大学庞大的专业学院及二百多个专业是吻合的。更实用主义的这一代学生欣赏雪城大学在一流院校的运动会中的名声和它根深蒂固的大学文化。但当代的大学指南指出了异常情况:雪城大学校园给人一种规模较大的州立大学的外观和感觉。②

1981年,雪城大学有20000多名学生,其中13000名是本科生。那一年的新生超过了3500名,是全国私立研究型大学中最多的。大学的各机构在学术声誉和选拔性方面差异很大。最具声望的是麦克斯韦尔公共事务学院,它也为本科生讲授社会科学。纽豪斯公共传播学院在声望和受欢迎程度上都在成长。其他被高度尊重的学院包括建筑学、工程学以及管理学。但是雪城大学拥有与许多州立大学一样的新生规模,在招生上难以说是选拔性的。它SAT分数的中位数刚刚超过1000,学生们普遍相信任何能付得起学费的人都能被录取。并

---

① John Robert Greene, *Syracuse University*: *The Eggers Years*, vol. 5 (Syracuse, N. Y.: Syracuse University Press, 1998).

② 信息引自 Edward B. Fiske, *The New York Times Selective Guide to Colleges*, 1982-83 (New York: Times Books, 1982); *Barron's Profiles of American Colleges* (Woodbury, N. Y.; Barron's, 1985); *The Insider's Guide to the College*,由 *Yale Daily News* 的工作人员编写(New York: St. Martin's, 1985)。

且,雪城大学的设施也不是像人们期待的私立大学那样。据说,班级很大且很拥挤,大学的第一个学生中心在20世纪80年代中期才开放。有代表性的是,改善校园的首项工程是拥有50000个座位的足球和篮球竞技场,它建于1980年。

在整个20世纪80年代中期,雪城大学的方案被证实是有效的。像其他私立大学一样,雪城大学迅速提高学费,并且相比之下,它极少依赖学费打折。预算迄今为止是盈余的,大规模的"固定设备预留专款"积累起来了。资金募集运动达成的结果远远超出它设定的目标。雪城大学在20世纪80年代也设法加强研究,这多是通过利用公共技术转化项目,而不是用自己的资源进行投资实现的。它努力争取设立州软件工程学研究中心,并且最终将其发展成为科学和技术中心,这是依托州和联邦的专款建成的。这些资金激发了与计算机科学相联系的相关领域的研究。但总的说来,雪城大学在学术研究体系中变得更边缘化了。[①] 雪城大学在20世纪70年代的困境中大大降低了研究的重要性,到20世纪80年代,它继续主要依赖它的学生基础。校长更清楚地认识到了这一点,在20世纪80年代创设了管理学生事务的副校长职位,并且,随后努力改进本科教育,正如当代的全国性报告所力劝的那样。即使面对危机的冲击,雪城大学仍坚定地保持着学生导向。[②]

在20世纪80年代末,选拔竞争的压力开始被感受到,这是场不适合雪城大学去参加的竞赛。它入学年级的庞大学生数使其选拔性很低,但就算这样水平的选拔性也需要一个超过15000人的申请人员库。随着条件的改变,申请人员库缩小了(1998年仅仅超过10000人)。它还不包括选拔性大学渴望的许多高素质学生。实际上,雪城大学几乎没有提供什么质量标志,以区别于其他更具选拔性的高校,尽管它提供了类似的优惠学费(premium tuition)。虽然在20世纪80年代,财力上有所发展,雪城大学的相对生均支出已从本研究中的33所私立大学的第26位下滑到1990年的最后一位。参与研究从来不是这一大学的强项,现在更被减弱了。它最著名的学术系,如哲学系

① SU的科研份额从1980年的0.27下降至1990年的0.22以及2000年的0.13(见附录B),其科研支出的排名从106名跌至147名。

② Greene, *Syracuse*, pp. 199-209.

和地理学系，并没有很大的吸引力。大量的学生仍寻求进入公共传播和管理专业，但有少数一流学生选择了职业性(professional)的本科专业。大学发现，它自己几乎没有办法来支撑其声望或者证明其溢价(premium price)的正当性。当1990年经济衰退来临时，这些弱点直接影响到招生及大学的财力。

在雪城大学宣布它是一所以学生为中心的研究型大学的同时，它也立即着手激进的规模缩减，以适应大量的收入削减，符合上升的选拔性标准。在适应市场的要求方面，它面临着严峻的困境。因为存在着财政危机，它就不能像霍克斯比模型所启示的常规途径那样，通过质量方面的投资变得更具选拔性。取而代之的是，它试图通过对以学生为中心的强调，从教师身上榨取更高的教育质量，并且要通过花费更少的钱而不是更多的钱实现这一目的。为了与选拔性要求保持同步，它主要的投资是学生自身的质量。

在逐渐为人所知的"重建"中，雪城大学选择减少注册人数，而不是"在招生时选拔性变得更低，从而破坏大学的学术声誉"。① 注册数从1989年超过12500名本科生的高峰下跌到10000人，恢复到1995年的水平。研究生注册数经过较长时间减少了约1000人，全日制注册人数下降了15%还要多。同时，雪城大学决定在学生招生方面做出大的投资，主要是通过绩效奖学金形式进行的。一开始它将人均价值6000美元的"校长奖学金"授予前15%的入校新生，后来又增加人均4000美金的"院长奖学金"给接下来的25%的学生。基于财政需要的奖学金也增加了。结果，学费折扣从1989年的10.5%上升到1996年的31%。

更少的学生和更低的净学费对大学意味着预算的显著减少。相应地，薪水名册也不得不缩减。950名教师中有200人接受了辞职诱导。最终，教师职位减少了170个，职员职位减少了340个。那些留下来的人经受了随之而来的最小限度提升的薪水冻结。总的来说，财政重建减少了6600万美元的支出，或者说是基础预算的33%(1990—1998)。

为实施这一数量的预算削减，以学生为中心的大学不得不变成以

① 这一讨论的引文和信息来自 Syracuse University，"Self Study"，1996(www.syr.edu/selfstudy/)。

收入为中心的大学。在某种程度上,这些目标是一致的。学生的保留率成为一项财政要求,学校采取了许多方法使学生更满意,并更多地参与进来,这至少部分地会使他们留在雪城大学。补偿成本的责任依照大学"自治自理"的观点被分解到雪城大学的各个运行单元。

大学的 15 个学院必须从每一美元的支出中创造出两美元的净收入。被迫接受这样严苛的规则自然就产生了资源的重新配置。就像通常运用这种方法产生的结果一样,文理学院是大输家:它的学时减少 16%,预算削减了 14%。工程和计算机科学遭遇到更糟糕的命运,硬科学的院系有着更高的成本基础,不能在与软学科同样的学时制上有效运转,这两个单位最终合并为一个学院,承受了 41%的预算缩减,组合而成的教师队伍从 120 人减至 70 人。毫无疑问,最后的发展削弱了雪城大学吸引研究支持以及在教师中保留活跃的研究人员的能力。但是研究在以学生为中心的大学中并不被给予特别的地位。不能自我支撑的研究生学位项目被淘汰了,主要是在文理学院。新的硕士项目和继续教育项目则依据它们所创造出来的净收入进行评价。这样,预算结构被整个重新设计,增强那些带来更多学费收入的单位,并使那些创造收入较少的单位挨饿。[①] 通过这种方式,运行单位有充分的激励对学生的需求保持敏感。

如果说以学生为中心的研究型大学的灵感来自于肖校长,将细节清楚表述的任务看来是落在了教务长吉希恩·卫考(Gershon Vincow)的身上,他自 1985 年以来一直在朝着这一目标工作。他在 1994 年的教师报告中提出了整个模型,并讨论了模型的含义。他很清楚雪城大学的利害关系——通过改进本科教育而拥有领先地位,大学希望能"提高质量方面的声望……(并且)作为其后果,也提高我们吸引学生的'市场地位'"。[②]

总的理念是把学习放到大学使命的中心位置,"通过教学、研究、奖学金、创造性的成果以及服务来促进学习",但要在这些所有的活动中给予学生学习方面的优先性。这一挑战不再是花言巧语,而是进行

---

① 见 Report of Task Force to Develop Guiding Principles for the Long-Range Budget Plan (www. syr. edu/acadaff/budgetguide. html/)。

② Gershon Vincow, "Annual Report to the Faculty," *Syracuse Record* (1994 年 1 月 31 日)(www. syr. edu/acadaff/1994faculty. html). 相关概括也见 Gershon Vincow, "The Student-centered Research University," *Innovative Higher Education* 21(Spring 1997): 165-178。

了有效的革新。在这方面,以学生为中心的研究型大学是一个建设过程,而非只是一个模型。雪城大学采取的措施或者是试图采取的措施要在这样三类标题下进行评价:改进空间、学生消费主义以及潜在冲突。

像其他大学一样,雪城大学在审查教育实践时发现了大量的改进空间。一些最明显的措施旨在使一年级学生适应学院,这也对提高保留率有帮助。雪城大学要求它所有的学院举办小规模的"新生论坛",以增进与教师的密切互动以及与大学的融合。大多数一年级学生的班级规模因大致相同的原因被减少。学期的期中进展报告(progress report)作为新生的早期预警系统确立起来,向面临问题的学生提供大量可用的学术支持。采取专门措施改进学术指导,特别是对低年级(lower-division)学生。研究生助教受到了职责方面的专门培训。以学生为中心的课程指南很完善,难以找出缺点:实现师生之间更多的联系;利用积极的学习技术,包括合作项目;提供即时的、有意义的回馈。关于这些革新,唯一的问题可能是:是什么东西费了这么久的时间?事实上,类似措施正在全国的研究型大学中实施。

卫考劝告他的教师们要从学习者视角出发设计课程,而不是根据想当然的主题要求来设计。在他解释这一指令时,学生消费主义被置于积极角度:教授们应该理解当前学生的焦虑,应该意识到他们对所选课程的看法,但最终目标是使学生投入更多的时间更加勤奋地学习。他指出,发现课程材料很有趣且相关的那些学生更可能去上课和做作业。他一点也没有暗示对标准有任何放宽,并且,他极力主张他的教师们将高期望传达给学生,并根据累积的考试结果评价学生们的学习,目的是为了让教师们利用以学生为中心的方法激发更多的努力,并因此促使学生更多的学习。

这些指示在任何高校的大学教学中都可能被理所当然地作为好的做法,但是雪城大学坚持不懈地守护它的研究型大学身份。它试图强调在这样一所高校中本科学习的有利条件,并且鼓励教授们将他们的研究案例在本科课堂上进行介绍。但是因为如此热切地强调以学生为中心,雪城大学的行政部门暴露出潜在的冲突,这一冲突更多地来自于它自己冲突性的目标,而不是来自教师们的行动。

卫考自身以前是一位科学家,他提出了这个令人怀疑的论断,"我们对研究的基本原则是看它如何能促进我们学生的学习",其次是"它

(如何)促进我们的学科”。① 他承认,那些每周工作五六十个小时的教师如果不能改变现在的活动,就不会在教学和指导上投入额外的努力。他建议废止像委员会会议这样的“低优先性活动”,并提出了一个能轻而易举做到的建议,就是教师们应该将他们缩短的研究时间集中于质量上而不是数量上。但是,底线是“更多的时间必须花费到教学和指导的改善上,在研究上投入的时间应更少”。行政管理部门利用内部的及全国的调查,已经使自己确信教师们乐意投入更多时间用在教学上②,因此它有理由相信教师们将支持大学文化的这一转变。

随后必然的结果是教师报酬的变化。行政管理部门郑重宣称,从此以后教学就像研究一样被同等考虑。但是,看起来很简单的对等却引起了内在的困难:大多数教师的教学被评价为“好”,但是对研究的评价范围则是从“什么也没有”一直到“极好”。③ 换句话说,大多数教师的教学相当好,但是对自己的领域做出贡献的能力是更为珍稀的品性。同时,有关教学和研究是不对称的活动,它们应该在对教师的评价中发挥不同的作用(如同它们具有的传统作用一样)的建议,对以学生为中心的运动而言简直是异端邪说。这一现实所产生的张力仍然在雪城大学的方案中持续存在。

到1998年,雪城大学的重建已经完成。学生群体更小但更聪慧,预算处于平衡状态,大学可以评估它自己成为一流的以学生为中心的研究型大学的主张。④ 毫无疑问,雪城大学已实现了大学风气和文化的显著改变。尽管大学的研究生院和学院的特征有了很大改变,但最

---

① 见 Gershon Vincow,“The Student-centrered Research University,” *Innovative Higher Education 21* (Spring 1997): 168。Vincow 在他的教师报告中将 Boyer 的 *Scholarship Reconsidered* 作为更贴近学生的“科研”的例子。

② 这些努力是 SU“Sears Project”的一部分,这一工程将学生中心这一概念置于优先和根本的地位。对研究型大学的教师进行的调查恰好相反,即教师们倾向于花更多的时间从事科研。这些结论都受到了问题的措辞和调查群体的影响。

③ SU 每年都根据40%的科研、40%的教学与指导和20%的服务这一公式对所有教师进行评估。如何对学生的指导进行评估仍是个难题,而服务占20%显然权重过大。

④ SU Office of Budget and Planning, “Fiscal Restructuring at SU in the 1990's” (http://sumweb.syr.edu/ir/bud retr,html); Syracuse University, “A Report to the Commission on Higher Education Middle States Association of Colleges and Schools,” Jan. 15, 1998; 以及 Syracuse University, “Visiting Team Report,” Mar. 22-25, 1998 (www. Syracuse. Edu/selfstudy/)。SU 自身的特点在这些年发生了变化,从一流的研究型大学转变为一流的以学生为中心的研究型大学。

主要的感觉是，对教学有了更多强调，教学被更有效地评价了。那年春天造访的再认证小组发现，以学生为中心的想法被教师、学生和职员广泛共享。以前特别提到的学生享乐主义以及与州立大学相似的学院指南现在已开始谈论师生之间的密切互动。① 雪城大学螺旋性地上升为《美国新闻与世界报道》排行榜前 50 位之中的大学，主要是因小班级挣得的荣誉。

毋须怀疑，雪城大学正在招收更好的学生，更周到地对待他们，并提供了更多的教育项目和资源。在这个方面，这些正是大学想要投射的形象的要义，但更深层的问题还存在着。能在削减成本的同时达到更高的质量吗？在不减损院校作为研究型大学地位的情况下，一个以学生为中心的定位能够被支持吗？

通过强有力的专业强调，以学生为中心的模式在雪城大学更容易被采纳。也许把它描述成职业性大学（professional university）要比研究型大学更好，它最著名的项目在本质上都是职业性的。只有工程和计算机科学在那些必需研究资助的领域进行竞争，它们的研究需要几个长期建立的中心加以维持。这样的情况有助于解释雪城大学在 R&D 资金中日益边缘的地位（见附录 B）。

在被高度尊重的麦克斯韦尔公共事务学院，如果不是为了增强获得研究赠款的本领的话，教师们也需要维持强有力的发表记录来支撑其声望。对雪城大学另一个很受尊重的学院——视觉和表演艺术学院而言，就较少是这样的了。其他出名的项目，包括新闻传播、图书馆学、建筑学，可能处于两者之间。因此，“研究”在雪城大学的许多单位中有着略微不同的含义，并且，在刚刚提到的那些学院里，学生的投入和积极的学习都更容易实施。这些因素无疑使雪城大学的许多教师偏向于以学生为中心的取向。但仍然有来自大学自我研究的证据显示，一些危险正在临近。

到 1998 年，专业学院的院长们普遍感觉到应该更多地重视研究，教师们也发现致力于学生的学习不能排除对研究的需要。在学科和专业共同体中，个人被认可仍然要依赖于对知识的贡献。就算是在本校，尤其在较强的学院，研究标准在教师评估中肯定也没有降低。实

① Edward B. Fiske, *Fiske Selective Guide to Colleges* (New York: Times Books, 2000), pp. 626-628。

际上,再认证小组特别建议,雪城大学应停止《学术研究再思考》中极力赞扬的多种形式学术研究的口头承诺,因为这种强调会误导或者迷惑资历较浅的教师。资历较浅的教师也许会比其他人更能感受到强大的压力。薪水上限已被设定,有很强教学记录的教师没有可得到的金钱意义上的奖励。雪城大学的教师作为整体,看来是真诚地拥护以学生为中心的使命,但是随着时间的推移,他们就逐渐变成一个自我选择的群体,那些察觉到对研究不重视本身也对这种做法不喜欢的个人就移居到了别处。

雪城大学对学生的巨大投资与对教师和职员的不投资并列。教授们的薪水在1998年的购买力与他们在1980年时的购买力大致相同。[①] 在重建过程中,行政部门致力于削减职位而不是削减薪水,并且抵制雇用兼职教师作为替代的诱惑。换句话说,为维持教师质量,已经做了有意识的努力,但是薪水的增长依然几乎不能与通货膨胀相匹配。

再认证小组指出,教师薪水与其他研究型大学相比没有竞争力,并且特别告诫要保留最好的年轻教师及招募科学家和工程师。总而言之,重建在很大程度上是通过利用大学累积的质量资本完成的,但是它现在面临着补充的需要。再认证小组的建议很简洁:"大学对研究的承诺及投资在随后的几年内,需要像本科试验一样被仔细地、广泛地对待。"[②]

这个要旨被牢记在心。2000年,新的大学教务长承诺"追求卓越"。[③] 到这时,大学的重建最终使财政图景生辉,这主要是通过稳定注册人数和学费收入实现的,但也有一些额外的来自行情看涨的市场以及适时的资金募集运动的帮助。教师数在增长而不是在收缩,投资可能再一次被考虑。最重要的是,雪城大学寻求能够"增长外部研究支持的""学术质量和地位的提升"。

首先提出的领域是教师的招聘和保留。调整先前的薪水停滞及

---

① 在 *Academic* 的三月刊(Mach Issue)公布的美国大学教授委员会(AAUP)对教师薪水的年度排行中,SU从1980年的2分(5分量表)滑落至1998年的4分,在2003年则回升到3分。

② Syracuse University, "Visiting Team Report".

③ Deborah Freund, "The 2020 Vision of Syracuse University," Mar. 1, 2000; and Deborah Freund, "A 2020 Vision of Syracuse University: In Search of a New Standard of Excellence," (www. syr. edu/acadaff/vision. html).

压缩状态的努力已经开始。但是雪城大学也想招募“在研究中国际知名”的“世界一流教师”。为了这一目的，它拨专款在接下来的十年中新增 20～30 个捐赠教授职位。聘用策略是要建立关键的集群，最好是在跨学科领域，以达到公认的优异。博士教育将得到类似的关注，尽管那里的策略是要通过削减以形成声望更高、规模更小的项目。在博士教育中也认识到，这些目标意味着在全国竞技场中保持竞争力的必要性。

从新的使命声明的字里行间中人们可以感觉到，从长远看，20 世纪 90 年代的重建所造成的境况并不可持续。通过发誓“要迅速跻身大学的更高梯队”，雪城大学承认它还没有达到与它的期望相称的质量水平。它不再宣称要成为定位模糊的一流大学，而是确认了 12 个私立大学作为参照，以此衡量自身。

当雪城大学试图进行这样的转变时，它曾经塑造的以学生为中心的大学的身份无疑将成为力量的源泉——对招生是个帮助，对来自毕业生和捐助者的善意是块磁铁。但是如果能从雪城大学的试验中得出教训的话，那就是：希望成为研究型大学的高校，想通过将学生的学习置于与教师的学术成就的冲突中来实现，从长期看是不成功的。

## 亚利桑那大学

亚利桑那大学（UA）在 20 世纪 70 年代上升为一流的研究型大学①，成为少数几个在十年停滞期内扩张的大学之一，这是一种优势，但更多的荣誉应归于约翰·P. 谢菲尔校长（John P. Schaefer，1971—1981）和他的教务长，他们寻求一种基于学术实力进行建设的激进主义策略。到 1980 年，亚利桑那大学以拥有一些全国知名的项目以及跻身于前 25 位 R&D 承担者之列而自豪。然后，大学的动力消散了。州的财政危机重现，拨款停滞，亚利桑那州大学理事会（Arizona Board of Regents）设立的低学费几乎不能提供额外的收入。并且，理事会开始直接干涉大学事务，助长了僵化的科层制。但大学仍然保持着它在学术研究中的相对位置。在 20 世纪 80 年代，它承担了全国大约 1.2%的学术研究，实际上，这也贯穿于整个 20 世纪 90 年代。虽然拥

① Roger L. Geiger，*Research and Relevant Knowledge，American Research University since World War II*（New York：Oxford University Press，1993），pp. 273-283.

有较少可自由支配的资源,保持其研究位置更多地成为一种奋战。在整个20世纪90年代,亚利桑那大学自身承担了成为一所以学生为中心的研究型大学的额外负担。

这一承诺明显是一些事件的后果,是被1990年大学再认证访问小组所指出的担心触发的。访问小组发现,文理学院提供的导论性和通识性教育课程存在着明显的不足。这些公共课程已经成为"低声望和相应的忽视的领域……是补习式的",利用剩余资源在运转。需要这些课程的学生却不能得到这些课程,这种情况被大学无情地视作"惯例"。总体上,相对于大学其他的主要组成部分,本科教育被判定为投资不足。[①] 换句话说,亚利桑那大学看起来像是在批评文学(critique literature)中备受嘲笑的研究型大学的讽刺漫画。但是这些问题只是大学自己造成的后果的一部分。

在20世纪80年代早期,预算困难已很严重,但是在这十年的后期,财政有了相当大的改善。在本研究涉及的公立研究型大学中,亚利桑那大学相对的财政位置只下滑了三位,从第27位下滑到第30位。但是到了20世纪80年代后期,本科生出现了增长,对此的准备是很弱的,很少增加新教师。[②] 实际上,对实现所有这些目标而言,大学的物理空间很狭小。根据亚利桑那州大学理事会(也许很慷慨)的指导方针,亚利桑那大学只有一半空间被建议用于教育用途。同时,作为一所新加入的研究型大学,各单位竞争资源以支撑研究生项目,维持处于上升势头的院系,改善那些落后的院系。

亨利·考福勒校长(Henry Koffler, 1981—1991)支持为研究型大学的卓越声望而奋斗,但是这些年的发展多数可以概括为没有根基。确实,当主管本科教育的副校长职位因预算原因被废止时,学生利益就不是优先考虑的事情了。

再认证报告无疑有助于翻转这一情况,并且可能对下任校长曼纽尔·帕齐科(Manuel Pacheco, 1991—1997)的选择有许多影响。帕齐科的职业生涯主要与本科院校相关,尽管他是一个低调的校长,但对本科教育仍有着旗帜鲜明的观点。他随即任命了一个本科教育工作

---

① 引自University of Arizona,"NCA Accreditation Self-Study Report," Nov. 16,1999,第二章(www. library. arizona,edu/nca/)。

② 20世纪80年代,本科生增加20%,全日制研究生增加30%,正式教师增加7%。

组。1992年5月,工作组回馈了一套切实可行的建议。在课程方面,它力劝重组通识教育、建立新生座谈会以及以高级论题或项目形式进行顶点实验(capstone experience)。另一个萎缩的区域——学生指导,被指定要进行改善,大学的基础设施将要随着心目中最高的教育使命而扩展。也许唯一具有争议性的建议,尽管那时全国都在宣传,就是经过"严格评定和充分被证明"的卓越的教学,应在晋升、终身教职和表彰中给予更大的分量。① 在这一时刻,这一议题被亚利桑那大学提升到更高的层次上。

以凤凰城律师安德鲁·赫威兹(Andrew Hurwitz)为首的亚利桑那州大学理事会为亚利桑那大学本科生披上了胜利的斗篷。不论是否是巧合,亚利桑那州新州长支持废除理事会,让大学处理其自身的事务。新的事件给予了理事会新的活力,它对学生被忽视的情况给出了一系列严厉的指控,但这些遭到大学以反驳和改革相结合的辩驳。

1994年,停火协议达成:为迎合理事会的要求,大学提出"将教师教学努力与本科教育质量的改善结合在一起的可测量目标"。这些所谓的"赫威兹目标"由7个具有35项指标的宽泛目标与2个具有7项专门指标的特定结果构成——这在形式上反映了对大学普遍的不信任以及对绩效指标的狂热。但是,这些目标确实指出了亚利桑那大学的问题。

一项与同类高校的比较显示,亚利桑那大学新生的保留率较低,学生的毕业率也较低。② 学生们花费了很长时间才毕业(4.9年),完成了超出他们所需的更多学分。大一和大二的学生与正式教师接触有限(仅有一半的低年级课程是由全职教师讲授的),并遭遇排课上的困难。大学也乐观地承诺,要改进像标准化测试分数(这并不坏)以及雇主/校友满意度(没有现存数据)这样的产出测量,但首要的是其试图改善本科教育的后勤保障工作。一个新的指导系统——也是明显需要的——被设计出来,即为全体学生提供指导教师及明确的学习计划。承诺有更多的正式教师教授低年级课程,更多的课程将可资利

① 同上,Chapter 5,On Manuel Pacheco,见 *Chronicle of Higher Education* (July 3, 1991); *St. Louis Post-Dispatch*, Mar. 9, 1997。

② 不过,UA作为一所选拔性的博士型公立大学,其新生的平均保持率为78%,尽管在这类大学中排名靠后;见 ACT Press Release:"National College Dropout and Graduation Rates, 1998"(www.act.org/news/04-01b99)。

用。如所建议的那样，保证举办新生讨论会和进行顶点试验。[1] 这些措施是在某种强迫下采取的，处在大学头上的理事会的威胁之下。但是无论有没有 42 种绩效指标，这种性质的改革无疑是被提倡的。此后数年所做的改变意味着对本科教育毫不含糊的承诺。

1995 年，亚利桑那大学宣称自己是一个以学生为中心的研究型大学。这一年以一个有关大学转型的会议开始，在这个会上，雪城大学主管本科学习的副校长详细阐述了新的准则。亚利桑那大学教务长保罗·西弗德(Paul Sypherd)随后发表了一个表明亚利桑那大学转变的立场声明。

不过，亚利桑那大学仍坚守着它作为一所全国公认的研究型大学的显赫名声，没有贬低研究的花言巧语。事实上，大学致力于投资本科教育，恢复了主管本科教育的副校长职位新建了新生活动中心，并解决教室匮乏的问题。如果说新的承诺需要象征的话，它采用了大规模的基建项目的形式：到地下的综合学习中心兴建时，校园中心已被阻塞了好多年。

庞大的文理学院被分成 4 个独立的学院，给予这些学院的额外资金进一步加大了分权化。通识教育主要是这些学院的责任，在 1995 年到 1998 年受到了全面的检查。此外，荣誉项目也得到极大的扩展，这是竞争一流学生的更有竞争力的努力。

正如雪城大学一样，一项并非用于改进学生学习的投资是聘用额外的正式教师。事实上，教师得到了“胡萝卜”——以对教学卓越给予回报的形式——和“大棒”，这是包括对他们教学年度评估的后终身制评议形式。不过，用于创造教师发展的长期项目的资源找到了。

除前述的改革外，这些措施对亚利桑那大学本科教育有实质性帮助。它们处理不足之处，并提供组织上的及物理上的结构以更好地适应学习的要求。也许这样的发展会不可避免地带来更大的科层化，例如，不得不成立专门机构以监控“赫威兹目标”。1997 年，新校长彼得·莱肯斯(Peter Likens)认可了以学生为中心的研究型大学的概念。到 20 世纪 90 年代末，另外一个中北部协会的再认证评议进

① University of Arizona, “Proposed Measurable Goals for Linking Faculty Teaching Effort to the Improvement of Undergraduate Education”(未标注发布日期，复印件)；University of Arizona “NCA Accreditation Self-Study”。

来了。

亚利桑那大学在这时已能报告说，它已在很大程度上达到了为本科教育设定的目标。无论是课程的可得性，还是指导的满意度都已经提高了。正式教师所教授的低年级课程的比例已提高到 2/3 的既定目标，教室空间的目标已经达到甚至超出。学生对教师仍然不是很了解，但参与研究经历的数量超出预期。教学（再次与雪城大学的情形很相似）看来不是问题：80%的教师得到好评，被认为不能胜任的数目微不足道（小于 1%）。但是，所有这些意在改进结果的措施几乎都没有纳入预算。新生保留率实际上下跌了；六年毕业率在正确方向上移动，但与目标还相去甚远。获得学位的平均时间保持不变，毕业生累积了过多学分的情况也是如此。[①] 以学生为中心可能不是折磨着亚利桑那大学的疾病的正确处方吧？

保留率和毕业率更多地反映了学生带给大学的特征，而不是大学发生在他们身上的东西。认为使排课更容易，或者使学习计划更清晰就改变了这些测量的想法无疑是天真的。不过，要承认，这是在反对过分简单化地运用绩效指标，而不是努力地改善学生的体验。实际上，如果不被要求证明是根据更高的权威才这样做的，对大学而言，更易于做这样的事情。在这个案例中，明显的事实是，一半的亚利桑那大学新生的排名低于他们所在的亚利桑那州学术标准不太严格的中学毕业生的前 1/4。[②] 至少可以这样说，要求这些学生中有 60%在获得本科学位前有研究体验（赫威兹目标）的信念也许有些野心勃勃。更中肯地说，与理事会达成的取消补习班的协议是短视的，这些补习班有利于新生专题讨论会。甚至有关缺乏天赋的学生会被正式教师教得更好的假设也需要进行更严密的审视。最重要的是，有人也许已经考虑过这个令人不愉快的现实：如果对学生学习的预期提高了，那么就会有更少的学生能达到这一预期。

仅仅提出这个议题就要借助学习等式的另一边：学生学习的不同动机、勤奋程度和能力。莱肯斯校长在承认以学生为中心的研究型大学是适合于有动机的、准备好的学生时，似乎已认识到了这一问题。

---

① University of Arizona, "NCA Accreditation Self-Study," 第五章。

② 鉴于学生的学术资质，UA 的新生保留率达到了全国标准，它制定的目标高得有些不切实际。

但是,照他的话说,亚利桑那大学有"一个非常异质的学生群体,特别是在本科层次上。帮助所有的学生都实现全部的潜能,这对我们来说是一个挑战"。[①] 这个观点引起了两个困难:一个是基于现实,另一个是大学自己造成的。

如果以学生为中心的研究型大学是以有动机的、准备好的学生为前提的,那么行动的逻辑就是要提高入学的选拔性。这是雪城大学采用过的方式,缩减新生班级规模,并在学业奖学金上加大投资。亚利桑那大学也试图通过这样的措施——把荣誉学院的规模增加三倍,并招收更多的州外学生,吸引更多合适类型的学生。但是,在每10个亚利桑那州高中毕业生中,亚利桑那大学仍要招收1个左右的学生。在二十年中,它的选拔率几乎没有提高。[②]

尽管它已达到了它所希望的增长极限,教育一部分亚利桑那州青年人是它不可逃避的责任。它明显需要一种能为那些具有中等能力和抱负的学生服务的方法。毕竟这一任务是大多数大学每天都要面对的,但是在亚利桑那大学,以学生为中心的花言巧语使得直率地面对这一任务变得更困难,如莱肯斯校长含糊的语言所掩饰的那样。

雪城大学至少认识到这是个问题,并鼓励教师要求学生付出更多的努力。相反,亚利桑那大学的文件整体上不那么有批判力。"一个卓越的以学生为中心的研究型大学"的说法像颂歌一样被重复。其前提看来是教师充分的欢迎、关心、专心及监督将会实现大学生的学习目标。但是以防万一,大学承诺要维持"一个广泛的但又是聚焦的评估项目,确保所有这些目标是真正被追求并被完成的"(额外的强调)。[③] 具讽刺意味的是,大学在利用空洞浮夸的渴望把批判性思考教给它的学生们。真正的危险是口号的滥用和感觉良好的言辞妨碍了对管理研究型大学的批判性思考。

尽管在雪城大学和亚利桑那大学,个体都以纯粹的动机相信以学生为中心的研究型大学的理念,采纳这一策略却有着相当不同的理由。雪城大学面临着营销危机,借助于新形象给努力克服严重缺陷的

---

① University of Arizona,"NCA Accreditation Self-Study," 第十章。

② 根据 *Barron's Profiles*, 1984 年至 1997 年,UA 扩招 1200 名新生(3400 至 4600),平均的 SAT 分数(回升)保持不变,ACT 分数从 22 提高到 23。*Barron* 评级从"具有竞争力"变为"非常具有竞争力",这显然是建立在更多申请者的基础上。

③ University of Arizona,"NCA Accreditation Self-Study".

重建过程积极的推动。至于亚利桑那大学，主要面临的是来自亚利桑那大学理事会的激进成员的政治挑战，这些人针对研究型大学不关注学生的现象摆出斗士姿态，倒向学生一边。作为回应，亚利桑那大学不仅试图通过接受自贬身份的监控形式使这些批评变得中立，而且也通过正式成为以学生为中心来建立更持久的防御。

雪城大学的策略在内部和外部均获得成功。总体上，大部分的教师和职员接受以学生为中心的形象。有一些因素可能也起到了作用，大学已经专注教学。更重要的是，大学共同体无疑是理解这种不稳定状况的，尤其是在看到长期的同事被终止聘任时。通过把重建作为一个过程提出来——一项进行中的工作，并且鼓励教师参与，这种领导方式也有所帮助。在外部，这一策略将注意力转向新的身份，直到大学的竞争地位开始改善。

相比较而言，在亚利桑那大学社区，相当大的一部分人总是把这一政策视为安抚理事会的手段。行政部门的冷淡、以学生为中心的行动植根于科层体制中、过度放纵的浮夸言辞都趋向于使这一努力远离普通成员。但是，亚利桑那大学的研究工作从未被新的重点公然威胁。在雪城大学，上文提到，大学校长为了把他的学校放置到更有利的位置上而不排除贬损其他研究型大学对学生的忽视，并且，教务长公开谈到过要削减研究时间。在亚利桑那大学，大学的全国性声誉主要是以研究为基础的。官方的方针是：教学和研究并非零和行为，更多的是互补；研究型大学的身份，同以学生为中心一样至关重要。

因此，亚利桑那似乎已避开了雪城大学落入的盲区——一开始不强调研究，后来感觉到压力而被迫重新重视。事实上，亚利桑那大学以较小的下降维持了它在学术研究系统中的位置（见附录 B）。近60％的研究是在研究中心和研究所实施的，有点远离本科教育。也许是因为这个原因，当行政管理者的精力明显聚焦于其他地方时，研究工作似乎是自我照看。相对的疏忽仍然付出了代价。在 20 世纪 90 年代末——这是狂热建设的十年——研究实验室出现了最大的空间短缺。在亚利桑那大学，对研究最大的威胁仍然仅仅是资源短缺。

如果说亚利桑那大学向以学生为中心的大学的转变意在产生政治利益，那么政策是失败的。拨款的增量在 20 世纪 90 年代后期像以前一样少得可怜，并且在 2000 年以后变得更糟。来自理事会的限制排除了学费这种财政救济方式。随后，保持大学研究力量的必要性及它为州带来的经济利益,成为反对理事会削减预算的主要论据。

大学宣称在20世纪90年代每年承受着3000万到4000万美元的收入短缺,并且其收入落后于同伴大学6000万到9000万美元。[①] 成本无情地升高了。除与成为以学生为中心的目标有关的开支外,教育技术需要生均追加500美元,建筑方面的债息生均暴涨到近1000美元。[②] 单单这些项目已超过10%的可得收入。

财政紧缩年度给教师薪水的竞争带来了最大的压力。亚利桑那大学持续遭遇有价值的教师的流失,这些教师转向能提供更慷慨的薪水的高校。为从这种掠夺中自卫,它不得不重新分配那些已离开的教师的薪水而对其他人的报价进行还价。自此,在这个以学生为中心的卓越的研究型大学里,教师数量持续缩减,生师比不断升高。[③]

雪城大学和亚利桑那大学都是在异乎寻常的严厉压力推动下采纳了这个以学生为中心的用语,这一术语意味着使命的变化,将更大的重点放在本科教育。但是,它们采取的措施一点也不独特。在20世纪90年代,大多数的研究型大学通过在招生、教学及通常为本科生提供的食宿上的优先考虑,来对市场的和政治的压力做出回应。

## 3.5 竞争学生

对几乎所有的研究型大学来说,以学生为中心已成为事实,在院校政策方面有很大的权重,并且不一定会对学术造成损害。有点自相矛盾的是,教师的学术声望对大学的声誉而言仍是必要因素。它是排外性的研究型大学俱乐部的准入门票,这一俱乐部是大多数一流学生申请进入的一群高校。

因此,院校对本科生的关注同研究使命的要求出现在有点尴尬的并置中,这表明两者相竞争但又更深地结合在共同的利益关系中。在这一领域内,对学生关注的增强有着它自己的逻辑。特别是对私立大学而言,招生是首要的。

---

① Peter Likens, "Testimony for Appropriations Committee," Feb. 12, 2002; University of Arizona, "Main Campus Strategic Plan: Transformation into the 21st Century—2000 Update" (www. Arizona. edu/～ipass/maincampusstratplan).

② 同上,1989年UA要求获得基建项目的债券发行权。这些基建成本的利息都从一般性经费中支付。

③ Peter Likens, "State of the University Address, November 1999," Nov. 5, 1999.

对声望、财政健康及学术荣誉的大多数较量,是在招生过程中被决定的。大学竞争地位的有关因素有许多是表现在与招生相关的重要性上。因素清单中,高高在上的是学生的生活设施(amenities),学生可以享受到高水平的舒适。另一个很重要的因素是课外活动:肉体、灵魂还有精神上的满意。然后是学术,大学教育的公开内容。在这种情境下,学术课程也作为显示优点的东西服务于竞争目的,以学院可以提供什么样的承诺来诱惑年轻人。

招生、生活设施、课外活动及学术因此成为主要的竞技场,在这里,对学生的内心、精神和学费的竞争都会发生。对私立大学而言,这一竞争正是它们为生存的斗争。由于竞争的加强,公立大学也做出反应,部分是通过变得与它们的私立竞争者更相似,部分是通过寻求它们自己的竞争优势。

先前的讨论已详述了招生选拔竞争中的主要驱动力:教育中的同伴效应与院校声望的重要性,以及依赖质量竞争吸引高素质学生。尽管精英的等级制有其明显的稳定性,没理由相信它会代表一种持久的均衡。并且,市场力量自身已通过威胁现存体制的方法影响到了高校的行为。事实上,米歇尔·麦菲森(Michael McPherson)和莫顿·欧文·沙皮拉(Morton Owen Schapiro)已经指出:在当代,选拔性招生即将终结。①

有一段时间,选拔性高校中较弱的院校求助于绩优资助来招收学术能力更强的学生。有时候提供全部奖学金,但更多的时候混合着基于需要的资助如"优惠包"。这些资助,从院校角度看,代表着更有效地使用财政援助资源;从经济学角度看,代表着价格竞争。②

基于学业优秀的资助随着时间的推移沿着选拔性等级向上移动。现在,大部分最富有且最具选拔性的大学都以某些形式提供绩优资助。许多大学对那些确实很突出的申请者,不论其贫困程度如何,都会给予慷慨的奖学金,这些申请者是可以申请进入全国任何一所大学的学生。很清楚,大学想要最好的学生。同时,这些院校保留了它们

① Michael S. McPherson and Morton Owen Schapiro, "The End of the Student Aid Era? Higher Education Finance in the Unite States," in Johanek, ed., *A Faithful Mirror*, pp. 335-76.

② Michael S. McPherson and Morton Owen Schapiro, *The Student Aid Game* (Princeton, N.J.; Princeton University Press, 1998).

满足全部财政需要的基本政策。但是,这一实践也略有减少。精英大学已偏离了那些有利于更富有家庭的标准的需求估算实践,在与其他大学的出价相匹配方面也变得更"灵活"。普林斯顿两次单方面放宽对资助方案的限制,降低它的真实价格,动摇了卡特尔组织。尽管普林斯顿拥有最大的生均捐赠额,日渐瘦弱的同类被迫与这一提升相匹配或者是袖手旁观,普林斯顿在选拔竞争中得到了价格优势。①

价格竞争的变动后面似乎至少存在四个因素。

首先,不顾现实的联邦行动消除了强有力的社会约束。直到1991年,东部最具选拔性的私立学院和大学中的23所定期集会,共享有关财政资助的信息。这些高校作为众所周知的交叠集团(Overlap Group),致力于满足它们所招收的学生已被充分证明的需求。它们利用共享方式,通过协调预期的学生家庭分担份额的信息进行合作。这一共谋确保了财政资助过程的完整性,并在实质上使得进入这些院校中的任何一个的价格大致相同。虽然参与是自愿的,但不打破等级秩序是全国最具声望的院校联合的强大动机。1991年,司法部以谢尔曼反托拉斯法案向交叠集团提出挑战。这一极度短视的行动发生在保守派对大学的攻击最盛的时候,这一行动更多地归因于对精英大学广泛的不信任,而不是站不住脚的法律上的和经济上的借口。尽管如此,交叠集团还是立刻解散了。只有麻省理工学院在法庭上与政府的要求做斗争,并最终获胜。但是这一胜利对挽救这一体制而言太迟了。最具选拔性的大学从此以后认为,任何在学费或学生资助政策上的合作努力都将面临联邦诉讼的威胁。取代最具声望的大学提出的反价格竞争的联合阵线是:自由放任主义的盛行。②

其次,对最值得录用的学生的竞争加剧了。这一趋势的证据包括这一事实:选拔性高校的考生在申请更多的院校。绩优资助的逻辑

---

① Ben Gose,"Princeton Plans Major Increase in Aid for Middle- and Low-Income Students," *Chronicle of Higher Education*(1998年1月30日):A35-A36;也见第二章。

② Carolyn M. Hoxby 最全面地探讨了这些经济问题,"Benevolent Colluders? The Efects of Action on College Financial Aid and Tuition"(哈佛大学经济系,未标注发表日期,复印件)。她发现"反托拉斯诉讼案的确影响了同类学院的财政资助,导致资助的发放更少考虑父母的收入,而更多地受到学业成绩的影响"。她还观察到在她的数据标注的日期之后,这些变化"大大加速"了。McPherson 和 Schapiro 发现,"当合作安排中断时,哈佛、耶鲁和其他高校的竞争策略是经济学家能预测的。不幸的是,尚未弄清的是……这是一个通过追逐各自利益来提供集体产品的舞台","End of the Student Aid Era?"pp. 359-360。

是对更大竞争力的更强有力的确认。绩优资助,意在促使那些可能进入更具声望的高校的学生到该校注册。因此,竞争压力从下到上发挥作用,从较低选拔性到较高选拔性的高校,一直到金字塔的顶端。① 另外,来自公立大学的竞争也增强了,可看到公立大学已吸引到大量一流的学生。他们也通过成为更积极的招生者,支持其固有的价格优势。普林斯顿对中等收入学生扩大了资助,作为吸引更多这样的学生远离公立大学的一种方法。在它将这种做法正当化时,看来已确认了这一竞争。

第三,20 世纪 90 年代晚期,一流大学增大的影响增加了招生竞争的赌注。先前,所有这些高校都意识到价格竞争潜在的毁灭性后果。但是,到 2000 年,计算方法改变了。普林斯顿可能是最极端的例子,但学生资助的第一次扩大少于生均 1000 美元,第二次扩大只是稍微多了点。加在一起,这些投入也仅需要它 4%的捐赠收入。而在这类院校中,有许多院校提供的丰厚奖学金全部来自捐赠。最重要的是,私立大学已对它们的本科生进行投资。

第四,从这些投资中可以断定,对这些大学而言,高成就者的价值在增加。学生学习的同伴效应已评论过了。伴随着学院等级的逐渐显赫,高成就学生所谓的有利影响成了院校质量的主要广告之一。这种宣传效应可被比作第二乘数效应。当这些学生成为高成就的成年人时,第三乘数效应就发生了。大学期待着杰出校友会成为学校持续的资产。另外,一种特殊的价值看来被授给了最优秀分子。他们获得全国性奖励,学校可以自豪地将这些奖励展示在它们的宣传手册或网站上。这些广告画中的学生传播着明确无误的信息:这所学校的学生位列最好的学生之中。

这四个因素的累积效果似乎是招生中倾向给学术才能更多权重的一个转变。像前面所解释的那样,在美国,选拔招生对非学术因素总是给予充分重视。通常,对超出特定范围的学生,性格和课外活动被与学术同等地进行考虑。例如,哈佛长期以来根据学术、活动、体育

① 在日趋激烈的招生竞争中的额外因素是提前录取这一实践,它在某些情况下允许更低层次的高校抢走那些可能被更高层次高校录取的学生。对这一实践的不断增多的争论反映出不存在一致的观点。见 James Fallows, "The Early-Decision Racket," *Atlantic Monthly* (Sept. 2001): 37-52; Eric Hoover, "Admissions of Uncertainty," *Chronicle of Higher Education* (June, 21, 2000): A35。

和个性将申请者分为不同的等级。[①]

随着SAT成绩成为学生群体质量的最明显标志,大学在计算学生优点时会对此给予更多的重视。从1995年到2000年,公立和私立研究型大学都提高了SAT中位数分数,但私立大学将它们已经很高的平均数提高得最多(见表3.1和表3.2)。尽管其他标准也经常被给予更大的重视以展示出众的学术准备(例如,SAT的学科测验和跳级),这一证据仍预示着一种趋势。大学的校际体育因其多方面的过错,在2001年因不正当地扭曲了选拔性院校的招生过程而遭到严惩,也许这件事也意味深长。[②]

根据这些发展,趋势似乎更清晰了。对高成就学生竞争的加剧,尤其是对学术荣誉更高的评价,已对大学的其他方面形成了压力,使其有助于(当然不是阻碍)招生过程。

食宿、生活必需品已成为争取喜欢的那类潜在学生的筹码。也许没有东西能比学生消费什么的"军备竞赛"更能集中体现这个时代的消费主义了。因为大部分增加的成本被传递给了学生消费者,这些支出的一部分作为未满足的部分财政需要必须由高校自身来支付。[③] 更直接的大学财政负担是为年轻学生的物质享受而建造宏大建筑物的基建成本。期望的攀升在学生活动中心尤其明显。作为学生聚会、吃饭和购买必需服务的场所,学生活动中心履行着必不可少的功能。但是,为了将所有这些事情结合到一幢雄伟的建筑物中,出现了新的标准。这不仅体现在设计上,而且也体现在高阶层的消费者购物和食物选择的可得性上,经常类似于郊区的购物商场。关于娱乐设施的攀升标准,恐怕也有一个类似情况。

宿舍也许是大学在舒适度竞赛中感受到最大压力的竞技场。[④] 这些大学要求所有一年级学生都住在校内,居住设施很明显给潜在的学

---

① David Karen, "'Achievement' and 'Ascription' in Admission to an Elite College: A Political-Organizational Analysis," *Sociological Forum* 6 (1991): 349-380.

② James L. Shulman and William G. Bowen, *The Game of Life: College Sports and Educational Values* (Princeton, N.J.; Princeton University Press, 2001)。选拔性院校已削减了体育项目,可能是出于对这一顾虑的回应。

③ Ronald G. Ehrenberg, *Tuition Rising: Why College Costs So Much* (Cambridge, Mass.: Harvard University Press, 2000), pp. 252,255.

④ 这一趋势引起了全国媒体的关注;见 Jonathan B. Weinbach, "Luxury Learning," *Wall Street Journal*, Nov. 10, 2000, pp. W1, W4。

生留下了印象。宿舍的房间和膳食甚至在大学指南中也被排行。另外,居住单元通过培育学习社区和赞助智力活动,成为另一个学习维度。如果说有单一因素能集中体现出学生生活方式改变的话,那就是宿舍伙食(domitory food)。在这代人以前,有关宿舍厨房的糟糕供给的笑话无处不在,并且在校园内几乎是相同的。今天的学生可以随他们的喜好多吃点或少吃点,并可从种类惊人的食品中进行选择(当然也包括快餐)。在这里,要实现竞争优势需要一些想象力。比如,康奈尔定期从有名的餐馆雇用厨师准备美味膳食——毫无疑问,这是从《普林斯顿评论》的排行中赢得"最佳食品"的一个因素。①

基建费用仍是非常重要的。宿舍空间不足的大学,这是大多数城区高校的情形,被迫建设新的、具有吸引力的校舍。许多较为古老的校园里有些年头的宿舍需要彻底翻新(像在耶鲁那样)来迎合当前的标准。这些工程要想通过未来的收入来补偿它们真正的经济成本,是不大可能的。宿舍建设的最后繁荣出现在20世纪60年代,是被低息的联邦贷款推动的。在当前时代,高校更愿意通过大的捐赠来为这些工程筹款。但是,这种方法也有机会成本——放弃这些捐赠可能被用于资助其他项目的机会。② 这些投资对大学的重要性主要来自对学生好感的竞争。

学生活动方面可能不会有大学高达九位数的投资,但它们是大学的使命和竞争压力共同促成的多种供给的另一领域。假如招生过程将重点放到学生活动上,选拔性高校的注册学生将满是社团活跃分子、领导者以及有着广泛兴趣和多种才能又在单一领域有着显著成就的学生。与之相称,招生的主题之一是提供给这些学生去追求并发展兴趣的丰富机会。通常,一所中等规模的大学会邀请未来的学生加入约200个专门的兴趣组织,如果需要的话,还会建立新的组织。

至少有一些学生组织对丰富这些高校的智力活动做出了贡献,而这些高校一直期望这些丰富的智力活动能够成为它们的标志。参与课外活动的学生也与高校建立了密切的联系,并且作为一个群体,他

① Ehrenberg, *Tuition Rising*, 249; Time/Princeton Review, The Best College for You, 1999. p.9. 颇为讽刺的是,Ehrenberg注释说"餐饮影响了学生是否就读大学的决定",但是,康奈尔的餐饮(和住宿)目标是"最大限度地让学生满意"(*Tuition Rising*, p.251)。

② Ehrenberg, *Tuition Rising*, pp.256-261。他认为"尽管住宿和餐饮事务属康奈尔的[附属]企业,但它们的行为直接和间接地影响了大学的其他方面"(p.261)。

们成了最始终如一的慷慨的毕业生。典型的是，大学竭力使学生尽可能早地社会化到校园生活中。许多大学在发放录取通知后立刻为新入学者提供特殊项目。达特茅斯以退居（retreat）怀特山的年级行动，开始了新生的学院生活。总而言之，学生活动对吸引未来学生的注意力、容纳不同才能的学生、培育课堂外的学习、与高校结成更为亲密的关系做出了多重贡献。

在选拔性高校中，校际体育比赛起到了令人惊异的突出作用。只有少数私立大学（33 所中的 9 所）通过参与 IA 分区的体育比赛来追求全国性声望，它们坚持不懈地保持着与规模较大而选拔性较低的学校的竞争。大多数选拔性高校不授予体育奖学金，这些校园内的体育活动更多地是为了参与者而不是为了看比赛的观众。但是，这类高校经常会建立最大的体育队。例如，常春藤联盟大学要比十大校和大西洋沿岸联合会高校的大学体育代表队的人数平均多出一半。结果，它们有相当多的学生是大学体育运动代表队的成员。这些项目加大了高校成本。在小型运动会中，代表队的全副武装源于传统，被小规模但很有影响力的校友赞助者所强化，这些校友抗议任何提议的削减。并且，自 20 世纪 70 年代以来，对Ⅸ标题下的权利的要求，导致为妇女们创设平行项目。运动的本质是竞争，有关这些活动的支持论据总是求助于与同伴并肩前行的必要性。[①]

学生及其父母对大学做出的最后选择主要是因它所提供的教育。因此，学术作为竞争因素是最重要的。但是，大学的学术层面也可能是令人敬畏的，它包括成人的活动领域，诸如研究生教育和研究，它们对高校及其声誉至关重要，但却大大超出潜在学生及大部分父母的知识领域。与刚才所讨论的娱乐和游戏相比，教室内未知的严苛作为恐惧源泉隐然迫近。因此，院校面临着以富有吸引力的方式向潜在学生描述学术的挑战。部分地，这也成为一种推销演练。但在别的方面，它影响到了课程的形式和内容。

大多数的私立大学明确设法消除那些被归于研究型大学的消极形象。通常，它们会声称有与规模大的大学的资源结合在一起的小学院的优势，而且信誓旦旦地说，教师投身于本科教学，并对教学有着个

---

① 见 Ehrenberg, *Tuition Rising*, pp. 233-248; Shulman and Bowen, *The Game of Life*, pp. 33, 211, and passim。

人兴趣。教学奖获得者那真挚友好的面孔被展示在小册子里来支持这一观点。通常会保证说，助教——本科生教育中最低等的教师会教得很少或者不教课。

小班级是另一个炫耀点，尤其是在得到《美国新闻与世界报道》的认可后。[①] 新生讲座已广泛普及，也许部分地是作为卖点。第一年的讲座最初是在没有选拔性的大学里引入的，为处于危险中的学生发展妥善处理事情的能力和学术技能服务，现在则被精英大学以不同的名目加以利用，在新生的课业中提供关联、指导，或者是智力激发，这些课程（并非规定的）在以前经常缺乏这些元素。

私立大学无可争辩的实力是它们丰富的学术项目。尽管如此，竞争似乎需要这些项目以引人注目的方式增加以提高它们的吸引力。例如，一所一流私立大学发誓要"加强本科学习"。为此，它提供了很时尚的承诺单：创建学习社区；学生是教育的主人，包括按个人规格定制课程作业；与教师一起密切工作；核心能力的掌握；智力和艺术爱好的发展；深入的小团体学习和令人激动的讲座课程；更为专业的跨学科项目；国外学习和外出实习；高年级的学年论文和低年级的教程导览。[②] 确实很热切。

大多数大学以强调将注意力聚焦于环境、社会问题、全球化甚至文科的特殊项目而自豪。这些项目宣扬交叉学科的方法（当前的至善），并且常常包括令人印象深刻的短途旅行或者是国外游历。另一个大受欢迎的主题是独立性——允许学生决定他们自己的学习课程、设计他们自己的主修科目或是获得跨学科学位。此外，大学扩展了那些使本科生直接参与研究的项目。这也许是少数人的嗜好，但是研究在吸引最有能力的学生方面仍能发挥关键作用。

私立大学努力为每一种特殊的兴趣和品味提供一些东西，同时也为每个人提供个人关注及坚实的博雅教育。这样的承诺对教师的时间有很多要求，特别是提供小班的成本似乎与教育收益不成比例。有着较低生师比的较富裕的院校，更有能力提供这样的班级。但是所有的院校都在招生橱窗中对这些给予突出展示。

---

① 在耶鲁以及其他高校，最受欢迎的选修课拥有最多的选修者。所以，同样，班级规模最大的课程被学生认为是最好的。但是，现在讲授已经不受欢迎，比较时髦的是"主动学习"，尽管这两种方法具有不同的用途和长处。

② www. northwestern. edu/provost/faculty/order/order4.

总而言之,私立大学被锁定在一场激烈的市场竞争中,在这里,它们必然会遇到两个重大考验。首先,它们必须首先使父母们确信,它们所提供的教育价值抵得上约 150000 美元的学士学位投资(打折前)。要通过这一考验,需要有能证明其价格合理的质量保障,尽管实际上有其他以更低价格提供相同产品的供应者存在。尤其是,考虑到国家世纪末的(fin-de-siècle)的繁荣,这些选拔性高校也存在着大量全价的或稍微能降价以求的买家。但是在那些价格水平上,买家有着广泛的选择。其次是市场考验。私立大学必须即刻捕获到足够数量有才能的 18 岁学生的心思和想象力,以维持它们的声望、选拔性和资金流。这一挑战需要精心构思,并提供学生生活设施、课外活动以及某些课程。不像先前的一代人,学生被期待着要符合学院的要求,今日的大学在迎合学生消费者的品位方面走得很远。私立大学在很大程度上已做得极好,以在这一市场中展开竞争,主要的障碍是竞争成本在继续增长。

私立大学现在发现它们自身处在"军备竞赛"中,在这一竞赛中,任何对本科项目的吸引力有所贡献的新的创举,只能获得暂时的优势。其他院校在做这些大致一样的事情时也能感觉到压力,因为这一抉择——落后或变为非竞争性——是不可接受的。也就是说,不能并驾齐驱将导致在全国市场中声望下降、录取较低平均能力的学生,并削弱财力——院校福祉明显下降。接下来是对学生活动中心、宿舍或娱乐设施增加的投资。除体育运动外,学生活动没那么昂贵,但因为这个原因,每个学校都夸耀自己有类似的提供品。

许多课程伎俩可以以很小的成本实施,但那些要占用教师大量时间的则更麻烦些。"军火库"中最具破坏性的武器仍是价格竞争。它可能是由较弱选拔性的院校发起的,但像普林斯顿所采取的那些行动最终界定了这一"军备竞赛"的超级强者。

就其本性而言,"军备竞赛"倾向于两种结果:对支出增长构成经常性压力,最富有的院校通常获胜。[①] 这两种结果在 21 世纪的私立大学中都很明显。看得出来,富者变得越富,而且不是只富了一点,而是富了许多。尽管不得不处理边缘上日益增强的竞争,私立大学的主导地位却可能从未有这样强大过。但是,雪城大学的案例表明,即使是

① Winston, "Subsidies, Hierarchy, and Peers".

对较弱小的参与者而言,身处竞争之中,也比置身其外要好得多。选拔竞赛日益增长的竞争更加剧了私立大学等级制的坡度。

"军备竞赛"的另一个后果更难估量。一些经济学家认为,它们激发了那些内在无效率的花费,并且超出了正确的比例。[①] 但是,大学有着多重使命,通常为有限的资源所约束。从这个观点看,选拔竞赛的压力确实塑造了私立大学支出的优先次序。通过在 20 世纪 90 年代更明确地变成以学生为中心,它们已经把增加的投资中的最大一份投入到吸引并取悦学生中。相同的市场力量也影响到公立大学,但是结果稍有不同。

公立大学也面临着当前学生市场的双重考验。首先,它们必须消除在批评文学中传播的有关大型公立大学本科教育消极的刻板形象。其次,它们需要利用其作为研究型大学的真正的学术实力。这两方面的挑战都有内外两面——在大学实践中真正革新的必要性和向潜在的学生和外部的支持者(或批评者)宣扬革新的需要。此外,这些措施必须以远远低于私立部门通常的生均资源来实施。

因许多已描述过的原因,这一研究中的 66 所公立大学在某些方面比 33 所私立大学有更多的变化。在每个州,政治活动和市场各不相同,但是所有这些大学在全国性的和地区性的论坛中相遇,并讨论它们共同的问题,这些论坛是因大学的行政职能部门而存在的,它们也因比较的目的搜集有关同伴院校的资料。[②] 这些大学彼此都很了解,改革的消息传播得很快。尽管改革的时机选择、背景以及接受能力在大学之间各不相同,描述从 20 世纪 80 年代晚期到 21 世纪前十年早期朝向以学生为中心的措施的一般模式还是可能的。可以肯定地说,每所公立大学都面临着相似的问题,并且每所大学都以其独特方式进行回应。[③]

公立大学的外部压力首先和最重要的是影响到最高领导——大学校长、董事会以及其他学术官员。校长提供了高校和利益相关的

---

① Frank and Cook, *The Winner-Takes-All Society*, pp. 164-166; Ehrenberg, *Tuition Rising*.

② 例如,the Association of American Universities 还与其成员交换数据;the National Association of College and University Business Coffices 收集了许多领域的财务信息;大多数的大学会议,例如十大校(Consortium for Institutional Cooperation)保持着广泛的数据交换。

③ 随后是汇总情况,来自本研究中公立大学的访谈、出版物以及网站。因此,这里描述的方法可能不适用于某些大学,而且各高校在具体实施时也存在很大差异。

"选民",包括校友、捐赠人和州立法机构之间的接触,校长也是直接在董事会领导下工作,后者主要是作为利益相关的局外人来处理学术事务。

在校长之下,教务长或者是主要的学术官员在整个高校传达大学政策。在20世纪80年代晚期以前,曾经对学术研究肆意插手的校长和教务长,逐渐把他们的位置让给了新一代的领导,对这些新领导而言,委任的试金石考验的是对本科教育是否有毫不含糊的关注。一些新领导无疑是做出了超出必需的姿态,认为如果要保护大学的其他部分,就必须处理这些问题。仍有一些人是真正的信奉者,他们接受批评,目标是对传统的运行模式进行根本的改变。无论是哪种情况,对加强本科教育的关心都上升到高校最优先考虑的次序。

无论是新校长,还是任期内的校长,都被迫处理批评家们所界定的"问题"。对假想的玩忽职守的教师以及对研究的邪恶诱惑的怒吼在扩散着。不顾固有的障碍,允诺"改变报酬结构"以利于教学。压力施加到了院系,要求教师在课堂中花费更多的时间,有时候这样做可能会带来渴望的结果。无疑,花费更少的课堂时间的趋势停止了。大学也允诺对终身教师进行提醒式的评估,偶尔是通过后终身教职评议的方式,但更通常的是通过更严格的年度评估进行的。教师教学奖作为引人注目的改变校园文化的一项措施被创设出来。对这些事情的花言巧语可能已减弱了反对大学的攻势,但在它对教师造成威胁的地方,也引起了敌意。大学很快就开始重新界定这些问题。

当大学检查自己校园的本科教育状况时,它们经常会发现,像亚利桑那那样,薄弱的课堂教学并非问题所在。但是它们确实找到了低保留率和低毕业率的令人沮丧的证据。太多的学生,包括一些展示了学术能力的学生,在第一学年后,都未能重返校园;并且,在四年内毕业是特例而非常规,问题部分地存在于新生的经历中。像在亚利桑那那样,指导看来在任何地方都很薄弱。在理科,研究生助教成为特定的抱怨对象,少数助教蹩脚的英语使这个群体中的许多人蒙上了污点。在这种情境中,对必修课程安排困难的抱怨也被夸张成为主要缺点。部分地,这些"问题"是自我审查及外部评估过程的产物。

大学现在维持在前所未有的高标准上,并且是靠其自身维持的。但是,这些是大学能够在其现存的运行模式中加以处理的事情。一旦这些"问题"被证明违背了基准及预期目标,矫正行为就变得必不可少。

自20世纪90年代早期到中期的这段时期,可以被描述为以学生为中心的运动的校正期。这一时期,大多数公立大学确认并试图矫正本科教育的弱点。对新生的关注成长为一种小产业。① 大多数的努力集中在使引导性课程不那么无价值,为一年级学生提供参加小班并与正式的教师互动的机会。在大多数校园,指导被改进了或者是被全面革新,并采取了限制和简化毕业要求的措施。例如,在印第安纳大学,院系提高了课程的可得性,这成为以责任为中心的管理的正当化理由。教师发展及教学支持的项目,长期以来在大多数大学里都是固定的,现在被扩展并赋予了重要任务。它们被明确赋予了改进被长期以来的替罪羊——研究生助教——讲授的课程的任务。在时代变化的预兆中,当博士生认识到教学训练正在成为在可怕的市场中获得学术位置的有用资源时,他们开始想获得这样的项目。

这些年,实际上每个大学都修订了它们的通识教育方案。这些努力部分地是试图处理学生对现有选单不太高的兴趣,部分地是追求这一"圣杯"的教师长期受到挫败的反映。作为课程议题,通识教育既是内在规定的,也是典型的教师事务。教师长久以来都在争论大学的毕业生应该掌握什么样的知识和技能。对必修课的不同观点已经引起了多元文化的支持者与西方传统之间的战争。20世纪90年代中期,教师习惯性(prescriptive)的偏好对上了获胜的学生消费主义。诀窍就在于课程选择的设计,通过逐渐灌输学生们渴望得到的智力素质,引起他们的好奇心。教师委员会非常勤勉地致力于这一挑战,这或许是对学生的关注日益增长的证据。

一些大学不是提供传统的选择菜单,而是根据时代的风格提出雄心勃勃的新课程:跨学科的和聚焦问题的,有着积极的学习和小组互动。例如,洛杉矶加利福尼亚大学把所有这些都合并入最具雄心的通识教育选修课中:整整一年,它都占据着重要位置(这是教学时间安排上的噩梦),这是特别设计的(需要教师的特别努力),要在

① 关于这一主题的开创性著作是 Lee M. Upcraft, John N. Gardner et al, *The Freshman Year Experience: Helping Students Survive and Succeed in College* (San Francisco: Jossey-Bass, 1980)。

宽泛知识主题上的跨学科群和小组教学的演讲讨论会的结合中进行。[①]

矫正阶段采取的行动并不必然需要大笔的额外花费。这些年,公立大学面临着停滞的或者是下降的资源水平。特别有挑战性的是,在用更少教师的情况下促进教师与新生或本科生更多的接触。尽管如此,对学生的强调确实影响了这些年的大学投资,像在亚利桑那所看到的那样。

但是,即便是那些明确需要的措施,自身也是不足的。当大多数公立大学检查它们的市场位置而不是内在的生命体征时,更大的挑战耸然出现。仅仅矫正缺点,对提高它们在全国排名中的位置,或者是对选拔性大学竞争吸引有才能的学生而言,都收效甚微。到 20 世纪 90 年代晚期,许多公立大学采取措施提高它们在选拔竞争中的地位。

像在私立大学那样,这些行动来源于多种动机。对促进学生学习的真正关心无疑在那些最相关的人的心目中是居于首要位置的,即使对其他人而言,它是市场推销的一个维度。因此,新生讲座被正当化为提升保留率的主要手段。但是,它们也可以被宣扬,以消除庞大的、没有人情味的州立大学形象。科罗拉多大学颠倒了这一逻辑,理由是四年级学生的讨论会对智力发展有更重要的贡献,但宣传价值是相同的。聚集在特别的宿舍内、有着类似兴趣的学生小组(生活-学习单元),连同驻校教师、单独的班级以及特殊项目,有着广泛的吸引力。提高学习质量应该是得到的首要益处,但所提供的这些也有助于招收到极感兴趣的学生。

本科生的研究机会是一项在多方面使公立大学受益的创新。经过在精英研究型大学如麻省理工学院的长期练习,这一实践目前已经遍布美国的高等教育,模糊了尚在进行着的关于研究的界定。[②] 威斯康星大学和科罗拉多大学提供的纯粹项目,为数百名本科生提供了夏季津贴以在赞助研究上与教师合作。这些项目在师生中广受欢迎,也被政治家所赞赏,但是获得的回报要比这些更大。它们突出了本科教

---

① 与许多提高的项目类似,UCLA 的通识类课程只招收少数新生,尤其是成绩优异的学生。未来的目标是招收数达到新生的一半(http://www.college.ucla.edu.ge/)。

② 2001 年 3 月,肯塔基大学邀请了 2500 名本科生及其导师——大多数来自规模较小的区域性公立高校——参加本科科研会议。2002 年 11 月,Reinvention Center at Surry Stony Brook 主办了一次主要针对研究型大学本科生科研的会议。

育中研究的积极作用，并强调了研究型大学的独特优势，大学的研究声望因此被直接用以吸引本科生。

在招收一流学生方面，招生办公室仍然扮演着关键角色。公立大学很晚才断定：它们必须为了它们的那一份额展开有力的竞争。也许这在加利福尼亚大学并不那么真实，在那里，人口因素和声望的合力吸引着最好、最聪明的加利福尼亚学生。[①] 但是在别的地方，竞争需要持续的努力，包括在绩优资助方面的投资。在有些州，这些资金来自州项目——如佐治亚州著名的希望奖学金和佛罗里达州的“光明未来奖学金”(Bright Futures Scholarships)。这些全额学费奖学金使州内学习对具资格的学生具有很强的吸引力，这些学生提升了这些旗舰大学入学年级的整体形象。横跨南部的研究型大学，不仅要提高自身声誉，还要为了当地的经济利益，将有能力的年轻人留在州内，为这样的愿望所激励，它们已经采取了其他策略来招收高素质学生。[②]

在别处，公立大学将用于奖学金的捐赠和一般性收入结合在一起。显然，这些资金会被用于招收州外学生。这一行为与私立大学并无区别：相对小额的奖学金可能会诱使仍要支付大量州外学费的学生入学。公立大学的招生办公室既有招生任务，也有收入任务。

公立大学也已经把荣誉项目作为吸引一流学生的措施来强调。当前形式的荣誉项目可追溯到20世纪50年代，但是在20世纪80年代及90年代早期，它们几乎不被注意。连年的预算紧缩期间，很难将用在这些项目的额外花费正当化，它们在本质上可能被称之为精英主义。但是，当前，公立大学在招收一流学生的驱动下，已经接受了这种形式的精英主义，荣誉项目提供了理想工具。学校间的不同安排，在规模上从包容性到排外性，其变化范围很广泛。[③] 包容性的荣誉项目设置了相对适中的接受标准，错过的学生有时候一经要求就可以在荣

① 随着优秀申请者人数的增加以及对录取过程的激烈争论，伯克利加州大学最先，随后加州大学其他校区也都转变为劳动力密集型的私立大学模式，即每份申请被阅读多次，对非学术因素进行仔细考虑。

② Roger L. Williams, “Southern Research Universities and Their Ambitions for Preeminence” (University of Arkansas, 2000).

③ 这一区分是我做出的，但荣誉项目的信息来自Peterson荣誉项目(普林斯顿，N. J.：Peterson's,1999)，小标题是*The Official Guide of National Collegiate Honors Council*。大多数大学的网页中都有更详细的信息。

誉部门注册。补助金在某种程度上也是比较分散的,荣誉学生必须竞争有限的奖学金,荣誉公寓是可以任意选择的。这一方法具有吸引相当多很优秀学生的优点,尤其是那些州内学生。

例如,印第安纳大学有约10%(650名)的荣誉新生,20世纪90年代,亚利桑那大学将其荣誉大军增至三倍,达到近20%(1000名)的新生。更近一些,宾夕法尼亚大学采用相反方式,将其早期项目转换成一个只接受300名新生的荣誉学院,这些学生都具有突出的学术证明,获得只收取部分学费的奖学金。除有专门的班级和专门指导的好处外,荣誉学生住在专门的、重新整修过的学生宿舍里。这个排外性项目是要把一流学生招收到州立大学。

公立大学以学生为中心的两个阶段——矫正和增强,是对不同刺激的反应,即使一些措施在两个阶段都有使用。矫正阶段可能是或可能不是被外部批评所激发的,但过程本身都聚焦于内部的薄弱之处,其后,这些不足不得不被处理。外部压力的严重性可能决定了内部反应的程度——项目和承诺被设计出来以安抚批评者。但是,在政治上,大学难以从这些措施中获得信誉:宣扬的矫正措施易于证明外部批评者指责的正确。

在内部,成本与收益的计算极少吻合。学生的学习和成绩的任何收益,尽管难以证明,也明显地会被考虑为有利因素。如果这些收益是从增加的开支或者投资中获得的,这可能就是花得其所。但是,设立或扩展行政机构来做过多的评估活动,不仅代价昂贵,而且对学术生活徒劳无益。并且,不切实际的统计目标(绩效指标)对大学的信誉而言是一个损失。

最棘手的是学术标准问题。尽管以学生为中心的改革目标总是要提高标准,并扩展学生们的学习,定量测评的固有倾向也会在相反的方向上产生作用。毕竟,分数膨胀对学生的保留率、教师的教学评估和学生消费者的满意度都有积极的效果。

以学生为中心的增强阶段提升了大学对市场力量的敏感性。公立大学通过增强其选拔性也获得了很多收益。如果固守统计目标,提高保留率、毕业率以及学生平均成绩的最可行方法是淘汰掉最少准备的学生,这只有通过吸引额外的申请者才能实现。另外,对强能力学生全国竞争的加剧,迫使公立大学只为保持它们现有的学生基础,就要更努力地去竞争。为做到这些,它们不得不完全超越旧的、消极的老一套做法，呈现公立研究型大学本科教育优势的积极形象。

正如已看到的那样，这些大型的多目标高校在要求高的项目中已提供了极好的教育机会，这要归功于内部分化。公立大学用广为宣扬的荣誉项目、生活-学习共同体以及本科生的研究项目扩大了这些机会，这些项目也重视这些增加的学习机会。与结果性的测量，如保留率相对照，所有这些激励措施都指向相同的积极方向。如果有大量的、各种各样的学生团体和有限的资金，这些项目会通过进一步的内部分化取得成功。尽管这也会发生在私立大学，公立大学有办法能为这些学生中的一些而不是全部学生提供扩大的学习机会。影响个体的努力——通过改进通识教育这样的努力来提升学习水平——看来不可能逆转这一趋势。但是，选拔性项目仍然完成了支撑大学形象及市场地位的更为广泛的目标。

在当代，市场力量对公立大学而言已变得非常重要，尽管它们在相对独立的市场内各自运转。声望仍然是通用货币。声望是在州内吸引到足够申请者的一个要素，在全国市场的竞争中也必不可少。也许更有意义的是，声望是吸引私人馈赠、实现大多数高校已经进行的大规模资本募集目标的关键。因此，即使是中等水平的公立大学现在也在指望着《美国新闻与世界报道》的排名。

这些高校几乎没有机会上升到顶尖的全国性名单中，无论如何，这些名单都是倾向于选拔性的私立大学。它们渴望在前 50 名公立大学的单独名单中能有一席之地。如果这也失败了的话，在大学"第二梯队"中有一个体面的或者是改进的排名也就足够了。《美国新闻与世界报道》排名引人注目，它们的重要性使得更具声望的国家研究委员会的排名或者是国家科学基金委员会的 R&D 排名都黯然失色。《美国新闻与世界报道》的排名主要以选拔性为基础，这些测评对州立大学而言就成为至关重要的因素。① 因此，它们试图获得研究型大学地位的活动也包括了改进本科学生群体统计学特征的突出努力。

一流的公立大学面临着更艰难的挑战。它们直接与私立大学在全国市场竞争高素质的学生。这里的竞争像在私立院校一样，根据学业和根据需要，要求大学增加学生资助。密歇根大学集中体现了这一

① Williams, "Southern Research Universities," p. 2.

状况:州外学生学费接近私立大学学费,最大额度的高校补助给予了公立部分。

其他一流的公立大学也已经被拉向这个方向。公立大学可能缺乏与私立大学进行“军备竞赛”的资源,但它们仍然被影响了。部分地,它们以其庞大的教育综合体及全球性声望来吸引本科生。但是它们也被提升私立大学吸引力的市场所诱惑,在学生资助上的花费被无情地推向更高,并且还要为少数学生提供扩展项目。在可能的范围内,它们努力地用捐赠基金支持这样的质量建设行动。但是,它们的资源是有限的,并且是可替代的。推动公立大学朝向更以学生为中心的方向转变的力量,已对它们本已紧张的财政基础提出了更多的需求。

# 第四章 大学的学术研究

“二战”以来，美国大学的研究一直处在国际科学的前沿。不管是以出版物、引用率或者是用国际获奖来度量，美国的优势一直是压倒性的，而且，这种优势是持续和连贯的。甚至当其他国家加强了它们的科学活动时，国际科学共同体仍不断将重心移向美国。英语已成为科学的通用语言；到美国接受高级训练成为必不可少，就像 19 世纪后期到德国学习那样。一些因素经常被用来解释这种现象：联邦政府对科学的大量投资、一长串世界一流大学，以及由这两者所支撑的庞大的高校科学家共同体。单单是规模还不能说明这个成功最令人印象深刻的方面——这几十年来，美国在政治、经济和知识转变方面的领导力持续存在。

很少有学者考察过促进美国科学持续更新的适应性过程。约瑟夫·本-达维德(Joseph Ben-David)分析了 20 世纪 60 年代后期处于强劲增长中的美国科学，从大学系统分权化的、竞争性的结构中得出了一种解释，他认为这一结构培育并奖赏了创新与创业行为。二十年后，伯顿·克拉克(Burton R. Clark)强调“研究生系大学”(graduate department university)的内部组织，通过垂直的劳动分工培育研究和哺育研究生的学习。[1] 更综合性的创新动态图将本-达维德和克拉克

① Joseph Ben-David, *The Scientist's Role in Society: A Comparative Study* (Chicago: University of Chicago Press, 1971), pp. 139-168; Burton R. Clark, *Places of Inquiry: Research and Advanced Education in Modern Universities* (Los Angeles: University of California Press, 1995), pp. 116-158. 有关这些发展情况的历史资料见 Roger L. Geiger, *Research and Relevant Knowledge, American Research University since World War II* (New York: Oxford University Press, 1993)。

两人所讨论过的因素结合起来，划分成三个组织领域来界定这个过程：① 学术研究的财政支持；② 作为制度行动者（institutional actors）的大学；③ 大学内部开展研究的各式各样的系和单位。每一笔拨款或赞助研究的合同都代表了穿越这三个领域的联系：赞助者给大学资金以支持特定机构中的某个研究者。众多的联系将这些组织领域连接在一起，这些领域每个都是内在地竞争性的和分权化的。[①]

要获得支持研究的资金，大学并不只是在它们内部开展竞争，还要和其他的研究承担者进行竞争。在国家科学基金会（National Science Foundation）这样的资金提供机构和大学之间，在大学和私立基金会之间，存在着紧密的持续的关系，这种关系已经历了很多年的发展，但是研究赞助者的首要兴趣在于结果。这些赞助机构可能与这个领域中的学者一起工作，以便确定前沿课题，但是最终他们会自己决定应该支持什么领域。产业和联邦政府的代表机构（mission agencies）寻找最能满足它们需要的科学家，不管他们身处哪所院校。

大学为学术研究提供了场所，但是它们远不只是承担中间人的角色。作为研究机构，它们大体上决定了特定研究类型的潜力。也即，大学最终将做出提供或不提供教师、研究设施、中心或者研究所来进行和接纳研究的有关决定。大学之间的竞争以研究角色的分化为特征，这个特征首先是增进知识所需的供给（provisions）等级制。

承担研究的单位，不管是系或研究所，在单个大学内部相互竞争资源以扩展它们的研究角色。它们与研究系统中其他地方的类似机构竞争研究项目的直接支持。这个层次上的过程确实是达尔文主义式的。成功的单位将会扩大规模或提升地位（或者这两个方面都能实现）；那些不能够与知识前沿保持同步的单位将会萎缩或者消失，至少是在与研究相关的方面。

接下来的一节，将会探究这些组织领域中的动力，以阐明学术研究的最近发展。首先是将学术研究放在美国的知识生态中，论证大学适应变动着的研究支持群体的必要性；接着，在多个组织场景中考察大学的研究。第三节集中在学术研究和私立大学上，第四节处理公立

---

① 关于组织领域的文献，见 Paul J. DiMaggio and Walter W. Powell，"The Iron Cage Revisited: Institutional Isomorphism and Collective Rationality in Organizational Fields，"载于 DiMaggio and Powell，eds.，*The New Institutional in Organizational Analysis*（Chicago: University of Chicago Press，1991），pp. 63-82。

部门。最后部分指出正在塑造着当前系统的一些趋势。

## 4.1　科学研究生态中的大学

大学在国家的知识生活中扮演了很广泛的角色，远超过了它们的教育使命。它们聚拢了诗人和艺术家、社会批评家和商业顾问，雇用了许多追求理解过去的专业人士和渴望探究未来的预言家。它们在知识生产中最大和最有组织的知识角色在科学研究领域。这种努力，不管是在社会科学、自然科学或是在工程科学，通常都要求特定的安排和外部的支持。因此，它构成了一种独特的经济活动，是更大的国家投入的一部分（见表 4.1）。

**表 4.1　研究与开发(R&D)的趋势，1980—2000**

| 年度 | 1980 | 1985 | 1990 | 1995 | 2000 |
|---|---|---|---|---|---|
| 以 1996 年美元计算的金额(10 亿美元) | 114.9 | 160.1 | 178.2 | 187.2 | 247.5 |
| 占 GDP 的百分比 | 2.32 | 2.78 | 2.67 | 2.49 | 2.59 |
| 联邦占的百分比 | 47.3 | 45.9 | 40.5 | 34.5 | 26.3 |
| 产业占的百分比 | 49.0 | 50.7 | 55.0 | 60.7 | 68.0 |
| 基础研究占的百分比 | 13.7 | 12.7 | 13.9 | 16.1 | 18.1 |

自 20 世纪 50 年代创立以来，国家科学基金会一直承担着为美国的科学研究保留记录的责任。它把国家所有的研究和开发活动划分为基础研究、应用研究及开发。① 最后一个类型，开发实际的产品或工艺，到目前为止是数额最多的，超过了 60%的 R&D，但也是最不稳定的。庞大的国家委托项目，如 20 世纪 60 年代的阿波罗工程和 20 世纪 80 年代的战略防御计划（Strategic Defense Initiative），即"星球大战"，在开发支出上达到了顶峰。到 20 世纪 90 年代，联邦的 R&D 在国防开发支出上出现了不成比例的下降。尽管有这些波动，R&D 支出方面的主调（dominant note）是相对稳定的：不只是从 20 世纪 80 年代以来，而是回溯到 20 世纪 60 年代，国民经济大约有 1/50(2.5%)一

---

① "基础研究的目的是获得更全面的知识或见解……并不专注于特定的应用"，"应用研究旨在利用知识或见解来满足特定的需要"，"开发是系统地将研究所获得的知识或见解直接用于材料、设备的生产"，等等；National Science Foundation，*Science and Engineering Indicators*，1998 (Washington，D.C.：NSF，1998)，p.4.9。在实践中，这些区别往往不明显，因此自我报告是主观且不全面的，需要进行评估。但总的来说，这些数据还是比较一致的。因此，尽管年度间的波动反复无常，但大的趋势还是高度可信的。

直投在研究与开发上。而在20世纪80年代至90年代，最引人瞩目的是，R&D与强劲的经济保持着同步，甚至还相对超过后者。[①] 它明显的稳定性遮掩了两个显著的变化。

首先是产业支持的R&D强劲增长，伴随着的是联邦支持的R&D相对衰落。自20世纪80年代以来，来自联邦渠道的真实R&D增长少于20%，来自产业的真实R&D增长了200%。而且，这个长期趋势扭转了20世纪60年代中期的局面。在那些年，联邦政府提供了70%的R&D，产业则少于30%。有意思的是，联邦R&D的特点发生了变化：在20世纪80年代对基础研究的支持实际上增长了50%，在20世纪90年代仍保持着大致水平，而开发支出却急剧回落。相比较，产业R&D在这个时期的大部分时间里占到基础研究的6%～7%，到20世纪90年代末有好转。这些发展一起支撑了第二个长期的变动：基础研究相对扩张。

基础研究在20世纪80年代与R&D的增长保持着同步，到了20世纪90年代，它扩大了所占份额(见表4.1)。基础研究在GDP中所占份额从20世纪80年代的0.32%增长到20世纪90年代的0.40%，到2000年估计增长到0.48%。这个趋势的隐含之意是很清晰和重要的：美国的高科技经济似乎需要增加基础研究投入。这个结论也为20世纪90年代来自产业的增长是在满足产业自己的需要这个事实所强调，即，产业对基础研究的要求变化很大。投入基础研究的产业R&D的百分比实际上是——使用了大量基础研究成果的企业，如生物技术公司，或者是极少使用基础研究成果的企业，如汽车公司——的合成物。因此，上升的百分比，同在产业内部变化着的R&D实践一样，很可能代表了产业构成的变化。

20世纪90年代末期，高科技公司的兴隆似乎已产生了这样的效果。随着资本倾注于创业公司(start-up)和新的上市公司(public

① 背景资料见Roger L. Geiger, "Historical Patterns of Change in Academic Research," in Albert H. Teich et al., eds., *Science and Technology Policy Yearbook*, 1994 (Washington, D.C: American Association for the Advancement of Science (AAAS), 1994), pp. 403-418; Richard R. Nelson, "Historical Perspectives and Distinctions between Basic and Applied Research," 载于Albert H. Teich et al., eds., *Science and Technology Policy Yearbook, 1996* (Washington, D.C: AAAS, 1996), pp. 137-142; 以及Roger L. Geiger, "What Happened after Sputnik? The Shaping of the University Research System in the United States," *Minerva* 35 (1997): 349-367。

company)，产业研究中的基础研究部分暴涨了 8 个百分点。[①] 即便是没有这最后一次的迸发，基础研究的长期增长也一直是对大学有利的趋势。

学术研究的一些基本要素显示出引人注目的稳定性(见表 4.2)。从 20 世纪 60 年代以来，大学固有的科学角色一直在承担着接近一半的国家基础研究——尽管在 2000 年出现了下降。基础研究持续地占到学术研究三分之二左右，这个数字对产业支持的学术研究也是适用的。考虑到学术研究中专业高校的广泛角色，这一点也不奇怪，大学完成了大量的应用研究(占整个国家的 14%)和少量的开发(少于 2%)。但是，即便是在更应用的领域，学术研究也倾向于基础性的或者是理论性的选题。美国大学是真正的基础研究之家，但是它们并没有垄断基础研究。基础研究的另一半落在联邦实验室、联邦资助的研究中心和私立非营利的实验室(每种大致 10%)以及产业中正在增长的一部分(20%或更多)。

**表 4.2　学术研究与开发(R&D)的趋势，1980—2000**

| 年度 | 1980 | 1985 | 1990 | 1995 | 2000 |
|---|---|---|---|---|---|
| 以 1996 年美元计算的金额(10 亿美元) | 11.4 | 14 | 19.5 | 23 | 28.2 |
| 占 GDP 的百分比 | 0.23 | 0.24 | 0.29 | 0.305 | 0.303 |
| 联邦占的百分比 | 67.0 | 62.0 | 59.0 | 60.0 | 58.0 |
| 产业占的百分比 | 4.0 | 6.0 | 7.0 | 7.0 | 8.0 |
| 基础占研究的百分比 | 67.0 | 68.0 | 66.0 | 67.0 | 69.0 |
| 美国基础研究占的百分比 | 48.0 | 47.0 | 48.0 | 51.0 | 43.0 |

学术研究的支持来源发生了变化。20 世纪 70 年代，联邦政府提供的赠款约占支持的三分之二，但在 20 世纪 80 年代下滑到大约五分之三。产业从较低水平翻番了它的相对贡献。大学用它们自己的资金提供了其他相关的增长(表中未显示)。大学研究作为整个经济的一部分在增长：在 20 世纪 80 年代晚期，它占 GDP 很大的份额，甚至在 20 世纪 90 年代后期的兴隆时期，学术研究大体能保持与经济的同

---

① 大多数上报的 2000 年新增产业研究都未进行分类，因此需要对总数进行估算，这造成了比往常更大的不确定。很可能的是，这些年的异常情况在高科技创业公司的科研中制造了“泡沫”，尽管在股票价值中并不存在泡沫。基础研究支出日益增长的趋势似乎还在继续。见 *Data Brief* (Washington, D. C.: National Science Foundation, Division of Science Resources Studies, Nov. 29, 2000)。

步增长。千分之三十一的比例听起来不多，但它却是学术研究能够获得的最高水平，作为10万亿美元经济的一份，这是个令人望而生畏的数字。比学术研究的绝对数量更令人瞩目的是它的相对增长。经过两个十年的快速增长，大学已尽力提高它对美国科学和对美国经济增长的贡献，这是通过对变化着的科学需求的适应而不是通过其他途径来实现的。

美国大学在科学研究市场上的角色总是拒斥简单的描述。在战后时期一开始，万尼瓦尔·布什（Vannevar Bush）就赞成联邦政府支持学术科学，他援引了这样的假定：基础研究是技术进步的源泉。国家科学基金会将这个假定作为它与生俱来的权利，并且广泛地宣传这个观点。[①] 然而，在国家科学基金会于20世纪50年代创立时，国防需求在联邦对学术研究的投入中占居主导，其次是公共卫生的需求。

1957年苏联人造地球卫星上天后，空间开发增强了联邦支持科学的理由。关于基础研究相对于有预定目标的研究（directed research）的是非曲直的话语，特别是在大学中，一直持续到20世纪70年代，并倾向于模糊这个情境中最重要的现实：联邦对学术科学的支持总是被其代表机构的有计划的需求所主导。使用后来的术语说，国防和卫生医疗方面的技术转化是联邦对大学研究进行大量投入的主要目标。

在当代，对抨击有关基础研究的过分简单化的观点并指出学术研究性质已经或正在发生着转变而言，所谓的布什范式已成为假想敌。批评者希望能够传达关于当代科学研究的两种观念，这些观念毫无疑问是重要的，但是也许并不是像所宣称的那样新颖。首先，他们努力替换"传送带"的隐喻，这个隐喻将基础研究的发现与应用研究、技术和最终的产品开发的孕育联在一起。他们提出用互惠关系来代替这个隐喻，认为技术开发本身也会产生基础发现或者是提出基础科学中有灵感的问题。从这个视角看，支持基础研究的理由呈现出多少有些不同的形式。不是纯粹起源于科学范式，研究问题可能来自于技术，因此可能是消费驱动的。这个观点对支持研究也有隐含之意。如果科学是以认识到消费者的需求并结合进消费者需求这种方式进行管

① Geiger, *Research and Relevant Knowledge*, pp. 14-19. 颇为讽刺的是，布什在职业生涯的大部分时间，如作为工程师和科学管理者，都致力于将科学引向实用目的。

理的话,结果可能会更好,而不是依赖某领域的科学家提出基础研究的建议。

事实上,认识到基础研究的需要是技术开发的副产品已有很长时间了。在过去,国防部大量的开发项目中,似乎投入大约5%的资金用于基础研究,尽管在20世纪90年代这个数字缩减到接近3%。[①] 产业,也许因为它自己的缘故对知识的兴趣要少一些,也增加了它自己对基础研究的投入,从80年代之前的4%～5%增长到2000年约占R&D的8%。考虑到这些范围,应用研究和技术通过反馈效果对基础研究产生需求,估计最近这些年的反馈效果可能至少在6%。2000年,应用研究和开发总额接近2200亿美元,这样的效果在理论上能够解释130亿美元的基础研究,占总数的1/4多。这个计算表明,大约有3/4的基础研究是由不同的考虑激发的。

对布什范式的第二个反对促进了超越基础和应用研究区分的观念。关键的发展,国家科学院主席弗兰克·普拉斯(Frank Press)在1992年所解释的,是"基于研究的技术"或者是与明显的重要技术相连的科学探究的基本领域。

这个表述听起来像是"目标导向的基础研究"(targeted basic research),这是联邦投资与国防和卫生有关研究的主导形式。但到20世纪90年代,感觉到基础研究和应用研究之间的距离缩小了,这一点前面已提到。随着这样的变化,科学家的态度也发生了变化。许多科学家不是期待着保持与技术的距离,而是追求机会,维持与产业研究的紧密结合,并且期望看到他们的发现能够转变为产品。[②] 普拉斯提供的研究技术实例使这个观点确定无疑:先进材料,特别是那些为超导开发的材料、光电子与传感器技术,和这个时代最壮观的科学革命——生物技术。

普拉斯关于研究技术的观念与当代最引人瞩目的科学发展相呼应。不久,更简短的术语被用于唤起同样的观念:通用研究(generic research)、战略研究和前商业化研究。1994年,密歇尔·吉本斯(Michael Gibbons)和其合作者认为,当代社会的知识生产已呈现出新

① Geiger, "Science, University, and National Defense," *Osiris* 7 (1992): 26-48; NSF, *Science and Engineering Indicators*, 2000, p. 2. 32.

② Frank Press, "Science and Technology for the Post-Vannevar Bush Era," 提交给AAAS的报告,1992年4月16日。

的特征，这就是他们所称的“模式 2”。根据他们的观点，在传统的科学模式或“模式 1”中，问题的界定和发现的证实是被学术性学科所主导的。相比较，“模式 2”显示出许多刚才提到的特征：通过科学和技术的交换，知识的生产发生在“应用场景”，并且在本质上是跨学科的。作者揭示了新的知识生产的大量细节，但整体上，他们发现这些对大学不利。“模式 2”隐含着专家的去集中化和知识生产的更大的社会配置，这在很大程度上是对大学的伤害，“在大学，基于学科的科学很大程度上被制度化，并在知识上是被来自内部的考虑驱动的”，似乎不像是要为经济绩效作贡献，因此好像不会在这些新条件下繁荣起来。①然而，从美国的发展来判断，这个剧情似乎是错误的。

在美国，正像刚才看到的那样，研究技术的激增、R&D 向产业的迁移、事实上对于与经济有关联的研究日益增长的需要，伴随着趋向更大规模的基础研究和更多的大学研究的趋势。新的知识生产，也许比老的知识生产，更多地包含了学术研究必不可少的角色。有两个根植于研究系统特征的基本理由可以说明这一点。

首先，就其本身来讲，研究吸收了以前的研究，并提出了激发进一步研究的问题。（有一个长期存在的笑话嘲讽学究们在总结每项研究时总是呼吁开展进一步研究。）不同的探究领域和亚领域的连接不断增长，并相互滋养。研究过程使得对额外知识的需求扩大了。有充分的证据表明，基础研究每隔十五年就翻番（见表 4.2）。②

其次，由于美国大学在研究系统中的独特角色，它们在满足知识需要方面发挥着不可替代的作用。大学作为智力资本（intellectual capital）的巨型仓库在运行。它们聚藏知识的任务同传播和增进知识的使命不可分割地联系在一起。通过对教师专长的投资，它们培育了这个过程。通过聘用和支持特定领域研究专家的发展，大学在广大的

① Michael Gibbons et al., *The New Production of Knowledge: The Dynamics of Science and Research in Contemporary Societies* (London: Sage, 1994), pp. 2-16，引文见 p. 159。

② 20 世纪 60 年代早期，科学史学家 Derek de Solla Price 写道，从 17 世纪科学活动诞生起，其数量大致十五年翻一番；见 *Little Science and Beyond* (New York: Columbia University Press, 1963), pp. 1-29。这一模式不仅从 20 世纪 60 年代开始持续，而且如表 4.2 所示，从 1980 年至 1995 年，或 1985 年至 2000 年都在继续，见 Geiger, “Historical Pattern of Change”。

范围内培育并维持了最高级的知识形式。[①] 这种专长与进行高端研究的装备、设施以及发展着他们自己专长的青年“学徒”相辅相成。这个结合为开发高深知识提供了强大的有着独特价值的资源。相比较,不管是在政府或者是在产业中,开发技术的组织在很大程度上限制了它们自己对专门兴趣领域的长期投资。当它们需要额外的知识,或者是需要补充性的或更具一般性的专门技术时,它们可以并实际上也是求助于大学。因此,在这些“应用场景”中进行的研究越多,与学术研究的互动就会越多。然而,这个过程的效率或效益并不是自发的,它假定大学在进行着很大的努力和调适(这是下一章的主题)。

关于大学在知识生态中位置的描述,表明了当代大学面临的挑战。如果它们想维持与研究经济的关联,继续开展国家一半左右的基础研究,就必须持续不断地适应向前推进着的科学前沿。这意味着要与商业技术维持富有成效的交换。要这样做,大学就必须经常改装自己,以接纳远离它们学术焦点的任务,并成为商业和经济发展领域中的行动者。同时,它们必须履行在教学和科研中的传统角色,它们要为此坚守严格标准。这样,当代的大学困境是:在不损害它们的基本使命的情况下,适应新的研究经济的需要。

## 4.2 大学的研究

同教学和服务一样,研究是美国大学的基本使命的一部分。这个值得尊敬的三重唱被含蓄地当作经济学家所称的联合生产——基础性的智力资源的自然的和可和谐共存的产出。在这个方面,大学研究的发展一定程度上反映了为学术目的积累的资源水平。

大学作为一个组织,通过它所聘用的教师-学者(teacher-scholar)的数量和质量、招收的学生、获得的捐款以及它所拥有的物质设施,在这个过程中起到了关键作用。然而,研究自身作为目的,与其他的学术目的相辅相成,很大程度上又有自己的独立性,这种情况已经存在很长时间了。当赞助者要求的研究在量上超过联合生产所允许的可能性时,通常就会发生这种情景。大学已经通过创立独立组织的研究

① Michael S. McPherson and Gordon C. Winston, “The Economics of Academic Tenure: a Relational Perspective,” in David W. Breneman and T. I. K. Youn, eds., *Academic Labor Markets and Careers* (Philadelphia: Falmer Press, 1988), pp. 174-199.

机构(ORUs)来实现这些需要,并进行回应。①

对研究的过量需求的情景在“二战”后的医学院有所发展,现在这已成为学术研究的庞大的有特色的部分。学术核心、专门性的独立组织的研究机构和医学院专门活动的联合生产可能构成了大学的研究组合。这些类型绝不是相互排斥的,但每一个都代表了进行学术研究的很不同的条件。

首先来看单个的研究机构,大学经常面临着远超过其教育任务的研究需要,它们经常通过组织上的设计安排来适应这些需求以进行回应。这样的安排并不是没有争议的,但随着时间的推移,它们倾向于采用适合其任务的形式。这种独立的研究角色在塑造大学的研究系统方面发挥着关键作用,使它的大规模和多样化成为可能。

早在 19 世纪,美国的学院和大学艰难地接纳天文台、博物馆收藏和农业试验站——所有这些都是现在所称的研究——时,就是这样。在 20 世纪 20 年代和 30 年代,大的基金会捐赠研究机构给一流大学,在选择的领域推动知识进步。这个方向上最具决定性的推动是“二战”期间和“二战”后,当联邦政府征召大学承担必要的国防研究时。考虑到这些任务的体量,它们倾向于放在具有史无前例的规模的实验室中。尽管对这些努力的支持来自于大学之外,这些院校在接受这些单位、容纳它们和有时候让它们搬离的方面发挥了关键作用。②

“二战”后的国防研究构架阐明了这些独立的研究如何完成了学术机构认为是很困难的任务。③ 国防研究的几个特点与大学的规范和程序是不一致的。对保密的要求在冷战条件下加强了,这冒犯了科学伦理所珍视的价值。这类研究的很大部分适合应用领域,向产品和武器系统的开发演变。这些任务涉及大量的专业科学家、工程师和技术人员,其规模使相关领域的学术系相形见绌。在实践上,这些不一致通过不同程度上独立于主要学术机构的形式而得以减弱。

最大的实验室,包括位于加州理工大学的喷气式推进实验室和位

---

① Roger L. Geiger, “Organized Research Units in American Universities: Emergence, Evolution, Significance,” *Journal of Higher Education* 61(1990): 1-19.

② Geiger, *Research and Relevant Knowledge*, pp. 47-61.

③ 见 Stuart W. Leslie, *The Cold War and American Science* (New York: Columbia University Press, 1993); Rebecca S. *Creating the Cold War University: The Transformation of Stanford* (Berkeley: University of California Press, 1997); Geiger, “Science, University, and National Defense”; 以及 Geiger, *Research and Relevant Knowledge*。

于约翰·霍普金斯大学的应用物理实验室，两个都比作为它们东道主的大学还要大——成为大学管理下的独立的联邦实验室。① 另外一类实验室仍处于大学的“帐篷”下，但与大学校园的其他部分分开，并被封闭起来。有些在进行着高度应用性的研究，如宾夕法尼亚州立大学海军水下隧道(water tunnel)实验室；有些则进行一些最基础的研究，像伯克利的劳伦斯实验室和其他核物理实验室。麻省理工学院和随后的斯坦福，特别善于接受这种类型的政府实验室，或者是应用性的，或者是理论性的。在绝大多数的这类机构中，精心挑选的教师和研究生群体与专业团队联合进行研究。特别地，与这些学术系建立了稳固联系的实验室，对它们各自大学的发展都有重大贡献。

这些早期实验室的遗产现在仍存在着。科学研究可能会发生变化，但在使命延续的地方，实验室也就会有延续的机会。大量的新的实验室已加入到这些早期的创造中，许多是受到国家科学基金会的赞助。不像与国防有关的实验室，这些后来的研究机构经常为很基础的研究探索提供独有的科学仪器。就此而言，它们已经成为东道主院校的无价之宝，吸引了在这些专门领域中工作的科学家。

联邦机构在赠予这些珍贵的实验室时，在理念上是要寻找最能有效地实现科学目的的场所。杰出科学家的存在自然是首要考虑的，但也青睐于那些一流大学。地理位置也可能有所影响，这并不是指政治上的。最近，这些院校本身的财政贡献在实验室选址决策上的影响已显得很重要。因此，在大学的研究系统中可以发现大量由联邦资助的设施。这些设施提升了大学的科学声誉，增大了R&D支出，但也承担了财政义务，它们是独立研究使命的表现。

独立组织的研究机构以各种混乱形式存在着。刚提到的大的实验室可能在组织上和文化上距离学术核心最远。不过，可以假定在这些研究机构和学术系之间存在着连续统。许多研究中心和研究所履行的是双重角色，既提升特定主题的知识，也促进学术学科中的工

① 目前有18个联邦资助的研究与开发中心(FFRDCs)由大学负责运营，主要是核物理和空间领域，其余24个由行业或非营利机构负责运营。FFRDCs的经费并不包含在大学预算中，也不属于大学的研究支出。应用物理学院(APL)打破了这种区分，它是一个FFRDC，但经费通过约翰·霍普金斯大学上报。此处的学术研究数据不包括APL。

作。[①] 有些研究机构被设计成或在资助上主要服务于外面的“客户”。在后一群体中，鼓励大学-产业研究关系和技术转化的中心在1980年代是引人注目的增长区域，正如第五章所描述的。大学研究中心——独立组织的研究机构——帮助这些关系变得更可行——通过包容和解决组织之间的张力。这些中心也增强了学术研究的经济关联，将它与商业技术联系起来，是国家研究经济中扩展最迅速的部分。

第二种组织模式，由超过教育需要的研究需求引起，出现在医学院。“二战”前，医学研究集中在少数几所大学，战后迅速扩展，尽管所占百分比很大，但较集中，大体上偏爱的是同样的院校。20世纪50年代，国家卫生研究院（National Institute of Health）开始了医学和生物研究资金的大规模扩张。不久，对研究设施和生物医学科学家培训的支持随之而来。[②] 在十年内，单是研究资金就增长了15倍。到20世纪60年代后期，充足的研究支持是美国医学院转变的因素之一。

联邦的慷慨为医学院创立了独立研究的角色，甚至当医学院自身还被庞大的学术性卫生中心包含时就是这样。医学系呈现出研究型机构的特征，特别是在前临床或基础科学领域。教师们通常要花费他们绝大部分的时间用于研究，并从这些赠款中获得他们的大部分薪水。当他们扩大博士项目、增加博士后研究人员以支持研究和训练另外的研究人员后，这些系的学术特征被加强了。同时，医学院和其大学之间的纽带被减弱了。事实上，卫生医疗责任的增多要求学术性的卫生中心在财政上——如果不是在组织上的话——与庇护它们的大学分隔开来。这些发展赋予医疗研究自己的结构和动力。

自20世纪早期将医学教育和研究坚定地带入大学的革命发生以来，全国最主要的医学院与最主要的大学结合在一起。[③] 尽管到1970年，它们与国家卫生研究院和卫生医疗提供系统（health care delivery system）的联系超过了它们与大学之间的联系。这允许新型的“研究

---

① Geiger, “Organized Research Units”:“独立组织的研究机构”这一术语在“二战”后首次出现在加州大学，并缩写为ORUs。这一术语成为这一现象的通用代名词，尽管每所大学有着各自不同的名称。

② 关于医学院的转型，见 Kenneth M. Ludmerer, *Time to Heal: American Medical Education from the Turn of the Century to the Era of Managed Care* (New York: Oxford University Press, 1999)，尤其是 pp. 139-161；关于 HIE 的早期扩张，见 Geiger, *Research and Relevant Knowledge*, pp. 179-185。

③ Ludmerer, *Time to Heal*, pp. xxii, 26-32.

型大学”出现，在其中，所有的研究事实上都是由医学院承担的。独立的医学院的出现并不新奇，但现在它们已成为学术研究中最大的执行者。[①]

这些机构因它们项目的质量获得了很高的排行。考虑到发展着的生物医学世界资源的丰富性，新机构类型的兴起并不会减损传统领袖型大学的高度或生产率，并被最主要的研究型大学所接纳。然而，这些新机构确实与那些大学有着不同的财政基础，医学研究的强者可能被建成顶尖的研究型大学的独立部分，与区域性校园（诸如伯明翰的阿拉巴马大学），或者是人文学院（威克森林大学）相连，或者是作为校园的独立部分（如加州大学的旧金山校区，得克萨斯大学西南医学中心，贝勒医学院）。

医学研究特有的独立特征被教师的医疗服务的发展进一步扩大，这出现在 NIH 奖助最初的快速发展之后。[②] 20 世纪 60 年代，老人医疗保险和医疗补助制度的创立大大提高了教师有利可图的服务机会。不过，直到 20 世纪 80 年代，经历多年的资助萎缩后，教师医疗服务才成为医学院财政的大宗收入。来自临床实践收入的可得性很大程度上将临床教师数量的增加正当化了。医学院在 20 世纪 70 年代增加了 18000 多人，在 20 世纪 80 年代增加了同样多的数目，相比较，基础科学中只增加7000名全职教师。来自教师医疗服务的收入计划在 20 世纪 80 年代差不多增长了五倍。这个收入对医学院的财政健康贡献很大，包括对研究的补贴。但是结果，根据历史学家肯尼齐·路德默(Kenneth Ludmerer)的说法，“医学院作为大学的一个部分的理由被忘掉了。医学院变得富裕，但是它们失掉了同它们的（大学）根的联系”。[③]

从 20 世纪 80 年代开始，成本约束的压力开始改变这些变化着的市场支持条件。在这种情况下，病人护理市场完全由第三方支付人、

---

① 1979—1980 年，6 所医学院位居 R&D 支出最多的 100 所学校中；1989—1990 年，8 所进入了这个名单；见 Roger L. Geiger and Irwin Feller, “The Dispersion of Academic Research In the 1980s,” *Journal of Higher Education* 65(1995)：336-360。1999—2000 年，11 所医学院进入了前 100 名。

② NIH 学术研究经费的增长速度高于联邦经费，但是有时还无法满足医学研究的发展需要。从 20 世纪 70 年代末到 20 世纪 90 年代末，联邦对学术研究的资助从 47%增长至 57%；见 NSF，NSF，*Science and Engineering Indicators*，1998，表 5.8。

③ Ludmerer，*Time to Heal*，p.336. 对这一发展的说明，见 pp.224，283，3 27-36。

政府和保险公司组成。他们成为20世纪90年代席卷保健制度的保健医疗管理革命的先锋。一直到20世纪90年代,28%的临床收入被用于补贴医学教育和研究,但是这些多汁的地带现在被挤空了。[①] 全部细节还有待再考察,但有两个结果已很明显。在病人护理方面,临床教师必须进行更多的服务,并以更高的效益获得养活他们自己的收入。医学研究,在经历初期的动荡后,似乎更依赖NIH的资源,对产业的依赖程度更小。

尽管近期有些混乱,医学科学已成为学术研究中最大的和发展最快的领域。从1979年到1997年,它获得的研究经费总体增长了5%,这个增长(23.2%~28.2%)已大于学术性的自然或社会科学总的研究资金的增长。它与学术纽带是矛盾的。在知识方面,作为分子生物学和染色体组学(genomics)革命的结果,医学研究现在已经与生物科学更紧密地整合起来了。[②] 在这个方面,生物医学研究与生物和农业领域中的研究者分享了更多的基础科学。但在组织方面,医学研究已成为一个它自己的世界,拥有被学术性的卫生中心的独特环境所塑造的独立的研究使命。

因为它们规模庞大,表现异常,在讨论学术研究时,医学院值得专门考虑。[③] 在这里,将它们与独立组织的研究机构一起描述,作为大学吸纳和适应独立研究角色的见证。在这两种情境中,学术性学科或专长都是固定点,是外部需求的渴望目标。但随着时间的推移,由外部赞助人强加的这些条件会进而塑造它们所支持的机构的制度轮廓。

同样的关系存在于大学研究和商业技术之间,在那里,制度安排仍处于发展中,这个关系的基本条款仍处在协商中(见第五章)。从前面章节所讨论的全国趋势判断,商业技术将是未来研究增长的主要源泉,在其中,研究需求已远远超过了学术核心的能力。

在理念上,研究型大学的学术核心体现着这样一个原则:"丰富和传播知识是同等重要的活动,并且当这两者在同一个地方由同样的人

---

① Ludmerer, *Time to Heal*, p. 355. 这一复杂的评估在 pp. 349-399 中进行了分析。

② Alan I. Rapaport, "How Has the Field Mix of Academic R&D Changes?" *Issue Brief* (Washington, D. C.: National Science Foundation, Division of Science Resources Studies, 1998年11月2号); Ludmerer, *Time to Heal*, pp. 188-190.

③ Hugh Davis Graham and Nancy Diamond, *American Research Universities: Elites and Challengers in the Postwar Era* (Baltimore: Johns Hopkins University Press, 1997), pp. 74-83.

进行时,每个都干得更好。”[1]这个陈述不断强调教学和研究是联合生产,而且也强调它们在一起可提高它们各自的价值。这个理念对于描述当代的研究型大学可能不是很精确,正如刚看到的,研究型大学也包括那些包含着只是进行研究的机构或者只是单纯教学而没有研究的机构。服务的义务自身是有价值的,尽管对那些既丰富知识又传播知识的人来说可能是边缘性的。涉及教学和研究联合生产的学位授予项目被视为学术核心,但这并不是贬低研究型大学所做的其他事情。

更具体一点,学术核心这个观念表达了这样一个模型,在其中,个体的教师成员对教育和研究的产出而言是组织单元。言外之意,学系为履行教学要求和覆盖相关主题所涉的知识领域聘用教师。教师投入到他们选择的主题的研究,并主要是基于各自领域的范式开展研究。任何个体的研究范围依赖于支持性资源,其中一些是由大学提供的,一些是从外部赠款中获得的。研究者可能领导着由研究生助手、博士后和职员构成的团队。当永久性的组织成为必要时——需要独立组织的研究机构时——个体模型就被超越了。另外,不管是研究者激发了他/她自己的主题,或者是对其他人请求的回应,不管是他/她与同事合作或者是单独工作,这些都并不重要,个体的教师成员是研究项目的激发节点。

学术核心的研究可被分解为四种投入:教师成员、投入研究的时间、来自设施和助手的支持和生产率或质量,所有这些因素都对院校资源有着关键性的依赖。资源丰富的大学能够吸引最具生产力的学者加入到它们的教师队伍中,并且支持教师队伍的最优数量。它们能够提供设施和帮助以提高生产率,并通过降低教学义务,允许教师将重要的时间份额投入研究。规模大的大学能聚集大量的教师型研究人员(faculty-researchers),通过学术劳动分工为他们中的许多人保障充足的资源基础。大学的挑战不但是分配和组织这些资源以最好地实现研究和教学的使命,而且还要与支持学术研究的外部系统互动。因为在不同领域研究要求的安排差异很大,不同研究型大学同一学科的条件似乎比单个大学的跨学科条件更一致些。

当这个模型被用于当代的学术研究时,它提出了很有意思的问

---

① Robert M. Rosenzweig and Barbara Turlington, *The Research Universities and Their Patterns* (Berkeley: University of California Press, 1982), p. I.

题。最引人注目的特征是：当学术核心更少扩张时，研究增长多于翻番(见表 4.3)。部分解释是独立研究角色在扩张，其中医学研究是增长最快的部门。在过去的几十年内，非教师位置聘用的拥有博士学位的科学家不只增长了两倍。而且，他们已以 4∶1 的比例超过了教师型科学家的数目。① 很清楚，学术核心的发展，特别是教师，必须在学术研究的迅速增长中发挥作用。

**表 4.3　33 所私立大学和 66 所公立大学的学术核心与学术研究的变化，1980—2000**

| | 私　立 | 公　立 |
|---|---|---|
| 招生 | | |
| 1980 | 335378 | 1391422 |
| 2000 | 390827 | 1593873 |
| 变化(百分比) | 16.5 | 11 |
| 教师[a] | | |
| 1980 | 15195 | 63983 |
| 2000 | 18266 | 70419 |
| 变化(百分比) | 20 | 10 |
| 研究(单位：以 1996 年的美元计算，10 亿) | | |
| 1980 | 3.25 | 6.03 |
| 2000 | 6.65 | 14.54 |
| 变化(百分比) | 105 | 141 |

[a]28 所私立大学；64 所公立大学。

**表 4.4　研究型大学的教师用于教学和研究的时间，1987—1998(百分比)**

| | 私　立 | 公　立 |
|---|---|---|
| 1987 | | |
| 教学 | 40 | 43 |
| 研究 | 29 | 30 |
| 1992 | | |
| 教学 | 35 | 40 |
| 研究 | 36 | 32 |
| 1998 | | |
| 教学 | 42 | 46 |
| 研究 | 26 | 29 |

数据来源：国家中学后教师调查，1988 年、1993 年和 1999 年。

① NSF, *Science and Engineering Indicators*, 2000，附表 6—19。

也许在学术核心,最少被理解的研究要素是教师时间的分配。由两个来源提供了研究的投入时间:大学自身和外部资助者。明确地或隐含地,教师的部分工作量要投入到知识进步和个体教师经验的提升上。事实上,研究型大学很明确的特征是相对多的工作量要用于这个目的和预期个体的提升将会以学术出版形式生产知识。对研究的投入以有限的教学责任和学术年假的形式融进了教师职位中。它是院校对教师个体的智力资本的投资。外部资助者的赠款通过补偿给大学教师成员部分薪水的形式,用于"购买"研究时间。这样的资金可以购买暑期时间,购买指定给教学的时间,或者是置换院校自己的一些投入。在这样的过程中,独立组织的研究机构经常通过管理赠款发挥作用。不过,与教师职位相结合的研究和旨在提升智力资本进行的研究都属于学术核心。

教师投入研究或学问的部分工作代表了内部和外部资助的某些结合,这个数字成为研究型大学本科教育论战中争论的核心。对教师时间分配的调查依赖于自我报告,是很难进行比较的。国家教育统计中心所做的教师调查表明了时间上的一些波动(见表 4.4)。这些数据显示:在 20 世纪 80 年代后期的繁荣期,更多地向研究方向移动;接着,在 20 世纪 90 年代向教学方向出现了一个甚至更大的反向移动。逸闻趣事性的证据似乎与这个模式是一致的。但是,因自我报告的数据倾向于扩大社会偏好的活动,这个模式可能很好地反映了对工作时间同样变化的预期。而且,这个区分在一定程度上是武断的。高级的教学和科研通常是作为真正的联合生产交融在一起的。① 但这个区分在解释赞助性研究方面是真实的,对那些必须拿出大块时间以便完成主要的研究项目的教师成员来说,一样是真实的。

第二个令人困惑的因素是质量,它对知识增进来说是种内在的要求。在最基本的形式上,新知识采用发表的方式,主要是科学论文,但另外的形式是新的科学家或学者、博士项目的博士毕业生的生产。与知识相关的地方,质量的考虑显得非常重要。对大学的判断不仅仅是根据它们生产的知识量的多少——出版物的数量,而且也根据这些贡

① National Center for Education Statistics, *Digest of Education Statistics, 2000* (Washington, D.C.: NCES),表 234。从广义上说,教学与科研有着相同的外延;见 Carol L. Colbeck, "Merging in a Seamless Blend: How Faculty Integrate Teaching and Research," *Journal of Higher Education* 69 (1998): 647-671。

献的公认的意义。对单个大学来说,做出这样的判断是困难的、毫无希望的。事实上,在当代,学术研究和博士项目的质量,已在国家研究委员会(National Research Council)领导下进行的每十年一次对学术系的评估中进行了检测。质量更容易由个体大学通过资助研究的年度支出进行测量。而且,质量和数量之间存在着强有力的互动。通常,研究赞助者会追求可达到的最高质量,因此,大学进行的研究数量在很大程度上可反映研究质量。但是,学术研究也受到能力的约束。不需求助于独立组织的研究机构,在理论上,学术核心中的教学和研究的联合生产存在着最优水平。质量和数量、规模和约束之间的关系支配着关键性的投入:平均来说,排行高的学术系要比那些排行低的学术系投入要大;而且,因为学生也在追求着质量,最好的学术系也倾向于拥有最大的博士项目。

事实上,学术核心的内在规模约束使学术研究成为引人注目的一个分散化的产业。最大的承担者只占支出的2%,这个数字从"二战"以来就在下降。如果研究是营利的事,这种状况就令人怀疑。① 而且,绝大多数的研究是以复杂形式与学术核心联系在一起,因此对院校资源的消费是有限的。就这样,研究系统的变化轮廓通过质量和数量之间——内部和外部资源的缺乏或丰富——的复杂的相互影响产生出来。

测量学术质量的黄金标准一直是国家研究委员会认可的研究型博士项目的排名。这些精深的昂贵的研究建立在院校的教师质量和他们所在系项目效率的排行基础上②,他们完成了一长串享有声誉的或是有同行排行的研究,这些排行以只有该领域的学者才有专长判断同行的相关业绩这一原则为基础。不过,对于这些研究仍是一直存在着争议。③

---

① 以上讨论的临床医学科研的扩张几乎是个反例。有段时间,经济状况曾经有利于扩张,这个领域中的人们预测医学研究将集中在最大的医疗中心;随后,这一观点已被用于生物技术领域。

② Lyle V. Jones, Gardner Lindzey and Porter E. Coggeshall, eds., *An Assessment of Research-Doctorate Programs in the United States*, 5 vols. (Washington D. C.: National Academic Press, 1982); Marvin L. Goldberger, Brendan A. Maher, and Pamela Ebert Flatau, eds., *Research-Doctorate Programs in the United States: Continuity and Change* (Washington D. C.: National Academic Press, 1995).

③ David S. Webster and Tad Skinner, "Rating Ph. D. Programs: What the NRC Report Say," *Change* (May/June, 1996): 23-44; Nancy Diamond and Hugh Davis Graham, "How Should We Rate Research Universities?" *Change* (July/Aug. 2000).

对声望排名有两个实质性的批评。[1]

首先,因排行者的有限知识和主观印象,他们是内在地保守的,给予大学那些享有很高声望、传统上杰出的系以不恰当的承认。"光晕效应"存在,使其有可能把奖赏更多地给予了那些以往的或者是推定的而不是现在的成就。有人可能认为,尽管存在着这些倾向,但这些倾向并不能消除这种实践的价值。学术质量是大多数学术型学者和科学家,特别是那些与聘用决策有关的学者和科学家的主要关注点,他们的集体决策并不应该被随随便便地打发掉。

第二个批评是认识论上的,即,知识前沿已分裂成专业、亚领域和跨学科的杂交,这些再也不能在单一学科标题下进行理解。因为这个理由,生物科学已被完全重新进行类型化,但最新的方案也远非理想。例如,一些大学在同一个领域有不只一个系。标准的系科认同,诸如人类学和政治科学,掩盖了一大堆彼此很少有关联的专业。这样的裂变使得"同行们"对跨亚领域进行质量排行变得困难,因此,就对整个系的总排行的意义提出了质疑。

这两种批评都反映了为比较目的而产生的加总性的质量的根本难题。大学教师对他们自己的工作场景中的质量的含义是非常清楚的。事实上,有关质量的判断对学术事业的运行仍是基本的。然而,当同行排名或者其他量化的指标为了比较的目的加总起来时,学术质量只可意会不可言喻的性质应牢记在心。

1982 年的《研究型博士项目评估》和 1995 年的报告对 20 世纪 80 年代开始时和 20 世纪 90 年代早期的学术研究系统进行了比较。尽管这两个时期的经济条件都很糟糕,介于其间的年代对经济增长和学术研究来说都是有利的。这个时期最引人注目的变化是出现了大量的系的质量排行。[2] 除一个学科外,几乎所有学科的平均质量都上升了。在每个主要领域的五分尺量表上,分数增加了十分之二或十分之三。更有意思的是增长模式。在几乎所有的情况下,排行提升的幅度是从第一个四分位上升到第四个四分位,即,最弱的系从它们排行数字中获得了最大的绝对收益。很明显,天花板效应在起作用,即,系发

① Diamond and Graham, "How Should We Rate Research Universities?"; Goldberger, Maher and Flatau, eds., *Research-Doctorate Programs*, p. 23.

② Goldberger, Maher and Flatau, eds., *Research-Doctorate Programs*, 附录 R。

现从排行中的“(4) 很强”提升到“(5) 杰出”要比它从“(1) 边缘”提升到“(2) 足够好”或“(3) 很好”更艰难。

尽管顶尖的系在排行中提升得很小,但并没有退步的证据。事实上,关于前五年(1987—1992)改进的独立排行显示出相反模式——排行最高的系有最大程度的加强。① 1995 年报告中有关学术研究系统演变的主要信息是,学术系的质量在 20 世纪 80 年代在增长。不言而喻,学术核心的质量也在增长,特别是处于中间和较低排行的大学。这个结论与研究支出的主要趋势是一致的。

对 20 世纪 80 年代学术研究机构分布变化的研究揭示出令人好奇的、非线型的模式。最大的和排行最高的大学经历了研究份额的显著减少。研究份额最引人注目的获得者属于排行在最主要大学之下的那层大学,这些院校在学术上仍较弱,它们中的绝大多数发展并不顺利。② 中间群体(第二层)的获得者开始成为大量研究的承担者,它们有着从很好到很强的系。除扩大它们的研究份额外,这些获得者中的大多数也提高了它们系的质量排行。许多因素对测量产生了影响。以不变价美元计算,学术研究在 20 世纪 80 年代增长接近 70%,但工程(增长 99%)和医学(增长 89%)方面的增长特别强。大多数获得者在这些领域的其中一个有着重要存在。内部因素似乎极重要。获得研究份额的院校与那些研究份额下降的院校相比,总的来说,在教师和正教授、授予博士学位和从 NSF 获得的资助方面都有更大的增长,所有这些变化是与学术核心的强化联系在一起的。它们也使用了很多自有资金用于研究,这是院校投入的指标。当最高和最低排行的院校没有能力增长时,为什么这些院校能够在研究系统中增长呢?

20 世纪 80 年代除经历学术研究资金强劲的增长外,也产生了过量的潜在的大学科学家。博士生产的水平只是在 1975 年以后当美国高等教育停止扩张时有轻微的下降。20 世纪 80 年代,自然科学和工程科学中的博士生数显著增长,高排行的系引领着整个方向。这些状

---

① Goldberger, Maher, and Flatan, *Research-Doctorate Programs*, 附录 J—N。与 1983 年相比,1995 年有更多的院系参与了排名,因此大学平均分数的天花板效应被拉大了,即新进入排名的院系倾向于拉低顶尖大学较高的平均分。

② Geiger and Feller, "The Dispersion of Academic Research".

况产生了大量受过很好训练的科学家，远超过了学术职位的需求。[①]同时，在这十年中，院校财政改善了（见第二章），尽管这个因素似乎并没有与研究份额的变化直接有关。结果是出现了买方市场，允许较弱的系提振它们的能力，这反映在处于排行低端的院校在排行上的提高。

第二层院校也有机会提升它们的教师质量，但是它们也拥有丰富的研究资金和基础研究设施。与处于更高排行的大学的系不同，它们还有提高和扩展的空间。大多数最高层的大学似乎一直是在接近最优研究水平上运行。在这十年中，它们明显增加了研究，但是增长速度并没有像作为整体的研究系统增长得那样快。第二层院校，面对着鼓励它们从研究绩效的次优水平向最优水平移动的环境，至少它们愿意或者能够做出这样的努力。[②] 而且，在扩张条件下，更大的增长允许对变化中的研究需求有更大的适应，这个似乎已经发生了。

20 世纪 80 年代的定量和定性趋向使学术研究系统的能力和效率获得了毋庸置疑的提升。进入 20 世纪 90 年代，条件变化了。年轻的且受过很好训练的科学家相对于学术岗位来说仍处于过度供应。但是，院校财政在这十年的前半期明显地减弱了，尤其是在公立院校。

对许多大学而言，仅仅支撑学术核心就是这十年中的大部分时间所面对的挑战。在这十年的中期，学术研究资金的增长缓缓停止，没有人能预见到何时会重新增长。工程和与国防有关的研究在冷战结束后特别遭难，产业资助的研究并没有能够维持前十年的势头。可商业性的技术非常景气，但是财力吃紧的企业经常削减 R&D 费用，提供给大学-产业合作的公共补贴在缩减。医学研究一直在扩大其学术研究份额，至少到遭遇管理型保健危机前是这样。这些新的现实塑造了整个 20 世纪 90 年代中期的学术研究场景。不过，个体大学适应这个新环境的能力或倾向性在塑造它们的研究角色中是决定性的。

## 4.3 院校的研究模式

领先似乎是一种摆脱不了的嗜好，这一点在高等教育中也一点儿

① Goldberger, Maher, and Flatau, eds., *Research-Doctorate Programs*, 附录 R。Committee on Science, Engineering, and Pubilc Policy, *Reshape the Graduate Education of Scientist and Engineers* (Washington D. C.: National Academic Press, 1995) pp. 65-68, 139-172。

② 更完整的说明见 Geiger and Feller, "The Dispersion of Academic Research"。

不亚于在美国人的生活中。美国大学有多重目标,大学通常能够突出某些类型的成就以证明进步和美德,或者是遮掩其他地方的不足。仅与研究有关的地方,情形并没有什么差异。前面已指出,研究高度依赖独立组织的研究机构、医学院和学术核心的不同发展。对任何大学而言,研究似乎能够在某些领域迈向新的成功,也许在其他领域陷入停滞。推论到99所大学,显示为短期的、不可预料的变化和没有什么积累意义的布朗运动。这样的图画用来描绘许多大学的情形可能是有道理的,但并不表明这种变化是徒劳无益的。

只是想在不停发展的研究体系中维持同一个相对位置,就需要坚实的成就和高能力。不过,一些院校表明了与研究有关的显著变动,或前进或后退。这反映出对整体系统有作用的市场力量和个体院校的内生因素的某些结合。

尽管没有一个单一因素能够解释研究整体的发展,研究角色的不同方面应该在对研究活动的不同测度上反映出来。也许,最明显的关系存在于医学院的发展和医学研究的支出之间。一方面,从1997年到2003年,NIF的预算成倍增长,对生物医学研究提供了巨大刺激,另一方面,在20世纪90年代,国防研究的缩减阻碍了工程研究的增长。

学术核心的发展对大学的整体运转是更核心的。支出水平的增长在大多数情况下是与学术核心的提升关联在一起。但是,这些提升并不必然增加研究活动。考虑到本科教育压倒性的重要性,正如第三章所看到的,大学可能会决定将额外的收入用于那个目标。教师的扩大倾向于与学术核心的研究能力的提升关联在一起,相反情况也是成立的。另外,一定的研究领域在特定的结合点上拥有战略上的重要性。在当代,遗传学和分子生物学肯定是这种情况。当革命性的进步席卷所有层次的生物学时,这个领域要求得到额外的研究资金,要求大学特别努力地保持与这些进步同步。同时,这些领域的科学家变得最抢手,分子生物学变成大科学(Big Science)或者大生物学,研究团队在配备着昂贵的尖端仪器的多功能实验室进行着研究。这些年,大学在生物研究中的努力显示出大学对提升研究角色的认真对待。

表 4.5 20 世纪 90 年代分部门的研究份额变化

| 大　学 | 研究份额，2000 年 | 变化，1990—2000 年 | 医学研究份额，1999 年[a] | 变化，1989—1999 年 | 教师增长，1990—1998 年 | 生均平均成本 2000 年[b] |
|---|---|---|---|---|---|---|
| 33 所私立 | 23.6 | -3.0 | 9.5 | 0.9 | 375(2.0) | 24115 |
| 66 所公立 | 51.5 | -2.4 | 12.5 | 1.9 | 106(0.15) | 14917 |
| 11 所医科[c] | 6.6 | 0.5 | 4.4 | 0.2 | n. a | n. a |
| 全国总计 | 100 | 0 | 29.5 | 4.0 | | |

[a] 占总的学术 R&D 的份额；[b] 见附录 A；[c] 学术 R&D 支出中前 100 所医科大学。

表 4.5 的数据为理解美国大学研究角色的相关变化提供了线索。如果理解是正确的话，变化本身应该与当代主要的院校发展趋势是一致的，这些趋势概括如下。

（1）研究份额向公立大学移动。尽管最主要的私立大学的显赫的学术地位并没有降低，随着时间的推移，私立大学承担的国家学术研究份额已在缩减。20 世纪 80 年代，它们减少了所占份额的 2%，90 年代减少了 3%。公立大学在 20 世纪 80 年代获得了 1%，在 90 年代损失得更小，扩展到其他院校的 2 倍。这个持久模式表明，这两个部门的研究角色有些基本差异。

（2）学术领袖的诅咒。在 1982 年的《评估》中，19 个排行最高的大学在 1980 年到 2000 年期间的某个时间都失去过重要的研究份额。① 有些公立院校在 1990 年避开了这个趋势，正如将看到的，分散趋势继续影响着这些大多数的学术领袖，从 1990 年到 2000 年，它们的研究份额减少了 3.5%（见表 4.5 和表 4.6）。

表 4.6 20 世纪 90 年代的私立大学：美国 10 所学术领袖型高校（所占百分比）

| 院　校 | 平均排行，1995 年 | 研究份额，1999 年 | 变化，1990—2000 年 | 医学所占份额，1999 年[a] | 变化，1989—1999 年 | 教师变化，1990—2000 年 | 生均学生，2000 年（美元）[b] |
|---|---|---|---|---|---|---|---|
| 麻省理工学院 | 4.62 | 1.55 | -0.62 | 0.05 | 0.05 | -17 | 31582 |
| 哈佛大学 | 4.51 | 1.21 | -0.33 | 0.42 | -0.01 | 49 | 45459 |
| 斯坦福大学 | 4.32 | 1.58 | -0.49 | 0.75 | -0.06 | 49 | 29412 |
| 加州理工学院 | 4.29 | 0.78 | 0.05 | 0 | 0 | 2 | 34192 |

① 见 Geiger and Feller，“Dispersion of Academic Research”对 20 所学术领袖型高校的分析。其中一所大学，即洛克菲勒大学不在本研究范围内。

续表

| 院　　校 | 平均排行，1995年 | 研究份额，1999年 | 变化，1990—2000年 | 医学所占份额，1999年[a] | 变化，1989—1999年 | 教师变化，1990—2000年 | 生均学生，2000年（美元）[b] |
|---|---|---|---|---|---|---|---|
| 普林斯顿大学 | 4.28 | 0.46 | -0.14 | 0 | 0 | 3 | 50621 |
| 芝加哥大学 | 4.27 | 0.60 | -0.20 | 0.27 | -0.05 | 78 | 24689 |
| 耶鲁大学 | 4.13 | 1.01 | -0.21 | 0.58 | 0.04 | 44 | 37850 |
| 康奈尔大学 | 3.97 | 1.46 | 0.64 | 0.46 | -0.03 | -24 | 26545 |
| 哥伦比亚大学 | 3.84 | 1.03 | -0.14 | 0.36 | 0.11 | -22 | 24071 |
| 宾夕法尼亚大学 | 3.78 | 1.42 | 0.21 | 0.65 | 0.04 | -70 | 25787 |

注释：教师总数来自 AAUP 调查，每年度的《学术界》(*Academe*)月刊，医学教师不包括在内。明尼苏达大学教师总数来自大学院校研究办公室和报告，1991—2000 年。

[a]总份额中的医学研究份额；[b]1996 年的美元。

（3）医学研究在学术研究系统中的权重增大。医学研究在 20 世纪 80 年代从占国家总体的 23％增长到 25％，接着到 2000 年上升到约占 30％。到了 20 世纪 90 年代，医学上的收获几乎完全归功于医学院，这对任何的数字比较都有强烈的影响，对私立大学来说更是如此，医学研究比例在那里几乎占到 40％。

（4）学术核心和研究绩效。重大差异存在于大学的研究能力中，很明显的差异存在于它们以优化研究的方式使用能力的意愿。20 世纪 80 年代，学术核心的强化总体上推进了研究，但在 20 世纪 90 年代，结果更加多变。也就是说，最可能是个体大学的政策和行动在研究份额的得或失上发挥了更大的作用。

## 4.4　私立大学的研究

本研究中的 33 所私立大学在 20 世纪 90 年代末进行了大约 24％的学术研究。这个数字比十年前少了 3％，比 20 世纪 70 年代末少了 5％。换句话说，在这二十年内，主要的私立研究型大学放弃了它们 1/6 的相关研究角色，这个数字在 2000 年代表着大约 15 亿美元。与这次抽样的公立大学相比，私立大学平均的研究支出只有略微下降。然而，在私立大学，这些资金的 38％集中在医学科学，而公立大学只有 26％集中在医学科学。到了 20 世纪 90 年代，私立大学在研究经济的这个增长部分维持着它们的研究活动。

私立大学的研究销蚀发生在医学中心之外。事实上，从1979年到1999年，它们每隔5年就稳定地放弃1%的非医学研究份额。在大多数院校中，在财政力量增强的时期，这是一种奇怪的发展。更令人好奇的是，研究份额的销蚀在学术和财政上都领先的大学是最严重的。

私立大学的不佳表现与学术领袖的诅咒混在一起。表4.6列出的院校显示了20世纪90年代失去的份额。诅咒在不同时期折磨着不同的一流大学。只有加州理工学院在20世纪80年代和90年代是稳定的，但是宾夕法西亚大学——20世纪90年代的局外者——在20世纪80年代放弃了1/4的研究份额。哈佛大学在20世纪80年代早期经历了显著的丧失；MIT、哥伦比亚大学和宾夕法尼亚大学在20世纪80年代后期，斯坦福、耶鲁和康奈尔在20世纪90年代早期，芝加哥则是在所有这些时期都失去了研究份额。

考虑到这些院校的财富，将这些损失归因于财政紧缩是比较困难的，尽管勒紧裤带发生在每个十年的早期。对另外一组经受了损失的院校——雪城、伦斯勒理工学院(RPI)和罗彻斯特而言——财政约束是可能的原因。毫无疑问，对这些学校中的每一个来说，内部因素可以独立出来以帮助解释这些变化。例如，斯坦福和耶鲁在最陡直的下降中经历了内部混乱。但是，这些因素发生在这样的场景中，即研究绩效和声誉接近于最优水平，大学发现其他使命更加紧迫。普林斯顿提供了将优先权转向研究的例子。

20世纪80年代，普林斯顿面临着在生物学和生物化学这两者中重新建系的挑战。[①] 它决心在分子生物学关键领域确立与其通常的身份相称的存在。威廉·鲍文(William Bowen)校长将大学的主要投资用在师资和设备上。为筹集资金建立利维斯·托马斯(Lewis Thomas)实验室，他向校友捐赠者宣讲这样做的理由，这些人通常很少能理解研究。有了这样的设施，普林斯顿就能建立有造诣的团队开展遗传学研究。根据它们最主要的遗传学家的说法，普林斯顿团队和它的新设施形成了开展遗传学高级研究所需的最小规模。

① 下文引自作者对 Arnold Levine 和 Hugo Sonnenshein 的访谈，普林斯顿大学，1993年3月3日。

进行这种类型的大科学并不是普林斯顿的特征。[①] 普林斯顿也把它的资源投在提高材料科学的能力上，并利用州政府的资金建造了光子学实验室。这些努力很快反映在普林斯顿的研究份额上，从1984年到1989年，研究份额增长了17%。到20世纪90年代早期，这类努力明显失宠了。普林斯顿的领导者认为，在新景象下思考类似的行动是不可想象的。普林斯顿的研究份额在20世纪90年代相应地向下移动，在这十年结束时，已经下降到它1984年的水平之下。[②]

20世纪90年代早期是公众抨击大学研究的年头，本科教育重要性的提升对大学的声望和财政的健康可能更重要。考虑到这样的氛围和考虑到选拔竞赛对像普林斯顿这样的大学的关键意义，在财政上更少吸引力的研究可能一直是个次要考虑。紧随着斯坦福灾难(debacle)，联邦政府降低了它补偿给大学的间接成本比例。间接成本补偿(ICR)对许多大学维持研究起到了重要作用，特别是私立大学，那里的比例是最高的。

在20世纪90年代，财力吃紧的联邦机构要求大学为研究项目配套更多的资金。[③] 另外，建立和更新科学实验室的初始成本上升了。普林斯顿采取的这种类型的行动主要惠及科学领域中的研究生(这是另外的支出)，对丰富本科教育来说，可见性更少。对研究的盘算包含了除现金流之外的许多考虑在内；到了20世纪90年代早期，除医学研究外，研究很少受到青睐。向前看，规划者只能看到大量的联邦赤字和联邦对学术科学投入的缩减。[④]

当然，最主要的私立大学并没有废除研究的意图。学术领导力对

---

① 对核物理的例外情况以及对普林斯顿矛盾态度的说明见 Amy Sue Bix，"'Backing into Sponsored Research'：Physics and Engineering at Princeton University，" *History of Higher Education Annual* 13 (1993)：9-52。

② 分子生物学以其独特的模式继续在普林斯顿繁荣发展。它有资源聘用顶级科学家，这些科学家可以自由选择是否参与本科教学，Shirley M. Tilghman 校长就是表率。2000—2001年，分子生物系及其新建的综合基因研究所获得2300万美元的研究拨款和经费；见 Lynn W. Enquistzai 的评论，"A Symposium on the Princeton Model of Graduate Education，" Princeton University，2001。

③ Irwin Feller，"Social Contracts and the Impact of Matching Funds Requirements on American Research Universities，" *Educational Evaluation and Policy Analysis* 22 (Spring 2000)：91-98.

④ David H. Guston and Kenneth Keniston，eds.，*The Fragile Contract：Universities Science and the Federal Government* (Cambridge，Mass.：MIT Press，1994).

于维持它们的自豪而言是必须给予保持的，这对稳固它们的国际身份也是必需的。但在学术核心，与研究的资金量相比，声誉更是生死攸关。一流的大学能在它们现在的水平上继续运行它们的科学类院系。当必要时，它们有办法聘用最好的科学家填补空缺。这样，它们使用明星聘任战略——给予永久的更高薪水以确保杰出的任命——而不是扩大系和扩展研究。对私立高校的许多学术领导者而言，教授薪水在2000年高于它们公立大学对手22%。而且，正教授占私立大学全部正式教师的60%，在公立大学是54%。[①] 这种聘用和薪水取向似乎已风行于20世纪90年代的许多私立大学。

**表4.7 私立大学获得的最大研究份额的增长，1990—2000**

| 大　　学 | 2000年的研究份额 | 1990—2000年增加份额 |
|---|---|---|
| 杜克大学 | 1.21 | 0.28 |
| 圣路易斯华盛顿大学 | 1.22 | 0.26 |
| 宾夕法尼亚大学 | 1.46 | 0.21 |
| 埃默里大学 | 0.69 | 0.18 |
| 范德比尔特大学 | 0.58 | 0.10 |

大学的卫生中心的发展与学术核心的联系很少。20世纪90年代私立大学获得的研究份额也主要发生在医学领域。

杜克大学是非常有意思的例子。在20世纪80年代，它重金投入学术核心，通过创建专门的研究中心和研究所明智地扩大了它的新聘任人员的影响。从20世纪80年代，进而在20世纪90年代，它以30%的增长扩大它的研究份额。后一时期的增长几乎完全发生在医学领域。

不像普林斯顿，杜克在20世纪90年代至少致力于维持一些它以前前进的动力，但出于对隐然迫近的财政约束的害怕，它采取了防御姿态。1994年，为新校长纳尔·科汉（Nannerl O. Keohane）起草的一个综合性文件预见到随着科学成本的上升，对基础研究支持的下降。相应的，它建议将努力和资源瞄准于由较早的任务团队所识别的"强

① 这些数据反映了院系平均评级最高的12所公立大学和私立大学之间的比较结果（1995）；引自"The Annual Report on the Economic Status of the Profession, 2000—2001," *Academe* (Mar.-Apr. 2001)。

势和计划中的机会”领域。

在措辞更强烈的建议中，它宣布，“本科教育将不得不成为可论证的核心关注”。对研究的限制性姿态与学术核心有关，但并不适用于杜克大学医学中心。为参与医疗领域的发展，有活力的应用研究和基础研究的计划注定是必要的。这个报告特别倡导新形式的跨学科研究“在分子和细胞层次上探究生物问题”。对技术转移也有引人注目的明确承诺，“为增强研究资金（和）为了将研究成果直接带入市场”。①

在这十年的其他时间，在杜克，研究的发展与大学陈述的意图完全保持一致，它也很好地代表了私立大学对它们的学术核心和它们的医学中心所采取的差异取向。②

在私立高校的其他部分，只有少数高校除了医学外还增加了它们的研究份额，主要是在生物科学领域。20 世纪 90 年代，私立大学在这个高度竞争的领域坚持住了，进行着刚好低于国家总量 1/4 的研究。位于圣路易斯(St. Louis)的华盛顿大学和宾夕法尼亚大学处于这个领域的前列，超过了长期的领先者哈佛。华盛顿大学看到的 20 世纪 90 年代早期的财政景象与杜克大学是一样的，也得出了许多同样的结论，它关于研究的主要政策是资金的紧缩要求设施的分享③，生物研究在它的医学院仍有活力地增长着。到 2000 年，大学比它曾经梦想到的更加繁荣。但在主校区，本科教育保留着最高的优先性。

宾夕法尼亚大学经历了类似的财政繁荣，尽管它的学术核心在 20 世纪 90 年代出现了萎缩。像华盛顿大学那样，生物研究集中在宾夕法尼亚大学庞大的卫生综合体中。不像其他私立大学，宾夕法尼亚大学在 1995 年决心“进取性地追求更大的研究机会”，特别是“吸引可以得到的研究资金的增长份额”。它大体上成功地实现了这样的战略目标。在学术领袖型高校中，它是最大的研究份额增长收获者（见表 4.6），并且在这个十年的最后一半，它所有的收益几乎

---

① Duke University, *Shaping Our Future: A Young University Facing a New Century* (Durham, N.C.: 1994)，引文见 pp. 31, 16, 41-42。

② 约翰·霍普金斯大学、西北大学、威克森林大学和凯斯西储大学医学研究份额的增加弥补了它们在其他方面的损失。

③ Wahington University, *A University Agenda for the 21st Century* (St. Louis: Apr. 1992), pp. 5, 31-32.

都在增长。生物科学(即,不考虑医学)解释了整个增长。它的四个卫生学院(医学、牙医、护理和兽医科学),也和文理学院一样,参与到这个研究的强力增长中,瞄准的目标是遗传学。医学院仍获得了最大进展,20 世纪 90 年代,它所获得的研究资助占大学所获得的研究资助的一半,到 2000 年它自夸占到了 2/3。[①]

尽管有这些局部的例外,总的模式是很明显的。20 世纪 90 年代的私立大学并不情愿为了扩大科学研究的目的而扩展它们的学术核心,或者至少不情愿这样做。除医学和生物学外,它们很明显不情愿扩大远离本科教育的那些领域中的研究业务。

## 4.5 公立大学的研究

在 20 世纪的最后二十年,本研究中的公立大学连续执行了刚好超过一半的学术研究(见表 4.5)。医学研究在公立部门也留下了很大印迹。20 世纪 90 年代,医学研究量从公立大学分享的 51%份额中所占的 10%增长到 12%。但是,除这点相似外,研究动力与私立大学稍微有所不同。除医学外,公立院校在研究绩效、财政状况和学术核心的发展之间似乎存在着更紧密的联系。

学术领袖们的诅咒很少影响到公立大学。这是从 20 世纪 80 年代,当中西部和西部最主要的州立大学或失去它们的份额或最多是坚持下来时所开始的一个变化。[②] 在 20 世纪 90 年代,许多一流大学获得了研究份额的显著增长,同样多的一流大学丢失了研究份额(见表 4.8)。不过,没有单个数字能够表述这些院校在 20 世纪 90 年代早期的经济衰退和随后的经济复苏中所经历的过山车式的感受。当州的政策和以学生为中心的运动被包括进来时,大量的个体经历出现了。总的来说,这个十年的早期的财政约束导致了整个十年中期的学术核心的缩减,这对研究的开展产生了消极影响。

---

① University of Pennsylvania,"Agenda for excellence, 1995—2000," *Almanac Supplement*(2001 年 5 月 1 日);"Budyet 2000—2001: President Rodin's Report to the University Council", *Almanac*(2001 年 4 月 3 日)。

② 见 Geiger and Feller,"The Dispersion of Academic Research." 20 世纪 80 年代,威斯康星大学、圣地亚哥加州大学、明尼苏达大学以及普渡大学的研究份额明显减少了。

表 4.8　20 世纪 90 年代的公立大学:美国 9 所学术领袖型高校

| 大　学 | 平均排行,1995 年 | 研究份额,2000 年 | 变化,1999—2000 年 | 医学分额,1999 年[a] | 变化,1989—1999 年 | 教师变化,1990—2000 年 | 生均成本,2000 年[b] |
|---|---|---|---|---|---|---|---|
| 伯克利加州大学 | 4.52 | 1.75 | 0.23 | 0.23 | 0.14 | -61 | 20522 |
| 圣地亚哥加州大学 | 4.08 | 1.75 | 0.19 | 0.67 | 0.06 | 124 | 17380 |
| 洛杉矶加州大学 | 3.92 | 1.80 | 0.17 | 1.04 | 0.18 | 143 | 19357 |
| 密歇根大学 | 3.92 | 1.87 | -0.16 | 0.59 | 0.03 | 129 | 21205 |
| 威斯康星大学 | 3.92 | 1.87 | -0.18 | 0.57 | -0.04 | -209 | 16346 |
| 华盛顿大学(UW) | 3.78 | 1.79 | 0.18 | 0.77 | 0.29 | -62 | 15495 |
| 伊利诺伊大学 | 3.75 | 1.26 | -0.25 | 0.02 | -0.03 | -172 | 13751 |
| 得克萨斯大学 | 3.72 | 0.92 | -0.53 | 0.03 | 0.01 | -214 | 13605 |
| 明尼苏达大学 | 3.60 | 1.39 | -0.50 | 0.55 | -0.07 | -134 | 20285 |

注释:教师总数来自 AAUP 调查,每年度的《学术界》3 月号;医学教师不包括在内。明尼苏达大学教师的总数来自大学的院校研究办公室报告,1991—2000。

[a] 在总研究份额中的医学研究份额;[b] 以 1996 年的美元计算。

在 20 世纪 90 年代遭受研究份额损失最大的 4 所大学分别是明尼苏达、得克萨斯、威斯康星和伊利诺伊大学(厄巴纳),它们财政根基都经历了很长时间的销蚀。20 世纪 90 年代早期可能是最坏的时期,但是这些学校似乎在 20 世纪 80 年代和 90 年代的很长时间一直都在遭受资源压榨。例如,得克萨斯大学的总预算资金以不变价格计算,从 1985 年到 2000 年只增长了 2.6%。① 明尼苏达大学故意将它的本科招生规模减少了 20%,这是增加生均收入的行动,但对支持学术核心的总收入并没有影响。这些大学在岁入和岁出这类压力下,学术实力的投入,特别是维持教师的质量成为问题。学术核心所付出的代价在这 4 所学校是很明显的,到 20 世纪 90 年代失去了 729 个正式的教师职位。

到 2000 年,所有这四所院校已经很坦白地承认这个问题,并尽力去处理。伊利诺伊大学通过几个新的设施来增强它的研究能力,这些设施是用公共的和私人的资金联合建造的,也计划扩大它的教师队伍。该大学的研究份额在 20 世纪 90 年代中期左右达到了最低点,在

① University of Texas at Austin, *Agency Strategic Plan for the 2001—2005 Period* (June1,2000), p. 13.

20 世纪 90 年代末上升了。

对威斯康星大学来说，公共和私人资金的杠杆作用也在 2000 年产生了新的资本注入，在二十年内出现了第一次实质性增长。同年，威斯康星总研究支出居全国前列。得克萨斯和明尼苏达都认识到它们的研究实力下滑，并保证在新的十年内扭转这种趋势，包括大幅增加教师队伍。在所有这些案例中，在许多场合下，筹划的新的聘用都是仔细地瞄向跨学科实验室。重新建立学术核心的这个取向暗含着一定程度的重新塑造。到 2003 年，州的赤字预算提出了乐观规划，上述行动将继续有效。这些规划本身雄辩地证明，公立大学需要使萎靡的研究角色重新恢复活力，但它们逐渐得出结论：学术升级要用私人资金进行支持，特别是学费。[①]

20 世纪 90 年代的财政过山车在加州大学出现了最陡的斜坡。州的收入不景气使来自州政府的经费从 1990 年到 1993 年被砍掉了 20%。依据计划的开支测算，总的短缺估计达到 9 亿美元。学费大量增加且薪水冻结。一半的短缺造成的结果是永久性的财政削减，包括 9 个校区缩减 5000 名雇员。到 1995 年，伯克利失去了 245 个正式教师职位，UCLA 失去了 164 个正式教师职位；两个校区也都经历了研究份额的下降。从 1995—1996 年度预算开始，这些缩减的资金开始归还。在接下来的六年时间内，州增长的拨款提高了大学的基础预算（甚至是学费增长下降时），专门拨款为定向项目（targeted programs）提供了追加资金。[②] 结果是，新的血液流入教师队伍中。伯克利恢复大约 200 个教师职位，UCLA 增加 300 多个。这些新的聘用既有低资历也有高资历的学者。教师的增长与研究份额的显著增长是一致的：正好在这六年中（1994—2000），伯克利增长了 0.34%，UCLA 增长了 0.44%。

加州大学的经验证明，在研究绩效和学术核心的活力之间有着很强的联系。这点在伯克利特别真实，它是公立高校中无可争议的学术

① 同上，University of Minnesota，“University Plan，Performance，and Accountability Report 2001”（http://www.irr.emn.edu/uplan/2001）；Ben Goes，“The Fall of Flagships：Do the Best Universities Need to Privatize to Thrive?” *Chronicle of Higher Education*（2002 年 7 月 5 日）：A19-A21。

② 关于预算史，见 University of California，Office of President，*Budget for Current Operations*，*2000/2001*，Oakland，2000 年 10 月。

领袖。这里的运行哲学长期以来是把学术卓越确立为首要事项，然后才允许依教师的主动性决定研究进程。① 伯克利可能集中体现了学术核心和研究之间的联系。这是一个因独立组织的研究机构的诞生而闻名的模式。事实上，伯克利的研究中心和研究所更倾向于服务，而不是对教师的研究兴趣进行构造。相反，新中心的建立主要依赖教师的研究议程。尽管伯克利一半的研究开支是通过独立组织的研究机构汇集的，研究最终确实高度依赖正式教师的主动性。②

回溯起来，加州大学 20 世纪 90 年代早期的财政危机比其他的州持续的资金销蚀有更健康的结果。当预算再一次开始上升时，资深教师早早退休为新的有才能的教师创造了机会。③ 精心挑选的新教师很显然是对研究和学识的滋补。比较发现，其他州的销蚀模式每年都会引起一些小的损失，这些销蚀多半是通过狡猾的战略和预算跳票进行的，所有这些策略也都经常意味着推迟的聘用和延期的投入，累计效果可能像加州危机那样严重，但似乎并不隐含着负担赔偿这些剧烈删减造成的哪怕是最小损害的责任。

不过，处在这两种模式情境下的是州对学术质量承诺的更基本的议题。这个承诺在加州保持得非常强，那里的公民和政治家们期待拥有全国最好的州立大学，那里的高等教育在 21 世纪前十年早期的预算危机中部分地受到了保护。在大多数的州，加强质量的反馈环停留在州的立法机关。对学术质量的公共支持的普遍缺乏突出了私人来源支持的意义。密歇根大学来自州的帮助相比较之下是很少的，它已用私人资源去支持学术质量和研究。

20 世纪 90 年代，密歇根大学在学术研究中获得了领袖地位。1990 年以后，它是唯一能够声称占有总研究量 2%的大学，它以研究份额再次趋于这个水平而开始了下一个十年。大规模或高质量都不

---

① 在很大程度上，这是加州大学和学术评议会的哲学，对维持学术卓越起着重要作用。但是，除学术核心外，其他 4 个校区的医学院也从事研究工作，戴维斯拥有一所农业技术推广站，圣地亚哥拥有 Scripps Institute 和一个超级计算中心。

② 2000 年 10 月 25 日，作者访谈了伯克利加州大学负责科研的副校长 Joseph Cerny。此外，伯克利的物理学家和化学家们在 E. O. 劳伦斯伯克利国家实验室中进行某些领域的密切合作，该实验室 2000 财年的预算约为 4 亿美元。伯克利教师的科研拨款中约有 3000 万～3500 万美元掌握在这个国家实验室中。

③ 在伯克利，400 名资深教师接受了退休安排，但是，95%还留在相应领域，他们中的大部分还是大学的成员(对 Cerny 的访谈)。

是安娜堡(密歇根大学所在地)的诅咒。这不是偶然的。密歇根大学一直在执行最积极主动的政策扩大它的研究能力。

对密歇根大学研究绩效的解释,必须从它突出的财政实力开始,这是以进取性的私有化为基础的。在20世纪80年代中期,它决心通过开发私人资源来补偿州不景气的拨款。学费收入在1980年占到州拨款的一半,到2000年已超过40%。密歇根大学执行了高学费/高资助战略,通过把大量的财政负担转移到州外学生身上,增加了生均学费的净收入,这远高于州内的标价。另外,大学完成了由公立院校发起的首个10亿美元的募款运动。在公立高校中,密歇根大学获得了最高的生均支出水平(见附录A),有56%来自学费和捐赠。[①] 而且,密歇根大学用它的财富去支持它的学术核心。它通过四个一致的实践维持着一支有活力且高产的教师队伍:在教师任用上坚持学术卓越;在公立高校支付最高薪水(除加州大学外);通过连续的填满空缺和选择性创造新位置来稳定地扩大教师队伍;在教学需要和研究机会的基础上重新分配教师职位。[②] 密歇根大学的学术核心一直在为研究和学识进行令人羡慕的配置,但是,研究角色从大学对跨学科的中心和研究所的强调中获得了进一步的激励。

密歇根大学跨学科的独立组织的研究机构的传统始于战后时期,在1980年它决心创建更多这样的机构以适应学术研究向跨学科的不断移动。1986年,密歇根大学依靠克勒格基金会(Kellogg Foundation)的500万美元赠款创建了永久性的校长行动基金(Presidential Initiative Fund),去孕育新生的、高风险高回报领域中的研究,特别是强调跨学科的实验室。这个独特的项目激发了教师的主动性,不久就被主管研究的副校长领导下的更大的战略研究行动项目(Strategic Research Initiatives Program)所补充。这些项目合在一起每年提供500万到1000万美元用于孕育和刺激创新研究。一些最显著的成果是新研究机构的创立——“合作工作中心”(hubs for collaborative work)是授予这些机构的称号。到2000年,密歇根大学共计有160个这样的研究机构,其中一半以上是在20世纪90年代建立的。

---

① 密歇根大学的州拨款并非一直很寒酸:1998—1999年为3.75亿美元,生均超过1万美元;见University of Michigan,*Financial Report*(截至1999年6月30日)。

② University of Michigan,“Self-Study for Institutional Re-accreditation,”*Report of the working Group on Facalty*,2000.

在那个十年，大学采纳并接着修改了分权化的预算方式，实际上是把收入分配到产生它的单位。简单地说，这个系统把研究机构置于争取赠款的压力之下。它们可能在建立时，或者是因为特别的需要而获得来自校长、教务长或主管研究的副校长的支持，但是要存在下去并兴盛，必须成功地竞争到外部的支持。允许这些单位保留它们自己的间接成本补偿(ICR)，进一步提高了对内部主动性的激励，并为之提供资源。这样，密歇根大学的研究高度依赖于独立组织的研究机构，它们为核心教师的合作提供了不同寻常的资源和机会。密歇根大学的这个结构结合了集权领导(central direction)在引导和激励研究中的优势、教师对实际的研究项目的决定，以及对资源存在依赖的研究机构的创业精神。

密歇根大学的这个方案致力于在两个领域——跨学院和跨学科上将研究角色与教育事业整合起来。这个取向上的最新例子是生命科学行动(Life Science Initiative)。尽管许多大学都在进行重新组织，以应对生物学革命，密歇根大学的取向是以独特的方式将规划、战略投资和整合结合在一起。1998 年，李·波林格(Lee Bollinger)校长委任生命科学委员会决定密歇根大学如何才能在转变这个领域的革命性发展中确保其领导地位。与这个建议相一致，理事们保证给予 200 万美元来组建生命科学研究所，这是这个新行动的核心部分。这个研究所聚焦于密歇根大学能确立其领导地位的开创性领域：生物复杂性、生物技术和移植研究、复杂遗传学、化学和结构生物学，以及认知神经科学。力图把这个研究所作为医学院和文理学院各系之间知识和制度的桥梁，30 名新教师中的每一个都有一半职位在学术系，期待所有这些教师都能在他们自己的领域开发出本科生课程。这个行动也包括了“生命科学、价值和社会”项目，目的是将来自非生物学的学者的参与集中到从生物革命中产生出来的议题上。总的来说，这个行动代表了在未来的生物学和医学研究中的大量投资，并组织起来对整个大学产生影响。①

① Lee Bollinger, “Letter on the Life Science Initiative,” 2000 年 5 月 24 日(http://www.lifesciences.umich.edu/)。这一行动还包含其他方面：新聘用一些低资历教师、生物信息学和生物工程学方面的行动，以及建立一个医学研究实验室。这一行动也与密歇根生命科学走廊计划(Michigan Life Sciences Corridor)相吻合。走廊计划是州的承诺，州许诺从其烟草补偿金中每年拿出 5000 万美元用于生命科学领域，持续二十年，尽管这笔经费有 4 家接收单位，但密歇根大学将有能力获得其中的大部分。

密歇根大学在支持研究方面引人瞩目的成功最终归因于深思熟虑的行政领导。在这个时期的大部分时间里担任校长的是詹姆斯·杜德斯达(James Duderstadt, 1988—1996),他可能是20世纪90年代一流大学最激进的领导者。杜德斯达受过工程师的训练,确信现代大学最终需要重新塑造,以适应变化的时代。有了这个姿态,他并不抵触改革。他明显赞同将他的领导风格概括为"开火、准备和瞄准"。[①]他主持了大学财政敢作敢为的私有化,并且预见到这个趋势会走得更远。他改革了校长行动基金,使它能正确运行。他引入了责任中心管理(responsibility-centered management),并在随后进行了调整。他相信适应,并以最不切实际的陈述把大学描述为"一个松散结合的适应系统,随着它的各种成分对环境变化做出反应,它的复杂性在增长"。[②]不过,这个想象对于一些人来说可能太超前了——并且可能确实是错误的。1995年,他被迫辞职(1996年6月生效),高层的行政领导权随之移交。[③] 新领导言辞变得更柔和,但运行原则保留未动。正如生命科学行动所表明的,大学仍是一个非常有活力的适应系统,对数个多重使命的目标有承诺,特别是在研究上。

迄今已描述的案例表明,在学术核心的繁荣和研究的增长之间存在着因果联系。这些大学都可算作学术领袖,它们必须花费大量的资金维持教师的质量和开展研究的条件。它们也必须维持多样化的研究中心,比起在不断打击更弱小的研究承担者的研究体系中求得发展,这可能更能在整体上反映出院校财政的健康状况。密歇根大学的例子掩盖了这个清晰的联系,多少是因为它广泛地使用了独立组织的研究机构去拓宽和支持研究角色。对圣地亚哥加州大学的研究很可能发现类似模式。因此,不能保证学术核心和研究绩效的增长变化在

---

① James J. Duderstadt, *A University for the* 21st *Century* (Ann Arbor: University of Michigan Press, 2000), p.266. 杜德斯达称密歇根大学版的机会主义战略规划为"逻辑渐进主义"。

② University of Michigan, Office of President, "A Strategy for our Future," Spring 1996。这本小册子提出了未来二十年密歇根大学将发生的深刻转变。他随后的 *A University for the* 21st *Century* 以更温和的形式阐述了这些观点。这与通常的校长通告形式相反:办公室中较为温和,办公室外非常激烈。

③ 抛开杜德斯达取得的成就不谈,他的下台应该更多归咎于他的处事风格而不是观点。他是一个专断的校长,与理事会中的一些理事的关系很差,可能是在一些小事上(细节不详)。1995年9月,由于缺乏理事会的支持,他宣布辞职;Maryanne George, "Letter Reveal U-M Tension: Duderstadt, Regents Were at Odds," *Detroit Free Press*, 1995年11月14日,p,1A。

所有大学中都是紧密地联系在一起的,或者不能保证研究绩效就不能用其他的方式加以提升。其他地方公立院校的多样化模式显示了学术单位和组织化的研究之间存在着微妙的互动。

对大多数公立大学来说,在 20 世纪 90 年代,预算压力持续了很长时间。直到这个十年末,思考大学使命的重大推进才再次成为可能。估计在 1996 年之前,很少有大学能够强化学术核心(见第二章),或者,含蓄地说,能用同样方式推进研究。相应地,公立大学经常略过学术核心去支持研究角色。

在私立大学看到的医学研究的扩大掩盖了大学其他部分的研究停滞或下降,这种情况在公立高校中也存在着。在领袖型高校,位于西雅图的华盛顿大学(University of Washington)例证了这种情形,医学份额不只是解释了 R&D 全部的增长(见表 4.8)。在 20 世纪 80 年代,华盛顿大学(UW)展现了领袖诅咒的全部症候,研究份额持续减少。然而,在 20 世纪 90 年代,它尽力稳定它的研究角色,特别是联邦资金的增加。在整个十年,UW 获得了最大数量的联邦资金。在 2000 年的财政年度,这些资金有近 2/3 来自 NIH。在内部,全部研究奖金中超过一半属于它的与卫生有关的院系。到了 20 世纪 90 年代,UW 也尽力增强它与产业和经济发展之间的纽带。它在技术转让方面是相对较晚的起步者,不过,它获得了显著成功,主要是在与卫生相关的产业(见表 4.9)。到这个十年末,UW 来自产业的研究资金排名第 6 位,专利许可收入排名第 8 位。它也因孵育了 100 个新公司而获得赞誉。① 学术核心的资金仍是问题,主要是因为减税的立法偏好、惩罚性的绩效检查和低学费。依据通货膨胀进行调整后,1999 年的生均支出低于 1991 年,教师规模在这十年中也下降了。② 同样的发展模式在匹兹堡大学是很明显的,对该大学大部分的院系而言,勒紧预算的状况会稳定地持续下去,但这并没有排除医学研究出现强劲的扩张。同私立院校一样,一些公立大学的研究角色逐渐被限定在医学院。③

位于邦德的科罗拉多州立大学(UCB)代表了不管缺乏资助的学

---

① University of Washington, Office of Research, "Engine of the Knowledge-Based Economy," 2000 (http://depts.washington.edu/or/calcharts/).

② University of Washington, "Funding Education at the University of Washington," 1999。

③ 1999—2000 年,研究份额上涨的大学是伯明翰大学(+0.06)、韦恩州立大学(+0.11)和辛辛那提大学(+0.08)。

术核心的环境如何变化而研究角色仍很兴盛的一个明显例子。这个大学最大的收入来源——在联邦研究赠款之后——就是来自非寄宿制学生的学费。这个州不只是提供了对本研究的任一所公立大学来说都是最可怜的拨款，而且还以纳税人“权利法案”的形式使用“财政止血带”，在调整拨款时将它箍在收入增长上，使得任何的减少都将变成永久性的。这个州已在期待着治理上的变化，可能给予大学更多的自主和更多的空间以进一步推动大学资助来源的私有化。[①] 不过，UCB的资金基础在美国大学协会（AAU）的公立成员中是最弱的：2000年，对它的认证评估发现，“州的基本支持的惨不忍睹的状况”成为UCB继续作为一所杰出的研究型大学的最大风险。这种赤贫特别威胁到征聘和留住杰出教师。维持有竞争力的薪水意味着在其他地方以最经济的方式做事，例如，大多数新的聘用发生在资历较低的层次上。UCB在美国大学协会中是拥有兼职教师比例最高的公立大学。[②] 那么，这所大学是如何努力提高它的学术排行和扩大它的研究份额的呢？[③]

UCB坐拥着一个联邦支持的实验室综合体，该实验室开展地球、空气和太空的科学研究，从环境研究到天体物理学。在这些命名有些冗长复杂的机构中，最大的是环境科学合作研究所，由国家海洋和大气管理局支持；JILA（起初是天体实验物理联合研究所）由国家标准和技术研究所资助，是四个专门研究大气、行星和太空的研究所之一；NASA资助了空气翼探空中心（Limb Atmospheric Sounding）。地空综合体中的机构自身占了UCB一半的研究资金。另外，大学也在生物科学、心理学和工程学方面拥有出色的研究项目，更多的研究中心和研究所接纳了它们。这些独立组织的研究机构大多数本质上是跨学科的，向主管研究的副校长报告。大多数这些机构也期盼着得到联

---

① 科罗拉多大学邦德校区是这个系统的一部分，该系统包含在丹佛和科罗拉多泉地区的分支机构以及一个独立的卫生科学中心。该系统同州严密的规制一样，削弱了位于邦德地区的研究型大学的管理；见 http://www.state.co.us/cche/hb1289/toc.html。

② University of Colorado at Boulder, Office of the Chancellor, “NCA Evaluation Report: Chancellor's Executive Summary,” 2000年8月21日；“2000 College Ramkings,” *U. S. News and World Report*, 1999年8月。

③ 科罗拉多大学院系的平均排行从1982年的2.81上升到1995年的3.15。在此期间，大学的教师数量增加了近100个。研究份额从1989年的0.99增加到1999年的1.18，在公立大学中排第60位。

邦政府的资金。①

UCB 90％的研究资金直接或间接来自联邦渠道。对联邦机构的依赖与私有化时期研究资金的增长通常是对立的，但是UCB已在努力扩大研究领域。1997年，NASA的翼中心（Limb Center）创设，它自己就占了研究增长份额的一半。而且，支持这些中心的机构是科学的赞助者，致力于推进对极其复杂的科学问题的理解。实验室进行着很容易与学术系相整合的基础研究。

在伯克利，独立组织的研究机构的功能主要是推进教师的研究议程，但是在UCB，这个关系倾向于颠倒过来。实验室有资源和人员去设定研究议程，对科学活动的沉迷刺激和丰富着学术核心。这种关系有几个关键的特征。尽管州的干涉烦扰着大学，独立组织的研究机构在本质上享有自由管理权，允许保留间接管理费，它们的研究人员可以是主要依靠赠款的研究者。这样，这些机构就有追求额外研究支持的自由和激励。反过来，研究所的教师成员在学术系里有任职，他们可以在那里教学。结果是在独立组织的研究机构和系之间出现了优势互惠互补的关系，研究所为研究提供了极好的设施和支持，学术系提供了研究生和教师以支持这些科学努力。联邦资助的实验室提供给UCB的研究和学术质量比科罗拉多的公民愿意支持的更多。②

在比邻的犹他州，因为不同的原因，旗舰大学面临着相似的财政限制。犹他州只有科罗拉多州一半的人口和少于一半的经济基础，就可比的学生数而言，犹他州仍能提供给犹他大学高于科罗拉多州立大学150％的拨款。但在盐湖城的犹他大学，竞争环境使之压低了学费。结果，学费比成了对照镜：在UCB，学费占71％；而在UTAH，学费占30％。但最终的结果是相似的：令UTAH悲叹的是，它在美国大学协会有医学院的公立大学会员中资金是最少的。在20世纪90年代，它仍维持着它的研究份额，这主要是依赖独立组织的研究机构。

犹他大学独立组织的研究与科罗拉多大学的完全相反。犹他大

---

① University of Colorado, Boulder, Graduate School, "Self-Study for the North Central Association of Colleges and Schools," 1999年11月15日；University of Colorado at Boulder, "Sponsored Research at the University of Colorado at Boulder, 1998—1999," 1999。此外，国家空间研究中心（1997财年为6000万美元）有个联邦实验室设在邦德。

② 2000年9月7日，作者采访了科罗拉多大学邦德校区负责科研的副校长助理Carol B. Lynch。科罗拉多州议会只愿意为与本科教育相关的课程和基建项目提供经费。

学有大量的研究中心和研究所，总数大约在 200 个，多数规模比较小，而不是由联邦资助的大型的实验室。这个模式似乎是始于 20 世纪 80 年代的自由放任政策的结果。在那以前，犹他州一直主张 70% 的 ICR。当这种做法停止时，资金仍留在大学，并被用于研究使命的增强。随着来自校长的更大激励和明确的鼓励，犹他大学的教师们变得更有创业精神。特别地，他们在私立部门追求研究机会，倾向于培育出有定向目标的独立组织的研究机构，主要是在学术核心之外，其中有许多坐落在医学院，其他的则是有着确定性的实践倾向，像开展油田、储藏以及地热能源研究的能源和地球科学研究所，或者像意外火灾和爆炸模拟中心（在 1999 年财政年度为 170 万美元）等。①

犹他大学的研究使命看上去比已经讨论过的大学更远离学术核心。当然，它在大学的国家导向的研究生项目中扮演了关键角色②，也提供给本科生参与研究的机会。不过，大学的研究业务似乎主要是定位于给院校带来收入、为教师的专长提供出口、为社区和经济发展带来服务。对这些有价值的目标的追求倾向于鼓励与私营部门的关系。在 20 世纪 80 年代和 90 年代，犹他大学越来越与盐湖城的社区和经济紧密地整合在一起，它的研究园区是全国历史最久和最成功的园区之一。③

1986 年，旨在刺激大学-产业研究的州项目设立，十年后，该项目为 11 个中心提供了支持，尽管大部分的资金来自于产业。大学与产业的联系在 20 世纪 90 年代加速了，多是以作为副产品的公司、专利和许可的形式，产业对研究的支持也呈现出大量的增长④，这种对经济的紧密卷入十之八九是在帮助大学募集资金的一种努力。考虑到犹他大学的经济基础，在增加捐赠方面，它获得了不同寻常的成功，大多

① University Utah, *Discovery: Annual Report of the Office of the Vice President for Research*（1998 和 1999 年）。

② 犹他大学拥有近 5000 名研究生，与本科生有所不同，研究生来自全国各地。平均的院系评级从 1982 年的 2.66 上升至 1995 年的 3.04。

③ Michael I. Luger and Harvey A. Goldstein, *Technology in the Garden: Research Parks and Regional Economic Development* (Chapel Hill: University of North Carolina Press, 1991), pp. 100-121.

④ Louis G. Tornatzky, Paul G. Waugaman and Denis O. Gray, *Innovation U: New University Roles in a Knowledge Economy* (Research Triangle Park, N.C.: Southern Growth Policy Board, 2002), pp. 137-144; University of Utah, *Research and Enterprise: The University and New Industry* (n.d.).

数的捐赠被指定用于基建目的。

总之，面对着注册人数和基础资金充其量只是能保持在稳定的水平上，犹他大学致力于扩大相对不受约束的研究和经济服务的领域。通过组建独立组织的研究机构和在教师部分鼓励创业活动，以强化这样的机会，大学形成了独立的研究角色。这个取向并不是没有问题的。假定教师们都有一双自由的手，并鼓励他们与外部建立联系，这就意味着大学放弃了对教师活动的某些控制。不过，回报是很清楚的，以研究活动、私人支出和对经济发展做贡献的形式实现。因为这个理由，犹他大学的道路可能在公立院校中更普遍，绝大多数的公立大学在全力应对财政约束的噩梦和为公共服务的责任。

## 4.6 学术研究的趋向

前面的讨论人为地将学术研究的发展分解为三个焦点：学术核心、独立组织的研究机构和医学中心。现实中，在任何一所大学，这些组织部门都是互相渗透的。医学院有学术核心，也有研究所；学术核心中的教师成员通常都是独立组织的研究机构运行中的关键人物。不过，这种三焦距视角根据不同的运行动力将大学的各部分隔开来，使这个混乱的主题更清楚了：学术核心与教学角色和大学的基础资助联在一起；独立的研究角色受惠于外部的赞助者；医学中心被研究经济的独特裂片和医疗保健交付的财政紧迫性驱动着。它们都假装顺从于大学，而大学也很明智地给予每一个很不同的对待。

当考虑到个体院校时，正如前面的例子所显示的，图像再次开始模糊了。情境在决定每所院校如何对影响研究的条件做出反应方面起着很大的作用，可注意到私立和公立大学之间、学术领袖和普通成员之间、富有的和贫穷的大学之间存在着大量差异。这样，“趋势”可能有着完全不同的影响。更精确的话，可以用“矢量”这个术语来思考，它指的是向某个特定方向推动的力量。矢量的力量可能或者不可能影响特定大学的研究：相抵消的力量可能更强，或者外露部分可能是最小的。因此，尽管矢量代表了塑造着学术研究的基本运动，它们的影响可能只能是在特定的院校中才能感受到。

教学和研究的联合生产——学生和教师的学习的联合生产——界定了现代大学的本质。相应地，在本研究中，不只一个管理者表明：

增加研究的最直接方式是聘用更多的教师。新教师,可假定正是需要的那类,应该是活跃的并能扩大院校的研究绩效。不过,在 20 世纪 90 年代的大多数时间,很少有高校采用这条路线。这个十年的早期,不这样做有充分的理由:学生数和财政条件都不是扩张的理由。但是在后来的年份,这两个方面的条件发生了变化。然而,研究型大学教师的总数很少变动。[①] 在私立大学,正式教师数量的增长从 1990 年到 1996 年少于 1%;在公立大学,增幅更少(0.6%)。对这两个部门的解释是不同的。

到 20 世纪 90 年代中期,私立大学拥有扩大它们教师的财政手段,但是有意识地没有这样做。很明显,它们对本科生的强烈的全神贯注并不包括给这些学生提供更多的教师。事实上,市场力量在很大程度上鼓励这样的行为(见第三章)。但是这种约束性姿态很可能与它们没能成功地扩展它们的研究份额有关。显著地增强研究角色的私立大学几乎完全靠的是它们的医学院。

相比较,公立大学面临的财政约束经常是严峻的,这种状况一直延续到这十年末都没有缓和。它们起伏的命运表明,在财政健康、教师数量和研究绩效之间的关系上至少有一些间接证据。拥有改善的资助的大学能够扩大学术核心,通常也能够获得研究份额。不过,对绝大多数的高校来说,这条道路并不是可行的。作为替代选择的是扩展医学中心或者是独立组织的研究机构的研究。具有讽刺意味的是,当公立院校的条件改善时,竞争似乎更激烈了,产生了一些不受欢迎的结果。在 20 世纪 90 年代最困难的年份,在公立院校,维持教师的薪水也成为日益凸显的问题。薪水压缩(教师薪水与市场增长相匹配的连续失败)和相对于私立大学正在扩大着的劣势,使得公立大学的教师更容易受到外部出价的影响。但是,这些年很少聘用教师。到 2000 年,这种情况发生了变化。尽管教师薪酬表更健康,但公立大学

---

① 关于教师劳动力市场的两项仔细的分析都预测 20 世纪 90 年代末将出现更大的教师需求,Howard R. Bowen and Jack H. Schuster, *American Professors: A National Resource Imperiled* (New York: Oxford University Press, 1986), pp. 188-200; William G. Bowen and Julie Ann Sosa, *Prospects for the Faculty in the Arts and Sciences* (Princeton, N.J.: Princeton University Press, 1989), p. 173。教师数量的增长悄然发生在美国的高等教育中;见 Douglas T. Shapiro, "Modeling Supply and Demand for Arts and Sciences Faculty: What We Can Say about Projections of Bowen & Sosa after 10 Years?" (Paper presented at conference of the Association for the Study of Higher Education, Sam Antonio, Tex., 1999 年 11 月)。

现在发现,竞争是真实的和伤害性的。有时为了拿出资金与外部出价相匹配,它们不得不牺牲掉一些职位。维持教师质量的挑战变得更困难,特别是对那些仍然奋力恢复财政支撑的大学而言。

以学生为中心的政治压力并没有提升学术核心。像加州大学和密歇根大学这些学术领袖似乎能超越这些压力。特别是密歇根大学较稳定,它能以自己的主动性和自己的方式进行以学生为中心的改革。[①] 在20世纪90年代,其他地方以学生为中心的导向要求分享稀缺的资源。朝向这些目的的行政能量和院校投资被扭曲了。进一步地,新的终身学习社区和教学与咨询中心被非学术性职位填补。这样的发展只是在聘用中令人不安的趋向中很小的一部分,它使得学术核心在大学组织中的部分更小了。刚刚发展起来的、对兼职和终身教职轨道之外的教师的使用是被预算压力驱使的,但很少受欢迎。创造一个独立的、只进行教学的讲师队伍将会使教学和研究产生进一步的分离。[②]

大学不愿聘用正式教师是如此普遍,必有更深层的原因。费用、灵活性和当前趋势可能都是原因。教师薪水是大学预算中最不具弹性的部分(除了债务)。聘用成本很大,特别是在科学领域,初始成本呈指数上升。但更令人害怕的是终身制承诺,这通常意味着,某个个体将会提出在他/她的专长领域工作二十年或三十年。终身制授予曾经是个强大的壁垒,这样做有着很好的理由,现在已变得很普通了。低资历的教师职位候选人受到很好的训练,并有充足的供应。刚起步的较低职位的教师成员现在通常都有发表和博士后研究的训练,达到他们所需的资格要求。另外,大学设立了指导计划和其他形式的帮助,使得实现终身制更为可能。在1998年,本研究中的大学的正式教师中有78%已经获得终身教职,而1990年是74%。[③]

简单地说,如果需要增加额外的课堂教学,增添正式的教师职位

---

① Nancy Cantor, "Remarks"("Paper Presented at Conference: The Boyer Commission Report: A second Anniversary Retrospective,"SUNY Stony Brook,2000年4月28日)。加州大学的本科生招收工作似乎使其他事务黯然失色。

② Sloan Foundation, *Part-Time, Adjunct, and Temporary Faculty: The New Majority?* (New York: Alfred P. Sloan Foundation, 1998);精英型大学往往聘用大量的访问学者或学期制的教师,他们在一到两年中增加了这些大学的教师供给但并不对大学负有义务——这一现象值得进一步研究。

③ 这一数字是指有教授或副教授聘任的正式教师;见AAUP facuty survey: Academe。

是昂贵的解决方法——并且将会危及院校未来的适应能力。不过,维持一个不变的学术核心也要承担责任,要求同样数量的教师承担履行和协调大学扩大的基于知识的活动的负担。研究方面肯定是这样的。

粗略的感觉是,研究从学术核心日益分离出来似乎是无可争议的趋势。大学的研究资金越来越多地来自对可用知识感兴趣的赞助人,他们可能是国会议员,或者是实业家。当大学中研究人员的数量迅速增长,超过教师的增长时,相对于学术核心,大量的研究持续增长。独立组织的研究机构大量增生,在报道过相关数据的地方,它们通常承担着院校一半以上的研究。不过,对这种类型的研究越细查,两分法的概括就显得越困难。独立组织的研究机构被作为服务于推进个体教师研究议程的工具;被作为外部赞助人俘获的实验室,或者是被作为教师或非教职研究人员的科学服务的提供者;被作为庞大的科学工具的管理机构;特别是最近,被作为研究技术的仓库。三种类型的独立组织的研究机构是当代的特征:跨学科中心,意在提升和引导教师的研究,部分地求助于赞助人;科学研究所,创立这样的研究所是为了推进重要的研究技术;消费者导向中心,首要的是服务于赞助者的需要。每一个都多少体现了独立研究使命的不同方面。

大量独立组织的研究机构,经常带着"中心"的冠名,意在服务教师的研究需要。这些独立组织的研究机构的原型可能是战后时期建立的区域研究中心。[1] 建立这些中心的现代激励是同样想把来自不同学科背景的教师带到一起合作开展工作的愿望,大学在追求这个目的时变得更加积极主动。这些大学认识到,研究资助日益青睐跨学科探究,而自食其力的系或学院很少支持这样的项目。一般的趋向是鼓励组建跨学科组织,特别是将它们与新的聘任结合起来。例如,威斯康星大学恢复了失去的教师岗位,力图创造来自不同学科视角而聚焦于某些主题的教师"簇"(clusters)。由系的教师发起潜在"簇"的建议,大学选择它们中最有希望的"簇"给予资金支持。[2] 同样的方法已在许

---

① Geiger, "Organized Research Units";其他背景资料见 Geiger, *Research and Relevant Knowledge*。

② 作者在加州伯克利大学访谈了威斯康星大学校长 David Ward,2000 年 10 月 4 日。

多大学中施行了。[①] 尽管并不是所有的大学都建立了专门的研究中心,这样的工作需要某些正式的组织结构来提供连续性。这个模式的显著特征是研究经济——科学前沿的发展和对这样的知识的需求——已将跨学科主题注入课程和学术核心中。

创设独立组织的研究机构的第二个刺激因素一直是研究支撑技术的巨大进步。科学仪器的规模、成本和尖端性都在增长,现在的研究经常要求单独的机构和专门的人员队伍。[②] 这种现象并不新。例如,在高能物理领域,联邦资助的粒子加速器有着同样的情景,在其中,仪器决定着什么样的试验可以进行和什么样的问题可以回答。大生物学包含了更大的活动范围和更广的资金基础。几乎所有对这个领域有严肃而认真承诺的大学,都会以拥有这种形式的遗传学研究所而自豪,这种研究所通常能为生命科学中所有系的研究人员提供服务。

这样的机构远超过服务功能习惯上隐含的常规测试和测量的内容。现在,技术通过界定什么是可能的在驱动着研究。这些研究所经常自己聘任人员,员工承担着拓展技术的责任,这同利用技术的责任一样大。举个例子,伊利诺伊大学的 W. M. 科克(Keck)计算与功能遗传学研究中心被期待着领导而不是追随大学的生物学家的研究问题。与这些新的现实同步,密歇根大学的生命科学行动围绕着"核心技术",而不是围绕着主题界定目标。[③]

大生物学可能是技术引领研究的最壮观的表现,但很难说就此一例。在有点相似的发展中,超高频示波器科学和工程研究中心已在全国各地的大学中或已规划在大学中建造。联邦政府通过国家纳米技术行动(National Nanotechnology Initiative)激发这些相关领域巨大潜力。纳米尺度的研究和技术要求拥有昂贵的设施,包括超净室、无

① 伊利诺伊大学的 Bechman Institution for Advanced Science and Technology 从 1989 年开始致力成为卓越的多学科研究中心(1999 年年度报告)。跨学科中心广泛地存在人文学科中,目的是鼓励更大的聚焦和合作,也为了向那些缺乏外部经费的领域提供科研帮助。

② Nathan Rosenberg, "Scientific Instrumentation and University Research," *Research Policy* 21 (1992): 381-390.

③ University of Illinois at Urbana—Champaign, Biotechrology Center, descriptive materials (2000);作者访谈了 Harris Lewin, 香槟伊利诺伊大学,2000 年 9 月 5 日; Fawwaz T. Ulaby, "Annual Report on Research, Scholarship, and Creative Activities at the University of Michigan, FY2000"(2000 年 12 月 14 日):密歇根大学的核心技术是基因组、动物模型、蛋白质组学、结构生物学和生物信息学。

振动建筑和扫描隧道电子显微镜。大学拥有这些专长和设施就能主导这个领域，得到大约 2/3 的纳米技术赠款。①

这些研究机构构成了庞大的投资，要求专门的财政努力。公共的、私人的和大学的资金联合分担似乎是最可行的方法，特别是对州立大学而言。在纳米技术方面，几个州进行了投资，确保它们的大学能从国家纳米技术行动中受益。但是杠杆机制已在许多领域中使用了。

伊利诺伊成功地扩大了资助渠道来扩展已装备得很好的基础设施。来自州的经济发展资金、来自州高等教育委员会专门的教师配备和大学筹集到的资金使得价值 8000 万美元的后遗传学研究所(Post-Genomics)成为可能。以同样方式，价值 1 亿美元的信息技术设备已得到联邦国家超计算机运用中心、校友捐赠和州拨款的几乎同等的资助。这两个设施都与独立的研究园区紧密相连：一个是 IT 园区，一个是生物技术园区。这样，研究技术不但激发了学术研究，而且其结果也将转化为企业和产品。

密歇根大学的生命科学行动是另一个超 1 亿美元的公共、私人和大学资金资助的方案。威斯康星大学通过撬动公共的和私人的资金更新了它的基础研究设施。这些最大行动中的一个是加州大学行动，加州大学在 2000 年宣布，州资助三个聚焦在对州的经济发展非常重要的研究技术上的研究所(纳米科学、生物技术和无线技术)，每个资助 1 亿美元，要求 2∶1 配套。

这些庞大的工程对学术研究来说有多种含义。矛盾的是，它们是独立的研究使命的表现，它们的动力来自于驾驭新出现的研究技术，它们的正当化总是包含着经济发展的因素。它们对大学的教学、科研保持与科学前沿同步是必不可少的。在这方面，再一次地，研究使命引导着学术核心。国家纳米技术行动的目的就是激发参与其中的大学在这个领域开发课程。就杜克大学来说，杜克高级光子学和通信系统研究中心在

---

① National Science and Technology Cenmcil, "National Nanotehnology Initiative: The Initiative and Its Implementation Plan"(Wahington, D. C.; NSTC, 2002)。光子学是另一个具有巨大潜力的研究技术，它是杜克和斯坦福大学新建科研中心的关注点；见"$50 Million Gift to Launch Centers for Advanced Photonics and Communicatioy Systems at Stanford and Duke"(http://dknws2k.dukenews.duke.deu/arch/arch00/fitzpat5.htm)。Michael and Fitzpatrick 向两所大学各投入了 2500 万美元，杜克工程学院建立了耗资 1 亿美元的中心，斯坦福建立了耗资 6000 万美元的中心。

光子学和通信的跨学科课程包含了一个本科生的证书项目。

在财政上，研究技术的大型设施超出了大多数大学的能力范围。少数几个私立大学进行着这样的重大项目，但对公立大学来说，积累足够资本的唯一可行的方式是结合公共的、私人的和大学的资源。但是，这种安排影响到了项目特征。吸引私人资本，甚至要经常将经济发展的道理讲给州政府听，都要求这些设施允诺通过技术转让而获利。

最后，这些一流的设施应该在接下来的几年内在它们各自的领域占主导地位。除了研究经济激烈的变化外，这些研究所的科学家将拥有极好的环境去推进他们的领域。他们照样将赢得需要支持这个研究的赠款。这是否意味着学术研究的集中将会随之而来，也许颠覆了一直居于主导地位的分散模式？对分析生物学而言，已预测到这个发展。

假设有三种力量在驱动着研究的集中化：首先是大生物学的内在特征。在基因测序、基因表达和蛋白质遗传学以及生物信息学等方面需要大的研究团队。在像生物学这样的科学中，总是有在小规模上进行描述性项目的空间，但是革命性的前沿十之八九发生在大规模的运行中——大的生物研究中心。第二，财力要求、有限数量的赞助人和对顶尖科学家的竞争表明只有少数的大型研究中心(megacenters)才是可能的。第三，在大生物学中，不断增加的规模回报确保私人资本移向进行着前沿研究的大研究中心。在专利许可、作为副产品的企业和其他交易涌现的新时期，这并不是微不足道的数目。因此，大中心，除了来自 NIH 大量的资助资金外，将有更容易的渠道接近私人资本。在这样的环境中，提升的创造性也可能会引起智力的规模回报不断增长。这种学术的与工业的才能结合产生的智力发酵，应该为最重要的和最有利可图的新观念提供肥沃的孵化温床。① 这些组织性的效果将在下一章中进行讨论，但最近的资料似乎支持集中的观念。

---

① Walter W. Powell and Jason Owen-Smith, "The New World of Knowledge Production in the Life Science," in Steven Brint, ed., *The Future of the City of Intellect* (Stanford Calif.: Stanford University Press, 2002), pp. 107-132.

表 4.9 承担生物医学研究份额超过1%的大学,2000

| 院　　校 | 医学科学份额 | 生物科学份额 | 变化,1996—2000年 | 授予的许可,1999年(百万美元) | 授予许可的金额在生命科学中所占份额 |
|---|---|---|---|---|---|
| 旧金山加州大学 | 1.25 | 0.20 | 0.11 | 80.9[a] | 66.0[a] |
| 约翰·霍普金斯大学 | 0.87 | 0.33 | 0.00 | 10.5 | 99.7 |
| 洛杉矶加州大学 | 1.05 | 0.18 | 0.19 | 80.9[a] | 66.0[a] |
| 华盛顿大学(UW) | 0.81 | 0.38 | 0.11 | 27.9 | 80.0 |
| 宾夕法尼亚大学 | 0.67 | 0.45 | 0.19 | 3.1 | 85.3 |
| 杜克大学 | 0.78 | 0.23 | 0.15 | 1.6 | |
| 华盛顿大学(WU) | 0.56 | 0.52 | 0.24 | 7.1 | |
| 贝勒医学院 | 0.54 | 0.58 | 0.29 | 12.5 | 98.4 |
| 威斯康星大学 | 0.61 | 0.41 | 0.09 | 18.0 | 75.1 |

[a] 加州大学系统总数。

生物医学研究资料事实上支持这些假设。大的研究中心不但比所在领域的其他机构成长得更大,而且增长得更快。表 4.9 把医学和生物科学的资助合在一起。在 2000 年,它们一起构成了学术 R&D 的 49%,比 1996 年上升了 4 个百分点。学术 R&D——它们分享的份额就是参照此测定的——以现在的美元计算,这些年增加了 30%。这样,要维持份额,大学就得扩大其研究。拥有生物医学研究份额超过学术 R&D 总量 1%的 9 所大学,其中有 8 所超过这个速度。这个群体中的院校平均以 12%的速度增长它们的份额,有 5 所超过这个速度,其中有 4 所表明是在更小的生物科学部门中获得了更大的增益,这可能意味着它们引领着新生物学的进步。这个发展特别有价值,阐明了研究份额的分散是以牺牲大的承担者为代价的。而且,所有这些院校在生物技术的商业化中都显得很活跃。除杜克外,其他的都位列 25 个专利许可收入最高者中,杜克是接受来自产业的研究资助最大的一所大学,主要是进行临床试验。

生物科学包含了所有方式的探究,包括大量的临床研究。迈向集中化的趋势表明,与分子生物学联系在一起的突破性研究日益成为资本密集型研究。大学传统上是通过捐助来追求资本,或是为了能产生收入的项目求助于借贷,来自研究的商业化收入流与这些渠道相比,相对是很小的。[①] 为新的一流的研究所募集所需的大量资金使得院校的投入成为必要。做出这样承诺的大学中比较有名的是杜克大学、宾夕法尼亚大学、华盛顿大学(WU)等。每一个都下决心扩大生物医学研究,并都成为最大的受益者,特别是在生物方面。

大学吸纳那些致力于最先进的研究技术的研究所的能力,或者反过来说,美国社会把这些设施放置在它的一流大学中的选择,是当代的一个关键性的发展。它也部分地回答了这一章早些时候提出的问题:研究型大学如何与研究经济变化的特征保持同步?致力于最尖端研究技术的资本密集型的大型研究中心的存在,是开展学术研究的关键,对美国社会的科学需要而言至关重要。而且,拥有这些附着于大学的设施,保证社会能接近它们的发现,虽然是以商业化的形式。事实上,这个条件提供了另一部分答案。在当代,大学为了满足研究使用者的需要,已大大修正了它们的做法。这个考虑与独立研究使命的三个维度联系在一起,即服务于研究的消费者。

独立研究使命的当代形式发展于"二战"后,首要的是服务联邦政府的研究要求,具体来说,更多的是国防建设的要求。这些政府机构经常想长期接近它们在战争期间享受的学术专长。独立组织的研究机构是适应双方的一种制度形式。教师可能会不同程度地领导和参与到这些机构中,但是长期聘请的研究型科学家承担了该机构所需的大部分研究。参与的教师所指导的研究生可能也从设施中和它们给予的研究机会中受益。这种类型的研究所成为研究型大学的共同特征,不但有从事国防研究的,还有从事农业、自然科学、交通等方面的,更不必说一般性的领域。总的来说,大学以赞助人的支出为代价,得到了研究装备和研究机会这些稍嫌狭窄的研究受益。

当代的突出特征是,这类与产业相联系的以消费者为导向的独立组织的研究机构的激增。这种安排存在了很长时间,但是私有化和旨在鼓励技术转化的政策使得它们大量增长。这个主题是更大的主题——自20世纪80年代以来一直发展着的大学和私有经济之间关系的复合体的一部分。大学-产业研究中心相应地会在下一章的那个

① 大学,尤其是那些拥有大量捐赠的大学目前在资本市场中很受欢迎。不过,它们更倾向于向自给的事业机构借款。例如,耶鲁大学计划尽可能多地利用捐赠实现对科学的10亿美元投入,用财政经费补充不足的部分。这似乎是认为科研至少能够部分自给。不过,恰恰是通过ICR支付基建支出,给斯坦福大学带来了20世纪90年代早期的财政灾难。

情境中进行讨论。它们是当代的大学研究的显著特征，与更大的发展存在着广泛的一致。

20 世纪 90 年代，研究型大学的核心悖论是：学术核心的相对停滞和研究使命的蓬勃活力。前者被本科教育的当务之急和对学术研究接近于鄙弃的猜疑所恶化。科学和技术领域的突破性进展推动着学术研究向前发展，最显著的是分子生物学革命，还有信息技术、医学和材料科学的变革性进展。这个悖论表明了大学中教学和研究的分裂，现实要微妙得多。

学术核心的停滞在公立和私立大学中有不同的原因。对公立大学来说，州财政的约束与州立法机构中固有的不情愿向学术质量投入的倾向结合在一起。私立大学面对的市场没有给予增加本科生或研究生招生的刺激，因此倾向于约束它们的教师规模。公立大学有大量的激励去克服困境，既因为它们会为了自身利益而倾向于扩大研究，也因为它们不想将地盘丢给私立的竞争对手。私有化是逃避这种困境的最可行路线，密歇根大学是最好的例证。州政府拒绝给予学术质量以支持，而产生的私有收入是增强学术质量的方式。使研究获得活力的路径没什么不同。研究的领袖地位所必需的大量投资只有靠撬动公共的、私人的和院校的资金才有可能。这样，与需求相比较，学术核心仍受到限制，但研究使命却能兴盛于大学校园中。

私立大学享受着史无前例的繁荣，似乎对额外的重要的研究投资的需求较少。然而，处在 20 世纪 90 年代变动着的科学环境中，站在原地就意味着落后。医学院很敏锐地感受到这种压力，少数几个私立大学有意识地追求获得甚至更多的地盘。推动研究的手段与公立高校一样多，投资那些将用于补充学术核心现有能力的新技术。资金安排是多样的，但是，这十年末的经济繁荣产生了大量的财富和慷慨的捐助者。更重要的是，到 20 世纪 90 年代末，许多私立大学已更新了它们对研究使命的承诺。

这种研究导向的变化在学术领袖型高校中是最明显的。几乎所有的一流的公立大学或者开始对它们的研究角色进行重要的提升，或者是宣布了要这样做的意向。在私立的领袖型高校中，耶鲁以最壮观的承诺开始了新的千年：10 亿美元的资金用于建造新的建筑、翻新和聘用，在医学院、科学和工程之间平均分配。杜克的规划者现在把研究技术看作是最优先的，意图撬动大学“几亿美元”，用于强化诸如光子学和遗传学这样的高优先领域。[①] 2001年，当普林斯顿选择舍勒·M.提齐曼(Shirley M. Tilghman)——整合遗传学研究所主任——为大学的新校长时，只能得出结论说，普林斯顿再也不吝啬在科学中的行动了。

这些发展的其中一个理由是科学引人注目的进步和对领袖地位竞争的日益增多。然而，这也与研究技术的投资经济变得更具有吸引力有关。

为研究技术建立的或承诺要建立的新的研究机构，具有重新配置大学研究的潜力。完善和发展这些技术本身就是科学挑战，要求对教师、博士后、研究职员及研究生进行特别的配置。但是，技术自身在两个方向上分叉：它们被大学中其他领域的基础研究所使用，并与之互动，这样就强有力地支持了学术发展；它们对商业技术有意义，可采用作为副产品的公司、专利许可或研究伙伴的形式。这样的机构随后指望着以研究资助的形式获得上游的潜在收入，也指望从成功的商业化中获得下游收入。这样，与私有经济的关系就内在地存在于这些研究设施的规划、财政和运行之中。从这个角度看，当代大学与产业的关系并不是个独立议题——这对于它现在的发展也至关紧要。

① Nannerl O. Keohane，引自“$50 Million Gift”。

# 第五章 大学、产业和经济发展

对大学和产业之间联系的研究浪潮始于 20 世纪 80 年代，到现在已经历了几个阶段。① 最初，对现存经济困境的意识形态解释推动了这波浪潮。美国产业在经济竞争中持续衰弱，而另一方面，据说美国强大的学术研究系统未能将其发现转化到商业领域，这两种现象并存。为纠正弊病，联邦政府采取措施，鼓励学术和产业研发之间进行更多的互动——以促进技术转化。其中最重大的措施是 1980 年的《贝耶-多尔(Bayh-Dole)法案》，它给予大学基于联邦研究资助产生出来的专利的所有权。学术和商业领域的结合曾被生物革命的浪峰猛推。然而，在大学内部，反对与产业结合的人强烈谴责这一趋势，唤起了对保密、利益冲突、研究议程扭曲、研究生助理滥用，以及更普遍的，对私人的与公共的资源及利益保持适当距离的担心。这些重大关切需要澄清。不过，在开始制定政策使这些事务更易处理时，大学和产业的互动在 20 世纪 80 年代中期加快了。

大学中对产业联系持批评态度的人与那些同企业有着研究联系的人并不是同一群人。争论开始逐渐与实际的发展相脱离。最具决

---

① 关于背景，见 Nathan Rosenberg and Richard R. Nelson, "American Universities and Technical Advance in Industry," *Research Policy* 23(1994): 323-348，以及 Roger L. Geiger, "The Ambiguous Link: Private Industry and University Research," 载于 William E. Becker and Darrell R. Lewis, eds., *The Economics of American Higher Education* (Boston: Kluwer, 1992), pp. 265-298；关于 20 世纪 80 年代的背景，见 Roger L. Geiger, *Research and Relevant Knowledge: American Research Universities since World War II* (New York: Oxford University Press, 1993), pp. 296-309；关于更多最新的发展变化，见 Irwin Feller, "Technology Transfer from Universities," 载于 John Smart, ed., *Handbook of Theory and Research in Higher Education* 12 (1998): pp. 1-42。

定性的影响可能来自政府。鼓励技术转化,更重要的是,补贴技术转化的项目是国家科学基金会和许多州确立的。这些项目中最重要的是支持合作研究中心的建立。在给出这样毫不含糊的信号后,大学的领导者赶上了这个浪头。到20世纪80年代末,几乎每一所一流的研究型大学都建立或重新组建了办公室,以便将源于校园研究的发现申请为专利;并且,大多数的大学发展出了正式渠道,鼓励那些受到大学激发的商务(university-inspired businesses)——以商业孵化器、研究园区和参股等形式进行。所有这些努力获得了明显效果:在20世纪80年代早期,产业研发水平的上升是产业资助学术研究的直接原因,但到了80年代中期后,州和大学采取的积极主动政策(proactive policies)也增加了大学的产业研究份额。[①]

不过,在20世纪90年代早期,这个关系的推动力出现了衰退。学术研究开始失宠,对技术转化的政治支持或者减弱,或者转向大学之外。产业研发也在冲击着新旧技术的令人困惑的反对意见中停滞不前了。产业对学术研究的贡献稳定在7%的高水平上,几乎没有新的行动能把它推得更高一些。有关研究的全国对话同样失去了方向,劝诫学术科学不仅要增加实用性,也要削减规模。不过,实际上,于20世纪80年代创建的基础支撑了对学术和产业科学都具有深远意义的发展。到了20世纪90年代后期,当科技繁荣到来时,大学和产业之间的协作再一次地出现了。

两个标志性的发展界定了这一关系演变的最新阶段。首先,生物和医学技术的转化已将学术和产业科学的融合转变为单个创新系统的互补的、有时是竞争性的部分。在这里,教师涉足商业的努力不再是例外而是惯例;对教师来说真实的东西,对他们的大学而言也是真实的。攸关大量的金钱利益,无论大学愿意与否,它们已经成为市场的参与者。第二,大学已经成为经济发展中有重要意义的能动者。它们不再仅仅关注将技术转化到商业部门,它们现在感觉到被驱动着去培育产生区域财富的条件。随着这两种角色变得突显,大学再次拥有了促使经济期望转变为学术进步的机会。

在某些方面,对大学-产业之间连接的期望比它们自身的联结更易变,从来不乏拥护者或诽谤者。但是,在影响政策议程的争论中,每

① Geiger, "American Link," pp. 272-274.

一方都试图对这种联系强加上铁板一块的整体特征。与此同时，越来越多的学者已阐明了学术研究和产业技术互动的多种途径，理解这种联系的路径在于对各部分进行探究。

## 5.1 两种文化

在大学-产业的研究关系(UIRRS)中，大学是卖方，商业公司是买方。卖方行为能非常大地影响到这些交易的性质，但积极性还决定于买方。因为这个原因，要理解 UIRRS 的逻辑，就需要从产业的观点出发。企业从大学购买研究以帮助开发将被带入市场的产品与服务。它们首先根据研究(如果有的话)在产品开发中的作用做出判断，然后判断如何获得以及在哪里获得这些研究。①

公司使用研究以满足其内部的大部分需要。从全国范围看，由产业资助的基础和应用研究有 94%也由产业承担。对研发来说，百分比会更高些。与学术研究相比，产业研究易变。真正用于研究的产业支出从 20 世纪 70 年代中期到 1986 年稳定上升，其后就维持在一个较高的平台上，一直到 20 世纪 90 年代中期；从那时起到 2000 年，支出暴涨了 50%。驱动研究的力量在产业界变化很大。从 20 世纪 80 年代中期到 90 年代晚期，在化学方面的真实支出是平稳的，电气设备方面则翻倍，医学和药品方面则增长 150%。个体企业的支出变化更大。下一章为大学所做的类似共享的分析将展示历年来(支出变化)的大幅摆动。1997 年，100 家最大的承担者中，年均变化在 +100% 到 -20%之间。② 同样的公司，销售额用于 R&D 的部分在 50%到不足 1%之间变动。研究方面的产业支出对经济状况、投资的相对机会及政府政策、高科技产业的涨落很敏感。在这种努力中，大学角色较少改变。20 世纪 90 年代，在产业用于应用和基础研究的支出中，大学所占的比重徘徊在 4%左右。

---

① 对科研在产业中所扮演的角色的全面考察，见 Richard R. Nelson, "Capitalism as an Engine of Progress," *Research Policy* 19(1990): pp. 193-214；以及 Nathan Rosenberg, "Why Do Firms Do Basic Research (with Their Own Money)?" *Research Policy* 19(1990): pp. 165-174。对大学进行这样描述的意义将在后文进行探讨。

② National Science Foundation, *Science and Engineering Indicators*, 2000 (Washington, D.C.: NSF, 2000), Vol. 2, pp. 249-252, 258.

关于学术研究如何对产业的技术进步做贡献的文献多起来了。[①] 结论被纳森·罗森伯格(Nathan Rosenberg)和理查德·纳尔逊(Richard Nelson)简洁地概括为:“与提供替代品相比,今天的大学研究最常做的是刺激并提高产业所做的 R&D 能量。”[②]不过,这个概括对 20 世纪绝大部分时间里在这两个领域中处于支配地位的传统关系也是最合适的。当具有商业价值的发明从学术实验室出现时,这种状况在很多重要的方面发生了变化,一些在传统关系中非比寻常的事现在成为生物技术中期待的结果(在本章最后一节进行分析)。首先,需要对传统关系有许多的了解。

产业的文化和学术研究的文化在根本上是不同的。[③] 产业利用研究的目的是从一些技术优势中获得经济回报。技术优势允许企业生产出新的或者是不同的产品,或者使生产变得比它的竞争对手更快、更好或更有效率。当这些优势是基于专有的知识(proprietary knowledge)时,它们就体现在商业机密、先发优势或专利中。[④] 在所有的情况下,企业在充分利用或保护这一知识之前,对不泄露这个知识有着强烈的兴趣。产业文化的第二个特征是将专有知识转换成可售产品的过程。无论最初的发现或突破是多么基础,后继的研究和改进将不可避免地将它推向应用。因此,产业研究拥有朝向应用研究及保密的固有倾向。

相反,大学具有推进并传播系统性知识的使命,这些目标也渗透进教师的文化中。对学术科学家而言,他们领域中的进步通过发表而适时共享,为他们带来了承认和声誉。科学承认是通过专业渠道和奖赏发生的。接着,大学以晋升、终身教职、薪水和更进一步的专业承认

---

① 见 Lucien Paul Randazzese,“Profit and Academic Ethos: The Activity and Performance of University-Industry Research Centers in the United States”(Ph. D. diss., Carnegie Mellon University, 1996), pp. 19-48。

② Rosenberg and Nelson,“American Universities,” p. 340。Rosenberg and Nelson 也发现学术研究替代产业研究的情形,例如,林业以及某些时候农业会出现这种现象。

③ 图 3.1 所反映的这一区别和各种替代见 Randazzese,“Profit and Academic Ethos”。也见 Bussiness-Higher Education Forum, *Working Together, Creating Knowledge: The university Research Collaboration Initiative* (2001) pp. 27-43。

④ Wesley M. Cohen、Richard R. Nelson and John P. Walsh, “Protecting Their Intellectual Assets: Appropriability Conditions and Why U. S. Manufacturing Firms Patent (or Not)”, Working Paper 7552, National Bureau of Economic Research, Cambridge, Mass., 2000. 作者也指出“互补性的营销和制造能力”保护了工厂的创新。

的知识分子的自由来奖赏这些成就。而且,理论贡献越多,承认就越大——这属于更大范畴的一类现象。因此,教师的研究内在地倾向于理论主题及公开发表。

UIRRS如何克服这一文化隔阂呢?学术和产业研究之间,实际的交叠空间是相当小的(4%)。但在这一范围内,满足这两个领域利益的安排是可协商讨论的。公司可能希望雇用那些具有崇高学术声誉的大学科学家,将他们作为对公司有利的新知识之最有指望的源泉,但是,他们也需要找到那些聚焦于他们特定问题的科学家。教师希望从事可以提升声誉的基础研究,但他们也需要对他们的实验室和学生给予支持。各种谈判协议因此构建了由双方都可接受的妥协所界定的区域。

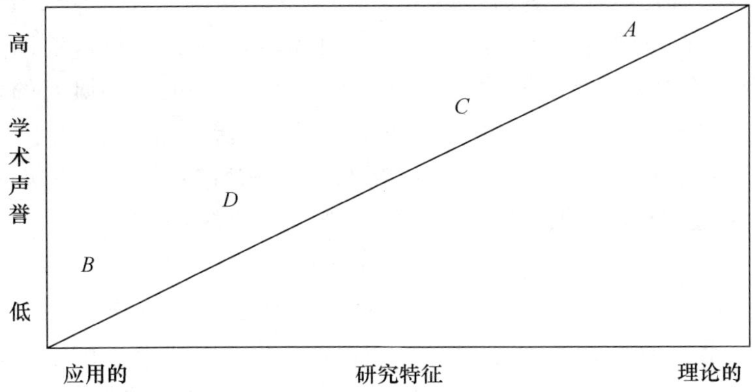


**图5.1 学术和产业研究之间的理论边界**

图5.1中的斜线代表的是边界,学术科学家的质量和研究特征之间可协商接受的交易就发生在这个边界上。也就是说,杰出科学家大概能够因他们自己的理论研究而获得研究款项,预期他们对更应用性的产业研究几乎没有兴趣。相反,在理论贡献上缺少声誉的科学家将愿意接受产业提出的研究支持条款。为更好地阐释,图中的边界被描绘成直线。例如,联邦对基础研究的充足支持将导致它向右下角移动,联邦支持的缺乏将使这一界线转向相反的一角。鲁塞恩·拉达兹斯(Lucien Randazzese)关于教师参与产业所支持的研究的研究,证实了这条界线的存在:“基于……统计上显著的结果,由声望和杰出这些术语表明的学术研究质量,是影响处于学术研究行为和产业支持之间

的教师所面临的权衡的首要因素。"[①]因此,沿着这条界线分布的位置代表有着不同特征的研究关系,以点 $A$、$B$、$C$、$D$ 表示。

诺华公司(Novartis Corporation)与伯克利加州大学植物与微生物学系之间的合同落在 $A$ 的位置上。诺华想接近最高质量的基础研究,并愿意依据伯克利科学家可接受的条款支持研究。实际上,协议是两个研究组织——伯克利加州大学自然资源学院与诺华的研究部之间的事情。[②] 应用研究的执行并不是问题,因为将来自基础研究的理念转向产品的开发,这与产业实验室有关。如果有什么的话,(也就是)这个协议的研究资助给予了伯克利科学家较大的自由,因为机构内部的批准程序忽略了联邦政府资助所要求的详细文件及评估。可预言的是,研究成果的公开是最敏感的关键点,这也是批评者最强调的。实质上,给予公司对参与教师做出的所有研究成果"先睹为快"的权利,公司有权通过正规程序许可随后发生的专利。最终,公司和教师科学家的兴趣结合在一起:两者都寻求重大的科学进展。对教师而言,这是学术研究的传统目标;但对公司而言,开创性的发现可以为成功的新产品提供技术优势。

佐治亚理工学院研究所(GTRI)位于点 $B$ 的位置。它传承自工程实验站,公开宣称的使命是成为佐治亚理工学院的"应用研究部"。它的首要客户长久以来一直是国防部,但它也为产业提供同类的服务。2000 年,它曾签订了 2000 多万美元的研发合同。该研究所全力投入于满足其客户的需求,并提供给它们即时可用的结果。在这里基础研究和学术声誉并不相关,研究并不是由终身职轨道的教师,而是由有着长期聘任关系的全体研究人员承担的,这些人员中大多数拥有硕士学位。这种资格水平倾向于证实这种看法:应用科学和工程主要使用"现成的科学"(off-the-shelf science)。[③] 多年在专业领域的工作实践经验使研究所的全体职员对技术非常精熟。此外,如果有基础性的科

---

① Randazzese, "Profit and Academic Ethos," p. 288;也可参见 Edwin Mansfield and Jeong-Yeon Lee, "The Modern University: Contributor to Industiral Innovation and Recipient of Industrial R&D Support", *Research Policy* 25(1996): pp. 1047-1058。

② Goldie Blumenstyk, "Vilified Corporate Partnership Produces Little Change (Except Better Facilities)," *Chronicle of Higher Education* (June 22, 2001): A24-A27. 诺华协议(Novartis Agreement)在 1998 年 11 月开始生效,诺华的这一机构随后成为先正达公司(Syngenta Corppration)的托雷-梅萨研究院(Torrey Mesa Research Institute)。先正达是世界上最大的农业企业,在 2000 年 11 月从诺华与捷利康(Zeneca)公司分离出来。

③ Deborah Shapley and Rustum Roy, *Lost at the Frontier* (Philadelphia: ISI Press, 1985), p. 20. 关于 GTRI,见 http://www.gtri.gatech.edu/。

学问题产生的话，佐治亚理工学院的教师对启动专家会（诊）这种研究讨论形式来说是近在咫尺。该研究所是大学主办的最大的应用性研究机构，但许多其他大学有类似的机构提供技术服务；像佐治亚理工研究所一样，它们可辨识性的特征是聘用不拥有教师职位的研究员。[①]

图5.1中点$C$和$D$一般用于代表地方性/全国性的研究伙伴的产业的相对利益。重视产生新知识的企业非常倾向于寻找具有高学术声誉的研究伙伴，由$C$代表。通常，这意味着在全国市场进行购买，不必只盯着顶尖院校。在数以千计的高度专门化的技术利基中，学术上的专门知识相当广泛地散布于研究型大学。越是有声望的研究单位确实生产越多的学术出版物，但越少以产品开发、新程序或专利公开等形式提供"下游的"研究援助。[②]

对这些援助或通常的应用研究，企业明显是在牺牲研究伙伴的声望，这使地方性选择更具吸引力（点$D$）。[③] 地方性伙伴具有促进与公司研究人员更紧密互动的额外优势，他们在使用学生上也更方便。[④]许多因素在起作用。将研究投资确定在$C$点而非$D$点的公司，可能非常重视新的知识。对它们来说，大学研究的投入可能与产品的下游开发相去甚远。[⑤]

图5.1至少表明，产业在大学研究中的投资存在着连续统，进行投资不仅仅取决于所购买的研究的特征，也取决于知识是如何被整合进企业产品开发的创新循环中的。产业可以从美国100多所研究型大学中，或者更确切地说，从这些大学各式各样的机构中，找寻到绝大多数它在寻找的东西。相应地，通过对这些与单个大学各个不同部分

---

① 宾夕法尼亚的本·富兰克林项目尽管在全国受到高度评价，但也明显存在着这种压力。开展这一项目是为了让那些小规模的企业也有机会得到学术科研的帮助，但是Irwin Feller在其报告中指出，教师对他们的体验不抱幻想。参与者有各自不同的期望和目标，这导致了"相互失望"；见Feller，"Technology Transfer" p. 25。

② Mansfield and Lee，"Modern University，" pp. 1054-1055；Randazzese，"Profit and Academic Ethos，" pp. 199-215.

③ Mansfield and Lee发现，"距离对那些系科只达到一般程度或处于边缘地位的大学而言尤其重要。对这些大学而言，除非它们处在工厂100英里范围内，否则它们获得科研赞助的机会非常少"（"Modern University"，p. 1053）。

④ 假定企业倾向于资助声望高的学术研究人员，Randazzese认为企业会错误分配科研资助。如果采取适合于地方特点的策略，将可能获得更多收益。见"Profit and Academic Ethos"，p. 288。

⑤ 这是Rosenberg and Nelson在"American Universities"中的观点，pp. 345-347，也可参见Mansfield and Lee的"Modern University"。

互动的观察，可以得到 UIRRS 更复杂的结构图。

## 5.2 宾夕法尼亚州立大学的产业赞助研究

宾夕法尼亚州立大学应用方向的研究有着悠久传统。早期，宾夕法尼亚州立大学的研究人员发明了测量食物中的卡路里及绝缘体中 R 值的方法，他们改良了公路用的混凝土和高尔夫球场用的草皮。这所大学还因它对制作冰淇淋、栽培天竺葵、种植蘑菇所做的贡献而闻名。即使是一些基础发现也具有可触知的品质：宾夕法尼亚州立大学的科学家第一个看到单原子，也是第一个发现太阳系外的行星。2001 年，宾夕法尼亚州立大学在 R&D 总支出中排第 11 位，它的许多项目有实用癖好。这并不意外，它有着与产业合作的历史。在 20 世纪 80、90 年代，宾夕法尼亚州立大学比其他公立大学开展了更多的产业研究。[①]

查看产业赞助的全部研究，可得到 2001 年秋季大学主校区所有正在实施的产业研究的资助快照。这张图片排除了位于赫尔希(Hershey)的医学院，几乎不包括生物技术研究。在极大程度上，它阐明的是罗森伯格和纳尔逊所描述的那类传统的研究关系，主要定位于工程和物理科学。总的来说，这一快照记录了 938 个条目，价值 4600 万美元。[②]

产业资助的研究包含了远多于私人公司支持的实际研究项目。大量的赠款来自贸易协会，有些是来自公共的或非营利组织。国立的和独立的研究实验室也经常以分包形式设立一些项目。并不是所有的赞助在本质上都支持研究，有一些是对实验室或学生提供一般性的帮助。相当大数量的支持者，通常会以适当数量投资某些公会(Consortia)，这些公会在寻求以研究为基础的信息。这些类型的准研究得到了自然和应用科学外的大多数赠款，但不能期望在这些研究类

① 见“50 Ways Penn State Has Shaped the world”(http://www.psu.edu/ur/archives/50ways.html)。在这一时期的大部分时间，MIT 承担了大部分的产业科研任务，但是，最近杜克大学承继了这一位置，主要是做临床试验。关于宾夕法尼亚州与经济发展相关活动的回顾，参见 Louis G. Tornatzky, Paul G. Waugaman and Denis O. Gray, *Innovation U: New University Roles in a Knowledge Economy* (Research Triangle Park, N.C.: Southern Growth Policies Board, 2002), pp. 67-78。

② 在这里我要感谢主管科研的副校长和赞助项目的负责人 Robert Killoren，他提供了相关数据，数据要远远低于 1999 财政年度宾夕法尼亚州向 NSF 报告的高达 6600 万美元的来自产业的科研赞助费。大学上报的总额中的一部分属于赫尔希医学院，毫无疑问，有许多合约只有一年有效期，最终的报告也需要重新分类。因此，这里所采用的支出数据与年度报告总额没有可比性。

型中找到更多的产业研究。总体上，它们代表了许多赞助，但主要是小额的。因此，尽管这些数据中有很多杂音，主要模式还是非常清晰的。

主要的研究是由宾夕法尼亚州立大学的两个学院——工程学院和地球与矿产科学学院以及四个大的独立组织的研究机构（见表 5.1）承担的。理学院起的作用较小，它得到的支持很少是直接来自产业。对其他单位而言，直接来自产业支持的研究项目是主导性的。这些资助代表了宾夕法尼亚州立大学真正的研究核心与产业之间的互动。可能会有人从一些项目的名称上猜测这一研究是否是基础性的、应用性的或者综合性的，但这样的鉴别大体上是不适切的。这些研究与产业的关联体现在它们的主旨中。在大多数情况下，项目落在那些致力于研究与经济，因此也是与产业有着明确关联的处于应用领域的机构中。

**表 5.1　宾夕法尼亚州立大学产业赞助的 R&D，2001 年秋季**

| | 资助金额（千美元） | | | | | | |
|---|---|---|---|---|---|---|---|
| | 合计 | 百分比 | 产业 | 贸易联合会 | 研究所 | 工会 | 其他 |
| 学院：学术院系 | | | | | | | |
| 地球与矿产科学学院（除能源研究所外） | 7459 | | 5194 | 608 | 888 | 105 | 664 |
| 工程学院（除宾夕法尼亚运输研究所外） | 7898 | | 4424 | 890 | 1234 | 593 | 757 |
| 理科 | 3663 | | 1342 | 126 | 2047 | 0 | 148 |
| 小　　计 | 19020 | 41 | 10960 | 1624 | 4169 | 698 | 1569 |
| 有组织的研究单位 | | | | | | | |
| 应用研究实验室（ARL） | 9255 | | 4608 | 1397 | 3030 | 101 | 119 |
| 材料研究所（MRI） | 3338 | | 2141 | 144 | 250 | 784 | 19 |
| 能源研究所 | 2427 | | 1716 | 172 | 328 | 212 | 0 |
| 宾夕法尼亚运输研究所 | 2033 | | 1700 | 150 | 183 | 0 | 0 |
| 小计 | 17053 | 37 | 10165 | 1863 | 3791 | 1097 | 138 |
| 其他单位 | 10289 | 22 | 3881 | 2719 | 436 | 667 | 2587 |
| 合　　计 | 46363 | 100 | 25006 | 6206 | 8396 | 2462 | 4294 |

像大多数独立组织的研究机构一样，宾夕法尼亚州立大学的大型研究所代表了研究能力的独特布局。其总体特征可以简单地勾画出

来，但其活动的整个范围难以概括。应用研究实验室(ARL)，是这些机构中最古老和最大的部分，在“二战”后由海军在宾夕法尼亚州建立，起初集中在加菲尔德水底隧道(Garfield Water Tunnel)的研究上，现在仍在执行着它的首席赞助者——海军研究办公室(Office of Naval Research)——的大多数研究。在半个世纪里，该实验室的研究已在许多方向上进行了拓展。2001 年，它宣布拥有 64 个从常规到世界一流的专长领域。

为海军制造产品的企业自然对这一工作有兴趣，这些领域固有的效用也吸引着其他公司。这些专业通常包含的活动是从基础研究到开发和制造，比如光电学在探索基础光谱学的同时，也在寻求开发制造业应用的技术。在声学方面，应用研究实验室联合工程学院已经制作出可能是国内最早的程序。但其他单位就平凡一些。如传动装置研究所(Gear Research Institution)是拥有 17 个合作成员的一个独立的非营利协会，这个研究所的应用研究实验室对硬化剂、润滑油、耐用性进行研究，列在名单上的项目价值超出 100 万美元。

尽管应用研究实验室与工程学院有着密切联系，其杰出的研究能力主要是来自有经验的研究人员团队和专门的设施。它的声誉吸引了与全世界范围内的公司的研究联系以及来自国家实验室的转包合同。应用研究实验室代表了以海军研究办公室为中心的技术创新的产生和扩散的巨大网络上得到了很好建设的节点。从它为数众多的合同判断，它也实现了为公司及其他实验室服务的有益功能。同时，应用研究实验室为宾夕法尼亚州立大学的学生和教师提供了研究机会。

材料研究所(MRI)有许多与应用研究实验室不同的特征。作为专注于研究技术的独立组织的研究机构，它的首要职责是联络并管理教师在材料领域内的全部研究活动，尽管在地球与矿产科学学院中设有材料科学与工程学系，来自化学、物理、工程及其他机构，包括应用研究实验室，与材料研究所有联系的教师超过 200 名。

宾夕法尼亚州立大学在材料科学上的项目有着最大的研究支出，并连续进入排行的领先位置。尽管材料研究所每年度 5000 万美元支出中的大部分来自联邦，它有些项目也是为了产业需要而量身打造的。熔结产品创新中心(Center for Innovative Sintered Products)是州资助的公会，有大约 75 个产业成员。绝缘体研究中心(Center for

Dielectric Studies)聚焦于下一代电子元件,是国家科学基金会大学-产业合作研究中心,有 20 个主要的公司作为成员。

除去这些致力于技术转化的单位,材料科学代表了跨学科的集合,倾向于对当前及未来的技术有普遍意义的研究。在这个方面,它不像分子生物学。例如,纳米水平上的液面研究(study of surfaces),这是材料研究所的专业,涉及众多现象。研究流体与液面相互作用的科学家报道:"即使在最初级层次上,也可以想象到这一工作的应用。"[①]企业随后就有充分的理由想与这一研究建立联系。

表 5.1 所列的另外两个独立组织的研究机构聚焦在应用领域,并包含了面向消费者的专门机构。宾夕法尼亚运输研究所在三十多年的时间里已发展成为关于筑路、路网和车辆安全研究的教师研究节点。像应用研究实验室的那些活动一样,这些活动与产业承包商有关。但是,与国防承包商不同,筑路商自己不进行研究。能源研究所的首要目标是以促进经济发展的方法来支持产业,也与此有所不同。它供养着两个在炭工艺及产品领域有众多成员的公会,还有其他研究团队在研究催化、燃烧及燃料技术。

从这些项目的名称看,似乎这两个研究所都在为产业做试验服务,毫无疑问利用了大学拥有的尖端设备。另外,能源研究所的研究似乎渐渐变成材料方面的基础研究。尽管不是全部,但这两个研究所的大部分研究可能符合罗森伯格和纳尔逊的描述——"产业 R&D 的替代品"。[②] 这种模式出现在产业中那些无力进行内部研究的公司里,这对筑路商及一些采掘业是真实的情况。它也适合于像环境技术这样的领域,在这一领域——单个公司难以从研究投资中获益。一旦建立,这些研究所倾向于坚持为它们各自的产业服务,即便是这些活动在大学是边缘性的。运输和能源研究所充分符合这一模型,尽管它们两个都用教师做研究人员,并与一些已有内部研究成就的公司互动。

表 5.1 所列的三所学院由产业资助的研究与刚描述过的独立组织的研究机构有大量的重叠。特别是工程学院的教师在全部四个单

---

① Steve Sampsell, "Board, Interdisciplinary Research Efforts Started Small, with Surface-Only Focus," *Science Journal* 18 (Summer 2001) (http://www.science.psu.edu/journal/Sum2001/Surface-Sum01.htm).

② Rosenberg and Nelson, "American Universities," p. 347.

位中表现得都很突出，而来自其他学院的教师似乎更多的是与材料研究所发生联系。宾夕法尼亚州州立大学的工程师和物理学家们实际上更多地以科学兴趣而非行政单位来决定的方式自由地、经常性地互动。产业角色也应被正确摆放，它在工程学院起的作用最大，其他学院主要指望联邦机构。研究资助模式因科系而有很大的变化。

为产业支持者实施的研究可被描述为三种理想型。[①]

1. 基础项目。有数量相对较少的赞助资金的独立项目，倾向于产生明确的研究成果。这种项目在生物学中更盛行，更多是来自国家实验室的转包合同。在研究材料的系所，这种项目也是经常可见的。这种赞助的目标可能是产生“有用的新知识”，文献表明，提升而非新发现是公司能够从这种学术研究中获得的最重要收益。[②]

2. 描述。许多赠款承诺进行这种实质上是描述的工作，这种工作具有高度的尖端性。这些赠款的名称包含这样的语言，如“……的测量”“……的特征”“动力学参数的测定”“声学分析”“分子仿真”以及“参数图形表示法”。为赞助者自身的 R&D 特定需要所推动，这样的研究服务赠款可以利用大学精确的分析能力。

3. 追踪。许多赠款只是指定为对某个科学家和他/她的研究或实验室的支持，其他馈赠则支持研究生或捐赠设备。这里的目的是追踪某个特定实验室的研究，一方面是为了了解与共同的 R&D 相关的任何突破，另一方面是为了培育与某一相关领域内的专家的关系。因此，追踪性的赠款，像咨询关系一样，是形成更大努力的一部分——许多学者认为，这种努力是大学激励研究和增强产业 R&D 的首要方式。[③]

这些理想类型也可以按照它们与研究的协商特征(见图 5.1)进行描述。基础项目自然与理论导向的学术科学家最一致。考虑到利用这些研究结果的困难，它们倾向于由拥有高水平的内部 R&D 的企业给予资助。它们最可能代表界线上高声誉/高理论部分的位置。

---

① 这些理想类型是从 300 个单项资助中提炼出来的，它们是大量活动中具有相同特征的各种资助的聚类。

② Ammon J. Salter and Ben R. Martin, “The economic Benefits of Publicly Funded Basic Research: A Critical Review,” *Research Policy* 30(2001): pp. 509-532，尤其是 pp. 520-522, 527.

③ 同上，pp. 520-524; Rosenberg, “Why Do Basic Research?”; Rosenberg and Nelson, “American Universities,” p. 340; Keith Pavitt, “What Makes Basic Research Economical Useful?” *Research Policy* 20(1991): pp. 109-119。

描述性研究，是应用性的和对特定公司的，倾向于落入相反的象限（较低声誉/较低应用性）。肯定有许多描述性研究在宾夕法尼亚州立大学的独立组织的研究机构中实施，然而这些院系的描述性研究可能有些不同的原理。在首席研究员（principle investigator）的监督下，研究生身份的研究助手可能为此类项目做了很多实际的工作。在这个意义上，较低声誉与较多的应用聚焦之间的联结将保持下去。这种活动也为学生提供了极好的训练机会，他们中的大多数将在产业界找到工作。对教师型科学家实验室的纯粹支持似乎是理论研究资助。因此，追踪性的资助通常用来建立与具有高声誉的研究人员的联系。

其他考虑也起到了作用。在工程和物理学方面，这种关系高度依赖个人专长。另外，当咨询需求是主要的关注时，企业更喜好那些愿意处理它们特定研究问题的教师。协商线的逻辑似乎是站得住的，即使资助模式变化很大，也可以这样谈论学术机构。

地球和矿产科学学院是宾夕法尼亚州立大学学院中排行最高的。除能源研究所外，它与产业的互动大部分发生在材料科学和工程学系。上面所列出的三种类型的活动，每一种都得到了支持。除追踪资助外，这些资助与从材料研究所得到的那些资助没有可看得出来的差异。在学院的其他地方，基础科学项目是常规性的，经常是以国家实验室分包合同的形式存在。

产业对工程学院研究的支持占主导性的是描述性研究，很像对独立组织的研究机构的赞助那样，并且有充分的理由。在很多情况下，首席研究员（PI）是同一人，学院本身就有多达 25 个以上的中心及研究所。这样的赞助在工程科学和机械学系特别明显。电机工程与材料研究所有着密切联系，拥有许多基础研究项目，化学工程则得到了追踪类型的普通资助。这个学院对产业的服务高度发展，并通过多种渠道发生。

相反，理学院则聚焦于学术研究。大部分来自产业的直接支持赞助过个体科学家的研究和实验室。不过，有许多化学家和物理学家在材料研究所进行研究。对他们而言，来自产业的支持更可能是通过材料研究所引导的，并利用它的尖端仪器。

总的来说,这些院系的模式并不强大。① 宾夕法尼亚州立大学的研究,像在大部分的大学那样,类似于组织矩阵。个体研究者经常属于某个学术机构和一个或多个独立组织的研究机构。最有可能的是,产业对单个赠款的安排高度依赖相关设备或教师的实验室所在的位置。不过,这些资料显示出存在着一些更大的模式。

这个样本中有两个最显著的特征:宾夕法尼亚州立大学庞大的资助研究的企业数和相对较小的每笔赠款数额。大概有 250 家不同企业赞助了研究项目,至少有 200 多家(有一些重叠的部分)企业捐助公会,许多更小的公司以别的方式联系。43 个贸易联合会赞助某些形式的研究,并可能把研究成果传递给它们的成员。宾夕法尼亚州立大学也参与了州的本·富兰克林项目(Ben Franklin Program),该项目为小公司(资本在 108 万美元以下)安排大学的研究项目和不包括在本样本中的免费的技术支持项目。

毫无疑问,大学的实验室是易于接近产业的,产业也利用了这种接近,但这主要是通过适当的投资进行的。赠款的中位数是 3 万美元,中间的四分位数从 1 万美元到 6.5 万美元。只有 112 项赠款等于或超过 10 万美元,但却产生了样本中差不多 60%的收入(不包括公会)。很少有企业在新产品或新工艺上指望宾夕法尼亚州立大学。② 事实上,这里呈现的只是许多公司的一个画像,这些公司与宾夕法尼亚州立大学缔结有研究关系,想在关键领域与大学并进,并以大学的研究补充它们内部 R&D。

绝大多数的大学-产业的研究联系处在赫伯特·西蒙(Hebert Simon)所称的"人工科学"领域。也就是说,这些领域寻求的不是对自然(像在自然科学中那样)而是对人工制品的理解。这个领域包括了所有的工程学领域,计算机以及材料的一些方面,以及其他更多的方面。在宾夕法尼亚州立大学,它还包括营养学和农学。把这些领域聚集在"应用科学"的名义下是种误导。在这里,学术研究寻求的是对工艺和设计的基本理解。这些努力距离应用研究和开发、距离将这些理

---

① 要真正对系的科研模式进行研究,就必须以系的成员而不是管理他们研究的机构为关注点。这样的分析肯定可以揭示出独立组织的研究机构所扮演的重要角色,这只能由这些数据来反映。

② 从某个角度看,1997 年研发排名第 100 位的企业在这方面的支出为 1.8 亿美元:NSF, *Science and Engineering Indicators*, 2000, vol. 2, pp. 2-58。

解吸收进实际产品中的任务尚有一定距离①,但它们仍然与产业技术相关。因此,在对学术研究与产业创新之间的关系进行描述时,总会有许多模糊的地方。

宾夕法尼亚州立大学的数据指出了一种能反映下述动力学的关系:与获取特定结果的努力相结合,产业企业大量地参与对这些"人工科学"领域研究成果的追踪。但大部分企业的投资水平相当有限,表明产品创新(这将会使大额投资正当化)是压倒性地通过内部 R&D 进行的。换句话说,这些企业并不从大学的科学中寻求"创新"。事实上,与联邦资助的基础研究相比,公开的发明似乎更少来自产业资助的研究。② 产业与宾夕法尼亚州立大学的关系例证了传统的大学-产业研究联系的模式。不过,这一模式本身需要进一步的说明。

## 5.3 产业研究的增强

传统模型认为,在经济上,大学的科学研究对有财产价值的产品("可交付使用的")的贡献,不如它激发并提升产业 R&D 的媒介作用那么显著。后一活动可被称为产业资助的学术研究的"增强功能"(enhancement function)。这一功能比对产品开发的直接贡献要更微妙,并有更多的维度。它有意识地提出了企业为什么要从事基础或学术研究的议题。③ 然而,理解增强功能不仅需要理解这些投资为产业做出了什么贡献,还需要了解那些阻碍企业做出这些投资的因素。

对基础研究在产业中的作用的经典经济学分析假定,资本主义经济对企业投资知识的生产没有提供足够的激励。④ 主要的障碍,第一是不确定性,越是基础研究,它所产生的有经济价值的成果的确定性越小,这些成果的出现需要的时间越长。第二是专有性——既然知识一经创造就可以自由得到,生产者很难获得对所有权的控制。当这些

---

① Herbert Simon, *The Sciences of the Artificial* (Cambridge, Mass: MIT Press, 1969)。Rosenberg and Nelson 在"American Universities"的 pp. 332-333 强调了这一观点。

② 作者访谈了 Robert Killoren, 宾夕法尼亚州立大学,2001 年 9 月 4 日;作者访谈了 Gary Wber,宾夕法尼亚州立大学,2003 年 1 月 24 日。

③ Rosenberg and Nelson, "American Universities," pp. 332-333; Rosenberg, "Why Do Firms Do Basic Research?: pp. 169-170.

④ 接下来的讨论援引 Rosenberg, "Why Do Firms Do Basic Research?; Nelson, "Capitalism"; Pavitt, "What Makes Basic Research" 以及 Salter and Martin, "Economic Benefits"中的观点。

障碍非常难以逾越时，就阻碍了企业对基础研究的投资。在其他情况相同的条件下，结果就是对这种投资的私人收益率令人沮丧地低于最优的社会投资率。

在真实世界里，有几个因素可减弱上述问题。从历史观点看，其中最重要的因素是市场的力量。主导产业的企业有能力支撑对知识进行长期投资的不确定性，因为它们具有支配性的市场份额，无论出现什么样的利益，都能占有最大份额。历史上有名的IBM和AT&T(美国电话电报公司)产业实验室就维持着技术上的领导地位，它们的科学家甚至还得过诺贝尔奖。不过，在20世纪90年代，经济中的复杂力量，包括去管制和全球化，销蚀了支配性的市场地位，贝尔实验室可能是最重要的受害者。[①]

产业实验室继续起着不可或缺的作用，但在更具竞争力的条件下，它们不再由居于市场主导地位的企业提供的舒适的管理费(overheads)所支持。实际上，事情的发展偏向更为互动的研究模式，尤其是大学的专长可以利用。高科技产业中的企业很难摈弃创新驱动所需的知识。如果基础研究是不确定的，缺乏研究肯定会导致逐渐过时。因此，公司面临的挑战是处理对生产率和成本效率具战略性的研究投资。

专有性问题在理论上很简单，但在现实中却很微妙。公司对新知识的独占或确立所有权控制有三种标准途径，前面都已提到了：商业秘密、首发优势和专利。不同的产业和技术根据它们的情况使用这些方法。[②] 不过，这些方法更与最终的产品或工艺——发明或其组成要素——有关。一些不同的考虑与学术研究的产业用途有关。

先进的科学或技术知识几乎不是免费商品。不像"现货供应的科学"，它只能被那些对它的性质和情境有着丰富的理解经验的人所使用，简而言之，就是被那些参与研究过程的人所使用。像纳森·罗森伯格陈述的："进行基础研究可以被看作是一张进入信息网络的门

---

① Dennis K. Berman, "At Bell Labs, Hard Times Take Toll on Pure Science", *Wall Street Journal*, May 23. 2003, pp. A1, A8.

② 在产业中开展基础研究与应用研究的区别见 Richard R. Nelson, "Capitalism," pp. 200-202; Rosenberg and Nelson, "American Universities," pp. 339-344; A. K Klevorick 等人, "On the Source and Significance of Inter-University Differences in Technological Opportunities", *Research Policy* 24 (1995): 185-205。

票。”[①]为了能与科技的相关进展并进，技术公司必须接入科学交流网络。而且，为了知道如何使用这些进展，它必须支持内部的研究能力。这种内部的研究能力也已被描述为“缄默知识”（tacit knowledge）。尽管“显性知识”可以从科学出版物中免费获取，公司仍依赖于通过内部成员和学术专家的经验培育缄默知识，以将新的显性知识转化成产品创新。

基础研究只是技术创新过程中的一项复杂投入，但对大部分以快速的技术发展为特征的产业而言，它是必不可少的。罗森伯格将它描述为“一种可能使用的独特类型的媒介品（intermediate good），它不是用于生产最终产品，而是（也许）在新的最终产品生产中起到更深层的作用”。[②] 这个特征与产业资助的学术研究的增强功能是完全一致的。换句话说，它的正当性并不在于生产新知识，而在于对整个创新过程的最终贡献。这些复杂过程涉及产业创新的全部，但为了眼前的目的，可把增强功能描述为由下述四种互动构成。

1. 领域内密集的知识。在已划分了界限的科学领域内运作的公司，对那些同领域的学术研究感兴趣，学术成果也可能被证实与企业的 R&D 相关。因此，接通（追踪）主要以大学为基础的科学共同体，对将内部的研发保持在最前沿是必要的。这种联结对基于科学的技术或“类属的”基础研究特别重要。

2. 领域广延的知识。许多产业中的企业试图开发涉及许多专门领域的复杂的技术系统。因为企业不可能从内部培育处理所有问题的有一定广度和深度的专门技术，它们会利用学术专长来克服这些陌生的困难。[③] 有关这两种知识搜索的文献表明，与学术研究的联系对支持现存的专门技术要比补足企业内专门技术的缺乏更关键。

3. 个体的增强。许多企业给予它们与大学的联系以最高的评价，将之作为未来研究人员的源泉，而且，与大学研究人员及其学生的

① Rosenberg, “Why Do Firms Do Basic Research?” p. 170.

② 同上，pp. 168-169。他进一步解释道，“这些联系……要追踪起来非常困难……就算这些困难可以被克服，在进行知识评估和为知识生产者提供适当的激励机制等方面还存在着难以克服的问题”。

③ 例如，Eli Lilly & Co. 目前有一个网站，这个网站发布一些需要公司科学家帮助解决的化学问题，而 Lilly 可以为那些可行的解决办法提供资助；见 *Wall Street Journal*, Dec. 24, 2001, p. B5。

接触可以仅仅因聘用目的而被正当化。这些接触对产业内部的研究人员也很重要，他们必须持续更新他们的专长。显性知识是有用的，但私人接触更有效。因此，与连接着学术研究的信息网络的接通是非常重要的。

4. 使用仪器。大学在传统上是有价值的新仪器的源泉，这些新仪器可以被结合到产业领域中。[①] 大学的科学家经常为他们自己的需要设计仪器，后来证明这些仪器有着更宽泛的应用。事实上，这种现象是学术研究技术被产业所学习并被分享的较大过程的一部分。此外，大学的实验室拥有昂贵的能进行特定实验的高精密仪器。进行特定实验的能力可能是基于科学的技术所不可缺少的，在这里，学术和产业科学往往会聚在一起。

这些活动增强了产业研发的有效性，因此对公司具有真正的价值。但是，因为这些活动产生的是媒介品，无法对它们的货币价值赋值或确定合适的价格。那么，企业是如何决定它们支付多少呢？[②] 宾夕法尼亚州立大学的数据提供了部分答案。鉴于来自产业的赞助有四分之三少于 6.5 万美元，不包括公会，企业似乎在通过对单笔投资额的限制来规避损失。在不确定性较高的地方，如在追踪中，象征性资助的广泛覆盖可能是最有效的战略。相反，做出更大投资的企业，相关的确定性可以被假定为更高。潜在于上述所有交易之中的是，大学-产业研究关系的最重要的经济特征可能确实是补贴。

## 5.4 提振增强功能：补贴与大学-产业中心

对基础研究的公共补贴补偿了产业投资未能达到的社会最优水平。公共投资在宏观层次上运行，以扩大产业可得的科学技术存量。在微观层次，政府补贴通过降低潜在收益的成本鼓励产业做出较大的私人投资，从而减小上面所讨论过的那些障碍。

---

① Nathan Rosenberg, "Scientific Instrumentation and University Research," *Research Policy* 21(1992): 381-390. 与此相反，产业有时候给予大学非常尖端的仪器，因为学术科研人员能够开发出创新的用途。

② Rosenberg 指出，评估科研工作所采用的形式上的数量研究方法对基础(理论)研究而言是非常不公平的，见"Why Do Firms Do Basic Research?" p. 168。他提到，促进科研的支出包括了许多内部费用，尤其是用于激励人员的费用，因此不会作为大学-企业互动的程度予以记录，例如，企业科研人员参与学术会议。

但仅从涉及大学的那些补助形式看，存在着三个层次。首先，对学术科学的公共支持主要是承担创建可与产业实验室相连的巨大信息网。对不同领域和产业，这一公共投资的数量和性质有着重要的后果。来自国家卫生研究院(National Institutes of Health)的大量的生物医学研究资金是最明显的例子。第二，大学通过承担很大部分的维持研究的成本，使产业得以在相当于补贴价格的水平上接近大学。例如，独立实验室研究的间接成本远高于大学。[①] 差额对企业来说相当于间接补助或价格折扣。第三，至少从 1980 年起，政府政策设计了几种直接补贴产学合作的形式鼓励技术的产生和转化。这些政策与上面刚描述的增强功能的框架是一致的，并对扩大企业和大学之间的研究关系有着重要影响。

创造大学-产业联合研究的政府资助项目所需的要素在 20 世纪 80 年代早期联袂而来。做出此方面努力的兴趣则出现在 20 世纪 70 年代晚期，但只形成了一个联邦项目(产业-大学合作研究中心项目)。[②] 大部分的州有一些通过支持产业技术促进经济发展的项目，但从 1982 年开始，有些州出现了非同寻常的积极性去创造产业和大学之间的伙伴关系。到 20 世纪 80 年代中期，这种关系已经广泛普及。[③] 1984 年，当联邦立法机关使产业研究公会免于惩罚性的反托拉斯法案时，这种做法得到了激励。随后一年，国家科学基金会发起创建工程研究中心的大项目。然而，最大的行动还是发生在州一级。到 1990 年，22 个州在不同的项目下建立起 144 个大学-产业技术中心。为保持这种劲头，国家科学基金会对国家科学基金会-州联合支持的产

---

① 例如，企业为一项价值 100 美元(直接成本)的研究支付费用，在公立大学可能需要 140 美元，在私立大学需要 160 美元，而在独立实验室则要达到 250 美元。大学具有比较低的成本基础，但是主要区别也许可以归因于所支付的是平均成本还是边际成本。独立实验室必须收取的费用是平均成本，而大学收取的约等价于边际成本。

② 在 1977 年，国会授权 NSF 在国家科学、工程和技术领域设立项目，以鼓励各州发展科学与技术政策。几乎所有的州都获得了规划增款，但后续资金从来就没有提供过。尽管如此，这项失败的政策还是鼓励各州考虑开展行动。参见 Christopher Coburn，ed.，*Partnerships: A Compendium of State and Federal Cooperative Technology Programs* (Columbus，Ohio: Battelle，1995)，p. 50。

③ 早期的发展包括北卡来罗纳州的科研三角区(Research Triangle)(1959 年开办)以及犹他大学园区(University of Utah Park)(1970)。这两个项目都获得了政府资助，但是是通过特别措施给予的。

业-大学合作研究中心提供了另外的项目。①

这些研究机构整体上代表了一种有特色的社会发明——公共支持的产业合作研究和技术转化的大学中心。作为公共政策的产物，这些中心比起那些与企业有着特定研究关系的大学独立组织的研究机构来讲，是更紧密的团体，但它们与州及联邦资助者的协议变化很大。② 联邦项目（许多州模仿它们）的给予至少是建立在竞争基础上，大学需要提交申报书，这些申报书将严格按科学业绩和技术意义进行评估。所有项目都要求大学教师的正式参与、要求有预先已组织起来的成员以及来自企业的财政资助。并且，所有项目都有显著的教育成分，因为其中一个公开宣称的目的就是培训习惯于在这种文化中工作的科学家和工程师。最后，联邦项目都有联邦资助定期终止的“落日”条款（sunset provisions）。考虑到各种可能的延展期，十一年一般是中心能够得到资助的最长期限。这些“落日”条款的目的不是关闭中心，而是让它自谋生路。

这些中心的目的覆盖从技术开发到技术支持的连续统。大多数项目主要针对的是技术开发，也就是说，它们的目的是通过基础研究，推进具有经济意义的通用技术（generic technologies），也承诺会看到技术被企业利用，并开展各种活动以达成这一结果，如合作或开展专门研究、召开专题学术讨论会和给予咨询等。大多数的中心并不被指定提供较基础的技术援助，这些援助通常是那些能力有限的小公司所需要的。这种服务需求很大，大多数的州有另外的非大学项目来满足这一需求。尽管如此，中心还是经常感到有移向连续统这一端的压力。

---

① Christopher Coburn, ed., *Parternships: A Compendium of State and Federal Cooperative Technology Programs* (Culture, Ohio, Battelle, 1995), p. 51; David Roessner, “Outcomes and Impacts of the State/Industry-University Cooperative Research Program” (NSF 01—110) National Science Foudation, 2001. NSF 也于 1987 年在科学与技术中心（Science and Technology Center）开展了一个项目。尽管技术转移是这些机构的清晰目标，但它们更多地强调与其他科研工作者的合作以及教育产出。这些中心因此没有包含在下述讨论中，尽管有些优点值得借鉴。

② 关于大学-产业科研中心的经验研究通常包括所有那些与产业有关的学术中心，因此将那些获得产业资助的基础科研单位与那些和产业共同合作的单位合并在一起。很少按照产业参与的不同程度对结果进行分析。例如，Cohen 等人发现，那些资助资金大部分来自产业的中心在定位、目标和期望方面与其他中心有着很大的差异，但是他们描述这一现象的篇幅不超过一页；见 Cohen, Richard Florida and W. Richard Goe, “University-Industry Research Centers in the United States”(Carnegie Mellon University, July 1994), p. 23。

在大部分的中心，产业的参与要支付成员费及年费。产业成员通常属于在选择研究专案时扮演重大角色的咨询委员会，因此，研究专案与产业的利益是一致的，鼓励合作研究。早先的文献评述发现，大学和产业科学家之间的研究互动比起单向的知识转化更富成效，大学的教师们相信这样的交换对他们而言具有重要利益。另外，大多数的中心鼓励参与的企业签订附加的研究专案。例如在产业-大学合作研究中心，60%的成员公司依据它们的特需定制另外的研究资助。[①]

尽管政府补助是基本特征，补助金水平变化很大，并强烈地影响中心的性质。工程研究中心(ERCs)获得了数量最大的政府资金——大概每年200万美元的基础拨款。在1995年，这些中心中有21个在运转，它们有708个产业伙伴[②]：

| 数　　额 | 工程研究中心资金的来源和类型 |
|---|---|
| $51700000 | 来自国家科学基金的工程研究中心项目 |
| $37700000 | 产业：资助、合同、实物捐献 |
| $36700000 | 联邦、州和大学的其他基金 |
| $37000000 | 产业会费：现金 |
| $178900000 | 共　　计 |

来自个体产业伙伴的现金捐助平均只有2.4万美元，却买到了具有重大价值的工程研究通道以及与中心的研究人员的许多互动。这些中心被大学预见到并被国家科学基金会审查过的技术可能性所驱动。被邀请的企业根据它们各自的爱好分享这一盛宴，如果食物适合

① Salter and Martin, "Economic Benifits", p. 520; Michael Gibbons 等人, *The New Production of Knowledge* (London: Sage, 1994), 各处; Frieder Meyer-Krahmer 和 Ulrich Schmoch, "Science-Based Technologies: University-Industry Interactions in Four Fields," *Research Policy* 27(1998): pp. 835-851, 尤其是 pp. 840-841; Roessner, "Outcomes and Impacts," p. 11。

② Linda Parker, "The Engineering Research Centers(ERC) Program: An Assessment of Benefits and Outcomes"(National Science Foundation, 1997年12月), pp. 2, 7。按照一个参与者的说法，"与有限的参与成本相比，收益非常大"(同上，p. 8)。

口味,成本仍然是最小的。①

在产业-大学合作研究中心的项目中,杠杆机制在相反方向起作用。国家科学基金会几乎是作为有草根支持的合作中心的促进者在行动。大学教授有积极性(通常有国家科学基金会规划的资助)去组织一群企业来资助某个特定领域的研究。全额资助的国家科学基金会最初能提供的年度资助额为 1 万美元(后来是 7 万美元),为期五年,但最小的产业资助额必须是 30 万美元。2000 年,这些中心只从国家科学基金会收到 520 万美元,从其他来源,主要是从产业收到 6800 万美元。很清楚,除政府补贴外,这些中心不得不满足产业的真正需求。政府补贴在这种情况下很大程度上只是服务于组织性的目的:鼓励并提供中心形成的方式,以及为通过国家科学基金会的程序和评估提供强有力的管理框架。②

产业-大学合作研究中心的一个已终止的州版本在结构上非常类似工程研究中心。国家科学基金会的资金必须由州配套一次,第二次由产业的参与者给予配套,产业对那些由咨询委员会决定的基金资助的核心研究项目只提供 1/3 的资金。也鼓励企业通过直接的资助和合同的方式支持另外的项目。当这两种类型的中心成员被要求比较收益和成本时,说收益、很大、比较大、相等、较小的人数大致相同。③不过,占多数的肯定性回应表明企业对价格很敏感。因此,公共补贴看来是增加产业在通用研究中投资的一个重要因素。

这些项目和个体中心都经受过国家科学基金会的严格评估,但并未试图把它们作为公共或私人投资来评估它们的整体影响。企业的继续参与和增设的中心的开张,好像是产业成本效益的通用性证明,至少在补贴价格上。企业报告的收益与上面所列举的增强功能非常

① 绝大多数的工程研究中心提供不同的成员资格,以最大限度地鼓励产业参与。相对昂贵的中心提供的是“执行、科研和试验”三类成员资格,分别收取 25000 美元、15000 美元和5000 美元的费用。最便宜的中心可能收取正式成员 5000 美元,准成员(associate memberships)只需要 1000 美元。从任何指标看,参与并不贵,中心标榜提供“杠杆作用”能让成员有机会获得价值几百万美元的 NSF 资助和大学的科研支持。详细内容见 www. nsf. gov/pubs/2000/nsf00137/start. htm。

② NSF,“Industry/University Cooperative Research Centers Program”(http://www. eng. nsf. gov/iucrc/Program/Program. htm).

③ Roessner,“Outcomes and Impact”,p. 13.

一致。[①]

到目前为止,最大数量的参与者报告说从"对新想法或窍门的接近"中获益。其中一个参与者提到获得了"我们感兴趣的领域内世界范围内的信息渠道",另一个参与者说"来自工程研究中心的主意转化成了我们部门的开发计划"。40%的工程研究中心成员和33%的产业-大学合作研究中心成员雇用了中心的学生或研究生,并报告说对这些雇用有很高的满意度。对大学仪器的接近和学习研究技能也被当作收益进行报告。对许多参与者来讲,获得直接的技术帮助无疑是个重要结果,只有很少的参与者(10%)能从专利或特许中直接利用知识产权。超过半数的工程研究中心成员报告,有点没预料到的收益是"与同在工程研究中心的其他参与企业增加的互动"。

这些结果是中心及其成员间互惠关系的产物。因此,体验过这种特殊收益的公司的百分比不能充分反映这些中心的价值。例如,与满意度强烈相关的因素是企业内部对工程研究中心的研究——绝非自动的技术转化阶段——的组织接受能力。平均而言,每年有1/6数量的成员资格因各种原因不再延续了。另一方面,并不令人吃惊的是,从成员资格中获得的收益与参与时间长短及积极参与工程研究中心研究的程度有强关联。那些留下来的成员无疑是处在那些30%~40%之中的参与者,它们报告说,对工程中心研究的参与增加了它们的竞争力,并有助于新产品或新工艺的开发。

政府对这样一些项目的满意度更是模棱两可。20世纪80年代,这波热情退潮。从1990到1994年,国家科学基金会没有再建立新的工程研究中心,随后一年,国家科学基金会对整个项目做了评估。不过,从那以后,对这种做法的支持反弹了。产学合作再次成为政策焦点,国家科学基金会选择性地强调中心所例证的跨学科合作研究。在1996年和1998年,每年都有5个新的中心开设,2000年又多增了4个。尽管在州里,大学-产业中心在政治上大体上变得不太受欢迎。

目前州难以为继的产业-大学合作研究中心项目例证了这种状况。[②] 州发现,除要对来自国家科学基金会和产业的资金进行配套外,

---

① 下述总结的收益数据来自 Parker,"Engineering Research Centers";以及 Roessner,"Outcomes and Impacts"。

② 1996年NSF就IUCRC项目开设了三个新的中心,但是此后不再处理新的申请。

它难以对州在这些项目上的开支合法化。暗含的议题似乎是投资要瞄准刺激州的而不是国家的经济发展。到最后，州的项目明确试图吸引更小的企业，更可能是当地的企业。实际上，大概有45%的州内成员符合这个标准。[①]

不过，小企业很少适合中心的范式，它们内部的研究在范围和规模上都有限，很少能承担增强功能的责任。它们通常需要确切的和快速的结果，这不是学术研究的长处。而且，许多企业需要技术帮助以生产专有产品。

州似乎断定，至少从短期看，它们自己的经济利益通过技术帮助项目要比通过支持技术开发能更好地得以满足。20世纪90年代的大部分时间，大部分的州项目从前些年建立的大学中心撤出，投资到非大学项目的技术支持中。[②] 要正确地评价事情的转向，就要从更大的大学-产业研究关系的视角去看待中心的作用。

如在宾夕法尼亚州立大学那样，许多传统的对大学研究的产业赞助是通过中心发生的。[③] 有很好的理由来说明这点。中心倾向于建在需要研究的领域，中心经常拥有独特的研究能力，并且，与学术核心的隔离将摩擦降到最小。中心有吸引企业的可见性，还有处理这些企业需要的管理能力。

为了鼓励和资助中心而产生的联邦和州的项目是建立在这一被证实的模式上的。设立中心的意图很明确，是为了扩大互动范围。中心试图通过合作和技术路径转换来改变工程研究的文化，并将这些活动赋予价值。毫无疑问，这些目标在某种程度上实现了——这些技术开发提升了美国产业可得到的生产技术存量，或从更理论化的观点讲，弥补了通用研究上社会投资的内在不足。

不过，州撤回对这些项目的支持是另一组经济因素的征兆。就像企业面临着获取在基础研究中的投资回报的问题一样，州和地区也面临着通过经济发展获取对研究的公共支持的回报的挑战。这种状况

---

① Roessner, "Outcomes and Impact", pp. 12-14.

② Coburn, *Partnerships*, pp. 51-53.

③ 这也是Cohen等人得到的关于"大学-产业研究中心"(University-Industry Research Centers)的结论，他们的样本包含了20世纪80年代建立的得到联邦和州资助的中心。

可能也抑制了社会在发现上的最优投资。[①] 假定经济报酬有更大的保障，州和地区将会更有动机去补贴，从而激励产业对与大学的合作研究进行更大的投资。这样，技术开发的总投资将会进一步扩大。

## 5.5 提振增强功能：区域经济发展

当考虑研究、技术和经济发展之间的联系时，硅谷总是会被作为高科技创新驱动狂热的经济增长的最令人赞许和最值得研究的案例被提及。观察家们已确定了这一结构的组成成分，包括在应用研究中的军事和产业投资、创业精神、制度网络、人力资本和社会资本，以及毗邻国家三所杰出的研究型大学。[②] 但这一案例中的投入本身不能解释结果，关键是如何让它们在一起发生作用。这种过程被比作独立的经济——创新基础(creative infrastructure)，即将技术以及企业家的理念转变成“有着产品和顾客并运转着的公司的基础”。[③]

研究可能只是这种经济的一种投入，但它与创新基础的关系是讨论的焦点。这样的基础获取了研究投资的很大部分的溢出。[④] 使大学在经济发展中起到更大作用的政策制定者满怀希望地预期硅谷奇迹的出现。研究型大学毫无疑问推动了安娜堡、亚特兰大、奥斯汀的发展——这是一些显著的例子。不过，使研究对当地经济影响最优化的关键却处在这个创新基础中的大学之外。

地方和全国的联系有着重要作用，联通全国和国际网络的重要性已强调过了。地方纽带的重要性主要来自人际间的互动。大学、产业研究人员以及企业家之间的互动密度越高，“基础”将越具活力和创造

---

① 也就是说，对产业而言，科研的私人回报要低于社会回报；对州和地方而言，区域回报要低于国家(也许是全球)回报。从经济学角度看，后一种情况被称为“地理溢出”(geographic spillover)；见 Salter 和 Martin，“Economic Benefits”，p. 318。

② Martin Kenney, ed., *Understanding Silicon Valley: The Anatomy of an Entrepreneurial Region* (Stanford, Calif.: Stanford University Press, 2000); Anna Lee Saxenian, *Regional Advantage: Culture and Competition in Silicon Valley and Route 128* (Cambridge, Mass.: Harvard University Press, 1994). 在讨论这一问题时，硅谷(Silicon Valley)和波士顿郊外的 128 公路(Route 128)经常被成对地进行讨论。然而，Saxenian 认为大学在前者扮演的角色更加突出(pp. 66-68)。

③ Martin Kenney and Urs von Burg, “Institutions and Economies: Creating Silicon Valley”，出自 Kenney，*Understanding Silicon Valley*，pp. 218-240，引文见 p. 224。

④ 关于溢出效应和本地化的文献总结，见 Salter 和 Martin，“Economic Benefits”，pp. 517-520。

性。[1] 互动的特征非常重要。汉斯·魏勒(Hans Weiler)认为,硅谷的特征是大学与产业行动者的亲密关系以及体现在结果上的他们之间的互惠性交流。[2] 另一项对区域创新体系的研究发现,研发强的区域,除与其他研发强的区域互动外,也从与当地大学的互动中学习到很多。作者得出这样的结论,这样的区域必须成为"一个好的学习者,也就是说,它从其他重要的区域源泉以及当地的源泉中广泛地学习"。[3]

创新基础的作用增加了理解产学关系的一个维度。当与先前描述的安排结合起来时,就显示出图 5.2 所示的过程。该图首先假定在基础性和通用性的学术研究之间存在着互惠关系。通用研究主要通过产业研发实验室服务于产业研究的增强。路径 A、B、C 代表与传统模型相联系的过程。每一条路径都会导致大学和产业的互惠性互动。对大学而言,这些关系为研究、教育以及学术和产业科学家之间知识上有价值的互动带来了额外支持。产业的利益主要来自允许它生产新的和改良产品的增强效果。这些路径中的差异是投资方式和对经济回报的占有。

路径 A 代表大学和企业间传统的研究关系。企业根据它们自身对成本效益的估计来购买大学研究的使用权,收益主要表现为内部研发的增强形式,或者偶尔表现为内部研发的替代形式。

路径 B 代表通过对技术开发的公共补贴得到的学术研发的净增加。受补贴的中心的较低成本和这些中心与产业关联的焦点激发了来自企业的额外研究投资,但从这些技术中得到的收益是整个产业范围上的,并非只限于当地。

路径 C 代表地方性的"创新基础"。这里,互动密度通过倾向于建立新的技术企业的以及这些企业实际的存在增加了。因为在有产品

---

① 支持这一点的研究,见 Salter and Martin, "Economic Benefits", p. 519。

② Hans Weiler, "Proximity and Affinity: Regional and Culture Linkages between Higher Education and ICT in Silicon Valley and Elsewhere", in Marijk vander Wende and Maartin van de Ven, eds., *The Use of ICT in Higher Education: A Mirror of Europe* (Utrecht: Lemma Publishers, 2003), pp. 277-297.

③ Michael S. Fogarty and Amit K. Sinha, "Why Older Regions Can't Generalize from Route 128 and Silicon Valley: University-Industry Relationships and Regional Innovation Systems," 出自 Lewis M. Branscomb, Fumio Kodama and Richard Florida, eds., *Industrializing Knowledge: University-Industry Linkanges in Japan and the United States* (Cambridge, Mass: MIT Press, 1999), pp. 473-509,引文见 p. 491。

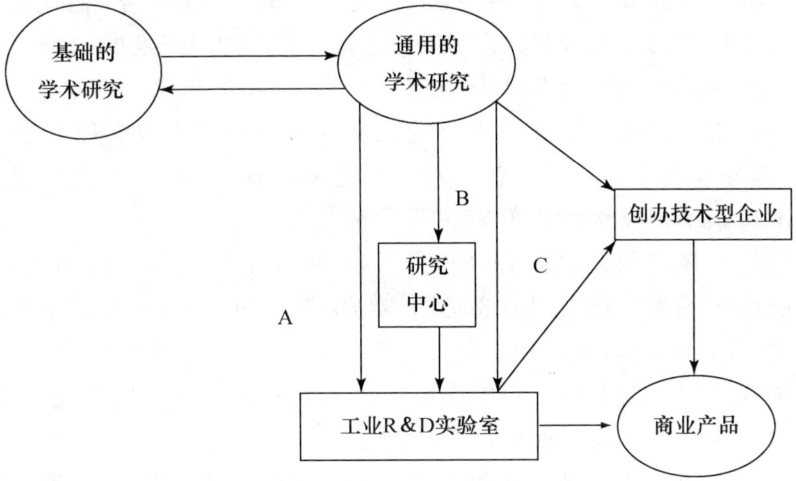


图 5.2 从学术研究到产业生产的路径

出售之前通常需要大量的研发,这些企业承担了与已设在公司中的产业实验室相同的媒介功能。在硅谷,这样的企业主要诞生在产业实验室,但作为副产品的企业(spin-off firms)也是由学术企业家创立的。如果有密切的关系和互惠,学习将会全方位发生,商业副产品也可能会增加。最重要的是,经济溢出会累积,并主要保留在区域内。这些经济回报对大学来说创造了额外的投资来源和激励。

全部三种路径可以同时运作,并且,大多数的大学在某种程度上参与了这些互动。对 21 世纪初期的大学来讲,路径 A 和 B 相对成熟。也就是说,可预期路径 A 会与经济一道扩展,路径 B 会扩展现有的得到公共补助的中心。因此,最具吸引力、召唤着大学且不受限制的选择一直是路径 C,在区域经济的发展上开发拓展研究角色的增效作用。硅谷模式不可能被复制,但那一"奇迹"是基于数十年前采取的战略行动。[①] 全国更具雄心的研究型大学已经在探测并试验它们开辟自己迈向这一目标的道路的可能性。

当前引起"硅谷效应"的战略部分地是 20 世纪 80 年代技术转化的激励工具的拓展,主要是建立与大学相关的研究园区及商业孵化

① 除战后对国防科研的投入外,还包括建立了斯坦福研究所、斯坦福工业园以及将斯坦福创建为顶级研究型大学的许诺。见 Kenney, *Understanding Silicon Valley*; Leslie, *Cold War*; 以及 Geiger, *Research and Relevant Knowledge*, pp. 118-135。

器。大学创立或整修了一些技术转化和知识产权办公室，但这些机构是用于处理内部发现的，并不必须定向于当地的经济发展。[①]

大学的研究园区集中体现了 20 世纪 80 年代的技术转化潮流。第一个研究园区可追溯到更早的时期。斯坦福工业园区创办于 1951 年，部分地是为了利用大学令人尴尬的大量地产。研究三角区是刺激北卡罗来纳州经济发展的审慎努力的结果，创建于 1959 年。这两个园区是小规模的园区种群中——1969 年有 13 个园区，1979 年有 24 个园区——最大和最明显成功的。[②] 随着 20 世纪 80 年代技术转化的繁荣，园区数量迅速增加。仅在 1982 年就有 12 个园区开设，并且这种创建速度在随后的六年中得以保持。到了 20 世纪 80 年代末，80％的大学相关研究园区都不足十年。

研究园区的建设意味着数百万美元的房地产开发，资金筹措和管理的许多方法反映了这个产业的实践。有些园区是大学自己组织和开发的，有些园区是大学基金会负责筹组的，政府或法人团体则发起建立其他园区。这些安排以及作为其结果的园区的性质强烈地影响与大学的互动程度。当然，园区的基本原理是大学与产业并置将会产生互动，这对大学、企业和地方经济来说是共同受益的互动，特别是涉及教师。因此，运行原理是接近（propinquity）——空间的接近将导致这些富有成效的互动发生。

与研究园区的租客有联系的教师很少，教师的参与是高度变化的。尽管如此，教师参与还是有规律地发生着，并有助于研究园区效果的产生（effectiveness）。不过，园区规划者和管理者都珍视的结果还没有产生出来。研究园区似乎在通过专利或组建创业公司以激励教师企业家方面所做甚微。而且，教师和租客之间的关系主要是传统

---

① 创建与大学相关的风险投资基金是促进经济发展或者从经济发展中获利的又一策略。风险投资基金不包含在本次讨论中。本次讨论也不考虑大学的总体经济影响。见 Michael I. Luger 和 Harvey A. Goldstein，"What is the Role of Public Universities in Regional Economic Development?"，载于 Richard Bingham 和 Robert Mier，eds.，*Dilemmas of Urban Economic Development*，*Urban Affairs Annual Reviews* 47（Thousand Oaks，Calif.：Sage，1997），pp. 104-134。

② Michael I. Luger and Harvey A. Goldstein，*Technology in the Garden*：*Research Parks and Regional Economic Development*（Chapel Hill：University of North Carolina Press，1991），pp. 76-99，122-154，187-191. 界定与大学相关的研究园的两个特征——大学节点和科研——常常需要解释。即，大学的参与是象征性的，研究园被纳入办公室或工业园中。因此，总体数量只能是一个估计。

的那种——通过研究和咨询传播通用的知识,或者更宽泛地说,是包含在增强功能中的角色。①

在大多数的情况,接近未能创造出硅谷特色的亲密关系和互惠。尽管最有效果的研究园区与研究型大学有着密切联系,这种状况下经济增长的真正源泉好像是大学本身。毫无疑问,在其他有利条件缺失的状况下,研究园区自身几乎不能产生经济影响。尽管它们全部的角色似乎是积极的,在大多数情况下增加了当地的就业②,但增加的职位距离培育成区域性的技术化社会还很遥远。

商业孵化器的情况有点不同。③ 这些机构是为了给初创公司提供帮助而建立的,可能与大学的研究相联系,也可能没有联系。这些机构自身对资本的需求很低,经常是在已不使用的建筑物内开办的。这种安排的重要目的是为了让租客将成本控制得尽可能低。孵化器与大学的联系可能比研究园区与大学的联系更少,租客更不可能彼此分享技术。但是如果投资小的话,经济收益几乎是纯增加的。此时,大学也能够增加对当地经济的贡献。

当技术转化的繁荣在 20 世纪 80 年代末开始衰退时,明显地出现了一定程度的反省。关于研究园区最全面的研究认为,园区已建得太多,并暗示许多园区应被视为是失败的。④ 从 1990 到 1996 年,新园区的开办下降到每年 5 家,并且这些还主要是从 20 世纪 80 年代发起的项目的结果。毫无疑问是过度悲观了——不切实际的期望的后果像乌云一样笼罩着大学研究。不久,关于学术研究和经济发展之间联结的正确评价,连同一些关于园区和孵化器潜在贡献的更为关键的思考开始苏醒了。

20 世纪 90 年代末,因特网的繁荣再次激起了对一些幸运地区繁

---

① Jeffrey A. Bastuscheck, "Faculty Roles in University Related Research Parks" (Ph. D diss., Pennsylvania State University, 1996).

② Lugar and Goldstein 分析了 45 个研究园的就业增长情况。他们发现,其中 16 个产出为正,14 个相较而言为负。见 *Technology in the Garden*, pp. 49-75,尤其是 p. 62。

③ 该讨论假定那些租金相对较高的研究园区迎合的是发展较好的产业。而孵化器可以因较低的技术而在更便宜的环境下运行,所以能够面向新办企业。实际上,许多研究园区把为新办企业服务视为使命的一部分,但是更常见的情形是大学同时兼具上述两种特征,因而确立了它们的特性。

④ Lugar and Goldstein, *Technology in the Garden*。这个详细的研究发现研究园区有许多有价值之处,但是在 20 世纪 90 年代的大环境下,这一发现得到的是负面的解释。作者本身对建立另外的研究园区持非常谨慎的态度。

荣的惊异。无疑，比接近和额外增加工作岗位更重要的东西在起作用。经济地理学家将这一现象归于聚集作用(agglomeration)经济学。他们认为，因为不计其数的生产者之间的密集互动，总产出在扩大的同时，生产力倾向于提高。① 企业从它们周围的环境中吸取资源要比它们从内部发展出这些资源容易得多。这对从通用研究中生产的知识来说，也是正确的：最前沿的、基于研究的知识太过庞大，不能在除垄断企业外的任何公司内化。企业外部的交易越密集，越有多种价值，获取有价值信息的可能性就越大。

大学的规划者不需要这些理论。他们被相同模型催眠成经济地理学家，寻求超越当地经济碎片式增长模式的方法，引导大学及其伙伴之间的协同互动(路径 C，图 5.2)。他们预想开展一种自给式的发展，这种发展对所有的相关方都有益，但主要是为大学带来额外的资源。因此，在 20 世纪 90 年代晚期，在利用技术转化促进经济发展方面出现了新的起点。

## 5.6 百周年校园

北卡罗来纳州立大学新的百周年校园(Centennial Campus)激进地推进产业与学术相结合的观念，毫不掩饰地期望着创造一个“技术化的社会”，百周年校园也是使北卡罗来纳州立大学成为全国领先的政府赠地大学之一的战略的一部分。② 20 世纪 80 年代，大学幸运地得到了紧贴着它狭促破旧的主校园的一大块土地，这块空地被用于学术扩张，也为创建研究园区提供了机会。随着时间的推移，这两个目标融合为大学和知识消费者之间伙伴关系的新景象。

初始阶段最困难的障碍是诱使产业参与进来。北卡罗来纳州立大学使用州的基建拨款开始开发校园。第一栋建筑物安置了纺织学院，第二栋主要安置了工程研究中心(Engineering Graduate Research

---

① 从技术上讲，内部经济性低，企业将交易内部化的积极性弱；外部经济性大，可以为获取企业外的资源提供激励。参见 Allan J. Scott, *Technopolis: High-Technology Industry and Regional Development in Southern California* (Berkeley: University of California Press, 1993), pp. 25-28。Saxenian 指出了类似现象，将之称为“网络系统”(*Regional Advantage*, pp. 150-156 以及各处)。聚集是一种早已有之的现象，首先由 Alfred Marshall 在 *Principles of Economics* (1920)中进行了分析。

② North Carolina State University, “The New NCState: Becoming the Nation's Leading Land-Grant Institution,” June 2000.

Center)。两个单位与产业都有联系,并进一步扩展了用于国家纺织中心和三个国家科学基金会大学-产业研究中心的联邦资助的研究互动。而后,州支持了这些努力,授权大学发行自筹经费的债券以求进一步发展,这使大学为私人租客开发研究空间成为可能。无论是由公司或是由大学的机构占有,在这一基础上建造的建筑物必须能产生足够补偿这些成本的收入。

当一流的公司选择落户校园时,百周年校园才算是迈出了门槛。最开始的是瑞典的 ABB 公司,然后是朗讯科技和 Red Hat 公司,为企业办公室和研究实验室创建它们自己的建筑。在这些例子中,决定坐落位置的关键因素是与教师和学生密切互动的机会。这些大公司的落户使大学对那些较小的企业更具吸引力。

大学也逐渐把学术单位重新部署到校园中。到 2005 年,工程学院被全部安置到百周年校园里。到 2002 年时,校园已容纳了 65 个公司和政府实体以及大学的 70 个研究机构或系。它计划等充分发展后能容纳 12500 名公司和政府雇员(是 2002 年人数的五倍)以及相似数目的北卡罗来纳州立大学的学生、雇员和教师(是 2002 年人数的三倍)。①

这些计划数字的对称性显示承租人(基本上都是来自于产业)被给予了同等地位。例如,承租人被给予与师生相同的校园特权。实际上,互动是最重要的原则。与未来的承租人或者"伙伴"的协商以圆桌会议开始,讨论他们设想如何与大学互动及建立互补性关系。承租人委派自己的"伙伴开发商",后者监督并促进这些接触。大学伙伴关系办公室(Partnership Office)也帮助促进在寻求专门知识的承租人和寻求与产业接触的科学家之间的联系。大学的全部设计意在促进正式和非正式的接触,校园被组织成四个研发邻居:先进材料、先进通讯技术、生物科学/生物技术、环境技术(还没建立)。大学的教室中间散布着产业办公室和实验室。另外,演讲和社会活动意在增加互动。

从产业观点看,百周年校园最大化了前面讨论过的学术研究的增强收益。当然,领域密集或领域广延的专门知识触手可及,合伙开发商能帮助建立这样的联系。也许更有价值的是对人力资本或个人提

① NCSU,"Centennial Campus Facts," 2002。整体的发展被设想为一个社区,配有居民住宅、学校、会议中心和高尔夫球场。

高的潜力。产业研究者可以通过正式安排的课程或非正式的接触丰富他们的知识。承租企业可以雇用学生、研究生或博士后。作为一项额外收益,他们有权使用大学的所有精密仪器。大学鼓励他们利用所有这些优势——不需要特别的谈判。

从局部看,北卡罗来纳州立大学已经收益颇多。尽管这种对产业的拥抱并非在所有的大学都被很好地接受,但考虑到其区域上临近学术领袖杜克(Duke)和位于查布尔希尔的北卡罗来纳大学(NUC Chapel Hill),北卡罗来纳州立大学除强调它的赠地传统和文化外几乎没有什么资源。在工程和计算机科学以及食品和兽医科学方面,该大学已发展出了很强的项目。传统上,它的研究定位更多是私人消费而非学术圈内的消费。

旧校园被罗利城(北卡罗来纳州首府)所环绕,整修翻新的时机已成熟。百周年校园不仅提供了扩展的空间,也提供了复兴的理论基础,用于开发校园的公私伙伴关系已经被证明很有效。财政上,大学通过从承租人处获取的收入以及对大学空间而言的赞助研究的间接成本补偿,很大程度上养活了自己。北卡罗来纳州立大学是当代少数几个没有医学院但能持续获得研究份额的大学之一,新建的百周年校园做出了重大贡献(占总数的 1/3)。大学强烈相信这一模式的效力,在 2002 年宣布复制它的总规划来发展以兽医学院为中心的独立的百周年生物医学园区,将采用借款与个人资金相结合的类似方式,预期研究会有显著增长。①

百周年校园通过基建及新的招聘,毫无疑问对罗利地区及环罗利地区的经济活动做出了贡献。大学更大的渴望是去激发能产生持续发展的拥有创业文化的"创新基础"。为达到这一目的,它试图创造出作为关键要素的大批创新性科学家,并为他们的互动提供合适的渠道。校园有商业孵化器和风险资本基金来推动这些可能性。这些积极性使北卡罗来纳州立大学因技术转化,特别是孵育创业企业,一跃获得全国承认。② 它的大学-产业合作的工作模式产生了比别处存在

---

① "NC State's Next Big Bio Bet: Centennial Biomedical Campus", *Results: Research and Graduate Studies at North Carolina State University* (Spring 2002)": 1-2.

② Charles G. Moreland, "New NC State", p. 15; Louis G. Tornatzky, Paul G. Waugaman and Denis O. Gray, *Innovation U: New University Roles in a Knowledge Economy* (Research Triangle Park, N.C.: Southern Growth Policy Board, 2002), pp. 43-53.

的碎片式努力要更多的技术革新和技术转化，并且挑战了与产业的密切关系会危及学术诚信的普遍观点。

根据大学副校长、百周年模式的设计者查尔斯·G.莫兰德(Charles G. Moreland)的观点，在学术自由或知识产权这些事上，没有损害的问题。大学在强势位置上与产业打交道，唯一可行的政策是持续地、一致地高举学术标准。而且，这一模式没有教师的合作与支持也不可能成功。这些教师认为，校园不是反映商业价值的房地产开发而是学术传统占支配地位的真正校园。产业似乎也这样认为。所有的迹象表明，企业重视学术气氛，尤其是它们从丰富的学术环境中得来的增强收益。①

批评者和拥护者之间可能有一点共识：百周年模式所假定的密切合作需要教师大量的时间和努力的投入。支持者——在这一文化中茁壮成长的教师成员——发现这些努力在智力上和专业上很有刺激性。对为学科做贡献更感兴趣的学者们则感觉不同，并且不可能满意这样的环境。因此，百周年模型并不容易在其他大学进行复制。不过，虽然北卡罗来纳州立大学只是代表光谱的一极，但它为大学和经济的发展照亮了道路。②

## 5.7 雅玛库

佐治亚州采取了一条不同却并不新颖的道路。州以促进经济发展的目的推进大学-产业合作，主要是利用大亚特兰大的扩张以及地区对发展高科技产业的渴望。同样重要的是佐治亚理工学院的存在，这是一所独特的聚焦于技术的学院。没有它，那些渴望就难以实现。③

像许多州一样，佐治亚州在20世纪80年代采取措施推进大学研

---

① 2002年4月12日作者对科研和研究生教育副校长 Charles G. Moreland 以及北卡罗来纳州的百周年校园协调人 Robert Geolas 进行了采访。百周年校园在这方面的目的是重建校园聚集的条件，尤其要形成有利于紧密互惠的校园环境。这一点，Weiler 在“Proximity and Affinity”一文中有所强调。百周年校园模式带来的融合和互动已经在犹他州研究园区得到了发展。见 Tornatzky, Waugaman and Gray, *Innovation U*, pp. 138-139。

② 另一方面的批评来自商业：不公平竞争。房地产开发获得了公共资助，它并不欢迎区域的竞争者。在本文写作之时，罗利地区的酒店已经阻止了原本计划的会议中心的建设，尽管这一项目在财政上是可行的。

③ 关于背景，参见 Geige, *Research and Relevant Knowledge*, pp. 283-295。下面的内容摘自作者对 Robert McMath 的访谈，2001年5月24日，以及对 Provost Michael Thomas 的访谈，2001年5月25日。

究。州长研究会(Governors Research Consortium)从1986年到1990年支持了多个专门的大学中心的创建,通常是提供建筑或设备。项目期满后,一群亚特兰大的商人试图维持这一努力,也重新点燃了州的兴趣。他们创建了作为非营利社团的佐治亚州科研联盟(GRA),由12个佐治亚州公司的执行总裁和州的6所主要大学的校长管理。[①] 有州长的支持和州的拨款,佐治亚州科研联盟对成员大学的研究能力进行战略投资。到1999年,州(79%)和私人(21%)超出3亿美元的资金用于创立"杰出学者"席位,并支持基础研究设施。那一年,州、大学和产业伙伴的盛大联合宣告了更为雄心勃勃的事业的到来。

在前一年(1998年)的大部分时间里,一群科学家、顾问、大学和市政领导秘密会晤,设计出聚焦高科技产业发展和就业的战略。该团体的代码是雅玛库(Yamacraw),项目保留了这个代号。该团体得出这样的结论:宽带无线电通讯系统、器件和芯片的设计是最关键的技术,在这方面亚特兰大和佐治亚州可能形成相对优势和国际领先地位。产业蓬勃发展,亚特兰大拥有庞大的产业基础,设计工程师出现短缺。他们推测,如果佐治亚州的大学能提供技术和人力资本,产业将围绕这些资源发展。州保证在5~7年的时间里拨1亿美元,雅玛库项目在2000年开始实施。[②]

州立大学是这个创造高科技职位的精心设计的方案的关键要素。大部分的资金被指定用于在8个参与院校中设立84个教师席位。这些职位意在吸引那些能在三个至关重要领域内与学生和教职员一起开发并提高技术的杰出研究者,这三个领域分别是:宽带通路硬件、嵌入软件和系统原型。产业会员被这一项目吸引,希望接近这一技术,但大小公司有着不同的成员资格条件。要加入进来,企业必须承诺为雅玛库毕业生创造特定数目的职位(正式成员100个,新成员20个),并且要付名义上的年费(2.5万美元和5000美元)。大学预见到这三个领域每年将新增400~1000名毕业生。为做到这些,大学在课程中

---

① Richard S. Combes and William J. Todd, "From Henry Grady to the Georgia Research Alliance: A Case Study of Science——Based Development in Georgia", *Georgia Research Alliance*, 1999。这些大学是佐治亚理工学院、佐治亚大学、爱默里大学、佐治亚州立大学、佐治亚医学院和克拉克-亚特兰大大学。

② Matt Kempner, "The Yamacraw Mission: State Secrets", *Atlanta Journal Constitution*, Jan. 13: p. 13.

增加了雅玛库项目授意的科目,这一步大大超越大多数的经济发展项目。[①]

这一项目的初始目标是为设计类专业人员创造2000个额外职位,仅仅两年,1000个新的职位已填满,另有2000个职位已有许诺。项目进行到一半时,64位雅玛库教师和200多名研究人员就已经就绪。一半的职位是佐治亚理工学院创设的,那里的电子工程和计算机科学系与这一机会的配合很理想,并且这种类型的专门的独立组织的研究机构在那里是常态。

雅玛库的教师和研究人员通过正规的学术出口提供并发表他们的研究。不过,具有潜在专有价值的发现是在会员的封闭会议上公开的,在那里,期望这些发现能进一步发展成为专利许可或者是开办新企业。风险资本基金也帮助建立新企业。总而言之,短时间内,雅玛库项目创造了庞大的、极有才干的、相互作用的、聚焦于技术创新特定领域的科学共同体。[②]

雅玛库项目的规划、设计和执行提供了一个成功的经济发展政策的教科书案例。不过,2001年,当大萧条吞噬电讯产业时,丑陋的现实开始闯入视野。2001年,州扣下了其余教授席位的基金,一些成员公司的雇用目标也延迟了。与遍及产业界的灾难相比,雅玛库项目仍未受影响。

有两个教训看起来很明显。第一,经济发展策略中的百搭牌(wild card,指未知因素——译者注)就是经济状况。当大学致力于经济发展,并将它们的行为限定在特定产业时,它们将自己暴露于因经济的变幻莫测而不断增长的风险中。第二,雅玛库通过聚焦前沿研究和专家人才培育战略,避免了许多潜在攻击。换句话说,雅玛库不是职业培训计划,而是在人力和智力资本上的投资。尽管电讯装备暂时过量,这种资本仍保留着它的价值。而且,对大学而言,这一投资是极其多产的,因为它扩展并开发了大学做得最好的那些方面。

佐治亚理工学院可能是雅玛库的主要受益者,但也有大量的滴漏效应。区域的公立大学能吸引到比以前更好的教师和学生。佐治亚

---

① *Yamacraw Forward* (Apr. 2002):8;佐治亚理工学院通过继续教育为雅玛库提供了大量的单元课程:*Yanmacraw Forward* (Apr. 2001):13.

② 对 Yamacraw 教育主任 Richard J. Lebalnc, Jr. 的访谈,2002年4月16日(www.Yamacraw.org)。

理工学院仍是这一项目、大多数研究以及雅玛库设计中心的永久建筑所在地。对佐治亚理工学院来讲，雅玛库是寻求创建国家一流的公立技术大学的又一个基础成分。佐治亚理工学院有一半多的教师在工程学和计算机科学学院，它因其工程学的使命而骄傲，该使命总是包含了对经济发展的承诺。[①] 学校不仅旨在开发新科技，还要确保这些新技术为产业所用。佐治亚理工学院具有这一目标的单位与州的那些单位纠缠在一起，它的发展进而被州的政策所推进。

佐治亚州的大学系统以学时为基础资助它的院校，这与高成本的研究型大学不同，后者已从州培育高科技产业的愿望中获益。为了这些目的，州一直愿意在质量方面进行投资。因此，佐治亚州科研联盟和雅玛库项目允许佐治亚理工学院增加那些基础拨款从未覆盖的卓越的学术中心。并且，这些增加是因它们对技术发展的贡献而被战略性地选择出来的。

佐治亚理工学院也幸运地从州在高等教育方面的另一投资中受益——希望奖学金（HOPE Scholarships）。免费的诱惑对招收佐治亚州高能力的学生有着强烈影响。在佐治亚州诸多的学习选择中，理工学院是一项顺理成章的选择。学院已成为最具选拔性的公立院校之一，吸引着来自本州及全国有才能的申请者。

尽管如此，大部分因佐治亚理工学院的全盛而获得的好评还应归于学院自身。它已经在教师中间培育出了创业文化，并且依靠这些教师的主动性来开发并传播技术。管理权很大程度上下放了，允许相关单位保留大多数从研究中创造的收入以循环产生新项目。并且，这种资金可补充支持聘任的额外教师。无论怎样计算，佐治亚州都已经从它在佐治亚理工学院的投资中获得了丰厚回报。

佐治亚理工学院渴望成为“21世纪的科技大学”，这个目标甚至比北卡罗来纳州立大学还要高。[②] 两所大学都代表了远远超越与产业互动的较早模式的范例。20世纪80年代，大学与商业联系的增长在那

---

① 一项全国性的研究发现，为达到这一目的，院校都争取排在全国前列，都想将其项目综合化。见 Tornatzky、Waugaman and Gray，*Innovation U*；佐治亚理工学院大量的项目在第27—44页有相关说明。这一研究中的创新型大学是由40名专家组成的小组推荐的，“佐治亚理工学院很惬意地得到了最多的专家提名”。

② G. Wayne Clough，“Shaping Futures through Innovation：2001 State of the Institute Address”，Oct. 2001.

时被解释为“机会主义”，意在利用具有商业价值的偶然发现。[①] 大多数大学的努力是计划系统地识别并利用这样的机会，它们极少倾向于创造新的机会。百周年校园模式和雅玛库模式以及那些喜欢这些模式的大学，正是被筹划着做这些的——建立能扩大技术开发机会的联系和文化。它们深思熟虑，旨在产生聚集效果。在这里，大学、产业界研究者和工程师之间增强的互动水平将显著地扩大大学的研究范围和输入产业的技术创新数量。与较早的消极的大学模式——后来被认为是正当化的怀疑主义不同，这些新范式真正发挥了作用：既促进了学术，也促进了经济发展。

它们也塑造了或者说可能大大地扩展了新的学术角色，相对于零星的或偶然发现的角色而言，这是种或多或少可持续性的角色。就它带来的所有好处来讲，这一发展代表了大学-产业合作的扩展，这已超出了增强功能的作用，更接近于商业化。

## 5.8 生物技术和技术转化的商业化

在 20 世纪的后 1/4 时间里，生物技术领域发生了重大的科学革命。在科学上，这一发展可与从 20 世纪 40 年代到 60 年代原子能的开发和利用相提并论。不过，在经济上，结果却大相径庭。原子能导致了巨大的、政府主导的武器和电力产业。尽管仍然存在，这些努力不但范围受限，而且在很长时间里一直在收缩。相反，生物技术给农业和人类健康的基础产业带来大量的希望，只是刚开始开发其潜在的应用。生物技术不可避免地与这些经济活动连在一起。尽管大学的主要责任是推进生物科学的进步，也不可能将这一努力从它影响到的巨大产业中分离出来。

生物技术这个术语对在分子水平上理解生命过程的革命是恰当的名称。这一领域的基础研究依赖于处理基因的和其他分子材料的新技术。最初的突破发生在 1973 年，当时赫伯特·博伊尔（Herbert Boyer）和斯坦利·科恩（Stanley Cohen）完善了基因接合技术：重组 DNA。他们取得了发现的专利权，这成为该领域的经典范例。后续发现和进展不胜枚举。他们的作用不仅是扩展了理解，也打开了进一步

① Geiger, “Ambiguous Link”, pp. 289-291.

研究和有着潜在应用价值的广阔的科学领域。[①]

21世纪伊始，生物科学家们活跃于多个前沿领域，包括分离单基因表达（功能基因组）和测定它们所控制的蛋白质产品中的蛋白质作用。作为一场科学革命，生物技术聚焦于生命的共同基础，因此使先前的生物学划分过时了。做了最透彻研究的生物体包括酵母、大肠埃舍利希氏杆菌、果蝇和斑马鱼。不过，最大的科学奖励和最大的经济回报在于人体生物学和医疗保健业。具有象征意义的是，全部人类基因组在2001年被一公司项目和一学术项目同步破解。

生物技术是无数生物医学科学企业中最为生机勃勃的组成部分。这一领域一方面被国家卫生研究院支配，另一方面被大的医疗保健公司所支配。国家卫生研究院在20世纪90年代早期出现小额的预算增长后，它的拨款在五年内倍增，2002年超过230亿美元——15%的增长率，令人回想起20世纪60年代的黄金时代。这些资金大多数用于资助主要是大学和大学附属医学中心的研究项目。另外的计划以其他方式支持生物医学的研究和培训。大学因此成为国家卫生研究院基金的主要接收者。

产业用于生物医学研发的支出甚至更大——在2001年估计有300亿美元——并且增长迅速。[②] 最大的支出者是辉瑞（Pfizer）公司，该公司1996年的研发拨款不足20亿美元，而2001年的研发拨款就达到53亿美元。在辉瑞之后是一长串的制药巨头，设在美国或别的什么地方，几个成熟生物技术企业的销售额达10亿美元或更多，各种各样的医疗用品公司、医疗保健业聚集在一起。尽管如此，小的和中等规模的企业也在这一巨大的产业中发挥了重要作用，包括稳定的基

---

① Gerald D. Laubach恰当地将之命名为“新生物学”，它远远超过了DNA重组：“产业研发管理的前景”。见Nathan Rosenberg, Annetine C. Gelijns and Holly Dawkins, eds., *Source of Medical Technology: Universities and Industry* (Washington, D.C.: National Academy Press, 1995) pp. 209-218，特别是pp. 213-214。为了讨论方便，“生物技术”(biotechnology)代表新生物学，由于过于复杂，故不在此详述。

② Pharmaceutical Research and Manufacturers Association, “Pharmaceutical Industry Profile, 2001”(http://www.phrma.org/), Chapter 2; Darren E. Zimmer, “Medical R&D at the Turn of the Millennium”, *Health Affairs* (Sept.-Oct. 2001): 202-209.

于大学的创业公司流。① 在美国，医疗保健支出超过 1 万亿美元，任何有用的创新都可能从中分得一杯羹。

大学的生物技术和更广泛的生物医学研究因此处于极重要的科学革命和生机勃勃的有利可图的高科技产业的汇合处。这一领域的科学潜力确保了对研究的充分支持，这些支持不仅来自联邦政府，也来自产业、州、慈善事业和大学自身。它对商业发展的明显潜力已经不可避免地把大学拉入到了与商业的联系之中。

塑造那些联系的生物技术的最显著特征是分子生物学的基础研究和潜在的商业应用之间的直接连接。这看上去是个内在条件，但却受到社会的和法律的因素的强大影响。最具决定性的是专利在界定和控制知识产权上的重大角色。因此，在生物科学的学术和商业两翼之间的关系上，专利占据着关键点。

这种关系代表着生物技术的第二个基本特征：取代了学术和产业科学家之间明确的劳动分工，这一领域已演变成单一科学共同体的两个分别组织的部分。科学合作和竞争穿流于这两个部分，这一流动产生了许多后果，尤其是它促进了这一领域的商业化。

第三个基本特征是生物工程移向大科学（Big Science）。几乎是从一开始，生物技术就需要研究人员团队把分子生物学与诸如遗传学、免疫学、病毒学等专业领域连接起来。这一领域的发展已结合了更多更复杂的手段以及先进的计算。在最前沿，生物技术研究现在需要大的团队、团队之间广泛的互动以及大的资本投资。分开来看，没有一个特征是生物技术所独有的，但是合在一起，它们创造了代表学术科学特殊案例的一组条件。②

---

① 对 1995 年的回顾，见 Enriqueta C. Bond and Simon Glynn，"Research Trends in Support for Biomedical Research and Development"，载于 Rosenberg、Gelijns 和 Dawkins，*Sources of Medical Technology*，pp. 15-40。作者们在报告中指出，1993 年有 1272 家生物技术公司（235 家为上市公司）（第 26 页）。

② Michael Gibbons 及其同事对"模式 2 科学"（Mode 2 Science）的描述（出自 *The New Production of Knowledge*）在很大程度上模拟了生物技术，尽管资本的重要性在他们的分析中似乎被忽略了。作为当代科学的特征，与生物技术一样，模式 2 科学存在很多问题。本分析首先从术语本身探讨生物技术，然后将它的特征与学术性的科学联系起来。

## 5.9 专利和许可

长期以来，当有价值的发明来自大学实验室时，大学就介入进来，抓住这些不多见的机会申请专利。1912 年，研究公司（Research Corporation）设立，帮助大学利用这样的机会。1925 年，威斯康星的科学家捐赠的可获利的维生素 D 专利成为威斯康星校友研究基金会的基础。1970 年以前，每年授予大学的专利不足 200 个，少于总数的 0.5%。不过，到了 20 世纪 90 年代，取得学术专利是研究型大学主要的当务之急，尽管仍少于全国总数的 2%。学术专利的取得与产业专利的取得在特征上有所不同，生物医学科学专利的申请开始居主导地位。

专利授予其所有者排他性地使用发明的权利，以二十年为期。因此，它允许企业家排除模仿者来生产和销售新产品。这种简单的描述掩饰了专利在经济中的角色的局限性和复杂性。专利在保护那些个别的和易于界定的创新时最有效。相对于对生产过程的保护，它们对产品的保护更有效。因此，对化学制品和药物来说，专利的影响是主导性的，在这里，相关条件都具备。然而，全国最大的专利种类是电子和机械，在这些领域，专利扮演着多种角色。

除防止复制外，专利被用来阻止相关产品的开发、建立谈判地位、排除侵权诉讼和赚取专利使用权的收入。韦斯利·科恩（Wesley Cohen）及其同事所做的研究发现，“获得专利权最多的公司不相称地关心诉讼预防和在谈判中使用专利”，并且“利用专利来赚取专利使用权的收入是（企业）申请专利时最不重要的理由”。[①] 但是，对大学而言，专利使用权的收入很可能是专利申请的首先和最重要的理由。[②] 对它们来说，专利不是生产产品的方法，专利就是产品。

在 20 世纪 80 年代中期，经过二十年的停滞后，美国授予的专利

---

① Wesley M. Cohen, Richard R. Nelson and John P. Wash, "Protecting Their Intellectual Assets: Appropriability Conditions and Why U. S. Manufacturing Firms Patent (Or Not)", Working Paper 7552, National Bureau of Economic Research, Cambridge, Mass., Feb. 2000，引文见第 18 页。

② Richard Jensen and Marie Thursby, "Proofs and Prototypes for Sale: The Tale of University Licensing", Working Paper 6698, National Bureau of Economic Research, Cambridge, Mass., Aug. 1998. 专利许可收入对教师没有太大的激励，教师更喜欢将专利作为增加科研赞助的手段（同上，p. 7），这种特征也许在工程学和物理学上更明显（见下）。

数开始不均衡地增加。到20世纪90年代后期，总数已经翻倍到近150000个。这些专利大多数被授给机械或与电子有关的发明，药物和医学专利继续少于10%。同一时期，学术专利数非常迅速地增长，从大约500个增加到2500个。药物和医学专利是这一增长的主要驱动者，在学术专利中从18%增长到46%，但这些数字没有充分反映出它们的重要性。药物和医学专利无疑为主要参与者提供了大部分的专利使用权收入。1997年，对那些持有最高专利权使用费的20所高校来讲，81%的收入来自生命科学专利（见表5.2）。[①] 没有这些意外之财，难以支撑现在的学术专利申请规模。

20世纪70年代，在少数高校如斯坦福、麻省理工学院和加利福尼亚大学，出现了获得更多学术专利的趋势。[②] 20世纪80年代的新发展迅速席卷了大多数的研究型大学。除生物技术革命外，生物医学研究更多的资金以及对技术转化的普遍热情、专利申请的特定变化使其对大学而言更具吸引力。1980年以《贝耶-多尔法案》著称的《专利和商标修订案》(《公法》96—517)是个开端。

这一法案允许大学保留联邦资助研究的发现的所有权，当时2/3的学术研发是由联邦基金资助的。因此，它扩大了大学专利申请的潜在范围，也使大学变得更积极。最普遍的信念是，专利保护的缺乏抑制了新技术的发展，也因此削弱了经济的发展潜能。这一信念通过一系列加强知识产权和鼓励大学发明商业化的措施不断被转化为公共

① Charles Weiner, "Patenting and Academic Research: Historical Case Studies", *Science, Technology, and Human Values* 12 (1987): 50-62; Rebecca Henderson, Adam B. Jaffe and Manuel Trajtenberg, "University as a Source of Commercial Technology: A Detailed Analysis of University Patenting, 1965—1988", Working Paper 5068, National Bureau of Economic Research, Cambridge, Mass., Mar. 1995; Association of University Technology Managers (AUTM), *AUTM Licensing Survey: FY 1999* (AUTM 2000); Walter W. Powell 和 Jason Owen-Smith, "The New World of Knowledge Production in the Life Sciences", in Steven Brint, ed., *The City of Intellect* (Stanford, Calif.: Stanford University Press, 2002). 根据 *AUTM Licensing Survey: FY 1996* (AUTM 1997),所报告的专利收入中80%来自生物医学。

② David C. Mowery, Richard R. Nelson, Bhaven N. Sampat and Arvids A. Ziedonis, "The Growth of Patenting and Licensing by U. S. Universities: An Assessment of Effects of the Bayh- Dole Act of 1980", *Research Policy* 30 (2001): 99-119; Gary Martin, *Technology Transfer and the American Research University* (New York: Macmillan, 1990).

政策。①

1982年的法庭裁决(Diamond vs. Chakrabarty)对生物技术来说特别重要,这个裁决支持对设计出来的生命形式申请专利——后来扩展到对基因物质。事情的转向使得积极申请专利事实上对大学来讲变得不可抗拒。除最高的特许使用费诱惑外,技术转化形式作为对经济发展的责任进入了公共政策。并且,知识产权法允许对更一般的概念申请专利——这种类型的专利更可能从基础学术研究中产生。

大学主要是通过建立它们自己的知识产权或技术转化机构来对这些信号做出回应。尽管在《贝耶-多尔法案》之前只有20所大学拥有这样的机构,20世纪80年代,有59所大学建立了办公室,包括本研究中的大多数大学;到了20世纪90年代,有另外的53所大学也这么做了。② 这些后来的进入者以前是把发明公开提交给研究公司或其他专利管理组织,但新的技术转化办公室(TTOs)鼓励科学家们寻求更多的专利。一方面,这些办公室负责征求并评估来自院系发明者的公开成果,另一方面通过专利系统的"迷宫"管理着这些发明。它们的技术和资源范围直接影响着教师透露潜在的可取得专利的发现的倾向,也影响着大学专利的投资收益率。③ 无须诧异,完善的办公室显示出对这些任务比新手更熟练,但新手和老手都对学术专利授予的年度数到20世纪80年代末膨胀到1000项做出了贡献。

许多分析家以怀疑的态度接受20世纪80年代学术专利申请的

---

① 这一观点的正确性以及继而制定的政策有效性受到了Mowery等人的质疑。见"Growth of Patenting," pp. 116-118。增强专利的其他步骤包括:建立联邦巡回上诉法院(1982),听取专利案件的上诉,并最大限度地支持专利持有者;"而且在20世纪80年代至少有14个关于增强知识产权保护的议会法案获得了通过"(同上,p. 103)。也可见Risa L. Lieberwitz, "Science and the University"("University Science Research Funding: Privatizing Policy and Practice"会议论文,Cornell Higher Education Research Institute, 2003年5月), pp. 15-23。

② 有关专利的数据来自AUTM, *Licensing Survey: FY1999*。

③ Jason Owen-Smith,"Public Science, Private Science: The Causes and Consequences of Patenting by Research One Universities"(Ph. D. diss., University of Arizona, 2000); U. S. General Accounting Office (GAO), *Technology Transfer: Administration of the Bayh-Dole Act by Research Universities* (May 1998).

繁荣。[①] 对大多数大学来说,小规模的专利申请是项昂贵的副业,并且难以做好,这就是为什么专利管理组织被用来完成这一任务的原因。独立办公室要花费相当多的管理费,一项专利申请的费用在20世纪90年代平均近14000美元。一项一鸣惊人的专利可能会带来巨大回报,因为起作用的首先是最好的理念,填写更多的专利申请表也不可能产生更多的大收获(big hits)。

批评家们至少在两点上可能是正确的,但他们漏掉了另外两个相当重要的因素。一个是来自生物技术专利权使用费的巨大潜力。主要是因为来自生物医学专利的收入,20世纪90年代的专利许可权收入的增长速度大约是大学专利申请增长速度的两倍。批评家们也未能预见到技术转化办公室是如何适应专利申请的计算法的。逐渐地,在决定什么时候和什么东西要申请专利时,他们将专利许可置于其他所有的考虑之上。标准实践被调整了,这样一来,专利许可协议在专利申请前就能做出来。当美国专利和商标办公室在1995年采纳临时专利(provisional patents)时,这一实践得到极大支持,它允许发明者以合适的成本保护知识产权一年。[②] 临时专利对大学来说很理想,它们用12个月的保护时间寻找愿意支付正式专利成本的被许可人。到了20世纪90年代末,被许可人支付了大学为获得专利所花费的1亿美元账单的40%多。[③]

批评家们的预见在另外两件事上是可信的。

第一,大学的专利申请增长速度看起来没有增加重要的学术专利数,但它确实大大地扩展了边缘性的专利的数目。1980年以前,根据引用模式判断,学术专利平均来讲比公司专利更重要和更普遍,到20世纪80年代末,这个差异消失了。领袖型大学的专利总的质量有所下降,新出现的专利在很大程度上价值较小[④],因此增加的专利申请看起来确实回报减少了。

---

① 那些强调难于从专利中获益的解释包括,Geiger,"The Ambiguous Link";以及 Irwin Feller,"Universities as Engines of R&D-based Economic Growth: They Think They Can", *Research Policy* 19(1990): 335-348。

② 临时专利很明显得到了关贸总协定的乌拉圭回合协议的推动(GATT Uruguay Round Agreements)。(http:// www. uspto. gov/web/offices/pac/provapp. htm)。

③ AUTM, *Licensing Survey*: *FY* 1999; GAO, *Technology Transfer*, pp. 46-75.

④ Henderson ed al,"Universities as a Source," pp. 14, 21-23.

**表 5.2 获得专利许可收入最多的 16 所大学，摘选数据，1999**

| 大学 | 研发排名，2000 年 | 许可使用权收入/百万美元 | 生命科学所占百分比 | 专利发布 | 总的有效许可证和期权 | 产业研究/百万美元 | 新创公司 |
|---|---|---|---|---|---|---|---|
| 哥伦比亚大学 | 25 | 95.8 | 85.7 | 77 | 706 | 3.4 | 5 |
| 加州大学系统 | [a] | 80.9 | 66.0 | 281 | 1078 | 177.6 | 13 |
| 佛罗里达州立大学 | 92 | 57.3 | 97.0 | 5 | 20 | 0.7 | 1 |
| 耶鲁大学 | 29 | 40.8 | 98.7 | 37 | 237 | 14.4 | 3 |
| 斯坦福大学 | 8 | 40.1 | 81.9 | 90 | 872 | 41.3 | 19 |
| 华盛顿大学(UW) | 5 | 27.9 | 80 | 36 | 207 | 57.4 | n. a |
| 密歇根州立大学 | 42 | 23.7 | 99.6 | 63 | 134 | 11.2 | 1 |
| 佛罗里达大学 | 26 | 21.6 | 98.8 | 58 | 124 | 34.9 | 2 |
| 威斯康星大学 | 2 | 18.0 | 75.1 | 79 | 346 | 16.1 | 4 |
| 麻省理工学院 | 12 | 17.1 | 69.9 | 154 | 565 | 83.1 | 17 |
| 埃默里大学 | 46 | 16.2 | 58.2 | 44 | 82 | 7.5 | 4 |
| 纽约州立大学系统 | [b] | 13.6 | 95.5 | 53 | 298 | 17.5 | 3 |
| 哈佛大学 | 23 | 13.5 | 94.9 | 72 | 388 | 12.2 | 2 |
| 贝勒医学院 | 24 | 12.5 | 98.4 | 25 | 221 | 17.6 | 0 |
| 纽约大学 | 55 | 10.7 | | 30 | 30 | 7.7 | 2 |
| 霍普金斯大学 | 1 | 10.5 | 99.7 | 111 | 370 | 46.9 | 7 |
| 合计，所有大学 | | 675.5 | 80 | 3079 | 15203 | 2178.2 | 275 |
| 16 所大学占总体的份额/(%) | | 74 | 84.8 | 39.5 | 37.3 | 25.2 | 30.2 |

来源：*AUTM Licensing Survey*：*FY1999*；生命科学所占百分比来自 *AUTM Licensing Survey*：*FY1996*；R&D 的资料来自 NSF，2000 data；霍普金斯大学的数据包括 APL。

[a]. 加州大学系统 R&D 排行——洛杉矶：4；圣地亚哥：6；伯克利：7；旧金山：9；戴维斯：17；欧文：67；圣芭芭拉：88；河边：108；圣克鲁兹：128。

[b]. 纽约州立大学系统 R&D 排行——布法罗：53；石溪：63；奥尔巴尼：109。

n. a.：数据不可得。

第二，只有少数新来者能复制目前专利领先者的成功。跃居顶端的院校——哥伦比亚大学（1982 年的技术转化办公室）、华盛顿大学（UW，1983）和埃默里大学（1985）——将它们的成功归功于生物医学专利，其他大学很可能也是这样。

实际上所有与专利相关的分布测量仍是高度有偏的。例如，1999 年，前 20 位大学得到的许可收入占所有这些收入的 74%；具有最多有效许可和特权的 20 所大学拥有总数的 61%；前 20 位专利权授予者公布了所有学术专利的 46%;20 个最大的技术转化办公室雇用了 44% 的专利许可的专业人员。① 每一类别的大学都不相同,但它们大量重叠。表 5.2 列出了学术专利申请的领先者以及那些有着最强的商业联系的领先者。

大学的专利和许可权收入有时候被用作涉足经济的指标。从表 5.2 的数据看,它们能否代表不同于专利和许可的东西是值得怀疑的。有两个因素能对此进行说明。第一,从它们的性质看,甚至在大扩张后,专利是学术研究特殊的副产品。② 其他结果,如获得非常大的专利权使用费和开办新企业,仍是很特殊的。③ 第二,这些结果高度局限于某些领域——工程学、生物技术以及医学领域,如外科学和药剂学。因此,表 5.2 所描述的比较关系呈现的是部分大学非常不同的发展和完全由外在于大学的因素所决定的技术的商业性评价。

表 5.2 描述了 1999 年总的许可权收入超出 1000 万美元的那些大学。因为有一些重型专利的巨额收入,主要是在生命科学领域,这一量度是最偏的。哥伦比亚将其位居顶端的地位归功于 Axel 专利——用于蛋白质商业生产的基因转化工艺。哈佛在 1996 年获得的大部分专利使用收入来自心脏成像造影剂。华盛顿大学(UW)将其专利报酬归功于生产 B 型肝炎疫苗和干扰素技术。这样的大赢家在专利申请努力更小的大学里更是引人注目,例如佛罗里达州立大学开发的抗癌药红豆杉醇和密歇根州立大学的抗癌药剂。④

除重大专利的影响外,学术专利申请的偏斜特征似乎反映出存在着一个活跃的成功的大学精英群体。这些院校在专利发布上持续排名在前十位,并且在数量和质量上一直在扩大着它们的累积优势。这

---

① AUTM, *Licensing Survey*: *FY* 1999。2000 年,按可比数量计算,顶级的科研人员承担了大学研发的 37%。

② 一份对 6 所专利申请很活跃的大学的相关院系学术人员进行的初步调查显示,1/3 的学术人员在过去的十六年向大学 TTO 提交了一项发明。2%的学术人员是活跃的发明家,他们在八年或稍长的时间里披露了发明。根据这些数据,学术人员对其发明的披露变得越来越常见了。见 Jerry G. Thursby and Marie C. Thursby,"Patterns of Research and Licensing Activity of Science and Engineering Faculty",Cornell Higher Education Research Institute(2003 年 5 月)

③ William D. Gregory and Thomas P. Sheahen,"Technology Transfer by Spin-off Companies versus Licensing",载于 Alistair M. Breit 等人编 *University Spin-off Companies*: *Economic Development*, *Faculty Entrepreneurs*, *and Technology Transfer* (Savage, Md: Rowman and Littlefield, 1991), pp. 133-152。

④ GAO, *Technology Transfer*.

些院校——加利福尼亚大学(将它的九个校园作为一个系统)、麻省理工学院、斯坦福大学、哥伦比亚大学和威斯康星大学——早早就建立了专利申请办公室,发展了有助于专利申请程序的校园文化,在生物技术学上建立起强势地位。[①] 它们也有能力投资专利申请办公室对专业人员的聘用。实际上,即使不考虑加利福尼亚大学的多校区,少数院校在专利申请上的持续的支配性领导力也很明显。

在所有有助于专利申请成功的因素中,技术转化办公室的组织看起来是最易复制的。实际上,绝大多数的一流大学已建立了这样的办公室,而且,那些迅速建立起技术转化办公室的院校已实现了专利申请的最大增长。1999 年,有 50 所大学各获得 20 个或更多的专利,有 20 所大学各获得 40 个或更多的专利。这些院校六年前的可比较数字是 18 和 5。专利申请精英的持续优势在最珍视的结果——许可收入和开办新企业方面是很明显的。欧文-史密斯(Owen-Smith)所做的关于这一现象的研究认为,负责专利申请过程的技术转化办公室专业人员的经验和专业知识与教师的兴趣和文化是一致的。相比之下,较小的、经验较少的技术转化办公室倾向于像科层机构那样运行,导致延迟、不方便和僵硬的决策。欧文-史密斯总结道,最重要的是,高效且有影响力的技术转化办公室使专利申请与学术科学更匹配,而不是更像科层机构办公室那样很狭隘,只是聚焦于创收。[②]

表 5.2 的专利申请领先者培育了目前最多的创业公司。尽管这样的公司比专利更为少见,它们在专利申请和经济发展之间建立了最丰富的联系。创业公司是大学专利和小企业之间更大连接的表现。《贝耶-多尔法案》实际上包含着这样的条款:小企业将得到开发大学发明的优先权。这一优先权从来没有被结合进大学的政策中,但大学

---

① Jason Owen-Smith 的"Public Science, Private Science"为这些问题以及专利程序的性质提供了有价值的见地。不过,有关精英群体不断增长并积累优势的观点是有问题的。例如,AUTM 的数据显示,这里提到的 5 所大学在 20 世纪 90 年代共占学术专利数量的 30%。

② Jason Owen-Smith,"Public Science, Private Science",第四章。作者写道,对优秀的专利发明家而言,"规模大、资金充足并且经验丰富的专利权办公室允许学术人员有弹性的时间表,对员工的企业家精神很少约束,给予相对快速的周转、透明化的内部关系,以及有良好组织结构的团队,这些都使得[专利申请的专业人员]更加专业"。相反,在非精英机构,他发现,资金不足以及人员不足的办公室经常因长时间的拖延、不便利的时间表、不严格的报告、有限的风险应对能力以及缺乏对学院专利多样化需求的理解而备受批评(p. 178)。后一种情况,作者指出,一些发明就从"后门"溜走了,独立进行商业化。应该注意到通常期望 TTO 能够自给自足,结果可能是资源不足导致不能成功申请专利并陷入恶性循环。

专利的大部分许可状是由小企业或创业公司执行的。① 这一现象就其性质来说，可能会产生除此外不会发生的经济活动。有关这一现象的解释阐明了学术专利申请的多个方面的情况。

对学术专利的调查发现，“超过75%的持有许可证的发明只不过是个概念(48%没有可用的原型)或者是实验室规模的原型(29%)的证据”。② 一些结果随之而来。首先，这种发明的价值大多数在最初是不确定的，其价值只是在随后的发展中才显现出来。因为这个原因，大多数的学术发明需要在市场上交易，审慎地卖给潜在的被许可人。最有效的技术转化办公室依赖于教师发明者和他们的网络去建立这种接触。大多数的专利许可证是与有单一兴趣的企业谈判而不是拍卖给热切的出价人。其次，大学报告说，小企业更属于这种状况，换句话说，它们怀着开发专利产品的希望，比大公司更愿意投入时间、努力和资源到一项未被证实的发明中去。③ 因此，小企业提供了最直接的通向经济的渠道。最后，这些发明的理论性质创造了这样一种状态，即教师发明者的继续投入对产品的最终开发而言是必需的。④ 最后这个事实有着大学不能忽视的含意。

拥有教师身份的创业者自然地就将对新公司的承诺与发明者的投入结合起来，但所有这些是以大学最重视的资源为代价得到的。在生物技术最初的繁荣期，斯坦福大学校长唐纳德·肯尼迪抱怨说大学正在失去“部分人员”。⑤ 大学除了容忍这种状况外别无选择，因为试

---

① 1999年为63%，*AUTM Licensing Survey*: *FY 1999*，p. 90。

② Richard Jensen and Marie Thursby, “Proofs and Prototypes for Sale: The Tale of University Licensing,” Working Paper 6698, National Bureau of Economic Research, Cambridge, Mass., Aug. 1998, p. 5. 12%的学术发明是“准备应用于实践或者用于商业用途的”。

③ “小型企业比大企业更积极上进，对新技术的市场化更感兴趣”(密歇根大学)；见GAO, *Technology Transfer*, p. 59。

④ Robert A. Lowe, “The Role and Experience of Inventors and Start-ups in Commercializing University Research: Case Studies at the University of California,” Research and Occasional Paper Series (Berkeley, Calif.: Center for Studies in Higher Education, University of California, Dec. 2002).

⑤ GAO, *Technology Transfer*, pp. 53, 60; Owen-Smith, “Public Science, Private Science,” pp. 213-224. 对教师创办公司的抵制仍然存在。哈佛大学希望创办新公司不是专利权应用的首选，哈佛的制度规定可能不利于这种形式(GAO, *Technology Transfer*, p. 6)。霍德华·休斯医学研究所(Howard Hughes Medical Institute)认为，如果教师企业家和与大学实验室有合作关系的同一公司有个人金钱上的利益关系，两者是不能同时兼容的。见Thomas R. Cech的讨论，Sonnenschein, *Research University and Future of the Academic Disciplines* (Washington D. C.: Association of American Universities, 2001), pp. 37-38。

图阻止它,可能将意味着失去所有那些人。不过新近,专利领袖们似乎已得出结论:通过促进创业公司,它们得到的比失去的更多。通过对筹划公司并有可靠资金的教师企业家给予支持,大学可以将失去的教师降到最少,同时提高公司成功的机会。在麻省理工学院,开办创业公司的可能性是依据对(专利)公开情况的最初评估考虑的,大约10%的发明者会选择这一路线。这样的安排现在代表了最好的实践,并明显出现在北卡罗来纳州立大学和佐治亚理工学院以及其他院校的经济发展策略中。通常,技术转化办公室会分析发明的相关公开情况以设计最好的商品化策略。如果创业公司是可供的选择,大学会在组织、筹资并管理公司方面提供帮助。

另外,大学以增强新公司生存能力的方式逐渐对专利许可协议进行结构化。实践上,这通常意味着接受股权,而不是享受专利使用报酬。对那些需要产生即时收入以支撑自身运转的技术转化办公室而言,这样的方式几乎没有吸引力。专利领先者又一次灵活地采取长期观点,也许做出更有利于创业企业和大学的安排。①

最后,根据表5.2,也许会推断出在学术专利申请和学术研究的产业资助之间不存在或者存在很弱的关系。(在拥有大量专利的大学中,大约一半在做相当大数量的产业研究,另一半则没有。)这样的结论突出了大学-产业研究联系的传统模式与生物技术新出现的模式之间的二分。也许恰当地说,这样的结论看起来只有一半是正确的。

对学术发现申请专利,在物理学和生命科学领域服务的目标相当不同。② 在这两个领域,科学家都申请专利来保护他们的发现,并以这些发现作为获取更多资源的强有力基础。但在物理科学领域,专利通常几乎没有货币价值。科学家和工程师们乐于将专利用作议价筹码来和产业实验室建立联系。这些联系主要是为某个科学家自己的研究带来好处:相关产业研究的可及性、尖端设备的捐赠、研究资助和对

① 下面的讨论是从 Owen-Smith 所做的案例研究的结论中总结得到的,该案例研究见"Public Science, Private Science", pp. 165-186。

② Owen-Smith,"Public Science, Private Science",pp. 213-216; Lynne G. Zucker, Michael R. Darby and Jeff Armstrong, "Intellectual Capital and the Firms: The Technology of Geographically Localized Knowledge Spillover," Working Paper4956, National Bureau of Economic Research, Cambridge, Mass. Dec. 1994.

研究生的支持。物理科学领域,专利申请的效果是与产业和学术研究之间传统的劳动分工相一致的。生命科学领域,专利更有利可图,专利带来金融资本,进而推进研究过程。在一连串的研究中,专利对获取风险资本或大的产业投资至关重要。规模也很重要。能够获取这些形式支持的生命科学家们有能力扩大他们的实验室和研究人员,发表更多,并更有效地竞争国家卫生研究院的资金。

物理和生命科学家们的不同行为在创业公司的开办中尤其明显。物理科学家和工程师们承认这两种文化的存在。当他们被诱入作为副产品的企业时,他们通常会告别他们的学术责任,全心全意地致力于他们的商业角色。对生命科学家来说,这是更普通的事,他们几乎总是保持着他们的学术职位,并同时追求两种角色。① 不同的方法反映了这些领域中的不同现实。工程和物理科学领域还保持着传统模式。学术研究,无论是基础性的还是通用性的,都充当着产业研究增强作用的源泉,但这两个领域基本上是分离的。产业更喜欢在它自己的实验室里开发产品,无论是否申请专利。两边都有很多东西提供给彼此,有助于补充各自的任务。

相反,在生物技术领域,学术和产业实验室的科学大体上是相同的。② 最好的头脑可能在大学,但是他们可以被雇用到。产业的金融资源仍然允许一些科学任务在产业中得到更有效的实施。关系不只是互补性的,也是累积性的——研究网络越宽越深入,就可能越富有成效。在这样的环境中,用其他产业利用商业机密和首发优势的方法来内化知识生产就很困难。并且,通往多种外部知识资源的途径对发现来讲是必不可少的,无论是否要赢得国家卫生研究院还是食品和药

---

① Walter W. Powell, Kenneth W. Koput and Laurel Smith-Doerr, "Interorganizational Collaboration and the Locus of Innovation: Networks of Learning in Biotechnology," *Administrative Science Quarterly* 41(1996): 116-145.

② 例如,Thomas R. Cech 描述了他在科罗拉多州立大学关于人类端粒酶基因的发现是如何得到"一名瑞士博士后、一名日本研究生、一个位于得克萨斯的合作者实验室、一台海德堡的大光谱测定仪,另外还有门罗帕克(Menlo Park)一家生物技术公司"的。这并不罕见,"有大型的国际公会参与,推动这些项目进行"。见"Biology's Revolution: Opportunities and Challenges for Universities," 载于 Sonnenschein, *Research Universities*, pp. 5-14,引文见 p. 12。

物管理局的认可。① 生物技术这一与众不同的特征在帮助解释这一领域不同寻常的发展上比专利申请的作用大。

## 5.10 生物技术和生物资本主义

学术和商业学掺合在一起,这对生物技术而言绝非独特。在其他高科技领域,产业曾一度在研究中攫取了首位(如 20 世纪 70 年代晚期的微电子学)。生物技术令人困惑的特征是随后出现的明确的劳动分工的丧失——各自努力范围的丧失。取而代之的是,学术和商业之间的密切互动一直持续着,在产业成熟时也是如此。近期研究表明,生物技术在发展中受到了特殊因素的影响。

当重组 DNA 的基本技术在 20 世纪 70 年代开发出来时,与发表在科学论文中的显性知识相反,相当少的科学家掌握着缄默知识,并从事生物技术研究。林尼·祖克(Lynne Zucker)及其同事的研究证明,这些极少数科学家,也就是这些"明星"们的专业知识,是这一领域商业和学术发展中最为关键的投入。② 明星科学家因卓越的发表生产力而杰出。通过专利申请及与生物科技企业的联系,他们也深深卷入到商业化过程中。因为突破性技术的深奥性特征——新技术产品、缄默知识、复杂性——他们的知识对推进学术理解、训练另外的实践操作者、开发商业产品至关重要。他们中的大部分人做了所有这些事,保持了他们的学术职位,也建立了与新的生物技术公司的联系。

一个有趣的结果是,这一专门知识保持着高度的地方性特征。新的生物科技企业倾向于建立在学术明星们所在的地方。因此,最大的产业群围绕着剑桥、麻省、纽约大都会地区、巴尔的摩/贝塞斯达以及旧金山湾区发展。其次,这一发展模式对两边都产生了真正的协同作用。拥有明星合作者的生物技术企业趋于更成功,拥有商业联系的明星们也有更大的学术成就——发表更多的成果、有更多的合作者、他

① Zucker, Darby and Armstrong, "Intellectual Capital and the Firm"; Lynne G. Zucker and Michael R. Darby, "Star Scientists and Institutional Transformation: Patterns of Invention and Innovation in the Formation of the Biotechnology Industry," *Proceedings of the National Academy of Sciences of the United States of America* 93, no. 23 (1996): 12709-12716; Lynne G. Zucker, Michael R. Darby and Marilynn B. Brewer, "Intellectual Capital and the Birth of U.S. Biotechnology Enterprises," *American Economic Review* 88, no. 1 (1998): pp. 290-306.

② Zucker and Darby, "Star Scientists".

们的工作更多地被引用。这种协同作用明显创造了不寻常的状况:在这里,某一领域领先的科学家支配着面向产业的技术转化。对这种情况可能有很好的解释理由。显然,这些明星们从他们的商业联系中取得的额外资源允许他们进行更多的和更好的工作。[①]

1990 年后,生物技术仍是年轻的生气勃勃的产业,但不再是羽翼未丰。重组 DNA 技术现在可以在任一所重要的大学里学到,但祖克研究中所描述的学术与商业的混合变得更突出,而不是减少了。尽管现在的原因有些不同。根据 W. W. 鲍威尔及其合作者的研究,生物技术企业被知识库的性质所引导,使研发联盟及联系数目不断增多。这些"学习网络",通过知识库的迅速扩展及其分布性质变得必不可少。因为企业不能在内部容纳并控制所有这些重要的相关知识,它们不得不依赖网络来维持积极的学习。[②]

这种情况对学术界的生物技术来讲同样是真实的。假设生物技术企业有先进的科学水平,合作有助于双边的网络学习。这种类型的网络密集接触也通过学术科学家推动了商业行为。与产业同伴的密切互动在本质上确保了具有潜在价值的发现能被迅速鉴别,并被推进到商业化的过程中。结果,大学-产业的联系不再是由于缺乏专门的知识而是由于生物技术的复杂性所形成的密切依赖引起的。

某种意义上,生物技术也许已经为所有的生物医学科学家们建立了涉足商业的模式。特别是,与医疗或制药公司的直接联系在许多部门变成了常规而非特例,甚至在没有生物技术领域所特有的互相依赖的情况下也是这样。也许最显著的是商业产品开发中生命科学教师持续的投入和经济利益。事实上,大多数学术专利的模糊性尚需发明者的持续投入,确保这样做的最有效方法是在产品成功开发中尝试经济激励。[③] 以这种方式,特别是生物技术的教师,更通常的是生命科学的教师,发展了现在广为接受的模式,即在商业化中持有经济权益。

在生物技术学中发展出来的技术转化模式表述在图 5.3 中。表面上看,它类似于图 5.2 中描绘的模式,但差异是根本性的。在前图

---

① Powell, Koput and Smith-Doerr, "Interorganization Collaboration".

② Jensen and Thursby, "Proofs and Prototypes".

③ 生物技术公司投入的资本从 1998 年的 54 亿美元增加到 1999 年的 118 亿美元,再增加到 2000 年的 376 亿美元。生物技术药物的审批,1995 年以前总量只有 19 个,仅 2000 年一年就上升到 30 个。见 Zimmer,"Medical R&D," pp. 206-207。

的传统模式中,转化的知识是中间品。同样,它不拥有内在价值。只有首先转化到产业中,与产业自身的智力资本库存结合起来,生产可销售的产品后,它才能获得切实价值。无论渠道是产业研发实验室或是创业公司,无论所讨论的知识是广泛通用的或是指向特定需要的委托研究的片段,都是这样的情况。

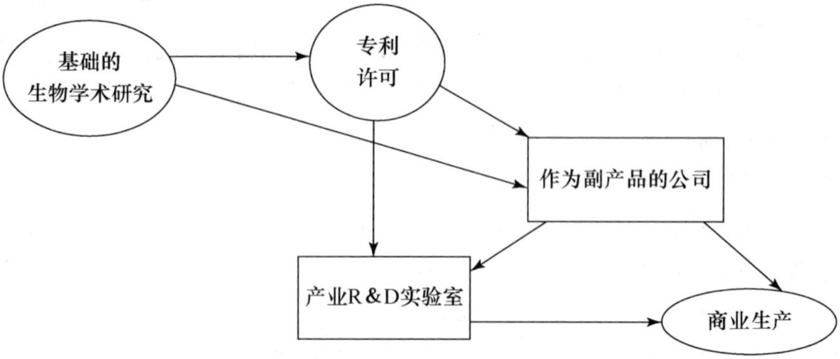


**图 5.3　生物技术:从学术研究到产业生产的路径**

相反,在生物技术中,从大学向产业转化的知识采取知识产权形式。在大多数情况,知识被授以专利并发放许可证给已建立或刚创办的公司。因为知识或者发现仍以处于中间品状态的形式最为常见,产业实验室或作为副产品的公司都需要进一步的工作来开发产品。但在生物技术中,对这一过程的学术兴趣是不同的。传统模式中,大学通过扩展它们的研究活动,并对经济发展做出贡献而获益,结果既有助于声望也有助于服务使命。个体教师通过扩展他们自己的研究和学习,除为学生获得资助和机会外,也得到了类似好处。这些相同的收益在生物技术模式中也存在,但这里还有金融利益的激励。相比较,传统的技术转化模式通过个人接触、赠款、礼物的形式运作,类似于物物交换经济。生物技术代表了资本主义的全盛时期,形式更具特色,这种形式或许该被称为"生物资本主义"(biocapitalism)。

在生物资本主义中,经济角色是由资本的主要来源塑造的:主要但绝非全部来自国家卫生研究院对研究系统的投资;对创业企业来讲的风险资本;在研发中支撑大量投资的跨国制药公司的巨大资金流。学术科学的丰富发现主要是通过对生物医学研究的大量公共投资才得以可能的。这一庞大的补贴使学术研究的成果相当丰富,并且并不昂贵,这也是驱动生物资本主义的燃料。某种程度上,公司直接开发上游学术研究的丰富矿藏(咨询、研究合同和许可证),但正如学术研究的真实状况那样,额外的研发通常要求将发现转向应用。

风险资本已通过为大量生物技术的创业企业提供资金推动了这一步。实际上,这些企业是世纪之交这一生机勃勃的产业中发展最快的部分。[①] 尽管这些企业中有些已经成长为大公司,但绝大多数形成了与众不同的组织类型,主要服务于技术转化。[②] 这些公司占有学术研究的成果,以专利相保护,并把这些成果塑造成中间产品,在与大公司的合作中最经常地对这些中间产品做进一步的开发。[③] 观察家们长期以来一直对生物技术企业与学术环境的类同之处感到吃惊。实际上,它们确实是上游学术创新系统的扩展,因此主要是通过学术企业家,不可避免地与学术科学联在一起。不过,这些生物技术公司是作为至关重要的媒介服务的(见图 5.3)。当它们缺席时,大学和它们的教师面对的商业化压力可能变得更大。

生物技术发现的这两个源泉——大学和生物技术企业——产生出潜在创新的丰饶之角[*]。但是,倘若这一知识的性质极其复杂,公司就必须在内部的研发努力中投入大笔款项,以评估这些发现并选择那些具有潜在价值的进行进一步开发。因此,这些公司也进行着大量的基础研究,并参与更大的网络。[④] 其后,主要依赖学术知识进行知识产权转化的生物资本主义开始向上移动,以便这些发现在向下移动变成潜在产品时能被利用。在经济上,生物资本主义与众不同的特征是上

---

① Bond and Glynn 的报告指出,“绝大多数的生物技术公司是没有什么实质性收入的科研组织,而且……大多数的生物技术公司得到审批后还要花费数年的努力去开发”(“Recent Trend,” p. 26)。

② “它们与学术系统的紧密联系、它们的学院氛围,以及采用以激励为基础的补偿方案的可能性,都给予(新的生物技术公司)在科研上的比较优势”。然而,它们在将产品打入市场上具有劣势。“其结果,许多(新的生物技术公司)只好将它们的技术或者潜在的新产品提供给那些大的公司以寻求科研合作和产品的共同开发”。见 Ashish Arora and Alfonso Gambardella, “The Division of Innovative Labor in Biotechnology,” 载于 Rosenberg, Gelijns and Dawkins, *Sources of Medical Technology*, pp. 188-208,引文见 pp. 191, 192。

③ 同上,pp. 193-199。然而,Zimmer 观察到药物公司必须不断地向生物技术公司寻求创新,这是它们必需的外部采购的研发部分(“Medical R&D,” p. 206)。

* 丰饶之角:在希腊神话中,哺乳过宙斯的山羊角在脱落后盛满了水果,寓指装满其主人希望得到的任何东西的物品。——译者注

④ 关于这些老生常谈的东西的最新例子,见 Eyal Press and Jennifer Washburn, “The Kept University”, *Atlantic Monthly* (Mar. 200): 39-54。

游研究的巨额补助——来自对大学研究的公共和非营利资助以及生物技术企业的风险资本资助。这些资金所产生的创新比通常的资本主义安排可能产生的创新要多得多。

大学通过商业收入的"回流"、产业对研究的支持和对经济发展的公共投资从生物资本主义中获益。而且，这些收入的获得几乎是没有风险的。的确，建立技术转化办公室需要初始投资，申请专利不可避免地会带来法律上的挑战，有时会输掉，但已建立的技术转化办公室会用产生的收入支付一些或全部的开支，有些办公室还为大学产生一些盈余。企业家型生物学家处于类似境况：用其他人的钱进行研究，但也潜在地参与分享来自任何赚钱的发现得到的利润。

人们不该低估开办创业公司或开发一项发明到它最终能产生收入的阶段所需要的能量(energy)。问题在于学术企业家能在做这些事的同时，仍能得到一份舒适的工资。大学和它们的生物学家们都在生物资本主义中占据着有利位置，分享收入但几乎不承担风险。

不过，自 20 世纪 80 年代早期，生物资本主义开始形成时，批评家们就曾告诫说，这种收益的非经济成本是不可接受的。他们谴责学术研究的普遍商业化，认为商业动机与大学作为知识的无私传播者及仲裁者的角色不相容。[①] 这些批评在减缓这一趋势上是无效的，部分地成为驱动生物资本主义的经济因素的力量的证明。批评家们在很大程度上未能理解他们所反对的现象的动力学。

其中最持久的痛惜是商业化将最终窒息无私的研究，例如，"当大学被买走并被分配时，大学里的基础科学将日益受到损害"。然而，已经提供的证据恰恰显示发生了相反的情况。最公认的生物科学家不成比例地参与到商业化中，并利用他们的商业联系扩大和推进了他们的研究范围。

对秘密的顾虑是持久且正当的，尤其是在它威胁要延迟发表或对这些学者进行限制时。虽然并不总是没有困难，已逐渐开发出来实践指南处理这些关切，而且，保护公开发表权的基本问题已经被证明是可处理的。更严重的似乎是生命科学家们故意隐瞒信息。商业化看起来只能承担部分的谴责。对这一现象的彻底研究所得出的结论认

---

① Martin Kenney, Biotechnology: *The University-Industrial Complex* (New Haven, Conn.: Yale University Press, 1986), p. 246. 这是从批判性视角进行的有价值的早期研究。

为,一方面,“数据隐瞒通常……最可能发生在极其迅速的进展中,因为科学家们正在创造大量的新发现,这些新发现刺激了许多谋取科学优先权的手段”,但另一方面,“参与大学研究的商业化,与数据隐瞒增加的可能性显著相关”。[①] 大多数情况下,秘密存在于研究阶段,但这个阶段是很短暂的:在时间太长不能申请专利或不能发表前,必须做出决定。

此外,在更大的图景中,动机似乎已经在相反方向上起作用:为了合作,反对秘密。所有关于生物技术的研究都强调相互联结、网络及互动的重要价值——秘密的对立面。通过广泛而频密的交流,生命科学家们无疑在这一复杂领域收获了更多。[②]

利益冲突是这一整个领域的棘手难题。批评家们担心金钱利益诱惑会腐蚀大学科学家们的专业标准。在报道那些可能影响到公司股价的研究时,一些引起公众注意的案例已促发了对更广泛披露(disclosure)的新需求。这一问题对临床试验而言非常尖锐,临床试验根本不是研究,而是产品测试。批评家们总是指出同样的广为传播的丑闻。[③] 尽管学术信誉的相同标准应该在临床试验中居支配地位,但它们所代表的在本质上是种商业行为,与学术研究非常不同。

研究中的利益冲突,相对于商业贿赂而言,更是人类的弱点问题。教师角色需要遵守朝向学生、同事及自身领域的专业标准。这些标准通常被外部资助系统、被同行和被科学奖赏系统强有力地支撑着。考虑到在不违反这些标准的情况下能够大量地参与商业活动,超过底线似乎是不明智的。将金钱动机置于学术责任之上的教授,通常在大学之外更快乐一些,并且迟早会离开大学。加州理工学院校长戴维德·巴尔的摩(David Baltimore)在陈述那些“独立奋斗取得成功”的生物技术企业的商业含义时,大概表达了共识观点,“他们产生了许多很深

---

① Eric G. Campbell 等人,“Data Withholding in Academic Genetics: Evidence from a National Survey”, *Journal of the American Medical Association* (Jan. 23/30. 2002): 473-480,引文见 p. 479。数据保留的理由既有科学的(对将来出版的保护),也有常见的理由(与生物材料有关的问题),但并不容易与商业化联系起来。

② 如果科学家觉得他们自己网络之外的研究人员没有可交换的信息,他们也许就不愿意与这些人员分享重要数据。

③ Thomas J. Tighe, *Who's in Charge of American's Research Universities? A Blue Print for Reform* (Albany: SUNY Press, 2003), pp. 152-156; Derek Bok, *Universities in the Marketplace: The Commercialization of Higher Education* (Princeton, N. J.: Princeton University Press, 2003), pp. 144-151.

的利益冲突,其中许多已经能够被轻松解决”。[①]

但是,许多批评家仍提出了一个基本的、在根本上是种规范性(normative)的异议:参与商业活动与大学的目标追求和传播知识的基本承诺是相矛盾的。今天的美国大学从不会拒绝以无私方式促进知识进步的崇高使命,但它将被迫拒绝任何的不相容。

大学履行大量的角色。它们欢迎技术转化和经济发展的增强作用已使它们与经济相联系,联系的性质依赖特定产业的特征。在生物技术中,这些联系是通过知识产权的商业化发生的。在这方面,生物技术形成了大学-产业互动的特殊案例,但它与 1980 年以来大学研究的总体转型是一致的。

在 20 世纪 80 年代和 90 年代,美国大学的确是在进行着自我改造。回应联邦政策的改变、国家报告的倡导及市场的诱惑,它们强调通用的研究领域,试图吸收公司参与大学的商业冒险,通过将它们自己的发现商业化而侵入私有经济中。现在,在与经济密切关联的领域中进行着大量的学术研究,尽管与政府的利益和活动有关的研究并没有被取代。并且,从大学到产业的技术转化的障碍事实上已不复存在,这一障碍在最初主宰着关于这一问题的讨论。大学为分享专门知识和发现的各种各样的安排现已就绪了。如果有什么障碍仍持续存在的话,它们会在利用学术研究成果的产业企业的能力和意愿中找到。

在这二十年间,大学通过强化与产业互动的传统模式,增加了它们对经济发展的贡献。通过创建那些专门与产业共同工作的研究机构,它们加强了潜在的增强功能。在这种安排的经济学下,州及联邦政策对这些中心提供的补助降低了产业成本并鼓励它们更多地参与。大学-产业研究互动的集中使经济回报倍增,这一点很快就变得很明显,新的努力集中于实现学术和产业研究的聚集。总体上看,这些努力似乎已经产生了成果。研究型大学自身就是经济活动的网络节点,那些与产业联系最密切的尤其如此。但是为了实行这一战略,大学不得不追随金钱——允许它们有关发展和投资的决策被市场所塑造。

---

① David Baltimore,“Response to Thomas Cech”,载于 *Research University*, pp. 26-30,引文见 p. 28。Baltimore 表达出对这些已扩散出生物学并引起了“严重问题”的冲突的关切。

商业化道路将大学更深地引入到市场关系中。大学首先必须获得一些控制内部过程的手段——将企业家型生物学家聚集在一起,并建立知识产权保护程序。很快,专利申请的领先者探索出了更具进取性的商业化道路。当他们的成功在20世纪90年代变得显而易见时,模仿者数量大增。专利申请的范式已从生物学扩展到了其他领域,伴随着还并不明显的结果。一些大学从商业化活动中创造出来的令人印象深刻的收入,主要被引导到现有的或新增的商业冒险中。比较大的技术转化办公室当然运行得更有效率,资本的内在源泉激励着更进一步的商业投资。

成功引起更多的成功。美国大学在刺激经济发展上的成就,既是为了它们所在地区,也是为了它们自身,这一成就还远没达到极限。这仍是市场越来越强地塑造大学发展过程的另一种现实。

# 第六章 大学与市场的悖论

前面章节所考察的当代美国大学活动的四个领域——财政、本科教育、研究以及与产业的联系——并没有覆盖大学责任和运行的全部范围，但是所有这些都很重要，并且每个方面在当代都发生了巨大的变化，强有力的市场力量对这些变化的性质和方向而言是关键的。因此，市场的比喻反复出现。本章的目的在于通过考虑市场关系带来的好处以及真实或潜在的成本，对这些过程提供一些更深入的理解，这些好处的绝大部分是直接的和明显的，而真实的或潜在的成本可能是长期的和不那么直接的。

“私有化年代”伴随着对自由市场意识形态的神化。[①] 全球范围内市场经济的扩张一直与营利性经济领域之外的市场关系的功能性扩展平行发展，无论后者是现实的或者只是被倡导的。不过，市场的运行依赖一些情境性因素，这些因素规制、约束或者是影响着资本主义的经济力量。这些因素在营利部门之外的部门发挥着更大的作用，特别是在教育领域。经济学家查尔斯·E. 林德布罗姆在《市场体系》(*The Market System*，2001)中提出了这样总括性(encompassing)的观点。尽管他没有专门讨论高等教育，但他关于市场的批判性视角提供了对这些问题的洞察力。[②]

本质上，市场承担了社会协调的任务。市场协调是集权协调或政府协调的对立面。它具有非强制的优点，因为它在很大程度上是通过

---

① Robert Kuttner, *Everything for Sale* (New York: Knopf, 1997).

② Charles E. Lindblom, *The Market System* (New Haven, Conn.: Yale University Press, 2001).

相互适应的过程进行的，但它远非社会协调的唯一形式。以高等教育来讲，中学后教育的机会分布在现代社会是普遍关注的问题，因此引起了很大程度的集权协调。无论在哪里，教育机会的协调都要受到政府有关可用空间和招生学期的决策的严重影响。同样，可能要考虑到大学的多种社会角色的协调。市场协调肯定扮演了重要角色，但政府、慈善业和大学自身的志愿性社团也起到了重要作用。从这个视角看，问题就变成：在大学的社会协调中，市场协调是什么角色？在当代，它又是如何变化的？

我们需要对市场协调的假定益处进行更严密的审查。市场协调应在更有效率的方向推动社会协调，但这种推动是在约束性的结构内发生的。市场协调的范围被先决条件和大量的情境性因素所限定。特别是，在存在大的溢出的领域（即收益或成本不能通过价格反映的地方），价格是相对武断的。就本科教育的定价而言，这种情况是真实的。其他因素也限制了市场协调的范围，并且“它的有限范围是对它实现有效分配的能力的限制”。[①]

政府对市场体系有很大影响，以三种方式影响社会协调：大量购买商品和服务，通过税收惩罚某些活动，通过补贴鼓励偏爱的行为。结果市场并非是自由市场，而更像被管理的市场体系。并且，在其中，政体价值在影响被批准和不被批准的活动上发挥了很大作用。林德布罗姆认为，相信纯粹的市场协调可以实现经济效率是不切实际的。要素的混合物——包括价值和法律体系在内——决定了某个点上市场协调和其他社会协调形式之间的平衡。

例如，在当代，美国做出了大量影响这一平衡的选择。为帮助支付高等教育成本，州和联邦政府颁布了引导公共资金流向学生而不是流向院校的政策。联邦政府采取法律行动，阻止大学在学生财政资助上以合作代替竞争。1980年的《贝耶-多尔法案》是鼓励学术研究成果商业化的几项立法中最引人注目的一个。20世纪90年代，联邦政府下令，大学的医疗保健中心提供的专门设施和治疗将不再置于保健服务管理定价系统之外。这些行动中的每一个都在已限定了“实现有效

① Charles E. Lindblom, *The Market System* (New Haven, Conn.: Yale University Press, 2001), p. 175.

分配的能力”[1](用林德布罗姆的话说)的领域引入了市场协调的要素，它们也代表了对自愿选择的偏爱和对社会产品由院校决定的不信任。

下面的讨论将援引林德布罗姆提出的市场的一些基本特性来说明。最基本的是市场与社会协调的其他形式之间的对立。接下来，是定价的角色和它所影响的选择。最后是激励领域——市场体系对参与者趋利避害动机的激发。这一视角突出了市场扩张的悖论——获得的真实收益与实际的和潜在的成本相对。

## 6.1 私立大学

尽管美国的独立学院和大学的体系看上去拥有许多自由市场的特征，这些院校还是经常避开竞争行为，寻求对自愿协调的庇护。产业自身是高度分割的，参与者形成联合是出于多种可能的目的——从共享信息到完全合谋的整个范围。学院委员会是一流院校为了协调招生而做出的早期努力，后来的高等教育财政联盟(COFHE，创立于1975年)便利了许多相同院校之间的相互协调，常春藤联盟的形成允许对体育运动进行协调。这些例子中的协调允许私立院校控制它们要与谁进行竞争和以什么条件进行竞争。

特别是，自愿协调在学生的财政资助上获得了关键共识。以1954年院校奖学金服务(College Scholarship Service)的建立为开端，最主要的大学试图推进这样一种认识：仅仅依据财政需要对学生提供资助。这大概用了二十年时间，在1972年联邦政府推行基于需要的资助系统后，这一原则才被选拔性高校牢固地接受下来。

回过头来看，随后的四分之一世纪是作为“学生资助时代”出现的。[2] 高选拔性大学和学院原则上同意价格应该尽可能地从影响学生选择的因素中排除掉。它们明确接受了预期的家庭费用分担和院校承担弥补学生“未满足的需要”的默认义务的共同方案。毫无疑问，单一的价格系统本质上更偏爱顶尖院校，因为给定相同价格，最受追捧

---

① Charles E. Lindblom, *The Market System* (New Haven, Conn.: Yale University Press, 2001), p. 175.

② Michael S. McPherson and Morton Owen Schapiro, “The End of the Student Aid Era? Higher Education Finance in the United States,” in Michael C. Johanck, ed., *A Faithful Mirror: Reflections on the College Board and Education in America* (New York: College Entrance Examination Board, 2001), pp. 335-378.

的学生自然偏爱那些拥有最多的资源和最高声望的高校。不过，不太富裕的院校仍能通过与学术精英的联系而受益。第一章中所描述的排队和溢出过程确保它们也能得到有着很好资质的学生。

学生资助时代最初的衰落是以1991年司法部对交叠集团的挑战为标志的。当最主要的院校再也不能合作设定院校资助的奖学金时，公开的自愿协调将不得不被废除。实际上，实践变化很慢，毫无疑问，这是因为这些安排对参与者有好处。不过，在交叠集团中已形成的学生资助时代的共识只能用于暂时抑制招生市场产生的强大力量。①

20世纪80年代的市场条件，正如第二章解释的那样，鼓励私立大学通过更多的支出来提升质量并提高价格。迈向逐渐整合的全国市场的长期趋势在这些年获得了显著的推进，伴随着这个趋势的是对高素质学生的竞争。② 有能力提高它们质量的大学，也有能力增强它们的选拔性和声望。通过提高学费(标出的和净收入的)及捐助人的慷慨，它们也增加了收入。这种形式的质量竞争是学生资助时代最重要的经济后果，尽管它在自愿协调的粉饰下有些暗淡。在学生资助的共识开始瓦解时，这种质量竞争在持续并强化，也许最鲜明的特征是已经享受到那些高质量和财富的院校所拥有的固有优势。富者越富的现象是质量竞争的自然结果。这些竞争力量也在选拔性高校中产生了越来越多的市场协调，当这种情况发生时，市场力量就从大学移向了潜在的学生。

在学生资助时代，对价格竞争的放弃给予一流大学一种“租金”(或者说是不劳而获的利润)：它们录取高素质的学生而不用支付这些学生通过同伴效应对教育质量所做的贡献的全部市场价值。但是，甚至在联邦干预前，市场力量就在销蚀这种形式的市场权力。较低选拔性的高校提供绩优资助来代替质量竞争，甚至那些不太富裕的联盟成员也屈从于财政资助的规则。③ 到20世纪90年代后期，这样的租

---

① Caroline M. Hoxby, “Benevolent Colluders? The Effects of Antitrust Action on College Financial Aid and Tuition” (Harvard University, Departmant of Economics, n. d.).

② 关于这一发展的微观经济结果的解释，见 Caroline M. Hoxby, “Tax Incentives for Higher Education,” 载于 James M. Poterba, ed., *Tax Policy and the Economy*, vol. 12 (Cambridge, Mass.: MIT Press/ NBER, 1998), pp. 49-81。下面的许多争论受惠于这里所总结的(pp. 60-64)以及其他论文论证的 Hoxby 分析。

③ 相关描述见 Micheael S. McPherson and Morton Owen Schapiro, *The Student Aid Game* (Princeton, N.J.: Princeton University Press, 1998)。

金消失了:竞争性市场开始强制那些甚至是最具选拔性的院校为那些有天赋的学生支付额外的“报酬”。反对绩优资助的戒律仍在最有声望的高校中持续着,但是这些高校找到了其他途径来为学生出价。

有着自愿协调的质量竞争系统因为学费价格的提升而受到严厉批评,但回想起来,它可能比继它之后的市场协调形式更可取。至于价格,净学费的上涨远远低于价目表上的学费;而且,当大学增加了总补贴时,在理论上,质量比净学费上升得快。更根本的是,这一体系创造了激励院校为高素质学生丰富教育机会的条件,那些学生获得了进入这些院校的更大选择。这一过程通过院校的等级制使学生因能力水平而产生巨大的分割,这一模式也有可能为教育福利的最优化产生出更有效率的学生分配。市场协调引起了一些有问题的后果:社会分层;价格竞争;对院校的信任;经济学家所谓的“军备竞赛”。

质量竞争与选拔性高校毕业生越来越多的回报相结合,吸引了更多有潜力的学生进入这些院校中。这种争夺位置的高风险竞争,自然偏爱那些拥有良好的社会背景和在特权式的学校教育中累积了优势的学生。更确切地说,高质量院校的入学越具竞争性,从特权背景中获得的社会品性的效果就越大,与生俱来的智力(无论如何定义)的效果就越小。[①]

精英大学不仅意识到这一状况,表面上还以多样性和民主的名义去抵制它。招收那些未被充分代表的少数族群的学生并给予财政资助,在某种程度上缓和了这些力量,并且使这些院校的社会道德压力得到大大减缓,但是主导性的效果很少会被翻转过来。大学拥有高度的选拔性,随后就是可预想到的收入上的优势,这些大学已被有高抱负和富有的学生不断填满。[②] 更进一步说,如果不是这种情况的话,这个系统将会是不可持续的,正像在第二章看到的那样,学费收入为支

① Roger L. Geiger, “High Tuition-High Aid: A Road Paved with Good Intention” (Paper presented at the meeting of the Association for the Study of Higher Education, Sacramento, Calif., Nov. 2002).

② 两组独立的数据表明,收入较低的学生在高学费/高选拔性的大学里数量增加了,但是收入高的学生增加得更多。见 Caroline M. Hoxby, “Testimony Prepared for United States Senate, Committee on Governmental Affairs, Hearing on the Rising Cost of College Tuition and the Effectiveness of Government Financial Aid” (Feb. 9, 2000), pp. 7-8(1992 年与 1972 年相比);McPherson and Achapiro, “End of the Student Aid Era,” pp. 374-376(1999 年与 1998 年相比)。

出的增长提供了主要燃料。

市场协调在定价角色上带来了微妙然而影响深远的变化。高学费/高资助最初是想在不阻碍那些不能付出高学费的学生的入学机会的情况下产生收入——换句话说，对那些潜在的学生实行价格中性。在选拔性的私立大学的新市场，学费和资助的混合反映了那些很值得招录的学生所能有的"报酬"，这与需要无关。[①] 当然，以需求为基础的财政资助在这个混合物中仍占很大的部分，但大学现在要对它们追求到的学生支付额外的"报酬"。[②] 这种情况——和对"毁灭性竞争"的无法摆脱的忧虑——恰恰是大学最初通过自愿协调所力求避免的。也许没有一所私立研究型大学在这条道路上被毁灭，但是这些"报酬"的成本仍是必须要承受的。这些"报酬"购买了现在被最高作价的投入：高素质学生和归因于他们的同伴效应。不过，除最富有的大学外，对所有的大学而言，这些支出必须能够代替对学习过程的其他投入。

市场协调已经在差异化定价上产生了另一个麻烦的后果。在学生资助时代，差异定价是由财政需要的单一标准决定的。现在，每个学生所支付的价格反映了财政需要、绩优报酬(merit wages)和他/她与这个系统博弈的结合。战略资助或招生管理中支配性的观念将院校把来自每个学生的收入最大化的实践正当化。[③] 然而，对教育机构非营利身份的经典的合法化根据是买者和卖者信息的不对称。因为消费者不足以检验教育服务的质量，他们宁愿与他们所信任不会利用

---

① Hoxby, "Tax Incentives," pp. 62-63。学生"报酬"(wage)的概念未免过于抽象，德保罗大学(DePauw University)(还有很多其他的大学)向潜在的学生提供这方面的信息，这些信息公布在它的主页上：SAT 分数为 1020 和 GPA 为 3.25 的学生可以获得 3000 美元的学费优惠；SAT 分数为 1200 和 GPA 为 3.75 的学生可以获得 10000 美元的优惠。June Kronholz, "On Sale Now: College Tuition," *Wall Street Journal*, May 16, 2002, pp. D1,6。

② 实际上，普林斯顿大学在保留原有的学生资助原则的同时，还向学生支付非常高额的"报酬"。最近的变革又为所有符合资格的学生提供了更加慷慨的财政资助套餐，尽管普林斯顿大学给所有学生的补贴已经处于最高水平了。双管齐下既能给所有普林斯顿学生高额的"报酬"，又不损害学生资助原本的宗旨。

③ 价格歧视和定量配给相互作用的方式非常复杂。有学者已将可能的方式模型化了，见 Richard Steinberg and Burton A. Weibrod, "Give It Away or Make Them Pay? Price Discrimination and Rationing by Nonprofit Organizations with Distributional Objective," 初稿，June 17, 2002。

他们以实现营利的机构打交道。[1] 但是,现在,最大化收入在很大程度上像是营利。现在,私立大学参与到诸如给最先录取的学生(early-admission students)以更少的资助,或者在资助包的头一年给予较多(front-loading)等欺骗性的实践活动中。[2] 通过这样的安排,学生们在整体上可能获得更多的"报酬",但是每一个学生必须养活他/她自己。对这种关心的信任再也不能被认为是理所当然的了。

市场协调的最后一个消极特征被称之为这些选拔性高校间的"军备竞赛",意味着一种趋势:在表面上为教育质量支付更多的费用,实际上,更准确地说,是为了避免在陡峭的院校等级制上失去位置。[3] 这个现象影响到了整个选拔性院校,那些最富有院校的支出已达到似乎荒谬的水平。

"军备竞赛"对卷入其中的行动者是有意义的。对消费者来说,特别是对那些为他们的孩子追求最好的教育的热心父母来说,学院不可能提供太多。他们被院校声望所激励,这(声望)转而依赖于院校的排外性。当服务包变得更大和更奢华时,估计大概是声望提高了。对大学来说,招生过程被给予了比课堂教学更高的优先权(见第三章)。最重要的挑战是招收那些有着热心父母的神童以维护和巩固同伴效应和地位。因此,满足或超过他们最直接的竞争者所提供的服务包是绝对必要的。

但从社会的视角看,"军备竞赛"是无效率的或彻头彻尾的浪费。对社会来说,如果高成本院校能为更多的学生提供良好的教育经历,教育机会将是更优的。如果每年花费 25000 美元教育两个学生不是比每年花费 50000 美元教育一个学生能产生出更多的社会福利吗?这个问题很明显是不切实际的,因为对处于市场协调下的大学和消费者的激励是另外的——激励如此强大,以至于任何尝试这种做法的院

---

① Henry Hansmann 将其描述成契约失灵(contract failure):"Economic Theories of the Nonprofit Sector",载于 Walter W. Powell, ed., *The Nonprofit Sector: A Research Handbook* (New Haven, Conn.: Yale University Press, 1987), pp. 27-42。

② 见 McPherson and Schapiro, *Student Aid Game*。正如其他事情一样,一所大学越富有,就越没有激励去进行实践。

③ Gordon C. Winston, "The Positional Arms Race in Higher Education," Discussion paper 54, Williams Project on the Economics of Higher Education, Willioms College, Apr. 2000.

校都将受到市场的严厉惩罚。[①]

总之，自 20 世纪 90 年代以来，对私立大学来说，资源的超常规扩张毫无疑问加强了院校质量，尤其是那些领袖型大学。而且，与财富增长相伴随着的是对富有学生的更大依赖、作为非营利信托人所拥有的信任的销蚀、掠夺性的定价实践和为提高选拔性似乎不受限制的支出等。

## 6.2 公立大学

绝大多数的州立旗舰大学在历史上都是受到集权协调的。在当代之前，它们几乎所有的收入都来自于各自州的立法机关，关于资金何时花费的指示经常随着这种支持而来。这些大学中有许多在运行方面拥有大量的自主权，但是它们的视野极少超出州的边界。随着第二次世界大战后联邦资助研究的兴起，它们的视野开阔了。大的研究承担者很少感谢州议会，至少对某些系来说是这样。不久，出现了不同的协调形式。州范围内的协调在 20 世纪 70 年代就变得普遍，部分地是受到联邦的鼓励。一流的州立大学现在不得不用全国范围内研究系统的开放竞争来平衡州的各种控制。这些院校也追求同行间的自愿合作，但是，集权式的协调在影响上远超过了这些联系的效果。自 20 世纪 80 年代以来，市场协调日益侵入到这个混合体中。对 21 世纪的州立大学来说，也许最大的挑战已变成如何平衡集权和市场协调的力量。

州支持大学或明或暗地出于这样的信念：这些院校产生了积极的外部性——它们除提供给学生私人福祉外，还提供了社会福祉；如果缺乏公共支持，这样的福祉将会生产得更少。

这个前提已产生了有特色的生产形式。州立大学足够大以容纳大量的住宿生，入学机会是在公平基础上提供的，这些高校被期待着除训练受教育的学生外，还能服务州的经济。总体上，值得注意的是，大学可自由决定学术细节。但是，州对坚持自己的特有利益是警醒

---

① 根据 Gordon Winston 的观点，退出“军备竞赛”将被视作“没有诚信责任（fiduciary irresponsibility）”。在地位市场里，从来没有所谓的好东西，或者说问这一问题本身就非常让人掉胃口。在等级制中，财富基本上是个好东西。“Subsidies, Hierarchies, and Peers: The Awkward Economics of Higher Education,” *Journal of Economic Perspectives* (Winter 1999): 13-36，引文见 p. 31。

的。它们监控,有时直接支配学费价格,并且经常坚持给州的居民保留充足的空间。它们对学生和院校之间的公平通常有着很强烈的感觉,有时到了没有认识到研究型大学的特殊需要的地步。州的立法机构偶尔会援用拨款上的预算权威,直接干预大学运行。对州来说,需要处理的基本问题是:州的支持应该给多少?学生应该支付多少?什么水平上的质量是值得追求或者是可提供的,并且是在哪个院校?很显然,有许多套答案。

对州立大学而言,长期的挑战是获得资源支持高水平的学术质量。它们的研究角色在很大程度上被全国的研究经济所协调,全国的研究经济对研究资金的分配是在竞争的基础上进行的。但是,大学的学术竞争反映了单个院校在人员和基础设施上的质量,各州进行这类投资的意愿差异很大。20 世纪 90 年代,许多州对支持学术质量犹豫不决,偶尔也批评研究的角色。随着州支持的减少,州听任大学自行其是地扩大它们的支出基础。它们的替代方法是增长学费和增加自愿资助。①

当州的支持在 20 世纪 90 年代出现摇摆,特别是在 2001 年出现衰退后,高学费战略对公立大学日益具有吸引力。但是,不像私立大学,它们不能用广泛的院校财政资助作杠杆撬动高学费。因为学费只能补偿成本的一部分,公立大学的教育大多是低定价的。对大多数的学校来说,更高的价格对需求几乎没有影响。

州的政策变化范围很广。在大多数的州,朝向更高的州内学费的冲动是与州的协调相抵触的。在州理事会限定学费的地方,像亚利桑那州,有时会以保护学生免受大学"贪婪"的名义拒绝提升学费。一些立法机构完全冻结了学费,其他则强制实施将学费与拨款联系起来的政策。在所有这些情况中,大学被排除了对市场的东西进行收费。②也许四分之一的公立研究型大学能放在高学费范畴,这些学校在 2001 学年对州内学生的收费超过 4800 美元。③ 这些价格代表的只是成功

---

① 这些大学通过商业渠道增加收入,包括出售徽标以及转让发明专利。但是迄今为止,这样的资源对增加资金几乎不起作用。

② 在一些州,需求弹性是重要的考虑因素。当地市场因为有这样的需求弹性,提高州立大学的价格会带来入学率降低。质量因素需要考虑进这些情况:或者是需求者对支付更高的教育质量不感兴趣,或者是质量差异与价格差异并不匹配。

③ *Chronicle of Higher Education*(http://chronicle.com/stats/tuition/2001/)。学费和杂费的中位数为 4000 美元,最低四分位数为 3000 美元或更少。

的高学费战略的一个支柱。

为了显著地增加学费收入,公立大学也需要吸引州外有较高支付能力的学生。要这样做,它们就必须进入本科生的全国市场,在那里,正如描述的私立大学那样,市场力量已经从大学移向了学生。公立大学如何与更富有的私立院校进行竞争呢?它们从价格优势开始。2001年,州外学生的学费大约要比私立大学少10000美元:大多数情况是在12000美元到15000美元之间,有的要低到10000美元,只有密歇根大学和科罗拉多大学接近私立大学的收费水平。这样,州立大学就能够在第二章确定的学费价格的中段进行竞争。而且,大多数高校要从州的拨款中提供一些报酬或补贴。它们有许多可以根据质量提供的资金——但是,在配置上与有更多排斥性和更同质性的私立竞争者不同。

私立部门的市场协调通过选拔性和支出产生了垂直分化,通过专门性的提供品(offerings)产生了水平分化。[①] 典型的大型州立大学通过内部分化实现了同样效果,即,学生根据学院进行自我分类,主要是产生更同质性的同伴集群。但是,州立大学不能想当然地认为高素质学生将会被就近录取。传统上,在全国大部分地区,旗舰大学要求录取州内较大比例的高分成绩学生。现在,学生市场权力的到来将它们置于全国市场的质量竞争中。

对资本募集运动和自愿支持的日益强调,对竞争中的公立大学来说发挥了关键作用。对私立大学而言,创立捐赠基金对院校财政是基本的,但在公立大学,捐赠收入倾向于被指定用于特定的质量改进。每个全日制学生当量(FTE)的收入可能是微不足道的,但是它被赋予的目标是产生最大的效果。[②] 资本募集运动典型地集中在通过赠款(报酬)吸引更好的学生和更好的学者、捐赠的讲席和新设施上。

公立大学不同程度地参与到被学生权力和质量竞争所支配的全国市场。在这个方面,它们已经变得更像私立院校,通过战略性地使用财政资助将学费收入最大化,并追求馈赠以及捐助来加强质量。同时,它们把传统上提供给各自所在州的服务保留为运行基础。前者的

---

① Hoxby,"Tax Incentive".

② 66所公立大学全日制当量学生的生均捐赠收入从1980年的176美元上涨至1990年的195美元及2000年的448美元;33所私立大学的数据分别为:2536美元,3837美元和8124美元(均换算成1996年美元)。

定位反映了市场协调,后者的定位反映了集权协调,尽管这些力量对每个院校的权重是不同的。

这些差异趋向代表了公立大学早期的悖论。从州的协调中拥有充分自主的那些院校通过提升它们的质量和竞争力,是最能适应全国市场的。不过,对这些刺激的回应可能会减损它们对州的公民的直接服务。因州的控制而受阻于对全国市场适应的大学可能仍然聚焦在它们的州内角色上,但在履行这些角色上效率将更低。

## 6.3 内部协调

大学内部活动的协调,如第一章所描述的,是财政和行政控制的自上而下的活动和教师对教学、学习以及来自大学知识基础的活动的自下而上的学术权威之间的平衡。理论上,大学管理者面对着优化三种活动的挑战:① 收入流向大学;② 在各机构间分配这些收入以实现大学的多重使命;③ 相关单位有效率地使用这些资源。实践上,从现有的年度预算和组织结构开始,这些任务是连续执行并不断增长的。

另一方面,运行单位例证了成本的收入理论。它们获得了很大程度上明确规定了能够支出什么和经常必须支出什么的年度分配资金。外部的收入,诸如研究拨款,通常是被指定用于特定目的,因而依据定义是必须支出的。对机构来说,挑战是增加收入,如果可能的话,在既定的可得收入下特别要优化各种活动的混合包。在当代,市场不断增强的影响对行政的和学术的协调都产生了冲击。

在当代,无论用何种方法测量,大学的行政协调能力都已大大扩大了。管理信息系统、院校研究和长期规划已给行政人员提供了关于这个机构每个层面大量涌现出来的定量资料。这个能力与有关提高大学绩效的丰富的组织理论一起落在管理主义标题下。长期存在的趋势是,当代管理主义的成长应该已给学术管理者提供了理性化大学并领导大学进入新世纪的工具。

当代的大学毫无疑问比它们的前辈在运行上更紧凑,然而,管理主义可能很少值得信任。除夸张的宣称外,大学在很大程度上仍持续停留在它们已习惯了的内部不一致的状态中。也即,管理者调整财政的和行政的结构——主要是上面提到的任务 2。但是,大学真正的工作是与知识工作者有关的工作,这仍然存在着,并不是很容易由管理者进行协调的(任务 3)。至于任务 1,管理主义的强行推进并不总是与影响大学收入的市场力量相一致。

许多管理主义的方案是从商业搬到大学,它们是在既定的有限的或缩减的收入情况下以对成本的约束和效率的需要为基础。① 20 世纪 80 年代早期,战略规划被当作医治财政灾难的万能妙药被热情地采用,责任中心管理(RCM)意图由运行单位引入有资源意识的决策,绩效测量承诺引入更高的效率。在市场奖赏学院和大学将更多的开支而不是更少的开支用在它们的学生和教授身上的时期,这些取向都被采用了。当然,大学对这个现实并不是视而不见。尤其是私立大学和许多公立大学一样,积极追求扩大收入;一些财务纪律通过行政协调方式不得不强加到运行单位上,不管这些机构富裕程度如何。但是,管理主义倾向于在这个趋向上跨目标运作。

责任中心管理也许提供了将管理主义和市场混合在一起的最好例子。受市场意识形态的上升所鼓舞,RCM 追求在运行单位这一层次上引入类似市场的刺激,主要是使它们从学生的学分学时中得到收入,使学术单位对自己的收入负责,并使真实价格的系统制度化,对适应行为形成激励结构,以此促进效率。通过创造内部市场,RCM 声称将协调的任务从集权管理转移到了学术单位。

可以预言,对 RCM 的第一个抱怨是集权领导能力的丧失(第二章)。实践上,RCM 根本不像自由市场,在那里各单位能够控制它们的收入和支出。实际上,RCM 是个被管理的系统,有着设定的价值,更接近于计划经济。作为理性行动者,各单位倾向于采用战略行为。运行单位有减少成本的激励,这最好是用大学服务购买的最小化或躲避大学"税"的方式来完成。不过,对增加收入有更大的激励。更多的课程注册人数通过强制(必修课程)比通过质量竞争更易实现。在被管理的系统外,外部收入也能通过创收来获取。

在任一例子中,结果都与最初的期望不同。RCM 加剧了内部的不公平,有利于富裕单位更多的支出,弱化了集权领导,并没有促进质

---

① Robert Birnbaum, *Management Fads in Higher Education: Where They Come from, What They Do, and Why They Fail* (San Francisco: Jossey-Bass, 2000).

量。[1] 它提供了工作框架，这是个与强有力的自主的专业学院特别匹配的框架，但是，结果却是很少能将它需要的庞大的信息与管理上的努力正当化。

在大学内使用市场协调的理念有几个值得称赞的目标。它追求将决策分散到运行单位，并且提供给它们追求更大的能力（在这种情况中界定为增加对它们的服务需求）和效率（减少成本）的激励。在任何一所大学，学术单位的能力和效率都是极其重要的关切点，它们确实大量授权给局部控制。不过，内部市场采取将大学教师弃置一边，授权给学生的协调方式。通过课程控制进行的学术性协调被理所当然地认为是对学生的学习进行结构化。在以学生需求为基础的市场，学生的选择将会协调课程。例如，在任一所大学，学生可能选择"容易的课程"，但是系并没有激励去提供这些课程。[2] 结果是，像 RCM 这样的方案可能在运行单位之间很少存在竞争的情境中运作得最好（因此，这样极少像市场），正如对哈佛的"木桶"（Harvard tubs，指各学院）来说总是真实的那样。

更为一般的是，大学对外部市场的不断侵入同管理上坚持更多控制的努力是背道而驰的。当市场协调给予院校更大的重要性时，行政协调的范围将缩减。

以招生管理为例。最先出现的是管理技术，它确实是将决策权给予了市场力量。招生管理意在操作招生程序，以便最优化财政结果，目标是招收最可能好的阶层，实现既定的收入任务。尽管有剩余的申请，大学会有一定余地，在招生过程的某个点上，所录取学生的潜在收入成为决定因素。当这种情况发生时，市场就调节了招生过程。[3]

人为导入的内部市场协调的结果是荒诞的，而不仅仅是矛盾的。更高效率的福利假设是虚幻的，鼓励系去最优化支出而不是最优化学

---

① Daniel Rodas, *Resource Allocation in Private Research Universities* (New York: Routledge Falmer, 2001), p. 15.

② 经常有这样的观点，即认为将资源与招生挂钩就会提高教学质量。但承认学生可通过选课来使学习、娱乐、舒适或休闲时间最大化——相应地给课程设置以激励——这并不是愤世嫉俗。

③ 招生管理的扩散已被视为组织的一种异常现象加以研究，主要是因为它给学术价值带来了"严重问题"；见 Mattew S. Kraatz and Marc Ventresca, "Toward the Market Driven University: Pragmatic Institutionalism and the Spread of Enrollment Management"，引文见 p. 37。

术任务的意图是更糟的。这样的系统很少提供对质量的激励，对合作的激励甚至更少，推进的是不受欢迎的内部竞争形式，也鼓励了学生消费主义的趋向。[①]

## 6.4 本科教育

本科教育仍是大学最引人注目的具有重大后果的活动。在第三章看到，这个竞技场上有不少于四组强有力的力量在竞争：① 在全国招生市场上竞争高素质和(最)富有的新生；② 学生消费主义上升；③ 研究型大学中对教学的批评和相伴随的对教学替代方式的倡导；④ 学术场域的基本价值、实践和原动力。每个都是复杂的、也许并不完全一致的现象，每一个也都能至少部分地被描述成市场协调的结果。并且，很大程度上因为这个理由，每一个都对本科教育的发展施加了影响矢量。

潜在学生的全国市场对选拔性高校施加了巨大影响。前面已评论过全国市场对院校财政的意义，但是，市场协调扩展得更远，市场运行被描述成排队和溢出的过程。

因此，最偏爱的院校似乎将处于令人羡慕的位置——事实上也是如此，但它们仍然不得不在它们之间竞争最值得渴求的学生。除顶尖的 20 所院校外，等级变得更混乱，竞争更分散。在这些很好的院校中，声望等级严重依赖于每个入学年级的质量，这转而又影响到大学的利益。在这些条件下，招生过程承受了极重要的优先权。当然了，只有当学生录取后，大学的真正工作才开始。不过，招生的优先性意味着这个工作的某个方面，诸如时髦的学术项目将会被修饰，以美化招生形象。大学要避免可能损及本科招生中有重要影响的因素的任何行动，这个压力肯定是很大的。

全国市场的影响在私立大学中是如此的普遍，以至于它所塑造的行为可能被视为理所当然的。它的效果很突出，这对那些更靠近选拔性院校边界的大学来说，是更清楚的。雪城大学不得不在学生质量上加大投入，并因为它的做法而获得回报。当南部的私立大学在追求更多元化的全国客户时，类似的对学生的投资就出现在这些私立大学

---

① “自治自理”促进了非竞争性单位的自主性，可能还有利于质量的提高，但是这一体系没有引入内部的市场协调，也没能提高效率。

中。这种协调形式的影响在一些一流的州立大学中变得日益可见。为了从全国市场中吸引到有利可图的州外学生,并避免失去州内有才华的学生,它们被迫在类似条件下进行竞争。

学生的消费主义和全国市场相互强化,产生了一些令人忧虑的后果。林德布罗姆指出,消费者"在信息和错误信息的海洋中游泳"。这个市场的效率依赖于他们做出选择的智慧。[①] 学生通过把大量的选择缩小到类似于可处理的名单上,开始选择院校。在这个阶段,潜在的学生可能因为稀奇古怪的原因而把一些学校纳入名单。对院校来说,最重要的是培育"品牌",以增加这些学生给予其认真考虑的可能性。在下个阶段,潜在的学生在识别并将他们自己的目标与院校的能力相匹配上,展现了相当多的理性行为,他们对某个院校是否可能是进行研究生教育或是实现职业抱负的通道很敏感。

学生也证明了价格的敏感性,特别是当个人的贷款有风险时。学生们有追求那些将会录取他们的最具选拔性的院校的倾向,根据霍克斯比模型,这在经济上是理性的。[②] 多数高素质学生选择一所研究型大学,但是,许多院校通常也能达到学生们的相应要求。当在这些合适的替代性院校中进行选择时,消费者的其他愿望可能会闯进来。这里,生活娱乐设施和课外活动在质量竞争中成为重要因素。因为它们在所有重要的最后决定中扮演了突出角色,也成为"军备竞赛"的部分。不过,消费主义在课程中扮演的角色可能是不确定的。

批评者和改革者有时促进了学生是学院和大学的消费者并应该给予相应对待的理念,传统主义者通过指出学生应该被当作是委托人,尽力扭转这个观念。这有什么区别呢?

在零售业中,一个用得烂熟的座右铭认为,"消费者总是对的",但是委托人追求的是专业服务,秉持着专业人士是"正确"的并用他们的专长提供有价值的服务这种信念。大学传统上将对课程的控制授权给教师,持有这样的理解,即教师最了解学生应该学什么。几乎没有一个不容变通的原则,自从选修课系统在19世纪末取代了经典课程

---

① Lindblom, *Market System*, p. 160. 择校模型见 Don Hossler, Jack Schmit, and Nick Vesper, *Going to College: How Social, Economic, and Educational Factors Influence the Decisions Students Make* (Baltimore: Johns Hopkins University Press, 1999), pp. 141-156。

② Carolyn M. Hoxby, "The Return to Attending a More Selective College: 1960 to the Present" (Department of Economics, Harvard University. n. d. photocopy).

以来,这个事情一直在协商中。不过,在当代,学生的市场力量一直持续地将平衡移向"消费者"方向。

在当代之前的那个时期,学生权力和管理上的让步放松了课程要求,删除必修课,减少失败危险,许可学生积极分子要求的课程等。在校正一些过去做得过分的东西和大学为保持它们增长的选拔性而力求突出学术卓越的形象时,这个时代开始阶段的课程确实是僵硬呆板的。

但是,学生弥漫性的市场力量继续从内部转变着课程。当学生的满意成为更高的价值目标时,学生采取的表达形式就变得更有影响。学生的课程评估,例如,可以提供给授课者有用的反馈被吸纳到教师工作绩效的评估中。诸如学生保留这样的因素成为可能有预算影响的绩效指标。正如前面所提到的,RCM 允许学生以选修课程形式对学校的预算进行投票。当学生反对实际的课程内容时,正如在抗议西方传统和由"死去的欧洲白人男性"写的资料时,他们经常为所欲为。

也许,最普遍性的挑战是可见性最小的:大学日益反对传统的消极惩罚——不仅仅是分数低和学业失败的威胁,而是像义务参与、突袭式测验和最后的综合性考试这样的日常事务。分数膨胀,不管其原因是什么,与反对诱骗一样,是与来自学生对强制努力的不情愿相一致的。传统主义的学者,在很长时间内大声悲叹这样的趋向。相反,高选拔性院校发现,这些关注对它们的本科教育模型而言是次要的或无关的。

选拔性高校的理念是将聪明的、有很好准备的、精力充沛的,并且有高动力的胜利者集合成相对同质性的(但在人口统计学上是分散的)群体。可以相信,这些学生能对排列在他们面前的富有的教育机会给予热情的回应。由教师激发的智力兴趣的积极拉力、学生同伴和结构化活动将引导他们的学习。消极的惩罚?也许是对那些暂时失去方向的学生的温和一棒(所有这些学校都提供了广泛的心理服务),但是,这对那些已准备好并且急切想学习的学生是积极的引导模式。这并不是讽刺漫画。

在最具选拔性的院校和大学,大体上,那些被仔细挑选出来、依照这种方式行事的学生看上去是在这样做的。[①] 然而，理想学生的分布是市场现象。当一所院校降低了其在大学(和其他高等教育)等级制中的排名时，学生主体中拥有的聪明、有准备、精力充沛和有动机的学生相对要少。当这些品质在等级制边缘减少时，学生消费主义的影响逐渐变得更有害。总的来说，当大学寻求以正式方式来支持学生的消费主义时，学生的消费主义毁损了学生的学习。

对本科教育的批评发自自我任命的发言人，而不是市场力量，但是过些时间，它的效果就会被学生的消费主义所吸收。批评的最初效果带来了对结果评估和绩效测量的压力——本质上，这些是行政协调的形式。大体上，这些测量受学生质量影响的程度要比受这些学生如何被教育的影响强大得多，正如批评者所暗示的那样。

不过，大学采取校正程序处理这些宣称的弱点。这些措施可能提升了学生的满意度，如果不是学术绩效的话。然而，当进行改善时，特别是公立大学，被市场强迫着去提升它们失去光泽的形象和更有效地竞争有天分的本科生。接下来的改革——荣誉课程、生计学习安排、本科生研究——所有这些承诺都呼唤高素质的学生，都承诺丰富他们的学习。项目的后果很少被认识到：在对待学生上出现了更大的内部分化。

尽管资源上存在差异，可能不应该假定给予这些少数有天分的学生的好处会伤及大多数学生的教育经历。在学生消费主义时代，将任何要求强加在学生身上都已经变得非常困难。课程的革新事实上是作为选择呈现的。这些发展表明，即使是教学改革，也倾向于找到最少抵制的路径——因为个体适应而造成的市场调节形式。

这后一种模式以多少有些不同的形式出现在"以学生为中心的研究型大学"的经验中。在这些情境中，与之相竞争的是那些授予教师荣誉和学术地位的市场力量。以学生为中心的支持者攻击研究价值，倡议改变教师的报酬结构，好像个体院校就能公然地反抗那些协调学术声望系统分配的力量。这样，从一开始，以学生为中心的大学就遭遇到深层次的矛盾。

---

① David Brooks 称这些学生为"社团小伙子"："在精英阶梯的最顶端，我们拥有一群这样的学生，他们超级聪明，道德高尚，而且异常勤奋。他们喜欢学习并迅速融入不同的团体中。他们满怀激情地成立并加入各种组织。""The Organization Kid"，*Atlantic Monthly* (Apr. 2001)：40-54，引文见 p. 42。

在雪城大学,研究与学术地位有意识地为大学的新形象和它的财政需求做出牺牲。不能在市场上既竞争学生又竞争研究,它就选择投资学生。不过,在大学被重新构建后,很明显,院校为获得它在同行中所追求的声望,不得不重新建立学术声誉。

在亚利桑那州立大学,起始的财政情况并不是如此悲惨,大学追求以学生为中心并不销蚀它的研究声望。走钢丝仍是尝试性体验。亚利桑那大学尽力维持它在学生市场和研究市场中的位置,并没有在任何方面向前推进。并且,它未能成功地平息外部的恶意批评。

市场对本科教育的调节可能会随学费陡直上升而增加,出现一些悖论性的结果。依据能力水平产生的本科生区分不断增长,在很大程度上有利于研究型大学。当代,一些大学可以明显感觉到本科新生质量的提升,所有大学都可能有边际改善。更好的学生与更丰富多彩的环境相匹配,将有利于发挥这两者的优势。同时,招生市场和相伴随的强大文化趋向于强调贯穿于全美高等教育中的学生消费主义。后果是院校对学生学习的影响在减少,出现了潜在的反智动向。具有讽刺意味的是,这种情境阻挠了通过行政协调推动学生学习改进的努力。

## 6.5 研究的市场

学术研究构成了有独特特征的被管理的市场。当被看作是国家R&D的一部分时,它主导了基础研究这个部分。在这个市场上,大学的科学家是研究的卖方,外部的资助者是买方。出售的服务——研究——是依成本定价的,这种情况下的直接成本由惯例界定,并允许标出间接成本。这些交易中的关键因素是提供的研究的质量。买者追求将他们所支持的研究的质量最大化,科学家对这种支持的竞争主要是基于他们的研究质量。

研究市场有着很好的效率。它是在全国层次上整合的,联邦政府的下属单位独立购买60%的研究。同时,它是高度分散的,没有一个单位的购买能超过总体的2%。买者和卖者彼此都很熟悉,交换访问,参加同一会议,合作评估等。各方对工作条款的协商有着相当大的自由。合同形式也是灵活的。

希望推进科学领域的机构通常会向有一定了解的研究者发出提

供研究方案的邀请。那些在这个方向上有偏好的研究者将会提交将他们的兴趣具体化的研究方案。寻求对特定主题进行研究的资助方可以同大学的科学家一起起草适宜的合同。每一个安排都代表了买卖双方利益之间的不同结合。通过互相调整,这些互补性的目标都能实现。到截止日期(或者是财务年度),市场出清。最高质量的和最合适的学术研究得到了对这些目的来说可得的资金支持。

那些经受了拨款方磨难的学术科学家可能将这个过程看作是既不美好也不是有效率的(尽管有许多是这样的)。对建议书的持续准备和评估代表了对科学家精力的虚假消费(尽管并不完全是浪费)。其他形式的困难也产生了。20 世纪 90 年代出现了偶然的欺诈例子、保密或既得利益的问题、国会政治分肥的嗜好、对同行评议的批评等。[①] 不过,对这些流传的事情的愤慨表明,这个系统建立在拥有很强的规范价值的牢固基础上。学术研究市场不但有效地协调了半个世纪的学术研究分配,而且也塑造了美国的大学。

大学对研究市场的适应远超过那些向主管研究的副校长报告的办公室。基本运行已适应了赞助研究的要求。例如,教学课程表有足够的弹性允许教授们得到补助去购买课程,事实上将得到外部支持的研究相对于教学特权化了。更根本的是,独立研究角色的发展在独立组织的研究机构中是最引人注目的,这是由对超过联合生产所提供的或对不同研究的需要产生的。当代给大学与学术研究市场的关系带来了显著改变。

正像第四章看到的,20 世纪 80 年代和 90 年代,当学术核心仅仅以 10%增长时,这类大学中的研究增加了一倍多。大学活动平衡中的这个变化是由独立研究的显著扩张带来的,而来自学术核心提升的生产力也产生了这个变化。具体而言,大量排行在中等和下端的大学向研究活动的最适度水平迈进。凭直觉可以想象这样的变化,但对最适度还需要更精确的界定。

经济学家马克·纳拉维(Mark Nerlove)1972 年写的关于学费定价的论文凑巧提出了研究和研究生教育为一边、本科生教学为另一边

---

① James D. Savage, *Funding Science in American: Congress, Universities, and the Politics of the Academic Pork Barrel* (New York: Cambridge University Press, 1999); Daryl E. Chubin and Edward J. Hackett, *Peerless Science: Peer Review and U. S. Science Policy* (Albany: SUNY Press, 1990).

的两者之间可交换的模型。他提出了这样的假设：在最极端（几乎完全的教学或者完全的研究），替代性活动可能作为主要活动的副产品免费获得。在这两个极端之间，教学和研究是可替代品，尽管有不同的价格比。在某个点上，两种活动的边际成本将会相等：

> 这样，如果社会补贴高等教育以社会最优的方式生产研究，这个部分将总是在这个点上运行……在教学和研究是替代品的地方，在这个意义上，给定投入高等教育的资源，更多的研究（和研究生教育）只能通过提供更少的本科教育服务来获得。反之也一样。[①]

纳拉维并没有参照任何像教师时间这样有形的东西。他假定研究和本科教育以“质量调整单位”来测量，这样任一个总数都能代表质量和数量的某种结合。他预想到了社会最优度，同样的原理可用于大学、系或单个教师。事实上，大学按惯例和本能做出这样的调整，在当代它们显然已经在这样做以维持活动平衡。[②]

这个过程预设了一定条件。研究补贴和研究生也是稀缺品，是根据学术质量配给的。执行有价值的研究的能力也是稀缺供应的。普通教师是否能在用研究替换教学获得更大价值的点上进行运作是令人怀疑的。

不过，20 世纪 80 年代后，这个研究市场的条件发生了变化。大学多半能够扩大核心成本，对更多的资源进行配置。具有良好资质的博士生的充足，使教师聘任有了改善机会。社会对研究的补贴快速上升。大学能够用更有生产力的教师替换那些更少生产力的教师，可得的资金能够支持他们的研究。这些大学有能力和有机会移向相对有更多研究的混合行动。这个变动在分散的学术研究中，同学术排行的平均提升一样，是很明显的。但是，当院校趋向它的最优平衡时会发生什么？每种活动的边际价值在哪点上是一样的呢？

---

① Marc Nerlove, “On Tuition and the Costs of Higher Education: Prolegomena to a Conceptual Framework,” *Journal of Political Economy*, pt. 2 (1972 年 5 月): S178-218S，引文见 p. S206。

② Carlo S. Salerno 的一项研究发现，总体上，大学有效地配置了教师资源，使科研的边际价值等于教学的边际生产力；见 Carlo S. Salerno, “On the Technical and Allocative Efficiency of Research-Intensive Higher Education Institutions” (Ph. D. diss., Pennsylvania State University, 2002)。

高质量院校的最优混合意味着本科教育单位也很有价值。在这一点上，研究不应该增长，因为相对而言，它比教学花费的成本更大。研究可能仍会通过扩大学术核心来实现增长，但是，这样做将会要求增加同样价值单位的本科教育。考虑到这个市场的刚性，大学将不愿意增加招生。[①] 大多数的大学满足于维持稳定的学术核心。在这个意义上，最优水平(optimality)就是很好的条件，但它不会鼓励进一步的发展。不过，这样的考虑并不影响独立研究。

中心和研究所、医学院也是这样，与学术核心有着重要的联系。它们的存在一定程度上是因为外部赞助者希望与大学的科学家进行联系。而且，它们大量的研究更多地依赖外部的而不是内部的因素。因此，当庞大的国防研究项目逐步停止时，MIT 看到了它的研究份额在缩减；当科罗拉多大学的联邦研究中心扩大时，它获得了研究份额。

总的来说，州立大学比私立大学感到有更大的义务提供这种研究服务。除医学外，最大的研究承担者是有着大量自主的独立组织的研究机构的公立大学。对私立大学来说，医学研究提供了独立研究的主要形式，这能在不影响学术核心的最优的条件下扩张。因此，可观察到稳定的学术核心模式和医学研究增长的开支。大学面对着参与研究市场的大量诱惑，这些诱惑的结果出现在供给、需求和成本方面。

20 世纪 90 年代早期，当学术研究被它的批评者抨击时，有时会出现这样的断言，即，赞助研究花大学的钱实际上比它带来的收入更多。不用怀疑研究是这些大学的使命，但如果显示(或者不能不同意)学费在补贴赞助者的研究，那院校将会陷入窘境。

这个议题促使评估专家劳伦斯·莫尔(Lawrence Mohr)用可得的经验数据努力测定赞助研究对大学的所有影响，模拟了大学在决定追求这些支持时所面对的议题。[②] 这个研究对它没有发现的东西很有意义。这项研究没有发现能根据学生学费或教学支出对联邦赞助的可辨别的影响进行检测，也没有发现联邦赞助对捐赠增长、志愿支持或

---

① 普林斯顿是这一法则的例外。普林斯顿调整了招生决策，扩招 500 名本科生，希望进一步提高学生的平均质量(见第二章)。它不仅扩张了学术核心(包括研究生教育在内)，还增加了本科生，使其存量达到最佳的平衡状态。但对其他所有的大学来说，扩大本科生教育将稀释 Nerlove 所说的“质量调整”价值。

② Lawrence B. Mohr, “The Impact Profile Approach to Policy Merit: The Case of Research Grants and the University,” *Evaluation Review* (1999 年 4 月):212-249。

本科新生的质量有任何影响。资料显示,研究赞助在最期待的地方确实有积极影响:教师质量和工作条件、专业声望(国家研究委员会的排名)和研究生的新生质量。莫尔更具推测性地得出这样的结论:对本科生学习的内容和研究生教学的内容,影响将是积极的。总之,来自赞助研究的溢出全部是积极的:更好的教师、更高的声望、更强的研究生教育和可能的更有效果的本科生教学等。其他因素,最重要的是成本,看上去没有什么影响。这样,莫尔就对当代大学已观测到的行为提供了一种理性解释:对增加赞助研究的参与有重要的激励,特别是对次优的生产者来说。这个因素似乎影响到学术研究市场上供给与需求的平衡。

在学术研究的社会消费强劲增长的时期,人们可依据第一印象得出社会需求是这个市场的主导因素这样的结论。另外,正如刚才看到的,私立大学有很好的理由抵制或缓冲它们学术核心的研究能力的任何扩张。但是,考虑到这些大学研究的吸引力,供给大体上超过需求看上去更可能会发生。

根据效果判断,市场力量显示出对消费者的优势产生了作用。就产业来说,从 20 世纪 80 年代中期开始,大学的积极支持政策增加了它们产业赞助研究的份额。[①] 慷慨的政府补贴也鼓励产业对学术研究的消费(见第五章)。至于联邦拨款,到了 20 世纪 90 年代,支付给研究的价格出现边际递减。一些机构,特别是国家科学基金会,要求大学承担更多的配套和成本分担的义务,并且在 1991 年后所有的支付都降低了间接成本的比例。[②] 最重要的是,大学充沛的研究能力激发了更大的竞争。

竞争增加的后果是关键投入的价格上涨。在支出能力和支撑投入的能力之间有一个自然的相互关系,但是,绝大多数的大学似乎都投入了更多资源(支付更高价格)来确保额外的研究基金。最能说明

---

① Roger L. Geiger, "The Ambiguous Link: Private Industry and University Research," in William E. Becker and Darryl R. Lewis, eds., *The Economics of American Higher Education* (Boston: Kluwer, 1992), pp. 265-198.

② Irwin Feller, "Social Contracts and the Impact of Matching Fund Requirements on American Research Universities," *Educational Evaluation and Policy Analysis*, 22, no. 1 (2000): 91-98; Ronald G. Ehreberg and Jaroslava K. Mykula, "Do Inderect Cost Rates Matter?" Working Paper 6976, National Bureau of Economic Research, Cambridge, Mass., 1999. 大学通常使用间接成本管理费履行成本分担的义务。

问题的是,大学自己投入独立预算的研究资金在当代已成为增长最快的支出科目。这些资金大约按三分之一的比例在增长,大部分的跃升出现在20世纪80年代。[①]

对那些能够带来大量赠款支持的教师的竞争是很激烈的,但难以用数量表示。一些"明星"教授被聘用,更多的是因为名声和品牌的提升,而不是因为杰出的研究才能。为聘用或保持多产的研究者支付的价钱已不成比例地增长,仍是很少有异议。通常,私立大学在薪水战中处于领先地位,而公立大学则将它们自己的资金更多地分配到赞助研究上。

对教师的竞争溢出到对设施的需求。为科学界的新教师花费的启动成本大大超过了薪水成本,现在的惯例达到了七位数。设施对保持大学的竞争力来说,可能是最昂贵的大学投入要素,研究空间的建造和翻新处于增长过程。这样的消费在20世纪80年代末达到高峰,这个水平在90年代末期被另一波超过。[②]

对当代的大学来讲,研究已变得更昂贵,但也更有价值。总的来说,大学扩大了它们所承担的研究的数量,研究在大学的混合活动中是很突出的,并扩大到大学对社会的价值。如果研究仅仅是与教学在一起的联合产出,这种情况是不会发生的。远非如此,它已经成为独立的角色和独立的产出。按照这种身份,研究有时会以尴尬的方式同大学的其他角色互动。大学仍然面临着对它们的研究角色进行大量投资的强烈激励,首先是因为那些做得最好的大学获得的回报也是最大的。

## 6.6 经济发展

没有人怀疑大学应该对经济做出巨大的贡献。首先和最重要的

---

① 2000年,公立大学对科研的支持占研究支出的24%,私立大学为10%。作为一项会计科目,这一数字包含了许多小项,例如配套资金、种子拨款以及科研薪水。科研收入(专利使用费和部分ICR)基本上也都用于这些目的。但是,趋势是大学将承担更多的科研经费。Geiger和Feller发现,大学投入更多的自有经费以获得更大的科研份额;见"Dispersion of Academic Research," pp. 344-345。

② Leslie Christovich, "Top 100 R&D-Performing Academic Institutions Continue Increased Facilities Construction," *Data Brief* (Wahington, D. C., National Science Foundation, Division of Science Resources Studies, June 22, 2000). 学术研究场地建设的蓬勃发展无疑将在未来十年中进一步加速。

是，大学通过把知识和技能传递给学生创造了人力资本。人力资本使毕业生在他们的职位上更富有生产力，对社会的回报比对他们个体自身的回报更大。大学第二个大贡献是通过研究创造新的知识。第三个贡献就是技术开发，在当代变得突出出来。具体地说，就是利用大学的专门知识推进或者创造新技术。第四个贡献是人们可以使用大学提供的许多服务，包括直接的技术支持、农业推广和继续教育。[①]

每所大学都能产生出这些福利的独一无二的结合。尽管这些对政府、非营利组织、私营产业的福利在自然增长，大学对产业的支持最明显地是与经济增长联系在一起。在私有化时代，大学卷入经济的试金石就是为私营部门开发技术。

学术研究与产业的R&D是国家研究经济的两个大的子系统，这两者有着相当小的重叠区。因为这个原因，支配它们互动的经济力量很难详细指出。有细微差别的历史分析而不是供需曲线导致了第五章所报告的那些发现。产业大量地利用学术专长提高自身的研发功效。以这种方式获得的知识构成了半成品，没有真实价值，企业期望它有助于开发出市场产品。对这样不确定的商品的消费自然是高度易变的，这依赖于大学对出售的渴望、产业对卖主的偏好，尤其是产业特征，所有这些因素在20世纪80年代后促成了大量研究的增长。

在这个增强的角色方面所供给的知识代表了来自学术知识生产的积极溢出。[②] 企业通过赠款和合同形式支付对这种知识的获得，但是，这些交易是在边际成本上定价的。大学研究协议计算出的直接成本字面上是边际成本，ICR代表的只是一个较小的额外增量。因为创造并维持学术知识的实际（或平均）成本要大得多，产业从这一溢出中获益。

就大学而言，一直渴望以这些价格出售更多的研究，以增强它们

---

① 大学自身也是重要的经济参与者——所在区域的主要雇主和资本投资的重要来源，这将对经济影响力而非经济发展产生重大作用。见 Michael I. Luger and Harvey A. Goldstein, "What Is the Role of Public Universities in Regional Economic Development?" in Richard D. Bingham and Robert Mier, eds., *Dilemmas of Urban Economic Development*, *Urban Affairs Annual Reviews 47* (London: Sage, 1997), pp. 104-134，尤其是 pp. 106-115。社会收益见 Larry L. Leslie and Paul T. Brinkman, *The Economic Value of Higher Education* (New York: Macmillan, 1988), pp. 70-80；科研收益见 Edwin Mansfield 等人，"American Research and Industrial Innovation," *Research Policy* 20 (1991): 1-12。

② Ammom J. Salter and Ben R. Martin, "The Economic Benefits of Publicly Funded Basic Research: A Critical Review," *Research Policy* 30 (2001): 509-532，尤其是 pp. 517-520。

的知识创造活动，并弥补一部分它们的沉没成本。当大学寻求更多的合作时，产业发现购买更多的研究是有利的，特别是以优惠的价格购买。而且，新研究技术的出现扩大了这两个子系统之间的互动区域。

后来的发展尤其激发了溢出的第二个源泉。学术研究越来越多地做出具有切实价值的发现，充分的开发预示着最终产品。这一类的发现总是出自大学的研究中，但这并不是经常出现而且也并不是出自预料之中。新研究技术的加入增加了成果出现的可能性，生物技术是个著名例子。有价值的发明的存在或可能性推动着大学为继续捕获并增强这些溢出提供方便。

大学采用这种机会主义策略可能一直是被期待的。关于溢出，林德布罗姆有过注解，(它)“代表那些能被交易的参与方所扩大的收益”。不能成功这样做的失败就构成了“被浪费的机会”。①

主要建立于20世纪80年代，用于技术转移的建筑物就是专门为捕获这些机会的，可以预见到有几种结果。大学希望研究园区的建立和其他对产业研究的鼓励能扩大与产业的研究联系，首要的是增强这种联系。它们毫不隐瞒的策略通常在含义上模糊不清，毗邻也许是最重要的；还有一些人期望着与企业的更多互动能稍微促进技术开发的次要目标。为了在远非偶然的基础上实现这个目标，需要专门致力于此的内部组织——独立组织的研究机构。

大学在这一方面得到了州和联邦政府对技术开发的共同兴趣的大力支持。它们所提供的补贴创造了合作性的大学-产业研究中心，聚焦于目标领域的技术开发。产出是在产业研发的增强和新产品创造之间的某个地方，但价格补贴使参与对产业而言具有吸引力。

对大学来讲，溢出的第三个源泉是对技术本身转让的期望。这一过程包含了两个相联系的挑战：创新从学术实验室转移到市场、占有创造出来的一部分价值。技术转让办公室(TTOs)、商业孵化器和内部风险资本这些组织，各自处理这一难题的不同部分。这些机构将帮助把大学的发现转化为知识产权和最终产品。在大多数大学，它们的运行始于并高度依赖于发明披露的不确定程序。技术转让办公室、孵化器和风险资本这个三联体的效率和功效在很大程度上决定了潜在价值的溢出有多少能被院校所获得。技术转让办公室在对披露的管

① Lindblom, *Market System*, p. 153.

理及为申请专利和授予许可时对披露的评估所起的作用是关键的，但适当的启动投资和培育，对沿着这一路径开展的发明来说，也是至关重要的。①

因此，大学-产业研究关系的理性化成为当代的鲜明特征，并且，这些正式安排大量地、成功地捕获了一定程度的溢出。大学大大地扩大了为产业实施的传统研究的数量以兼顾双方的利益，大学如今已经做好充分准备去利用它们实验室中逐渐减少的偶尔出现的发明。不过，以林德布罗姆的指导精神看，大学为什么会停在那里？为什么不攫取更多的机会并实现更多的收益呢？事实上，至少有些大学沿着逐渐增强的商业化逻辑确实已这样做了。有两条通向这个目的地的路径：一是强调技术开发，二是在生物技术中聚焦专利申请。每条路径似乎对美国大学有着不同的含意。

致力于经济发展的逻辑已经将大学推向技术创新或开发的角色。持续的技术开发要求更多的资助或独立的中心，它以在聚集形式存在的包括了创造过程中所有层次参与者的密集网络为先决条件。对从发现到授予商业专利这个管道上所有变动着的创新来说，也需要高效率的机制。这样的安排似乎需要独立的组织或者组织丛，以完成这些专门任务。对大学来说，这些要求提出了根本性的问题。当大学被诱导去承担在其教学的基础设施之外或超过这一基础设施的研究时，它们通过创造独立的研究角色来进行回应。类似地，大学为技术开发和转让——大学内的企业区发展出独立的角色，这是否是可能的呢？

佐治亚州的雅玛库项目，尤其是佐治亚理工学院的项目，可能代表了这种发展的最好模式。对它的结构进行探究揭示了对这种任务的苛刻要求。财政上，这一项目是由州基金的大量投入启动的，明确地将这些资金与职位的创造联系在一起。公共补贴似乎对支持技术开发而言是必不可少的，尽管最终的目标可能是发展成自给自足的机构。为其内部的技术开发支付全部成本的产业，倾向于对参与合作做出很多名义上的贡献。组织上，雅玛库项目嵌入在州和佐治亚理工学院的上层建筑(superstructure)中。这一复杂的结构实际上是笔宝贵

① 见第五章讨论的 Jason Owen-Smith 的研究。技术转让的绩效压力明显被强化了：Goldie Blumenstyk, "How College Get More Bang (or Less) from Technology Transfer," *Chronicle of Higher Education* (2002 年 7 月 17 日)：A24-A26。

的资产，保证了它在大学中的独立地位。这一结构也通过佐治亚理工学院发展出来的渠道提供了有效率的知识产权处理。学术上，通过资助并任命雅玛库项目教授，这一工程产生了从一开始就致力于技术开发的教师。在别的地方，劝说那些已负担过多的教学和研究任务的教授也来为技术开发贡献出时间，可能被证明是困难的。独立的技术角色的精髓是大学和产业科学家的网络互动，无论它多么富有成效，仍需要教师的时间。

北卡罗来纳州的百周年校园用有点不同的方案接近于成为独立的技术角色。尽管有州的支持，这个校园并没有受到财政上的直接补贴。事实上，它追求的是通过设计和组织来实现网络化。在这方面，组织上的上层建筑在促进合作和技术转让上起到了至关重要的作用。北卡罗来纳州的教师文化明显鼓励与产业合作方面重要的时间和精力上的投入，至少是对新校园的教师而言。

强有力的趋势推动着大学致力于独立的技术开发，但仍然只有相当少的大学接受了这个角色。表面上，商业化的潜在收入是最重要的诱因，但这并不是真的。从专利许可，也可能从启动中得到大量资金的是在生物技术领域，并且起作用的动力不同。除生命科学领域外，对大学的主要刺激来自经济发展，而非商业化本身。补贴经济发展、撬动私人贡献的公共资金对大学建设的资源来说，远比专利收入或参股创业企业更有价值。经济发展代表着社会贡献——事实上是大学的一个面相——这与大学更大的经济角色是一致的。商业化与这一角色有着内在联系，但金钱关系更弱并且也更符合小的商业企业的通常模式。

从学术研究到技术开发，再到商业化的路径在生物技术中遵循着不同的路线。首先，大学主要是要确保总的研究资金。来自国家卫生研究院和其他生物医学研究支持者的大规模投资保证了未来技术的温床能被殷勤地培育。其次，专利申请倾向于先于技术开发而非追随技术开发。这是一个细微的差别，但却在根本上影响着生命科学。

在工程和物理科学中，可取得专利的发明倾向于来自那些为技术开发而创建和设计的实验室的深入细致的研究。发明实际上是可预期的结果，实验室过程是从取得专利使用权开发实际的应用开始的。生物技术专利更可能是基础性的学术研究的结果。在 DNA 的探索者科恩和博伊尔的精神鼓舞下，生物学家有着强有力的激励尽可能快地取得有关最基础工艺的专利,这等于是获得最高回报的专利申请(jackpot patenting):最赚钱的生物技术专利维护了对随后的技术来说是必需的工艺的产权(见第五章)。在花费的时间、智力的努力或者投入的资本与一些幸运的专利所产生的巨大收入之间没有关系。作为最高回报的专利申请的结果,技术开发的关键阶段通常是在大学之外,随着专利的确立而发生的。

因此,生物技术中的第三个主要差异是,学术实验室的发现倾向于在创业企业中得到开发或许可给合作实验室。这样,大学在技术开发中所起的作用甚微,当然就不需要建立专门的大学研究中心和确立发展技术的独立角色。不过,大学和它们的技术转让办公室必须娴熟地行动以获得这个价值的一部分。

另外,与其他技术相比较,无论大学是否宣称它要分享或支持这一过程,生物技术的商业化都将发生,但大学极少是与之不相关的。生命科学家依赖他们的大学对推进这些进步的研究技术给予持续的投资。基因组研究所和类似设施得到了设施建设的最高优先权,但这些科学设备的目的在于维持尖端研究,并不是专门用于技术开发。

21世纪开初,大学研究的商业化似乎有着不可避免的势头。借经济发展之名,它赢得了提供公共服务的赞许。它在生命科学中的表现形式是与生物资本主义拴在一起的,超越了学术控制的范围。那些担忧对利益无涉的研究形成潜在威胁的人,必须与大学中出售各种物品和服务的令人沮丧的景象做斗争,即出售它们的商标、体育运动、娱乐、房地产开发,更不用提对利益无涉观念的鄙视了。很明显,这是反对研究的商业化的一块湿地。[①] 但是有更可靠的相关理由吗?

从溢出的益处看,正如刚才提到的,情况有利于一定程度的商业化。如果大学在生产具有有形价值的知识,谁应该收获这一利益呢?大学无疑应该被授予一份对这一价值的分享权利。从动态观点看,这一论点非常具有说服力。通过使有价值的知识得到更广泛的利用,大学履行了公共服务,但这也消费了资源并要求补偿。其后,不断涌现

① Derek Bok 在 *The University in the Marketplace: The Commercialization of Higher Education* (Princeton, N.J. Princeton University Press, 2003)中正好提供了这样一个案例。

的商业收入不仅提升了公共服务的数量,也扩大了大学的知识资源。[①]而且,大学的研究角色似乎要求扩展到横跨学术和商业领域的新兴研究技术中去。大学在基础研究上的领导力依赖于这样的增长,这种增长也只能通过与商业用户的联系得以维持。持续不断地卷入到商业市场中,包括收入的产生,将可能成为研究型大学永久的一面,但要求停止行动的警告仍然存在着。

批评家们有很好的理由感觉到教学和研究的基本使命与知识的商业化之间的不一致。但对刚刚陈述过的这些理由的顾虑不可能阻止这一现象,这些顾虑更可能代表对商业化已形成的约束,并可能继续这样做的规范标准。

第一个告诫是非营利大学营利的不适当性。这并非利润本身的问题——非营利只是禁止利润分配,它们必须将任何盈余再投资于事业中。并且,一个朦胧不清的区域包围着从商业化中获益的私人个体和公司。经济发展对社会科学家来说,如同利润对企业家一样。但是,在这种情况中,私人利润来自于受到公共补贴的活动。特别是公立大学(因使用了公共资金)更喜欢遮掩这样的事实——技术的商业化给一些人带来了财富。他们冒着出现利益冲突的风险,并且很可能这是真实的事情。

第二个告诫来自学术核心的限制。正如本研究自始至终谈论的,非学术活动已经完全在学术核心之外生长出来,商业化允诺要增加这种不均衡。教师是否接受技术转化作为额外使命的问题已提出来了。引人注目的是,教学和研究之间的最优平衡是一个学术性钟摆;把技术转移增加成另一种责任将会增加平衡的困难。正如提到的情况,困扰着创立在线大学的难以处理的冒险因素是界定教师角色和补偿他们的问题。与这些努力相联系的额外责任与现存的教师工作结构并不容易相匹配。[②] 当然,权威们已经预言,大学的再造将使它与这些"不可避免的"现实更相适应。直到这种现象发生,学术核心的本质和

① 一些大学将这一观点延伸了很远;见 Goldie Blumenstyk, "Knowledge Is 'a Form of Venture Capital' for a Top Columbia Administrator: Michael Crow Seeks Out Business Projects Designed to Exploit the University's Academic Prowess," *Chronicle of Higher Education* (2001年2月9日):A29。

② 这并不是否认互联网在高等教育中的作用,而是强调了一个始终存在的障碍。见 Diane Harley et al., eds., *University Teaching and E-Business: Research and Policy Agendas* (University of California, Berkeley, Center for Studies in Higher Education, 2002)。

内在的一致性仍将是对不受限制的商业化的约束。

第三,说得同样多的是,大学的基本使命是推进和传播知识。美国大学的卓越,同那些威胁要吞噬掉它的协同活动一样,都是来自于这个承诺的首要性。这个使命首先嵌入在所有的教师身上——他们的专长、行为和角色中。为使学习成为大学中首要的事情,也就必须要求它在教师的动机中是最重要的。这个主要动机要求同商业主义保持一定程度的隔离,也要求大学持续地投资教师的学习。

大学的赞助者在支持和使大学对中立知识的承诺合法化中扮演了重要角色,事实上,提供了对商业市场拉力的非常重要的抗衡力。最终,作为学习中心的美国大学的独一无二的品质,产生了商业所追求的知识和专长。商业关系,如果它们也成为主导性的,将倾向于腐蚀掉产生这些结果的那些品质。21 世纪开始时,适当的平衡仍然保持着。但是对显示它们自己正日益受到市场力量影响的大学来说,这种平衡将可能持续多长时间呢?

## 6.7 市场的悖论

过去的时光是美国大学主要因它们产生的公共物品而被赋予价值的时代。来自政府和慈善家的支持反映了对这些社会利益的理解,并不是意图"协调"大学的行为。院校被授予相当大的自由,以决定如何最好地实现这些角色。学生被假定有权依据学绩和勤奋获得入学权利。大学倾向于占据高等教育系统中得到被充分了解的利基。竞争被划到了游戏场。市场是一个异己领域。但是,那不是大学的黄金时代:黄金时代是现在。

高等教育的条件已经发生了变化,决定性的变化发生在当代。对 21 世纪的大学来说,这些大学从前的特性没有一个能奏效。高等教育无形的社会回报已经被学生和其他消费者的私人利益所掩盖。

随着私人利益居于支配地位,大学的成本已稳定地从公共来源转向私人来源。私有化并不仅仅是财政上的,它也意味着现在的收入与大学的功能紧密相关,限制了大学领导者的自由裁量权。竞争也变得更激烈,被对私人收入依赖的增强所推动,更根本的是,被大学系统的全国性整合所驱动。对学生的竞争孕育了消费主义——从把学生作为有幸参与的委托人颠倒成把学生作为必须得到满意的消费者。在所有这些领域,协调行为已经从大学的内部转向到支配这些活动的市场上。

繁荣的到来并不是没有成本的。本研究的意图一直是在判断这些发展的维度,理解起作用的力量,并且评估这些后果。

当代带来了大学的财政革命。私立大学利用联邦和院校的财政资助建立了差异性的学费系统,允许它们在最小化的抵制下提升价格。公立大学通过效仿领袖型高校的做法,几乎将它们来自学生的费用比例翻番,以补偿州资助的缓慢增长。当这些趋向加速时,争夺为大学学习做了最好准备并最有支付能力的学生的竞争加剧了。

在这种情况下,不断增强的市场协调产生了三个社会后果。

第一,由大学所支配的总资源的增长给人留下了深刻印象。在公立大学,生均支出以61%增长,私立大学的增长超过了两倍(见图2.2)。很难想象另外一种可能带给大学同样资源增长的方案。

第二,市场力量引起了大学中更大的不平等。最值得注意的是,私立大学急剧超过它们的公立大学同伴。但在私立高校内部,当一流院校正在享受着无与伦比的繁荣时,悬殊也在扩大。公立院校的不平等在20世纪80年代事实上在下降,但这是因为州对那些落后院校的拨款更多了,而不是因为市场的原因。当私有化在20世纪90年代变得更明显时,公立大学的不平等也在增长。

第三,大学更为明显的等级制伴随着学生中更大的社会分层而发展,这也是一种市场现象,高学费-高资助的政策要求大量能够支付高学费的学生。然而,这个趋向被选拔竞赛所恶化。选拔性高校的不同回报既是一个社会事实,也是一个自我实现的预言。即,选拔性高校的毕业生显示出平均能获得更高的职业收入,当其作为事实被公开时,它增加了这些大学对学生的吸引力,更使雇主将之作为筛选工具来使用。高度竞争性的招生将奖金放在准备阶段,偏爱那些来自有更多特权背景和拥有课程优势的学生。美国高等教育的学绩是明显的一个社会梯度变化的曲线。

也就是说,当代的美国高等教育依照学术能力的分层比以前更强烈。产生这个结果的市场力量在与那些影响学生和院校的特定力量互动。单一的选拔性的全国高等教育市场的出现,在很大程度上要对选拔性院校学生之间学绩的精确等级区分负责。

对院校来说,选拔性每一点额外的增长都意味着更大的声望和更加富裕。因为这个原因，争夺高素质学生的战斗每年都在加剧，不仅是增加了大量的学绩资助，也增大了参与规则的冲突。[①] 具有讽刺的是，大学非常尽力地依据它们自己基于种族、族群或贫困等特殊准则所确立的无情标准，将一部分报名的学生抛出去。暂时不考虑社会含义，美国高等教育中英才教育的分层为大学带来了它们所拥有的最符合资格的学生。而且，将最好的学生与拥有最好的学习资源的院校匹配起来，本身就是一种有效率的社会产出。

市场协调通过选拔竞争的表面上的非理性产生了理性的和有效率的结果。另外一个结果可能很少受欢迎，招生市场的竞争对学生消费主义的上升贡献良多。大学可以吸引到它们历史上最有能力的学生，但是，在这些过程中也放弃了对学生学习的一些控制。

在研究系统中，一个完全不同的市场调节形式居于支配地位。这个被管理的市场严格实施着学术卓越的标准，这是通过同行评议的研究赠款居于优势地位而进行的。当许多大学更积极地参与到当代的研究系统中时，学术标准趋向上升。大学面临着参与研究的强有力的诱惑，因为研究有助于提升声望、扩大资源、改进研究生教育，并且增进对社会的福利。

但是，参与研究所需要的资源在本质上是稀缺供给的。天才性研究人员的竞争市场和一流的研究设施决定了哪些大学能获得多少来自管理性市场的研究资助。大多数的大学能够在当代扩张它们的研究能力。

这个市场上的扩张行动与增强选拔性的战略而不是本科教育规模形成了鲜明对照。差异意味着学术研究增长的很大部分是作为独立的研究角色出现于核心的院系外。尽管研究人员相对教师的增长是一个令人不安的趋势，他们与系的结构的分离可能是成功的重要因素。学术研究被证实在适应和吸纳对新知识变化着的需求方面很有效。这样做，学术研究变得更与经济相整合，成为对经济增长更有生产力的贡献者。这个发展也带来了一组新的市场关系。

学术研究的经济贡献在当代已成为大学引人注目的成就。而且，

---

① 2002年主要的竞争冲突发生在提前录取中，这一做法保护了与高选拔性高校竞争的低选拔性高校。哈佛威胁要废除提前录取的承诺，这将使市场变得更有效率，也将更无情地精英化。

尽管对研究市场的协调效果有担心，这种协调却很少使得这个更大的研究事业变得不稳定。一个原因是被管理的研究市场所强加的学术标准居于支配地位，另外一个原因是研究技术居主导地位，这允许大学的科学家追求未来在经济上具有高度可能性的基础研究。

这些研究活动下游的商业活动在发展着，大学对向产业进行转让技术的激励进行回应，并且在这个过程中获得它们的那份收入。但是，总的来看，这些活动对研究过程本身的影响相对较小。有关大学-产业研究关系本质的证据表明，商业化和它的诱惑大体上能被分隔成独立的几个部分。风险，特别是与利益相关的风险似乎是可管理的。对产业和商业相关技术的涉入将会为大学带来大量的额外资源，并且会以新技术形式给予社会大量回报。

市场关系通过激励与自由选择的结合，有能力产生大量财富，并促进效率。自 20 世纪 80 年代以来，美国大学对市场关系的强调已做了所有这些事。市场关系也产生消极的结果和外部性，这在高等教育中也是真的。

正像资本主义市场产生了经济财富的不平等一样，市场力量在高等教育中的运作也扩大了大学之间财富的不平等。一些私立大学的财富既投入到明智的提升知识的投资中，也投入到浪费性的竞争中，一些大学缺乏资源去实现它们的潜力。消费主权恶化了这种情况，创造了大众市场上赢者通吃的现象。更大的社会分层是院校竞争偏好的学生和学生竞争偏好的院校的不可避免的结果。

市场在不受阻碍时，有一种开发所有内在可能性的倾向——利用优质资产去追求，因此也使成果本身受到损害。私立高等教育的差异定价系统似乎已在做这样的事情。私立院校利用联邦和院校的资助最大化净学费收入，将名义价格推向最高档。过高的定价越多，这些安排就变得越不稳定。具体地说，这些人为价格容易受到学绩资助、来自公立院校增加的竞争、中高阶层收入的波动或者这些阶层对院校的品位变化的破坏。同样的一组力量，现在在激励着州立大学通过增加学费调整相对低的定价。在这里，出现了一组不同的外部性：对州内居民来说，高质量的高等教育变得更贵和更势利。对商业化的担忧反映了同样过程。如果大学想把对商业化的可能性利用到最充分的程度，院校的本质在事实上将会发生改变，并且它对社会的贡献也会受到损害。

通过市场系统协调的结果也受到市场不完善的影响。这里讨论的高等教育市场,绝大部分可能是分散的并且是高度竞争的,但是嵌入其中的是政府沉重有力的手。联邦政府主要管理研究市场,州立大学总资金中的每 5 美元仍有 3 美元是州提供的。而且,政府为学生的财政资助提供了大量资金。在经济发展被激活的地方,肯定可以寻找到公共资金。在后面这些情况中,公共资金已通过鼓励或结合市场机制的方式进行供给。但是,人为价格的协调形式总是对补贴水平和补贴条件的变动很敏感。

因此,对美国大学来说,市场悖论是:总的来说,市场给大学带来了更多的资源、更好的学生、推进知识的更大能力和在美国经济中更富于生产力的角色,同时,它也缩小了大学活动的主权,削弱了它们服务于公众的使命,商业纠纷的增长至少削弱了它们作为知识的中立仲裁者这个特权角色的潜力。

绝大部分的收益是物质性的、可量化的、有价值的,失去的是无形的、不可量化的,一定意义上是无价的。大学侵入市场的后果,因此是不可测算的。毫无疑问,从近期看,来自市场的有形报偿被证实比无形危害大。然而,市场对大学进行协调的增强不应被解读成持续追求物质收益的必然要求。塑造着美国大学的市场是由人的手而不是由无形的手设计的。一个时期的成功,如果不加以改变,很有可能会导致下一阶段的失败。

美国高等教育的健康发展在未来将依赖于对变化着的环境的持续调整,正如过去那样。适应需要持续关注市场信号,但是,它也要求大量的行动者明智和审慎的协调,他们在塑造和引导着这些有活力的不朽的院校。

# 附录A 1980年、1990年、2000年全日制当量学生的生均成本

一所大学每年花费在教育学生这个总目标上的支出看似容易计算，实际并非如此。传统上，该数目通常是以整个大学的预算或"一般性的教育性(G&E)支出"为基础的，这两个数字都过于庞大。G&E支出中包括了预算单列的研究(这是一种独立的收入和支出)，还包括了医学院的支出，医学院的员工数与学生数相当。更好的替代数据是不包括医学院在内的"一般性经费预算"，但这个数据通常无法获得。本研究的挑战是设计大学成本的测量方法，能够使不同高校和不同时间的成本具有可比性。

由于上报的支出数据都不能满足上述要求，因此最近似的数据就是一所大学能够用于一般性教学活动的经费。而且，这种方法也符合第二章中探讨的收入决定理论。于是，我们采用如下公式：

对于私立大学：

$$\frac{\text{总学费收入}-\text{本校提供的学生资助}+\text{来自捐赠的支出}}{\text{全日制学生}+1/3\text{ 非全日制学生}}$$

对于公立大学：

$$\frac{\text{总学费收入}-\text{本校提供的学生资助}+\text{来自捐赠的支出}+\text{州的拨款}}{\text{全日制学生}+1/3\text{ 非全日制学生}}$$

表A1和A2中的总额都已换算成1996年美元。除非特殊说明，本研究中的财务比较都来自国家教育统计中心IPEDS数据库。

**表 A1 私立大学:1980 年、1990 年、2000 年全日制当量学生的生均净收入(1996 年美元)**

| 高　　校 | 1980 | 1990 | 2000 |
|---|---|---|---|
| 波士顿大学 | 7500 | 13690 | 17350 |
| 布兰戴斯大学 | 8370 | 14240 | 16230 |
| 布朗大学 | 8900 | 16020 | 21710 |
| 加州理工学院 | 18100 | 28650 | 34190 |
| 卡内基-梅隆大学 | 10100 | 17110 | 21300 |
| 凯斯西储大学 | 9400 | 15150 | 19510 |
| 哥伦比亚大学 | 11740 | 18560 | 24070 |
| 康奈尔大学 | 12060 | 16720 | 26370 |
| 达特茅斯学院 | 12370 | 22810 | 29370 |
| 杜克大学 | 7070 | 14850 | 21520 |
| 埃默里大学 | 9360 | 17670 | 31150 |
| 乔治·华盛顿大学(WU) | 6790 | 14850 | 21520 |
| 哈佛大学 | 17870 | 23770 | 45460 |
| 约翰·霍普金斯大学 | 8030 | 14890 | 20610 |
| 麻省理工学院 | 10410 | 18340 | 31580 |
| 纽约大学 | 10180 | 16330 | 21990 |
| 西北大学 | 15780 | 17260 | 50620 |
| 普林斯顿大学 | 15780 | 27260 | 50620 |
| 伦斯勒理工学院 | 8060 | 13070 | 15100 |
| 莱斯大学 | 13430 | 13430 | 19130 |
| 斯坦福大学 | 11420 | 18660 | 29410 |
| 雪城大学 | 7880 | 11660 | 14110 |
| 塔夫茨大学 | 9620 | 15680 | 19410 |
| 吐伦大学 | 6950 | 12020 | 15450 |
| 芝加哥大学 | 14090 | 17710 | 24690 |
| 迈阿密大学 | 7680 | 12930 | 17950 |
| 宾夕法尼亚大学 | 8410 | 15400 | 25790 |
| 罗切斯特大学 | 10710 | 13730 | 17610 |
| 南加州大学 | 8710 | 14660 | 17990 |
| 范德比尔特大学 | 8410 | 13600 | 21110 |
| 威克森林大学 | 7840 | 13630 | 20230 |
| 华盛顿大学(WU) | 10000 | 15730 | 28020 |
| 耶鲁大学 | 11400 | 18120 | 37850 |

[a]仅包括对校区的捐赠。

**表 A2　公立大学:1980 年、1990 年、2000 年全日制当量学生的生均净收入(1996 年美元)**

| 高　　校 | 1980 | 1990 | 2000 |
|---|---|---|---|
| 亚利桑那州立大学 | 5760 | 9650 | 10540 |
| 奥本大学 | 7930 | 10260 | 13980 |
| 克莱姆森大学 | 11930 | 13550 | 14820 |
| 科罗拉多州立大学 | 7070 | 8190 | 11060 |
| 佛罗里达州立大学 | 6990 | 9450 | 9830 |
| 佐治亚理工学院 | 7740 | 12500 | 19680 |
| 印第安纳大学,布卢明顿 | 6910 | 9380 | 12410 |
| 衣阿华州立大学 | 8580 | 11840 | 14630 |
| 堪萨斯州立大学 | 6940 | 8830 | 10700 |
| 路易斯安那州立大学 | 8220 | 10300 | 10280 |
| 密歇根州立大学 | 8610 | 11540 | 14770 |
| 新墨西哥州立大学 | 6310 | 7170 | 10700 |
| 北卡罗来纳州立大学,罗利 | 9930 | 14440 | 17890 |
| 俄亥俄州立大学 | 8060 | 11900 | 15550 |
| 俄勒冈州立大学 | 7430 | 10590 | 12600 |
| 宾夕法尼亚州立大学,主校区 | 8360 | 11270 | 14430 |
| 普渡大学,主校区 | 7790 | 10680 | 13210 |
| 纽约州立大学,奥尔巴尼 | 9270 | 9740 | 10410 |
| 纽约州立大学,布法罗 | 11330 | 13460 | 17120 |
| 纽约州立大学,石溪 | 16620 | 18020 | 17520 |
| 得克萨斯 A&M 大学,主校区 | 8770 | 12310 | 13290 |
| 阿拉巴马大学,伯明翰 | 16620 | 16500 | 18930 |
| 亚利桑那大学 | 9340 | 12040 | 15160 |
| 伯克利加州大学 | 13240 | 17810 | 20250 |
| 戴维斯加州大学 | 14900 | 18100 | 19680 |
| 洛杉矶加州大学 | 14720 | 17820 | 19360 |
| 河边加州大学 | 20140 | 18050 | 15450 |
| 圣地亚哥加州大学 | 15990 | 16340 | 17380 |
| 圣芭芭拉加州大学 | 8870 | 11980 | 11820 |
| 圣克鲁斯加州大学 | 12170 | 12990 | 14570 |
| 辛辛那提大学 | 6990 | 10020 | 14140 |
| 科罗拉多大学,邦德 | 5530 | 8020 | 9690 |
| 康涅狄格大学 | 7930 | 10990 | 19860 |
| 达拉瓦大学 | 7910 | 11790 | 14570 |
| 佛罗里达大学 | 11030 | 16510 | 15180 |
| 佐治亚大学 | 10960 | 13760 | 18220 |

续表

| 高　校 | 1980 | 1990 | 2000 |
|---|---|---|---|
| 夏威夷大学,曼诺校区 | 10010 | 16010 | 16090 |
| 伊利诺伊大学,芝加哥 | 13120 | 14890 | 17420 |
| 伊利诺伊大学,香槟 | 10320 | 11400 | 13750 |
| 衣阿华大学 | 11660 | 11340 | 15340 |
| 堪萨斯大学 | 6450 | 8620 | 11430 |
| 肯塔基大学 | 11380 | 14120 | 17660 |
| 马里兰大学,帕克 | 6620 | 12740 | 14950 |
| 马萨诸塞大学,阿姆郝斯特 | 7090 | 9900 | 14220 |
| 密歇根大学,安娜堡 | 11780 | 15720 | 21200 |
| 明尼苏达大学,双城 | 9060 | 15820 | 20290 |
| 密苏里大学,哥伦比亚 | 9840 | 10500 | 14010 |
| 内布拉斯加大学,林肯 | 7230 | 9420 | 12450 |
| 新墨西哥大学 | 5890 | 8990 | 13670 |
| 北卡罗来纳大学,教堂山 | 11460 | 16570 | 22210 |
| 俄克拉荷马大学,诺曼校区 | 4980 | 7390 | 8980 |
| 匹兹堡大学 | 10460 | 13320 | 15700 |
| 南卡罗来那大学,哥伦比亚 | 7530 | 11460 | 14070 |
| 南佛罗里达大学 | 7340 | 11860 | 13050 |
| 田纳西大学,诺克斯威尔 | 5150 | 12370 | 13290 |
| 得克萨斯大学,奥斯汀 | 7910 | 7790 | 13610 |
| 犹他大学 | 7730 | 10160 | 13190 |
| 弗吉尼亚大学 | 11440 | 13800 | 15940 |
| 华盛顿大学,西雅图 | 9130 | 13290 | 15500 |
| 威斯康星大学,麦迪逊 | 10220 | 13470 | 16350 |
| 犹他州立大学 | 7910 | 8560 | 9760 |
| 弗吉尼亚理工学院 | 9040 | 13120 | 13310 |
| 华盛顿州立大学 | 9460 | 11660 | 13780 |
| 韦恩州立大学 | 9690 | 12330 | 17000 |

# 附录 B　1980 年、1990 年、2000 年部分大学的科研份额

比较大学的独立预算的科研支出远比比较教育成本要容易些。20 世纪 50 年代，国家科学基金会就开始认真收集这方面的数据。但是日益增多的科研量和通货膨胀的影响都使每所高校的绩效变得模糊。为了消除这些因素对高校间比较的影响，可以采用“科研比重”这一指标——每所大学的科研支出占全国科研经费的比重。对于表 B1 和 B2 的计算结果，约翰·霍普金斯大学应用物理实验室的特殊支出并未包含在总经费中。1979—1980 年和 1989—1990 年的平均份额引自 Roger Geiger 和 Irwin Feller 的文章“The Dispersion of Academic Research in the 1980s,”载于 *Journal of Higher Education* 66 (1995)：336-360。所有数据都来自国家科学基金会。

**表 B1　66 所公立大学在总学术 R&D 中的研究份额(1979—1980，1989—1990，2000)**

| 高　　校 | 1979—1980 | 1989—1990 | 2000 |
|---|---|---|---|
| 亚利桑那州立大学 | 0.14 | 0.35 | 0.36 |
| 奥本大学 | 0.39 | 0.41 | 0.31 |
| 克莱姆森大学 | 0.33 | 0.42 | 0.39 |
| 科罗拉多州立大学 | 0.73 | 0.48 | 0.51 |
| 佛罗里达州立大学 | 0.36 | 0.41 | 0.35 |
| 佐治亚理工学院 | 0.97 | 1.18 | 1.02 |
| 印第安纳大学，布卢明顿 | 0.54 | 0.59 | 0.77 |
| 衣阿华州立大学 | 0.90 | 0.75 | 0.59 |
| 堪萨斯州立大学 | 0.49 | 0.34 | 0.31 |
| 路易斯安那州立大学 | 0.92 | 0.89 | 0.85 |

续表

| 高　　校 | 1979—1980 | 1989—1990 | 2000 |
|---|---|---|---|
| 密歇根州立大学 | 1.27 | 0.85 | 0.77 |
| 新墨西哥州立大学 | 0.43 | 0.45 | 0.27 |
| 北卡罗来纳州立大学，罗利 | 0.78 | 0.88 | 0.94 |
| 俄亥俄州立大学 | 1.26 | 1.21 | 1.22 |
| 俄勒冈州立大学 | 0.79 | 0.63 | 0.48 |
| 宾夕法尼亚州立大学 | 1.28 | 1.64 | 1.45 |
| 普渡大学，主校区 | 1.10 | 0.88 | 0.79 |
| 洛特格斯，新泽西州里大学，新布朗斯威克分校 | 0.66 | 0.90 | 0.76 |
| 纽约州立大学，奥尔巴尼 | 0.12 | 0.16 | 0.28 |
| 纽约州立大学，布法罗 | 0.43 | 0.72 | 0.64 |
| 纽约州立大学，石溪 | 0.47 | 0.56 | 0.55 |
| 得克萨斯 A&M 大学 | 1.27 | 1.80 | 1.34 |
| 阿拉巴马大学，伯明翰 | 0.55 | 0.73 | 0.79 |
| 亚利桑那大学 | 1.20 | 1.27 | 1.16 |
| 伯克利加州大学 | 1.56 | 1.52 | 1.75 |
| 戴维斯加州大学 | 1.17 | 1.30 | 1.23 |
| 欧文加州大学 | 0.39 | 0.50 | 0.53 |
| 洛杉矶加州大学 | 1.55 | 1.63 | 1.80 |
| 河边加州大学 | 0.44 | 0.37 | 0.28 |
| 圣地亚哥加州大学 | 2.19 | 1.56 | 1.75 |
| 圣芭芭拉加州大学 | 0.24 | 0.38 | 0.40 |
| 圣克鲁斯加州大学 | 0.14 | 0.17 | 0.19 |
| 辛辛那提大学 | 0.51 | 0.50 | 0.58 |
| 科罗拉多大学，邦德 | 1.03 | 1.03 | 1.20 |
| 康涅狄格大学 | 0.78 | 0.77 | 0.54 |
| 达拉瓦大学 | 0.29 | 0.27 | 0.25 |
| 佛罗里达大学 | 0.99 | 0.91 | 1.06 |
| 佐治亚大学 | 1.00 | 1.04 | 0.87 |
| 夏威夷大学，曼诺校区 | 0.72 | 0.51 | 0.54 |
| 伊利诺伊大学，芝加哥 | 0.41 | 0.58 | 0.66 |
| 伊利诺伊大学，香槟 | 1.50 | 1.51 | 1.26 |
| 衣阿华大学 | 0.75 | 0.76 | 0.80 |
| 堪萨斯大学 | 0.35 | 0.41 | 0.50 |
| 肯塔基大学 | 0.56 | 0.50 | 0.68 |
| 马里兰大学，帕克 | 0.69 | 1.08 | 0.95 |
| 马萨诸塞大学，阿姆郝斯特 | 0.44 | 0.73 | 0.66 |

续表

| 高　　校 | 1979—1980 | 1989—1990 | 2000 |
|---|---|---|---|
| 密歇根大学,安娜堡 | 2.06 | 2.03 | 1.87 |
| 明尼苏达大学,双城 | 2.12 | 1.89 | 1.39 |
| 内布拉斯加大学,林肯 | 0.60 | 0.50 | 0.46 |
| 新墨西哥大学 | 0.47 | 0.38 | 0.45 |
| 北卡罗来纳大学,教堂山 | 0.68 | 0.84 | 0.91 |
| 俄克拉荷马大学,诺曼校区 | 0.35 | 0.39 | 0.51 |
| 匹兹堡大学 | 0.58 | 0.79 | 1.00 |
| 南卡罗来那大学,哥伦比亚 | 0.12 | 0.30 | 0.35 |
| 南佛罗里达大学 | 0.09 | 0.47 | 0.49 |
| 田纳西大学,诺克斯威尔 | 1.19 | 0.86 | 0.55 |
| 得克萨斯大学,奥斯汀 | 1.40 | 1.45 | 0.92 |
| 犹他大学 | 0.69 | 0.59 | 0.64 |
| 弗吉尼亚大学 | 0.47 | 0.61 | 0.59 |
| 华盛顿大学 | 1.99 | 1.61 | 1.79 |
| 威斯康星大学,麦迪逊 | 2.45 | 2.05 | 1.87 |
| 犹他州立大学 | 0.40 | 0.54 | 0.35 |
| 弗吉尼亚理工学院 | 0.59 | 0.78 | 0.65 |
| 华盛顿州立大学 | 0.54 | 0.42 | 0.35 |
| 韦恩州立大学 | 0.38 | 0.42 | 0.53 |
| 总　　计 | 52.75 | 53.64 | 51.23 |

**表 B2　33 所私立大学在总学术 R&D 中的研究份额(1979—1980,1989—1990,2000)**

| 高　　校 | 1979—1980 | 1989—1990 | 2000 |
|---|---|---|---|
| 波士顿大学 | 0.43 | 0.48 | 0.00 |
| 布兰戴斯大学 | 0.18 | 0.21 | 0.16 |
| 布朗大学 | 0.31 | 0.31 | 0.27 |
| 加州理工学院 | 0.76 | 0.70 | 0.75 |
| 卡内基-梅隆大学 | 0.51 | 0.69 | 0.47 |
| 凯斯西储大学 | 0.72 | 0.62 | 0.65 |
| 哥伦比亚大学 | 1.74 | 1.22 | 1.08 |
| 康奈尔大学 | 1.96 | 2.02 | 1.38 |
| 达特茅斯学院 | 0.17 | 0.28 | 0.27 |
| 杜克大学 | 0.72 | 0.93 | 1.21 |
| 爱默里大学 | 0.29 | 0.52 | 0.69 |
| 乔治·华盛顿大学 | 0.36 | 0.22 | 0.23 |
| 哈佛大学 | 1.79 | 1.48 | 1.15 |

续表

| 高　　校 | 1979—1980 | 1989—1990 | 2000 |
|---|---|---|---|
| 约翰·霍普金斯大学 | 1.50 | 1.62 | 1.52 |
| 麻省理工学院 | 2.87 | 2.06 | 1.44 |
| 纽约大学 | 1.04 | 0.73 | 0.61 |
| 西北大学 | 0.75 | 0.86 | 0.83 |
| 普林斯顿大学 | 0.51 | 0.60 | 0.46 |
| 伦斯勒理工学院 | 0.24 | 0.30 | 0.14 |
| 莱斯大学 | 0.15 | 0.16 | 0.14 |
| 斯坦福大学 | 2.02 | 2.03 | 1.54 |
| 雪城大学 | 0.28 | 0.24 | 0.13 |
| 塔夫茨大学 | 0.20 | 0.33 | 0.35 |
| 吐伦大学 | 0.23 | 0.35 | 0.30 |
| 芝加哥大学 | 1.11 | 0.78 | 0.58 |
| 迈阿密大学 | 0.77 | 0.63 | 0.49 |
| 宾夕法尼亚大学 | 1.66 | 1.25 | 1.46 |
| 罗切斯特大学 | 1.19 | 0.87 | 0.66 |
| 南加州大学 | 1.26 | 1.14 | 1.01 |
| 范德比尔特大学 | 0.38 | 0.48 | 0.58 |
| 威克森林大学 | 0.11 | 0.26 | 0.29 |
| 华盛顿大学(WU) | 1.06 | 0.96 | 1.22 |
| 耶鲁大学 | 1.28 | 1.21 | 1.00 |
| 总　　计 | 28.19 | 26.31 | 23.35 |

# 译后记

罗杰·盖格是美国高等教育研究的著名学者，他的研究兴趣集中在美国研究型大学方面，先后出版了《增进知识》《研究和相关知识》《大学与市场的悖论》三本著作，分别研究1900年到1940年、1940年到1980年、1980年以后这三个阶段的美国研究型大学。这三本著作细致刻画和分析了美国20世纪研究型大学发展的整个历程，构成了研究型大学研究的“三部曲”。本书作为“三部曲”中最新的一部，对美国研究型大学从20世纪80年代以来的发展进行了深入研究。这一时期突出的特点是政府财政支持减弱，市场力量影响不断增大，研究型大学借助市场力量获得前所未有的发展，但也面临更大的挑战和困难。当前，市场力量对我国大学的影响也在不断增强，市场因素在不断塑造着大学的使命与大学的行动，大学在招生与学生培养、学术研究、产学研结合等方面都发生着重大变化。因此，这本著作对我国研究型大学的发展具有重要的参考价值。

本书翻译分工如下：导言（郭建如，北京大学教育学院教育经济与管理系/教育经济研究所）；第一章（郭楠，北京大学教育学院博士生）；第二章（黄琳，北京大学教育学院硕士）；第三章（马林霞，北京大学社会学博士；曹娟，中国社科院硕士）；第四章（郭建如）；第五章（马林霞）；第六章（郭建如）。郭建如和马林霞负责全书的审校与统稿工作。

翻译学术著作是一项费心劳神的工程。本书能够顺利完成，完全得益于北京大学教育学院和教育部人文社会科学重点研究基地北京大学教育经济研究所提供的良好氛围和同事们的大力支持。北京大学教育学院和北京大学教育经济研究所是充满和谐、友爱、温暖的学术机构，谨在此表达译者的诚挚谢意。本书在翻译过程中得到了北京大学出版社周雁翎主任和责任编辑刘军老师的大力支持，特别是刘军老师在翻译过程中提出了许多中肯的意见，译者从他的专业知识和技能中得到了很多帮助。限于译者的知识水平，译文中的错误在所难免，敬请读者批评指正。

译　者

于北京大学教育学院/教育经济研究所

1980年，阿云嘎（右）与著名作家、文学史专家、《民族文学》原副主编特·赛音巴雅尔（中）及著名作家乌雅泰拜谒成吉思汗陵

# 目　录

# 雪落无声

## 一

天色泛灰，雪花纷飞的下午，穿着皮袄、高筒靴的一个人，扛着双筒猎枪，枪筒上还挂着四只兔子，从长满柳条的一处沙窝子里出来，径直朝北面的高地走去。灰蓝色的云越积越厚，风反而越来越小了。原来随着风吹得四处乱飞的雪花下得越来越密，悄无声息地落在地上。雪，要下大了。戈壁上怎么这么早就下雪了呢，这个人边走边想。

这个人叫扎木亚，之前当了好多年大队支书，后来牲畜、草场分配到户的时候辞了官成了普通的牧民。因为从小就喜欢打猎，只要有时间就到自家草场南面的沙窝子里去打兔子、野鸡过过瘾。他现在有的是时间，平时雇着一个人干活，还有一个叫甘匹拉的没什么收入的远房穷亲戚常年在家里帮忙。所以他只需要动动脑子动动嘴，那两个人勤快点就把家里家外的事情都做好了。没事儿干的时候扎木亚要么去打猎，要么去旗里、苏木[①]转转，找找老朋友，谈谈小买卖。

可能是因为变天了吧，扎木亚今天觉得怪怪的。自打辞了官之后

① 苏木：蒙古语，内蒙古牧区一级行政单位，相当于乡。

他时常会觉得不舒服。他朝高地走着，望着阴沉沉的天空下伸向远方的枯黄的草场。这十几里的草场原来都是他的。支书就是大队里最大的、实际上也是唯一的领导。哪里可以挖井，哪里能种草，谁家能获得政府的救助，还有给谁分配工分高的活儿……这些都是他一个人说了算。那个时候如果没有扎木亚这个支书的话这个地方的人可能连该做什么、不该做什么都不知道。那个时候他啃着窝头，穿着带补丁的破靴子，拿着记满了主席语录、大队党员人数甚至是大队的牲畜数量的小本儿，背着黄绿色的小包，顾不上自家的事情，为了“革命事业”整天奔波，虽然很累但却心满意足。因为有权力这个看不见的东西把他的内心填得满满的。现在他差不多也是全嘎查[1]首富，什么都不缺，可心里时不时感觉空落落的。人没有享受过权力的快乐的时候会觉得权力可有可无，可享受过后失去的话就会觉得无法忍受。他认识的一个副旗长退休之前几天几夜不睡觉连续工作都没有问题，可退休刚半年就好像老了十几岁，不到一年身体零件都出了问题，没过多久就去世了。每天吃得好睡得好，这个人是怎么了？还是没有福气啊！别人不知道，扎木亚却知道是因为什么。权力是什么？你们以为只是一种责任吗？得了吧。那个东西如果享用惯了，就跟空气、营养、保健品一样，失去的话立刻就会变得衰老，虚弱，甚至会丢掉性命。

可扎木亚还是主动辞了职。大队支书在当地是土皇帝，可还是在权力的层级里属于被埋在土里的最下面的那层基石。这是他后来才想明白的。人们在谈到基石的时候会说“无基不为楼”。可爬到顶楼后能想到基石的人有几个？还算聪明的他早就明白对生活在牧区的人来说发家致富最重要。致富并不是件难事。曾经拥有过的大队支书的权力对于他的发家致富异常有用。可就算有钱了也不能弥补他失去权力

① 嘎查：嘎查，蒙古语，为内蒙古牧区基层行政单位，相当于村。

的遗憾。原来好像没有扎木亚就不会生活的那些人，在他辞职之后也毫无大碍地生活着，而且好像生活越来越好。想到这些他有时候觉得心里老大不舒服。之前为了分个工分高点的工作、为了得到救助金、为了孩子找工作，看到他就笑眯眯地称呼“咱们书记”的那些人现在就是碰到了也不怎么理他。一想到这儿，他心里就不由得火冒三丈。扎木亚是那种喜怒不形于色的人。再说了辞职并不代表权力消失了。代替他当了嘎查书记的那个叫宝日呼的年轻人对他特别“忠心”，大事小事都给他汇报，按照他的意见来做。所以嘎查的大部分事情还是按照他的想法来办的。

一爬上高地，他缓缓地深吸了几口气。指甲盖大小的雪片下得非常密，落到脸上马上就化了。远处的坡上也是白茫茫的一片。看来雪越下越大了。鹅毛大雪中看到一个人的身影，仔细一看是甘匹拉。这家伙扔下羊群在这儿干吗呢？正在琢磨的时候甘匹拉走近了，突然看到他有些慌乱，笑眯眯地说：“原来是您啊？”

扎木亚皱了皱眉，说：“你在这儿干吗呢？”

“嗯……去钢巴图家找羊去了。家里那只刚生下来的羊羔子昨天就不见了……”甘匹拉解释道。

他瞅了瞅穿着补丁大袄、冻得手和脸都有些皴裂的甘匹拉说：“是吗？钢巴图在家吗？”

“钢巴图不在。布仁其木格自己在家给羔子喂奶呢。”

雪下得更大了，打在脸上有些疼。扎木亚抬头看了看天色问：“那羔子找到了吗？”

“没找到。我再找找吧。应该能找到。”甘匹拉有些紧张，像受到惊吓的黄羊。

“注意点儿吧，暴风雪快来了。”扎木亚带着有些责怪的语气说道。

甘匹拉急忙去追赶远去的羊群了。

扎木亚站在那里没有动，盯着西南方坡下面钢巴图家的房子看了好一会儿。不大点的院子、低矮的房子在大雪中影影绰绰。一想到那个叫钢巴图的家伙住在那里，他心里就觉得别扭。这个人让他心里很不舒服。今年三十五六岁的钢巴图是扎木亚从小看着长大的。可这么多年大队里唯一一个一直跟他作对的人也是钢巴图。所有的事情都要从钢巴图上学那年说起。这个时间他记得很清楚。那一年钢巴图十五岁，从大队的小学毕业后该去旗里上初中了。那个时候升学考试还没恢复，让谁上、不让谁上都是大队书记说了算。钢巴图家庭出身不好，因为解放那年钢巴图的爸爸给国民党送过信儿，扎木亚就没同意他的上学的申请。扎木亚有些小看这个来求情的男孩子，漫不经心地说："上完小学能认识几个字就挺好了，还是干体力活儿养家糊口的好。"

可脸蛋儿被晒得黑黑的男孩子是个倔脾气，瞪着泪汪汪的眼睛说："不，我就要上学。"

扎木亚有些生气了。全大队里没几个人敢对他说"不"。他皱着眉开始教训这个倔强的男孩儿："你是不是想逃避劳动啊？这可不行。劳动是最光荣的。"

"那你自己的儿子为什么不参加光荣的劳动还去上学？"小小的钢巴图问道。

"啊……什么，你说什么？"扎木亚有些词穷。面前的这个十五岁的男孩儿他好像是第一次见，眼里满是惊奇。结果是越看越生气，他继续说："我是什么人？你爸又是什么人？你是不是该闭嘴了。"

钢巴图眼里满是泪水，可硬是把眼泪憋了回去，转身就走了。扎木亚认为这件事情就这样过去了，可事实证明他错了。两个月后钢巴图写的一封举报扎木亚的信从旗里面一级一级传了过来，最后到了扎木亚手里。扎木亚读了两遍，气得都快爆炸了。一想到这个乳臭未干的小子居然敢告他就气得火冒三丈。结果就是这个十几岁的男孩儿被批斗了好几回……

扎木亚那个时候觉得钢巴图这家伙家庭出身不好，肯定一辈子都抬不起头。可这世界上的事情有的时候真是会出乎意料。没过几年斗争也不讲了，牲畜草场分给个人后谁都管不了谁，谁也不怕谁了。小小的钢巴图长成大人了，不知不觉变成了扎木亚的一个强有力的对手。

钢巴图公开宣战是讨论牲畜、草场分配到户的那段时间。在牧民大会上钢巴图直截了当地说："听说扎木亚想分咱们大队最好的那片草场、品种最好的那群羊。我不同意。作为一名老共产党员，他不能这么做。"扎木亚因为这件事好几天没睡好觉，倒不是因为草场和羊，是因为在众人面前被说到了痛处。从那以后，扎木亚就知道与钢巴图不可能是朋友，甚至有可能是敌人。

最后，扎木亚还是选了全大队最好的草场，盖了房子，还分到了几百只细毛羊。另外，只花了三千来块钱就买下了大队那辆挺新的卡车。还不止这些，在让位前，他把亲自介绍入党、对他言听计从的老实人宝日呼推荐成了支部书记。这样的话钢巴图就不能把他怎么样了。狗再厉害也咬不到骑在马上的人。可就算是这样，这条狗总在面前转来转去，汪汪叫，一想到这些他就觉得心里不痛快。

钢巴图成了他的心病。

此时，钢巴图倔强的眼神、坚硬的下巴、那张黝黑的脸好像就在眼前。简直就是个自不量力还爱管闲事的家伙。扎木亚朝钢巴图家望去，纷飞的大雪好像遮挡住了一切，什么都看不见了。

扎木亚回到家，看到房子前面的拴马柱上拴着一匹高大的深灰色的马，是宝日呼来了。他把子弹从枪膛里退出来，四只兔子扔到仓库里，走进了屋子。炉子里烧着羊粪，屋里热乎乎的。靠着墙边放着羊毛毡子，坐在上面的宝日呼看到他微笑着站了起来。

"哦，宝日呼来啦，坐坐。"扎木亚用长辈对小辈的亲切的语气说着，往里屋瞅了一眼接着说："宝日呼来了，赶紧来倒碗茶啊?"

过了好人一会儿扎木亚的老婆趿拉着一双红色拖鞋走了出来。穿着毛料儿上衣、头发用绸子扎着的这个女人，你不仔细看的话一定会以为她是城里的贵妇。这个女人冷着脸不情不愿地端来两碗茶，又拿出些糖果、饼放在了两人前面。

背靠大树好乘凉。比扎木亚小十二岁的这个老婆，自打结婚就没吃过什么苦，天天享福。那几年严寒酷暑中人们一桶水一脚泥地忙着搞建设时，这个女人要么去盟里参加六个月的妇女学习班，要么就是旗里五个月的兽医学习班，或者是大队小学教蒙古语，还有就是下乡统计数据晃荡了好几年，几乎没干过什么重活儿。扎木亚特别爱他这个长相好脾气不好的老婆。自己虽然穿着朴素，却从来不管老婆的打扮。所以作为大队书记的老婆，这个女人从来都是趾高气扬，客人来了从来都不会把狗关起来，也不给客人倒茶。

“来，宝日呼，吃点饼。”扎木亚客气道。

“好，好。”宝日呼嘴里迎合着，却没动手，微笑着说，“扎书记，有这么件事儿。”

“什么事儿?”

“钢巴图他们想组织一个运输队。”

“运输队?”

“嗯，几户人家合起来想用骆驼给化工厂运送碱挣点钱。”

“哦……”扎木亚没说什么接着喝茶。

宝日呼的脸稍微红了一下，接着说：“我不知道该怎么解决了。”他有些不好意思。

扎木亚放下了碗，说：“上级不是号召大家增加收入吗？这是好事。作为支部书记应该支持大家的想法。这有什么可犹豫的?”

“嗯，是，是。可……”

扎木亚淡淡地笑了一下，接着说：“当然了，我儿子也在用卡车运送碱。可这有什么关系？大家一起富起来不是更好吗？这才是社会主义的优越性啊。”

“好的，好的。钢巴图他们要从信用社贷款，要我写介绍信。那就写?”

“那肯定得写。”

“明白，明白。”

宝日呼嘴上答应着，眼里满是惊讶。他明白扎木亚习惯性地脱口而出的都是报纸、文件上的词儿。可谁知道他真实的想法是什么呢，宝日呼没敢问回家去了。

宝日呼走了之后扎木亚思谋了很长时间，脑海里出现了钢巴图冷笑的样子。

老婆从里屋出来噼里啪啦地把茶碗等收起来后问：“知道自己没本事还当什么书记?他除了喝茶还有什么本事?”

扎木亚默不作声。

“疯了?谁让你把书记的位置让给别人的?现在要骑到你头上了吧?”老婆责怪着他。

你以为当书记的话就能阻止钢巴图运碱了吗?现在是什么年代啊?扎木亚心里想了想什么都没说。

老婆嘴里哼哼着歌进里屋了。

扎木亚继续琢磨。钢巴图现在是故意跟他作对，这点他很清楚。钢巴图还年轻，是个不达目的不肯罢休的家伙。照这个样子，三五年之后谁敢说钢巴图不会超过我?到了那个时候大家都围着钢巴图转了，就没人理我了。多少年来只要我跺跺脚全大队就会抖一抖的日子就要这样结束了吗?

他心里不禁开始怀念过去。牧民靠挣工分生活的那个时候，他的地位是坚不可摧的。当然了，现在回想起来那个时候有些事情确实做得不太合适。动不动就批斗，拼命干活却填不饱肚子，这叫什么事儿?可人这个东西，不能太可怜他。稍微给点自由，生活得好点儿就想骑在我头上，去他的。

从窗户往外望去已经是白茫茫的一片。雪一直在下，丝毫没有停的意思。屋外传来了羊叫的声音，只见甘匹拉进了院子掸了掸身上的雪。他今天去了钢巴图家吧？是不是心思变了？忘恩负义！想到这儿扎木亚走出去对甘匹拉微笑着说："雪越下越大了。你家里怎么样？回去看看吧。"他说完从仓库里拿出来刚打回来的那四只兔子递给甘匹拉，说："把这个拿回去。全家人好好吃几顿没问题。"

## 二

雪花飘飘洒洒，落地悄无声息。夜色中，被大雪覆盖的草原泛着白光。钢巴图踩着松软的雪，大步朝自己家走着。脑子里那个大计划让他澎湃不已。他刚从苏木信用社出来。

他揣着宝日呼给写的介绍信去了信用社，可一分钱都没有借到。

信用社那个鼓着将军肚、顶着明晃晃大脑袋的主任看了眼介绍信笑着说："没钱啊。没办法，我也不能印钞票啊。"钢巴图递上了一根烟，主任毫不客气地接了过去，笑了一下："烟是好烟，可抽了烟，钱也出不来啊。"钢巴图使出浑身解数求了半天。可主任一个劲儿地摇头，不停地说："哎，我说钢巴图同志，国家的钱我不能谁都给借。这是原则问题。"钢巴图看出来了，从信用社是借不到钱了。去你的原则！扎木亚从你这儿借钱还不是像从自己家柜子里拿钱一样容易吗？

"真的没钱吗？"

"什么叫真的没钱吗？有的话早就借给你了。"对方还是笑眯眯的。

狗腿子！钢巴图气得都快爆炸了。

有点权力就这样糊弄我们这种老百姓。不过也没关系，迟早有一天有你好看的，想到这儿他摔门而出。

钱！钱！要想办成事儿必须有钱。有钱的话弄几峰骆驼运碱就容易多了。可钱从哪儿来呢？活人不能让尿憋死。那个扎木亚说是万元户，就是亿元户也是托大家的福。三十年河东三十年河西！雪覆盖了一切，地形好像也变了。可钢巴图对这里是如此熟悉。他站到坡上稍微停了一下朝南面望去。什么也看不到，可他清楚斯布吉玛家就在前面的山坡下不远处。那个寡妇这个时候肯定睡了。要不是扎木亚多管闲事，斯布吉玛当年肯定嫁给他了。他们俩关系一直挺好。他还记得斯布吉玛填入团申请表的那个晚上两个人就在这个坡下面差不多聊了一个晚上。“你知道我有多高兴吗？我填了入团表了。”斯布吉玛把头靠在他的肩膀上说。当时钢巴图心里挺难受。斯布吉玛的出身是贫牧，肯定能入团。可他……他没有能力跟心爱的姑娘一起入团。他努力控制着没掉眼泪，紧紧抱着斯布吉玛说：“我也很高兴。”

钢巴图直到现在都猜不出来是谁把斯布吉玛他们俩在坡上待了一晚上的事情悄悄告诉了扎木亚。不管怎么样，扎木亚知道了之后派团支书宝日呼跟斯布吉玛谈了话。总结下来就是要求斯布吉玛必须跟钢巴图划清界限，否则她入团的申请也不会批。这是硬要求。斯布吉玛那几天眼睛都哭肿了。有一天她悄悄找到钢巴图，可怜巴巴地说：“你跟扎木亚书记认个错。这样的话咱俩的事儿也许就能成。”钢巴图心疼地看了斯布吉玛好半天，最终还是摇了摇头。斯布吉玛他们俩的爱情就这样结束了。没过多久斯布吉玛入了团，又过了几年嫁给了一个出身好的年轻人。可那个人有一次出意外被马拖得没了命，留下了一个孩子跟寡妇斯布吉玛。

也是个命不好的人啊，钢巴图叹了口气，下了坡，往家走去。他又想起了自己的老婆。她家也是出身不太好，可是人很勤快，也很老实。这些年没少跟他受别人的白眼，吃了不少苦。可她不喜欢抱怨命运的不公。钢巴图觉得自己对不起老婆。这么多年连一个花头巾都没给买过。结婚的时候他心里一点都不觉得高兴，只是为了生活才娶了这个女人。今晚下着雪，他朝家里走去的时候，心里想起了老婆的各种好，心里觉得暖暖的。他的步子越迈越大，没过多久看到了被白雪覆盖的坡上的自家的房子，窗子里透出昏黄的灯光。

他推门进去的时候，正坐在凳子上出神的老婆立刻站了起来，边往下掸他肩上的雪边说："下这么大的雪还回来干什么？住在苏木，明天回来也行啊。"

钢巴图笑了笑说："那不行。你不是一直在等我吗？我要是住外边你不得等到天亮啊？"

老婆脸微红，笑眯眯地盛了一碗茶端了过来说："你不在家我睡不着，习惯了。对了，丹巴来过。"

"说什么了？"

"没说什么。好像是下雪天没事儿干来串门找酒喝了。"老婆回答。

"你跟他说想拉点碱挣点钱的事了吗？"

"说了。他什么都没说。"

钢巴图把茶碗放下靠着被子思谋着。丹巴的年龄跟钢巴图差不都，命运也同样坎坷。丹巴的爸爸旧社会的时候在王爷府做饭，所以被认定为"王公贵族的走狗"。因为这件事，丹巴从小就受欺负。丹巴家现在有十峰骆驼，跟扎木亚竞争的话是个好帮手。

老婆接着说："靴子都湿透了。下雪天干吗还在外边乱跑不着家？"她嘴里嘟囔着把靴子放到了炉子旁。

"干吗？为了挣钱啊。"钢巴图像个顽皮的孩子笑着回答。

"为了挣钱受那个罪干什么？现在吃穿都不用愁，不也挺好的吗？"

钢巴图抬起头，老婆已经坐到了旁边，脸上满是心疼的表情。是个善良的女人啊，钢巴图心里暖暖的。想到这儿他正色说道："不挣钱不行。那一年给咱们平反后，我就下定决心从今往后一定跟扎木亚平起平坐。可我想错了，咱们还是过得不如他。因为他有钱，咱们没钱。那个时候我才明白这世界上除了权，还有一种同样厉害的东西，就是钱。要想跟扎木亚斗的话必须在钱这方面比他强才行。”

老婆沉默了好一会儿，说：“你看着办吧。听你的。”

## 三

第二天老婆回娘家借钱，钢巴图放羊去了。天上还是厚厚的云层，雪还是没有停。羊群到了一片枯草的洼地，慢悠悠地吃了起来。钢巴图走到了旁边的坡上，用脚把地上的雪清了清，坐了下来。

放眼望去，扎木亚家外面的洼地里也有一群羊，羊群旁边有一个人时不时弯一下腰。好像是那个讨厌的甘匹拉，钢巴图心里琢磨着。一想到甘匹拉，他心里觉得这个人既可怜又可恨。

那一年钢巴图对扎木亚意见很大，在他告了扎木亚的状没多久就在水利工地被批斗了。那个时候钢巴图才十五岁，甘匹拉跟了他好几天，他都没起疑心。有一天钢巴图回到了住着的工棚，甘匹拉也跟了进去。钢巴图刚拿起炉子上的茶壶，旁边小桌子上放着的毛主席像就掉地上摔了个粉碎。甘匹拉一言未发出去了。没过多久钢巴图就在大会上挨批了。

几个人接二连三地揭发完他之后，弯着腰在大庭广众下被批斗的钢巴图边听心里边打问号。这几个人对他最近几天的行踪了如指掌，在哪儿说了什么话，犯了什么错误，类似的信息说得都准确无误。“钢巴图！你那天中午吃饭的时候不是说吃不饱吗？你这是否定大好形势啊！”“钢巴图！你前天晚上不是说过累得动不了了吗？”钢巴图越听越惊讶，心想我说了什么这些人是怎么听到的？突然他明白了，他说的这些话只有甘匹拉听到了。这家伙把我的动态都悄悄告诉别人了。

“钢巴图，你打碎主席的雕像是什么目的？”一个人呵斥道。

“我不是故意的……”他急忙辩解。

“不是故意的？有证人吗？甘匹拉在哪儿？”

在叫了好几次后甘匹拉才慢悠悠地走了出来。

“甘匹拉你说。钢巴图打碎主席像是不是故意的？”

甘匹拉没说话。

“说！”

“他……故意的……”

钢巴图之后就被劳动改造了。而且监视他的任务落到了甘匹拉身上。从那以后甘匹拉就寸步不离地跟着钢巴图，让他干最重的活儿。一天，两个人去拉石头，干了好长时间。正打算坐下来吃点干粮，钢巴图这才发现那个小小的干粮袋子丢在了路上。没办法，只能饿着了。钢巴图无精打采地坐着。

“这个……给你！”

钢巴图回头看到甘匹拉把掰了一半儿的玉米窝头递到了他的面前。

“不用！”钢巴图把头扭了过去。

“饿得受不了……吃……吃了吧！”

“是怕我饿死吗？你记住了，坏人命长！”钢巴图说得很坚决。

甘匹拉耷拉着脑袋再没说话。下午两人碎石的时候甘匹拉时不时吸一下鼻子。钢巴图看了心里觉得奇怪，甘匹拉居然在哭？

钢巴图恨了甘匹拉好多年。后来才知道，因为老婆生病，孩子多，甘匹拉为了多挣几个工分才那样干的。过了这么长时间，甘匹拉不也为了多弄几件旧衣服、三五只羊，在扎木亚那儿整天忙乎着跑腿儿吗？

纷飞的雪花中他看到甘匹拉低着头忙乎着。这家伙干什么呢？钢巴图仔细看了一会儿才知道这是要打兔子。雪大了的话兔子是跑不快的。所以把羊群赶到有兔子的地方，运气好的话是能弄到几只兔子的。甘匹拉打兔子并不是像扎木亚那样仅仅是为了过过瘾，而是为了填饱肚子。钢巴图心里很清楚。

甘匹拉在坡下面找兔子的时候，打西北边儿出现了一个带枪的人。钢巴图认出来那个人是扎木亚。甘匹拉这个时候好像看到了一只兔子，急忙把几只羊拢到一起，手里拿着一根棒子大跨步地往西北方向赶去。就在这个时候扎木亚端起枪瞄了一会儿，放了一枪。“砰！”甘匹拉吓了一跳站在原地，像钢巴图一样一动不动。

扎木亚把那只兔子递给甘匹拉就径直朝钢巴图走来。这家伙要干什么？钢巴图心里琢磨着，坐在原地没动。

扎木亚到了旁边，说：“干什么呢？雪下得不错呀。”

“是啊。”钢巴图冷冷地笑了一下。

扎木亚没怎么在意，坐在了旁边，从兜里掏出了一根烟递给了钢巴图。钢巴图接过来点着的时候，扎木亚又掏出来一根点上抽开了。

“听说你去苏木贷款去了？怎么样？白跑了一趟？”扎木亚笑眯眯地看着钢巴图问道。扎木亚笑的时候雪白的牙齿格外耀眼，烟从牙缝里慢慢挤了出来，消散在雪天轻飘飘的风里。

“一分钱都没借到。可活人总会有办法的。”钢巴图恨恨地说道。

“我就知道你会白跑一趟。”扎木亚看着漫天大雪下的草场若有所思。

“是啊，有你在，我们什么时候办成过事儿？”

扎木亚回头看着钢巴图说：“我今天来不是为了幸灾乐祸。咱们俩合不来是真的。可看你倒霉，我这么大雪天专门跑来看热闹吗？那是小孩儿才干的事情。我是个大男人。男人之间较量要有男人的样子。我是个男人。”

钢巴图死死盯着这个人，这个全嘎查的首富、独裁者目光冷峻，面色严肃。这个人肯定不是专门来笑话我的。是个男人。想到这儿钢巴图说：“我也不是小孩儿，早就是个男人了。”

“所以我才来找你的。钱好说，借也能借到一些。运碱又花不了多少钱。在碱厂办手续需要一千块。驼鞍、缰绳这些零零碎碎也就三四千块就够了。可你为什么非要自己建个运输队呢?”扎木亚说着从兜里又掏出一根烟点上了。

“为什么?你不知道吗?”

“知道，肯定知道。你这是为了跟我比啊。说实话能跟我比的人除了你，整个嘎查还没有第二个。你现在还嫩了点，骨头还没长硬呢。不过我知道你的骨头长得很快。”

“没错，我也是这么想的。”钢巴图讥讽地笑着。

“所以咱们俩面前现在有两条路。第一条，各自发展，互相竞争。你虽说年轻，可我也不老。咱们可以再斗三十年。可是这样的话对咱们俩有什么好处?其实还有另外一条路。咱俩之前的账一笔勾销，合作怎么样?真的，咱俩合作的话这嘎查里谁也不敢把咱们怎么样。”

“咱俩合作?”钢巴图有些不相信自己的耳朵。

“对，咱俩合作。我说的是真心话。我有卡车，你再弄一个驼队，钱我可以想办法，干上一年你也能买辆车了。这样的话不光是咱俩，嘎查里好多户人家都可以挣点钱了。”扎木亚说。

钢巴图看了扎木亚好半天。最后终于相信这家伙是在说真话。钢巴图冷着脸说:“你是不想斗了才这样说的吧?”

“是，不想斗了……”

“可我还挺有兴趣。越来越有兴趣了。”钢巴图恶狠狠地说。

扎木亚坐在那里久久没有说话。然后他长叹一口气苦笑着说:“我是真不想斗了。可你非要跟我斗的话我也奉陪。再没有其他选择了。我也不是个软蛋。”

钢巴图也笑了。原来在他眼里特别让人憎恶的扎木亚现在可爱多了。不像那个讨厌的宝日呼，这个人还算是个男人。“那咱们就继续斗。”他突然有些激动。多少年的仇人，这样面对面直截了当地谈话，这让他心里舒服了很多。

“可以斗。但你的事情不会那么顺利。”

“就是因为没钱吗？”

“不，不是。”扎木亚摇了摇头，说：“钱不是最重要的。钱可以挣回来。可还有一个东西比钱重要。你很快就会知道。”说着他站了起来，掸了掸膝盖上的雪扛着枪往自己家走去。

## 四

钢巴图的老婆布仁其木格回娘家待了三天借回来五千块钱。那天下午钢巴图去找了丹巴。丹巴不在家，丹巴的妈妈说三天没回家了，也不知道去哪儿了。丹巴是个酒鬼，这么大的雪，肯定是串门喝酒去了。想到这儿钢巴图到他经常去的几家找了找，可走了两三家也没找到，估计是在纳木达格家。他家住得挺远，钢巴图朝远处覆盖着白雪的高地走去。

刚翻过一处高地就碰到斯布吉玛在放羊。没怎么长膘的几只羊躲在草丛下有一口没一口地吃着刚刚能从雪里露出来的枯草尖儿。披着羊皮袄缩在一丛柠条下的斯布吉玛看到钢巴图笑眯眯地站了起来。

“放羊呢？”钢巴图打了个招呼看着羊群说，“这些羊可是没怎么长肉啊。”

“草场不好没办法呀。”斯布吉玛笑着说。

“这也是难为你了。”钢巴图说。

“就这个命。”

钢巴图心里一沉。原来自己出身不好，现在日子好过了，头抬起来了，腰板挺直了，能跟扎木亚竞争了。可斯布吉玛日子过得还是不好。带着孩子的一个寡妇能有什么本事。钢巴图突然想起了丹巴，急忙说：“斯布吉玛，你这样一个人过怎么行？还是找个人一起过吧。”

“我也不愿意一个人过。可这也不像去供销社买东西呀。”斯布吉玛脸上的笑容消失了。

“我给你介绍个人吧。”

“是吗？谁啊？”斯布吉玛笑了。

“丹巴，他人不错。”钢巴图就想着办成这件事，又继续说，“挺好的吧，你觉得呢？”

看着钢巴图着急的样子斯布吉玛不禁捂着嘴笑了：“你怎么突然这么着急？也不是你自己找媳妇。”

钢巴图也意识到自己太着急了，也笑出了声。他挠了挠头说：“我没开玩笑。看你的日子过得这么累着急了。你好好想一想。要是觉得行给我句话。”

斯布吉玛又笑了笑：“我再想想。对了，布仁其木格的身体挺好的吧？”

“挺好。”

“你是找了个好人啊。”斯布吉玛苦笑着说。看着她钢巴图心里也很难受，说：“没关系。你以后也能过上好日子。肯定能找到个好人。”说到这儿他心里也挺激动。

“羊群走远了。”斯布吉玛站了起来。看着还想说点什么的钢巴图，笑了一下，仿佛在说，咱们俩在这儿说这些有什么用。那笑容里其实是无尽的苦涩。钢巴图眼里的亮光随即又暗了下来。他心里暗暗下了决心，以后说什么也得帮帮斯布吉玛这个可怜的女人。

太阳快落山的时候总算到了纳木达格家。羊圈里的棚里拴着一匹银鬃马，一口一口地嚼着扔在前面的干草。那是丹巴的马。屋子里面很暖和，一股酒味直冲鼻子。这时坐在炕上的纳木达格边下炕边说：“太好了，钢巴图来了。快往上坐。”钢巴图看到丹巴满脸笑容靠着被子坐在那儿。他坐到了炕沿上。

“来，喝茶。喝完茶还有酒。丹巴我俩从昨天晚上一直喝到天亮。

睡了一会儿，早上喝完茶又接着喝。一天喝了两瓶子。”纳木达格说。

“你们挺有收获啊。”钢巴图说。

“大雪天，还能干什么打发时间？还是喝酒好吧？”丹巴在那边说道。丹巴这个人长得人高马大，是个典型的戈壁蒙古人。

三个人开始喝酒。

“钢巴图，听说你想弄个驼队给碱厂拉碱？”纳木达格老汉问道。

“有这个想法。”

“这家伙是想骑在扎米亚的脖子上吧？”丹巴笑着说。

“咱们让他骑了多少年了？现在这么做也没什么错。”钢巴图说。

“你这个人啊。不老实待着老想挑事儿。”纳木达格笑了。

“你快别了，干什么呀？”丹巴也笑了。

“干什么？咱们富不起来的话什么时候都是让扎木亚踩。我可受不了。”钢巴图瞪大了眼睛。

“唉！”丹巴用手摸了摸下巴，继续说，“被别人踩会怎么样？踩别人又能怎么样？都是一样过一辈子。到了那个时间，被踩的、踩别人的都会一个不剩地到土里去。那么费劲儿跟别人竞争还不如老老实实过日子呢。”

钢巴图心里的火上来了。他说：“丹巴！你忘了扎木亚过去是怎么欺负你的了？”

“没忘，没忘。可他又得到了什么好处？就算我让他欺负了，我也没耽误吃、没耽误喝呀。”

纳木达格也附和着说：“快别跟扎木亚斗了。没白没黑地折腾还不如舒舒服服待着呢！”

跟这两个人讲这些没用，钢巴图心里想。他坐在丹巴的对面盯着丹巴看了好半天。像丹巴这样的人不可能成为他的帮手，他现在才明白。他又想起了过去的一件事。

那一年“政策平反”的动静很大。有一次公社那儿下来了工作的名额，受迫害严重的家庭子女可以争取名额到工厂里上班。名额少，申请的人很多，所以竞争很激烈。公社上开会商量了一下，决定不管怎么样都要给丹巴一个指标。因为丹巴的爸爸不光被批斗得命没了，妈妈也因为这个事情变得疯疯癫癫的。公社通知到了大队，大队通知到了下面，最后通知到了丹巴家。那个时候丹巴在一百里外的地方放牛。丹巴的一个亲戚派了人去找丹巴，让他尽快回来。可公社那儿等了一个星期都不见丹巴的影子，实在没办法把留给丹巴的指标给了另外一个人。这个时候满身酒气的丹巴才到了公社。

“你是怎么回事？一百里路走了一个星期？”公社的人挺生气。

丹巴无所谓地笑了笑：“怎么说呢？路上到两个熟人家喝了点，时间有点长了。”

“这次名额没你的了。”公社的人说。

“没事，没事。挣工资怎么样？不挣工资又怎么样？不都是过一辈子吗？”丹巴一点后悔的样子都没有。

丹巴就是这样一个人。跟扎木亚斗的时候他肯定不参与，想到这儿钢巴图把杯中酒一干而尽。然后他擦了擦嘴说：“丹巴，你不想参加拉碱这个事儿也没关系，可必须把你家骆驼给我用。我给钱。”

“那没问题啊。那几只骆驼放着也是放着，肯定能给你用。不用给钱。”

三个人喝了一晚上酒。

## 五

“哎呀，这不是钢巴图吗？好长时间没见了。挺好的吧钢巴图……”

钢巴图仔细看了半天也没想起来这是谁。穿着锃亮的皮鞋、戴着碗口那么大镜片的墨镜、头发留得比公马的马鬃还要长的这个家伙究竟是谁?

“哈哈，钢巴图你看，雪下得多好啊，雪白的世界……”

钢巴图更奇怪了。这个人的口音也不对呀，“雪”说成了“写”，“雪白”说成了“写白”。从来不认识这么个人，可他能叫出我的名字，应该是认识的人吧。

昨晚在纳木达格家喝了一晚上酒，头疼得厉害。早上他到苏木来，看看建骆驼运输队用的那些东西供销社有没有。然后就在苏木支部院子门口碰到了这个人。这个人像模像样地伸出手握住了钢巴图的手。这个人的手很软，很暖和，也很厚实。这时候，钢巴图突然认出来了，这不是乌拉吗?

这个人真是乌拉。

乌拉也是这儿的人，比钢巴图小五岁。十多年前跟父母搬到了别的地方后钢巴图就再也没见过他。听说乌拉后来考上大学，毕业后当干部了。

“走！到我住的地方去看看。”乌拉热情地邀请他。见到从小一起长大的朋友乌拉很高兴。钢巴图边跟他走边问:“你这是什么时候来的？干什么来了?”

“昨天晚上刚来。过来看看我叔叔。顺便……给公司看看有什么买卖可以做。”

“你现在在哪儿上班呢?”

“名字在旗水利局挂着呢。不过我没上班三个月了。”

钢巴图觉得挺奇怪，问道:“单位派你出差了?”

乌拉被逗得哈哈大笑，说:“出差是真的。不过不是为了公事，而是私事。现在靠着公家发的那点工资吃穿可不够用。我在一个公司挂着名呢。”

乌拉说的事情钢巴图没怎么听懂，也没注意他提到的公司什么的。他唯一想到的是原来苏木党支部的老书记，前年变成顾问的旺丹老人家是乌拉的叔叔。两个人到了苏木招待所的一个小房间。屋子里很暖和。

“钢巴图，你忙什么呢?”

钢巴图把弄驼队搞运输，为了办成这件事中间经历的困难一五一十地告诉了乌拉。虽然乌拉的口音变得完全不像老乡了，可钢巴图还是愿意把自己遇到的事情跟他说说。这时他才意识到这么多天他有多憋屈，多想找个人好好聊一聊。

“唉，没办法，咱们这儿的事情就这样。”乌拉说。然后他摇了摇头笑着说，“人家外国是怎么发展的?那儿的人是怎么生活的?跟他们比起来咱们这是什么日子啊。”

钢巴图不知道该怎么接话，就看着乌拉。他说的话让钢巴图觉得很陌生。这家伙说话口气挺大啊。

乌拉从包里掏出来几根辣椒，一瓶酒。边倒酒他边喊:“服务员，给哥熬一壶茶来。”接着他又说:“看看现在有的当官的的德行。唉，也是够可怜的。要是把我放在他们的位子上，我比他们干得好。”说完很惋惜似的摇了摇头。

“嗯……乌拉，我这个运碱的事情还不知道有多少问题呢。你有没有什么办法帮帮忙?”钢巴图问。

“钢巴图，你必须知道为什么遇到这么多问题。主要问题是你的觉悟不够。旧观念、旧想法、旧习惯把你们困住了。我在中央民族学院学习过，然后又当了干部，出去十年才回来。我感觉咱们这里很落后。当官的落后，老百姓更是顽固，这怎么行?”

钢巴图端着酒杯就一直听着乌拉那番惋惜的话。趁乌拉喝酒的工夫他插了个空说:“那我该怎么办?”

乌拉没接他的话，继续自顾自地说:“……你知道我这次回来的感受吗?我想到了鲁迅。鲁迅，故乡，闰土……”说完还摇摇头。

“那……我今后该怎么办?”钢巴图又问了一遍。

“那简单。你也不用弄运输队什么的了。开个公司。投个十万块钱也凑合。然后把竞争对手一个一个地打败，吞并。知道美国的艾柯卡吧？对，就学他就行……”

“唱个歌呗？”

“我可不会。”钢巴图摇了摇头。

“我给你唱首你没听过的歌。咱们这儿的歌不行，不好听，还是国外的好听。”

乌拉站起来唱了首奇怪的歌。好像是一会儿高兴、一会儿难过、一会儿又愤怒的歌，因为乌拉也是时不时皱个眉，闭个眼，眨个眼，有时候又摇头晃脑，眉毛一跳一跳的，一会儿笑，一会儿怒吼。

钢巴图突然想到了乌拉的叔叔旺丹。乌拉不是来看叔叔的吗？跟他去趟他叔叔家去见一面就好了。旺丹虽然现在只是顾问，但毕竟当过领导，也许能帮他解决一些问题。想到这儿钢巴图说：“乌拉，咱俩去你叔叔家吧？我有个事儿想求他老人家。”

“行，行，这有什么不行的？”乌拉答应得很痛快，继续说，“可我叔叔也挺让人可惜的，思想落后得不行了。”

他们到旺丹办公室的时候，老人家正在看文件。虽然只是个顾问，老人家每天按时按点到办公室上班，准时下班。他还一直保持着每周参加支部学习、认真做学习笔记的好习惯。下乡去老乡家喝茶的话悄悄留下一毛钱，吃饭的话三毛钱，特别讨厌现在的流行歌曲、电影。这些习惯也是出了名了。听说旺丹有一套六十年代做的呢子中山装，这是他唯一一套像样的衣服。据说，每年七月一日，十月一日，元旦，大年初一，这套衣服一年只穿四天，所以二十多年了，这套衣服依然很新。

钢巴图、乌拉两个人进办公室坐下，钢巴图把自己遇到的困难说了说。

“哦，困难是肯定有。可你们也得有克服困难的决心啊。这是问题的一个方面，另一个方面就是要对形势有正确的把握。困难也有有利的一面，而且这个是主要的。要一分为二地看问题……”旺丹一脸严肃地说着。

乌拉用嘲笑的眼神看着叔叔。钢巴图忍不住插了一句：“领导，我现在主要是困难为主。不是这样的话我也不会这么着急来找您。”

旺丹一点都没生气，反而笑眯眯地开始耐心地教导起来。在困难面前不能气馁，运输队建好后也要抓好思想政治工作，开车不能喝酒。说完这些旺丹最后又强调不管挣多少钱，都不能穿太贵的、花里胡哨的衣服，一定要朴素。

中午的时候云越来越厚，风也大了，眼看着暴风雪要来了。听得头昏脑涨的钢巴图穿过苏木的那儿排砖房朝供销社走去。他心想总算是出来了，这叔侄俩就知道说空话。

推开漆都快掉光的供销社的大门进去，里面黑乎乎的，一股呛鼻的烟味。一个人都没有。柜台里放着不知道多少年的水果罐头、香烟，那边挂着几件落满了灰尘的衣服。这些东西大概打钢巴图记事儿起就在这儿了。

钢巴图倚着柜台仔细找，看到了要找的麻绳、皮绳。“这绳子多少钱啊？”他大声问。

商店后面的小门开了，卖货的老头儿刚才正在收拾煤，所以两手黑黑的就进来了。老头儿嘴里叼着个大烟锅，冒出来的烟能把人眼泪呛出来。这个供销社、这些货、这老头让钢巴图想起了很久以前的景象。

## 六

斯布吉玛把儿子哄睡了，愣了一会儿开始收拾家，擦柜子。女人的手就是会变魔术，不一会儿就把家打扫得干干净净，在玻璃罩的煤油灯的照射下显得异常温馨。她往泥糊的炉子里添了点羊粪，不一会儿就呼呼地着了起来，屋子里立刻变得很暖和。犹豫了一下她洗了把脸，拿出小镜子梳了梳头。镜子里的自己脸微微泛红，她急忙看了熟睡的儿子一眼。儿子睡得特别沉。

“唉，我……”她嘴里嘟囔了一声，呆呆地坐在炕沿上。

“怎么还不来？”她瞥了一眼柜子上的钟。指针指向了十点半。那个钟很旧了。她还记得这是结婚那年钢巴图给拿来的礼物。这让当时新婚的斯布吉玛黯然神伤。深夜里，躺在打着呼噜沉沉入睡的丈夫旁边，听着这有些陌生的呼噜声，脑海里出现的却是钢巴图的样子，心里不由得针扎一样地疼。我是结了婚的人，心里还惦记钢巴图干什么？有时候她想着这些问题就希望赶紧闭上眼睛睡着算了。可那个表嘀嗒嘀嗒的声音不远不近、不快不慢让她不得安生。有的时候心里烦躁得很。

飘着雪花的深夜，汽车的轰鸣声从远处传来。斯布吉玛没听错，她的心跳得厉害。特木日来了，他是个说话算数的人。

特木日是扎木亚的儿子，自己有辆卡车，靠给碱厂运输挣钱。前年这个小伙子突然找到斯布吉玛直截了当地向她表达了爱恋之情。斯布吉玛又羞又急，觉得这个男人一定是来羞辱、欺负她这个寡妇的。可特木日却用真挚而又热烈的目光直勾勾地看着她说：“我说的是真心话。我喜欢你很长时间了。因为这个我心里备受折磨。我过去一直没说。因为我知道我爸当年欺负过你们。可那是过去的事情了。社会在发展，我们不能为了过去的事情不向前看。”

斯布吉玛这才明白特木日不是来欺负她这个寡妇的，而是来向她表达爱意的。可她真不知道该怎么办。她一点心理准备都没有，只会嘴里一个劲儿地“嗯……啊……不行”。

特木日如释重负，深吸一口气说：“该说的我都说了。就等你的答复。”说完他就走了。

从那以后特木日的样子总在斯布吉玛眼前出现。她很快就发现特木日没有乱七八糟的毛病，人勤快，还会挣钱。可她没有勇气答应他。带着个孩子的寡妇成为扎木亚这个大队里最大的官的儿媳妇，这根本不可能。想到这儿她就没有勇气了。而且，特木日还比她小五岁。

可前天她放羊的时候碰到钢巴图后心里的想法有些改变。第一，她一直喜欢的钢巴图已经娶了媳妇，她突然意识到他们俩不可能再在一起生活了。第二，钢巴图说的那句“丹巴人不错”一直在她脑子里转，想到丹巴出现的却是特木日的身影。她也知道丹巴是个挺好的人。为人宽厚、和善、高高大大的丹巴，谁会说他不好呢！可丹巴、特木日两个人要是同时站在她面前的话，她一定毫不犹豫选特木日，这是她这两天才体会到的。这两年，特木日已经悄悄地占据了她的心。也许是因为过怕了落后贫穷的日子，跟成天用酒填饱肚子就心满意足、觉得无比幸福的丹巴比起来，白天黑夜地忙着拉碱挣钱的特木日显得更踏实可靠。今天上午斯布吉玛放羊的时候特木日正好路过，跟她聊了几句。

特木日摇下车窗伸出头说：“雪下大了。能行吗?”他的眼神里充满了关心。

斯布吉玛说了声：“还行。”心里却有些委屈，要是能跟眼前的这个男人说说自己的苦楚就好了。

“我从前年一直在等你的答复……”特木日的声音听起来怪怪的。

“别等了，像我这样的人……”斯布吉玛都快哭了。她强忍着。

“这两年我也想了很多。除了你，别人没有办法走到我的心里。你坚强，善良。犹豫什么呢?”特木日说道。

听着这些话，斯布吉玛心里宽慰多了。我也是个人，我年轻，还是个女人，我有爱和被爱的权利，也应该爱和被爱。这个念头在她心里一闪而过。一个男人爱了她这么多年，想到这儿她心里就热乎乎的。她脸红了，微微一笑。

斯布吉玛的这个样子很明显鼓舞了特木日。他激动地说："我晚上去你家，等着我。"

"不行，不行……"

"为什么？……"

斯布吉玛着急了，连忙说："你开的卡车声音那么大，灯那么亮去我们家……不是全嘎查都会传我的闲话吗？"

"放心。我走着去。"

特木日踩了一脚油门开着卡车一溜烟跑了。特木日走了之后斯布吉玛的心却静不下来了。一下午就像被快抓住的小偷一样心神不定。

远处的卡车突然没了声音。她心想这家伙肯定是把车停在一个地方往这儿步行呢。我今天干吗没有直接说"不"拒绝了他，说什么车的声音太大了之类的话。他是有权人家的儿子，还能挣钱，我是什么人？而且他还比我小五岁……

就好像在等待老天爷的安排一样，斯布吉玛坐在炕沿上一动不动。

不知过了多久，踩在冻雪上的脚步声到了门口，门一下子被推开的时候斯布吉玛好像从梦中惊醒一样一下子站了起来。那个男人身后的门外冷风飕飕地刮着，雪花被开门的气流带着随意飞舞。斯布吉玛原地不动站了一会儿突然跑过去紧紧抱住了特木日。特木日的脸被冻得冰凉，斯布吉玛把脸贴在他长着胡子的下巴上久久不愿分开。

"冷了吧？"斯布吉玛轻抚着他被风吹得乱糟糟的头发。

"差点冻坏了。可你的房子像夏天一样暖和。"

斯布吉玛这才回过神，把特木日拉到屋子里，关上门，盛了碗茶。她现在心不慌了，就像秋天的湖水一样平静。以后不用为任何事情操心了，这个男人会做主的，她心里告诉自己。

然后她看着特木日问："把碱卸了车了？"

"嗯，可碱厂说要停止我运碱的合同。"

"为什么？"

“说是钢巴图他们要用驼队拉碱。运费比我的便宜。”

“那样的话……你以后怎么办?”

特木日显得有些无精打采，说:“不知道该怎么办了。”

斯布吉玛知道原来只跟扎木亚竞争的钢巴图现在直接威胁到了特木日的生计。她长长地叹了口气。这世界这么大，为什么人们就好像没有别的地方去似的互不相让?

特木日把茶碗往里推了推，笑着说:“不管了。今天咱们不说那些麻烦事。大晚上的，我冒着这么大的雪过来可不是为了跟你说运碱的事儿啊。”

斯布吉玛没说什么，把房门从里面锁上了。

## 七

钢巴图气呼呼地从碱厂回来了。

碱厂一个劲儿地压低运输费，还说:“要是不按这个价钱的话我们就还是雇卡车拉了。”

“特木日原来跟你们要的运费可比这个高多了。”钢巴图想再谈谈。可对方很不耐烦，瞪着眼说:“卡车拉得多，跑得也快。你那几只骆驼有什么厉害的?”

钢巴图想了又想，最后才决定接受对方出的价格。因为如果不接受的话他建运输队的计划就黄了。接着碱厂那儿又有了新问题。“你还嫌这个价格低? 就这个价格也得旗化工局同意才行。要不然我们可没权力让你拉走碱。”碱厂的人说。

钢巴图眼珠子都快瞪出来了，急忙说:“这不是你们厂的事儿吗? 不是应该你们去局里跑手续吗?”

对方说:“钱是你挣又不是我们挣。我们出文件，你拿着文件去旗里审批。只要一盖上化工局的章你就能拉碱了。”

钢巴图就这样拿着文件回来了。他做梦都没想到出钱出力想挣点钱还得办这么复杂的事。

只听见后面传来卡车的轰鸣声，车喇叭响了两声，卡车停在了他旁边。“钢巴图，上车，我拉你走。”司机说话了。原来是特木日。

看着开着卡车的扎木亚的儿子，钢巴图冷冷地说：“不用了。”拒绝得很冷静却也很坚决。可这个时候，他看到特木日旁边还坐着另外一个人，居然是斯布吉玛。

“上来吧。不是顺路吗？”斯布吉玛说。这个寡妇的声音似乎比以前要欢快了一些。钢巴图更奇怪了，心里不停琢磨着这两个人的关系。

“我跟你有话说。”特木日又说了一句。

管他呢，坐就坐。这辆车不也算是大家的钱买的吗？

在覆盖了厚厚的一层雪的牧区的路上卡车艰难地行驶着。

“你刚从碱厂回来的吗？他们的运输费压得很低吧？”特木日扭动着方向盘目不转睛地盯着前面的路。

“是，我们的骆驼没法儿跟卡车比。”钢巴图面无表情地说。

“哼，那是他们跟你说的话。我也刚刚去过碱厂。他们跟我说‘钢巴图的驼队运输费花不了多少钱，你的运输费要是比他的低的话我们就继续雇你’。钢巴图你看，他们用你来压我，又用我来压你，这样来来回回地他们就能剥削咱们俩的利润了。”特木日说。

“真的？”

“不信你问她。”

斯布吉玛往特木日那儿靠了靠说：“真的。刚才他们就是这么说的。”

钢巴图若有所思。如果碱厂把运输费继续压低的话别说挣钱了，本钱都回不来。那样的话借的五千块钱什么时候能还完？用什么还？

卡车走了好长时间到了钢巴图家附近。特木日苦笑了一下说："咱们俩不应该成为别人手里的刀，互相割肉，互相竞争。所以我不拉碱了。我退出竞争的话你能多挣点儿。"特木日把车熄了火，靠着方向盘看着钢巴图接着说："是他们给你文件让你去旗化工局盖章的吧？那可不是那么容易就能盖上的。看起来比骆驼屎大不了多少的公章，要想盖可复杂了。局长必须点头，副局长签字，负责财务的人在局里才行。前几年我为了运输合同上的公章整整三个月去了十七次旗里。"

"什么?"

"真的。你记住了，化工局就会帮倒忙。"

钢巴图下了车迈着步子往前走了，特木日盯着他的背影，有些失落。

钢巴图心事重重地往家走。现在真是骑虎难下了。这两天他为了买绳子、驼鞍这些东西派了人去旗里采购，也开始向附近的邻居租骆驼了。这些事儿邻居们都知道。花了那么多钱，租了好几峰骆驼挣不了钱可怎么办啊？他大概估计了一下碱厂出的那个价，挣不了太多的钱。

回到家发现甘匹拉正在等他。钢巴图心里纳闷这家伙来这儿干吗。

"钢巴图，我……"甘匹拉边说边站起来。两只手不停地在大腿两侧蹭来蹭去。

"有什么事儿?"

"听说你……要建运输队了？能不能……我也想加入……干点活儿。牵骆驼、运草料、做饭都行。工钱你看着给就行。"

"你不是在扎木亚那儿帮忙吗?"钢巴图问完就后悔了。他觉得自己的问题太直接了，要是还能在扎木亚那儿干的话也不会来这儿了。

"不能在他们家干了。扎木亚还好，他老婆脾气太大，不好干啊。"甘匹拉用有些诉苦又有些祈求的口吻说道。

钢巴图心里酸酸的。甘匹拉看着比以前还要可怜。虽说建运输队的事儿不顺利，心情不好，但他强打着精神微笑着说：“行，等我的消息吧。过几天我给你回话。”

甘匹拉走了之后钢巴图呆呆地坐了好长时间。家里不光冷清，还挺冷。布仁其木格放羊还没回来。从窗子往外看去，天还是灰蒙蒙的，时不时有雪花落下。

## 八

特木日没撒谎。钢巴图揣着碱厂的文件去旗里找到化工局的时候局长不在。局长不在的话不能盖章，局里的一个小姑娘告诉他。

那个姑娘个子挺矮，看起来也就是十六七岁的样子。钢巴图到了化工局推开一间办公室的门进去的时候她正嘴里哼着歌梳着头。

“我想问您一件事，在哪儿盖章？”钢巴图用调子不太准的汉语问道。

办公室墙上挂着一面镜子，那个小姑娘正端详着镜子里的自己，摆弄着发型。听到钢巴图说话，瞥了一眼，继续照着镜子哼着歌。

钢巴图有些不高兴了。这么小个姑娘怎么这个态度？拿着国家的工资就这个样子？他又提高声音问了一遍。

可这次小姑娘连看都没看他一眼，反而坐回办公桌前，从抽屉里拿出一盒粉往脸上抹着。

钢巴图没办法只能等。后来那个姑娘总算是要开始办公了。钢巴图急忙上前把刚才的问题重复了一遍。

“什么公章？”姑娘开口问的时候钢巴图吓了一跳。这个姑娘看着小，长着一张娃娃脸，可说话的语气跟个老干部似的。他觉得自己就像个外边来的要饭的被当成嫌疑犯审讯一样。

钢巴图把文件拿了出来。那个姑娘好像见多了这种文件，漫不经心地说："现在盖不了章。"

"为什么？"

"局长不在，出去了。"

"什么时候回来？"

"半个月以后回来，盟里还有会。从盟里回来还要去上海、广州……"

钢巴图有些着急了，急忙说："那该怎么办？"

"明年再来吧。"

钢巴图现在才知道不能小看了这个小姑娘。这也是个说一不二的人物。

"唉，同志……"钢巴图把一肚子苦水都倒出来了。谁都会遇到困难，也许听到我的困难就会同情我，他心里盘算着。

可这回钢巴图错了。那个姑娘没再理会他，从抽屉里拿出一本杂志看上了。钢巴图跟她倒苦水的时候她的注意力全部集中在杂志上，时不时皱皱眉，偶尔自己会笑一下。

钢巴图突然停下来不说了。别人的话在这个姑娘的耳朵里可能连狗叫都不如，想到这儿他心里就直冒火。

那个姑娘还在盯着杂志咧着嘴笑。

"嗨！"钢巴图提高了声调。

那个姑娘吓了一跳抬起头一脸不高兴地说："你叫谁呢？"钢巴图心里火气更大了，他往前迈了一步说："你不知道我叫谁吗？就叫你这个兔崽子呢。"

"你骂人？"

"兔崽子我还想打你呢，打你你才能说人话。"

"滚！流氓！"

钢巴图握着拳头往前又迈了一步。那个姑娘这才感到害怕了。她脸色惨白，嘴唇发抖，磕磕巴巴地说：“你……你……”其他什么话都没说出来。

“下次我再来的话你注意着点。要不然有你好看的。”说完钢巴图摔门出去了。

走到大街上钢巴图才觉得全身发抖。多少天的不痛快这一瞬间堆积在心里，一不小心就好像要爆裂。可他咬着牙强忍着。

“钢巴图！钢巴图！”

钢巴图回头，看到乌拉骑着摩托过来了。“忙什么呢？”乌拉问。

钢巴图把刚才的事儿告诉了乌拉。

“你那个文件在哪儿？”乌拉问。

“给我吧。一个小时内肯定给你盖上章。”

“说是局长不在。”钢巴图无精打采地说。

“没事，有认识人的话领导不在也能办成事。化工局跟我们公司也有点关系。”

钢巴图有些犹豫了。上次在苏木那儿见过乌拉后，钢巴图其实从心底里有些看不起他。他心里觉得应该离这些就知道吹牛的家伙远一些，但想到乌拉说的“一小时内盖好章”，他还是把文件拿了出来。

乌拉指了指街边的小馆子说：“你到那儿点几个菜，要一瓶酒等着。我一个小时内肯定回来。”

钢巴图半信半疑地朝那个馆子走去。

乌拉实际上没用一个小时，差不多四十分钟后就带着盖好了章的文件回来了。不光是带着文件，而且还在摩托车后面带着跟钢巴图吵过架的那个姑娘一块儿来了。

钢巴图松了口气，气也消了。想到刚才跟那个姑娘吵架，有点不好意思，但想起那个姑娘张狂的样子，又有些不高兴。

可那个姑娘好像完全忘了刚才发生的事儿，面无表情。饭桌上那个姑娘举起酒杯说：“刚才是个误会。要知道你们俩这么好，咱们也不会吵架了。没关系，以后有什么事儿就来找我。咱们都是朋友，我一定尽力。”

接着三个人喝得格外开心。钢巴图觉得城里人跟他们不一样，很奇怪。

## 九

屋子里漆黑一团。扎木亚躺在老婆旁边陷入沉思。

扎木亚的思绪飘得很远。他的思绪穿过覆盖着松软厚实的雪的屋顶，银色的草原，飘向远方。多熟悉的地方啊。他出生在这个地方，后来成了这个地方的父母官。现在虽然退了下来，这个地方在他心里的分量依旧很重。

这个地方马上要走上富裕之路。比起每天忙乎来忙乎去连肚子都填不饱的那个时候，现在致富的道路就在眼前。可走上这条路也不是那么容易。过去牧民通过在大队劳动挣工分多简单啊。可现在想要发家致富的话不光要有本钱，还要有智慧，有门路，哪个都不能缺。可这里的牧民现在还没有解决这些问题的经验和基础。所以虽然致富之门已经打开，可他们还没有能力迈进去。

也许是因为当了多年父母官，虽然现在没有任何职务，可全嘎查的人应该朝哪个方向引导，他经常思考这个问题。碱厂的意图他早就看出来了。特木日的运输费给得多是因为那个时候只有特木日这么一个搞运输的。现在又出来一个钢巴图，碱厂肯定不会错过这个机会，运输费压了又压。特木日不知道怎么对付碱厂，钢巴图也不知道，可扎木亚知道有个很简单的办法。特木日、钢巴图两个人联合到一起的话，也就是说他们俩不是互相竞争而是一起建个运输队的话碱厂立刻就会老老实实。这是对付碱厂的唯一办法。可特木日不愿意这样做，钢巴图更不愿意。说实话扎木亚自己也不太愿意。人这种动物，有的时候连家里养的牛羊都不如，眼前有光明大道都不愿意走。

扎木亚仿佛又看到了钢巴图那双充满仇恨的眼睛。想起那种眼神他心里的火就冒出来了。去他的。全嘎查的人都把我当人看，就你长了双仇恨的眼睛。斗争又不是我扎木亚提出来的，那是当时的方针。你爸给国民党的部队带过路，不斗他斗谁？说实话就算是现在这个时代，也不能因为你爸给国民党部队带过路，就记一功吧？当然了，父债不能子还。可这是现在说的话。那个年代出身这些很重要，这也不是我说了算的……

顺其自然吧，不想了。不管怎么说我分到了最好的草场、最好的牲畜，银行里也存了不少钱，我们俩这辈子是够吃够用了，想到这儿他冷笑了一下。

这样心里舒服了不少。他面朝老婆翻了下身。老婆盖着红绸子的被子睡得很沉，能闻到淡淡的香水味。老婆不知道什么时候开始习惯在睡觉之前喷点香水。这也是生活水平提高的结果啊。去他的！搂着这么年轻的老婆，吃香的穿好的，我弄下的那些家底肯定是够了。替别人发愁什么时候是个头儿？我现在也不是什么嘎查书记了。这样想着扎木亚舒舒服服地伸了伸胳膊想睡觉了，可还是睡不着。眼前好像又出现了儿子的身影。他就这么一个儿子，非常疼爱。他这样的领导干部就应该有个有出息的儿子。他一直这样想。那一年儿子蹦蹦跳跳地放学回来，脖子上戴着的红领巾也跟着飘了起来，那个时候他是多高兴啊！心底希望儿子能成为无产阶级接班人。可儿子后来连共青团都没进去。再后来说是要学开车到城里晃荡了几个月都不见踪影。这些都好说，可到了三十都不结婚，更别说生孩子了，整天就像个二流子，让他没少操心。最近他才知道儿子成天往那个寡妇斯布吉玛家跑。这件事儿老婆还不知道呢，要是知道了可就麻烦了。

越想越睡不着，他悄悄起来穿好衣服走到了院子里。天还是阴沉沉的，厚实的雪覆盖的世界异常寂静。深夜里温度很低，他不禁哆嗦了一下。出了院子，他朝泛白的远处看了好长时间。时不时会有零星飘落的雪花落在他脸上，马上就化成了水。

站了一会儿头脑好像清醒了。我好歹也是当过大队书记的人，应该为家乡群众的发家致富想想办法，出出点子。钢巴图、特木日两个人必须联合到一起。明天让宝日呼去跟钢巴图说一下这件事。钢巴图肯定会跟我作对，不同意。管他呢。实在不听我的我也没办法。可我必须把该做的都做了。

他回到了院子里。走到甘匹拉住的那间小屋子的时候他突然想起来前几天老婆跟甘匹拉吵架的事。那天甘匹拉特别生气，最后去了钢巴图家。他知道甘匹拉的意思。唉，也没办法。自己的亲生儿子往寡妇家跑都管不住，非亲非故的甘匹拉去别人家跑怎么能管得了？

“甘匹拉！”他叫了一声。

房门那头的呼噜声停了下来，“嗯……怎么了？”

“你明天让宝日呼来一趟。”扎木亚语气生硬地说了一句进了家。

## 十

停了几天的雪突然又昏天黑地地下了起来。骑着马在大雪中艰难前行的钢巴图觉得眼前模糊一片，还有点喘不上气来。他刚从碱厂出来。

钢巴图把盖了公章的文件拿给碱厂的人看了，对方说：“嗯，运输费怎么定？”

钢巴图有些着急了，呼吸有些急促地说：“咱们上次不都定好了吗？”

碱厂的说：“我们定的是运输费每吨再降五块钱。”

“什么?”钢巴图猛地站了起来。

对方笑眯眯地说：“你想着多挣点钱，我们想着少付点钱，都一样。运输费高了对你好，低了对我们好。对吧?”

他现在不可能拉碱了。想到这儿他心里特别绝望。自从打算着建运输队拉碱，事事不顺。扎木亚说过：“你这件事儿不会那么容易的。除了钱，还有其他事情，你很快就会知道。”他现在想起了这句话，现在才明白一个普通的牧民想要改变命运的话需要付出很大的代价。他皱着眉顶着漫天大雪往回走。

路上去了丹巴家，纳木达格他们俩喝得烂醉。

“宝日呼在找你，碰到了吗?”纳木达格问。

“我刚从碱厂回来。宝日呼找我干什么?”钢巴图问。

丹巴坐在那头儿说：“好像说的是想跟你商量建什么运输队的事。”

纳木达格接过丹巴的话，用嘲笑的语气说：“是，是说的那么件事儿。把大队各家各户的骆驼弄到一起，加上扎木亚儿子的卡车拉碱挣钱。老天爷啊，咱们这些人是不是该发财了?”

丹巴也在那边笑着，说：“哈哈，发财怎么了?不发财又怎么了?为了那点钱风里雨里地受罪，还不如舒舒服服地待在家里。钢巴图，看看我们俩，大雪天在家里喝着酒，多舒服。什么理想、梦想的，这才是幸福。”

“钢巴图，坐这儿来。自己倒酒。着什么急?”纳木达格说。

钢巴图突然一分钟都不想多待了。这两个家伙太没出息了。我还想把丹巴介绍给斯布吉玛，真是瞎了眼。扎木亚的儿子特木日可比他强多了。想到这儿他站起来回家去了。

到家的时候，圈棚里卧着二三十峰骆驼，甘匹拉在给这些骆驼喂草料。看到他甘匹拉说：“明天能去拉碱了吗?这些家伙要是这么喂下去的话存着的这点草料可不够。”

钢巴图眉头皱得越来越紧了。在他去碱厂的工夫，有几户人家把骆驼牵过来放这儿了。

一进屋布仁其木格就说："回来啦？事情办得怎么样？这雪也太大了。"说着她又加了点火，忙着倒茶。钢巴图没作声，从包里掏出来一个特别好看的花头巾说："给，这是给你买的，好看吗？"

布仁其木格高兴得脸都红了。她赶紧把那块儿头巾拿来围到脖子上，从镜子里反复端详着自己。

钢巴图微笑着看着老婆。生活就是这样，有烦恼也有喜悦。他突然上前把布仁其木格紧紧地抱在怀里。这一刹那，他鼻子有些发酸，努力控制了一下情绪，他淡淡地笑了笑。

布仁其木格用了很大力气才挣脱出来，红着脸说："甘匹拉在外面呢。突然进来就完了。"然后她拿着簸箕出去弄羊粪了。

钢巴图感觉浑身没劲儿，上了炕躺下闭上了眼睛。眼前好像出现了圈棚里卧着的那二三十峰骆驼。现在该怎么办？要不就把骆驼给送回去运输队不建了？男子汉说话应该算数，肯定有办法，他心里琢磨着不由得咬紧了牙。

晚上斯布吉玛冒着大雪来了。能看出来斯布吉玛最近喜欢打扮了。穿着新靴子、披着呢子外套，羊毛围巾戴在头上，就露出脸来，看起来年轻了十几岁。

布仁其木格开玩笑说道："咱们的斯布吉玛越来越漂亮了。谁给你买的？"

"自己买的呀，还有谁给买？"斯布吉玛笑了。

"肯定不是，特木日买的吧？"布仁其木格也笑了。

"别开玩笑了。"说完，斯布吉玛又朝着钢巴图说，"特木日让我给你捎句话。他已经跟碱厂谈好运输的价格了。"

"什么？"钢巴图瞪大了眼睛问道。

"特木日到苏木找了旺丹顾问，把你遇到的困难都跟他说了。旺丹找支部书记汇报了这件事。苏木支部开了会直接给碱厂打的电话，让特木日去谈的价格。特木日去找了认识的人，商量好了运输费就按上次商量好的来。”斯布吉玛说。

钢巴图高兴得差点喊起来，不过他努力控制着自己的情绪，装着无精打采地问道：“就算按原来的价格也挣不了多少钱啊。”

斯布吉玛的目光里突然多了些温暖的东西，她看着钢巴图说：“钢巴图，别再逞能了。你们俩合伙吧，那样的话碱厂就不能压价了。”

“跟谁合伙？”钢巴图有些警惕地问。

“跟特木日。”斯布吉玛叹了口气接着说，“跟扎木亚也可以合伙啊，这有什么不可以？难道为了过去的事情就把希望断送掉吗？”

那个晚上钢巴图一直没睡着。他认识到跟特木日或者扎木亚合作是最有效的办法。可一定要跟仇人合伙吗？

第二天他起了个大早出去了，盯着远处雪中朦朦胧胧的扎木亚家看了好长时间，然后坚定地朝那个方向走去。

翻过一处高地钢巴图瞧见一个人朝这边走来，看到他也停了下来。仔细看了一下居然是披着斗篷的扎木亚。显然扎木亚是计划到他家去的。他也清楚扎木亚为什么要来。

扎木亚他们俩隔了四五十步都停了下来，互相仔细打量了好长时间。

雪落无声。

那日苏　译

# 毒蘑菇

## 一

我结婚成家之后，在我妻子的家乡盖了一所房子居住。结婚数月后，房子也盖起来了，我们也乔迁新居了。那时，左邻右舍没有一个熟人。

搬进新居的第二天早晨，我仔细地观察了一下我新居的环境。这里是一片牧草长势不错的平伏的丘陵地带。房后有一条公路通过。西侧的高地上有几间砖瓦房，住有一户人家。还不错，离公路较近，不远还有一户邻居。

正在这么想着，只见砖瓦房那边有一个骑摩托的人往我们这边儿驶来。

“喳，喳！看来客人了。有现成的奶茶吗？”我对妻子说。

“嗨，什么客人？可能是那个破森格呗！”坐在簸箕旁边摆放奶豆腐的妻子满不在乎地说道。

“破森格”来了就不给盛碗茶喝了？我这样想，但没吱声。

看上去三十五六岁样子的挺潇洒的男人来到我们家。虽然陈旧些，但一身城里人的服饰打扮、好像三年没动过剪刀的蓬松的披肩发的那个人下了摩托熄了火，走到我妻子旁边，嬉皮笑脸地说道：“原来是挺俊的一个姑娘嘛，怎么嫁了汉子让男人揉搓了才几个月，乳房支棱起来了，屁股也大了，哈哈！”

“滚你妈的蛋！”我妻子随口骂道。

我发现这个人也真是不值得上茶招待的家伙。我把他请进屋里。

进了屋，他也没在客厅坐下来，而是像个检查工作的领导似的背着个手，迈着四方步，到各个房间看看这个，瞅瞅那个。

他踱到我书架前面，随手抽出一本书翻了起来。

“《清史演义》！哈哈，这是个懒人起的书名。蓝书皮的叫《清史演义》，那么，黄书皮的就叫《黄史演义》吗？”

我无话可说。他又饶有兴趣地看了看挂在墙上的外国女电影明星的照片后，说：“看这外国女人的乳房像锥子似的带尖尖，不把男人的前胸给戳坏了？”说完回头看看我是什么反应。

“你……，请到客厅喝茶！”

他还是一副不慌不忙的样子。“你收集这么多烂书本干什么呀？最没用的是书。去年，据说是写了很多书的老汉来我们家，胡说些什么要想富，多读书。我当即反驳他说，我不是靠读书发家的，而是靠掺假发家的。”

“靠掺假发家？”

“可不是咋的？羊毛羊绒里掺土，牛奶里掺水，牛羊肉掺死畜肉。发家的关键在于掺假。”

这还能说得出口来？干了见不得人的事，还大言不惭地炫耀一番。这样的主我可头一次见。我可摊上了这么个不要脸的邻居。以后得多加提防着点。

据我妻子讲，这个森格简直是个害群之马，坑蒙拐骗，无恶不作，别说是外地客商，就是乡里乡亲他也不放过。那年，他把老死在野外的老公种山羊肉以三百元的价格卖给南方老客，次年他不但往山羊绒里掺土，还从外面捉来别人家的毛驴剪下其毛，连自己养的看家护院的狗也不放过，铲其绒掺到羊绒里，再掺上土卖掉。“从那时开始，在我们家乡可臭名远扬了。满街跑着身上留着用剪刀剪过毛的痕迹的毛驴，远远看上去就像电视屏幕上的非洲斑马。他那条看家狗被他铲过毛绒之后连叫带嚎跑掉，一去不见踪影。森格这个人啊，什么坏事也干得出来。”妻子讲着讲着，气不打一处来。

数天以后，我因为什么事去了一趟森格家。森格咧着大嘴迎我进屋。我进他们家一看，只觉得有点不得劲儿，炕上铺着地毯，地下铺的是烂砖头。炕上、地下是贫富分明的两个世界，很不协调。墙旮旯里斑驳陆离的旧柜子上摆放着一台二十英寸的彩色电视机，活像一个面容苍老的老太太头上戴上珠光宝气的头饰一样不伦不类显得可笑。

他妻子涂抹口红倒很年轻。在他妻子给我倒茶的当儿，他看着我笑了笑，问：“你看我这个宝贝在你眼里还算可以吧?”我无言以对。“不要脸!”他妻子骂了一句进里屋去了，显然不是真生他的气。

“我这个宝贝呀，原来在旗里的中学念高中，还想考什么大学而发疯来着。老哥我去了以后把她忽悠到手，使得她五迷三道，每到夜晚我把她约出来领她前街后院地瞎转，还让她怀上了胎。等到她肚子越来越大没法上学了，只好辍学乖乖地跟我回来了。”说完，一阵哈哈大笑。

里屋的门开了，一个头上扎着蝴蝶结的小女孩露了一下脑袋又缩了回去。我想到这大概就是他刚才所说的那个“胎”了。不过，小女孩子倒是挺可爱。

堆在墙旮旯里的一大堆钢管儿引起了我的注意，电镀过的大拇个儿粗的二三十节钢管靠着墙根摆了一溜儿，不知是做什么用的。我心里琢磨着大概是什么机器设备的零配件。这么一想，觉得这些东西来路有点可疑。

“你是不是感到奇怪？这些东西是我在路上捡回来的。今年春天的一天，我到北边的修路工地上，发现这些钢管被丢弃在那里。我就顺手牵羊把它背了回来。到了夜晚，车灯闪闪，来了几辆汽车忙乱了一阵。有两个人还来我们家，满脸堆笑地问我，有没有捡到过这样那样的钢管？如果捡到过，请还给他们。老哥我能还给他们吗？啊！”接着问我，“老弟你想要吗？想要拿走，卖咋也能卖个几百块钱吧。”

“不！不！”我赶紧回答。

“嗨！拿酒来！”他往屋里喊。

“别、别！我不会……不喝酒。”我急忙说。我不想和这样的人在一起喝酒。

他妻子哼着小曲走了出来，一副情非得已的样子，打开了几个罐头装到盘子里，又拿来酒杯和筷子放在桌子上。

“别了，别了，不用，不用！”我一直在推辞。

他用嘴咬开了酒瓶盖：“怎么？你瞧不起我，是吗？”我无语了。

“来！咱喝两盅！”他举起了酒杯。

“好！”

原来，他酒量不大，喝了几杯便皱起鼻子，说：“你就多喝点吧！”

“我，……我也喝差不多了。”心里琢磨着赶紧离开这里。

“不、不！哪能……没关系，没关系！”他喝了一口茶，接着说，“人们对我总是不屑一顾的样子。你们愿意那样就随你们的便。我才不在乎。老哥我脸皮厚着呢！”说完，一脸得意地发笑。

## 二

雨住了，天空还是一片灰蒙蒙的。我担心马绊子被雨水泡软脱落，提上马笼头去找马。草尖上闪动着冷冷的雨水，地面上到处是小水坑，没想到我们这个干旱无雨的丘陵地带却成了一片泽国。

放眼望去，没看到马的踪影，却发现有一个身披雨衣的人拄着铁锹把儿站在那里。大概是护路工吧，我前去想打听一下马的踪迹。走到跟前一看，原来是森格。

看来，他在这儿站了很久了。雨衣上面往下滴答着雨水，高筒胶皮水靴子在泥水地里起码陷进一拃深。他看见我就笑了笑，问：

“你在干什么？”

“找马。看见我的马没？”

“噢，下绊子的马能走到哪儿去了？别着急。咱俩抽支烟吧……”

在这湿乎乎的天气里，我们俩好不容易点上烟抽了起来。烟卷的青烟随着潮湿的风漫卷开来。

“你在这里干什么呢？”我好奇地问了一句。

“我呀，我在这看那帮毛驴的热闹呢。”

我不得其解。

“你看，这不自投罗网了吗？”他说。

远远看见一辆载重汽车摇摇晃晃地往这边儿开过来。在这雨天里行驶在满是泥泞的土路上的那辆汽车，像一匹巨兽艰难地吼叫着，爬行着，浑身溅满泥水，来到我们跟前。

“停车！……”

森格举起手喝令道。那辆汽车来到我们跟前停住，司机从驾驶楼里探出脑袋看着我们。

“哪儿的车？”

“×××的。”

“从哪里来？”

“从盟里来……”

森格的一举一动简直像一个老练的交通警察，而且这家伙汉语讲得也蛮流利。

“你难道不知道雨天行车会破坏国道吗？”

司机也知道自己理亏，显出一脸谦卑的笑容。

“驾驶证!”

司机掏出一个钱夹似的东西，把红红绿绿的小本本恭恭敬敬地递到森格手中。然后，赶紧跳下车搓着两只手，说：

“师傅！路上没有看见禁止通行的牌子什么的……如果有那样东西……我也绝不会贸然行车的……”一看司机的脸，一副可怜的样子。

“怎么？没有警示牌子，你就想趁机破坏国道，是吗？什么态度?”

“嘻嘻……哪能哪能……师傅抽烟!”

森格一把推过递上来的烟：“罚款！二百元!”

司机的脸一下刷白，但立刻又满脸堆笑：“嘻嘻……师傅……请高抬贵手……”

“废话！二百，快交!”

司机的脸又白了，不见了笑容，进而变得铁青。

“师傅，我没那么多钱。”司机说。

“什么态度？再加一百，三百!”

“更没有!”司机口气变得硬了些。

“是吗？那就卸货!”森格说完便爬上了车，掀开帆布蒙子，就要往出拽车上的东西。

这回司机真的变老实了，求爷爷告奶奶地把森格请下来，哭脸强作笑脸，最终交了一百五十元算了事。

我提心吊胆地看着事情的全过程。

“老兄啊……这样做……行吗?”我说。

“咋不行啊？这些毛驴看见护路人员就像耗子见了猫似的。”说完，从刚才的一百五十元里抽出八十元，说，“路上的收获二一添作五。这是你的。”

我连连摆手，后退几步，说：“不、不！……我不要!”在我看来，这不是钱，而是罪孽。

“你看不上我。”他说着硬把钱往我衣兜里塞。我看出来他知道别人看不上他，讨厌他，但他一点也不记恨人。

三天之后，来两个警察把森格铐上走了。这倒不是因为那辆载重车的事，而是我去找马之后，又来了一辆小汽车，事情来了个大反转。

原来，那辆小汽车是旗长的专车。给旗长开车的司机当然不能和开货车的司机同日而语。但是森格哪里知道其中的奥秘，又像教训那些“毛驴”似的，喝令一声：“停车！”

车停了。年轻司机和坐在副驾驶位子上的胖男人以及坐在后座上的一男一女几个人脸上露出异样的神色。可森格并没注意到。如果稍稍注意端详，他们几个的脸上明白地写着：停车？叫我们停车真是怪事？

“知道下雨天破坏公路了吗？”森格发威。

年轻司机很不耐烦地冷冷地瞅着他说：“你说什么？你到底想干什么？”

“罚款！”

“罚多少？”年轻司机哑然失笑。

“五百！”

这时候，从小车后座上下来一个年轻人，对森格吹胡子瞪眼睛，说：“你到底是什么人？躲开躲开，我们有急事。”

“我告诉你，五百块钱少一分都不行！”

司机也猛然跳下车。“我也告诉你，一分钱都不给你！”

因为是小汽车，没有货可卸。森格对着小汽车前挡玻璃举起了铁锨：“不交罚款，把你车砸了！”

森格并没有注意到这期间坐在司机旁边的那位胖汉子皱了皱眉头，扫了一眼手腕上的表。“要罚多少钱？”等从车窗里传出威严而派头的声音，森格才看了那个人一眼。

“五百！少一分钱……”

“才五百呀？你咋不要一千呢？”胖汉子又冷冷地哼了一声。

“一千……一千就一千，破坏了这么长的路……”

“给他一千！”胖汉子对着司机说。车上的人各自掏兜儿凑齐一千块钱交给了他。

本来是要回旗里的小汽车离开公路直奔苏木所在地而去。这是要坏事的征兆。

下午，森格回到家，把今天收获的一千一百五十元钱锁进箱子里，正在得意地哼着小曲的时候，苏木党委书记坐着小车突然来到他们家。森格和苏木书记原来就是一对冤家。苏木书记总骂森格是“监牢钉子户”“流氓无赖”，而森格也骂苏木书记为“吸血鬼”“蝉虫”。见苏木书记突然驾到，森格对妻子说：“这‘老吸血鬼’在这大雨天不知道在谁家喝完烧酒过来了呢。不管怎么样，你得好好熬个茶吧！”说毕，在家等着冤家的到来。

苏木书记噼里啪啦踩着泥水进得屋里来。“你在家呢？”书记眼盯着森格，脸色铁青，声音有点颤抖。

“我不在家，这大雨天还能到处瞎转呀？”森格的话里带着刺儿。

“我这不是瞎转。听说你站在公路旁见车就罚款呢，我这是坐着车专程来你这里，看你……你……罚我多少钱？”书记越说声音越大，说着说着浑身哆嗦了起来。森格愣住了，他真还头一次看见这“蝉虫”发这么大的火。

苏木书记最后用颤抖的手指头指着森格的鼻子，骂开了：“你……你个流氓无赖……你要当土匪不成？光天化日之下拦路，挥舞铁锨……奶了个×的！你个老囚犯，丢尽了家乡的颜面！你……你那长的不是眼睛是瞎窟窿吗？坐在小车上的那位是一旗之长，你难道认不出吗？”

森格这才知道自己今天挥舞铁锨罚的是旗长的款。旗长怒气冲冲地开到苏木后恼怒地朝苏木书记发了一顿火。苏木书记一听真是忍无可忍，就来找森格了。

“你个无赖，快把那一千块钱给我掏出来！”苏木书记吼道。

毕竟是冒犯了旗长闯了祸，森格还是害怕了，乖乖地把一千块钱交了出来。

然而，事情并没有到此为止。旗长收回了一千块钱，仍然批评苏木书记，说：你是如何教育你管辖的牧民的？这样下去，你们这儿说不定出土匪云云，教训了一顿才走。第二天，旗公安局来电话，要求一定要查清罚旗长款的那个人到底罚了多少人，收了多少罚款，查清后报上来。一只耗子坏了一锅汤，苏木书记因此对森格更是恨之入骨，就派了苏木派出所的两名警察，把森格铐走了。

“森格老婆孩子也不知吓成什么样子了。咱俩去看看吧！”妻子对我说。于是，我们俩奔森格家去了。“和森格这样的人过光景，简直是一场灾难。他干出那些见不得人的事，不但坏了家庭的名声，老婆孩子也跟着担惊受怕。”妻子一路叨咕。

到了森格家，倒一点也看不出有什么悲伤的样子。头发上结着蝴蝶结的小姑娘在当院玩耍，那女的仍然涂抹口红，一边给我们熬茶，一边还哼着小曲呢。

“你们森格有啥消息没？”

“没有。”那女人继续哼着歌曲。

“什么时候能回来呀？”我妻子问。

“谁知道呢？”那女人说话表现出一副啥时候回来与我有啥关系的样子。

“你们森格……到底罚过多少车呀？”

“不知道。”接着又说，“偶尔为之吧。”

这个女人似乎不怎么关心她丈夫的事情，而且也看不出为丈夫牵肠挂肚的样子。只要有口红涂抹，有钱花，管他被抓呀，被放呀，好像与己无关。她是个如此薄情之女人啊！丈夫被抓了，她竟没有一点难过之心、羞耻之心。

一个星期之后，森格被放了回来。路过我们家喝茶的时候，仍满不在乎地哈哈大笑，说道：“老蝉他只不过是虚张声势罢了，把我关在仓房里，一天三顿饭，像伺候他爹一样伺候了我一个星期。老哥我甭说是那仓房，旗里的监牢何曾怕过?”

我妻子告诉他前两天去看过他老婆孩子的事。森格听了更是大笑一通，说：“我再被抓起来，你干脆让你男人去我们家照看照看，他会帮我女人解决实际困难的。没关系。我没那么小气!”

他真是个无耻之徒。我真想上去给他一巴掌。

## 三

我越来越熟悉我这个新的环境。西边高台地上是森格家。森格家西边的洼地住着乌珠穆苏娃老额吉家。公道地说，森格对我们不坏。听说他净干些坑蒙拐骗的营生，可他对我们没施展他那些下三烂手段。但是，我们也没有因此而产生过与他交友的想法。近朱者赤，近墨者黑。就担心他干出什么坏事而连累我们。

而乌珠穆苏娃老额吉和森格一直是水火不相容。“那老婆子一辈子风光得很啊，什么妇代会代表、人大代表、劳动模范……还有什么来着，忘记了，好名声都让她占了，指手画脚，高人一等……”有一次，森格来我们家闲聊时，把乌珠穆苏娃老额吉骂了一通。

我得好好驳斥一下这森格，不然，就成了与他沆瀣一气、说邻居坏话之辈。乌珠穆苏娃老额吉我见过好几次，觉得她可是个心地善良的老人。

我打断了他的话，说：“看来老额吉是个积极分子呀！不简单。”

“是，是，是积极分子！世界上就是有这样一帮所谓积极分子的令人讨厌的东西。”森格说。

我妻子在一旁一脸严肃地说：“乌珠穆苏娃老额吉多可怜啊！那年学大寨运动中，她跳入带冰碴儿的冷水中受了凉，落下了老寒腿的毛病。”

“活该！那叫自作自受！谁叫她发了疯似的学什么大寨来着？现在那个大寨在哪儿呢？看那老婆子现在像个挨了枪子的老狐狸似的走路一瘸一拐的。”

“乌珠穆苏娃老额吉再不好，也比你强多了！”我妻子毫不客气地回敬了他一句。

“我知道你们瞧不上我。可是，现在的社会靠那些‘积极分子’是行不通的。”森格满不在乎地说。

“那么依靠你呀？”我妻子又来一句带刺的话。

“你们想依靠我，我还不稀罕呢。但是，我告诉你们，我再不好，也比那个‘蝉’强！”

他所说的“蝉”，指的是苏木书记。

森格走了，我妻子还在那里不解气地骂个不停。

她说，这几年森格没少欺侮人家乌珠穆苏娃老额吉。常常把牲畜赶进人家乌珠穆苏娃老额吉的草场里祸害。而乌珠穆苏娃老额吉的牲畜偶尔进了他的草场，他要不就把人家牲畜使劲驱赶，要不就干脆赶回来圈到他家畜圈里饿它几天几夜。有一次，乌珠穆苏娃老额吉的一头牛进了森格的草场，森格竟然把人家牛的腿给打断了。乌珠穆苏娃老额吉非常生气，到森格家要和他讲理，森格把一张旧报纸扔到她面前，说：“现在有了草原保护法了，你拿去好好学一学。你一辈子当了什么积极分子，原来是个法盲啊！”

“那你的牲畜也进过我的草场呀。”

“是啊！那时候如果你按照草原法跟我讲理，我就会服服帖帖。

谁叫你不懂法？活该！”

乌珠穆苏娃老额吉气得浑身哆嗦，无奈哭着回去了。和他讲理吧，森格胡搅蛮缠，打，又打不过森格。真是无可奈何。

听我妻子讲，森格和乌珠穆苏娃老额吉之间还有一档子买鞋的纠葛。

去年的一天，乌珠穆苏娃老额吉去了森格家，说：“你有摩托车，经常去苏木或旗里。麻烦你给我老头子捎双鞋回来。”便给了他七十元钱。

森格把七十元钱揣进兜里，半个月以后捎回来一双油光锃亮的皮鞋送到乌珠穆苏娃老额吉家。

乌珠穆苏娃老夫妇见了唏嘘不已，苦叫道：“森格呀，穿上这么油光锃亮的皮鞋，一个牧区老头子怎么上山做营生呀？这是城里人穿的鞋，你怎么给我买回了这样的东西呢？”

叫是叫，老头子还试穿了一下，宽松得不跟脚。“大了，大了。根本不能穿。森格呀，还得麻烦你了，下次到旗里给我换一双鞋回来吧。”老夫妇央求道。

“行，行。咋不行呢。”森格答应得倒很痛快。

谁承想，最后老两口落得个鞋也没有，七十块钱也没有，鸡飞蛋打一场空。

过了二十多天，乌珠穆苏娃老额吉去森格家，问：“怎么样？鞋子换回来了吗？”

“嗨！老抽不出工夫来。老婆病了。家里家外忙得很。”森格说。

又过了一个月再问，森格说：“昨天正想去呢，摩托坏了。”

第三次去问，森格不耐烦了：“好心为你们买回一双鞋，没想到惹出了这么大的麻烦。早知这样，何必当初。你们为什么自己不去旗里买鞋回来呢？”

“要不……把那七十块钱还给我们吧。那双鞋你看着处理得了。”

“那七十块钱买鞋花了，鞋不退回去，我哪儿来的七十块钱?”

“那我们要鞋吧。大就大吧。”

“鞋在这儿呢。”森格抬起了脚。那双鞋穿在森格脚上，穿着正合适。

“那把钱退给我们吧!”

“钱退给你们，钱能裹脚吗？你们这些人啊！再过几天，我咋也得去一趟旗里。到那时候肯定给你老头拿回一双合脚的鞋呀。”

鞋和钱的事就这样拖来拖去没结果。原来，森格不但用那七十块钱为自己买了双鞋，而且还要赖了。老两口终于知道自己受骗上当，只是狠狠地骂了一句：“算了，那七十块钱就算喂了狗了。”这个事就这样了结。

“如果是我，一定要告发他把钱要回来!”听完故事，我忍不住地说。

“嗨！如果上级领导能够认真处理告状的事，那森格还能如此嚣张?”妻子愤愤不平地感慨道。

## 四

被森格骂为“蝉”的苏木书记，其实是很好的一个人。有一天，坐着他那辆破吉普车来到我们家。“我们苏木增加了你们这个新一户人家，我还没登门拜访呢。官僚，官僚!”然后，他很和蔼地问起了牲畜、草场的一些情况。

既然苏木书记来家了，得宰只羊招待招待。我和妻子商定。苏木书记看出了我们的意思，摆摆手，说：“别了，别了。想吃的心思有，可是时间没有。太忙，太忙了。不分昼夜东奔西忙，不赶趟。”看上去，苏木书记一脸倦意，拔顶的前额上渗出汗水，脸色惨白，双眼布满血丝。

“当官很辛苦啊！哪能像我们平头百姓一样无忧无虑。”妻子顺水推舟地附和了一句。

书记赞同地点了点头，说：“我在基层工作了三十年了。过去，计划经济的时候还好办点。现在是市场经济，我的天啊！真是举步维艰，难乎其难啊！”

“那最近忙些什么呢？”我表现出关心的样子，见缝插针地问了一句。

“嗨！不是有个毒蘑菇的事儿嘛！”

我一听便知道了苏木书记忙碌的原因。关于这个苏木毒蘑菇的事，我有所耳闻。

所谓毒蘑菇，一般生长在粪便、腐木、树木根部位置等阴暗、潮湿的肮脏地带，不能食用，往往分泌出稠浓分泌物，呈赤褐色，撕断后在空气中易变色。干枯后被人畜踩烂，浅黄色粉状物。它是植物界中有毒的、多余的、令人讨厌的东西。可是，谁承想毒蘑菇突然变废为宝，前年南方几个人来到这个苏木开始收购毒蘑菇。一斤五毛钱，有多少收多少。开始，牧民们没理会。不相信那个毒蘑菇还能卖钱。后来，南方贩子把收购价提到一斤一块钱。听说一块钱，有些牧民动心了，开始采毒蘑菇。一斤一块钱还行呢，后来又来了几波收购毒蘑菇的人，这个说一斤两块钱，那个说一斤三块钱，相互抬价，居然炒到一斤毒蘑菇收购价五块钱。于是，整个苏木除了捡拾毒蘑菇什么也不干了。人们言必谈毒蘑菇，关于毒蘑菇的各种传言一传十，十传百，越来越神乎其神。这个说：“听说，南方有一个人一辈子吃毒蘑菇，现在都三百多岁了，还像年轻人一样。”那个说：“听说从毒蘑菇那浅黄色粉状物中能提炼出制造原子弹的原材料。”另一个反驳说：“不是原子弹，而是制造火箭用的……”连日来漫山遍野都是背着麻袋、提着筐篮子找毒蘑菇的人。据说有人捡毒蘑菇卖，三天就挣了一千多元钱。

平常就不很多的毒蘑菇，几天工夫被打扫干净了。有人跑到外地倒腾毒蘑菇。正在这时候，旗里的某一位领导来到这个苏木，看到这个情况后非常高兴，连夜召集苏木党委开会，作出了“依靠毒蘑菇，立苏木促民生”的决定，并成立了领导小组。而领导小组的组长不是别人，正是这位苏木党委书记。事情开始很顺利，苏木与南方贩子签订了提供十万斤毒蘑菇的合同，也很顺当地从农业银行贷出了三十万元的贷款。南方人说好第二年来拉运毒蘑菇。前年一冬、去年一春，各地蘑菇贩子络绎不绝，从苏木后院的几幢仓房开始大小会议室都堆满了毒蘑菇。苏木书记看着这些毒蘑菇整天笑逐颜开。然而，春天过去了，夏天也过去了，很快到了秋天，苏木书记脸上的笑容被满脸愁容所代替，前额上的皱纹越来越深了。因为南方客商无影无踪，一去不复返，拿三十万元贷款换来几屋子的毒蘑菇没着没落，苏木书记急得像热锅上的蚂蚁一样团团转，人们怨声载道，也只好装聋作哑。

“书记，那……，那些毒蘑菇还有销路没有？”我问了一句。

“没有，没有。”苏木书记直摇头。

“那怎么办呢？”

“过两天我们打算开会想个法子。”

苏木书记走了。

过了几天，苏木突然下发通知，要求传达到家喻户晓：谁人如果三十万元能销出那些毒蘑菇，百分之二十奖给个人！这是苏木会上定的。

百分之二十！那不就是六万块钱吗？可真不少啊！这六万块钱的奖金，一时成为人们茶余饭后的谈资。

有一天傍晚，乌珠穆苏娃老额吉来我们家串门，不一会儿森格也不请自到。话题自然而然又扯到毒蘑菇、三十万元贷款、六万块钱的奖金上。

“毒蘑菇还能卖大钱，连这个都相信，我们这些人啊，脑子进水了。”妻子说完叹了一口气。

“咋不相信啊？一斤五块钱那可是真的。”

森格呷了一口茶，哑然一笑：“那老吸血鬼还能办成什么好事了？如今大小会议室都塞满了毒蘑菇，发愁得直挠后脑勺了吧？还当什么书记呢！”看见苏木书记发愁，森格一副幸灾乐祸的样子。

“苏木上正想办法呢。一定会解决的。”妻子在旁说。

“会解决？要是别人也许还差不多，那个吸血虫绝对办不到！”森格得意地笑了笑，继续说道，“着急上火备不住得心脏病呀。哈哈哈……可怜虫，就知道挠后脑勺。只能挠出血来，也挠不出主意来呀。”

“你是个走南闯北的人，也许会有销掉毒蘑菇的门路吧？”乌珠穆苏娃老额吉提了一句。

森格眼珠子一瞪：“怎么？我也不是什么积极分子，何必干那种讨好人的事情。这回我才知道什么叫积极分子。原来，皇上不急太监急，那叫积极分子。”森格话里话外总不忘记对人冷嘲热讽。

又过了十多天。有一天，森格的妻子领着孩子哭天抹泪地来到我们家。说是森格动手打了她。

“你这是怎么了？”妻子抱住森格老婆，替她擦拭满嘴的血。

“毛驴！他把南方一个半老徐娘领回家里好几天了。白天支使我给他那个老娘们洗衣做饭，晚上把我娘儿俩撵到另一个房间，他和那个娘们同床共枕。今天早晨我说了几句不满的话，那不要脸的娘们……脸不是脸……，于是，老毛驴……竟然动手打我……”说着说着便号啕大哭起来，“我要……我要到苏木去……告他！”

我妻子听着听着也来气了：“对！去告他……不给他尝尝法律的厉害，他要得寸进尺，骑到你脖子上呀。你把姑娘放在我们家，去吧！”

那女人擦擦眼泪，一咬牙就奔苏木去了。

## 五

没等森格打老婆的事得到处理，森格和南方客商合伙销售十万斤毒蘑菇的消息不胫而走。

听到这个消息，我和妻子感到吃惊，不过又想这也许是真的。森格那家伙往往会干出出人意料之外的事情来。

“我琢磨着，销售那些毒蘑菇或许是只有森格那样的人才能找到门道。现在这个世道……”妻子直摇脑袋。

妻子的想法我也认同。森格这个人能把死畜的肉冒充好肉卖出去，能把狗、毛驴身上的毛冒充羊绒卖掉；敢冒充交警，挥舞铁锹，拦住旗长的小车罚款一千元。处理那些毒蘑菇的人，真是非他莫属。除了森格，在我们苏木真还找不出第二个人来。

森格妻子走了没个影。小姑娘闹着要找爸爸，要妈妈。“这个孩子亲生父亲不管谁管呀？我们送回森格那里去吧！”妻子如是说。我们俩牵着小姑娘的手去了森格家。

森格和一个中年妇女好像也刚从外边回到家。那个妇女低着头在脸盆里洗了脸，然后站在镜子前边往脸上涂脂抹粉，大大小小化妆品瓶子至少有十多个二十来个。脖子上戴着金项链，十个手指头三个手指戴着金戒指。看着这浓妆艳抹的女人，我只觉得恶心又恐怖。

“这是南方来的冯老板！”森格介绍道。那个女人向我们点了一下头，接着叽里咕噜讲了一通话。她讲的吴侬软语我一句也没听懂。后来，她又对森格叽叽喳喳讲了一通话，我只听出“森经理”三个字。

妻子对那个叽叽喳喳讲话的女人不屑一顾，直接对着森格冷冷地说：“我们一直等着你去把女儿接回来，可是等了好几天你都不去，我们只好给你送回来了。”

“我忙得很！”这老兄真还当了经理似的装模作样，拿出一拃长的洋烟卷，“啪”的一声用打火机点燃后，说道，“我不知道我女儿在你们家放着了嘛。我那口子领上女儿走的嘛，我还以为她一直带在身边呢。”

“你是不是也太过分了？把自己老婆打跑了，却和这么个女人日夜……”我妻子想把森格教训一顿。

“哈哈哈，你们这些女人啊，丈夫一旦和别的女人有了接触，就争风吃醋个没完没了。谁知道你们在背地里干些啥呢？”说完，笑得更加放肆。

“你还叫个人吗？你！”我妻子气得直哆嗦。

“嗐，好了好了！看在你照看我女儿的情分上，随你怎么骂我都行。”森格的脾气今天特好。

“你再也不能欺负你老婆了。她走了至今没个音讯，一旦有个三长两短怎么办呢？”我妻子又教训开了。

“没关系，没关系的。臭娘们总是那样撒娇置气的。老哥我去弄她个高兴，她就会屁颠屁颠儿地跟我回来的。”森格恬不知耻地说道。

我俩再没说话走出来，森格出来相送。

“你留那个叽叽喳喳的女人住在家里干啥呀？”我问。

“不是我留她。还不是为那个毒蘑菇的事吗？那十万斤毒蘑菇我还想靠她脱手呢。”

“她真的是老板吗？”妻子问他。

“管屎它是真的还是假的？我也不是自称森经理吗？”

“受骗上当怎么办？”我还替他担忧。

“嘿！那些毒蘑菇也不是我的。如果是受骗，那也是苏木书记的事。弄好了，六万块钱是我的，弄不好，就把苏木书记的会议室腾出来拉倒。”森格说道。

我妻子咧了咧嘴：“看那个老娘们的德行。往那老脸上涂抹再多的霜膏有啥用，越涂越像个老妖精。”

“嗨，关了灯看不见脸，不都一样吗？而且还雪花粉香味扑鼻。要不你回去也试试看。”森格一脸猥亵。

“去你个老娘的腿！”

夏秋之交，那个叫“冯老板”的真的开了几辆汽车来把那些毒蘑菇给装上拉走了。这个事情当然是森格促成的。没想到平常被骂为“监牢钉子户”“流氓无赖”，在全苏木臭名昭著的森格，这回真的替全苏木解决了一档子最难办的事情。

一天下午，乌珠穆苏娃老额吉刚来我们家小坐。不一会儿只见森格摩托后座带着媳妇满面春风地开过来了。媳妇一身打扮很洋气。

“你真的把毒蘑菇销出去了？”

“那可不。都说南方人狡猾。我把那个老娘们接到家里收拾了十多天，又让她背上十万斤毒蘑菇走了。”森格吹嘘道。

他媳妇在一旁若无其事地笑着。奇怪了，听他这句话应该生气才对呀。

“你们看。这是那个娘们送给她的礼物！”森格指着媳妇脖子上戴的项链说。

是一条金光闪闪的金项链。

“24K的！”他媳妇得意地说道。

“那六万块钱揣到兜里了？”

“八万！”

“怎么又成了八万了？”

“我得逼‘老蝉虫’就范呀？我说，八万，少一分钱，那些毒蘑菇你自己负责。‘老蝉虫’虽然很不情愿，也不敢表现出来。那八万块钱就到我手了。‘老蝉虫’还说我为家乡出力云云表扬了几句。我也毫不客气地说，我就是为了那八万块钱，可不是什么为家乡人民。”

“八万！我的天啊！”乌珠穆苏娃老额吉嘴里嘀咕。

森格对我耳语："实际上不是卖三十万，而是卖了三十三万。这个我没有告诉'老蝉虫'。这样，我实际上敲了他十一万元。"

森格要走了。临走时他说："一个举手之劳我挣了这么多钱，我想请乡里乡亲好好乐一乐。可现在没有空。旗里要召开乡镇企业先进分子表彰大会，'老蝉虫'一定要让我参加，再加上有几个记者要采访我，整天屁股后边追。过了这档子麻烦事后再说吧。到时候你们可得赏个脸啊。那几个记者里边有一个小妞长得真漂亮。就冲她也得接受采访说上几句吧！"

两口子兴高采烈地骑上摩托，屁股后面一溜烟绝尘而去。

等他们走了之后，乌珠穆苏娃老额吉我们三个人沉默了良久，不知道说些什么好。有些事我们真的难以理解。

"这大千世界真是无奇不有啊！"我脱口而出。

"我想啊，"妻子接过话茬，"原来，我们认为毒蘑菇有毒，没有用。可现在有人还当稀罕物收购呢。所以说呀，什么东西都有好坏两个方面。真的呀，不是说狗屎也入药吗？"

乌珠穆苏娃老额吉上气儿不接下气儿地咳嗽了一阵，说道："不明白，真不明白。不管怎么说，森格这样的人怎么就成了这个社会的宠儿呢？"

傍晚，我出去给马下绊子。夕阳的余晖把草原涂成一片金黄。那样美丽，那样安静。可我总觉得这个世界有点异样。

岱钦　译

# 苏木干部

## 一

乔扎木苏从吉普车上下来时党委大院里静悄悄的，大院中央那棵老榆树被正午的骄阳晒得昏昏沉沉的，只见吃苏木食堂剩饭剩菜维持生计的那条老黄狗在树荫下枕着前腿打盹。紧靠院子后墙的那一排平房里没有活人似的，周边一片寂静。

妈的，这天气可真热啊！

乘坐已用十年的破旧不堪的吉普车走七十里乡下路可不是闹着玩的。在崎岖不平、坑坑洼洼的小路上颠簸，呼吸着刺鼻的汽油味，被闷在热炉子般的车里，这才叫活受罪。坐这破车，身上三四天都有汽油味。可是没办法。苏木书记除了这辆破车，还能坐什么豪车呢？

司机从后座下车，问道："乔书记，熬一壶茶吗？"

"行，行，找点奶子兑上！"乔扎木苏回答。

乔扎木苏喜欢开车，每次下乡时都让司机坐到后面，自己来驾驶。

司机去熬茶。院子里又变得悄无声息。

上午，翁贡锡里的阳坡上，嘎查会计骑着摩托追过来，告诉他苏木来了电话，让他速回苏木。问其原因，会计说新调来的旗委书记吉日嘎拉明天要来。

所以乔扎木苏迅速赶回来。旗委书记已离休，调来了一位叫吉日嘎拉的新书记，乔扎木苏两个月前就看到了调任文件。现在新任书记要来，这对全苏木以及他本人来说有多重要，他心里一清二楚。牧区建设最需要的是什么？钱啊，钱！管它是投资，还是借贷，只要弄来那花花绿绿的钞票，事就办成了。什么认识啦，积极性啦，去他爹的！现在新任旗委书记要光临，要是让新任书记觉得不错，那么弄到投资或贷款不是易如反掌的事吗？下级的领导们经常恳求上级领导“请领导莅临我苏木检查指导！”他们对上级领导是那般尊敬吗？若是上级领导不去检查指导，他们就啥也干不成了吗？不是，绝对不是！都是因为上级领导手里有钱，下级领导们对哪个领导手里有多少钱、哪个领导没有实权了解得一清二楚。有的领导到基层整天吃香喝辣，处处有人悉心伺候；有的领导下基层却看不到好脸色。没看到好脸色的领导们却怨愤地骂道：“真是狗眼看人低啊！”误会也！下面的人们只是不把没钱的官视为“官”而已。

乔扎木苏现在比任何时候都需要钱，苏木单位干部职工的工资已经拖欠三个月了。“下个月一定发！”前两个月大家还相信这句话，但是到了这月人们跟以前不一样了。不仅出现了迟到早退现象，而且请假的、在上班时间喝酒的人也多了起来。乔扎木苏知道原因。发不了工资，怎么能严格要求大家呢？再者，每当看到苏木小学那几间房子他就心惊肉跳，坐立不安。突然塌下来压死孩子，那可就造了天大的罪孽啊！

乔扎木苏一直想自己调到旗里工作，这几年，他让几个孩子都在旗所在地参加了工作，对于在哪里盖房子等也做了详细的盘算。他知道今年好几个局长都已退休，出了几个空位。作为干部，调动工作必须得到领导的同意，而且审批权都集中在第一书记一人手里。这次要是认识了吉日嘎拉书记，下次求这个事情就方便多了。

司机提着茶壶过来，苏木其他领导也纷纷来到乔扎木苏办公室，大家商量如何接待新书记一事。

乔扎木苏："咱先商定让吉日嘎拉书记视察哪些地方，应该让他多看看能够看出我们成绩的地方！你们说先从哪里开始呢？"

副苏木长乌仁苏："这有啥商量的，首先视察萨仁花的草库伦，她的草库伦不是很美吗？"说着微微一笑。

乌仁苏以前是嘎查党支部书记，前年被选为副苏木长，约三十五岁，瘦瘦的个子，无拘无束、直来直去的性格，是个将牧民妇女的直爽和领导干部的机智集于一身的女干部。看了一眼乌仁苏那双黑白分明的眼睛，乔扎木苏低着头喝了一口茶。每当看到那双眼睛，乔扎木苏心灵深处某一种东西就会被触动，但他很小心谨慎，生怕别人有所察觉。

苏木副书记苏雅拉图笑着说："我同意乌仁苏的意见，萨仁花一家领导们视察后都很满意，弄不好新书记一激动立马给批一笔生态建设经费哩！"

苏雅拉图说完看了一眼乌仁苏，两人开心地哈哈大笑起来。

乔扎木苏有点不高兴，看了一眼苏木长米西格。人们经常议论米西格与萨仁花有这样那样的事情。为了萨仁花的草库伦米西格确实出了不少力。贷款、扶持资金、投资等都由米西格一人做主，一再投资，最终让萨仁花有了上等的草库伦。乌仁苏、苏雅拉图二人哈哈大笑的原因亦在此。可现在是迎接新任书记的关键时刻，情况紧急，任务重！这可不是耍嘴皮开玩笑的时候啊！

苏木长米西格默默无语地吸着香烟，也许乌仁苏、苏雅拉图二人的讽刺惹他生了气。乔扎木苏见此情景，更加厌恶，心里骂道："哼，无论心里想什么脸上不露出一丝痕迹的家伙！"几年前，乔扎木苏担任苏木党委书记之前，有小道消息说米西格在旗委组织部说了乔扎木苏的坏话。从那以后乔扎木苏看米西格就不顺眼。

"扎扎，那就首先视察萨仁花的草库伦，赶紧给嘎查打电话，让萨仁花明天要在家里，熬茶，准备好奶豆腐、奶皮，做好介绍草库伦情况的准备！”乔扎木苏说：“苏雅拉图你打电话安排这些工作！”苏雅拉图回答：“好的！”

可是乌仁苏却说：“我看最好是老米今天就到萨仁花家做好所有准备工作，在那里住一宿，等到明天就准备妥当了！”说完哈哈大笑。

乔扎木苏虽然生了气，但看了一眼乌仁苏顽皮的眼睛没吱声。他立刻又想到现在可不能陶醉于可爱的眼睛，便说：“就一个萨仁花家怎么行呢！多准备几个地方！”

“我看……”一直沉默不语的米西格提出了几个视察点。不仅是乌仁苏、苏雅拉图点头同意，乔扎木苏也想米西格是个能够准确把握住事情关键所在的家伙，能耐倒是有，就是人品太差。

“扎，视察点就这样定了，还有一个问题就是把这个院子房屋打扫干净，这个打扫工作就交给苏木小学吧！把那条黄狗给毙了算了，看着就恶心！苏雅拉图你挺喜欢杀生的，你看着情况灭了它！饮食这块儿乌仁苏负责，要上大尾羊秀馐斯，按照咱这儿的规矩唱歌敬酒时还得你带头……”乔扎木苏说。他直视着米西格，“怎么样？老米你说说吧！”他心想即使米西格我俩矛盾再大，这次可不能泄露。

米西格满不在乎地吸着烟：“嗯……可以可以，我没意见！”

大家散了会，去做各自的准备工作。乌仁苏用一只手扶着腰一瘸一拐地走着。

苏雅拉图顽皮地问：“怎么啦？是肾有问题了？”

乌仁苏懒惰地笑了笑：“去你爹的！上个月做了那个绝育手术，麻烦就来了！”

乔扎木苏走在他俩的后面，看着乌仁苏窈窕的身躯，听着她温柔的声音，他心里特舒服。

苏雅拉图调侃她：“做了手术啦？那以后就没啥可担心的了！”

乌仁苏也不会轻易善罢甘休，哈哈大笑说道：“可不，你是老小子了，没法给你生弟弟了！”

“扶着腰一瘸一拐的，可怜啊，你那个扎拉森来的话，你可就遭殃了！”苏雅拉图说。扎拉森是乌仁苏的丈夫，在牧区放养着自家的牲畜。

“他若不来，你来试试看，你这样的瘦猴可满足不了我……”

苏雅拉图、乌仁苏嘻嘻哈哈笑着，向两边走去。乔扎木苏从大办公室拿上几份文件，回到自己的办公室起草汇报材料稿。来了上级领导，必须“首先请他阅，而后让他听”，这是不成文的规矩。最要紧的是整理好“让他听”的那份材料。

他写着写着，夜深了。

门被推开，乌仁苏走了进来手里提着暖壶。看来刚洗漱完出来，脸上白里透红，长发顺着肩膀滑下来，乔扎木苏内心深处的某种东西好像再次触动了。

“给你茶……”乌仁苏轻轻地说了一句，把暖壶放在办公桌角上。

“嗯……好的！”

乌仁苏把办公室角落里的那些文件材料认认真真地整理起来放在一处，用温柔的目光看着他，说：“差不多就行了，早点休息吧！过度劳累何必呢？”

“没事……”

乔扎木苏用感激的目光看着乌仁苏笑了。已经疲惫不堪的他对乌仁苏的到来感到莫大的安慰。

## 二

乔扎木苏在拂晓前打了个盹，赶忙起来洗脸。检查完办公室、院子里的打扫卫生情况和厨房的准备工作等，就要去迎接新书记。他走进会议室，看见给苏木运水打扫办公室的那姑娘拿着一块抹布提着一桶水在擦桌子。苏木大院里来了一帮学生快快乐乐地往外搬垃圾。

越是忙的时候麻烦事就越多。乔扎木苏忙得脚后跟打后脑勺的今天早晨，第一个给他带来麻烦的是那个长发青年。看似二十多岁，模仿城市里年轻人穿了到处是衣兜的上衣和裤子的那个年轻人阴沉着脸走进院子里从乔扎木苏身后叫道："舅舅好！"

乔扎木苏厌恶地瞥了一眼，理都没理，也没时间去理睬他。

"舅舅，我那事办得怎么样啦？"

"那事"就是参加工作的事。这小伙子高中毕业后没能考上大学，也不愿意回乡下养牧，因而多次求乔扎木苏给他找份工作。

"你回去，回去！我现在忙死了！"乔扎木苏往前边走。那小伙子却阴沉着脸跟着他。

来找他解决问题的人各有各的手段，有哭的，也有骂的喊的，还有呵呵假笑阿谀奉承的。但是乔扎木苏的这个"外甥"却例外，阴沉着脸死跟着你，你到哪儿他就跟你到哪儿。他根本不在乎你发火儿骂他，也不管你有多忙，看他那张阴沉的脸，好似不是来求人家办事的，而是来追陈年旧债的。

乔扎木苏进厕所撒一泡尿出来时外甥还在外面等着。乔扎木苏生了气，呵斥道："我都跟你说忙死了，你到底想干什么？"

"不干什么，舅舅把我的事给办成了就行……"

乔扎木苏气得牙齿咬得咯咯响，心想你愿意跟就跟着呗，我才不理你，看你跟到什么时候。他去检查了一遍所有准备工作，去食堂喝茶时那外甥也跟着进去。下定再也不理他的决心的乔扎木苏忍不住了，他瞪着眼，吼道："人家要喝茶，你还想干什么？"

"我在外边等吧！"

乔扎木苏没有心情喝茶了，随便喝了几碗，从食堂走出来，发现那外甥还在外面等他。看他出来外甥问道："舅舅，我那事啥时候能办成呢？"

乔扎木苏虽然很生气，但立刻醒悟到不给这家伙解决这“事情”，这辈子也得不到安宁，便咬着牙说：“下个月吧！你现在回去，快回去！”

他像逃过了一劫般长长松了一口气，去办公室拿公文包的时候，第二个麻烦随他走向了办公室。

一个叫森格仁钦的长满络腮胡的彪形大汉扛着一麻袋东西跟着进来，把麻袋放在地上说：“扎，书记，这里面有十七斤羊毛，请你过秤收下！”

“啥……你说啥呢？”

乔扎木苏提着包要出去，可森格仁钦根本不在乎，一屁股坐在沙发上，说：“现在的干部都不讲理了，就这德行，人民群众怎么过日子呢？我想问问你！”

“怎么啦这是？”

“书记大人，我问你，为了提高羊的产量引进稀奇古怪的种公羊让全苏木的母羊遭罪的就是你吧？”

这人说话怎么这么脏呢？乔扎木苏强忍着，问：“是我，怎么啦？”

“还能咋的？秋季羊毛增多了，没人收购。供销社早就亏血本关门大吉了，所以只好响应您的号召把这些秋毛给送过来了！”

改良羊的品种，提高羊毛产量，是为了增加牧民收入而采取的措施。这有啥错的？这个不知好歹的东西！乔扎木苏心里生闷气。现在这社会糟糕透了，平民给领导当老子！

“干吗要交给我？”乔扎木苏狠狠地问。

“哦，是这样的，苏木跟我追讨牧业税，不卖这羊毛我没钱交税，可没人收购这羊毛，没办法，只好给你背过来啦！你收下顶税吧！”

“你……你太过分了吧？”乔扎木苏训斥道。

森格仁钦根本不怕一个小小的苏木书记的呵斥。他反驳说：“不仅是税，还有孩子的学费，还有我去年手臂骨折治疗费都得用这一麻袋羊毛顶账，你给学校和医院说句话！”

“没那个道理，白扯！”

“那你们跟我要钱也是白扯！”

“你还是人吗？”

“我看现在的官都成了××了！”

乌仁苏、苏雅拉图二人赶过来，费九牛二虎之力才拉开他俩。森格仁钦用最难听的脏话骂着，愤愤离去。

乔扎木苏提着包出来时，眼睛发红的俩男子在等他。这是今天遇到的第三个麻烦。两个男子鼻子流着血，另一个衣襟被撕破，显然是打架了。

是因草场地界纠纷打的架。一个说这家伙的牛群进我家的草场吃了我种的草；另一个说那草场不是他的，我的牛群怎么不能在自己的草场上走呢？一个说那草场是我的，分草场时用那个沙梁作为界线的，大家都知道此事；另一个说，放屁！那个细长的沙梁早在前年春季的大风中移到我的草场来了！

乔扎木苏深谙如何解决这样的矛盾。草场地界的事今天一时半会儿解决不了，以打架为把柄吓唬他俩，他俩马上就会老实了。他想到这里，便严厉地问：“如何惩罚打架斗殴，法律有明确规定。你俩谁打了谁？”

“啊呀，领导，看我这血迹就知道谁是打人的谁是被打的了！”鼻子流血的说。

“我不会自己撕破自己的衣服吧！”衣襟被撕破的说。

“啊是吗？我看你俩都动手了！”乔扎木苏把苏木秘书叫过来，说，“把他俩送到苏木派出所，告诉他们这两个人要是不说实话就一直关着！”

听说要关起[illegible]牧民吓得立即服软了，都说：“乔书记……要不我[illegible]事情自己商量解决吧！不给领导添麻烦了！”

“我很忙！有话跟他说！”乔扎木苏用手指了指苏木秘书走了。

## 三

小晌午，乔扎木苏、米西格二人在交叉路口坐在破吉普车里等着。夏日暴晒，原野上蒸腾着暑气，偶尔有一丝凉风带着草香扑鼻而来。

乔扎木苏眺望从旗里来的那条路。那条路穿过牧野，直直地延伸着，消失在天边。青青的草原静悄悄的。看了看手表，快要十一点了。无论如何，现在该到了，他想。

司机掀起机器盖，像是在修理什么。这个破车经常出毛病，司机一有空就自己动手修。破车爱坏，司机爱修，就这样对付着开。

米西格站在一边，冷冷清清地吸着烟。

城府极深，是个跟别人合不来的家伙啊，乔扎木苏想。

“老米，今年雨水还算不错啊！”

“不好说，到了仲夏也许会干旱的！”

“这次吉日嘎拉书记来视察，你做汇报吧！”

“你是书记，我是苏木长，还是你做汇报才对！”

乔扎木苏不想跟他说话了。

从远处，两辆小车疾驰而来。前面的那一辆蓝车就是旗委的车。

米西格、乔扎木苏二人向前迎接，那两辆车也停了下来。一位中年瘦高个男人下来后，六七个人跟着下了车。乔扎木苏猜想第一个下车的一定是新来的吉日嘎拉书记。于是他一个箭步迎上去，面带微笑问候：“吉书记……”

“哦……嗯……”吉日嘎拉书记脸上没有一丝微笑，也没有仔细看他一眼，只是轻轻地握了握手，立刻放了下来。

从后面的车上下来的是旗林业局局长老张。老张是黑脸矮个子，胖乎乎的。他迈开短腿快步走过来，介绍道："这是苏木书记乔扎木苏！"

"哦……嗯……"吉日嘎拉书记回音。

"这是苏木长米西格！"

"哦……嗯……"

看着新书记不冷不热的态度，乔扎木苏一时不知说啥才好。"现在……要不……先视察几家牧户？"乔扎木苏说。

到了萨仁花家。她家屋里屋外打扫得干干净净，桌子上摆满了果条、奶食品。嘎查书记也在她家。

萨仁花打扮得特漂亮，身着新衣服，将客人请进屋里，盛上了香喷喷的奶茶。萨仁花的丈夫是个老实本分的黑脸汉子，忙着端茶水。

"这户是萨仁花家，这几年狠抓草场建设……"乔扎木苏给开了头，说，"萨仁花你来讲吧！"

萨仁花从柜子上拿起一个绿塑料皮日记本翻了几下，望着吉日嘎拉书记，面带微笑兴高采烈地讲起来："今天旗苏木嘎查三级领导莅临我家，我们感到很荣幸，在党的政策的光辉照耀下，我们牧民群众的生产积极性得到了充分发挥……"年年给各级领导做无数次汇报，萨仁花对此已经娴熟了。

"哦……请等等，你建设草库伦投了多少资金？"吉日嘎拉书记问道。

"大约二十二万元，因为我们充分认识到发展生产就要加强建设……"

"哦，都是你个人投资的吗？"书记又问。

"一部分是个人的！"

"其他资金是哪儿来的？"

"啊……这是……有抗灾基地投资十万元，农业银行低息贷款三万元，扶贫款约有五万元……”

“扶贫款?”吉日嘎拉书记微微一笑。乔扎木苏有点发慌。扶贫款是专门拨给贫困户的，可萨仁花家属于富户，该死的米西格那年硬执拗着从扶贫款里给了萨仁花五万元，虽然这是真的，但不能把它抖出来嘛！看这脑子里进水的臭娘们……他想。

“二十二万里有你自己出资的四万，贷款三万，加起来共七万元，十五万是国家的钱啊，十五万，十五万……”吉日嘎拉书记嘟哝着，若有所思地问乔扎木苏，“你们苏木有多少户?”

“五百二十户!”乔扎木苏回答，他明白吉日嘎拉书记会问你们这样给一户灌十五万，那么五百二十户得需要多少钱呢?

吉日嘎拉书记没有继续问下去，却问：“附近有没有没靠国家投资，只靠自己个人投资搞草场建设的牧户?”

“有，有，就是没达到她们家这水平……”乔扎木苏说完立刻发现自己说错了话。

“她们家这水平？要是给十五万块钱，差不多的牧户都能达到这水平了!”吉日嘎拉书记站起来说，“走，到那些牧户家看看!”

这一下，三级领导干部都站起来，“先好好休息!”“别着急!”你一句我一言劝阻吉日嘎拉书记。萨仁花直接抓住吉日嘎拉书记的衣袖：“嗨，这是哪儿的话，来了我们家不吃午饭怎么行？我们的接待礼仪还没有开始呢!”说着，她把已经下炕的书记拉到炕前。

书记再次上炕就座，萨仁花拿起酒杯敬上美酒，刚才那僵硬的气氛立刻缓和过来，屋里充满了欢乐。乔扎木苏心中暗暗佩服萨仁花。从米西格到旗委书记，多少个大大小小的官都被她给征服了，她可是个有魔力的女人啊，因为她的魔力刚才的僵局才得到了缓和。

但是乔扎木苏还是放心不下。看起来新来的书记不像前任老书记那样领到哪儿就去哪儿，看什么都说“好”。弄不好是个到处找碴儿的主子。若是没有萨仁花的微笑和美酒，事情会变得很糟。从她家出发后去哪儿呢？汇报的时候应该怎么说呢？不能不谨慎啊！

## 四

太阳离地平线有丈把高的时候，跑了一整天的三辆小车驶进了苏木大院。顿时，又开始喧嚣起来："拿洗脸水、香皂来！""毛巾在哪儿呢？"

能看得出乌仁苏、苏雅拉图二人把一切安排得很妥当。厨房那边煮熟的肉味袭鼻而来，苏木大院里干干净净的，窗口玻璃晶莹透亮。会议室里，虽然因泼水太多，有一股潮湿的气味，但是对大热天在野外跑了很长时间的人们来说，反而有一种很舒服的感觉。领导们刚入座，乌仁苏、苏雅拉图就走进来，跟领导们打招呼，端茶水的姑娘也抱着一摞子二十多个瓷碗，一手提着大铝壶，进会议室给大家盛茶。

林业局老张笑着说："老乔，你们苏木大院以前几乎成了垃圾场，今天打扫得很干净啊，你以为我们是来检查卫生的吗？"说完哈哈大笑起来。

"落后的地方也可以进步嘛，再说了书记要来……"乔扎木苏虽然笑着，但心里恨不得把老张切成块吃了，暗暗骂道，"去你妈的，该死的胖矬子！你还算人吗？还说我们院是垃圾场，你在这里吃喝了多少次，醉得一塌糊涂，一出食堂门就乱吐……"

开始汇报。乔扎木苏讲完全苏木占地面积、人口总数、生产总值等基本情况，接着汇报近期工作情况。

吉日嘎拉又是一副不冷不热的样子。在这么一个人面前装出一副精神焕发的样子跟着他跑了一整天，现在还佯装认真讲一堆东西，对他来说着实是一件痛苦的事。他想，看来这书记是个不会让别人接近自己的人啊。吉日嘎拉书记坐在离他只有一米远的沙发上，但他觉得彼此之间相隔着十万八千里。他又想到弄到经费和调动工作两件事，觉得这两件事也变得遥遥无期了。

“等等，你们苏木扶贫工作搞得怎么样啦？”吉日嘎拉书记突然问道。

“扶贫工作嘛，啊，是这样……”乔扎木苏喝了一口茶，脑子立刻转了过来，扶贫工作有两种数字，一种用于汇报成绩，另一个用于请求经费。给这位新书记报哪种数字呢？乔扎木苏心里犹豫了一下，决定用汇报成绩的数字。不是说“向党委报成绩，给政府诉困难”吗，看这位书记那冷漠无情的样子，能诉苦吗？再说像萨仁花这样的都给了五万元，现在诉苦有何用？

“这几年我苏木扶贫工作取得了一定成绩，贫困户脱贫率已达百分之七十六点八……”乔扎木苏刚说到这里，吉日嘎拉书记打断他的话，问：“百分之几？”

吉日嘎拉从包里拿出个公文，说：“那么……这是怎么回事？”

乔扎木苏一眼认出那份文件，蒙了。那是以苏木党委政府的名义向旗扶贫办申请扶贫款的紧急报告。

“乔扎木苏同志，这是你们苏木十天前上报的紧急报告，这个报告和你现在说的有很大的出入啊！”吉日嘎拉念报告：“……由于经费不足，这几年我苏木扶贫工作进度缓慢，虽然我们尽了最大努力，但目前全苏木百分之三十三的贫困户才达到脱贫标准……”吉日嘎拉书记问，“这是你们苏木的汇报吧？你这两个数字哪个准确呢？”

“这……这个嘛……其实……说实在的……”乔扎木苏噎住了。

林业局老张笑着插话：“嗨，吉书记，这有啥奇怪的？为了弄到经费多诉苦，为得到荣誉多讲业绩，这可是不成文的规矩啊！不只是老乔一个人这样，下面的谁不这样做呢？若是不客气地说，你们这些旗领导不也是用同样手段糊弄盟里领导的吗！谁跟谁呀？哈哈哈……”

大家也跟着他哄堂大笑，随着险些掀翻屋顶的笑声，紧张气氛也稍有些缓和。

“哦，那么两种数字都是假的?”吉日嘎拉书记问。

米西格冷漠地说：“说假也不假，就看用什么标准，要是把储草、牛粪堆都算进去能达到百分之七十，要是刨去全年开支看剩下多少，那么百分之三十差不了多少!”

“那么准确数字到底是多少?”书记还在追问。

“我看已达到百分之六十!”乌仁苏说。

“不可能，也就百分之五十呗!”苏雅拉图说。

大家喧嚷成一片。

乔扎木苏心里暗暗叫苦。他觉得从进萨仁花家开始情况就对他不利了。今天折腾了一整天办成了啥事?从昨天开始忙活了一大阵子，只是为了让新书记不满意吗?……扎，什么也罢，太阳落山了，不久就要吃晚饭，但愿美酒、长调、全羊这三样能够带来好的转变啊。乔扎木苏迫不及待地等着散会。

“好了，大家别嚷嚷了，从明天开始认真总结扶贫工作情况，到旗里给我做汇报，我这次就是为这事来的。扎，我们走吧！今晚到林场住宿。”吉日嘎拉书记从座位上站起。

“不行，不行!”乔扎木苏一跃而起，“晚餐已经准备好了!”

“在这儿吃了饭走是否太晚了?”书记说。

“用不了多长时间，简单便饭……”

乌仁苏向食堂飞速跑去，苏雅拉图站在门口说：“请大家到食堂用餐!”

书记看着乔扎木苏说：“真的是便饭吗?”

“是便饭，就是咱牧区的……”

书记看了看手表：“行，半小时吃完出发!”

这么一说，打乱了原来的安排。大家走进食堂就座后，一股脑儿催着尽快上饭。乔扎木苏以乞求的目光看了一眼老张。那目光好似在说，无论怎样我把书记带到食堂来了，接着就看你的了。

老张笑着说："吉书记，您也累了一天了，要不……喝上几杯吧？乔扎木苏的酒特香，我馋得快要流口水了！"

"是吗？"吉日嘎拉书记笑了笑，"那你在这里解馋吧！我去林场有急事！老乔赶紧上饭吧！"

"好的，好的……"

未能摆上已准备好的凉菜、酒水、全羊等，只是在羊汤里煮了挂面。

## 五

书记的小车在黄昏中渐渐远去。乔扎木苏站在那里望着，直到小车看不见。此时他突然感到很累。

苏雅拉图走到他身后，问："那些肉、菜怎么办？"

"还能怎么办？吃！咱自己吃！咱吃的是自己的福分，也不是抢来的！"乔扎木苏突然发起牢骚。

苏雅拉图也赞同："对，咱自己吃！"

乔扎木苏坐上主座，说："给吉书记怎么准备的，咱就怎么吃，乐队在哪儿？"

老张真的留下来解馋了，他那张肥大的黑脸上泛起红润，连连说："来一首好听的，来一首好听的！你们苏木苏乙拉玛怎么没来呢？我俩是好朋友啊……"

今晚喝的比哪次都多，大家的嗓门也比任何时候都清澈嘹亮，摆出了一醉方休的架势。但谁也说不清，是因为送走冷漠无情的书记感到如释重负，还是对某种东西怀着憎恨。

老张醉得很快，黑脸更加发黑，说："老乔，你他妈的，整天跟着书记拍马屁不就是为了弄点钱呗！"

乔扎木苏虚荣心很强，笑着说："去你爹的头，弄点钱也是为苏木，也不是自己捞钱！"

老张："你们苏木不是富裕了吗？要钱干吗呀？"

"该死的矬子，我们三个月没发工资了，学校教室快要坍塌了，若不是这样，我才不会跟着书记摇尾乞怜呢，他也不是我爹！"

老张哈哈大笑："缺了钱求我呀！我给你几万元的植树造林补助，你解决工资问题，修修学校房屋，然后给我写个种了多少树的材料就行了……"

"好的好的，你多给个两万，我给你外甥女在苏木广播站安排工作！"乔扎木苏说。原来给苏木运水的那个姑娘是老张的外甥女。

老张哈哈笑得险些把脸皮笑裂了，喊道："拿银碗来，咱俩干上几碗！"

子夜时分，乔扎木苏回到办公室，头晕难受，但脑子却很清醒，感觉窄小的办公室空荡荡的。

是乌仁苏、苏雅拉图二人送他回来的。

"你们……坐……坐吧……"乔扎木苏说，"那个新书记说这也不对那也不对，去他爹的！我这样不分昼夜地遭罪是为自己吗？不是！是为了苏木！"用力挥了挥手，说，"你们走吧，我现在睡觉！"

乌仁苏、苏雅拉图走出去。他觉得乌仁苏很漂亮。

他没睡，坐在那里沉思了良久。想起了远在牧区的家。乔扎木苏在三十年前结婚时是国家干部，妻子是牧民。三十年过去了，妻子依旧是牧民。在这三十年里他几乎转遍了全旗一多半的苏木，在这里当五年副苏木长，在那里担任三年副书记，最后来这苏木当党委书记已有四个年头了。回想起来，除了过年或生病就没回过家，到后来渐渐地把家也忘得差不多了。但是今夜不由自主地想起家，想起妻子，心里充满悲伤，久久不能平静。

“妈的！老子是为了革命工作这样拼命，要是为自己的利益在家单干早就发财了，我能发，就算当不了大款，捞个十来二十万易如反掌……妈的……”他一人嘟哝着。

黎明前，他的酒醒了一半。哦，早点睡吧！胖矬老张说要给钱来着，明天早晨赶紧写个报告给他。扎，睡吧，明天的工作还多着呢，他想。

他钻进被窝，轻轻地打起了呼噜。

道·斯琴巴雅尔　译

# 家乡随笔三篇

## 特殊人才

天边飘着零星的云朵，阵阵微风拂过，夏日的草原晴空万里。临近中午了，吹牛大王齐木德才起来，伸着懒腰，打着哈欠，拖着脚步踱出门，站在拴马桩那边哗哗地撒起尿来。睡到大中午，他的膀胱都快要被撑破了。他一边撒尿，一边眯起眼睛观察了一下天空。空旷、湛蓝的天幕映入他的视野。彼时，他命中注定要遇见的那位仙女正在天际俯瞰着他，只可惜缺乏那双慧眼，他是望不到的。

提起裤子往回走的时候，他看到一辆绿色的吉普车向着嘎查的方向开去。他用鄙夷的眼神扫了一眼那辆吉普车。前年他去苏木上买一些日常用品，正要回家时碰到苏木书记坐在吉普车里，说要去他们的嘎查。遇到顺路车了，他顿时感到回去的那三十里地沙子路挺远的，于是凑近苏木书记的车窗前，央求搭个车。那天巴音孟和书记的心情看起来不错，说了声："没问题，你等着啊！"进入院子里去了。齐木德在外面等了大概半个钟头，巴音孟和书记和几个人才走出来。他看到他的邻居旺楚格老头的女儿米都格玛跟在书记后面。书记看到齐木德就说："你还是走着回去吧，米都格玛要坐我们的车，你坐不下了！"齐木德本来想坐个吉普车、嗖一声很威风地回家，结果却要背着大包小包步行回去，心里顿时冒火了。可又有什么办法呢，他只能恨恨地瞪着书记和米都格玛他们钻进吉普车扬长而去。他朝着他们的背后啐了口唾沫，嘴里骂巴音孟和是色鬼，心里又暗暗诅咒翻不过两个山头他们坐的汽车坏了该多好，对，干脆翻车更好……但是那辆吉普看起来好好的，一阵风似的不一会儿就没有了踪影。打那以后，看到吉普车，他就气不打一处来。

可是他万万没有想到，今天他所看到的这辆吉普车，会给他的命运带来至关重要的影响。

命中注定要遇见的那位仙女此时正在对他微笑，向他招手。

爱吹牛的齐木德今年都二十八了，因为经常胡说八道、爱吹牛而遭到乡亲们的嫌弃。加上他又懒惰，日子过得贫苦，还是个光棍。他的拿手本领，就是看着情形能恰到好处、巧妙地造出一些句子和词语。他经常开口就是成语谚语的，真假参半、添油加醋地讲着讲着就能把一件事弄得很得体，能够让别人觉得踏实、心里舒服。也正因为这项本领，他才被冠上了一个吹牛大王的封号。

让齐木德反感的那辆吉普车开到嘎查里停了下来，车上下来的人是苏木的秘书。一大早就聚集的嘎查的领导们急忙迎了上去。

“怎么样，要来吗?”嘎查里的人问道。

“时间推后了，中午来。”秘书说。

“那就得准备午饭吧?”

秘书说了一句“对”，接着说：“巴音孟和书记说了，这是旗委书记第一次来你们嘎查，你们怎么也得招待一下。赶紧准备吧！这位新来的旗委书记提出要求，说不能摆宴席，吃饭不能上酒。但是他第一次下来，不摆一桌、没有酒不合适。所以你们还是准备酒席吧！书记来了要批评的话，你们看情形说点儿得体的话，责任可不能推给巴音孟和书记……”

嘎查的领导们动起来了。嘎查书记总指挥，嘎查长去张罗宰羊，副嘎查长去找盘子和刀，妇联主任要生火煮肉，秘书召集祝赞词艺人和歌手……大家分头去忙了。

这时秘书却犯难了，挠着头说：“这个歌手好说，把米都格玛她们叫上，实在不行我们还能喊两嗓子。但是这说祝赞词的艺人上哪儿找啊？”

副嘎查长说道：“不是有现成的道布沁老汉吗？他可是一辈子就干这行当了。”

秘书接过他的话，说：“你们嘎查那个厨子？不行，不行！手脚慢，嘴也笨。去年水利局的人来的时候，你们那个老汉不是还没拆开羊背子时肉都凉了，祝赞词还没念完，大家都昏昏欲睡了吗？”

“但是道布沁是为数不多的、能够按照传统习俗进行这个仪式的人呢。”嘎查书记说。

秘书却说：“那些习俗也不用太讲究了，脑子灵光，嘴快，又能应付自如的人就行。”

妇联主任也说：“是啊，得好好招待书记吃肉喝酒，还不能惹他不高兴。道布沁大爷对这些肯定不在行。”

“嗯，他不行，找谁好呢？”

妇联主任想了想，突然说：“嗨，把齐木德叫过来就可以了！”

大家听到这话都吃了一惊，可缓过来一想好像也可以。那个家伙毛病不少，但是口才好，一句话横竖怎么讲都有一套技巧。而且见到新书记他也不会发怵，脸皮厚得很……

被大伙儿嫌弃的齐木德身上的特殊才能，似乎被嘎查领导们突然发现了。嘎查书记做了决定，说：“那个家伙也许能应付，赶紧把他叫过来！”然后转头跟秘书说：“得让你们的吉普车跑一趟了。”

冷不丁开来一辆吉普车，下来的人说“嘎查领导让我们来接你”，齐木德真是大惊失色。迷迷糊糊坐着专车被请到嘎查里，他一直怀疑自己在做梦。

妇联主任端来一盆洗脸水，还有香皂和毛巾，微笑着对他说：“好好洗漱一下吧！里屋有蒙古袍，一会儿进去试试！”

齐木德发愣着刚洗完脸，嘎查书记就招呼大家开始商量招待的事儿了。跟着领导们参加“协商”，齐木德才明白过来是怎么回事。嘎查书记盯着齐木德，加重语气说道：“收拾羊背子的时候你不要抓来抓去，看到你那双黑黑的手，人们会恶心的。祝词也不要念得太长了，挑几句吉利的就行。啊呀，你会弄吧？”

“会，当然会，这点事儿不算啥。”齐木德说，好像他经历过无数次这样的事情。如果是在过去，齐木德说这样的话，嘎查领导肯定会反感。但是今天听到他这么说，他们似乎都松了一口气。“协商”的结果是齐木德当上了宴席的主持人，下面还管着负责伙食的妇联主任、负责柴火的道布沁老汉和米都格玛等五个姑娘。

“到底会怎么收场？”每个人的脑海里都盘旋着这样的顾虑。

晌午。

新上任的旗委书记等十几个人，在巴音孟和书记的陪同下来到嘎查里。他们走进嘎查的会议室坐下，喝着茶开始开会。嘎查书记刚刚做完汇报，穿着旧袍子、围上一条有污垢的腰带的齐木德为首，端着盘子、拿着哈达准备敬酒的五个姑娘就进来了。

旗委书记皱了一下眉头，说：“不是说了不能上酒吗？”

巴音孟和书记摆出一副对此完全不知情的表情，说：“是啊，你们这是？……”然后，看了一眼嘎查书记。

嘎查书记不知道说啥，欲言又止。

齐木德独特的才能这个时候发挥作用了。

“啊呀，我们尊贵的领导们！这个酒不是我们嘎查领导上的，嘎查书记严厉禁止我们上酒，但是我们老百姓还是把酒端出来了。不仅准备了酒席，羊背子也煮上了。你们这么多领导光临我们这里为的是什么？还不是为了咱们老百姓嘛！所以，饮食中的这个臻品我们不能只顾自己喝，也想让领导们品尝品尝。你们走了之后，嘎查书记肯定会批评我们的。怎样就怎样，不管它了，这是我们老百姓的一点心意……”齐木德目光也不躲闪，看着旗委书记滔滔不绝。

“那么……”旗委书记微笑着说，“别准备太多菜，简单点儿……”

齐木德接着说：“我们乡下偏僻又不方便，想做也做不出来那么多菜。但是多亏政策好，加上大家的勤劳，我们也能吃上以前见都见不到的好东西了。我们把这些饭菜摆在桌上，不仅仅是让你们享用，也是在向领导们汇报我们的生活正在改善变好啊！”

旗委书记也被他逗笑了。趁着这个当口，桌上也摆满了各种菜肴。

要开始敬酒了。齐木德在盘子里摆上四个酒盅，让米都格玛倒满了酒，面向旗委书记说：“书记啊，我们听说您不允许给您敬酒，但是我们还得敬一敬。我先问您一件事，您不会为此批评我们吧？”

“啊，啊，怎么会呢！”

“也别批评我们苏木、嘎查书记啊！”

“好，好。”

今天不管是巴音孟和书记，还是嘎查书记，都打心眼里佩服齐木德了。新来的旗委书记好像是被安上套子的牛，任由这个家伙摆布。

齐木德带着姑娘们唱着歌，敬酒进行得很热闹。

等到上羊背子时出现了一点麻烦。齐木德端起盛在大木盘里的羊背子摆到桌上，开始念起祝词：“托旗书记的福，我们的牛羊漫山遍野，精选了羊群里最肥硕的那一只……”人们都满脸欢笑，开始鼓掌。但是念完祝词，齐木德拿起刀子开始收拾羊背子时气氛开始不一样了。

嘎查书记知道，像齐木德这样的人别说收拾羊背子，可能见都没见过几回。他感到心脏好像被提到了嗓子眼，紧张地左顾右盼。这时他看到道布沁老汉提着茶壶进来，也看着齐木德在那里拾掇羊背子。老人的脸上明显有忧伤的神色。他知道拆解羊背子有严格的规矩，是一种隆重的仪式。齐木德的举动在老人看来，就像是往佛像的脸上涂污垢那样亵渎神灵。嘎查书记看到老汉的脸色变得通红、阴沉下来，顿时心里一沉。看到齐木德在那里一直鼓捣，老人的脸色越发变得阴沉，嘎查书记也越发紧张。到后来道布沁老汉走到齐木德身后，好几次好像要说什么，手也伸出去几次，最后都缩了回来。

“羊背子能这样分开吗？脊骨还没分段分开呢！”“蹄子根筋也忘了断开啊！”在座的客人也纷纷提出怀疑。那些人当中，对羊背子分解习俗和方法熟练掌握的大有人在，他们很容易就看出了齐木德的破绽。嘎查书记感到眼前一黑，真想拿起茶碗泼向齐木德的脸上。

但是齐木德却一点也不慌，大概是已经完成了分开羊背子任务，擦擦手，咧开嘴笑着说道：“按道理，我们蒙古人的羊背子分解习俗有七七四十九种规矩，什么样的羊背子招待什么客人，都有区别。脊骨分开、根筋断开等是招待喇嘛活佛、达官贵人时的习俗。对于久别重逢的亲近的人们，是要像我刚才这样分解敬献的。”

嬉笑的客人们都安静下来，看着齐木德。他们似乎意识到自己知道得太少，为自己孤陋寡闻却要嘲笑别人而感到羞愧。

旗委书记正色道：“我们民族的文化传统是非常丰富的。”然后问齐木德：

“那些四十九种方法规矩你都会吗？”

“不是全部都会，十几种应该没问题。”齐木德说得面不改色。

“你这么年轻还熟练掌握着民族习俗，你是跟谁学的？”旗委书记继续询问。

“我们家祖上开始一直有招待王公贵族的传统。”

嘎查书记差一点把嘴里嚼的肉喷出来了。他又不是不知道，齐木德的家族是什么来历。

旗委书记思索了一会儿，对齐木德说："你不仅要自己掌握这些本领，还要传播给另外的人。你的这个本领是民族文化的瑰宝。"

齐木德已经不是原来的齐木德了。

旗委书记那次来那么夸了他一下之后，不仅齐木德出名了，他们的嘎查也好像出名了，下来的领导多了起来。每回领导来，都要宰羊上酒招待，招待的事儿都由齐木德负责，很忙碌。

苏木上招待人也开始叫他了，苏木的秘书时不时开着吉普车过来接走齐木德。有时候还把米都格玛她们也带上。于是各种传言开始流行，说齐木德要在苏木里上班了，齐木德跟米都格玛订婚了等等。

一个人的生活不会总是一帆风顺，不久后由于一件事齐木德受到了打击，被折腾得够呛。那年秋天老少三个人打听着齐木德，找到他们嘎查上。据说，他们是研究民族传统习俗的，专门为收集羊背子分解方法、习俗而来的。

招待过盟里和旗里的领导，齐木德没有把那三个人当回事。使唤道布沁老汉熬茶后，跟那些人把那个"四十九条"规矩方法信口开河、胡乱讲了一通。他说什么人们就会信什么，通过这两个月的实践经验，他已经明白了这一点。

但是这三个人却比较麻烦。尤其那个戴眼镜的花白头发的老者更是问个没完，听着听着就说"等一下"，然后就要问这问那。

"等一下，四百年前在穆哈里生辰宴上？你指的是哪个木哈利？"

"就是历史上被提到的木哈利呀！"齐木德说完，心里开始明白，肯定是哪个地方说错了。

"木哈利四百年前还健在吗？"

"这是……也许应该说是他儿子才对……"

正要往下说，那个人又说"等一下"了。

"你刚才说的跟之前说的有矛盾吧？"

"哦……嗯……之前说的是古时候的习俗，刚才说的是现在的习俗。据说，在大清朝的时候……”

戴眼镜的老者把笔记本合上，跟那两个年轻人说：“咱们走吧？”

“快走吧！”他们俩说。

戴眼镜的老者转头问道布沁：“您就是道布沁吗？”

正在递茶的道布沁老汉说了声“对”。

“有人说，您对于羊背子敬献习俗、念祝词方面是炉火纯青，能给我们介绍一下吗？”

道布沁老人伤心地摇了摇头，说：“算了，我以前好像是知道一些，现在已经不会了！”说完就出去了。

戴眼镜的老者久久望着他的背影，然后转过脸对齐木德说：

“年轻人，你胡说八道，怎么能这样？这样做对你有什么好处呢？不能拿自己的民族文化当儿戏。”

他们走了，齐木德站在那里脸色变得通红。

从那之后，齐木德难过了几天。偏偏碰到这么三个家伙，脸都丢尽了，他觉得自己要走下坡路了。但是又过了几天，他的烦恼已经慢慢消失了，因为爱吹牛的人大多数都很擅长安慰自己。他心里想着：去他妈的！仔细一想，本大爷只有赢的，没有赔的！时不时被小轿车接走，吉普坐得屁股都长茧子了。好酒、羊肉敞开肚皮随便吃喝。见面、一起喝酒红火的领导不知道有多少人。米都格玛也亲了好几次，这样也算可以的了！

正当他这么想的时候，苏木秘书又开着吉普来了。“晚上苏木里有招待，让米都格玛你们几个快点过去呢！”

“要是再碰到像戴眼镜的老头那样的人，岂不是要丢脸。”齐木德心里一想到这个，就说：“我头疼。”

“脑袋裂开了也得去，管钱的领导来了，今晚不是羊背子，要上牛背子呢！”秘书说。

“牛背子我不会解开，祝词也不会说……”

“呀呀，说得你好像很会弄羊背子啊？还不是哄人的，现在只要把假话说得跟真的似的就行了。”

“那怎么行？”齐木德也摆出一副从未说过假话的神态，带着疑问说。

秘书脸上现出鄙夷的神色，说道：“你还真是一个什么都不懂的傻瓜蛋！现在不都是那样吗？想要从上级弄到钱，汇报就要诉苦工作困难很多，想要升官，就要汇报工作进展很顺利。你说哪个是真的、哪个是假的呢？行了，快点儿，快点儿……”

齐木德心里想着“那个戴眼镜的老头还指责我说谎干什么？也许说更多谎话的人有的是，跟他们一比，我这根本不算啥”。

苏木里的晚宴很顺利，上面来的领导在酒席上宣布要给他们苏木五十万。巴音孟和书记不知是因为高兴呢，还是因为醉了，突然过来抱住齐木德说道：“有我俩在这儿，咱们苏木的事儿没有办不成的！”五十万可不是小数目啊！齐木德也很激动，暗暗下了决心，以后别说牛背子，骆驼背子、大象背子，我照样弄得好好的。但是像戴眼镜的老头那样的千万别让我碰上……他这么想着转头一看，巴音孟和书记居然抓着米都格玛的手，在说：

“你没有把我这个哥哥给忘了吧？”米都格玛嘻嘻笑着说“没忘”，巴音孟和说着“我们俩之间发生的有些事你应该忘不掉”，然后又使劲抓了一下她的手。齐木德看到这些也没有生气。

他走出了饭店，苏木嘎查的事情这么顺利解决了，他打心眼里高兴，他想到这里面有他的一份功劳。我那个吹牛的习惯也算本事儿吗？但是确实还派上用场了。世间的事情还真是奇怪。想到未来充满了希望，他不禁抬头望向天空。一轮明月挂在天际，这一次他看得很清楚，夜空中他命中的那个仙女在翩翩起舞……

## 阿拉格陶勒盖的草场

“不对……阿拉格陶勒盖周围肯定是我们的草场，二十年前我们家就在阿拉格陶勒盖南坡上安了家，这个大家都知道。分草场时，那片地也分配给我们了……”

色乐吉德的眼睛瞪得圆圆的、飞溅着唾沫这么说，而嘎查书记、额尔德木图、呼色乐图兄弟俩，以及他们的舅舅黄头发希日布用轻蔑、仇视的眼神瞪着他。他们这样争论一个多钟头了。

阿拉格陶勒盖山梁头周围有大约一千亩的草场，色乐吉德家住东边，呼色乐图家住西边。现在两家因为争夺这片草场，告到嘎查书记这里来了。近年来这样的纷争一个接一个。

希日布黄黄的脸上露出轻蔑的冷笑，说：“还想说二十年前吗？没用，那么说的话四十年前呼色乐图他爸也在阿拉格陶勒盖南坡上盖过羊圈呢！”

额尔德木图大概三十岁的模样，学着城里的那些人，留着披肩长发。他接过舅舅的话，恨恨地说：“说那么多干啥？我就一句话，谁要霸占我弟弟那点草场都休想！论嘴说还是论拳头，我都不怕！米都布的后代和亲戚再怎么样，也没有被人欺压过！”

色乐吉德气得两眼瞪得更大了，虽然因为愤怒而思维有些模糊，但是他明白额尔德木图话里有话。“这个家伙是在说，阿拉格陶勒盖周围的那片地，他说什么也不想让我得到，讲道理讲不通就要靠蛮力。”额尔德木图提他父亲的名字也是有意的，是带着威胁。额尔德木图、呼色乐图的父亲、游手好闲的米都布是经常参与打架斗殴而进监狱的人，再说……色乐吉德突然想起来，他们俩还管嘎查书记叫“姐夫”呢，至于怎么变成他们的“姐夫”的，色乐吉德也不知道。

色乐吉德也明白了刚才额尔德木图说的“米都布家亲戚”，就是指嘎查书记。

呼色乐图的那个圆圆的脑袋也满满的都是坏水。他那干瘪、苍白的脸时不时抽动一下，虽然带着笑意，却是暗含敌意。“我是个不讲道理的人，政策我也不懂，但是我不想让的东西死了也不会松手的。”他说。

嘎查书记这两年处理这样的纠纷，已经被折磨得够呛。他觉得，这世上没有比草场纠纷更让人头疼的官司了。虽然草场都分到各家各户了，但是哪家的草场分界也不是很清楚。当初就说从这个沙头到那个小山头上，沙头被风刮着刮走移动了，山头上有时会长满草，有时会寸草不生，于是界线就不清楚了。野外的草场上也不能像纸上那样画个线就能隔开，哪片地属于哪家，说实话嘎查书记也分不清。所以出现这样的纠纷、官司时，他能做出公平公正的决定几乎一次都没有。碰到嘴笨的他就骂，胆小的他就吓唬吓唬，吵架吵个没完，他干脆撂下走掉……就是这么对付过来的。但是今天的这个纷争，他感觉比任何一次都犯难。因为他知道，争论的双方哪一个都不是轻易服软的人。别看呼色乐图年纪轻轻的，暗地里毒得很，况且他们还喜欢家族成帮。这不是吗？为了巴掌大的地儿，拉上哥哥、舅舅结帮拉派来的。这个色乐吉德也没办法说他。他虽然脾气不好，但他不是污蔑别人或要赖的人，不是被欺负得太厉害他也不至于踏上打官司这条路。再说，额尔德木图、呼色乐图他们俩还打断了色乐吉德家一头牛的后腿……

“行了行了，不就是一块巴掌大的盆地吗？又不是国境线，怎么就不能互相让一让呢？”嘎查书记说。

“不是我的东西，让给我，我也不要，但是自己的东西，我是不会让步的！”呼色乐图说道。

“这件事嘎查领导到底做不做主？说清楚，你们要是不给我们老百姓做主，我替弟弟做主。有什么不得了的！嗨……”额尔德木图说着撸起袖子，挥舞了一下拳头。

“闭嘴！你怎么做主啊？”黄头发希日布假装训斥了一下外甥。

“我现在就去阿拉格陶勒盖东边的盆地，想怎样就怎样。他妈的！顶多就是老子去过的监狱儿子再去蹲几年呗，怕什么呀！”额尔德木图说着这话，两眼瞪得通红，看来他不像他舅舅那样是假装的，是要动真格。

“哥哥要是进去，我更应该去。听爸爸说，除了伙食不太好，房子还冬天暖和、夏天凉快呢，去住一住也不赖。”呼色乐图说完，阴险地哈哈大笑。

“要是这样……”色乐吉德说着，气得全身开始抖动，“你们敢做的事儿，我也敢！”

“色乐吉德你比他们都大，是长辈，怎么能跟着他们瞎闹？书记肯定会给我们主持公道。”希日布批评了一下色乐吉德，又转过头跟两个外甥说，“一点儿也不懂规矩！在姐夫面前你们怎么能这样？你们的姐夫是连这点事儿都解决不了的人吗？”

嘎查书记到现在虽然没有说谁对谁错，但是色乐吉德总觉得自己没有依靠、被孤立欺负了。他感到嘎查书记伙同那舅舅外甥三个人，正在一起欺负他。于是他咬紧牙关说道：“如果嘎查里不能公平公正解决，我就去找旗里盟里。呼和浩特、北京也去，一定要讨个公道！”

嘎查书记想了想，说：“这件事我们过两天再说吧，你们先回去，但是不能再闹矛盾把事情弄大了。”

“对啊，你们的姐夫肯定需要再调查清楚、好好考虑。你们俩赶紧回家吧！”希日布说。

第二天嘎查书记来到色乐吉德家。问他是不是专门来的，他说是去苏木的路上顺路来的。真的以为他是路过的，他却拿阿拉格陶勒盖的草场来来回回说个没完。

“那片地其实也不算个草场，除了蒿草什么也不长，下场雨还积水。说难听点儿，别说放牧了，连个帽子也没地方放，就那么个巴掌大的地儿……”嘎查书记说。

“是分给我的草场，就算不能放牧，也可以当坟地。”色乐吉德说。“嗯……那倒是。”嘎查书记话锋一转，开始骂起额尔德木图兄弟俩。

“……他们家祖祖辈辈就是蹲监狱的料儿，野蛮、霸道、凶狠……但是像咱们这样的人能有什么办法？还是尽量避开他们才是。他们想横行霸道就随他们去，能怎么着？能上天还是入地？……”

“可是……他们也确实太过分了，任由他们这么干，不知道会变成什么样。”色乐吉德说。

“对，对，就是两个混蛋！……”

接着，嘎查书记又开始关心起他们家的生活了。书记看了看他家房顶，说：“你们家孩子多，看来日子过得困难。这样吧，去年的畜牧业税你们少交三百吧？那个嘎查里想办法吧，你们别交了。”

色乐吉德夫妻俩很高兴。他老婆重新去熬了奶茶，色乐吉德从碗柜里掏出来一瓶白酒。其实嘎查书记和色乐吉德平时都不喝酒，但是他们各自都倒满了一盅，聊得更起劲了。嘎查书记打开了话匣子，说起小时候跟色乐吉德一起去抓小兔子，讲了年轻时一起参加收割牧草，也回忆起有一年大旱还一起去赶场走敖特尔，碰到暴风雪后迷路的经历，也说起了他当上嘎查书记以后的各种吃苦受累，以及这些烦恼无处去诉说的憋闷……色乐吉德老两口很用心地听着，还时不时点一下头。

“你们也看到了，当个嘎查书记就是受罪啊！”嘎查书记说完，长叹一声，挠了挠头发。

“是啊，是啊，真不容易，都是为了大家……”

“你们能理解这一点就行，好了，不多说了，我该走了。”嘎查书记说完走了出去。

“他这是什么意思呢?”色乐吉德问老婆。

“让我们别跟呼色乐图争抢阿拉格陶勒盖的草场的意思吧!”他老婆说。

“那怎么行？明明是在欺负我们……”

“对啊，可是……”

过了十几天，呼色乐图拿着木棍、对他们家几只羊一顿暴打的那天下午，色乐吉德到大舅子家借了三百块钱，去找嘎查书记了。

“拿好，书记，这是去年交税欠下的三百元。税费我一分钱不差都交上，但是阿拉格陶勒盖东边的那块盆地，我是死也不会让给呼色乐图的!”怒目圆睁的色乐吉德，活脱脱像一只被激怒的公牛。

嘎查书记很显然也生气了，但是努力压制着说：“好好，以后再说吧!”

“你别总是说以后、以后，再这样拖下去，一定会出大事的。现在是拿牲口撒气，下次可能就打人了。”

书记忍不下去了，说：“你想把我逼成什么样？就为了一块巴掌大的凹地，我就得放下所有的工作吗?”

色乐吉德心里被积压很久的那些被孤立、被欺压的委屈忽然间爆发了。他飞溅着唾沫，喊道：“你们不要欺负人！你不是声称是那两个家伙的姐夫吗?”

“是不是姐夫，你别管！但是我也不是你的随从……”

“去你大的头!”（注：鄂尔多斯方言，你大就是你爸）

“那我就更不管了，有本事你自己去跟那两个小祖宗要回你的地吧!”

“你不是书记吗?”

“去你的吧！说真的，我们一样都是牧民，凭什么我当个书记就被你们这么折腾……”

矛盾没有结果。不久之后，传出来色乐吉德把呼色乐图家的毛驴打死啦，后来又传出呼色乐图把色乐吉德老婆的脑袋打破了。要不就是色乐吉德家的三只羊不见了，呼色乐图家的那匹马瘸了……

色乐吉德像个被激怒的公牛、额尔德木图像个发情发疯的公驼，他们三天两头就去找嘎查书记。嘎查书记彻底被他们整怕了，借故有公事要办理，去旗里之后没有了音信。于是打官司的双方又去苏木里、旗里。

大概过了两个月，嘎查书记突然回来了。他还派人去叫色乐吉德、呼色乐图了。他们俩都以为事情有了断了，马上去了嘎查里。

嘎查书记没有一丁点烦躁、不耐烦的样子，比起两个月前，判若两人。他慢慢地喝了口茶，看着他们俩，说了句：“阿拉格陶勒盖那片草场……”然后干咳了两声。

色乐吉德、呼色乐图他们俩目不转睛地盯着书记的脸。

对方却掏出手绢擦了一下嘴，然后才慢悠悠地说：“那片草场准备租给旗里的畜牧业产品公司了，他们要在那里建立牧场……”

“……”

“……”

“你们两家从明天开始，都不可以在那边放羊了……嘎查里商量一下，给你们补一下别的草场。”然后书记打了个哈欠，说，“好了，你们都回去吧，我还有事情要忙。”

色乐吉德、呼色乐图他们俩好像被打蒙了似的，什么也没有说，各自往家里走去。没过几天，阿拉格陶勒盖那边的草场被铁丝网围住了，有迹象表明要动大工程了。

“看看你的出息，呼色乐图！带着家族的人闹来闹去，最后怎么样了？还不是连巴掌大的草场也没有得到吗？”色乐吉德跟他老婆总是这么说。

“我们的姐夫在这里，色乐吉德你就休想得到阿拉格陶勒盖那片草场！我倒是要看看，你们把过世的家人往哪儿埋葬！”呼色乐图也幸灾乐祸地这么说。

两家人再也没有发生冲突。阿拉格陶勒盖那边的建筑却建得很快、热火朝天。

## 拉希尼玛大叔

拉希尼玛大叔留着细细的黑胡子，五十五六的样子。他们家生活贫困，他却每天乐呵呵的，也经常帮助左邻右舍。他喝点酒就开始唱歌，有时候还要点酒疯，但是大家也不反感，只会说：“拉希尼玛可怜啊，心地善良，是个好人……”

乌德巴拉额吉家的婚礼上邻居们都聚集了，只有拉希尼玛还没到。“光棍嘛，肯定在家里忙着呢吧，晚一点会来的。”老人说。拉希尼玛不是领导，也不是座上宾，没有必要等他。婚礼按原定的时间开始，照常进行着。

太阳快要下山时，走进来一个人，大家一看，正是拉希尼玛。“扎，亲家、亲戚邻居们，大家好啊！”他拖着长音问候大家。

他理发了，穿着只有碰上婚宴、聚会才拿出来穿的青色上衣，戴上了一顶新帽子，右手上搭着褡裢进来了。他的两眼炯炯有神，抿着嘴笑着，转向乌德巴拉额吉说：“老人家，安康！”然后躬身跪拜行了礼。

大家都笑了起来，乌德巴拉额吉却着急了。

“哎哟，我的拉希尼玛呀，你都快六十的人了，还行礼干什么？快起来，去炕上坐吧。”老人说。

“可怜的拉希尼玛看来又喝了点东西，你们扶着他坐到炕上吧！”

老人又叮嘱道。

拉希尼玛还带了很正式的随礼。新炸出来的圆饼，还有送给乌德巴拉额吉的儿子、儿媳的一对毛毯。大家都知道，像他这样的光棍，日子又过得紧巴巴的，准备这些礼物确实不容易。人们都被他感动了，心里想着拉希尼玛生活再怎么困难，也把左邻右舍的喜事，都当成自己的事啊。乌德巴拉额吉过意不去了，说："我的拉希啊，我们都是邻居，还不知道谁家的生活是什么样吗？带来这么多东西干什么？"

拉希尼玛竖起他那几根山羊胡子，微笑着说："怎么说呢，从小看着长大的外甥，今天要成家了，我当然要想尽办法带些东西来呀！你们也知道我的光景，我把两岁的那头小牛卖了。"

"唉哒，刚刚才长起来的一头大牲畜呢。"旁边的一位老人惋惜地说。

"一头小牛而已，需要用的时候就得用。"拉希尼玛不在乎地说。

人过得穷又怎么样？拉希尼玛表现得不比任何人差呢！——大家的心里不约而同产生了这样的想法。

拉希尼玛大叔一直坚持着不想亏欠乡亲们，又想着尽自己的所能帮助他人。到秋天要收割牧草的时候，他会给人手不够的那一家突然拉去一车牧草卸下；开春需要阉割羊羔的时候，他又跑到孤寡之人或老人的家里，会吆喝："扎扎，赶紧把羊羔圈起来，我来弄吧，刀子呢，磨刀石呢？"他动作麻利，要做的事儿一会儿就完成。主人叫他休息一下、留下吃饭，他总是说不用不用，忙着呢，然后拿起他那汗水浸透的帽子擦一下脸，喝碗茶就走了。

拉希尼玛四十多岁的时候，跟一个带着两个孩子的寡妇一起生活过。那个女人在他的名义上还生了一个儿子，拉希尼玛把三个孩子都当作亲生的来疼爱。过了七八年，那个女人跟他离婚，去跟别人生活了。听人们说，趁着拉希尼玛出门干活经常不在家，那个男人跑到他们家，跟他老婆有了一腿。然后，某一天那个女人带着三个孩子，收拾东西搬到那个男人的家里去了。拉希尼玛大叔把家里像样的东西都给了那个女人，还掏尽口袋给三个孩子的手里每人塞了十块钱。临走时，那个女人流下眼泪，说：

“拉希啊，你把东西都给了我们，你自己怎么过呀？”他想赶紧打发他们走，用责备的口气说：“孩子们还都这么小呢，养活他们容易吗？别说那么多了……”

送走了老婆和孩子们之后，拉希尼玛骑着马，挨着去邻居家要点酒喝。在第一家他就已经喝醉了，然后一把鼻涕一把泪在那里喊着：“我没有老婆的福气，也有儿子的福气。那三个儿子到哪儿都是我的孩子！”听他这么说，有人跟着他伤心，安慰他：“拉希啊，别难过了！”

他却说：“我不是在难过，是高兴。老婆呢，离开我这样没出息的人肯定能过好日子吧。孩子呢，也就会那么慢慢长大的。我有啥难过的呢？我高兴！”说完，他开始唱起“高高的香樟树……”，眼泪却一直在往下滴。那天夜晚，拉希尼玛大叔把花白枣骝马狠命地抽打着，跑了一夜的马变成落汤鸡。他在飞奔的马背上摇摇晃晃，放开嗓子唱着，从这家串到那家。夜色中传来的马蹄声，伴着拉希尼玛大叔带着哭腔的歌声，“高高的香樟树，枝繁叶茂啊，悠扬的山鸡叫声，从远处飘来……”听到的人们都鼻子酸酸的，禁不住替他担忧着：“可怜的人啊，千万别摔下马背呀！”

跟他离婚的女人的新家，离他的家也不远，拉希尼玛三天两头总要去串门。每次去的时候，他都给三个孩子带些东西。女人跟他的男人老是劝他说：“想孩子们了，你想来就来吧！别带东西啊！”但是拉希尼玛大叔下次还是会带。每次去他们家回来后，他都会好几天心情美美的。“孩子们都长得很快，生活在谁的家里还不都一样，好好长大就行。”他碰见别人就这么说。

过了好多年，拉希尼玛大叔的那个亲生儿子大学毕业，结婚生子在城里安了家。拉希尼玛大叔也老得骑不了马了，儿子就决定把父亲接到城里去住。于是拉希大叔又理了发，戴上新帽子，穿上一身新衣服，第一次离开生他养他的故乡，出远门了。拉希大叔总算可以去城里享福了——人们这样议论着。

过了三四个月，拉希尼玛大叔却回来了。听说是因为儿媳妇对他不好，但是没有人去证实过。每当别人问起他儿子的近况时，拉希大叔总会说："好好，都挺好的，现在我用不着替他们操心了。"但是他的脸上却总有一丝不易察觉的忧伤。

不管怎么说，拉希尼玛大叔再也没有进城去，也从不提起他的孩子们。慢慢地，生活恢复了往日的平静，他喝点酒就唱歌，有时候还会哭，偶尔也会耍耍酒疯。但是人们依旧不嫌弃他，只会可怜他。

娜仁其木格　译

# 野马滩

## 一

他犹豫了半天，最后还是下了决心，骑上摩托车朝着十公里以外的那个女人家走去。

这时，离落日还有个把钟头，戈壁上的炎热已经减弱，凉爽的风开始从天边吹来，那些呈暗红色的高地一侧，都出现了巨大的阴影。高地与高地之间，有大片的草滩相连接，上面长满了耐旱的小草，在夕阳的照耀下显得生机勃勃，一片静寂。他骑着摩托车在高地下边的草滩上疾驶，就像一只甲虫在巨大的驼峰下边缓慢地移动。

摩托车马达欢快地叫着，车轮沙沙响，偶尔轻微地颠簸一下。他觉得眼前这个夕阳下的戈壁上弥漫着一种温馨。这是自从他来这里半年多，第一次产生这种感觉。这以前，他眼中的戈壁一直是那样地荒凉，单调，同时又有些神秘和可怕。现在他产生这种感觉，完全是因为要去见那个女人。他在感到愉快和温馨的同时又感到稍稍不安。因为他自己都不明白，他和她之间究竟算是一种什么关系，今后会引出什么样的结果。

但他还是下了决心要去找她。

这一片戈壁叫野马滩。据说它的面积至少有两万平方公里，地处内蒙古自治区西北部，西靠甘肃，北边是外蒙古。半年前他被公司派到这里的收购站来，感觉就像走到大地的尽头。他坐了一天一夜的火车，又坐了两天半的汽车，又骑着马从早晨走到傍晚，才看到戈壁上一座孤零零的土屋。那就是公司设在这里的收购站。收购站里只有一个又聋又笨的老头儿，还有一辆落满灰尘的摩托车。老头儿为他做饭，摩托车供他骑用。

他总是有一种被流放的感觉。他的公司在一千五百公里以外的一座草原小城里，紧靠着陕西。他却孤身一人被派到这么一个地方。他想都不愿想其中的原因，那肯定是有人在背后做了手脚，加害于他。但他却没有办法不来，不来就丢饭碗。所以他来到收购站以后情绪一直不好，跟那老头儿几天不说一句话，其实收购站无事可干，根本收购不到什么东西，好像这个收购站是专门为了惩罚他而设立的。他每天很晚才起床，有时候到附近转悠，有时候一个劲地摆弄他那破收音机，听着那些各种杂音里混合着的各种声音打发时间。实在无聊就骑着摩托车跑到戈壁上。当然他决不敢远走，他怕迷路。关于野马的传说他就是那段时间听到的。

他每次从戈壁上回来，老头儿总是问一句："看到野马了没有？"

"什么野马？"

"听说有野马，这里的人们都那么说……"

后来他也听别人说这里的确有野马出没，但他不太信。因为他曾从一个什么资料上看到过，中国的野马早就绝迹了，全世界也只有少数几个国家有野马。可是这里几乎人人都说有野马，而且几乎人人都见到过。他就相信了。他认为写那个资料的人大概没来过野马滩，要是他们来过这里，那资料上就不那么写了。于是从那以后他总是希望碰到野马，经常骑着摩托在戈壁上跑，但直到现在，他连野马的一根毛都没有见到。可他总是不死心，一次又一次地跑到戈壁上，结果有一次迷了路。

那是春天的事。上午他出去时天气还挺好，戈壁的天空瓦蓝瓦蓝的，一点风都没有。他大概走出了百十公里，仍然什么都没碰上，正准备回去时，发生了沙暴。

沙暴来得那么突然，在他的感觉里好像只一眨眼工夫大戈壁就奔腾咆哮起来。黄色的浪涛在他的上下左右汹涌澎湃，到处是可怕的轰鸣，一米以外什么都看不见。太阳不见了，天和地也不见了。风力太大，他站都站不稳，更不用说走。他想他的死期到了。出于求生的本能，他希望看到一处避风的地方，结果他看到不远处有一个大卧牛石。他推着摩托连滚带爬，到了卧牛石下边，无力地蹲了下去，便什么都不想闭上了眼睛，好像已经死了。

他不知道沙暴是什么时候停下来的，也不知道过了多长时间。反正他突然感到身上有些发冷时，他睁开了眼睛。他发现已经是黑夜了。高空中的星星在闪烁，大地静静的，刺鼻的土腥味在弥漫。摩托车总算没坏，很快就发动着了。但他却不知道往哪儿走。他已经辨不清方向。他定了定神，看了半天星星，终于大致弄清了东南西北，便听天由命地跑了起来。大概跑了至少三个钟头，算他命大，他听到了牧羊狗的叫声。

当时的情况他也许一辈子都不会忘。他记得，当时他是朝着狗叫的方向没命地跑过去的。车灯光里，有一条雄壮的牧羊犬迎着他冲过来。他一点都不觉得害怕，反而感到那狗很亲切。接着车灯扫过了羊圈和卧成一片的羊，最后照在一座蒙古包门上。当时他感到自己是这个世界上最幸福的人。

蒙古包的门打开了，先跑出来一个长得像牛犊一样壮实的十来岁的小男孩。看来小男孩是个淘气鬼，跑到他跟前，摆弄起车灯。紧跟着小男孩走出一个二十七八岁的女人，愉快地笑着向他问好。他看到她牙齿很白。她请他进屋。

他走进包内。看来这家人还没睡觉。一个老太太坐在火撑子旁边喝着茶。看见他进来，老太太慈祥地朝着他笑。一个牧民老太太微笑着端起茶碗喝茶的动作，在他脑海里留下了很深的记忆，抹也抹不掉。好久以后他才意识到，那天晚上他所看到的是牧区老太太一个非常典型的动作。年轻女人跟着他进来，笑个不停："我的天！你是不是从土里钻出来的？"接着拿盆倒水，说："快洗洗，你怎么弄成这个样子……"说完还是笑。

老太太心疼地望着他，问："这孩子是遇到沙暴了吧？多可怕。"

洗脸时，他自己都觉得好笑，因为脸盆里沉下半盆沙子。女人给他换了第二盆水，又递给他毛巾和香皂，说："还得洗，连头都洗了。你先把衣服脱下来，我拿到外边抖一抖，至少能抖出二十斤沙子。"说完又是笑。

"我迷路了。"他说。

"算你运气好。以后可别拿自己的生命去玩。"女人说完便手脚麻利地动手给他做饭。

"孩子，你这是从哪儿来呀？"老太太问。

"我是收购站的。"他说，"我想看看野马。"

"我的佛！看野马也得看天气好坏呀。"老太太说。

"你一来我就知道是收购站的。听人们说收购站新来了一个人，经常骑着摩托跑。"女人看见他洗完了脸，叫了起来，"哟，你这么年轻呀？叫我姐姐好了。"

"收购站离这儿有多远？"他问。

"不远，东南方向二十里。"女人说，"收购站附近就我们一户人家，再没有其他人。咱们是邻居。"

他明白了。这就是老头说的那户人家。老头曾经给他讲过，收购站附近只有一户人家，男人因杀人罪被抓走，现在家里只有婆媳俩和一个小男孩儿。当时听了他还感到有些害怕。在这茫茫的戈壁上，杀人二字给人一种可怕的感觉。因此他从未想到过要拜访这家唯一的邻居。

今天夜里他因迷路来到这里，却没有产生一丁点害怕的感觉。这是一家很普通的戈壁牧户。他们善良、热情而又好客，而且过得好像还很愉快，一个杀人犯家里似乎应该有的悲伤、惊慌和凶狠的气息在这里一点感觉不出来。这使他稍稍感到意外但更使他放心。

老太太跟他拉起话来，小男孩确实很淘气，这时已经靠在他身上，一心一意地摆弄着他的头盔。

女人端出一盆羊肉，说："吃吧，别客气。吃饱了你就不会想媳妇了。"

老太太笑着说："看你，说得人家小伙子脸都红了。孩子，你娶媳妇了吗？"

"还没有……"他说。

第二天一早他回收购站时，跟这家人已经像老朋友一样熟悉了。他心里很高兴。

## 二

那以后他常去他们家。他已经知道，女人叫色布吉德玛，小男孩叫哈达。每次他去，他们全家都高兴。从他们热情的款待中，他得到一种难得的慰藉。他有时候陪老太太说话，有时候帮助色布吉德玛干活，有时候还领着小哈达放羊。

一天，色布吉德玛请他和老头到他们家做客。他们去了。色布吉德玛专门宰了一只羊，把家里家外打扫得干干净净，而且祖孙三代都穿着新衣服迎接他俩。那天他喝醉了。跟老头俩人住在色布吉德玛家。第二天色布吉德玛送他俩上路，她用同情的目光望着他说："昨晚你喝醉后哭了。要是心里感到苦，常到我这里来。"

几天后的一个中午，他和色布吉德玛给羊群饮水。饮完水，他俩坐在井台上闲聊。

“发生沙暴那天，你怎么就想起去看野马？”色布吉德玛问。

“因为我从来没见过。”他说。

“其实这附近都能见得到。”她说。

“这地方为什么有野马？”他问。

“这有什么奇怪的？从来就有。”她说，“我给你讲个故事。听老人们说，过去根本就没有人养马，全是野马。后来老天爷为了照顾人们的生活，把一部分野马交给人们饲养，骑用。但老天爷还留下了一部分野马，让它们不受人们的约束，自由自在地生活……”

那天戈壁上是难得的好天气。草滩已经发绿。空气中弥漫着潮湿的气息。他静静地望着远处。他觉着戈壁上有一种奇特的美，苍茫雄浑中透着高贵的娇媚，他突然感到内心深处有一种东西在萌动。

“天已经热起来了。你看我的脸都红了吧？”色布吉德玛问。

“哦……”他没有反应过来，呆呆地望着她的脸。他看到她的脸黑里透红，显得健康，成熟，焕发着青春的光彩。他知道她比自己大几岁，这个年龄上的差距更使他感到她身上有一种年轻姑娘身上没有的魅力。

色布吉德玛笑了起来。“你怎么了？怎么看着我发起呆了？”她问。

“我……不是……”他想掩饰过去，但脸却红了。

“你不会是……有什么想法了吧？”色布吉德玛响亮地笑了起来，“你大概开始学坏啦。但不要紧，年轻小伙子，一旦学坏就会找到好老婆。”

那天是他近半年来最愉快的一天。晚上回到收购站，躺在炕上他仍然兴奋不已。色布吉德玛老是出现在他的脑海里。

## 三

他如果没有第二次喝醉，大概不会有下边的故事。

公司里派人领来一个客商，要了解一下这里的资源情况。为了招待来客，收购站组织了一次小小的宴会。老头儿忙不过来。他就请色布吉德玛来帮忙。其实也很简单，煮手扒肉，肉汤里煮面条，再熬几壶奶茶。那天色布吉德玛领着儿子来了。她在厨房里忙乎，小哈达在外边玩儿。

他在另一个屋里陪着客人喝了起来。桌上摆着几盘凉菜，是用罐头菜和奶食品拼凑起来的。几个人说着喝着，很快就有点醉，后来色布吉德玛把手扒肉端上来了，他就请她也过来一起喝。她很热情地为大家敬酒，不断地倒茶，还给大家唱了好几支歌。

那天他心里很不痛快，看到公司里来的人，他就想起了过去的种种不如意，很快就醉了，明白一时，糊涂一时。到了晚上，他发现自己坐在厨房里。色布吉德玛正在洗碗。

“他们哪儿去了？”他问。

“早就休息了。”色布吉德玛说。

“不够意思！我这个主人还没睡，他们倒先睡了。欺人太甚……”

色布吉德玛笑了起来，说：“我看你是真的醉了。”

“我还要喝。你……陪我喝……”

“好吧。”色布吉德玛坐到他旁边，倒了两杯酒。

“你不知道，我……好苦！”

“好了，好了。”

“要是没有见到你……我就更苦了。我心中……只有你一个人。”

“我的天！”色布吉德玛笑弯了腰。

"咱们喝……"

"别喝了吧。"

"你也瞧不起我!"

"好,喝,喝。"

"他们都欺负我,合起伙来挤对我,经理恨我,对象又甩了我。在他们眼里我连一条狗都不如。"他说着哭了起来。

"唉,你为什么要这样?你还是个男子汉呢……"色布吉德玛责备道,接着她以女性特有的温柔的目光直视着他,说,"人,应该挺起腰杆来生活。"

他看着色布吉德玛的眼睛,突然伸出手来抓住了她的手。

"别这样。"她想把手抽回去,但他抓住不放。她笑了笑,说,"你应该像对待姐姐一样对待我,对吧?"

"我不放开你的手……"

"那你就抓着吧。"

他继续哭着,而且越哭越来劲,"给我一点温暖吧,我太孤独……"他嘟哝道。

色布吉德玛沉默了片刻,她望着小煤油灯的火苗发呆。接着她把他搂进了怀里。他闻到了她身上的热烘烘的气息,听到她轻轻地说:"好了,就这样,别动。你已经醉得可以了……明天你去找我。"

## 四

他骑着摩托一路疾驰,很快就看到了色布吉德玛家。羊群已经快回圈了。他看见她牵着一匹马,朝水井走去,向他招招手。他赶到时,色布吉德玛已经坐在井台上等他了。

"坐吧。"她说。她刚刚洗过脸,肩上搭着一块漂亮的头巾。

他坐在她身边。“孩子呢?”他问。

“留在家里了。看见你来，我就跑到这儿来了。”色布吉德玛说。“昨天你可是真醉了。说了一些什么呀……”她笑了起来，又问，“你心里真的那么想我?”

“是真的。”

“嘻嘻……一个可怜的小伙子。”她说。

落日的余晖在戈壁的西北天空燃烧着。

“我也许……不应该……但是……”他说。

“好啦好啦，我觉得你太苦。只要你能高兴，你就常来。”色布吉德玛站了起来指着一道坡地说，“咱们还是去那儿吧。井台上容易叫人看见……”

就在这一天，他向她问起她男人的情况。

戈壁四处已经暗下来，但天空却仍然很亮，在那一片深远的高空中有一片孤独的金黄色的云在飘浮着。色布吉德玛仰躺着，盯着那一片云久久不语，过了会儿才慢慢地说：“……他跟我同岁，那一年，我跟着父亲来这附近放骆驼，有一天他就去找我。我们就成了。那时候我们都十九岁……”

“你想他吗?”

“废话！怎么不想。他是我丈夫。”

“他是怎么被抓起来的?”

“去年，不知从什么地方来了一些人，还开着车，在戈壁滩上追野马叫他看见了。旗里有通知，不许捕杀野马，谁要是看见有人追杀野马，就必须制止。他就去制止那些人。谁知那些人不但不听，反过来还打他。他就跟他们打，结果有个人就被打伤两天后死了……”

“也许，你男人那是自卫，可以判无罪的……”他说。

“旗里也是那么说的。但人抓走了，到现在也不见回来。”她脸上充满了悲伤，嘴角微微抽搐着，眼睛里好像也充满了泪水，但没有流下来。

“你为什么不去找他们?”

“我找谁去？谁会理我?”她仍然仰面躺着。

她轻轻地摸着他的脑袋，说：“人活着，什么事都会遇到。要挺住。”

## 五

他终于看到了野马。大中午，天气热得要命。他帮色布吉德玛饮完羊群正准备往回走，色布吉德玛说：“你看!”

“看什么?”他问。他什么都没有看到。

“你仔细看呀。北边那片草滩上……”

他眯起眼看了半天，终于看到了，一群野马在那里吃草，总共有十几匹。乍一看，它们跟家养的马没什么区别。但仔细观察，就能看出差别来。它们的脑袋比较小，身材细长，四腿颀长有力，显得漂亮而生机勃发，最奇特的是它们的毛色与戈壁浑然一体，不容易被人发现。

他望着它们发呆。

“走吧。”色布吉德玛催他说。

“等等，再看看……”

“咱们离这儿远一点，它们会来这儿喝水的。”

他跟着色布吉德玛走到离水井几百米远的一道坡地上，这时野马确实走到水井上喝起水来。

他很奇怪，“野马也喝井水?”他问。

“当然不。野马喝水，一般都跑到很远的河边。但这群野马让我们给惯坏了。”

“惯坏了?”

“是的。它们很小的时候，我们就往水槽里装满水，站在远处等着它们。它们就犹豫着走过来喝水。慢慢就习惯了。”

“天啊，谁想出来的主意?”

“我男人，我，还有我儿子。”

他久久望着那群野马。

当他兴致勃勃地回到收购站时，坏消息却在等着他。老头拿出一封信给他。是公司寄来的公文。打开一看，是延长他住站时间的决定。他把公文撕得粉碎，大骂了起来。

他是每时每刻都盼望着回公司的。他知道，只有回去，才有一切。他之所以在戈壁上苦苦地熬着，就是为了回到公司。现在看来，确实有人跟他过不去，企图把他永远地留在收购站。意识到这一点后，他觉得万念俱灰。连活着都没什么意思了。他往炕上一躺，几天没有起来，老头端来饭，他就坐在被窝里吃。还骂老头做的饭连狗食都不如。

几天后的一个中午，色布吉德玛的婆婆领着孙子哈达来看他。这使他甚感意外，一骨碌爬了起来。那天很热，祖孙俩人满脸流着汗，老太太把装在牛肚里的酸奶递给老头，拿出毛巾擦着汗，说：“孩子，你是不是病了？好几天不见你去，我们实在放心不下，色布吉德玛在家里忙着，我跟孙子来看看你。”

他很受感动，说自己感冒了，现在快好了。

“色布吉德玛还说，要是你病了，干脆住到我们家去养，伤风感冒之类的一喝热汤就好。”

“我已经好了。我明天去。”他说着跳下炕，亲自动手给老太太熬了一壶茶。

老太太慢慢喝着茶，叹了口气，说：“离开家出门在外，不容易。谁都一样，一离开家，苦就大了。”

他望着老人久经风霜的脸，从这张脸上他看到了一种坚毅和安详。她刚才说那几句话时，肯定想到了自己的儿子，她的儿子现在还在监狱里，他想。

“您坐着，我领小哈达去玩儿。”他说。

下午天气凉快了，老太太要回去。他把皮箱翻了半天，找出几盒烟和一包奶糖送给老人和孩子，又把一个笔记本递给小哈达，说：“送给你妈妈……”

## 六

公司里来人了。

这个又黑又小、手无缚鸡之力的小子如今是公司经理助理。这家伙叼着烟卷眯起小眼，一个劲儿地问这里的土特产情况。这使他很冒火。

“这儿有发菜吗?”

“有吧?”

“多吗?”

“谁知道。”

“听说还有水晶石?”

“听说有。”

“好吗?”

“没见过。”

“还有什么?”

“不知道。”

那小子是开着一辆吉普车来的。第二天就开着车到戈壁上找土特产去了。他心里骂道：迷了路喂了野狼才好呢。但晚上那小子却很安全地回来了，而且兴致勃勃。

“听说这里有野马呀，你怎么不给我说？”那小子问。

“你又没问。”他没有一点好气。但接着那小子说了几句话，他却一点脾气都没了。

那小子对他说：“咱俩发财的机会来了。”

他看着那小子的脸，觉得比刚才顺眼多了。

“你知道一匹野马值多少钱？”那小子说，“把咱们经理卖了也不值一匹野马的价。不用多，咱俩只要抓到一匹，那就……懂了吗？”

“咱们公司要经营野马？”

“你咋这么蠢？就咱俩干哪。卖了钱对半分。”那小子骂了他一句，但他一点都不生气。

他俩一夜没睡，天亮时已经有了一套抓捕和出售野马的详尽计划。

## 七

他和她躺在一起说话。这是离蒙古包不远的一个土坡上面，满天的星星在不停地闪烁着，微风习习。晚上她说包里太热，一个人到外边来睡，实际上是为了等他。

“你男人还没有消息？”他问。

“没有。”

“其实，为了几匹野马不值得。”

“不能这样说。那些人太可恨，为什么袭击野马？野马妨害了他们什么事？而且，上面有规定，不能伤害野马……”

“他们大概是想抓住野马卖钱。”

“能卖钱什么都能干？”

“那要看能卖多少钱了。”

“你原来是这么想的呀?”

他意识到自己说了一句十分不该说的话，忙改口：“我不是那个意思。”

“我看你将来会把媳妇都要卖掉。年轻媳妇，打扮得漂亮一点，肯定能卖高价……”她说完笑了起来。

他望着满天星星，心里乱七八糟的。他觉得自己卑鄙透了。

“你是不是想抓野马?”她问。

“如果我真的抓了呢?”

“那你恐怕不会活着走出这个戈壁。”她说完咯咯地笑了起来，转过身紧紧搂住他的脖子，说，“尽说浑话，说一些别的不行吗?”

“真的，不应该说这些……”

但他脑子里却浮现出一幅图像：十几匹野马在水井上喝着水……

第二天他领着小哈达放羊。晴朗的天空下边，绿草如茵。羊群在上边滚动着。在来这里以前，他一直以为戈壁就是不毛之地。其实不然，戈壁上生长着一片片耐旱的牧草，别有一番景色。小哈达在他前面走着，他身材不高，却很壮实，从后边看他甩着胳膊威风十足地走路的样子，确实有点男子汉的气派。

他们把羊放到草滩上，他歪在坡上望着远处，哈达在离他不远的地方捡石子玩儿。过一会儿走到他旁边坐下来，认真地按颜色分着捡来的石子儿。

“这是一些什么呀?”他指着石子儿问。

“这一堆是羊群，这一堆是牛群，还有……这是马群。”

“怎么没有野马?”他问。

小家伙严肃地说：“野马不能由人来放，野马就是野马，人不能靠近它们。”

“为什么?”

“这是我爸爸说的。”

小哈达突然不玩了。皱起眉头望着遥远的天边，两只眼睛里充满了焦虑和渴望，自语道：“他们把爸爸抓走了……”

他突然感到心酸。这孩子，一直思念着他的父亲。

“想你爸爸啦?”他轻轻地问。

“想。”小哈达转过脸来，像大人一样严肃地说，“奶奶和妈妈也想爸爸。她们都哭过。她们不让我看见，但我看见了。我不哭，我是男人。”

他好像被小孩子的这句话击垮了似的，脸都变了色，久久说不出话来。

## 八

老头儿递给他一封信，是经理助理寄来的。

信中说，已经为野马找到了买主，说定成年马十二万元，马驹八万，要是口年轻母马可以给到十八万元。而且运输路线和车辆都安排好了，让他赶快行动。信中还说他们全家都盼望他辉煌的成功，尤其是经理助理的妹妹，恨不得立马就跑到戈壁上，跟他共同经历捕捉野马的惊险过程。信的末尾有两行字，显然是经理助理的妹妹的笔迹：“戈壁勇士，我的心陪伴着你，祝你快快成功!!! ……”

经理助理的妹妹他见过，站在又瘦又黑的哥哥面前，就好比烧火棍旁边开了一株牡丹花，是个大美人儿。他觉着那三个感叹号和后边的省略号包含着无穷的意味，使他兴奋不已。看来，只要抓到了野马，金钱和美人大概全来了！他几乎整夜没睡。天亮时终于想明白了：这种机会，这一辈子也许只会碰到一次。

他开始行动了。

有五六天，谁都不知道他去了什么地方。实际上他去了一趟兰州，从经理助理指定的地方弄来了两大箱子东西，里边有望远镜、指南针、匕首、绳索样样俱全。另外还有一支进口麻醉枪。从兰州回来以后，他若无其事地来到色布吉德玛家，谎称回了一趟公司，接着说他有一个研究野生动物的朋友，托他拍摄一些野马的照片，所以他最近要到戈壁上转一转。

“别走得太远了。迷了路可不得了。”老太太说。

色布吉德玛咯咯地笑，说：“别像上次似的，连魂都吓没了。”

他开始成天在戈壁上寻找野马。他现在对地形已经相当熟悉，加上有了望远镜和指南针，所以往往跑出很远的地方。他总是希望在离色布吉德玛家远一些的地方捕获野马。并不是怕受到阻拦和谴责，而是不想破坏自己在那祖孙三代心目中的形象。实事求是地讲，他甚至不愿意伤了他们的心。

他一连跑了半个多月，一直没有看到野马。

他后来一直认为，那天是老天爷专门给他安排了一次难得的机会。因为各方面的有利条件在无意中全具备了。首先，野马是天色将黑未黑时来到井上的。从稍远点的地方任何人都看不到它们。他却在能看到它们的位置上。还有，那天他偏偏带着麻醉枪。他原来打算打个野兔什么的试一试，结果却碰上了真正的目标。更为巧合的是，色布吉德玛拉水的小胶轮车就在井台旁边，拉车的老牛在不远的地方吃草。这是色布吉德玛的一种习惯，她有时头一天把拉水的车扔在井上，第二天饮羊时顺便拉一车水回去。

他的心在狂跳。不只是因为高兴，更主要的是他突然感到恐惧。

使他恐惧的首先是从牧民那里听来的不太可信的传说。传说里说谁要是抓到了野马，谁就不可能活着走出这片戈壁。他原来一直以为这是无稽之谈。现在他却觉得这戈壁确实有点神秘而且可怕。还有，这时候他毫无道理地想起了色布吉德玛的丈夫。如果那男人发现他正在打野马，说不定就会一拳打死他。他就是因为野马打死了人的。这么一想，他就觉得毛骨悚然。再看那些野马，是那样地漂亮、可爱，而且毫无戒备。它们那种神态足以使他的心灵颤抖。

他犹豫着。

但他心里非常明白，他绝不能失去这个绝不会出现第二次的机会！

他战战兢兢地向前爬去。眼看野马就要奔逃的一刹那放了一枪。还好，他跟着野马群追了好几百米，发现一匹马中枪倒地。他套上拉水的牛车，把野马拉到了收购站，拖进了堆杂物的棚内，用绳索把马腿捆得紧紧的。再连夜把车送回原处……

做完这一切，他已经瘫软如泥了。

他浑身冒冷汗，哆哆嗦嗦地点了一支烟，却忘记了吸，看着满天星星发呆。他有一种刚刚从地狱里逃出来的感觉。

那是戈壁上一个安静的夏夜，整个戈壁做着甜蜜的梦。

第二天一早，他写了一封电报稿，差老头去苏木邮电所发报。这是他想出的妙计。一方面把电报发出去，电报是给经理助理发的，只有四个字：速派车来。另一方面把老头支开，他好对野马进行必要的处理。老头昨夜睡得像死猪一样，做梦也想不到他把一个价值十几万的稀有动物拖进了棚里。

对野马的处理并不顺利。麻醉药的时效已经过去。野马在拼命地挣扎。它要是把绳索挣断，他就无论如何也不可能阻挡它逃跑。他忙了半天用木桩在棚门口栽了一道栅栏。野马终于挣脱了，愤怒异常地在棚内横冲直闯，十分可怕。他一直守到下午，它才稍微安静了一些，但不吃不喝，一副跟他不共戴天的样子。

他意识到，以后的麻烦少不了。

## 九

他现在面临的最大的问题是不让野马饿死。

野马已经明显地虚弱了。但一直昂首挺立，从木栏的上方遥望着戈壁的天空。他昨天企图给它灌一瓶水，结果它把脑袋一甩，把他撞出好几米远，使他好长时间透不过气来。

老头发电报走了三天，今天是第七天。

老头一回来就发现了野马。“你抓了一匹野马。”他说。

“没你的事。”他说。

“这可不行，要判刑的。”老头又说。

他真想一拳打在老头脸上，但忍住了，说：“这哪儿是野马？这是我买的良种马。”

“良种马？怎么连水都不喝？”

“我哪儿知道啊？要问你就问你这个长毛的祖宗呀。”他恶狠狠地说完，又说，“它病了，我要照料它。你少管闲事。”

就在那天晚上，经理助理开着一辆大卡车来了。

“已经不吃不喝七天了。就算拉走，路上也会死掉。”他说。

“这我已经想到了。赶快打针。”经理助理拿出药品说。他松了一口气。

他们把野马抬上车，大约走了十公里，经理助理说：“你下车。”

“干什么？”

“不干什么，我一个人就够了。”

“那我那一份钱呢？给了我就下。”

“货卖出去我就给你送来。”

“放你妈的狗屁！”他怒不可遏地喊了起来。他现在才明白了对方的险恶用心。这小子想独吞卖野马的收入。

“你下不下?”

“我看你下倒更合适。”

俩人终于在车棚内打了起来。

他们谁都没有注意，这时戈壁的天空已经布满了乌云。他们正打得不可开交，突然间天崩地裂般的一声巨响，紧接着天地间白晃晃的一片。他们什么都看不见了。他们好像一下子动都不敢动了。就在这时野马矫健的身影几乎是从他们的头顶上一跃而过，消失在雨幕中。

“还打什么?野马都跑了!”

两人先后跳下车，向黑暗中追去。闪电过后天地一片漆黑。

他跑着，跑着。雨越下越大。他跌了好几跤。后来他终于意识到，野马是追不上了。当务之急是如何保全自己的性命。

他好像听到了狼嚎声。

## 十

他是第二天上午才醒过来的。他一睁开眼睛便看到色布吉德玛坐在他身边。她后头站着老头儿。

“天!总算醒过来了。”老头儿说。

“要不是他，你早就被狼吃了。”色布吉德玛说，“他说你跟着卡车走了，可能有危险。我连夜骑马出来找你。发现你已经昏倒在野外。”

他活动了一下身体，感到没什么毛病，就干脆跳下炕来。

“你没事了吧?”色布吉德玛问。

“没事……”

“那我走了。”她说。

他追了出去。大雨后戈壁上岚气升腾，很是壮观。他追上了色布吉德玛。

“谢谢你救了我的命……”他说。

她转过身来，久久地盯着他，最后还是什么都没说，骑上马走了。

他一动不动地站了好长时间。他感到，这戈壁确实很大，大得望不到边……

那日苏　译

# 主　人

## 一　讲述之困难

要讲述德木楚克的故事，我感到难度很大。虽然德木楚克是个普通得不能再普通的牧人，从他的出身经历到所作所为没有一丁点复杂之处，但是真的要对他进行一番鲜明准确的描述从而给读者一个清晰明了的交代，那可不是一件容易的事情。比如说，我们最先会遇到的一个问题就是：我们应该说德木楚克是个什么样的人呢？

德木楚克……他到底是一个什么样的人呢？我想了半天才想到，说他是个“不被尊重的人”也许还合适。大家可能觉得这不太好理解。这就需要费点口舌来解释一番。什么是“不被人尊重的人”呢？就是那种有他不显多，没有他不显少，不被同辈人看作朋友，也不会让小一辈尊成为“叔叔”“大爷”，说话没人听，做事没人注意的那种人。德木楚克正是这么一个人。

德木楚克今年已经五十六岁了。他生活比较困难，生着一张瘦黑的脸，镶着一颗金牙，老是穿一件很旧的绿色军上衣，头戴同样很旧的“前进帽”，戴着一副由于一条腿折断而用细绳、胶布一类东西凑合着连接起来的茶色眼镜，而且必定还会背着一个旧军用水壶。没有人记得清他是从什么时候起有了这种奇特的装扮的，据那些二十来岁的年轻人讲，他们开始懂事的时候德木楚克就是现在这副穿戴。他见了人就笑，笑得是那样热情、真诚。他就那么笑着跟人家很是热心地说这说那，没完没了。但没有一个人愿意跟他聊天，都认为跟他聊天纯粹是浪费时间，所以常常出现这样的情况：他在一个劲地、热烈而真诚地说着什么，而对方却眼望别处"哦""啊"地应付着，还没有等他说完早已抬脚走了。

平心而论，德木楚克是个善良的人，这么多年了他从未跟别人闹过别扭，而且还一直是想帮助别人。但不知为什么，就是没有人尊重他。

接着我们还会遇到一个难题，那就是：德木楚克究竟为什么老是被别人看不起？我们家乡那些人都瞧不起德木楚克，但却谁也说不清为什么瞧不起他。是因为他穷吗？比他穷的人还有，而且照样受人尊重。说是因为他笨吧？其实德木楚克一点都不笨。前面我们已经说过他从来没有干过对不起邻里们的事，说实话他还经常为别人着想。那年我回到了家乡，向一个家乡人提出了这个问题："你们究竟为什么老是瞧不起德木楚克呀？""什么？我们瞧不起他？"我那位家乡人好像很奇怪，他想了半天才说："好像是有那么回事。"

"但……他本来不是一个叫人瞧得起的人呀。"其实他这样说跟没说一样。当时我就想：要是有人被人瞧不起，而瞧不起他的人却说不清为什么瞧不起他，那真是一个悲剧。

我确实没有办法用很简单的话说清楚其中的真正原因。所以我就索性把他的一些生活片段做一番描述，这样也许会使读者对他有一个基本的了解。

## 二　多余的人惹起多余的事

那年我在盟报社当记者。有一次我回到家乡进行采访。到苏木的第二天下午我打算去供销社买一包烟，刚走到供销社门口，就遇见了苏木党委书记和经管站长。那是在夏天，阳光明媚，远处的草原在岚气中不停地颤动着。我们就在供销社门口相遇了，就站在那里聊天。正聊着，却看见德木楚克从供销社出来。他提着一个包，肯定是来供销社买了一点什么。看见他，我对他点头笑了下，因为毕竟我们是一个嘎查的人。但我也只是点头笑一下而已，我觉得不需要对他做出更加亲热的姿态。而且我正跟这里的两个领导聊天，我不希望中断我们的话题。

但德木楚克却满脸堆笑地朝我们走来。

“三位同志好?”他黑瘦的老脸上荡起兴奋而友善的笑容，很认真地跟我们一个一个地握手。我感到他这些纯属多余。我原以为他握完手就会走，但他没有，接着又掏出一盒香烟——是那种廉价劣质烟，我们早就不抽这种烟了——给我们每人递一支。我们都没有接受他的烟，都说“不抽”。他应该看出我们的不耐烦了。

可是他老兄一点都看不出来。他把烟又装回去，看着苏木党委书记的脸问道：“这个同志，您最近忙什么呢?”

苏木书记强忍着笑，应付道：“我吗? 我……正忙着检查草场管理情况……”

“对，对，那工作很重要。我们嘎查也在搞。”

德木楚克说。说完他又对着经管站长问：“您在忙什么?”

经管站长没有给他面子，板着脸说：“不忙什么。”

“哦，哦，清闲一点也好。”

我真希望他快点走开，但他却没有这个意思。他仍然跟我们站在一起，一直笑着跟我们说个没完，好像见到了他的三个哥们似的。我们没法继续聊天，也不好走开，就那么“哦”“啊”地应付着。我越来越烦，就盯着他看。这么一看不要紧，我发现他不仅人多余，连他的穿戴都多余。比如说他那旧军服。我知道他这辈子没有当过兵，年轻的时候也许连个民兵都没有当过。天知道他从什么地方弄的这件衣服。天气这么热，他却把风纪扣都扣得严严实实的。再看他那顶“前进帽”，还有那副眼镜以及背着的军用水壶，没有一件不显得多余。他这种装束让我感到滑稽可笑，而他自己却毫无知觉地一个劲地笑着，说着。

他足足说了半个小时，总算要走了。他很是郑重其事地跟我们一个个握手道别，还说：“请你们一定要到我们嘎查看看。”

苏木书记看着他走远，问：“这位是谁呀?”

“他叫德木楚克，是我们那个嘎查德一个牧民。”我说。

“有点不正常是吧?”经管站长笑了笑。

德木楚克就是这样，他对任何人都表示十二分的友好，而且更愿意接近上面来的领导或者干部。但他决不是为了讨好干部，他不带任何功利目的。据说每次嘎查里召开牧民大会，他总是第一个到会，而且兴趣十足地听嘎查领导讲话，还不断地笑眯眯地点头。散会以后他还见了人就很高兴地传达领导讲了一些什么。这些年好多牧民已经不愿意参加会议了，为此嘎查领导很伤脑筋，但对德木楚克这样积极参加会议的行为却从没有想起表扬鼓励。

后来我听说，德木楚克还有一个奇特的习惯，那就是爱听广播，也喜欢看报纸。他有一个很小也很破旧的半导体收音机，他每天都很认真地听新闻。他的口袋里，总是装着几张旧报纸，有空就拿出来阅读。为此他经常受到别人的讥笑。

“听新闻哪？你能听懂吗？你知道美国总统叫什么吗?”有人笑

着问。

“还是那几张报纸呀？还没有看完吗？你那些报纸是从哪儿来的呀？是不是偷的？”又有人拿他开心。

“你搞这些干什么？咱们又不是干部。别出洋相了。”有的人好心劝他。

但是他不管，仍然认真地听他的新闻，看他的报纸。

要是上面来一些领导，德木楚克必定要跑到嘎查所在地见见他们。不管人家是多大的领导，也不管人家是不是忙着，他一点都不在乎。他走进人家的房间，愉快地笑着跟人家握手，接着上炕跟人家面对面坐下，认真地询问人家最近身体怎么样，路上是不是累了，上面有什么新的精神和部署，等等，没完没了。那么聊上半天，他会连续好几天显得很满足，也很得意。

就这么看，据说有一次他却讨了个没趣。

大概是前几年的事情。旗里一个什么局的局长下到我们嘎查蹲点来了。这位局长本来就不愿意下乡，是领导逼着他下来的，所以他很不高兴，成天板着脸跟谁都不说话，德木楚克去了。他去了就照着他的习惯跟人家握手，问好，像见到老朋友一样亲热。那局长的脸色很难看，但他不在乎，因为他本来很少能够看到别人的好脸色。握完手他就上炕，准备跟局长聊天。就在这个时候那局长大概忍无可忍了，咆哮道：“你究竟想干什么？”

“我……吗？我想……来看看你。”

“看我干什么？”

德木楚克没词了。

“你究竟是什么人？”局长睁圆了眼睛，好像恨不得把德木楚克一口吞下去。

“我是这里的牧民。”

“那你不去放你的牧，跑这儿来玩你妈那个蛋！”

德木楚克只好赶快溜。嘎查的炊事员老汉这时正好提着茶壶跟德木楚克擦肩而过。炊事员老汉看到德木楚克脸上红一阵，白一阵，嘴唇在哆嗦，双眼射出愤怒的寒光。听说这件事以后有人说那局长太那个了，不管怎么说，德木楚克是真心实意去看他，怎么能那样对待人家？但有的却说德木楚克活该那样。

## 三　为家乡争荣誉

德木楚克有个脾性，就是不愿意让别人说他的嘎查不好。只要有人问他你们嘎查怎么样，他肯定说好而决不会说不好。

“你们嘎查草场怎么样？”

“不错，不错。”

“牲畜膘情还可以吧？”

“好着哪。”

“你们的领导怎么样？”

“没说的。他们那才叫全心全意为人民服务呢。”

“听说你们那里遭灾啦？”

“哪儿有的事！我们战胜了自然灾害，人定胜天嘛。”

有一次他找他的一个小牛犊，一直找到了几十里以外的另一个嘎查。人家把他的牛犊关在圈里，而且提出跟他要五十元的草场费，他二话没说把五十元甩给人家。那人接着又说你们嘎查草场不好，所以你的牛犊才跑到我们这里。一听这话他却不让了，跟人家争论起来。

“你再也找不到像我们嘎查那样的好草场。你没去看过？你不长眼睛？”他红着脖子跟人家喊。

“我当然长眼睛。所以才看到你们嘎查大夏天只见沙子不见草。”那人的嘴也损得很。

“我们那里草是少了一点。但你不懂，我们那里的草质量好，都是优质牧草。”

“是吗？那你这牛犊怎么这么小？我原以为是个羊羔呢，你说是牛犊我才发现原来是个牛犊。”

德木楚克说不过人家，只好愤愤然地赶着牛犊回家。为此他气得好几天都不说话。他确实把自己嘎查的荣誉看得很重。

后来有一次他却惹下了一场麻烦。

那年我们那个嘎查有些年轻牧民向上级写信反映，说嘎查领导在上报牧民人均收入时有虚报现象。上边也很重视，就派了个调查组来进行调查。调查组来到嘎查所在地的第二天，德木楚克就按照自己的习惯去见那些人。调查组也正好准备找人了解情况，就跟他聊了起来。

调查组的人问他：“你们嘎查的牧民人均收入究竟有多少？”

“高。这几年每年都有很大的提高。”他说。

“比乌兰胡都格嘎查还高吗？他们是人均两千块呀。”

“他们算什么。”

“你自己家的呢？有没有三千？”

“没问题。也许比三千还多。”

他这样说完很高兴，他就喜滋滋地回家了。但第二天写告状信的两个年轻人却来找他，一见到他就破口骂了起来。

“看你那个穷酸样吧。一件破军服穿了二十年，还说有三千块钱的收入！你要是能拿出三十块的现金来，我们两个就脑袋朝下翻着跟头回去。”两个年轻人咬牙切齿地说。

德木楚克不明白他们为什么这样骂他。又过了一天，嘎查党支部书记又来骂他。

“本来，说得好好的，旗里，已经答应了，给咱们嘎查，三万元的，草原建设，周转金。现在，不给了。”嘎查党支部书记每说几个字就顿一下，而每顿一下就咬一次牙，好像要咬掉他的肉似的。

德木楚克傻乎乎地看着党支部书记，弄不明白自己做了什么错事，胆怯地问“为什么呀?”

“为什么！哼，你还问为什么！就因为你说有三千元的收入。旗里说了，你们牧民人均收入不低呀，你们应该向牧民集资解决周转金问题。我今天就是来跟你集资的。你不是有三千元的收入吗？我不要更多，你拿三百就可以。快拿出来，我要拿走。”

“我的天！我哪有那么多钱呀。”

“没有你为什么对调查组那么说？是想欺骗党和政府是吧?”

“哪里有呀……哎呀!”

党支部书记用手指点着他的鼻子骂：“关系到全嘎查这么大的事情，你怎么敢胡说八道？啊？你有这个权利吗？你有这个资格吗？你以为自己是嘎查领导吗？啊？看你那个狗屎相!”

德木楚克这才明白自己闯了多大的祸。他再三道歉，恨不得抽自己的耳光，还向党支部书记请教这个问题到底怎么解决。

“还问怎么解决？你能解决吗？以后你要是再这样随口胡说，看我把你怎么收拾。你他妈真是个蠢驴。”

从那以后，德木楚克见了上级派来的人确实不敢说嘎查长短了。但要是听一般老百姓说他们嘎查不好，他仍然跟人家吵。

## 四　光荣使命

去年，盟里派一个年轻干部来我们嘎查蹲点。据说他大概要蹲好几个月。这样，嘎查里就需要物色一个人为他做饭。嘎查原来的炊事员老汉前年已经去世，现在必须找其他人。嘎查党支部书记一连找了好几个人，都不愿意干，气得他骂个不停：“妈的，人这个东西，就不能让吃得太饱。过去吃不饱的时候，一个个都挤破脑袋争大队炊事员的差事。这几年肚子里稍微有了一点油水，就一个个鼻孔朝天了。”他骂完牧民接着又骂干部：“那些干部也是。坐在办公室里泡一杯茶看报纸多好。非得要往下跑，要蹲点。他们连二岁子绵羊长几颗牙都不懂，跑到这里干什么？纯粹是添麻烦。”但骂归骂，炊事员还得找。他思谋了半天，突然想到了德木楚克。

德木楚克确实再合适不过了。一是他很喜欢接近上面来的干部；二是他从来不违背嘎查领导的安排，嘎查里让他干什么他就干什么；三是他是独身一人——老婆二十多年前就跟他离了婚；四是他家离嘎查所在地最近，可以做到为下乡干部做饭的同时也不耽误放牧。嘎查党支部书记为自己终于找到了一个合适的人选而高兴，同时也奇怪自己为什么一开头就没有想起德木楚克。他派嘎查会计去找德木楚克，德木楚克没有半个钟头就来了。

“嘎查党支部决定交给你一个光荣而艰巨的任务。”党支部书记很郑重地对他说，把做饭烧茶的事情交代了一遍。德木楚克确实很激动，脸上闪动着红光，两眼还有点湿润，嘴角微微哆嗦着，好像要说点什么。“好了，好了，你现在走吧。”党支部书记说。德木楚克走了。

嘎查党支部书记望着他的背影。他看到德木楚克昂首挺胸，脚步也变得稳健有力，正在甩开大步朝前走着。党支部书记第一次发现，原来德木楚克的个子还真不低呢。他弄不清过去为什么没有注意到这一点。

## 五　究竟谁是仆人？

现在我必须对读者说清楚：那个蹲点干部不是别人，而正是我自己。我前几年已经调到了盟党委政策研究室。这次带着一个有关草牧场责任制方面的课题回到故乡蹲点。

这是嘎查里专门为我腾出来的一间房。我正在对着放在板凳上的脸盆洗脸，德木楚克提着一壶热水站在我旁边。我俩说说笑笑，亲热得很。我洗完了脸，他要把洗脸水泼出去，但我不让，抢先把水泼了。接着他要给我倒茶，我又想自己倒，这次是他占了主动，把茶壶抢了过去。后来我们俩面对面坐在炕上开始喝茶。

“你千万别客气。我是为你们服务的，不是来让你们为我服务的。”我说。

“不能这么说。咱俩各有各的任务。你主要是考虑如何完成上级交给你的任务。我呢？把重点放在让你吃好喝好。”他说。我原来听别人说，他这个人平时很喜欢看报纸听广播，所以总是满嘴时兴词儿。为此，他没少让人讥笑。现在看来确实是这样。什么“任务”呀，“考虑”呀，“重点”呀，一套一套的。把我们两个人的关系说得很带一点“政治”色彩。其实，他刚才的话直白来说就是：你当你的干部，我给你做饭烧茶。但他偏偏不那样说。但他说得很真诚，我不但不取笑他，反而觉得他很可爱。

有一天我无意中问他的装束为什么有些奇特，这才明白他身上那些东西都有来头。比如说他那件军服，那是二十年前旗武装部一个部长来这里参加抗旱，住在他家里，临走的时候送给他的，他很思念那位部长，就老是穿着这件军服。还有那副眼镜，其年代比军服还久远一些。那年我们这个地方牧业丰收了，他的收入第一次突破千元大关，他就买了这副眼镜，一直戴到现在。他那顶“前进帽”原来是他的奖品，那年他被选为生产队里的三等模范，被奖励了一顶“前进帽”。他老是背着的那个军用水壶是因为他有口渴的老毛病，年轻时他参加“学大寨”，得了一场病，从那以后就落下了这毛病。

我们俩处得确实很友好。他很负责任。但有时候我也觉得过意不去。比如说，他每天早晨为我端来洗脸水，每天吃饭又非给我盛饭不可，根本不让我动手。我从来没有让别人这样伺候过，所以觉得很不适应。还有一点就是我发现我们俩很难互相沟通。有好几次我有意跟他闲聊，想很随便说说话。但他一开口就是从报纸和广播上学来的词儿，使我每次都很扫兴。

“咱们应该随便一点。我们是老乡，现在又是朋友。”有一天我说。

“对，对。干部和人民群众是一家人嘛。”他说。

“那你对我就不应该这样客气。按说，干部是人民的公仆，怎么能让你端洗脸水，给我盛饭呢？那样不是你当仆人吗？你把饭做好就行，我自己盛。”

“那可不行。”

“那咱俩谁也别当谁的仆人了。咱们就变成朋友。”

“好，这样好。咱们是朋友。”他说。

但我发现，我和他永远也变不成朋友。反而从那以后他好像变得更加拘谨，使我感到越来越别扭，有时候甚至觉得，跟他待在一起简直就是受洋罪。

有一天我对他说：“我来已经快一个月了，对这里的环境已经很适应了。你家里也忙。以后，我随便到牧民家吃点饭就行了。其他事情我自己照顾自己。你别再来了。”

他没说什么，只是怔怔地望着我。我发现他的脸色一下子苍白起来，表现出了极度的失望和痛苦。他开始动手为我扫地，接着擦拭茶壶和脸盆，接着又整理这个整理那个，他大概想走以前把一些事情做好。我发现他的手在颤抖，我的心也跟着颤抖起来。因为我意识到我伤害了他。他是那样地气恼，好像受到了天大的侮辱似的，但又无可奈何。

## 六　临别赠言

又过了两个月，盟里通知我回去。不仅仅是我自己，连这里的牧民们都知道我已经被提拔了，被提拔成盟政策研究室副主任。这时候我突然想起了德木楚克。自从我把他打发回去以后，我很少见到他。我现在要走了，应该去看看他，他毕竟为我服务了将近一个月，而且确实真心实意地服务过。

我正准备去看他的时候，嘎查党支部书记提着一瓶酒来送我。我说喝酒可以，但最好把德木楚克也叫上。他答应了，很快去把德木楚克找来了。

于是我们三个人开始喝酒，德木楚克只顾埋头喝酒，基本不说话，但他很快喝醉了。

"我明天就要回去了。我很感谢你对我的照顾。"我说，"你怎么不说话呀?"

他用通红的眼睛开始看我，他那双眼睛里好像酒精在熊熊燃烧。"我问你，咱们究竟是不是朋友?"他问我。

"当然是朋友，这个我早就说过了。"我说。

"你还说过，你是我们的公仆。"他冷笑着说。我第一次看到他冷笑，因此我突然感到有些紧张。

"我说过。那样说没有错呀。"我说。

"你那是哄我。这些天我总算明白了，你根本没有把我当作你的朋友，更没有把你自己当作我们的公仆。因为你根本瞧不起我。我连当你的仆人的权利都没有。"他说。

"看你这副德性！谁还瞧得起你?"党支部书记不高兴地瞪了他一眼。

“我的德性怎么啦?”德木楚克突然咆哮起来，“你们不是口口声声说我们是国家的主人吗？国家的主人我倒不敢说，但我一直认为自己怎么说也算是咱们嘎查的主人之一吧？所以我爱咱们的嘎查，我，愿意参加嘎查里召开的会议，我，听说上级领导来咱们嘎查了，总想去看望一下人家，因为人家是为了关心咱们嘎查才来的呀，我，不愿意听别人说咱们嘎查不好，我……”他语无伦次起来，又说，“不是你们让我们经常进行政治学习吗？所以我才积极地听广播，看报纸。我认为你们那样号召是对的，我以为我是嘎查的主人之一……”

“别说了，喝吧，喝。”党支部书记说。

“喝，喝呀。”我也说。

德木楚克下了炕准备走了。他看了我好长时间，才说：“听说你回去要当领导了。不管你走到哪儿，也不管你当了多大的官，无论如何不要忘记，像我德木楚克这样的老百姓还有很多很多……”

他走了。剩下的我俩谁都没有挽留他，也没有说什么。我只是听见德木楚克的脚步声咚咚地响着，很重很重……

岱钦　译

# 岔路口

岔路口边，王栓儿开了个小铺。岔路口东边山坡上，宾巴苏荣放牧着羊群。两家关系时好时坏，就这样也过了五年的光景。

五年前的一天早晨，宾巴苏荣出去小解，无意之中往西南方向扫视了一下。他看到从北边丘陵地伸展过来的一条路到了他们家西南边的一块小洼地后岔开两条路，一条伸向东南方向，一条伸向西南方向。宾巴苏荣看上去，这条路好像是条裤子，岔口就像裤裆，岔开的两条路是裤筒。宾巴苏荣感到很奇怪，路这个东西怎么走着走着就岔开了呢?

这条路倒是有些年头了。二十多年以前，说是要修“战备路”，发动群众修了那么一条路。宾巴苏荣每天早晨出去小解，总能看见那条路。这条路虽说是修通以来已有二十多年，但很少看见车辆通过。偶尔有一两辆汽车从那驶过，扬起的尘土从远处看像草原上的烽火的烟气直插云天。前十来年，每年还组织民兵维护、保养一下，后来干脆就没有人管了。这条路几乎被遗弃，偶尔一看是那样地冷冷清清。然而，对这条公路宾巴苏荣有一段美好的回忆，往往感到十分温馨。他依稀记得，当年开始修这条路的时候，全公社十二个生产大队的民兵以民兵连为单位进驻，山坡上扎起很多帐篷，整个工地上红旗漫卷，歌声飞扬，一派热火朝天的景象。每天早晨，军号响起，各个连的民兵排起整齐的队列，高唱革命歌曲进入工地，你追我赶进行劳动竞赛。每天晚上，还要进行政治学习，或进行革命大批判，叫那些“牛鬼蛇神”低头猫腰进行批斗。那时候，宾巴苏荣是一个基干民兵。有一天晚上站岗，正遇毗邻连队的一个女民兵也站岗。开始，俩人唠起工作、学习方面的事情，接着又说起各自的生产大队以及家庭情况，进而又说一些当时还是有禁忌的话题。直到黎明时，天有点冷，宾巴苏荣干脆脱掉自己的皮大氅披在那个女民兵身上，自己虽然剩一身棉衣，但觉得身上热乎乎的。从那儿以后，晚上站岗宾巴苏荣自告奋勇，非常积极，还受到民兵连长的表扬。头两天晚上，他的皮大氅披在那位女民兵的身上，第三天晚上开始俩人合披在身上，直到有一天晚上，皮大氅干脆铺在那个女民兵身下了。宾巴苏荣和那位女民兵虽然屡次受到各自连队的表扬，但都心惊肉跳，小心翼翼。但好在有惊无险，直到最后也没有惹出什么麻烦来。路修完了，有道是搂柴火打兔子——一举两得，宾巴苏荣也找到媳妇，结婚成了家。这条路宾巴苏荣看着很亲切。

不过，那段经历也有苦涩的回忆。数九寒天，滴水成冰，刨挖冻土，手掌裂开一道道血口子钻心地疼，现在回忆起来还觉得隐隐作痛。顿顿玉米面窝窝头，还吃不饱。你要是说“吃不饱饭”，还要批判你“忘了本”等等，简直像到地狱走了一遭一样。

有时候还来乐。这条路上还发生过很多让人哭笑不得的闹剧。头些年，旗里下了禁令，禁止羊绒羊毛外流。在各个交通要道上设岗放哨，背着枪骑着摩托的岗哨严防把守。于是，政府与牧民之间发生了一场“猫鼠大战”。一时，这条被遗弃的路成了牧民外销羊绒羊毛的最佳通道，不分昼夜人流穿梭不息，络绎不绝。后来，旗里终于发现了这个漏洞，在这被遗弃的路上也设岗放哨。但牧民仍不放弃这条路，只是方式和时间发生了变化。白天有岗哨，牧民黑夜通过。所以，每天太阳落山以后，赶着车的、骑着摩托的，驮着麻袋口袋的人们来到宾巴苏荣家，喝完茶，吃完晚饭，等到天黑以后出发。那时候，宾巴苏荣站在家西边的山包上观赏这出免费的戏。戏开演了。突然，“来了！来了！”“停车！”“站住！”的喊声此起彼伏，岗哨们亮起车灯东奔西跑。驮着羊毛的牧民不敢开灯，黑灯瞎火乱窜，上帝保佑有的逃出去了，有的倒霉被抓，羊绒羊毛被没收，甚至有的连人带车掉进沟里，车毁人伤的事故时有发生……那两年，这样的事情真是屡见不鲜。

可是，最近几年这条路真的被彻底遗忘了。从此，再也没有发生过那样的闹剧。宾巴苏荣偶尔看一看，那条路依然冷冷清清。

那天，宾巴苏荣出去小解，往那条路看一眼的时候，往日的事情断断续续出现在脑海里。当他再看一眼时发现，在那岔路口——换句话说，在宾巴苏荣所说的裤裆上边的小土房的烟筒中淡淡地冒着炊烟。

宾巴苏荣感到很奇怪。

那间土房建在那里已有二十年了。原来说是供养路工住的，但养路工没住过。后来，插队知识青年来后住了两年，再后来，知青们都回城了。从此以后被遗弃，窗烂门破。有时候，不知是谁家的毛驴进去避风躲雨。

可是，今天那个破房子的烟筒里冒着烟呢。而且还是大清早。说实在的，突然看见那间被遗弃多年的破房子烟筒里冒烟，宾巴苏荣只觉得是不祥之兆，或许是什么妖魔鬼怪所为。

“嗨！你往那边看看！”宾巴苏荣一边提起裤子，一边向从畜圈往家里走的妻子喊道。

“哪边？”

“岔路口。”

“岔路口什么也没有呀。”

宾巴苏荣扎好裤腰带后走到妻子跟前，说：“你看看那间空房子烟筒里不是冒着烟呢？”

妻子站在那里看了看，说：“可不是咋的。什么人住进去了？”

宾巴苏荣决定亲自去看个究竟。

那间破房仍然没有门窗，黑洞洞的窟窿敞开着，但见在门口停放着一辆手推车，旁边拴着戴笼头绳的两口猪，柳编筐底下扣着几只鸡。往屋里瞅果然有人，而且不是一两个人。一个三十多岁模样的汉子和一个敞着怀的妇女，还有葫芦娃一串，一、二、三、四、五，一共五个孩子，一个比一个小。宾巴苏荣猜想，他们应该是在昨天晚间来这里住进来的。原因是这间空房子没有一点打扫收拾过的痕迹。地上堆着一堆堆干了的驴粪蛋，唯一的变化是驴粪蛋被这么多人来回走踩碎了。塌了一角的土灶上坐着一口盖上盖子的铁锅，锅下边的干柴呼呼地燃着，大概只有一小部分烟走烟筒，而大部分烟从塌下的灶口冒出来，弄得屋里乌烟瘴气。宾巴苏荣刚才看到的就是从这个烟筒里冒出去的一小部分烟。

宾巴苏荣左看右瞅站了半天，他们当然也看到了来人，可是没有人说话，不理不睬。

宾巴苏荣有点来气了。就算是被遗弃成了驴圈的地方，你也不是它的主人啊，你怎么就携家带口子随随便便搬进来住了？而且看见有人来还不理不睬的。他娘的！

“你从哪里来的？”宾巴苏荣一脸怒气地问。

“从那边儿！”男人瞅着冒烟的灶火口勉强地说了一声。

嘿嘿！你还想耍横？那可办不到。最近，发生几起牲畜被盗事件。嘎查领导多次提醒过要提防那些流窜人员，发现可疑之人立即报告苏木政府。你要是不配合，我可以把你扭送到苏木政府那里。宾巴苏荣想到这里，态度也更硬起来：

“那边儿，那边儿是什么地方？没有名字吗？到底从哪里来的，说清楚！”

“中国人在中国的地盘上走，你管得着吗？你想干什么？别说是你，就是西安、兰州的那些土匪我都和他们交过手，从来没有胆怯过。你算啥?”

只见那个汉子从炕上跳到地下，叉着腰站在他面前。他老婆也抄起烧火棍子，稍微大的三个孩子也个个摩拳擦掌，最不得济的也手里握了个驴粪蛋，怒目圆睁地看着他。

宾巴苏荣倒吸一口凉气。心想，看样子我这个羊倌可镇不住他们。快拉倒吧。我也不是什么嘎查达，嘎查书记，只要不搬进我家住，管这个闲事干啥?于是，宾巴苏荣乖乖地往家走去。

正好那天下午，嘎查党支部书记德木布尔勒来他们家收费了。敦布尔勒和宾巴苏荣失和有好几年了。而且今天又是来收费，宾巴苏荣没给好脸色看。

“只为几个钱，你们让我跑断腿呀?这个费是国家收的，不是我敦布尔勒装自己腰包的。”德木布尔勒为收这个费跑来好几趟都空手而归，所以，他的脸色也不比宾巴苏荣脸色好到哪儿去。

“那个空房子有人搬进来住了，你都不去管一管。你除了能折腾我们，还有啥能耐呀?”

德木布尔勒眨巴眨巴眼睛，莫名其妙：

“什么?什么空房子有人搬进来住了?”

“有个陌生人带着老婆孩子搬进岔路口旁的那间房子里住了。你没看见啊?”宾巴苏荣妻子在一旁说。

“不会吧?”

“骗你干屎甚?”

德木布尔勒走过去往岔路口眺望，看到那家破房子外边有几个孩子在追逐玩耍，有一个女人从那边的井上担水往回走。

“真是太不像话了!”德木布尔勒大步流星走过去。

这回有好戏看了。宾巴苏荣心里想，德木布尔勒你平时在我们头上作威作福，看看遇到那个外来的家伙会怎么样呢?外来的那家伙也不是个善茬子。德木布尔勒真来了倔劲，也许会把那家伙扭送到苏木政府那里。宾巴苏荣这么想着，走上他们家西边的山包。

只见德木布尔勒已经走到那间房子外边，那个家伙也从屋里走出来，俩人在指东画西，指指点点，高一声低一声地争论着什么。本来要去担水的女人半路上扔下水桶拿着扁担跑了回来，看样子好像也帮着男人喊叫着什么。宾巴苏荣饶有兴趣地观看着。

岔路口的争吵进行了许久。后来，宾巴苏荣看到德木布尔勒怒气冲冲地往苏木政府方向走去。那两口子还在原地指手画脚，高声地叫喊叫。

宾巴苏荣心里想，看样子这俩人的“战事”不会那么轻易收场。看最后谁赢谁输吧。

第二天，苏木来了辆小车，来的人又和那两口子争吵了一顿走了。过了两天，苏木派出所俩警察骑着摩托车过来，又争吵了一顿走了。

几天后，德木布尔勒来到宾巴苏荣家心高气傲地说：

“那个携家带口子的盲流非走不可。如果三天之内不搬走，交给公安局处理。别说是个盲流，比他厉害的我都能搞定。不然，我怎么能够当这个嘎查的领导?”云云。

宾巴苏荣以为德木布尔勒还是最终打败了那个盲流。不承想，过了些日子宾巴苏荣无意之中往岔路口那边望了一眼，不但看见那个女人还在担着水往家里来，而且看到那个汉子正在房顶抹泥，两头猪、几只鸡还在房子周围觅食。

不是说三天之内不搬走，苏木采取措施吗?三天没过哪?掐指一算，什么呀，都过了七八天了。

王栓儿最终在岔路口安营扎寨了。

从此以后，居住在岔路口周围的一些人家似乎随时在提防着什么，又像被某种事情激活了一样。原本鸡犬之声相闻、老死不相往来的这几户人家开始走动，甚至有些过节、小矛盾的人们变得宽宏大量起来，有过什么恩恩怨怨也都被抛到九霄云外去了。就是德木布尔勒每次过来收取各种费用，人们也笑脸相迎，烟茶招待。

“不提防不行啊！这些盲流里说不定有些什么人呢?”

“咱都是低头不见抬头见的老毗邻。互相多照应着点吧。”

“咱敦布尔勒是下决心把那个盲流撵走。他是尽心尽力为咱服务的好干部!”

“要不去几个人把他们家两头猪撵得远远的!”

说是这么说，但没有人真的把人家猪撵得远远的。王栓儿把破房子的门窗安上了，把房顶漏雨的地方修补好了，一切按部就班的样子。从此，原来冷冷清清的岔路口变得一派生机勃勃。妻子洗衣做饭，照顾孩子，忙里忙外。王栓儿从乡间捡回一些牲畜骨头、犄角、蹄子之类装在麻袋里，过几天就推着车子进街里废品收购站卖钱。

有一天晚上，宾巴苏荣妻子放羊回来就摔摔打打，说：

“哼！这个世界就她聪明，别人都是傻子吗?”

“谁又惹你了？怎么回事?”宾巴苏荣看着气急败坏的妻子问。

“还能是谁？赛罕其其格委托王栓儿把积攒的骨头卖掉了。她表面上对王栓儿恨得咬牙切齿，背地里却讨好他。”

宾巴苏荣一听也挺不高兴。现在的人怎么了这是？当面一套，背后一套，谁也信不得。他虽然这么想，但口头上却说：

“赛罕其其格也是生活所迫吧？一个寡妇人家不容易。”

“你肯定会这样说的。赛罕其其格再不好，在你眼里肯定是好的。”

宾巴苏荣知道自己说了忌讳话题，后悔已晚。那是前年夏天的事了。宾巴苏荣妻子回了娘家，有一天傍晚，赛罕其其格来他们家，前脚进来，后脚飘起了细雨。说是雨，实际就是水雾罢了。宾巴苏荣笑着话里有话地说：“看着雨越下越大呀!”赛罕其其格也顺水推舟地说：“这么大雨，我咋回去呀?”就这样，赛罕其其格半推半就地住了一宿，次日天亮之前走人。宾巴苏荣原以为此事神不知鬼不觉，可是错了。妻子回来以后经常借题发挥，旁敲侧击地拿他俩说事。宾巴苏荣思谋了很长时间，猜到一定是德木布尔勒走漏风声。赛罕其其格曾经说过，德木布尔勒经常去纠缠她。赛罕其其格走的那天早晨，德木布尔勒在我们家西边洼地里低着头来回转悠，说是码马踪，实际上码的是赛罕其其格的脚印。于是，对德木布尔勒更是恨之入骨。

现在听妻子如是说宾巴苏荣也毫无办法。他挠了挠头，笑了一笑突然想起一件事：

“你还记得王栓儿穿一件黑皮衣服吗？”

“是啊，那叫皮夹克。早晚天凉时候穿的。”妻子回答。

“德木布尔勒的儿子最近也穿着那样的衣服呢。许不是那件？”

“正是！正是！”妻子失声叫道，“原来王栓儿把那件皮夹克送给德木布尔勒的儿子了！”

宾巴苏荣叹气道：“现在的人啊，真是不能轻易地相信哟！”

“你终于开窍了。”看来，妻子的怒气也烟消云散了，一把搂住宾巴苏荣的脖子，说：

“刚才我说话你生气了吧？我这个人一来气就忍不住才说了那些话。不然，我也不想说出那样的话。”宾巴苏荣的妻子也是性子急，刀子嘴豆腐心，竹筒倒豆子说完拉倒的一个人。

夜深了，妻子已经入睡。可宾巴苏荣辗转反侧，睡不着觉。我们这些左邻右舍的人们再也不能齐心合力了。我们家不是也有一大堆牲畜骨头吗？委托王栓儿卖掉算了。去他的！他嘴里轻轻地嘀咕着，合上眼睛。

第二天早晨，宾巴苏荣毛驴上驮着两麻袋骨头去了王栓儿家。

“多少斤？”王栓儿挺为难的样子在问。

“谁还过秤啊？你拿去卖的时候有多少就算多少。”宾巴苏荣说。

“一斤超不过一分五厘。”

“不就是个烂骨头吗，扔在野外不合适就拿来了。你说多少就算多少。”

王栓儿摆了摆手：

“我可不做那个糊涂买卖。”

宾巴苏荣一听来气了。可是这烂骨头驮回去也不是个事，干脆从驴背上掀下来，骂骂咧咧地回家了。我们多少年卖了活牲畜都没有发了，看你个盲流卖烂骨头怎么个发吧。

毗邻人家走动越来越少了。偶尔见个面，就说：

“我们这个地方的人们啊，就是一盘散沙。现在看谁谁都往王栓儿家跑呢。就是你我吧，忠厚老实，不会耍奸……”

“是啊，是！”宾巴苏荣虽然也附和几句，但心里暗暗发笑。你们在背地里都往王栓儿家跑得勤，还想糊弄我呢？我早就托他卖掉了两麻袋骨头了。你们以为我傻呀？那就大错特错了！

一个月以后的一天，王栓儿来宾巴苏荣家串门来了。挎着一篮子鸡蛋，上边放着十块大月饼。

“今天是八月十五，吃好东西。”王栓儿说。哦！八月十五，是他们很看重的节气。他是利用这个节气来串门子了。应该怎么样招待好呢？宾巴苏荣两口子手忙脚乱开始熬茶。王栓儿说：

“我开了个小铺，今天开张。按照我们的习惯，新店开张，通知邻里。”哦！原来是这样。一想这以后买个油盐酱醋烟茶糖什么的，用不着往嘎查那边跑了，太方便了。宾巴苏荣夫妇很高兴。他们便与王栓儿近乎起来，有说有笑不亦乐乎。

“我们两家算是很近的邻里了。俗话说，远亲不如近邻嘛。有啥需要的尽管吱声嘛。我看你们几只鸡吃草籽、虫子，两头猪呢，吃些野菜。人啊就靠清汤寡水度日呢！”宾巴苏荣不由得叹了一口气。

“大人吧，怎么都还好说。就是那几个孩子可怜。今天既然你来了，把我们孩子们穿小了的旧衣服拿去吧！”宾巴苏荣妻子也在一旁说。

王栓儿从衣兜里掏出一盒揉搓得皱皱巴巴的香烟递给宾巴苏荣一

支，自己也点燃了一支，咳嗽两声后笑着说：

“嗨！一切会好的。现在你们看我们挺可怜的。但是，你们瞅着吧。我这个人啊，只要有了立足之地，再过几年过得不比谁差的。”王栓儿关节变粗青筋暴露的手臂，虽然矮小微驼但浑身是劲的身板，一股汗味和旱烟味混合的味道，一声声爽朗的笑声……宾巴苏荣觉得，所有这些就是人家不服输的倔强劲儿的表现。

王栓儿要走，宾巴苏荣把他送出门外，并在他身后看了许久。王栓儿穿着带补丁的鞋子，有力的双脚踩得大地“咚咚”直响，连走路都信心满满的样子。遥看那间破房子的烟筒里冒出的炊烟直插云霄。王栓儿早已动手把灶火、土炕收拾好了，灶火也好烧了。看看现在他们家直插云霄的炊烟，宾巴苏荣觉得那是一种信心的象征。

春节越来越临近，宾巴苏荣羊群的二十来只瘦弱羊趴窝了，宾巴苏荣夫妇没日没夜地照看，喂玉米精饲料。秋天购买回来的玉米饲料眼看也快没了。怎么办？喂吧，心疼饲料。不喂吧，心疼羊。夫妇俩进退两难，束手无策。

有一天，看见从岔路口那边有两个人并排而行。仔细一瞧，原来是王栓儿和德木布尔勒两人。他俩一会儿进洼地，一会儿走上坡地，忽隐忽现，不久来到宾巴苏荣家的羊圈旁边。只顾喂虚弱绵羊的宾巴苏荣夫妇没顾得上把他俩让进屋里，他俩也在羊圈探头探脑说着什么。

“老王！宾巴苏荣可不是赖羊倌啊。他都感到棘手，你能养活了？”德木布尔勒说。

“老德，你可不要那么说。有道是，没有金刚钻，别揽瓷器活。如果我没有招儿，我不会对你那么说的。”王栓儿说。

“你一辈子没有经营过羊，你能行？吹牛吧！”

“我说到做到。不吹牛！”

宾巴苏荣瞅了一眼妻子，妻子也正瞅着他，谁也没说话，但是俩人都感到很奇怪：嗨，这俩人一口一个老王、老德地称呼着，王栓儿掺杂着半拉胡片的蒙古语，德木布尔勒也掺杂着汉语。这俩人称兄道弟，什么工夫走得这么近？

原来，这俩人有备而来。

德木布尔勒笑了笑，说：

“宾巴呀，你这些羊别说是用玉米喂，就是顿顿给它煮饺子吃也够呛了。老王提出来他想要买下。你把羊卖给他变成几个现钱，不但不再遭这个罪，而且过年的时候可以多喝几瓶好酒呢。”

“咋不行呢。为救活这些虚弱牲畜，我们正犯愁呢。”宾巴苏荣虽然这样说，但心里想：他那几头猪、几只鸡还养不好，还能养活羊？

“这样吧，宾巴。快过春节了。年货你就去我那里办吧。多少钱用母绵羊顶账。”王栓儿笑着说。

宾巴苏荣去了王栓儿那里选购年货，在以羊折算的时候，俩人还发生了争吵。

“十瓶酒要一只母绵羊，有点太过分了吧？”宾巴苏荣喊道。

“你要是嫌贵，你就去别处买。我并没有强迫你！”王栓儿也很凶。

“要不十一瓶！”宾巴苏荣说。

“休想！”王栓儿一点儿不让。

宾巴苏荣在气头上真不想做这笔买卖了。可是一想那些奄奄一息的瘦弱羊，也泄气了。

这年春节，王栓儿做了一笔好买卖。他以物易物，拿烟酒茶糖换回附近牧民的几十只瘦弱小畜，不但养活了，而且还养肥了，他把怀胎的母羊留下，其余的全部送到旗食品公司卖掉。这样不仅手里有了钱，又接了七八只羊羔。真是一举两得。过了几个月，当万物复苏，春暖花开时，新产的绵羊羔与猪鸡们在灰堆周围觅食，黑白分明，也成了一道风景线。在宾巴苏荣夫妇俩的眼里，那些羊羔那么可爱。有一天，有几只母绵羊还领着羊羔来到宾巴苏荣家跟前。夫妇俩不由自主地站在一旁观望。

“王栓儿这家伙眼瞅着就这样发起来了。”宾巴苏荣妻子说。

“比起我们，人家确实有一套。出外闯荡的人的确不一样。”宾巴苏荣说。

“那些瘦弱牲畜到底是如何救活的呢?”

“据说是用青贮饲料加豆饼渣子喂的。仅用了仨月时间，不但救活了，而且还育肥了，卖钱的卖钱，产羔的产羔。”

“嗨！用的是喂猪的老法子呗!”宾巴苏荣妻子完全是开涮的口气。

“那样育肥出来的羊肉能好吃吗?”宾巴苏荣也是不屑一顾的神态。

“说起来，人家的确是有毅力。育肥的羊全都卖掉了，自己一个也没有杀着吃，仍然是清汤寡水对付着。过年都没沾荤腥，那几个孩子啊怪可怜的!”宾巴苏荣妻子说。

“听说还送给敦布尔勒一只羊，不知是真是假。”宾巴苏荣说。

第二年腊月，王栓儿又采用上一年的做法，低价收购附近牧民的瘦弱牲畜回来育肥。牧民宰杀过冬牲畜时，王栓儿走村串户，收购皮张、头蹄和下水。

“听说，王栓儿把收回来的羊皮的毛绒都剪下来了。”宾巴苏荣妻子有一天告诉丈夫。

“我也听说了，他把牛皮上的牛尾巴砍下来单独卖。旗里的饭馆里，用牛尾加工的菜还是一道很讲究的菜肴。”宾巴苏荣告诉妻子。

“那样还能发呀?”妻子笑了笑。

“我宁可饿死也不干那样的事。怕人笑话。”宾巴苏荣说道。

除夕晚上，王栓儿门口鞭炮响个不停。宾巴苏荣两只狗都吓得跑了个没影。午夜时分，宾巴苏荣妻子看到一个红彤彤的东西从王栓儿门口徐徐升上天空，赶紧把丈夫叫到外边，远远地欣赏。

“那是什么呀?”妻子问。

宾巴苏荣回答说：

“孔明灯，俗称许愿灯，祈福之用。”

“较之去年的确发了。”

“听说，一条牛尾能卖二十元钱。”宾巴苏荣说。

夫妇俩久久地站在那里观赏升上空中的红灯笼。

距离王栓儿所住的那间房子一千多米的地方有一处寸草不生的洼地，是两个嘎查的交界处，而那块儿洼地究竟划归哪个嘎查一直不明确，常常发生纠纷。在王栓儿搬过来的第三年的春天，为争夺那个洼地两个嘎查之间发生了一次激烈交锋。

在一个淡雾飘浮的寂静的早晨，那边嘎查的十多个人突然来到这里，在洼地这边儿拉起了铁丝网。看到这个情况后，宾巴苏荣当即骑上马去德木布尔勒那里报告。德木布尔勒让儿子骑上摩托带上他来到洼地，与他们争吵起来。争吵了半天，德木布尔勒耷拉着脑袋来到宾巴苏荣家。

“怎么样？”

“据说是，苏木书记的内弟已经把那个洼地承包下来了。我们还能抢过人家吗？一块儿不毛之地，占就让他们占去吧！”德木布尔勒摇摇头说，一副灰心丧气的样子。

“别说是苏木书记的内弟，就是书记本人也得讲道理吧？”宾巴苏荣妻子愤愤不平地说道。

“嗨！现在的事儿你也不是不知道。”德木布尔勒叹口气说道。

正在这时候，王栓儿跑过来了。“咋办啊，老敦？他们这是欺人太甚！”王栓儿气得眼睛像斗激了的牤牛的眼睛一样瞪得圆圆的。说实在的，那个洼地和王栓儿一毛钱的关系都没有，他连户口都不知道在哪儿呢，却为那个洼地较真儿。

“你说咋办？什么办法也没有。”德木布尔勒重复着刚才的话。

“那不行！那是土地呀。寸土必争啊！”王栓儿说道。听了这句话，德木布尔勒他们三个人的目光齐刷刷地集中在王栓儿身上。嘿！

这家伙去也许能把那块儿地要回来了。

“你们要是害怕，我去说！”王栓儿说完，往那边跑了过去。

“他跑过去了，挨了打或出点什么事怎么办?”宾巴苏荣妻子不无担忧地说。

“嗨！如果王栓儿赢了，那块儿地就是咱们的。如果要不回来，那也是他的事，和咱有啥关系?”德木布尔勒满不在乎地说。

三个人走到宾巴苏荣家前边的小梁上远远地看着。王栓儿真是下决心和那些人一争高低的样子，迈着坚毅的步伐到了家。不一会儿，只见他领着老婆孩子向那块儿洼地走去。

他们一进洼地便与拉铁丝网的那帮人高一声低一声地争吵了起来，甚至动起手打了起来，只见人们来回跑动，有的捡起石块儿，有的挥舞着铁锨和镐头。

不大一会儿，不知是王栓儿被人打了，还是被他们抓起来了，被他们架起来走了。王栓儿的老婆孩子从后面扑上去，与那些人撕把了起来。面对一个女人和几个孩子，他们实在拿他们没办法，只好挣脱纠缠匆匆离去。

洼地里只剩下王栓儿老婆和几个孩子。只见那女人在人群后边跳着脚高声叫骂着。

“到底怎么了？我们过去看看吧！”德木布尔勒说。

原来是因为王栓儿打伤了人，被那些人抓去送苏木派出所了。

“王栓儿惹出事儿来了。这个洼地就得归他们嘎查的了。王栓儿不但要被拘留，还要赔偿药费。以后，我们嘎查也休想看到苏木书记的好脸色。”德木布尔勒嘀咕了几句，又怒气冲冲地对王栓儿老婆说道，“你们打伤了人家就得自己负责。和嘎查无关!”说完，扬长而去。

“看见没？德木布尔勒就是这么坏！人家王栓儿为我们嘎查挺身而出摊了事，这个家伙不但不管，还想一推六二五。”宾巴苏荣悄悄跟妻子说。

“可不是咋的！听说，前年还吃了人家王栓儿送的两只羊。现在这样对人家!”宾巴苏荣妻子说完走到王栓儿老婆跟前，抚摸着她的肩膀，说：

“他们把你老头抓去了，你得去看看嘛。打坏了怎么办?”

可王栓儿老婆反倒更厉害：

“哼！他们要是动了我们王栓儿的一根毫毛，看老娘打断他们一条胳膊!”说话的时候唾沫飞溅。

“不管怎么说，王栓儿打人是不对的!”宾巴苏荣表示遗憾。

“打人？他们比打人更甚。”

“他们咋的了?”

“他们？摸老娘的奶子还不算，还抓裤裆。一帮臭流氓!”

宾巴苏荣夫妇往家走去。对方的人早已走得没影，这娘们还在那里不断地跺着脚吐着唾沫，跳着脚高声叫骂，宾巴苏荣夫妇看着吓得脸都刷白了。

第二天、第三天那边嘎查拉铁丝网的人们先后来了两次，都被王栓儿老婆给撵跑了。只要他们过来，王栓儿老婆就扑上去，拼命地撕巴，几个孩子也冲上去，拽手的拽手，抱腿的抱腿。那边嘎查的几个人无论怎么恼火，也动不得手。即使是这样，王栓儿老婆还一个劲儿喊：他们打我的孩子了，他们摸我的私处了。最后，那几个人脸被挠了，衣服被撕破了，也只能忍气吞声，一走了之。如此这般折腾两次以后？他们再也不敢来了，甚至远远地看见王栓儿老婆的身影就逃之夭夭。

随后，王栓儿老婆推着手推车，拉着几个孩子到苏木政府告状去了。

那天，赛罕其其格正好去苏木，回来路过宾巴苏荣家，对他们说：

“听说收购羊绒羊毛的贩子来到苏木了。我那儿有点羊绒羊毛，我就去卖了，想不到碰上了这辈子闻所未闻、见所未见的事情。”

“那你是看到了什么呀？”宾巴苏荣妻子迫不及待地问。

“如果不是我亲眼所见，真是不敢相信王栓儿老婆是如何把苏木干部治住的。那娘们不但把关在苏木的王栓儿捞了出来，而且还得到了三百元的赔偿。”赛罕其其格对他们讲了自己的所见所闻。

那天，王栓儿老婆用手推车推着几个孩子直奔苏木党委的大办公室，就把几个孩子扔在那里。正好苏木党委副书记在那里，就训斥那个女人：

“你怎么能够把孩子们扔在这里不管呢？”

那女人回敬道：

“我一个女人家养活不了这么多孩子，得由他们爹养活。可是你们把他们爹抓到这儿来了。我只能把孩子们交给你们了。”这时候，几个孩子哭的哭，喊的喊，吱哇乱叫，吓得办公室里的人们纷纷跑了出去。

接着，王栓儿老婆进得苏木书记的办公室，隔着办公桌跪在了苏木书记前边：

“你们说我丈夫打人了，把他抓起来关了。可是，那个嘎查的人把我打伤了，你们为什么不管？”说着说着捶胸顿足，号啕大哭起来。

书记急了，说：

“我没听说有人打了你。你说话得有证据！”

“你要证据，我马上可以给你看。你内弟挠伤了我的下身。”女人说着就要脱裤子，吓得书记赶紧跑出办公室。

就这样，到了下午案子来了个大翻个，王栓儿打人的事变成了书记内弟侮辱妇女的事。苏木书记为了挽回亲戚的面子，来了个大事化小小事化了，不但放了王栓儿，还给那个女人医疗费用三百元钱。在办公室哄五个孩子哄了半天的苏木干部们这才松了一口气，口念阿弥陀佛。

王栓儿回到家里后，立即动手用铁丝网把那块儿洼地围封了起来。那个嘎查的人们也没吭一声。王栓儿虽然户口没有在这儿，嘎查也并没有把那个洼地划分给他，可是，德木布尔勒也没有说什么。几天后，王栓儿还在洼地种上了树。

王栓儿不但围封了那块儿洼地，过了不久竟然在宾巴苏荣家前边也拉起了铁丝网。宾巴苏荣夫妻俩见了虽然很生气，但又不敢去交涉，怕打架。

“这样得寸进尺，说不定哪天鸠占鹊巢。你得去说道说道吧！”有一天妻子对宾巴苏荣说。

“还是……你去吧！那个娘们有动不动就脱裤子的毛病。”宾巴苏荣说。

“脱就脱去呗。她自己愿意脱，也不是你扒她裤子。”

“那……我去试试看吧。”宾巴苏荣犹犹豫豫地去了。

“这可是我分到的草场啊！”宾巴苏荣走到王栓儿跟前说道。

王栓儿一边用钳子拧着铁丝，一边瞪了一眼，说：

“这个世界允许你活得，就不允许我活得？”

“我分得这块儿草场，和嘎查达订了合同的。”宾巴苏荣又补充一句。

“合同算个屁！”

宾巴苏荣去找德木布尔勒状告王栓儿。德木布尔勒挠了挠头，笑着说：

“老弟呀！苏木书记都治不了的玩意儿，我能有什么办法呀？”德木布尔勒接着又说，“说实话，王栓儿也得过日子吧。既然搬来我们这个地盘上住下了，没有草场咋生活？”宾巴苏荣无可奈何地回来了。

王栓儿的生活日见起色。现在，他不但拥有了五十多只绵羊，而且还有两个草库伦。人家的办事能力你不服不行。德木布尔勒的儿子骑摩托进城撞了人家，驾驶证被没收。王栓儿去了就把驾驶证要了出来。苏木一个单位拉运砖瓦没有车，王栓儿不但联系了汽车给他们拉运，而且还免费。他有五十多只绵羊，用宾巴苏荣妻子的话说，是用“喂猪”的方法育肥出来的，春节之前把公的卖掉，母的留下，再从牧民手中收购些瘦弱牲畜，很快发展到五十多只。嘎查、苏木两级领导经常来他们家参观不说，还把他们树立为“加速商品周转率”“用新方法经营”的典型户予以表扬。

宾巴苏荣夫妇看了像吃了苍蝇似的恶心。宾巴苏荣很不服气地说：“现在，王栓儿倒成了新型牧民，叫我们这些祖祖辈辈经营牧业的人向他学习。见鬼去吧！”

“不信你看着吧。弄不好再过三五年，我们得看人家脸色讨生活呢！”妻子说。

“哼！骆驼再尥蹶子，也蹦不到天上去。听说德木布尔勒老儿子考上大学走的时候，王栓儿送去了二百元钱的礼物。说明他还不是在德木布尔勒掌握之中吗？”

“好多人看见去年春节之前他还给苏木书记送去了一头白条猪呢。”

正在这时候，发生了一件事，大大地提高了王栓儿的威信。

那天，德木布尔勒又来宾巴苏荣家，为收缴税费的事俩人又闹了个大红脸。德木布尔勒前脚刚走，王栓儿后脚到，对宾巴苏荣说：

“德木布尔勒太过分了！今年的税费咱不能缴。”

“不缴不行吧。国家有法律规定呢。”

“什么法律规定？大家都不缴，法不责众嘛。”

王栓儿挨家挨户去游说，今年的税费谁也不缴。经过王栓儿这么一鼓动，大家信心十足，都说今年税费不缴。

那些天，岔路口周围的住户出现了从未有过的心齐和活跃气氛，大家时不时地来回串门，相互打听信息。有的说，王栓儿刚才来过了，说应该如何如何。有的说，那就好，我们就照着王栓儿说的来做就对了。越是这时候，越需要齐心。人们四处奔走，传达王栓儿的意见。

那年，果然税延期了半年，费基本没有收就过去了。好家伙，你想想王栓儿的威信提高到什么程度了？从此以后，每遇大事小情，人们都等待着王栓儿的动静。

王栓儿在岔路口盖了一溜青砖瓦房，原来的那间破房子改建成猪圈。家里雇了两个人，老婆穿戴也不再像过去似的邋邋遢遢，而是穿上了漂亮的衣裳，而且描眉画眼，化妆打扮在小铺卖货。人们这才发现，原来王栓儿的妻子是个非常漂亮的女人。人靠衣裳马靠鞍，这话一点也不错。过去，人们都说赛罕其其格心灵手巧，穿戴得体好看，现在与王栓儿妻子一比，简直是不可同日而语了。各家的姑娘媳妇们穿什么衣服，做衣裳用什么料好，都爱去王栓儿妻子那儿咨询，征求意见。赛罕其其格干脆就拜王栓儿妻子为师，除了帮助熬茶做饭，学习裁缝手艺，还听说要和王栓儿妻子合伙开办裁缝铺。

那条路也变得车水马龙。南来北往的汽车司机大都在王栓儿那儿打个尖，歇个脚。有的边喝啤酒，边和王栓儿妻子打情骂俏。有的就着羊头肉或羊杂碎倒上醋做下酒菜。人们说，王栓儿老婆一个羊头肉卖二十元钱。

王栓儿穿戴一点也不讲究，他不再琢磨收购乡下的骨头等破烂货了，而经常往旗里跑。回来后，巡视一下他的铁丝网，把雇工训斥一顿，然后，用冷冷的目光搜寻着周围，久久地站在那里。现在的他，根本不把德木布尔勒放在眼里。他常常公开声称：“德木布尔勒那个蠢货还当着嘎查领导，老百姓不遭罪才怪哩！”人们一听也是，他们想起德木布尔勒种种毛病，觉得不撤换这嘎查领导没个好。

有一天，宾巴苏荣走到他们家西边的高地上，看见自己家的羊群已到了王栓儿家的铁丝网跟前。

他赶紧向妻子喊道：“快点赶回来。和他们打起来麻烦！”

“你又怕那个娘们脱裤子了？人家不在乎脱，你还在乎看？”妻子虽然那么说，但还是赶紧跑过去把羊群拦回来。

妻子回来，说：

“听说了没？苏木正在考虑让王栓儿当嘎查达呢？”

“有可能。说起来，那家伙还真有两下子，可比德木布尔勒强十倍。”宾巴苏荣说。

“眼看那个八月十五不是快到了吗？要不咱杀只羊，送给他半扇子肉吧。俗话说，与其蛮干，不如巧干嘛。以后也许对我们有益处。”宾巴苏荣补充了一句。

“嗨哟！我老头子脑筋开窍了啊。你原来可不是这样的人啊！”妻子笑着说。

“人总得要进步嘛！”宾巴苏荣说完笑了。

岔路口那边王栓儿的青砖瓦房很有气派地耸立着。大门外停放着好几辆大卡车。从那儿岔开的两条路，一条伸向东南方向，一条伸向西南方向。路这个东西怎么就走着走着岔开了呢？宾巴苏荣久久地望着，百思不得其解。

岱钦　译

# 我们的车队向着太阳

## 一

停留许久的长途客运汽车徐徐开动。车里人挤人，水泄不通。坐在最后一排座位上的我往前看去，只见各色人的各种脑袋在我前边晃动。那可真是各种脑袋呀！有用毛头巾围着的或戴着貂皮帽子的富足的脑袋；有散发着发油和雪花膏的香气的鬈发脑袋；还有没有戴帽子的留长发的和留短发的年轻的脑袋以及缺乏营养而掉了头发的秃顶脑袋……各种后脑勺一个挨一个，随着汽车的颠簸，不住地晃动。

这是一辆老掉牙的旧车，走得慢而且不时发出奇怪的声响，我真担心它随时在路上抛锚。早晨临出发时，这辆汽车就出了毛病，司机折腾了足有一个钟头，好不容易才从旗府所在地出发的。我们今天路途较远，路况又不好，如果这个车坏在半道儿上，那我们这些人就得在荒郊野外过夜呀！千万别坏呀！

司机是个黑胖汉子，售票员是个小白脸年轻人。他俩可是这辆车上的“皇上”，是我们这些旅客的“活阎王”啊。汽车开动之前，司机回过头来喝令一声：“关门！”人们并不清楚他是对着谁喊的，但是大家不由得激灵一下。这时候，有人喊道：“你去那个座位上挤一挤！说你哪，动都不动，难道你是聋子吗？”这是那个年轻售票员的声音，被他骂为聋子的那个人是四十岁左右的乡下牧民模样的男子。他因为受寒而发青的脸上露出不满的神色，说道："我不能坐在这个座位上吗？"我们上车的时候都发现车最前边的一个座位上堆放着几个大小包。但是谁敢往那个座位上坐呀？多次乘坐长途班车的人们都知道，那可是司机和售票员留给和他们有特殊关系的人就座的位子。估计我们这位牧民兄弟不常坐长途班车，哪里知道这个"奥秘"。

"你说什么？"售票员的声音暴躁得很。看来他也很少遇到如此不开眼的人。

"这个座位上可以放包包，难道不可以坐人？"牧民说。

"你还想坐这个座位？这个座位是你这样的东西可以坐的吗？自不量力！"

"一样花钱买的票嘛！这个座位空着，为啥不可以坐？"牧民还在据理力争。

"别说是你这样的一个牧民，比你厉害的我照样可以扔下去！"年轻售票员挽起了袖子。

"快拉倒吧，别争了！""到后边来坐吧！"人们七嘴八舌，纷纷劝那位牧民。如果真的把他推下了车，一个牧民上哪儿说理去？

牧民汉子提溜着大包小包，从人群中挤来挤去，艰难地往后边过来。这时候，只见年轻售票员骂骂咧咧，推推搡搡地从人群中冲过来，给那位牧民找了个座儿安顿下来。这时候用毛围巾包住满头鬈发的漂亮女士吱哇乱叫起来，喊道："多粗鲁呀，你！把人推来推去的，难道是装在麻袋里的饲料吗？"年轻售票员回敬道："你以为自己脸上涂脂抹粉就比装饲料的麻袋强一些吗？"

"啥态度？你应该好好对待旅客。"

"咋个好好对待？要不把你搂在怀里亲一亲？"

"流氓！"

"你可说对了。我就是交通系统出名的流氓。你在我面前放老实点!”那位妇女听了也许害怕了，变得默不作声。

还是那位牧民嘴里嘀咕：“他娘的！要是会开车，把这两个家伙推下去，自己开车走多好……”

我们乘坐的汽车就这样在吵吵嚷嚷声中顶着风，扬起一路尘烟行驶在漫漫荒野上。

如果安坐在家里多舒坦呀！可是，人这个东西为了生计不得不走南闯北，东奔西忙，没办法。冬日的寒风不断从破车窗吹进来，我一看我前边的脑袋们纷纷缩进他们的衣领里，而且在上边落下了厚厚的一层尘土。

司机这时候把录音磁带塞入了他车上的播放机里。有了毛病的录放机再加上陈旧不堪的磁带，犹如没有上油的勒勒车轱辘似的“吱儿吱儿”地响了半天，终于播放出一首歌曲：

> 向前、向前、向前，
> 我们的车子向太阳。
> 平坦的路上车轱辘在转，
> 寥廓的草原上百花齐放……

不知是谁胆敢把《解放军进行曲》改编成这样翻唱。黄沙漫漫的原野、坑坑洼洼的公路、冷风飕飕的车里颠簸的我听着这歌曲感到好笑。

我一看前边的那个座位仍然空着。

## 二

虽然车上的各种脑袋缩进了衣领里，后来我发现，有的脑袋上的眼睛一直盯着那个座位。

高贵脑袋的那位女士自从和年轻售票员干了一仗之后，一直愁眉不展，一言不发。但是走着走着不知想出了什么主意，摘掉了漂亮的毛手套，从放在膝盖上的小坤包里拿出了一包555牌香烟后柔柔地叫了一声："售票员师傅！"

一听到这柔柔的叫声，售票员的脖子好像按了螺丝似的灵敏地旋转，脸朝这位女士看着。当他回过头来的那个瞬间，一包555牌香烟早已飞过女士前面十来个人的脑袋上面，稳稳地落在了售票员的手中。售票员脸上凶神恶煞般的面容立刻烟消云散，而换成一丝淫笑："干啥呀？女士。是不是想下车撒尿？"

"你不知道我们女性的难处啊。你们男人可以随便在什么地方站着撒尿。我们女人怎么可以在这无遮无拦的野外撒尿呀？"女士摇着她高贵的脑袋嫣然一笑。

或许是女人小解的情景仿佛出现在年轻售票员眼前，他脸上放光，说道："你真的要下去撒尿，我给你挡着吧。你那像剥了皮的鸡蛋一样白白的、细皮嫩肉的屁股蛋子，我怎么会舍得让冷风吹呢？"

"你保证不看可以呀？不过你看了怎么办？"女士放肆地笑了起来。

"你放心！我保证闭着眼睛站在这边给你挡着。我们是为旅客服务的嘛！"售票员说完，又补充了一句，"不过，忍不住看一眼就看一眼呗，也没啥了不起的。"

"女人害羞嘛……"女士说着，"哎哟，晕车了吧，突然觉得恶心……"又叫了一声。

"那你过来坐这儿吧！"售票员指着一直空着的那个座位说。

"那不是你给你恋人留的座位吗？嘻嘻……"高贵脑袋的女士说着早已跑过去坐在了那个座位上，和售票员说说笑笑好不热闹。

缩进衣领里的脑袋们纷纷伸出来，窃窃私语。一个老者摇了摇他那秃顶的脑袋，叹了口气，说："现在的年轻人啊，哪儿学来的歪门邪道？"这时候，一个短头发的年轻人哑然失笑："你没有像剥了皮的鸡蛋一样白白的、细皮嫩肉的屁股蛋子，趁早悄悄地待着去吧！”还是刚才的那位牧民愤愤地说道：“哼！自己要是有台车，哪会受这份窝囊气？可是，没有钱买车呀！”

## 三

自从那位女士去坐上那个空位子之后，我发现旅客们开始对她憎恶起来。其实，我心里也很不得劲。说不上是妒忌，是憎恨，还是讨厌，好像做买卖赔了本似的，又好像东西被人偷去了似的，或者对那位女士有点怜惜……，心里怪怪的五味杂陈。那个座位空着的时候，可没有这些想法。

你看看那个就凭一包香烟、几句挑逗的话占据了全车最好的座位的那个女人的德行！好像全世界的便宜都让她占了似的。

不过，她还是没有久占那个座位的福分！

我们的车在一处风雪漫卷的荒野上停了下来。一个身穿油迹斑斑的羊皮大衣的壮汉子扛着一整只白条羊上车了。他把冻得叮当的白条羊靠车门而立，凶凶地瞅着司机和售票员说道：“我从头几天开始等你们俩，就是不见来。我倒以为你们俩不想吃绵羊肉了呢。”语气里带着不满。

“车坏了，没来了。”司机向他点了点头。然后对售票员说，“给这位好汉找个座位坐吧！”

“等等……等等”，售票员左瞅瞅右看看犹豫了一阵后，指了指刚才高贵脑袋的女士坐过的那个位子，说：“您就坐那儿好吧？”

“你说什么？每年冬天你吃我三五只绵羊，你叫我坐那样的位子呀？我还是坐我坐习惯了的座位上吧！”那个汉子没好气地说道。

“我的活祖宗啊，这个女士晕车了，很难受。”售票员不想让那个女士让座。

“那我就和她挤在一个座位上坐吧！”那汉子说着，直接过去，和那位女士坐在一个座位上。看着那油迹斑斑的羊皮大衣恶心死了的那个女士“吱哇”乱叫着跳了起来，怒视着售票员。那个壮汉子却嗤笑着说：“坐着吧！挤一挤不暖和吗？”女士一手捂着鼻子，一手提起呢子大衣的下摆，赶紧躲开那个壮汉子，回到原来座位上坐下来。

缩回衣领里的脑袋们再一次伸了出来，又开始窃窃私语起来。看着那位女士气白了的脸色，我心里只觉得很开心。聪明反被聪明误，折腾了半天最终还是回到原来的座位上了吧？不过，挤占她座位的那个汉子也令人憎恶。

“看似也是个乡下人，为什么这样蛮横无理？”秃顶又叹口气。“哈哈哈！像剥了皮的鸡蛋一样白嫩的肉最终还是干不过冻羊肉啊！”短发小伙子笑言道。“他们可以轮流坐，我们为啥不可以？”那牧民又在嘀咕。

## 四

日近中午，车到一个叫海拉苏台的地方打尖。这里有一家门窗破旧不堪的供销合作社，有一个门上挂着沾满油腻的门帘的小饭馆，还有一家满地马粪蛋和草屑的大车店和几间歪歪斜斜的泥土房。身着臃肿的冬装的乘客们慢腾腾地下了车，有的扑打着身上的尘土，有的咳嗽着呕吐着，有的挪动着近乎失去知觉的两条腿，向那边残墙断壁的厕所走去。

“这里，司机和售票员有专门单间好肉好菜好招待，还不要钱。我们这些乘客嘛，蒸一蒸半个月以前做的冻馒头吃，还狠狠地宰你一刀！”秃顶老汉说着又叹口气。

“海拉苏台饭馆三个‘一样’：服务员的工作服和抹布一样；蒸出来的馒头和驴粪蛋一样；做的汤和泔水一样。”短发青年说完笑了笑。

“还有呢。见了司机和见了爹一样，见了乘客和见了仇人一样。”旁边的一个人补充道。

你一句我一句地闲唠着，进了饭馆吃了皮儿黑黑的馒头，喝了散发着泔水味道的菜汤，人们看到司机和售票员坐在厨房一角的饭桌旁，满桌大盘大碗的肉和蛋，还喝上了小酒。

吃完饭，汽车刚要发动，没有想到又发生了一档子事。

我们好好赖赖填饱了肚子，上了车回到各自的座位上，又把脑袋缩回衣领里，本想美美地打个盹来着。司机坐上了驾驶座儿，戴上了手套。售票员喝酒喝得满脸通红，从车窗探出半个身子，正和饭馆的女服务员打情骂俏。我们的旅途马上就要开始了。

正在这时候，只见一个身穿交通管理制服的连把胡子汉子领着一个提溜着手提包的小青年来到车跟前。这两个人到底从哪儿出来的，我还真没注意。

“……这是盟交通局王局长的儿子。”连把胡子汉子指着身后的小青年介绍说。司机和售票员向那位小青年点了点头。

“他要去乡下看看他姥姥，在这儿等了好几天车。他姥姥家住在哈日根图套海。你们稍微绕一点，把他送到那儿就行了。”连把胡子汉子说。

“那可不是稍微绕一点的事，少说也得多走五十公里哟。我们车有毛病，去那儿路也不好，再说天色不早了……”司机皱着眉头说道。

“少废话！局长的公子不嫌弃坐你们这烂车，不是给你们赏脸吗?”连把胡子汉子声调高了起来。

别看这司机和售票员对我们很厉害，原来还有比他们更厉害的。我心里很解恨。不过，听到离开原路多绕五十多公里路，觉得那个连把胡子汉子更可恶。

酒壮人胆，司机、售票员和那个连把胡子汉子激烈地辩论起来。

“你们想干什么?”听到连把胡子汉子厉声叫喊，大家不禁吃一惊，纷纷抬头往车外望去。只见交通管理人员大盖帽檐下怒目圆睁，恨不得把司机和售票员活吞了的样子。

“别的不说，单凭你们行车途中饮酒这一条，完全可以扣掉你们俩三个月的工资！不知好歹的畜生!”

司机和售票员如霜打的叶子立刻蔫巴了。

唉！可怜。说他们是旅客的“活阎王”，原来，他们头上还有“阎王”啊。想到这里，司机和售票员远没有那个连把胡子汉子可恶了。他俩终于在连把胡子汉子面前低下了头，不得不多绕五十公里的路，大家也跟着遭罪。

“莫说是局长的儿子，就是局长他爹还能怎么样？为一个人的事耽搁这么多旅客的事?”高贵头的女士叫道。

“这交通系统的不正之风也太过分了吧?”秃顶老汉跟着喊。

“把那个交通局长赶下台，我们去当那个局长好了。”那位牧民也嘀咕。

“快算了吧！司机、售票员都顶不住，我们还能把人家怎么样?”听短发青年如此说，大家也成了泄气儿的皮球。

司机和售票员的脸上好像结了一层冰似的惨白。车门打开了，那位局长的公子趾高气扬地微笑着登上了车。看模样也就是个二十来岁的青年学生。

售票员对那位扛来白条羊的大汉说：“您到后边座上坐坐去怎么样?”

“行，行！我本来就不想坐这个烂座。谁坐谁得癌症死呢!”那汉子说着往后边来。

“往这儿挤一挤吧!”高贵头的女士让道。

车开往哈日根图套海方向。

此时此刻旅客和司机、售票员高度勠力同心。高贵女士又掏出两包555牌香烟扔向售票员，说："一包给司机师傅吧！"

"旅途的福分应该大家分享！"售票员说着，打开烟盒一颗颗香烟扔向旅客。车厢内立刻响起一片欢声笑语。不过，谁都能看出在大声笑谈后边隐藏着说不出的愤怒和无奈。

"听说，盟交通局长有三个老婆。不知道这个小孩是哪个老婆生的？"听短发青年如此说，大家故意哄堂大笑。

"可能是那个得梅毒病的老婆生的吧？"大家又是一阵哄堂大笑。

"听说，有的地方那些腐败的官员晚间出去被人活活给打死了。"

"那样贪官很容易得癌症呢。"

"……"

大伙儿又是哄堂大笑。

坐在这辆车最好的位子上的那位局长的公子一直听着大伙儿的冷嘲热讽的舆论，头也不回，一声不响。除此以外，他能有啥法子？

其实，最可怜的还是我们大伙。只不过是通过讥讽、诅咒来过过嘴瘾，略微发泄一下心中的愤恨而已。除此之外，还有什么能耐？司机还不是为了把这个小崽子送到他姥姥那里，拉着这么多旅客，多绕了五十多公里路，既遭罪，又耽搁了时间？

## 五

等把局长的公子送到哈日根图套海，再折回来时已经夕阳西沉。然而，我们目的地还远着呢。

到哈日根图套海，小崽子下了车，那个座位空了出来。可是，谁也没有去坐。那个座位一直空着。

冬日天短，夜幕很快落下来。

接着发生的事情简而言之是这样的：前半夜，车坏在了荒无人烟的原野上，司机和售票员折腾了足有两个多钟头总算能走了。后半夜，黑沉沉的夜色里这司机老先生迷了路转了向，不知跑了多少冤枉路，好容易转回到正路上。

发生如此严重的事情，大家竟然没有怨天尤人。

大家似乎都麻木了。

说麻木也不全是。既然乘坐这么个烂车，又要赶这么远的路程，人们可能都想到了说不定会遇到这样或那样的事情。

夜晚的寒风从破车窗呼呼地吹进来，朝前望去，在惨白的车灯照耀下崎岖不平的道路在无尽头地伸展着。

司机又打开了他那破录放机唱上了：

向前，向前，向前，
我们的车子向太阳……

相信明天的太阳一定会升起，我们也一定会到达目的地。想到这里，我闭上眼睛想打一会儿盹儿……

真的。何必那么焦躁不安、自寻烦恼呢？早先，虔诚的喇嘛们千里迢迢一步一叩首地赶赴拉萨朝拜。人家就有一句名言：我在走着呢，拉萨在站着呢，总有个到达的时候。

岱钦　译

# 吉庆小馆

## 一

下暴雨的那个晚上，阿拉坦达丽头上盖了块四方塑料布，从苏木卫生院往家里的饭馆一路小跑着。夏日晚上的这场暴雨在这个坐落于偏远丘陵地带的苏木所在地倾盆而下。这里虽然没有多少房屋建筑，却自然形成了一条小街。苏木卫生院在小街的东头，她开的饭馆在小街的中间地段。她穿着一双拖鞋顺着这条小街蹚着雨水往回跑着。小街两旁的房屋中间水声哗哗响，倾盆的大雨噼里啪啦地打着她那块遮在头顶上的塑料布。

她推门进了饭馆。厨师朝格吉乐从地上捡着肉骨头往袋子里装，其木格在剥葱。朝格吉乐和其木格是二十出头的年轻人。朝格吉乐的烹饪技术一般，但牛羊肉煮得好。其木格除了打杂，还负责给顾客唱歌。

吊在屋顶的灯泡格外亮，刚洒完水的地面散发着湿气。这是一座用铁皮建成的房屋。原来是两间无人住的破房子，他们来了之后从房门接出了铁皮屋，将其一分为二，里面的当作厨房，外面的当作餐室。原来的一间土房里放着杂物，阿拉坦达丽夫妇住在另一间。其木格住在杂物间，朝格吉乐住在餐室——客人离去后，他把饭桌对在一起就是床。

“漏得厉害不?”阿拉坦达丽摘下挂在墙钉子上的旧毛巾边擦头发边问。

朝格吉乐说:“简直没法说呀。不过把东西都挪到不漏的地方了。”

其木格问:“赫穆楚格姐夫好点了吗?”

“没啥事了。医生说再住几天就能出院了。”阿拉坦达丽说完又嘱咐道,“还是把明天用的干牛肉先泡上吧。干肉泡好了煮才容易软乎。”

“泡上了。”

阿拉坦达丽刚才虽然蒙了块塑料布,浑身还是湿透了。她进屋换衣服。开灯一看,雨水顺着小屋的土墙不停地滴落。她把湿衣服脱下,未等换好干衣服就听到有人推门进来了。她怕被朝格吉乐撞见,赶紧回头看,是其木格。

其木格扑哧一声笑着说:“姐姐,看把你吓的。是我。”又说,“姐姐年轻时身材肯定不错。现在胖了。”

“女人可不都这样,生孩子,没日没夜地忙活家务,然后就成这个样子了呗。”阿拉坦达丽麻利地穿好衣服,照着挂在墙上的豁边镜子梳头。

“纳慕吉勒书记刚才来过。”

“是吗?”

其木格接着说:“他问屋子漏不漏雨,说漏得厉害就去苏木拿张帆布把屋顶给盖上。还问赫穆楚格姐夫的病情来着。”

“他没说明天中午招待客人的事吗?”

“说了。他说有干牛肉就行。”

阿拉坦达丽以为其木格还会说点什么,等了半天她也没再说什么就出去了。“早点睡吧。明天还要起早呢。”她从其木格身后补了一句。

她听到了朝格吉乐来回挪桌子,其木格往脸盆里倒水洗漱的声音。她愣愣地发了一会儿呆就脱了衣服钻进了被窝。关灯之后，屋里变得黑漆漆的，透过那扇小方窗子隐约能看到一点微弱的亮光。雨声不绝于耳，还在不停地下着。纳慕吉勒书记来过，我却不在，他找我肯定有事。我是不想让赫穆楚格感到无聊，才陪他唠嗑多坐了一会儿。她觉得有些遗憾，转而又想：今晚虽然没见到纳慕吉勒书记，明天中午他还来饭馆招待客人。这样一想就不觉得有什么遗憾了。

她把纳慕吉勒书记视作恩人。如果没有纳慕吉勒书记，她也不会想到来这里开饭馆。

去年夏天，阿拉坦达丽来苏木从供销社了买点东西，在小街上走着的时候跟纳慕吉勒书记不期而遇。阿拉坦达丽听说过纳慕吉勒从去年就来这个苏木当书记，但他俩一直没见过面。不打招呼就走过去是不是有些不合适？但人家现在是书记，肯定不认得我了。她这样想着正要往前走，纳慕吉勒书记却一眼认出了她，笑着说："是阿拉坦达丽吧？不记得我了吗？"她有些被动了，红着脸说："你还好吧？"纳慕吉勒书记哈哈笑着说："咱俩可是老相识呀。你不会是忘了吧？"她低下了头，脸更红了。这是发生在多年之前的事情。那时纳慕吉勒还是刚参加工作的年轻干部，那一年在阿拉坦达丽的大队下乡。有天晚上，他来到她独自居住的帐篷跟她一起过了夜。阿拉坦达丽当时又害羞又害怕，心想身为干部的人也这样呀，一旦要是怀上孕可咋办。她差点吓死，后来发现自己没有怀孕，事情也就这样过去了。没过多久纳慕吉勒调到旗里工作，几年之后阿拉坦达丽也把年轻时候的这件事情渐渐给忘了。但是，今天看到纳慕吉勒的神情，他好像到现在还记得呢。那时我们都年轻，不懂事，瞎胡闹。现在想也没用了。阿拉坦达丽心想着看了看纳慕吉勒，说："工作忙吗？"

纳慕吉勒说："还行。去我那儿喝茶吧？"

阿拉坦达丽说："不去了。你以后去我们那儿的话，记得去我家坐坐。"纳慕吉勒说："去我那儿喝碗茶吧。我也不会吃了你。"纳慕吉勒边说边往前走。人家苏木书记让去呢，不去也不合适，还是去吧。阿拉坦达丽低着头跟着纳慕吉勒走去。很明显，这是纳慕吉勒的单身宿舍。刚一进屋，他就摆好奶豆腐、奶皮子，给她盛茶。然后问她的家庭生活等情况，又说有事帮忙就尽管说。阿拉坦达丽这时才想起家里已经没有牧场了。于是就告诉他，有个外地公司把她们几家的牧场买去之后，一分钱都没给。家里没有放牧的草场，只好给别人交费，让他们给看管牲畜。纳慕吉勒听完后，说："来苏木开饭馆吧。""能行吗?""怎么不行？你回去跟你老伴商量商量吧。我帮你办手续。"就这样阿拉坦达丽的饭馆很快就开张了。苏木党委只要来客人，纳慕吉勒就会领到她家的这个饭馆来招待。要是没有纳慕吉勒书记，谁知我们现在过着啥样的日子。阿拉坦达丽常常这样想，总觉得不能忘记人家的恩情。

雨好像是越下越大。雨声在窗外呼啸着，从小方窗越发透进阵阵湿气。阿拉坦达丽想到了躺在医院的老伴，失眠了。本来就有胃病的赫穆楚格前天早晨忽然胃疼得晕倒了。如今他的病情有所稳定，但是医药费肯定不少。工商、税务，还有文明办的也快来了，各种管理费、税费，连清理垃圾和泔水都要钱。把挣的这点钱都给他们了。收入好点的月份，还能给朝格吉乐和其木格三五百块。收入不好的时候两三个月都不给人家开工资。好在吃住全免，要不也留不住人家。

一想到老伴的病，她就睡不踏实，就怕哪天忽然会发生什么。二十几年前当过大队会计的赫穆楚格当时提出跟她一起过日子的时候，她毫不犹豫就答应了。她当时觉得人家是被大队领导赏识的人，我只是个整天跟着羊群放牧的姑娘。觉得合适就跟他一起过了。可是大锅饭解散之后，各家各户显起了神通，这时她才发现赫穆楚格其实是个能力有限、没有什么头脑的人，家里的日子过得也就不怎么样了。紧接着他又得了胃病，持家的担子都落在了她一个人的身上。赫穆楚格的脾气更是越来越暴躁，总是跟她找碴吵架。

她觉得自己为了这个家这样辛苦劳累，他还总找碴，也不让着他，跟他一起嚷嚷。而且起因往往跟纳慕吉勒书记有关。纳慕吉勒书记是个爱热闹的人，招待客人的时候愿意来，不招待客人的时候也愿意来，还喜欢让其木格唱歌。只要他来，将纳慕吉勒视为恩人的阿拉坦达丽每次都会热情招待。赫穆楚格就为此生气发火。听到纳慕吉勒书记要来吃饭，他就骂骂咧咧地说："哼，你那个爷爷又快来了吧？""你说啥呢？开饭馆不就是让顾客来吃饭吗？"阿拉坦达丽也不嘴软。"吃喝就吃喝呗，还非让唱歌。谁知他是来喝酒，还是来听歌。""其木格就是为顾客唱歌的，唱几首歌怎么就不行了？""哼，醉翁之意不在酒，爱舔泔水的一条狗。""差不多就行了啊。你要是能养活老婆孩子，我也不会来这儿。""嫌我没能耐是吧？那你赶紧拿上铺盖卷找有能耐的去呀。"

唉，生病的人心焦，所以才那样生气发火吧。她想着这些叹了口气。又想：纳慕吉勒书记也是，人挺好的，就是有点不正经，喜欢跟姑娘媳妇乱搭嘎。纳慕吉勒书记的妻子在旗里，他一个人住在苏木。他只要喝点酒稍微有些醉意就缠人家其木格。赫穆楚格不在家的时候，也跟阿拉坦达丽动手动脚。有一次，赫穆楚格回牧区看放在别人家的羊群，朝格吉乐和其木格去菜地买菜了，只有阿拉坦达丽一个人在饭馆，这时纳慕吉勒来到了饭馆。阿拉坦达丽摆上奶豆腐、奶皮子给他盛茶。纳慕吉勒喝着茶问："赫穆楚格去哪儿了？""回牧区了。""那你抽空去我那儿一趟呗。""可不行。被人家看见多不好。""怕人看见就晚上去吧。"阿拉坦达丽为难地低下了头，纳慕吉勒却搂住了她的脖子。阿拉坦达丽有些着急但是没有挣脱，悄声地说："你……要是觉得寂寞，就叫你妻子过来呗。""我俩闹矛盾闹挺长时间了。"纳慕吉勒说完后轻轻抚摸着她的肩。她劝道："那你也不能跟我这样呀。你可是苏木书记，有多少双眼睛盯着你呢。让人家说闲话，对你不好。对不对？"纳慕吉勒的手停了下来，有些伤心地看着她。“你不要怨我，我一个牧区女人怕什么。我这是为你好。”她又说：“亲我一下赶紧回去吧。听话。”她常常想，纳慕吉勒书记要是不改那不正经的习惯，迟早会栽跟头。因此也替他着急：跟我闹闹也就算了，其木格可是个未出嫁的大姑娘，一旦惹出点什么事来可怎么办。

雨还在淅淅沥沥地下着。早点睡吧。明天还有好多事要做。屋外雨声潇潇，漏进来的雨水从屋顶往下滴答着。

## 二

第二天早晨天晴了，却冷飕飕的。天上的云，仿佛被烟子熏黑的毡片缓缓向南移动。小街上积着雨水，有些地方已经形成了泥巴。阿拉坦达丽领着朝格吉乐和其木格扫完门前的积水，在地上又铺了些沙土。阿拉坦达丽的额头上渗着汗，她最近太累了，身子很虚。她杵着铁锹把儿边擦汗边久久地看着自家的饭馆。这是一间刷着蓝色油漆的用厚铁皮焊在一起的房子。门脸正上方，有四个连笔的红漆大字“吉庆小馆”。这个名字是纳慕吉勒给起的，苏木的秘书小伙儿给写的。秘书小伙儿站在凳子上用毛笔写这四个字的时候把漆蘸多了，多余的红漆顺着铁皮流了下来。那痕迹现在还清晰可见。秘书小伙儿那天要是少蘸点漆，也不至于把这个门脸弄成这个样子。阿拉坦达丽总是觉得有些遗憾。

苏木精神文明办主任图里嘎尔背着手来了。

阿拉坦达丽放下铁锹迎了上去。她满面笑容地说：“您还没喝早茶吧？快进屋喝茶吧。”她在这儿开了近一年的饭馆，已经学会如何巴结这些人。

“喝过了。”图里嘎尔说完皱着鼻子说，“你们这儿家饭馆呀，一下雨门前就和泥巴。影响咱们苏木的环境卫生。我们精神文明办不能袖手旁观，要统一给你们在门前铺地砖。你们交五百块钱就行了。”

“又给您添麻烦了。”阿拉坦达丽微笑着进屋，给他点着烟卷递上。图里嘎尔当了一辈子苏木秘书，现在年纪大了，也没机会被提拔到其他岗位，就当上了文明办主任。他对本职工作相当认真负责，哪儿都去溜达，谁都敢骂，看着不顺眼就会立马下罚单。那可是厉害，谁求都不行。他上次来阿拉坦达丽的饭馆检查卫生，看见了一只苍蝇就下了十元的罚单，又闻了闻盘里的菜，说是有味儿了，又罚了五十元。赫穆楚格当时就急了，还跟他吵了一架。可是，不管怎么跟他吵，就算打起来了，他依旧照罚不误。图里嘎尔常说：“我当了一辈子守原则的干部。你们无论如何都不能违反规定。”

阿拉坦达丽看着图里嘎尔的脸色说：“我们最近也没怎么盈利，自己买砖铺吧。”

“那不行。这是我们文明办的统一安排。大家都要遵守。”

在苏木西南角开鱼鲜馆的姓李的小伙儿骑着摩托车过来，看见他们几个就停了下来。他用一只脚杵着地面微笑着跟图里嘎尔搭话，驮在摩托车后面的两个水桶里的鱼扑棱扑棱地响。

“图里嘎尔领导又在忙着下罚单吧？”阿拉坦达丽勉强听懂了这个姓李的汉族小伙儿用汉语说的这句话。这个小李是南方人，几年前就来了，但不在这儿定居。今年打春之后，忽然在小街上开了一家鱼鲜馆，常去五十里开外的水库进货。

图里嘎尔皱着鼻子向他重复了一遍刚才对阿拉坦达丽说过的话。

“那我们就按照图里嘎尔领导的指示交钱呗。”小李笑着从衣兜掏出了钱交给了图里嘎尔。

“你们也快点交吧。”图里嘎尔边说边背着手走了。

朝格吉乐从他身后吐了口痰，没好气地说：“自己住得像狗窝，就知道检查别人家的卫生。”

其木格笑着说："人家可是掌握原则的人。"

五百块呀，给了他，赫穆楚格的医药费可咋结。阿拉坦达丽叹了口气。

纳慕吉勒书记临近中午时领着客人们来了。"牛肉煮好了吗？准备酒了吗？"精神抖擞身体健壮的纳慕吉勒一进屋就嚷嚷。阿拉坦达丽连忙给他们盛茶，并支使朝格吉乐和其木格赶紧上菜上酒。

纳慕吉勒大着嗓门喊道："其木格，快唱歌。阿拉坦达丽，你也过来坐吧。"纳慕吉勒书记一来，这里马上就热闹了，阿拉坦达丽的烦恼也荡然无存，心情变得无比舒畅。客人们大嚷小喊地说闹着开吃开喝。

纳慕吉勒书记说："阿拉坦达丽，让你过来一起坐坐呢。你怎么还摆起架子啦？"

阿拉坦达丽红着脸笑盈盈地说："你们慢慢吃慢慢喝，我熬好茶就去。"

"快过来吧。让其木格去熬吧。"

在纳慕吉勒书记的一再邀请下，阿拉坦达丽走过来在纳慕吉勒的身边欠身而坐。她其实愿意坐在他身边。不过，为了掩盖不好意思的表情，她又站起来为客人们夹菜斟酒。

"赫穆楚格好点了吗？"纳慕吉勒悄悄地问。

"好多了。"

"医药费上有些困难吧？"

"还行吧。"

"我拿来了两千块钱，你先用着。记在苏木的招待费上。"

阿拉坦达丽顿时觉得心里豁亮了，连忙站起身让其木格斟酒，让朝格吉乐又炒了两盘菜，自己为大家唱着歌敬酒。

"你不能光唱，也得喝两杯呀。"纳慕吉勒劝她喝酒。她端起了酒杯，没一会儿就醉了。

她只想一首接一首地唱下去，一杯接一杯地喝下去，一句接一句地说下去。可是却哭了起来。纳慕吉勒不停地安慰她，朝格吉乐和其木格也过来哄她劝她，可她还是哭个不停。后来也不知纳慕吉勒他们是何时走的，睡醒时才发现枕头都湿了。

她头疼欲裂，躺在里屋的床上揉着头，盯着屋顶，想着心事。不管怎么说，大哭一场之后心情总算豁亮了些。用纳慕吉勒书记给的钱，先去结赫穆楚格的住院费，再给上学的两个孩子寄点。他们早就往回捎信儿要钱呢。

她听见了小李和其木格在外屋说笑着什么。小李是个脾气温和的人，经常让朝格吉乐去帮忙煮牛羊肉，有时也把其木格叫去，为客人们唱歌。每次都不会让他们空手回来，他俩因此也非常愿意去。但是阿拉坦达丽不怎么喜欢其木格跟小李走得太近。每当小李请其木格去那边唱歌，其木格就非常高兴，回来的时候也是满心欢喜的样子。她很担心，这个还没婆家的姑娘贪人家的几个小钱，要是惹出点什么不好的事情可怎么办？有几次，她还劝过其木格，让她多加小心，可人家却不听她的劝。有一次，她俩还为这件事红过脸。

那次，阿拉坦达丽对她说："你以后尽量别去小李那儿了。"

其木格板着脸说："你以为我愿意去呀，是他请我去唱歌的。没办法。"

"那就……别要他的钱。"

"说什么呢？我唱歌不就是为了赚钱吗？"

阿拉坦达丽被她呛得无话可说了。好几个月都不给人家开工资，难道还不让人家去挣点外快吗？她其实也不是不想让她去挣这个钱，只是害怕节外生出其他插曲。

小李和其木格的说笑声总算消停了。

不能这样躺着，还是去看看赫穆楚格吧。阿拉坦达丽心想着刚要起来，却听到了苏木秘书的声音："阿拉坦达丽姐姐在家吗？""在呢，在呢。”她连忙答应着下床出去。

秘书小伙儿说：“纳慕吉勒书记的妻子今晚要来苏木。我们几个想在这儿请她吃饭。姐姐，好好准备一下啊。我们不差钱。”

阿拉坦达丽说：“我们现在就准备。你就放心吧。今晚这顿饭算我的，人家也是第一次来咱们苏木，我们得好好招待招待人家。”

“纳慕吉勒书记的妻子待不一会儿就要走，咱们得想办法让她留下来。”

“啊？她难道不是来看自己的丈夫吗？”

“不是。她做买卖呢，路过咱们苏木。”

“哦……那就更不能让她走了。”

秘书匆忙离去。阿拉坦达丽、朝格吉乐和其木格开始准备起来。快到晚上的时候，有辆吉普车开进了苏木党委大院。没过一会儿，纳慕吉勒书记、秘书小伙儿，还有几名干部随同几个陌生人走出院子向饭馆这边走来。

“来了，来了。赶紧把地扫干净。准备盛茶。”阿拉坦达丽连忙吩咐，也观察着向这边走过来的一群人当中的那个陌生的女人。她发现，这个女人显得很年轻，也挺会打扮——梳着一头瀑布似的披肩长发，敞怀穿在身上的火红色衬衣的衣角在晚风中摆动着，还戴了一副大墨镜。由于墨镜遮脸，阿拉坦达丽无法判断她到底是在高兴还是在生气。

“你好吗？一路辛苦了。请进屋吧。”阿拉坦达丽迎上前去请客人们进屋。

那个女人并没有说话，进屋坐下后摘下了墨镜。阿拉坦达丽看见了一张像春天的花朵一样美丽的脸庞，却觉得这张脸非常冰冷。

其木格在桌上摆满了奶豆腐、奶皮子、炸果子等食品。阿拉坦达丽热情地说：“今天特别热，你们又赶了一天的远路。都累了吧？先喝茶歇会儿吧。”她今天打心眼里为纳慕吉勒书记高兴。

那个女人还是没吱声，看了一眼腕上的手表，说："饭好了就上吧。我们今晚还得回旗里呢。"

阿拉坦达丽感到有些发蒙，也不知该说点什么是好。喧腾的饭馆瞬间变得鸦雀无声，纳慕吉勒书记的脸色也有些苍白。

"哎呀，您看您说的，第一次来我们苏木就忙着回去！纳慕吉勒书记为了我们苏木整天忙活劳累，好久都不回家跟您团聚，别说今天，就连明天您都不能说回去这俩字。"阿拉坦达丽忽然醒过神来，一边这样说，一边让其木格和朝格吉乐赶紧上菜上酒。

那个女人冷淡地回道："我也不是特意来这儿，顺路经过而已。"

为了让纳慕吉勒书记的妻子今晚住在苏木，苏木的几个干部也是边敬酒边热闹地说笑。那女人却不以为意，看着同来的几个人，说："你们赶紧吃，赶紧喝。咱们二十分钟之后就出发。"还对司机说："你去把车开过来。咱们吃完就走。"

阿拉坦达丽不知所措地看了一眼纳慕吉勒，又悄悄对朝格吉乐说："她要走呢，快上饭吧。"接下来，谁也不吱声了。那个女人吃完之后直接钻进了车里。

在傍晚的黑暗当中，一对红色的后车灯渐行渐模糊，进入那块洼地之后彻底消失不见了。大家默默地站在饭馆门前，目送着远去的那辆车。

阿拉坦达丽强装着笑脸，对大家说："都进屋吧。咱们好好红火一晚。"

纳慕吉勒书记站在原地没有吱声。

阿拉坦达丽悄悄对他说："进去吧。我给你唱歌。"

"今天就算了吧……"

纳慕吉勒书记走了。阿拉坦达丽目送着纳慕吉勒，目送着他那拖着双脚渐渐远去的健壮背影。

# 三

人们两天前就听说，有个自治区的厅长要来苏木视察工作。据说这个厅长到盟里之后，被旗里的领导专门请到了旗里。前几天，纳慕吉勒书记为了把这个厅长请来，又专门去旗里了。

为了招待这个厅长，苏木的秘书小伙儿几乎整天在阿拉坦达丽的饭馆转悠。这样一来，别说是阿拉坦达丽、朝格吉乐和其木格，就连刚出院的赫穆楚格从早到晚都忙个不停。

按照原来的说法，那个厅长应该是今天小晌时分到苏木。今天天气很好。赫穆楚格从牧区买来了一只羊拴在饭馆门前，刀都磨好了，就差宰了。阿拉坦达丽跟朝格吉乐和其木格进进出出地忙碌，秘书小伙儿拿着湿毛巾擦窗玻璃。

大家虽然忙碌，但每个人都很开心。就连爱生气的赫穆楚格都不发火了，脸上渗着虚汗，力所能及地干着活儿。这次要是把那个厅长哄高兴了，苏木就能得到几十万元的经费。纳慕吉勒书记就是为了这个才专门去旗里请他。秘书小伙儿给他们这样说过无数次了。

别说是阿拉坦达丽和赫穆楚格，连朝格吉乐和其木格都知道，要想让人家高兴，首先得好好招待人家。他们都觉得，这是关乎全苏木的大事，无论如何都要好好努力好好表现。他们花了好几百块，买了新碗盘筷子小勺，又在桌上铺好了新买来的塑料布。

阿拉坦达丽关心着丈夫的身体，说："累了就歇会儿吧。还没吃药吧？"

赫穆楚格用手指试了试刀刃，说："没事，不累。要是真能给咱们苏木争取到那么多经费，我就算再住一次院也没事。"

阿拉坦达丽脸红扑扑地笑着说："你宰羊向来干净利落，今天就看你的了。”

“你们就放心吧。不会给咱们苏木丢脸。”

阿拉坦达丽又说：“咱们今天都换上新衣服吧。”

“行啊，行啊。”大家都点头答应。

小晌都过了，还不见那个了不得的领导的身影。赫穆楚格卧倒那只羊开始宰杀。帮他拽羊腿的其木格忽然喊道：“来了，来了。”只见由十几辆小车组成的一行车队向苏木党委大门驶去。

赫穆楚格一手拿着刀一手上还沾着羊血，其木格依旧拽着那条羊腿，阿拉坦达丽拿着擦碗的毛巾——几个人就这样站在原地看着那一行车队。朝格吉乐也拿着菜刀跑出来跟他们一起好奇地向那边看。纳慕吉勒书记最先从一辆车上下来，微笑着跑到后面的一辆车跟前拉开车门，只见一个高个子的中年男人下车了。电视台的记者们纷纷举着摄像机，忙碌地工作着。

“挺年轻的呀。”

“穿着短袖衬衫呢。”

“看着还挺有派头啊。”

“那个是咱们旗委书记吧？他也跟来了哈。”

在他们这样议论的时候，那些人簇拥着领导走进了苏木的院子。这时他们才忽然想到快到饭点了，又赶紧忙活了起来。

没过半个小时那些人就从苏木党委的院子出来，向饭馆这边走来。这是要来吃饭了吗？是不是有点早呀？还没卸好羊肉呢呀。他们几个有些着急了。说时迟那时快，厅长同志和纳慕吉勒书记一行边说边聊着已经到了饭馆门前。

阿拉坦达丽迎上前去，让道：“请进屋吧。”

但是，并没有得到那些人的理会。他们互相谈论着什么。秘书小伙儿悄悄告诉阿拉坦达丽：“不是来吃饭，在视察工作。”视察工作是什么？阿拉坦达丽在心里好奇着。

“……自从我们苏木加强引导牧民经商这项工作以来，从去年开始在苏木开商店的、经营饭馆的就渐渐多起来了。这家饭馆就是其中之一。”纳慕吉勒书记边介绍边指着赫穆楚格说，“他叫赫穆楚格，是这家饭馆的老板。”

“哦，你叫赫穆楚格？请到这边来。”厅长这样叫他的时候，赫穆楚格才知道厅长也是蒙古人。正在卸羊肉的赫穆楚格把手里的羊肉放在羊皮上，红着脸走到了厅长跟前垂手站着。

厅长笑着说道：“你给我说说，为什么不在牧区放牧，而是来这儿开起了饭馆？在这个过程当中，你又是如何转变了思想认识，怎么看待经济效益这方面的问题……”

赫穆楚格说：“我们放羊的草场没了，没办法才来这儿开饭馆。要不是这样也不会来这儿受这个罪。”阿拉坦达丽赶紧从背后拽了拽丈夫，但是他已经把话说完了。

同行的旗委书记也着急了，忙说：“不只是草场的问题，就本质而言，牧民群众还是认识到了市场经济的重要性。对不对？要是没有党的政策，牧民们想经营这样的饭馆都没条件。啊？哈哈哈……”

“是啊，是啊……”众人呼应着笑了起来。

厅长又问：“收入咋样？”

赫穆楚格有些犹豫地说：“收入嘛……”

旗委书记说：“厅长同志，现在的饭馆一盘凉拌黄瓜要五块，就按一天卖十盘算，还挣五十呢。”

赫穆楚格听到他这样说心里特别不舒服。于是，梗着脖子红着脸跟他争辩道：“那你咋就不说说，交也交不完的税费和管理费呢。”

旗委书记哈哈大笑着说：“行了。我知道。你们的嘴呀，永远都不会说盈利这个词。这也是进入市场经济之后人们的一种思维模式吧？是一种不满足于现状、追求更大收益的表现吧。是不是？啊？哈哈哈……”

众人又都“哈哈哈，哈哈哈”地呼应着笑了起来。厅长打头进屋了，其他领导也跟随着进去了。站在门外的阿拉坦达丽和赫穆楚格压低嗓音拌起了嘴。

阿拉坦达丽责怪道：“你怎么哪壶不开提哪壶呀？”

“我说的都是实话。他来这儿难道是为了听咱们说瞎话？”

“人家都说了，只要让他高兴，咱们苏木就能得到一笔钱。你就不会说几句让他高兴的话吗？”

赫穆楚格无精打采地说：“好了。好了。我不会撒谎。他再问的话，你回答好了。我不说话了。”

领导们从屋里出来了。这时，开鱼鲜馆的小李也来了。他还换了身新衣服。穿戴整齐的他在领导们的面前微笑着说：“我听说领导们正在视察我们苏木的饭馆，就忙着跑过来了。请领导们莅临我的小馆，批评指导。”从衣兜里拿出名片，给每个人发了一张。

纳慕吉勒笑着说：“小李是浙江人，在我们这儿经营着一家鱼鲜馆。他开的饭馆也算是我们苏木个体经营户的一种形式。”

“哦，你是南方人？你们发达地区的人来我们偏远落后地区开发利用资源，给当地人树立了榜样，是好事。我代表这儿的牧民向你表示感谢。”厅长说完后又转身看了看旗委书记和纳慕吉勒等人，接着说，“我们的牧民过去不会吃鱼鲜。现在呢，苏木上已经有了鱼鲜馆。这说明什么？说明可开发利用的资源范围越来越宽，生活方式越来越丰富。过去，咱们这儿的人都不知道世界上还有一个叫浙江的地方。可现在浙江的这个小伙儿来到咱们这儿，跟咱们一起发展着市场经济。多好的事情呀？啊？是不是？我们应该拜内地人为师，跟他们团结一心，利用他们的技术和资金，发展地方经济。”

众人热烈鼓掌。

小李说：“感谢领导的鼓励。请领导们莅临我那个小馆指导工作。”

“我们不只是去看，今天的午饭就在你那儿吃喽。你不会不同意吧？”厅长又哈哈笑着说，“在这么偏僻的苏木所在地，还能吃上鱼和螃蟹，是何等有意义的事情啊。”

纳慕吉勒书记有些着急地说：“午饭……我们安排在这儿了。想请您品尝品尝牧区的味道……”

厅长却说：“咱们招待客人的时候也别总是照搬过去的做法。要改进民族习俗。除了牛羊肉啥都不知道，这怎么行？蒙古人也要改变饮食习惯。打个比方吧，咱们的牛羊肉属于温性食物，吃肥肉容易落心脑血管方面的毛病。鱼鲜不含脂肪，蛋白质丰富。就这么定了。午饭就在鱼鲜馆吃。”

小李高兴地飞一般往回跑去。厅长走过来，跟发愣的阿拉坦达丽和赫穆楚格说：“我们虽然不在你们这儿吃午饭，但是也要感谢你们。你们为了准备这顿饭也辛苦了。”又瞥了一眼羊皮上的羊肉，说，“这只羊真肥。你们自己吃吧。好好吃啊。蒙古人就爱吃羊肉。”

领导们向小李的饭馆走去。留下来的这四个人却傻傻地站在原地一动不动。

赫穆楚格收拾着羊肉这样想：“哼，祖宗没嫌弃的东西，你还嫌弃了。”

阿拉坦达丽自言自语着：“我们会不会是惹人家不高兴了？苏木的领导一再嘱咐过要想方设法让人家高兴来着。”

这时秘书小伙儿跑进来说：“纳慕吉勒书记让你们赶紧煮全羊呢。”

赫穆楚格没好气地说：“不是不吃了吗？怎么又要吃了？”

秘书说：“午饭肯定是在鱼鲜馆。但是开席的时候必须要按照传统习惯上全羊。其木格你也赶紧去吧。让你唱歌呢。”

赫穆楚格生气道：“你去告诉那个纳慕吉勒，不要蹬鼻子上脸。”

阿拉坦达丽长叹一口气说：“让那个厅长高兴是关乎全苏木的事情。还是赶紧把全羊煮好后送过去吧。其木格，你快去唱歌吧。”

赫穆楚格骂骂咧咧地发了会儿牢骚，说是胃疼就进屋躺下了。阿拉坦达丽和朝格吉乐忙活着煮肉，谁都没说话。阿拉坦达丽却一会儿就叹一口气。

## 四

阿拉坦达丽最近整理账本的时候又叹气了。她想：照这样下去这个饭馆迟早要关门。赫穆楚格坐在那儿喝煮好的药汤。好像很苦，皱着鼻头往下咽。

现在很少有人来他家的饭馆吃饭。苏木党委政府的客人都改去小李的饭馆了。朝格吉乐和其木格也常被叫过去帮忙——煮肉唱歌。

厅长的拨款还无消息，但小李的饭馆却在一午之间就火起来了。盟里的报纸上发表了报道，题目为“飘荡在戈壁里的鱼虾之香”，还发了一张小李微笑着的照片。听说，这篇报道是那个厅长专门嘱咐记者写的。没过多久，信用社的也派来了工作人员，了解到小李的饭馆缺乏资金的情况，给他放了贷款。听说这也是厅长发话照顾的结果。总而言之，在这样偏远的苏木，开这样一家鱼鲜馆的确变成了一件了不得的事情，旗委书记和纳慕吉勒书记因此受到了厅长的表扬。打那之后，只要上级干部来视察工作，都要去小李的饭馆吃饭。

图里嘎尔雷厉风行地走了进来。阿拉坦达丽边让座边连忙盛茶。

赫穆楚格拉着脸说：“又来给我们下罚单吗？”

图里嘎尔喝了一口茶，放下茶碗说：“赫穆楚格你呀，净说些没用的。我有时候罚你们，也是在遵守原则。干什么都不能违背原则。”

“哼，轮到我们，你就想起原则来了？在姓李的那儿，你们的原则呢？哪儿去了？我们早就向信用社申请贷款却不给我们。那就算了吧，可他们却给那个姓李的专门派来了工作人员放了贷。工商所的说我们的牛羊肉卖贵了，来罚我们。可那姓李的，一斤虾卖八十也没人来管。有些医生也跟着瞎掺乎，说牛羊肉对心脑血管不好。鱼虾对身体好。他奶奶的！都这样了，还嚷嚷着让牧民致富。都踩在牧民的头上了，还怎么致富?”赫穆楚格放下药碗，呼呼喘着粗气，气得也不喝药了。

图里嘎尔劝道：“你的认识太片面。必须要从全面、从本质看问题。”

“本质是什么？那个小李不就是整天给那些工商和银行的职工送吃的喝的吗？听说每逢节假日，把饺子都包好了送去。这就是本质吧。你还想用瞎话教育我。快得了吧。”

“有些时候难免存在错误思想或腐败作风。不过那也是前进中的现象。”

“我跟你根本就说不到一起。”

“我也不是来跟你斗嘴的。苏木那达慕即将开幕。你们这些饭馆要注意加强卫生了。我们过几天要统一检查。我来是给你们通知这个的。”

图里嘎尔通知完就走了。

晌午之后赫穆楚格去卫生院拿药。只有阿拉坦达丽一个人在饭馆。这时，招待完客人的喝得脸红彤彤的纳慕吉勒来了。

阿拉坦达丽给他盛了一碗新熬的奶茶。纳慕吉勒一口接一口喝了几口后说：“还是喝惯的奶茶好喝。”

阿拉坦达丽笑着说：“还以为你们早都忘了蒙餐的味道。”

纳慕吉勒叹了口气，说：“别挤对我了。没办法。那个鱼鲜馆现在不仅代表着咱们苏木的成绩，旗委书记都亲自关注着呢。不保证他们的收益，上面的领导也不会放过我。”

阿拉坦达丽望着纳慕吉勒那张不太精神的脸给他续了茶水。她不明白他刚才说的那些话，因此感到纳闷：遍野的牛羊有死去的，同时也有繁殖的。这些为什么代表不了苏木的成绩？为什么只有小李的饭馆变得如此重要？但她又想明白了一个问题：一个人即使当了领导，也不能按照自己的意愿想干啥就能干啥。

阿拉坦达丽说："我下午煮肉，晚上来吃肉吧。"不由得心疼起纳慕吉勒，又问道："你妻子有消息吗？"

纳慕吉勒叹了口气，说："听说她傍了个大款去南方做生意，估计是不回来了。"

阿拉坦达丽心疼地看着纳慕吉勒，想说句安慰的话，却未说出口。

纳慕吉勒喝完碗里的茶水站起身，说："走了。回去准备那达慕上的致辞。"

## 五

"咱们怎么就不能卖鱼虾？"阿拉坦达丽看着赫穆楚格说。他们几个刚起床。朝格吉乐熬茶，其木格扫地，赫穆楚格在喝药。阿拉坦达丽经过几天几夜的思考，终于想出了这么一个办法。她从最近开始才恍然醒悟到开饭馆必须得经营鱼鲜这个硬道理。

"快算了吧。鱼还行，那个虾和螃蟹，看着就让人恶心。再说咱们又没有进货渠道。听说那玩意儿最不容易保存，放不了几天就坏。"赫穆楚格说。

阿拉坦达丽说："问问小李不就知道了吗？"

"哼，卖那些破虫子，还不如老实待着呢。"

最近，赫穆楚格的倔脾气又犯了。

阿拉坦达丽看着朝格吉乐和其木格说："你俩看行不行？"

朝格吉乐说："试试也行吧。其实，虾和螃蟹只有水煮和油炸两种做法。我可以试试，怎么也比收拾咱们的牛羊肉省事吧。"

"然后蘸醋吃。怎么不行？行。"其木格跟着边笑边说。

喝完茶之后，阿拉坦达丽领上朝格吉乐和其木格向小李的饭馆走去。小李租下了苏木原经营管理站的会议室，装修一新后成了豁豁亮亮的大餐厅。

小李笑脸相迎地走出门外请她们进屋让座盛茶。墙上挂着小李和厅长的双人大照片，旁边还有题词。小李告诉阿拉坦达丽，这些题词是厅长和旗委书记上次来时给他写的。原来，饭馆是可以这样开的。我那破铁皮屋还算得上饭馆吗？阿拉坦达丽心想着这些，像泄了气的皮球一样无精打采。

小李非常热情地笑着问道："姐姐，您一定是有什么事情吧？有需要我帮忙的就告诉我吧。"

"我们也……想……"阿拉坦达丽红着脸，好像怕被他嘲笑，又笑了一下接着说，"我们也想卖鱼鲜。但是……不知道具体该怎么做。"

"那简单。不过呀，卖鱼鲜稍不注意就会赔钱。"小李告诉她。

"不会吧。"

"我说的都是实话。首先是进货的问题。鱼可以从五十里开外的水库进，虾和螃蟹就不行，得从更远的地方进，拿回来之后还必须马上冻上，时间一长不但掉秤，也不新鲜，还容易坏。"

阿拉坦达丽好奇地问："那你咋就靠这个致富了？"

小李说："卖鱼的话能挣点。虾和螃蟹几乎挣不着什么。姐姐，你不知道呢。我啊，卖鱼鲜并不是为了赚钱，是为了吸引顾客。"

阿拉坦达丽说："啊，是吗？"

小李说："姐姐你也是知道的。我开鱼鲜馆之后，上次受到了那个厅长的表扬，后来旗委书记也很关注。所以，我的这个饭馆要是收入一般，他们比我都着急。因为这个饭馆现在已经是关乎评价他们工作成绩，甚至晋升的事情。为了保证这个饭馆的收益，他们在这儿安排客人，还以解决贷款的方式帮助我。所以，我卖鱼鲜的主要作用是这个，而不是赚钱。"

“那你也赚，没赔吧？”

“给我赚钱的还是牛羊肉和平常吃的饭菜。当然了，要是能卖出点虾和螃蟹也是能够挣点的。说实话，咱们这儿很少有人愿意吃那玩意儿。上级领导们也不愿意吃在冰箱里冻了好几十天的不新鲜的东西。”

阿拉坦达丽从小李的饭馆出来后想着心事往回走。小李所说的有可能真，也有可能假。不过，要想开饭馆赚大钱，就必须得动脑筋想些歪歪道。她边想边走，忽然怀念起放羊的日子。我不是不会放羊，而是那条路已经完全被封闭。她非常怀念过去放羊的日日夜夜。

她回到饭馆时赫穆楚格在跟秘书小伙儿吵架。

赫穆楚格说：“你们苏木党委在这儿都吃好几千了，也不来结账。这次要是还不给现金，还赊账，我们就不给招待了，爱去哪儿招待就去哪儿吧。”

秘书小伙儿笑着说：“饭钱肯定结。可现在没钱，苏木干部的工资都发不了呢。”

“没钱还招待什么客人？”

“没办法。纳慕吉勒书记说这次无论如何都要在你们这儿安排。”

“纳慕吉勒书记就咋的？国家干部想吃白饭？”

“不是不给，以后肯定给。”

“领到姓李的那儿啃那些虫子去呗。”

“今天中午有两拨客人，一拨在那边，一拨在这边。”

阿拉坦达丽忙上前劝阻赫穆楚格。她知道苏木最近的难处，干部们的工资拖好几月还没发呢。

“把客人领来吧。”阿拉坦达丽对秘书小伙儿说完后，又看了一眼自己的男人，说，“咱们困难的时候，人家苏木的领导还给咱们预支过呢。谁没点难处呀。”

“哼，我看这个破馆子就快倒闭了。”

阿拉坦达丽没有跟赫穆楚格吵架，叹了一口气走进了厨房。

## 六

持续了十多天的苏木那达慕结束之后，阿拉坦达丽的饭馆已经支撑不下去了。她没日没夜地忙活了十多天，如今回想起来仿佛是一场梦。

从牧区来了很多熟人。他们把包裹行李放在阿拉坦达丽的饭馆，喝完茶就去看那达慕。有中午回来的，也有晚上回来的，有喝醉的，也有没喝酒的。不管是谁什么时候回来，阿拉坦达丽都会给他们做饭吃。有的说喝酒，她就炒菜上酒。她不提饭钱，那些人也不说要给。总而言之，他们的客人高兴地看完那达慕都回去了，赫穆楚格和阿拉坦达丽的心里也有种满满当当的感觉。

那达慕结束的第二天，阿拉坦达丽算了算出入账之后，看着在一旁喝药的赫穆楚格笑着说："这次把老底都赔干净喽。"

赫穆楚格毫不在乎地说："早晚的事。"

"听说开那达慕的这十天，小李的馆子赚了不少。咱俩倒好，没挣还倒贴了。"

"倒贴就倒贴吧。都是很久不见的朋友老乡。不招待咋行？怎么好意思给人家要饭钱。"

"可不，说的就是嘛。"

阿拉坦达丽夫妇在这件事上观点无比一致。

阿拉坦达丽心事重重地说："咱俩呀，除了放羊其他的也干不好。可咱们现在连个草场都没有，以后可怎么过呀？"

"还是先回牧区住一阵再说吧。要不去旗里看看？"

"一想起你这个病呀，我哪儿都不想去。"

"没事。车到山前必有路嘛。"赫穆楚格喘了口粗气，又接着说，

“关了这个破馆子，朝格吉乐和其木格不就没地方住了吗？咱们跟他俩在一个锅里吃了近一年的饭呀。”

阿拉坦达丽笑了笑说：“你就别替人家操心了。小李早就想雇他们呢。”

赫穆楚格想了半天后，说：“挺好。他们去那儿比在这儿强。”

“不管咋说，咱们几个在散火之前要好好热闹热闹。”

真奇怪。自从决定不开饭馆以来，这两口子的心越来越豁达敞亮。

“今天早点睡吧？”阿拉坦达丽走到赫穆楚格的身边轻轻抚摸着他的头。她忽然特别心疼他。看着他那苍白的脸、蓬松的头发，心想：可怜介的，跟我来这儿受了不少苦。我呀，整天瞎忙活，还经常跟他吵架。他现在最需要的就是妻子的爱与关怀吧。阿拉坦达丽想到这儿，说：“早点睡吧。朝格吉乐和其木格去小李那儿了。不到半夜不回来。”

赫穆楚格说：“还没刷碗吧？”

“明天再刷吧。你年轻的时候，连刷碗的工夫都不给我，就猴急着要去睡，不是吗？”阿拉坦达丽拽着赫穆楚格靠着他的肩膀一起进了里屋。

两天之后，赫穆楚格拉了一驴车零碎东西先回牧区了。也是在那天晚上，阿拉坦达丽跟朝格吉乐和其木格炒了几盘菜喝了一顿道别酒。

“你姐夫我俩要离开这儿了。你俩还要留下来继续干呢。我俩是奔五十的人，怎么也能把日子过下去。你们可不一样，还没成家立业，谁知会面临多少困难呀。”阿拉坦达丽叹着息说完后又笑着说，“喝一杯吧。开了一年的馆子，咱们三个这还是头一次这样喝酒。”

朝格吉乐笑着说：“姐姐，您不用为我们操心。在这一年多的时间里，我们在您这儿学到了不少为人处世方面的事情。我们先去小李的饭店干两年，自己再琢磨琢磨，说啥也得开一家馆子。”

阿拉坦达丽说：“可要小心呀，钱这个东西好挣也好赔。”

“赔了就想法子再去挣呗。”

其木格信心满满地微笑着。阿拉坦达丽心想：这丫头心眼不少，那也说不准她就能逃出小李的掌心，男人们骗小姑娘可是容易得很。

朝格吉乐使出浑身解数炒了好几道菜，其木格站起身来频频唱歌，阿拉坦达丽也唱歌了。

## 七

送走其木格和朝格吉乐，阿拉坦达丽特别认真地洗刷了盘碗又仔细地收好后，在盆里倒上水洗脸洗了好半天。然后从里屋的床上找出了一件半新的衬衣换上。她觉得这件衬衣最合身。

吊在屋顶的灯泡格外亮。饭馆特别安静。她犹豫了许久终于决定出门。她看到了在远处闪烁的彩灯，听到了音乐声。那里是小李的馆子。阿拉坦达丽向那边望了好半天，叹了口气就出发了。她经过苏木党委大院的门口，又顺着墙根走了好一会儿才进了后院。一排砖瓦房最把边的那间亮着灯。她知道纳慕吉勒就住那间。她没有敲门，径自推门进了屋。

坐在桌子后面翻阅文件的纳慕吉勒看见她，惊讶地呆了片刻就快速起身为她盛茶。她安静地坐下来喝茶。

纳慕吉勒书记说：“听说你要关门了？不要着急。要不再开家商店吧。我帮你。”

阿拉坦达丽说：“不开了。你是大忙人，不能再拖你的后腿。”

“你要离开这儿？要去哪儿？”

阿拉坦达丽勉强地笑着说：“人嘛，不管好坏总能想法把日子过下去吧。”

纳慕吉勒书记没有作声。阿拉坦达丽放下茶碗看着纳慕吉勒说：

“总说让我来你这儿一趟。我想着离开之前说啥也得来一趟。”她的脸上泛着红晕，又微笑着补了一句，“要不……把灯关了？万一让人家看见了呢。”

纳慕吉勒一觉醒来时窗外已亮，睡在身边的阿拉坦达丽已经走了。他穿上衣服走了出去。

在苏木党委大院对面的那家饭馆显得特别安静。用铁皮焊的那几间屋子陈旧不堪，有些地方的漆都大片大片地脱落了。他走过去看见门上系着个大锁头。

走了。他呆呆地站着。

他觉得这个苏木所在地，突然之间变得空空荡荡，今早的空气仿佛都变得过于寒凉。

从这儿穿过的那条公路好像画上去的一条线，远处的丘陵草地雾蒙蒙。阿拉坦达丽究竟去哪儿了？回牧区了，还是去旗里了？赫穆楚格的病情怎么样了？他想了很多。

不知不觉中泪水顺着他的脸颊往下淌……

朵日娜　译

# 黑马奔向狼山

## 一

那天下午，百里之外的狼山上出现了一朵黑云，恰好被牵着马走在草滩上的那音太看到了。那音太当时就感到奇怪，因为他从来没有见到过那样浓黑的云，黑得像墨，看上去非常醒目，而且在那里不停地变换着形状，像个活物似的。狼山是那音太家乡边沿上的一道山脉，总是呈淡淡的蔚蓝色，那里没有牲畜也没有人烟，据说只有连天的荒草和狼，因此而得名狼山。

那音太看了半天，就牵着马继续赶他的路。他今天去找丹巴，要他六年前借给丹巴的一千块钱，结果钱没有要到，却要来这么一匹马。这是一匹黑马，看来遭受过不少折磨：失去光泽的毛尖像被火燎过似的卷曲着，腿和肚皮上沾着大块的泥巴，臀部有一道被某一种利器砍伤的疤痕。

当他把黑马牵到家门口的时候，他老婆正好出来。她一看到黑马便惊叫了起来："我的老天爷，你这是从什么地方弄来这么一个难看的东西呀？"

那音太简直就像一个做错了事的孩子，可怜巴巴地望着老婆说："他说要钱没有，要马倒是有这么一匹。我也没有办法，就把它牵来了。”接着又赶快说，“但你好好看，它还真是一匹不错的马呢。”

那还是六年前的事，苏木信用社的丹巴要做生意，开始跟人们借钱。“你们别担心，过不了半年我就会赢利，那时候我连本带息还清你们的钱。”丹巴总是这么说，但还没有过三个月他就赔得一塌糊涂。于是借给他钱的人拥到他家里要钱，连吵闹带拉扯。丹巴也开始耍赖，遇到老实一点的就说：“等我赚了钱，你的钱我肯定还你。”要是遇到厉害一点的他索性就说：“要钱没有，要命倒有一条，你看着办吧。”债主们有的赶走了他门前草场上吃草的几头牛，有的抬走了放在家里的破电视机和缝纫机，但大多数人什么都没有得到。这大多数人里边就包括那音太。从那以后那音太经常挨老婆骂，每次挨骂就去找丹巴一次，整整跑了六年。这次不管怎么说总算没有白跑，他牵来了这么一匹马。

“看看咱们家那巴掌大的草场，连羊群都没有地方放呢，这匹马往哪儿放？跟上你，我这辈子算是没有指望了。”老婆还在唠叨。

“你别担心，马这种牲口吧，比羊好侍弄。”那音太仍然笑着说。他只好这样说。六年前丹巴来借钱的时候，他老婆根本就不同意把钱借出去，是那音太经不住丹巴的纠缠把钱借出去的。那音太是个十分怕伤朋友面子的人。正因为钱是他借出去的，他在老婆面前的态度也出奇地好。

那音太这样说着就牵着马到井边饮水。他边看着马饮水，边想着今天第一次看到这匹马时的情景。虽说这马是丹巴顶债顶给他的，他之所以决定把它牵来，却另有原因。今天第一次见到它时的情景，他也许一辈子也忘不了。

丹巴领着他走进了一处用铁丝网围起来的草库伦，他便一眼看到一匹黑马在几株芨芨草中间吃草。那马突然抬起头来看着他，而且朝他发出了几声低低的嘶鸣。于是他就突然想起自己原来的那匹黑马。是的，那音太自己也有过一匹黑马，而且跟眼前这匹黑马几乎一模一样。那音太从小喜欢马，而且一直还是个牧马人。后来马越来越不值钱了，草场也变得越来越狭小，他也没法放马了，就把自己那匹心爱的黑马也卖掉了，那是十几年前的事情。他那匹黑马被买主牵走的时候，它突然回过头来朝主人低低地嘶鸣了几声。当时那音太就差点掉了眼泪，一直看着自己的马被人家牵着消失在远处，心里就像被掏空了似的。他现在望着眼前这匹黑马也朝他发出低低的嘶鸣，突然就想到：它怎么就跟我原来那匹马这么相似呀？……

丹巴领着他走到黑马跟前。据丹巴说这匹马他也是讨债讨来的。这是一匹被折磨得不成样子的马，正朝他轻轻地摇晃着脑袋，似乎在无声地诉说着什么。于是他又想起了自己那匹黑马，想到他那匹马现在也许也变成了这个样子，鼻子就开始发酸。

但他又看出这匹马虽然瘦得皮包骨头，其实是一匹出色的骏马。他是个牧马人，这一点他不会看错。胸高头小，腿细肚瘦，整个身材呈一种矫健的流线型。要是调理好了，用不了一个月，它的毛色就会变得像黑色的锦缎一样漂亮……

当他正想得入迷的时候，身旁的丹巴发话了。

“咱俩是蒙古人，互相就别太计较了。你把这匹马牵走，咱们的事情就算结束。”

那音太什么都没有说，牵上马就走了。

## 二

在那音太的用心调理下，黑马很快坐膘，几乎一天一个样。但有一个问题使那音太十分伤脑筋，那就是黑马怎么也留不住。每晚他给它上皮绊子放在自己家门口那块巴掌大的草滩上，到了第二天早上，黑马却走出一二十里以外。那音太提着笼头去追，等把它追上，骑在它光背上回来的时候差不多已近中午。老婆又开始数落，说他用一千块钱换来了受不完的罪。

但那音太不久明白了一件事。这匹马总是朝着东南方向走，晚上刚给它上好皮绊子放在草滩上，它就开始一刻不停地朝东南方向走去，当那音太第二天顺着它的蹄印去寻找的时候便发现它一点都没有拐弯，也很少吃草，走出一条长长的直线。这样过了大约半个月，那音太终于明白了：它的故乡在东南方向的某一个地方。真是一匹好马，不管离开多远，总是忘不了自己的故乡，那音太想着就很感动。

终于有一天，黑马跑了。

那天早晨那音太一直顺着它的蹄印走去，不久便发现它挣脱了绊子。从蹄印上可以清楚地看到，一挣脱它就拼命地跑了一阵子，后来又开始慢慢地走去。那音太想回去跟人家借一匹马骑着追，但又立刻想到几个邻居家早就不养马了，于是他就开始徒步去追。他还边追边想：这个世界上再也没有像徒步追马这样荒唐的事情。

他爬上了一道梁，没有看到马，走过梁那边的草滩，仍不见它的踪影。他已经累得够戗了，干脆坐在地上休息。

就在这时候，他突然听到了马叫。虽然没有看到它，但他真的认出了是他的黑马。他“腾”地站了起来。

他看到黑马站在五六里以外的一个高坡上。在蓝色的巨大的天空背景下，它昂首站立，看去是一幅动人的图画。他朝着马飞快地跑去，连自己都弄不清楚为什么这样跑，但他仍然在跑。

黑马刚开始有点躲避，但很快就服帖了，静静地站在那里让他上了笼头。他便牵着它走，它却突然掉头望着东南方向，响亮地嘶鸣了一声。他很动感情，“你本来可以跑回故乡的，但你又舍不得我。马就是马，比其他牲畜更通人性，其实，比一般的人都强。”他嘟哝道，接着又说，“你别急，让我打听清楚你的故乡以后，我亲自把你送到那里。”

他突然产生了冲动，想骑着黑马跑一程。当他跨上马背，黑马立刻就精神起来，把漂亮的脑袋摇晃了几下，便朝前颠去。颠得多出色呀，他这样想着，用脚后跟轻轻碰了碰马肚，于是马就像一支黑色的箭一样射了出去。十来年没有骑过马的那音太现在感到整个心都在飞。他现在更加相信自己的判断了：这真的是一匹难得的骏马。它能够非常准确地领会主人的意图，而且执行得分毫不差，那音太刚想到要拐弯，它早已经拐过去，根本用不着做任何暗示。“它大概早已盼望这样跑一程的吧，真正的骏马只有在这样快速奔跑中才能体验到快乐。”他想着，眼睛就湿润了。

## 三

从那以后那音太进入了一种陶醉的状态。把十年前用过的鞍具翻出来修好，认真地为马梳理鬃毛，完了就骑上马走得无影无踪。

牧马人的骄傲与自信好像又回到了他的身上。

当年他放马的时候是那样地得意。一旦跨到马背上就来精神，吹着响亮的口哨在草滩上奔驰。他感到那些牧牛牧羊的人用羡慕的或者嫉妒的眼光看着他，他也看到那些大姑娘小媳妇从牛圈或者河边向他招手。他想象着自己的样子：一个年轻汉子骑着黑色的骏马在飞奔，蒙古袍的下摆被风鼓起来看上去像雄鹰展开的翅膀。他就这样去招呼一下马群，接着又跑到牧户们家里要酒喝，要酸奶喝，从一家跑到另一家。野外放牧的姑娘媳妇们见了他就眼睛发光，好像火苗在瞳孔里往外蹿动，于是他跟她们说一些使她们脸红心跳的俏皮话，哈哈大笑着又向前奔去，他听到身后传来她们软绵绵的笑声，感觉到她们瞳孔里的火苗在灼着他的后背。

从那时候他就懂得了：男人的世界在马背上，蒙古人骑上了马背就感到天高地广。

他似乎真的回到了当牧马人的年月，这样忘乎所以地跑了一些天，他突然又泄了气。那天他看见萨仁花在井上给羊群饮水，便骑着马跑过去，到了井台旁边又突然勒住了马缰绳，于是黑马做了一个旋转便停下来。“一个多么漂亮的旋转呀。”他得意非凡地想着，微笑起来。

“你好吗？我的马渴了，你给饮点水好吗？”他说着下了马。

萨仁花好像很疲惫，边提水边气喘吁吁地说：“这些天，你把邻居们的草场践踏够了。但草场费还得由我们来交，什么道理。”

那音太立时说不出话来了。萨仁花说得没错，这些天他每天都在别人的草场上跑，但他现在才意识到。草场分到户已经好些年了，而且好多牧户用铁丝网把分到自己名下的草场围了起来，把大草滩分割成奇形怪状。牧户们的草场突然在无形中变小了，随之牧人们的心胸也好像变狭窄了，成天为草场闹矛盾。但那音太从来不把这个当回事，什么你的我的，大草滩从来就是大家的，他总是这么想。

“我没有办法呀，我的草场那么小，骑马都跑不开。”他歉意地说。

“那你别骑马行不行？没有骑摩托开汽车的能耐，步行也可以嘛，非要骑这么一个畜牲，成天晃悠，干什么呀你？”

他有点悲哀，叹口气说：“马好啊。”

“好什么好？一种最不值钱的牲口。”

他失望地望着萨仁花。萨仁花仍然在从井里提水，她衣服破旧，头发里有了白丝，脸色晒成了黑色，而且气喘吁吁。她什么时候变老了？他纳闷着。有那么一段时间，他跟萨仁花经常趁着夜色在这口井边相会，接着两个人双双骑在一匹马上，向草原深处走去。他回想着这些事情，突然又想到，他跟萨仁花是分草场的第二年分手的，他们两家分到的草场都很狭小，无法撑起门户，两个年轻人只好各奔东西。

这时，一个人大步流星地走了过来，这个人叫桑嘎。自从草场分到户以来，桑嘎的脾气就变得无比地暴躁，经常为了草场的事跟左邻右舍干仗。

桑嘎人没有到声音已经先到了："死人都不愿意别人动他坟头上的草呢。可那音太你要明白，我还活着。"

那音太看到桑嘎的胡子毛一根一根地奓着，眼睛也变得比平时大得多。

"怎么了?"那音太问。

"你还问我呀?你这匹长毛的爷爷成天在我的草场上踏过来踏过去的，你没有看见?你管不住它就别骑它呀。"桑嘎说着就到了井台边上，声音更大了，"我那块草场是苏木、嘎查两级盖章分给我的，草场费是我交的。那草场是我的，而不是你的，你懂吗?"

那音太这才明白自己给邻居们带来了多大的烦恼，他点头哈腰地说："我懂，我懂……"

"你懂?那你还成天践踏我们的草场?"

"我的草场太小。"那音太说。

"那你把这个畜牲放到狼山上去呀，听说那里的草场很辽阔，而且绝没有人跟你过不去。"

"你说话别这么难听好不好?"那音太喊道。他觉得桑嘎不仅在侮辱他，而且是在咒骂他的黑马。

桑嘎哼了一声，气呼呼地走了。

于是那音太无精打采地回到家，发现嘎查支书苏德巴的摩托车停在家门口。"又来了。"他嘟哝道。苏德巴经常来他家，如果碰到那音太不在家，那家伙会坐很久，一壶接一壶地喝那音太老婆熬的茶，没完没了。而那音太老婆也好像很愿意为那家伙不停地熬茶，鬼知道是什么意思。

他进屋，看见苏德巴坐在炕上对着他笑，还问他："那匹马真的是你的吗？”

“当然是真的，怎么了？”他问。

“你得想想办法管住它吧。谁的草场它都去，大家意见大啦。”苏德巴喝了一口茶又说，“草场费从下个月开始交吧？”

那音太老婆边给他倒茶边笑着说：“你也太过分啦。就那么一匹马，急什么。”又从竖柜里拿出一瓶酒说：“你别急着走，既然来了，就喝一点。”

看到酒，苏德巴的脸色变得很柔和，叹口气说：“那草场费也不是我要，是上边让收。”

他们三人喝起酒来，一直到半夜苏德巴才骑着摩托车走了，那音太两口子也有了醉意。

“你说现在怎么办吧，把一千块钱给了丹巴，弄来那么一个家伙，现在又要每个月交钱。”他老婆说，“看看人家，早就骑上摩托车了。”

那音太突然来了火，说：“骑摩托是人，骑马也是人。怎么啦？”

“但人与人就是不一样。”

“你看骑摩托的好，你就跟着走，我不挡你。”

“真想走，你想挡也挡不住。”

那音太突然想起黑马直到现在还在拴着，便气呼呼地走了出去。

## 四

那音太一见风，醉得更厉害了。他双腿拧着麻花，解开马缰绳，嘟哝着走去。他看到了天边有一道阴影，看了半天才弄清楚那是狼山。于是他又想到了桑嘎白天在井台边说的话。

“哼，狼山……实在不行了我就上狼山，狼也比你们这些两条腿的牲口强……”他嘟哝着。

他走到家门口的草滩上，干脆坐下了，黑马站在他身旁。露水气息很浓，原野上蛐蛐在联唱，远处传来狗吠声。

“唉，马是个多好的伴侣呀……”他开始自言自语。

“但这地方容不得你了。也许，将来连我也容不下了呢……”他又说。

黑马静静地立在他身边。马在听呢，他想。

“你不是想回家吗？今晚就走吧。唉，家乡好啊。”

他站起来，开始给黑马梳理鬃毛，梳理了很长时间，最后把笼头撸下来，放掉了黑马。

“好了，现在你去吧。”他说。

黑马也许不相信已经被释放，或者还不习惯这样被放掉，站着没动。过了一会儿，转过头来，朝那音太低低地嘶鸣了一声，好像在问：你真的要让我回去了吗？

“你去呀。”

他扇动两个胳膊，驱赶黑马。黑马仍然在犹豫着，向前走了几步。他喊叫着，更加有力地挥动双臂。黑马越走越快，终于奔跑起来。

马蹄声在夜色中长久地持续着。那音太又坐在草地上，感到酒劲涌向了脑袋，思维好像变得很迟钝。

“它会不停地奔跑整整一夜吧？明天一早也许能回到故乡？但谁知道它的故乡离这里有多远。”他嘟哝着。

## 五

两个月以后的一个早晨，那音太起来走出家门，却看见黑马站在他面前。

他呆呆地望着它。而它好像要告诉他一些什么，伸出鼻子嗅了嗅他的衣服，又轻轻地嘶鸣了一下。他开始细细地观察它，发现它明显消瘦了，左后腿在轻轻地颤抖。于是他又发现它左臀上增添了一道一尺多长的伤口，黑色的血水正在往外流淌。他不敢看了，心想：大概是用镰刀砍的吧。

“我的老天爷……”

身后传来老婆的惊叫声。

“你看呀，它被砍伤了……”老婆叫道，“你快给它敷点药呀。”说着，老婆的声音开始颤抖起来，“可怜的马，它跟咱们俩有缘分。”

两口子开始手忙脚乱起来，为马清洗伤口，敷药。

“它这是怎么了？是没有回到家乡，半路上被人抓住了吗？”那音太说。

“你呀，现在还念你那本老皇历。它是一匹马呀，回到家乡又能有什么好结果？都说马是人类的朋友，依我看现在呀，人倒是已经变成了马的仇敌了。”老婆说道，“从今往后，你想怎么养它就怎么养吧。我再也不会说它什么了。”说着，声音又开始颤抖起来。

他很感激地望着老婆，女人的心总是这样善良，他想着。

但又过了两个月，黑马跑了。

这两个月，黑马遭受了无数次的伤害。它两次掉进了陷阱，被桑嘎砍伤了三次，还不知什么人用铁丝绞住了它的腿，在它舌头上扎了一根钢针，等等。它日见消瘦。后来它基本上不吃不喝，老是一动不动地立在草滩上望着天边。看它那个样子好像老是在想着什么。那音太走到旁边，它也很少有反应，就好像没有看见似的，只是偶尔剪动一下耳朵。

霜降已过，草原上的牧草完全黄了。那一天的晚霞并没有怎么红，只是出现了些许淡淡的黄色。牧户们的烟囱里升起了炊烟。那音太出去找黑马，却怎么也找不到。他看到邻居们的羊群在归圈，嘎查支书苏德巴骑着摩托车向寡妇斯尔吉玛家奔去。他还看到了大草滩上横七竖八的铁丝网，那些铁丝网将大草滩分割成各种形状。我的家乡变成了什么样子啊，他想道。

突然听到老婆在身后叫：“看，黑马……”

于是他也看见了它，它就在那些横七竖八的铁丝网中。

桑嘎等几个人在铁丝网中追赶着黑马，他们每个人手里都拿着长短不一的家伙，看不清楚是棍棒还是铁锹。黑马一直小跑着，最后被赶进铁丝网的一个死角里，于是那几个人开始打它。

“怎么能这样打牲口？它是牲口，难道他们也变成牲口啦？太过分了。”老婆喊着从他身旁跑过去，于是他也跟着跑。

那些人在打着，黑马在躲避着。接着突然扬起了很浓的灰尘，什么都看不见了。那音太站住了，跑在他前面的老婆也站住了，因为他们同时看到，黑马突然又从灰尘中腾跃了出来。

桑嘎他们也许怕得蹲了下去，变得比刚才矮了许多，黑马正是从他们的头顶上跃出来的。黑马那样跃出来后丝毫没有停顿，接连着跃过那一道道铁丝网，简直就像一道黑色的闪电，一眨眼的工夫便跑出很远。

“黑马，黑马……”

“回来，回来呀……”

那音太老婆在喊。

那音太更是用浑身的力气在喊。

也许根本没有听到，黑马好像一点都没有犹豫，伸展四蹄越跑越远。

“你看呀，它在朝哪儿跑？”那音太老婆突然失声叫道。

“狼山？……它跑向了狼山？……”那音太好像变傻了，呆呆地望着远去的黑马，小声重复着。

是的，黑马真的跑向了狼山。朝着那个没有人烟没有牲畜，只有荒草和狼的蔚蓝色的山脉跑去，它好像一点都不犹豫，越跑越快。

黑马终于消失了，它是消失在那道蔚蓝色山脉里的。

天黑了，天空中开始出现稀疏的星星。那音太打了个寒噤，天气已经很凉了。

他感到家乡变得很静，很空……

# 仲夏之旅

## 一

午月的一天中午，苏木供销社门口的一棵老榆树下簇拥着几个人，他们有的站着，有的坐在地上。他们是我们嘎查准备外出打工的五个人，由“歪身子”扎拉斯来带队，在这儿等长途汽车。

天旱无雨，中午的太阳毒辣，更加酷热难耐。汗水在他们晒黑的脸上不断地往下淌。

“都等了两个多钟头了，这破车还不来，许不是半道儿上坏个屎的了?”名叫朝克德力格尔的三十来岁的壮汉子倚着大树半躺着，仰望着万里晴空，继续说道，“早知这样，不如在家待着好了。干吗来这儿挨晒呢?他娘的!”朝克德力格尔本来是不愿挪窝的人。这次是被逼无奈才出来的。如果长途班车真的坏在了路上，他才高兴呢。

“你怎么这么不争气呢?如果我们进城打工挣了钱，就不再挨晒了不是?住进高级宾馆。听说高级房间里有一种什么机器，冬天放热气，夏天放冷气。住在那样的房间，需要的时候，你摁一个什么按钮，涂抹口红的、穿着超短裙子的姑娘笑盈盈地走进房间来……”二十来岁的小伙子阿迪亚在一旁笑着说。别看这小伙子没啥本事，可是他就能听风是雨，信口开河，满嘴跑火车。

“你不懂就不要装懂嘛。那个机器叫空调。”一个二十七八岁模样的瘦高个子一脸轻蔑地说道。这个后生经常进城，一去就没影。每次回来时学几个汉语、蒙汉语掺乎着说。几次进城回来，把本名旺都嘎改成什么“王东”，碰见熟人就说：以后不要叫我旺都嘎，我已经改名叫“王东”了。家乡的年轻人都膈应他。这次出来打工数他最积极。他想显摆显摆自己的本事。

“去你的吧！那样的高级房间难道你住过？想在我们面前瞎掰呼，是不是！”阿迪亚骂道。

敖特根舍冷、饶丽格尔俩人坐在供销社屋檐下，嘴里含着刚从商店买的糖块儿，在一起说笑着。

“看见了没有？这次出来，他（她）俩可是机会难得啊！”阿迪亚说着看了朝克德力格尔一眼。朝克德力格尔假装没听见，仍然半躺着仰望天空。饶丽格尔与丈夫闹矛盾，这次干脆跟着外出打工的人们出来。来到苏木便和敖特根舍冷形影不离。

“要不咱们回去吧。我看啊，今天的班车是不来了。”朝克德力格尔仍半躺着望着天空说。阿迪亚跟着笑了笑，目光转向扎拉斯来身上。

一看扎拉斯来，愁眉苦脸地坐在那里。他是这次出来打工的领头。外号“歪身子”，仔细一看，身子的确是歪的。年过半百的他年轻的时候多年当过劳动模范。十多年前做了一次大手术，去掉一侧三条肋骨，身子就歪了。

两个月之前，苏木党委召开一次关于增加牧民收入的动员大会，决定组织收入不到五百元、年龄不超过三十五岁的牧民外出打工。嘎查领导回来后，召集所有牧民传达苏木的决定，又做了动员。可是，不是这个原因，就是那个理由，没有一个人来报名。然而，苏木下了硬命令，不找几个人去也不行。朝克德力格尔、阿迪亚说不出什么理由，最后不得不去。再加上与丈夫不和的饶丽格尔，还有爱进城逛荡的旺都嘎。后来又增加了敖特根舍冷。共计五个人。可是，嘎查领导对这五个人有点信不过。嘎查领导说，这几个人可信不得。说不定到苏木喝上两天酒就回来呢。如果是那样，苏木领导可轻饶不了我们，而且如果这个任务完成不好，以后扶贫资金什么的我们一分钱也拿不到。这样商量来商量去，最后决定，叫“歪身子”扎拉斯来当头。谁要是半道上回来，拿扎拉斯来是问。

历来对领导的话唯命是从的“歪身子”扎拉斯来摊上这么个怪差事。不管怎么样，他把五个人领到苏木上来了，下一步会遇到什么情况他也不知道。做过手术的旧伤复发疼痛，这天气酷热难耐，这班车久等不来。

又过了一个多钟头，落满尘土的一辆长途班车浑身冒着热气终于来到了。车上下来两三个人，“歪身子”扎拉斯来领上五个人登上了车。车很快就启动了。他们的一次长途旅行就这样开始了。

敖特根舍冷和饶丽格尔坐在最后一排座位上，吃着糖块儿说着悄悄话。朝克德力格尔坐上座位便闭上眼睛打起了呼噜。阿迪亚坐在扎拉斯来旁边，斜眼一看，发现扎拉斯来脸显得刷白。

“买票，买票！上车买票，你们不知道？”只见旺都嘎站在售票员小伙旁边朝这边用汉语喊着。他递给售票员一根烟卷，又掏出打火机点燃上。然后，朝着售票员笑着说：“小王吗，你还认识我吗？我是王东，咱俩同姓。”

阿迪亚很恼火的样子：“买票买票，那是什么话？我们听不懂。你就拿蒙古话说得了。”

“哼！蒙古话，蒙古话，你进城后再说你那个蒙古话试试看，连厕所都找不着要尿裤子！”旺都嘎说。

“掏钱买票！”扎拉斯来不厌烦地说了一声。这才大家摸起了自己的衣兜。

这真是一台老爷车。但毕竟是汽车呀。不大一会儿跨出了苏木的边界，向遥远的青岚色的丘陵地带奔去。

## 二

可是，还没到前边的丘陵地带，汽车又出了毛病，跑个三五里地儿就得停下来，司机和售票员骂骂咧咧地钻到车底下修起来。每当汽车停下来，车上热得受不了的人们赶紧下车透透风，有的去路边小解，有的三五成群吸烟说话。每次旺都嘎都帮着司机和售票员，不是递过扳子，就是拿给锤子什么的忙乎一阵子。

车是第三次，还是第四次停下来的时候，说要换轮胎。司机好像觉得这个活儿不是他干的，坐在一旁抽起烟来。售票员爬到车顶搬下来一个车轮胎，但自己安装不上去，招呼旺都嘎帮帮忙。旺都嘎倒是很愿意帮忙，俩人鼓捣了半天还是安不上去。

旺都嘎向站在那边的朝克德力格尔和阿迪亚喊道：

“你俩是木头桩子吗？过来搭把手呀！”

阿迪亚一听不高兴了。“你爱干啥干啥去。你没有权力支使我们。我们买的是坐车的票，而不是抬轮胎的票！”

“你们没看见人家小王那么辛苦吗？”旺都嘎说道。

“辛苦就辛苦去呗。他也不是你爹！”

这时候，有人过去帮他们抬起轮胎，回头一看是“歪身子”扎拉斯来。见到扎拉斯来都动手帮忙了，阿迪亚、朝克德力格尔面面相觑后也去帮忙。但是，阿迪亚嘴还不闲着：“嗨！劳模就是这样，自己捞不着休息，还要别人来陪绑！”

这烂车就这样走走停停，停停走走，一看夕阳西下、夜幕降临。正在这时候偶遇岔路，路边有旅游点的两座蒙古包和简易旅店。那只好在这儿住宿了。

旅客们提溜大包小包骂骂咧咧地下了车，有的住进了平房，没有抢上平房的只好挤在蒙古包里。一看这么多人只此一店，别无他家，旅店老板趁机提高收费标准，扎拉斯来他们几个犹豫片刻，最后竟没有地方住了，站在黑夜里束手无策。

“扎拉斯来头儿，我们再穷在家也有个窝呀。跟着你出来要风餐露宿吗?”阿迪亚说道。

“夏天没关系，在哪儿也可以对付一宿。”饶丽格尔嫣然一笑，看了一眼站在身旁的敖特根舍冷。敖特根舍冷笑了笑没言语。

“你要是跟在我身边，我也可以哪儿都行。”听阿迪亚这么说，饶丽格尔“唾”地骂了一句。这时候，跟着司机和售票员而去的旺都嘎也垂头丧气地回来了。

“你那两个干爹没有收留你呀?”阿迪亚讽刺道。班车一停下，旅店的人把司机和售票员领到最好的房间安排住宿，旺都嘎也帮他们拿东西跟随而去的。

旺都嘎没吱声。

“这不是扎拉斯来大叔吗?”顺声音望过去，只见旅游点的一个年轻人站在他们身后。

“噢，你是……”扎拉斯来认不出此人支吾起来。

“我是巴音巴特尔的儿子。您和我父亲一起参加劳模表彰大会时我见过您。”

“噢！原来你是巴音巴特尔的儿子呀!”扎拉斯来失声叫道。

“两个蒙古包是一点儿地方也没有了。这样吧，我给你们找些被褥来，你们就在房檐下对付一宿吧!”

“咋不行呢？只要不下雨……”

几个人没有在房檐下，而是找了块儿台地躺下了。他们考虑台地有风，没有蚊蝇。敖特根舍冷、饶丽格尔两人不辞而别，早没影了。

# 三

夜深深，天地之边有一条黑云在升腾。扎拉斯来躺在地上，遥望着那云团，辗转反侧。

他回想起多少年前草原的夏夜。走“敖特尔”放马下夜，多少个夏夜他曾经这样风餐露宿。那时候，他尚年轻，身体也好。觉得守着喘着热气的牲畜旁边，也是一种乐趣。可现在自己都年过半百，落下残疾，真是做梦也没想到还在风风雨雨里东跑西颠。而且作为多年的先进牧工，如今却没有了牲畜，还要外出打工卖苦力……

他越想越悲从中来。在前年的“黑灾”里，他的一群羊大部分遭到损失，只好把剩下的一小部分合到儿子的羊群里，自己倒落得个两手空空，只觉得无颜见父老乡亲。先进牧人到头儿来没有自己的牲畜，人们的议论声似乎日夜响彻在他耳旁。

老伴先他而去了，他觉得这也算是不幸中的万幸。不然她见到今天落到如此可怜的地步，不知会多么难受。他俩还年轻时的情景恍如昨日。真是日月如梭啊！那时候，妻子是模范共青团员，自己是老模范。俩人生活得是那样幸福……

他侧身看过去，影影绰绰地看到朝克德力格尔和阿迪亚两人躺在那边。他又想到敖特根舍冷和饶丽格尔俩人。我毕竟是年过半百的人了，好好赖赖就这样过了。可是，他们还都年轻，以后的日子还长着呢，不知道会遇到些什么事情。

朝克德力格尔没爹没娘，也没有兄弟姐妹，一人吃饱全家不饿，都二十多岁的人了，说不上媳妇光棍一条。人们都说他懒，有点看不起他。但是，扎拉斯来不这么看，而且还挺欣赏他。朝克德力格尔不完全是因为懒，也不完全是因为害怕困难，而是有点看破红尘的样子，与世无争。别人贪图小利，不择手段，而他无动于衷，我行我素。扎拉斯来当面听到过朝克德力格尔曾公开讲，何必为蝇头小利你争我夺，死去活来？你多吃一口也撑不到哪儿去。我少吃一口，也不会饿死。

扎拉斯来实在睡不着觉，索性坐起来抽起了烟。朝克德力格尔呼吸均匀地睡他的觉。扎拉斯来想，能像他这样安稳入睡的人还真少有。

阿迪亚一会儿伸胳膊，一会儿踢腿，睡觉也不老实。身子横过去了，好像在拳打脚踢。扎拉斯来想到，这小子真是活脱脱的一个赛吉拉夫，忍不住笑了。阿迪亚的父亲叫赛吉拉夫，说话总爱拉横车打横炮。就是因为他嘴上没有把门的毛病，“运动”中差点丢了性命。现在，尽管啥都可以说，但也要注意祸从口出。爱揭人短，得罪人，何必呢？

接着他又想到，敖特根舍冷和饶丽格尔这次可是要制造出一连串的故事哟。饶丽格尔与丈夫结婚好像不是为了过日子，而是为了吵架。她丈夫动不动就打她。打人固然不对，可是这饶丽格尔也不是个省油的灯，隔三岔五跟着路过的司机玩消失，十天八天不回来。家里家外的营生都落到她丈夫一个人头上。每次回来，精神懈怠，一身酒气。于是，夫妻俩就干仗。他们过的这叫什么日子呢？敖特根舍冷应该说是挺有头脑的小伙子，遇事三思而后行的人。这次和人家饶丽格尔黏糊上也不是没有考虑后果，也许他和饶丽格尔早就有一腿。但是，凡事都有个度。谁没有过青年时代，谁没有过谈情说爱？但要有自我约束很重要。不然，搞得满城风雨，丢人现眼，不好。

旺都嘎睡的地方离他们远一些，扎拉斯来这才看到。这一帮青年里边，说实在的数旺都嘎最可怜。不知旺都嘎着了什么魔，这几年突然变成了这个样子。隔三岔五往城里跑，回来时学着城里人不是身穿花花绿绿的衣裳，就是脚踏奇奇怪怪的皮鞋，或戴上黑墨镜……打扮另类，招摇过市。而且口口声声说，螃蟹、大虾好吃，乡下人什么也不懂云云。把旺都嘎的蒙古名字也改成什么王东。这不是在自欺欺人吗？他一辈子就这样混吗？

旅游点的蒙古包里传出人们一阵阵欢声笑语，看来喝酒喝得正酣。

人就是这样，刚才还为车坏在路上而怨声载道呢，这会儿倒又唱又笑开了。怎么说呢？扎拉斯来想到这里笑了。他躺下闭上眼睛，还是久久不能入睡。做过手术的旧伤开始隐隐作痛。要变天呀！他抬头再看天边的那团黑云团更睡不着觉了。

## 四

不出扎拉斯来所料，第二天他们在路上遇到了大雨。

早晨，天还挺晴朗的。在这儿耽搁了一宿的旅客们想到今天上午可以到达目的地，像孩童一般高兴，就连不想走的朝克德力格尔脸上都泛着红光。

“怎么样？昨晚睡得好吗？”看到敖特根舍冷、饶丽格尔上车来，阿迪亚一脸狡黠地问。

敖特根舍冷没吱声。饶丽格尔不好意思地笑了笑，说：“太疲劳了。头一沾枕头就睡着了。”然后又问了一句，“你们可睡得好吗？”

“他娘的！我一点也没睡好。”阿迪亚说。

“咋的了？”

“不知是哪儿来的一头母牛和一头公牛，在那边洼地里闹腾了一宿，吵得人没法睡觉。”阿迪亚说。

饶丽格尔骂了一句捂嘴笑。敖特根舍冷满不在乎地微笑着。这时候车启动了。早晨凉爽的风从车窗吹进来，远处的原野、山岗在一片青岚之中。

不过一个钟头一场暴雨向他们袭来。霎时，倾盆大雨从四面八方瓢泼而来，十多步之外看不清东西。汽车在满是泥泞的乡间公路上扭起了秧歌。刚才还是兴高采烈的旅客们个个成了霜打的叶子一样蔫巴起来，看着车窗外边瓢泼大雨而发愣。

扎拉斯来做手术的旧伤疼痛难忍。以往每遇这样的大雨，这条路就不通了。到了海拉苏图就知道了，想到这儿心情更沉重起来。“雨下半天，在海拉苏图堵五天”的说法由来已久。直达旗府所在地的这条简易公路到了海拉苏图，必须经过一条沟壑。而那条沟壑一下雨就变得满是泥泞，汽车无法通过。只好在海拉苏图住下，任那儿的人“宰客”。

继续行驶一个来钟头车到了一个小村庄。那便是海拉苏图。路口横放着一根木头杆子，是禁止车辆通行的标志。木头杆子两头穿雨衣和没穿雨衣的十多个人满面笑容地站着，那是在这儿开小旅店、小饭馆和小商铺的附近农民。司机骂骂咧咧地开着车拐进一个稍大一点的院子里停了车。知道走不了的旅客们有的骂班车，有的骂交通管理部门，甚至有的骂政府官员，嚷嚷了一阵子。但最终还是不得不拎着兜子扛着包下车来。一下车里三层外三层地被这里的农民包围了起来。“煮鸡蛋，一个三块钱！”“卖烧鸡！”“先到我们旅店吧！”“去我们饭馆吧！”……叫卖声、吆喝声此起彼落，一个比一个高。旅客们一边和他们推搡着，一边高一声低一声叫喊着，终于冲出了包围圈。

扎拉斯来左右一看，跟随他的几个人都站在他身边。看着迷途的孩子一样的这几个人，扎拉斯来尽量表现出很平静的样子，说：“莫要着急，看看各家旅馆的价钱再说！”然后又说：“先找个饭馆吧！”

距离他们十几米远有个小旅店。估计是旅店的老板娘，一个中年妇女满脸笑容地招呼客人。

“挺漂亮的娘们！还涂脂抹粉了。”阿迪亚笑着说。

“大嘴娘们‘宰人’更厉害，吃人不吐骨头。”朝克德力格尔一脸不悦。

那个中年妇女安顿完客人之后，笑着向他们走来。

“一看就是咱牧区的蒙古族老乡啊。住我们旅店吧。我会好好照顾你们的。”大家这才知道这位中年妇女也是个蒙古人。

扎拉斯来有点犹豫不定。其他人不吱声。

那个妇女端详了一下扎拉斯来，突然说道：“你不是扎拉斯来吗?”

扎拉斯来这才端详了那位妇女，惊叫道：“噢！原来你是哈斯图雅?”

“扎扎！进屋进屋。真是巧遇啊！”哈斯图雅接过扎拉斯来手中的挎包，领上他们走。遇到了扎拉斯来的老相识，大家也似乎放心了。

把他们几个人领进一个房间坐下后，哈斯图雅端茶去了。阿迪亚嘴怎么能够闲着：“刚才你们注意到没有？那个哈斯图雅见到我们扎拉斯来，眼睛就放光了。看来不是一般的熟人。”

扎拉斯来笑了一笑：“你们知道个啥呀？二十几年前，她可是咱全盟有名的劳模啊。我们曾几次在一起参加过表彰大会。铁姑娘突击队的队长哈斯图雅，报纸上都刊登过她的大照片。那时候，她也就是十七八岁的小姑娘。”扎拉斯来吁了一口气说：“想不到现在她在这开旅店了。”

“我的天！是那个哈斯图雅呀？我念小学的时候，有一次她来公社作先进事迹报告。我们在路边排队敲锣打鼓、载歌载舞迎接的。”朝克德力格尔说完笑了。

不一会儿，哈斯图雅手提一大壶茶，抱着好几个碗走了进来。“你们先喝点茶暖暖身子吧。不用焦急。遇上这么大的雨，没有三五天甭想走。”“你们住在我这儿，我一分钱不收你们的。我知道你们的难处。几年前，我也是和你们一样要外出打工，也在这个海拉苏图被大雨困住。出乎意料，先是在一个饭馆打工，后来自己开了这么一个小旅店。”

几个人一边喝着茶，一边和哈斯图雅唠家常。

“家里还有什么人?”扎拉斯来问。

“我爱人十来年前因车祸亡故了。我就一个儿子，在旗中学念书。”

“海拉苏图这个地方能找到临时工的活儿吗?在这三五天白待着，不如找点活儿干。反正去哪里也是打工嘛!”扎拉斯来说完，看着哈斯图雅的脸色。

“你们是出来打工的呀?”哈斯图雅问。

扎拉斯来不好意思地笑了一笑，说:“不瞒你说。是那个意思。”

哈斯图雅想了一想，说:“我倒没听说过哪个旅店、饭馆缺人手。”她突然想起了什么，拍了拍手，说，“离这儿十多里的阿布达兰台有个牧业公司，听说那里雇用羊倌来着。”

“雇用羊倌?那好啊。放羊我们可是行家里手。”扎拉斯来听了，有点儿坐不住了。

哈斯图雅笑了一笑:“那么，雨住了去那儿看看吧。”

## 五

下午开始，扎拉斯来发起高烧来了。

起初，他谁也没有告诉，闭上眼睛坚持坐了一会儿，后来疼得不行盖上被子躺了一会儿。还是不行，他从提包里掏出药服了下去，仍然没有缓解。开始听到朝克德力格尔打呼噜声，阿迪亚、旺都嘎拌嘴的声音，后来消停了。眯缝着眼睛看了一眼，一个人也不在。不一会儿好像是敖特根舍冷、饶丽格尔俩人进来了，嘻嘻哈哈一阵儿又没声了。雨天寂寞年轻人怎能耐得住，可能去供销社逛去了吧?

房间门没有关上，凉风阵阵吹来，一股潮湿的味道。外边传来有人在泥水里“稀里哗啦”走路的声音和大声说话的声音。

他虽然没有睁开眼睛，但听见外边走进来的脚步声就猜出是哈斯图雅。哈斯图雅摸了摸他的前额，惊叫一声：“嗨呀！烧得这么厉害。赶紧去看医生！”

扎拉斯来浑身乏力，他穿上哈斯图雅带来的雨衣，让哈斯图雅搀扶着走出屋的时候，原来的倾盆大雨已经变成丝丝细雨，远近的景物在漫漫水雾中变得模模糊糊。

他俩在满是泥泞的路上小心翼翼地走着，走进一个死胡同，来到一间摇摇欲坠的土屋门口。门玻璃上用红漆写着“诊所”两个汉字。为了方便人们行走，在门外的泥水里摆放了若干块儿砖头，他俩踩着那些砖头走进屋里去。正在灶火前低着头烧火的一个年迈者为扎拉斯来量了量体温，打了一针，开了几片白药片就算完事。

“旅店的房间又潮又凉，去我们家吧！”哈斯图雅说。她一个人住在旅店旁边的一个小院子里。哈斯图雅把扎拉斯来扶上炕，便开始点火做饭。“我给你做热面汤，喝出汗来体温就下来了。我还会拔罐子呢。一会儿给你拔拔罐。”

炉子一着，热气把凉气驱赶，扎拉斯来觉得很舒适。一看屋里的摆设很简单，看出哈斯图雅一个人将就着过日子，但小屋里仍然洋溢着生活的温馨气氛。他倚在被服垛上默默地瞅着哈斯图雅手脚麻利的动作。转眼工夫，哈斯图雅把肉干切好烧开了锅，把面也和好了。她翻了翻放在地上的木柜，掏出几个铜制拔罐器，点上了蜡烛。

“把上衣脱了吧！”哈斯图雅说。

扎拉斯来脱了上衣背过脸儿坐，哈斯图雅在他后背上拔起罐子。劳动妇女厚实而粗糙的手抚摸他后背，似乎也感觉到温暖的气息阵阵吹过来。这时候，他听到哈斯图雅长长的一口叹气声。扎拉斯来似乎完全理解那个叹气声中的所有含义。他想到，只有长期在孤独、悲伤、绝望和挣扎中生活过的人才会这样长叹，他越发觉得坐在他身后的这个女人多么地可怜！

哈斯图雅抚摸着扎拉斯来做手术的刀口伤，说：“多可怕呀！”

“病嘛，没办法！”扎拉斯来说。

哈斯图雅又长叹一口气。

拔完罐子之后，哈斯图雅给扎拉斯来盛上一碗热气腾腾的面汤。扎拉斯来出了一身汗，身上觉得轻松多了。

从房顶吊下来的白炽灯泡发出微黄的光芒。哈斯图雅、扎拉斯来面对面地坐着，有一搭没一搭地聊天。

“没有个伴侣……过日子难啊！”哈斯图雅吁了一声。

“再找一个不行吗？”

“生活的伴侣，可遇而不可求。不是有一句话吗：命里有时终须有，命里无时莫强求……”哈斯图雅苦涩一笑。

“说得也是……”

外边的雨又“沙沙”下开了。扎拉斯来一看桌子上的马蹄表时针指向十点半。他起身欲走。

当他下了炕走到门口时，背后传来哈斯图雅的声音：“旅店的房子凉。要不……”，说到这儿戛然而止。

他没有犹豫，回答说：“没关系。我身上好多了。”说完，走了出来。

雨真大了。他在泥泞的路上摸摸索索、深一脚浅一脚地往前走，哈斯图雅刚才的叹气声仍然萦绕在脑海中。在旅店外边的墙旮旯有两个黑影在缠绵，可能是敖特根舍冷和饶丽格尔两人。再往前走到院内，看见售票员小伙正在给旺都嘎交代着什么。

“你在车上守夜。丢东西找你算账！”售票员的声音。

“小王你放心吧！你还信不过我吗？”

“车钥匙给你。你就在车后排座上睡觉。别忘了从里面锁上车门啊！”

“啊！行行……”

售票员回他的客房，旺都嘎向汽车那边跑了过去。

扎拉斯来回到房间，只见朝克德力格尔、阿迪亚早已钻进被窝。飘过来一股酒味，知道是他们晚上喝了酒。他正准备睡觉的时候，敖特根舍冷也进来了。

“今晚怎么和我们一起睡呀？”阿迪亚抬起头来问敖特根舍冷。

“下着雨呢，总不能睡外头吧。”敖特根舍冷说着，钻进被窝。

## 六

第二天，扎拉斯来要去位于阿布达兰台的牧业公司。雨虽然住了，但黑灰色的云雾在山梁、高坡处低垂，洼地里一块儿块儿积水星罗棋布。扎拉斯来穿上哈斯图雅给的雨衣，怀里揣上哈斯图雅的一封信出发了。哈斯图雅认识那个公司的副经理，所以写了一封信。

走了一个多钟头，到了那个公司。很大一片饲料基地，高大而坚固的棚圈设备，还有好几栋砖瓦房，看似一个小城镇，说明这个公司家底雄厚。很奇怪，那一刻扎拉斯来不由得产生几分敬畏之感。他在雷鸣般的掌声中走进盟和自治区的大礼堂，未曾有过这个感觉……

他拿着哈斯图雅的信，几经打听好容易找到了那个副经理。他穿着高筒雨靴，身披雨衣，刚从饲料基地那边回来。

“找我？当羊倌？我们羊倌够了，不要人了。”还没等扎拉斯来说完话，那个副经理摆了摆手就要走。

“等等……，你看看这个。”扎拉斯来拿着哈斯图雅的信跟在他后边跑过去。

副经理停下，拆开那封信扫了一眼，说：“嗯……老劳模？可是，我们不要人了。明年开春再来看看，那时候备不住还行。”

扎拉斯来只能无功而返了。他正往回走的时候，有个人追了上来，说："我们经理要见你。"

"刚才不是说不要人了吗？"扎拉斯来说。

"刚才那个是副经理，姓李。现在叫你的是经理，姓张。我们张经理要见你。"

于是，扎拉斯来跟着那个人走进一排砖瓦房中间的一间办公室。办公室里摆放着一张很大的写字台。写字台后面坐着一位中年男子。

"你想来这儿当羊倌？"坐在写字台后面的那个人问道。扎拉斯来猜想这就是那个张姓经理。

"是的。"

"你以前放过羊吗？"

这句话扎拉斯来听上去好像对自己是个羞辱，但他忍住了，回答道：

"我本来就是个放羊的。"

"家是哪儿的？"

扎拉斯来说出家乡的名字。张经理听后看了他良久，说：

"嗨！你是扎拉斯来呀。"

扎拉斯来愣住了。

"你不认识我了？我是张三娃呀。咱们不是十五年以前的老相识吗？那时候，你可比现在年轻多了。"张经理说着走过来握住他的手说：

"你现在怎么到了如此地步？"

一听张三娃这个名字，扎拉斯来认出站在面前的这个人是谁了。

张经理支使手下又是沏茶端水，点烟递烟，忙得不亦乐乎。扎拉斯来仍旧愣在那里。

"你是个出色的牧人，况且咱俩是老相识。来我这儿打工咋不行呢？至于工钱嘛，肯定亏待不了你。"

十五年前的事儿萦绕在扎拉斯来的脑海里。当年，扎拉斯来雇用一个羊倌，就是这个张三娃。总觉得这个人有点懒，最后把他解雇了……

“可是，有一点必须先给你交代清楚。我们这个公司完全是运用新技术，你们那个老一套可不行。开始可能不大适应，不过也没关系……慢慢就会好的……”张经理的话断断续续传到扎拉斯来的耳朵里来。

“不了……我不在你这儿放羊。”扎拉斯来说。他回想起自己在十五年前因张三娃不会放羊而训斥人家的情景，只觉得很有讽刺意味。

“是吗？那你为什么找到我这儿来了？”张三娃笑着问。他似乎看穿了扎拉斯来的心思。

“我……我……”

“扎拉斯来老哥，我不会强迫你。不过，你什么时候想来我随时欢迎。你我毕竟是老相识嘛！”张三娃很大度。

## 七

扎拉斯来回来时天色已晚。

“怎么样？要不要人？”一见面阿迪亚就问。

“他们说不要。”扎拉斯来说完坐到炕沿上，才觉得自己很疲惫。他下决心，见张三娃的事儿谁也不告诉。

“那就算了，您也别懊恼。我今天得了五十元钱。咱好好喝一顿。”阿迪亚说。

“是吗？”

“一辆拉粮食的汽车掉进泥坑里了。帮他们把装粮食的麻袋扛到干燥地方，每人给五十元。闲着没事，扛就扛呗，就去扛了，五十元到手了。”

扎拉斯来听了很奇怪："这里有这么多的人，怎么就单单你摊上这等好事？"

"嗨！汽车司机都怕当地的农民。不给他们一千块钱，他们就威胁说把装粮食的麻袋扔进水里。不敢雇。"

于是，把正在睡觉的朝克德力格尔叫醒了，把逛商店的敖特根舍冷和饶丽格尔找回来了。

"把哈斯图雅也招呼上吧。人家免费让我们住旅店呢。"阿迪亚说。

哈斯图雅一听就说："饭馆的饭菜忒贵，你们想喝酒，我给你们做菜，你们就在旅店里喝吧。"

"不可以。今天我们无论如何把你请到另外一个饭馆进行招待。"阿迪亚不听。

"如果是去别的饭馆，你那个五十元钱啥也不顶。"哈斯图雅劝道。

"再加几个五十能咋的？钱不是人挣的吗？"

阿迪亚今天挣了五十元钱，显然是挺当回事的。

他们路过那里时也去叫了看车的旺都嘎。自从接受看车的差事之后，旺都嘎真是守在车上寸步不离。

"我不去了。趁我不在有人来弄坏了车就麻烦了。"旺都嘎说。

"坏就坏去呗！也不是你祖上的财产。"阿迪亚骂了一句。

"不行。我可是答应过人家小王了。"旺都嘎还挺认真。

"那就算了。让他在这儿看着车子吧。我们回来时给他捎回来酒和饭菜。"扎拉斯来一言九鼎。

遇到好几个饭馆，都被挡驾了。各饭馆都挤满了困在这里好几天的旅客，三五成群地喝酒消遣。物价又成倍地涨，一个鸡蛋都卖到了六块钱。

哈斯图雅领他们去了离村子稍微远的一家饭馆。炕上堆满了被褥，地上摆着一张桌子。就在这儿！大家围坐在一起，点酒点菜，开始喝。

大家好像馋酒了，不大一会儿干掉了两三瓶。哈斯图雅红光满面地看着扎拉斯来，关心地说:“你少喝点吧。注意身体!”

“呵，没事！今天就想喝点。”

从阿布达兰台回来时的一肚子憋屈慢慢释放开来，扎拉斯来心里敞亮多了。他看着哈斯图雅白里透红的面颊，凸凹有致的身材，觉得是一种享受。当年参加劳模表彰大会时，她还是个少女，如今已是人到中年了。

酒后吐真言。扎拉斯来也不例外。

“……后生们，有道是：有志者，事竟成啊。我们既然出来了，就不能半途而废。无论如何要咬牙坚持，做出点成绩来……”扎拉斯来絮叨着。

“少计较报酬，多出点力气，也许还行。”这是阿迪亚今天扛麻袋得出的经验之谈。

“我是随大流。但是，早晚得回到家乡。我就不信守家在地会饿死。”朝克德力格尔说完，“咕嘟”把一杯酒喝了进去。

饶丽格尔好像喝醉了，趴在哈斯图雅肩上耳语时眼泪汪汪的。敖特根舍冷在一旁唉声叹气。

“不能这么干喝呀。唱个歌吧，唱唱咱家乡的歌曲。”哈斯图雅提议。于是，大家唱了起来，声音七高八低，不太和谐，但把哈斯图雅唱哭了。

午夜已过。几个人晃晃悠悠、东倒西歪地往回走。扎拉斯来也喝高了，哈斯图雅扶着他。

“饶丽格尔怎么哭了?”扎拉斯来大着舌头问。

“说是想家了。后悔把丈夫一个人扔在家里了。”

“也不是第一次。”

“可这一次出来时是下决心不再回去的。但是，来这儿几天就想得不行了。女人嘛，水做的，心软……”

也许是吧，年轻人总是吃一堑，长一智。扎拉斯来心里想。

“嗨！你们看……”

听敖特根舍冷一声喊叫，大家抬头看，只见数天来黑云密布的东方天空露出蓝宝石一样美丽的颜色。

“哈！天亮了……”饶丽格尔高兴地喊道。

“天要放晴了。”阿迪亚也抑制不住内心的激动。

“你们回去稍作休息吧。我去给你们熬香喷喷的奶茶。天晴了，班车也早晚得启动。”哈斯图雅说完，又靠近扎拉斯来，说，“以后你路过这里，不要忘了一定要见个面。我有话给你说。”红润的脸上笑出一朵花来。

扎拉斯来点了点头。我以后什么时候会路过这里呢？我一个活人来回走动着呢，海拉苏图这个地方在这站着呢，后会有期的。

早晨凉爽的风一阵阵吹过来，大团大团的云彩迅速移动，几天来被云遮雾罩的海拉苏图终于露出了庐山真面容，看得一清二楚了。扎拉斯来一看，海拉苏图的变化可真大，较之年轻时候赶着马群从这里经过时的情景，简直是不可同日而语。

莫说山水风貌，这个时代也是这样变化无穷的呀。扎拉斯来突然想起来那可怜的旺都嘎还在忠实地守着车呢，就说快给他送去带来的饭菜吧。

那么，这趟班车今天什么时候启动呢？会不会在路上又要出毛病呢？……

岱钦　译

# 良　心

## 一

巴图仓是我们嘎查唯一的旗人大代表，但平时他很少想起自己还有这么一个身份，只有到了每年年初苏木党委派车来接他去旗里开会，他才记起自己是代表。那车一般是过完大年才来，今年却提前了，刚到年底，巴图仓两口子就看见那台吉普朝他们家驶来。

当时已近中午，冬天的太阳有气无力地照着，他和老婆杜力格尔玛正在羊圈里边忙乎。现在是年底，是抗灾保畜最关键的时候，一群羊要放，几头牛还得照顾，瘦弱的牲畜要喂精饲料，还必须时常注意那些怀胎母畜的动静。这些天两个人天不亮就起来了，到了半夜才睡觉，将吃饭、洗脸等事情简化到不能再简化的程度，累得一句多余的话都懒得说。昨天晚上他们很晚才从羊圈回到屋里。杜力格尔玛累得腰都直不起来了，却咬着牙把屋子打扫干净，锅里放进一些肉炖着。接着她又脱掉外衣开始洗脸，洗头。巴图仓看着老婆忙来忙去，问：“你不累?”“累也得过日子呀，你看咱们这些天，像过日子吗?”杜力格尔玛说。“怎么啦?”巴图仓问。“你看呀，我们这个家比羊圈干净不了多少，咱们俩也比羊干净不了多少了。”老婆说。巴图仓望着老婆，既感动又心疼。杜力格尔玛总是努力把家弄得干净一点，把生活安排得好一点，为此她有时候很累。“那好，你洗完休息。我把咱们这个家彻底整理一遍。”他摩拳擦掌地说。很快，屋内变得干净、整齐，牛粪火在铁炉子里烘烘燃烧着，肉的香气在弥漫，在昏暗的灯光下，刚洗过脸的杜力格尔玛看上去似乎年轻了十岁。

“奇怪，我现在倒不觉得累了。”巴图仓说。

“家里干净了，心情好了嘛。”杜力格尔玛说着，把脑袋靠在巴图仓肩膀上说，“这些天，咱们都忘了是夫妻了。”

这是一个久违了的甜蜜的夜晚。两个人很快吃完饭，杜力格尔玛铺好了被褥就钻进巴图仓的被窝里。巴图仓轻轻地抚摩着老婆的肩膀，却发现杜力格尔玛一点反应都没有。一看，她已经睡着了。

他们最多不过睡了四五个小时，天刚亮又起来到羊圈里忙，一直到中午。苏木党委的车就是这时候来的。

先看到车的是杜力格尔玛，她认出是苏木党委的那台旧吉普车。现在苏木领导们都换了好车，这台车除了打杂就是每年一次接巴图仓去旗里开人代会。“你看，它怎么这个时候就来了？”她说。

巴图仓抬起头，也看见了车。那吉普车在他们家南边的一片丘陵里激烈地颠簸着，像一头撒欢的牛犊。

“是不是接你开会来了？”杜力格尔玛又说。

“接我开会？”巴图仓没有反应过来。

“你忘啦？你是旗人大代表呀。”杜力格尔玛说完“咯咯”地笑起来。

“哦，你不说我还真忘了。”巴图仓也笑，接着他又说，“不会吧？人代会不会这么早就开……”

不管怎么说，现在这车是真的来了，停在他们夫妇前面。司机一下来就摘下帽子拿在手上，满头冒着热气。他是个四十多岁的汉子，又黑又胖，叫那木德嘎。

“我的天老爷，来一趟你们家可真不容易，路可真难走。”那木德嘎说。

“难走你就别来呀。”杜力格尔玛笑着说。她跟那木德嘎早已经是熟人了。

“不来行吗？人家让我来接代表。”那木德嘎说。

巴图仓看看那木德嘎，又看看天空问：“人代会提前了？”他发现天开始发阴了。

“不是接你去开人代会，是考核组叫你去谈话。”那木德嘎说。

“考核组？什么考核组？”巴图仓问。

“考核组你都不懂呀？每年年底旗里派一些人到各个苏木检查苏木领导班子完成任务情况，那叫年终考核，那些被派下来的人叫考核组。”

杜力格尔玛听了半天似乎明白了一点。“那……他们还考核人大代表？”她问道。

“不是考核人大代表，是向人大代表征求对苏木领导班子的意见。”那木德嘎说。

“原来是这样呀？我对领导有什么意见？一点意见都没有。”巴图仓说，又开始去草棚抱草，似乎是不打算去了。

“你以为真的让你去提意见呀？是让你去说领导们的好话。所以你还非去不可。”那木德嘎说。

“你快去吧。人家是专门来接你的。”杜力格尔玛催促丈夫说，“快去洗洗脸，换一件衣服……”

“现在这么忙，你一个人……”巴图仓犹豫着。他从来不愿意参加会议呀、座谈呀什么的，他认为自己是个老百姓，放好牧就全有了。每年一次的人代会他是不能不去，他被选为代表，还用小车接送，那是领导的照顾，他不能不识抬举。

“没事的，你老婆能干着呢。”杜力格尔玛说，“你不是为朝书记准备了两壶酸马奶吗？正好这次带去。”

朝书记就是他们苏木的现任党委书记，巴图仓就是在他手上当的旗人大代表。两个人每年一起去旗里参加人代会，朝书记也经常来巴图仓家，为巴图仓解决过不少问题。朝书记其实年龄比巴图仓还小，才三十多岁，但身体比较单薄，每年要喝一段时间酸马奶。巴图仓早已给他准备了两大塑料壶酸马奶，但最近忙，一直没时间送。

## 二

吉普车在荒原便道上颠簸着，刺鼻的汽油烟味在车内弥漫。司机那木德嘎是个很爱说话的人，一路上说个没完。

“要说，咱们苏木的领导还真不错。不说别的，只说咱们俩吧。你我有什么背景？既没有有权有势的亲戚，自己也没什么本事，可苏木领导还是很照顾咱们。就拿我说吧，开上这么一辆破吉普总比放牧强吧？再说你，一个普普通通的牧民，但人家让你当了人大代表，再咋说也是一种抬举吧？你说呢？”

“这些我心里都明白。”巴图仓说着就有点感动。“我就不明白，怎么就让我当了这个代表？”他问。

“我听说，就因为你是个好人。”那木德嘎说。

“因为我是个好人？好人多的是啊。”

“你没有明白我的意思。”那木德嘎说，“这人大代表叫什么人当，还真是个大事呢。你让那些刺头、没有良心的人当代表试试，开会时他们住着好房子，吃着好饭菜，喝着好酒，还要一个劲地挑领导的毛病，遇上选举还要投反对票。那不是成心捣乱吗？”

“是啊，是啊。”巴图仓很有同感地说。

“人得讲良心，应该知恩图报。一个人可以没有钱，没有权，没有本事，但不能没有良心。”

“对，对。”

路真的很难走，吉普车不停地颠簸着。那木德嘎一直在紧张地转动着方向盘，换挡，脚底下也忙个不停，却不误说话。

“我成天在苏木领导身边，而且伺候过多少任领导呀！说个良心话，咱们这一届苏木领导还真不错呢。过去那些领导，嘿嘿，捞钱，争权，有的还搞女人……真他妈够戗。你看咱们这一届领导，比那些家伙好多了。就说咱们苏木党委朝书记吧，才三十来岁，知识分子，下来以前是领导的秘书。他连酒都不喝，一心一意想办点事。有些牧民给他送点牛肉什么的，他还付钱。什么是好领导？我看不腐败就是好领导。说缺点吧，也有一点，就是太着急做出成绩给上级看。但现在的领导不都是那样吗？”

巴图仓很同意那木德嘎的说法，不住地点着头。

“听说，有些人跟咱们的书记过不去。他们肯定借这个年终考核给考核组说一些不利于咱们书记的话。”那木德嘎愤愤地说，“咱们可要实事求是，讲良心。”

“那当然。”巴图仓也愤愤地说。

冬天的草原显得很冷清，牧户大部分搬到避风的低洼处去了，因此一路上几乎看不到人和畜群。他们一刻不停地跑了三个多小时，才看到荒原上一些散落的房屋和电线杆什么的，那就是苏木党委。

到了苏木党委所在地，巴图仓就感觉这里有一种平时见不到的气氛。好像这里的居民都被动员起来了，一些老头、老太太和女人拿着工具扫地，运垃圾，填坑。甚至有一个老头举着棍子撵着一条野狗，那狗在没命地逃。几家个体小商店和小饭馆正在装饰门面，有的挂彩灯，有的用红油漆描画着匾额。走进苏木党委大院更是一番繁忙景象，拿着纸张的文秘人员进进出出，大办公室里有两拨人在忙乎着，其中一拨在一张大塑料板上制作“全苏木年度目标任务完成情况”，另一拨在红绸子上用大头针别着诸如“热烈欢迎旗考核组光临我苏木检查指导工作”“一年上一个新台阶，争取早日实现旗里提出的奋斗目标”等大字。

司机那木德嘎领着巴图仓走进大办公室的时候，苏木党委秘书其其格姑娘正在打电话。她看到巴图仓点头笑了一下，巴图仓坐在靠墙角的旧沙发上听她打电话。

“是财税所阿所长吗？……你听出我是谁了？那我可太荣幸了……是这么一件事，不是考核组要来嘛，我们要用你们的客房，因为在这里只有你们的客房有卫生间。对……晚上要供应热水。什么？……供热水需要煤？这样吧，我们给补贴五千元。谢谢了，完了我请你喝酒。”

其其格姑娘打完电话，又朝巴图仓笑了笑，其实她把话筒一直拿在手里，又开始拨号。

“是勘探队张队长吗？……我是谁你还听不出来呀？那你可真不够意思。那次喝酒你不是说……”她说着咯咯咯地笑了起来，“……长得漂亮有什么用？没人要。什么？那可太谢谢你了……是这样，考核组要来了，我们得去接人家呀。据可靠消息，邻近苏木是用‘桑塔纳’接的，我们怎么也得超过他们才对吧？把你那两台‘三菱’给我调过来。对……我当然要感谢你，怎么感谢？你让我怎么感谢我就怎么感谢。”

其其格终于打完了电话，过来给巴图仓倒了一杯水。巴图仓刚才听她打电话才明白，其实考核组还没有来，现在正在邻近苏木进行考核，之后再到他们这里。

接着其其格又给司机那木德嘎交代起任务：“那师傅，请你再辛苦一趟，马上去旗里采购一些海味，顺便把厨师接来。”

“还要上海味？”那木德嘎边问边站起来抓起帽子。

“菜谱我们一直商量到后半夜。”其其格说，“欢迎宴会和欢送宴会当然要按照民族形式来，摆全羊，唱歌敬酒。但其他时间要安排一两次海味，目的是体现咱们这个地方的开放程度。辛苦你了，这个你路上抽。”说着往那木德嘎衣兜里塞了一盒中华牌香烟。

“你们不也是在辛苦吗？都是为了咱们苏木的事嘛。”那木德嘎说着，出去了。

其其格姑娘对巴图仓说：“我这就带你去住处休息，已经安排好了。”

“我自己去，我自己去。”巴图仓忙说，“看你们这么忙。”他看着其其格眼皮有点浮肿，不禁同情起来。

“再忙也不能冷落人大代表呀。”其其格“咯咯”地笑，又说，“不忙怎么办？你没有听说过，每年的最后一个月，各级领导是为考核组活着的吗？”

“还有这么一句话？”巴图仓像个傻子一样望着她。

“一年里不管你怎么辛苦，工作做得怎么好，这年终考核的关过不好，算是白干了。”其其格姑娘说。她领着巴图仓朝苏木党委大院后边走着。天空仍然是灰蒙蒙的。

其其格姑娘把他领到了住处。那是大院最后一栋房子里的一间小屋。那栋房子里还有职工食堂、库房和司机室。

他坐在屋里不知道怎么打发时间。根据其其格的说法，考核组最早也得几天以后才来，这几天我干什么呢？他想着。他真想今天就回家。现在家里只有杜力格尔玛一个人，而且看样子要下雪。

## 三

坐着没事，他就用手机给老婆打电话。杜力格尔玛肯定在羊圈里，话筒里传来羊“咩咩”的叫声。

“谈完话啦？”杜力格尔玛问。

“考核组过几天才来。”他说。

“那你就待着。别着急，我一个人行。”

他还想说点什么，门口传来脚步声，一个人推门进来。

进来的人叫卓力克图，在苏木党委工作至少有二十年。按说像他这样的资历早就应该提拔，但这个卓力克图有个毛病，就是总跟别人闹不团结，尤其是谁来当第一把手他就跟谁过不去，背后散布流言飞语，还写匿名信。而巴图仓最厌恶的正是这种人，因此一看到卓力克图他就有点心烦。

“听说你来了，我来看看你。”卓力克图一进来就坐在椅子上，面对着巴图仓说。

“哦……”

“告诉你吧，斗争激烈着呢。”卓力克图说，“围绕这次年终考核将要发生一场斗争。这是必然的，不平则鸣嘛。正义的声音一定会出现，而且最后取得胜利。”

“是……吗?”巴图仓勉强应付着。

“因为某些人也太不像话了。为了自己升官发财，不顾老百姓死活，大搞形象工程，劳民伤财！某些人不仅这样搞，还压制不同意见。我们能答应吗？你说呢?”

巴图仓并不想说什么，他现在不仅心烦，而且已经相当厌恶了。你对朝书记有意见就直接找他提嘛，给我说也行，你就直截了当说对朝书记有意见嘛，还说什么“某些人”，你也太不地道了，他想。

“你是旗人大代表，你怕什么？其实越怕，某些人就越欺负你。我还要告诉你一个情况，就是前年推举你当人大代表的时候，某些人坚决不同意。是我跟某些人作斗争，才让你当的代表。”

巴图仓很想反驳卓力克图，但又怕让对方太没有面子，于是他只好不说话了。

“好了，我给你带来一份材料，某些人这几年的所作所为都写在上面了。你先熟悉熟悉，到时候你可得放一炮呀！人民代表嘛，要有正义感。前年我费那么大的劲让你当代表，我当时就看出你是个富有正义感的人。”

卓力克图拿出一沓材料放在桌子上走了。

巴图仓站在屋子中央，越想越生气。他是个普通牧民，但也接触过不少干部，却从来没有碰到过像卓力克图这样的人。事情很清楚了，这个卓力克图肯定要借这次考核的机会使坏。

接着他想起了朝书记。去年冬天下大雪，年轻的朝书记深夜坐着车去看望牧户，去他家的时候天都快亮了。当他跟脸色苍白、双眼布满血丝的书记对视的时候，感动得差一点流下了眼泪。他想让朝书记在他家里吃顿饭，再休息一会儿，但朝书记坚持要走。走时只是提了一个要求，想带一点酸马奶。朝书记那次在一尺深的雪里不分昼夜地转牧户家，一直转了半个月。后来听说，正是那段时间，书记的父亲病故了……现在却有人想借年终考核的机会做文章，还想让他也配合，他能那样做吗?

他现在倒是不急着回家了。他一定要等考核组来，他要跟考核组如实地反映朝书记的种种好处。

## 四

外边传来其其格姑娘的声音，接着她进来开了灯。巴图仓才发现自己躺在床上睡着了，天已经黑了。

“我们累得要死，你却在这里享福呢。走，吃饭去。”其其格说。

“我喝点茶就行了。”他说。

“那可不行。我们一定要让你吃好，喝好，休息好，这样跟考核组谈话才会谈好。”

他只好跟其其格出来。

“下午卓力克图来找你了吧?”其其格问。

“来了。”他说。

“我看见他进了你的屋，我还知道他对你说了一些什么。”其其格笑了起来。

“别提了，那种人……”

“你可要站稳立场，分清是非呀。”其其格响亮地笑着说，像是在开玩笑，其实他知道那不仅仅是开玩笑。

“我知道该怎么做。”他说，“朝书记怎么不见？出门了吗？”

“下基层了。”其其格说。

“是吗？”

“他是想躲开一段时间，免得人家说他搞了什么活动。现在是政治敏感期呀。”其其格说完“咯咯”地笑了起来。

“这么复杂呀，真麻烦。”

他跟其其格边说边朝职工食堂走去。那些办公室里仍然灯火通明，晃动着加夜班的人影。办公室那栋房子拐角处的电线杆上也安着灯，已经开始下雪了，雪花在灯光中飞舞着。他被领进了餐厅角落里的一个雅间。一张圆桌上酒菜已经摆好。一个人从圆桌旁站起来，巴图仓一看是苏木党委副书记占楚布。

“哈，你这家伙。”巴图仓高兴得笑了起来。

占楚布跟他从小一起长大，后来占楚布上大学，当干部，他回家放牧。但两个人关系一直很好。

“你们慢慢喝吧。我还有事。”其其格为他们两个斟满酒走了出去。

“你怎么想起陪我吃饭？我是老百姓你是领导呀。”巴图仓说。

“你以为我真的想巴结你呀？我是想利用这个机会对你进行教育。”

“怎么教育？”

“别急，先喝一杯。”占楚布跟巴图仓碰了一杯喝干了说，“你跟考核组谈话的时候，一定要多说说咱们朝书记的好话。”

“什么叫多说好话？能那样吗？我要实事求是。”巴图仓说。他喜欢跟占楚布抬杠，他们是好朋友。

“你要知道，这次年终考核对咱们的书记来说太关键了。”

“怎么了?”

“旗里要提一名副书记，候选人有三个。明白没有？三个人里只能提一个。而且这三个人里就有咱们的书记。考核结果好，他就上去了。要是考核结果不理想，也许就上不去。”

“谁上谁不上跟我有什么关系?”巴图仓又开始抬杠。

“跟你当然没有关系，但跟我有关系。”占楚布说。

“什么关系?”

“他提拔走了，我就有可能当苏木一把手呀。”

“你原来是为了这个呀？真没劲。”

“扯淡！我这是说真话。”

他们俩吃着，喝着，还不断地抬杠。话题很快转到有些人借考核的机会反对朝书记这个事情上。

“你放心。我这个人其他本事没有，但良心还是有的。”巴图仓认真地说。

“只有良心不够，还必须有说服力。”占楚布说。

“什么？说服力?”

“你只说我们的书记这个好那个好没有说服力。你必须有针对性，针对什么？就针对卓力克图他们的话。用你的话去驳斥他们的话。”

“但……我怎么知道卓力克图他们会说什么话?”

“他不是给了你一份材料吗？那就是他的炮弹呀。”占楚布看着他微笑，那笑容有点神秘。

巴图仓望着占楚布微笑的脸，心里有点不舒服，他怎么知道卓力克图给了我材料？他们是不是暗中窥探着别人的动向？其中也包括我？

“是给了我材料，但我没看。”他说。

“你今天晚上看看吧。但我不看也知道他写了一些什么。他们肯定又拿那些‘全旗之最’做文章。”占楚布大笑起来，举起杯说：“喝。”

“什么？全旗之最不好吗？”巴图仓问。他也知道，朝书记上任以后提出一个口号：办任何事情都要争全旗第一，但大家传来传去就变成了“全旗之最”。在短短的三年时间里这里就出现了好多“全旗之最”，有全旗最大的苏木一级广场，有全旗最笔直的公路，有全旗造价最高的牧户住宅，还有全旗产毛量最多的绵羊……有人说他们这个苏木已经有了十个“全旗之最”，还有人说已经超过了二十个。巴图仓一直认为那些“全旗之最”是他们这个苏木的光荣，体现了全苏木的发展水平。因此听了占楚布的话他怎么也想不明白，卓力克图他们怎么会偏偏用这个问题做文章？那不是为朝书记评功摆好吗？

占楚布苦笑着说：“这个话看怎么说了，说成绩当然可以。但说缺点也未尝不可。”

“我还是不明白。”

“那你听我说呀。要是咱们苏木的牧民收入、牧民生活水平达到全旗最高水平，那肯定是很大的成绩。但你知道吗？偏偏咱们苏木这两个指标连全旗的中等水平都达不到。我也不隐瞒你，因为咱们是好朋友，咱们苏木牧民生活水平这两年甚至还下降了一点。为什么？原因当然是多方面的，但其中一个比较重要的原因，就是那些‘全旗之最’！你没有想到吧？”占楚布说。

“真的呀？”巴图仓睁大了眼睛。

“是真的。”占楚布摇着头说，“比如那条‘全旗最笔直的公路’，就是从全苏木最好的一片草场中间修过去的，这你也知道。结果呢？至少有十户牧民的生产生活受到了影响……”

“你这样说我也想起来了。我就觉得那条公路真的没有多大用处。因为那条路是从全苏木最偏僻的一个角落穿过去的，好多人出门都上不了那路。其他地方的路都很糟糕，今天你们的车接我来，差点把我颠死。”

“但反过来说，修路怎么说也是一件好事，那条路还得到过上级部门的好评。”

“你这么说我又不明白了，究竟是好事还是坏事？”

“好多事情都有两面性。我是让你说它好的一面。”

## 五

回到房间以后，巴图仓翻阅起卓力克图留给他的那个材料。他原本是不屑一看的，现在却显得有点迫不及待。他看了一遍，接着又立即看第二遍，到他看完第三遍的时候已经半夜两点钟了，他却一点睡意都没有了。

他毫不怀疑卓力克图搞这个材料是出于一种阴暗、险恶的用心，但他又不得不承认这个材料写得相当有说服力。材料里边没有任何情绪化的言辞，而事实摆得却很详细、具体。

至少，这个材料里相当一部分是真实的，那么……他想道。那么当着考核组的面他应该怎么谈？能说卓力克图他们的话是假的吗？能否认那些“全旗之最”造成的负面影响吗？但如果承认这个材料里的内容属实，他就会陷入一个圈套，他的话就会变成卓力克图他们射向朝书记的子弹。不管怎么说，有一点他是清楚的，那就是朝书记是个好人，而卓力克图却太坏了！

他觉得很为难。来苏木的路上他和那木德嘎想法一样，那就是一个人不管做什么事都必须讲良心。当时他认为讲良心很容易。现在他才明白，那并不容易，他甚至都弄不清楚究竟怎么做才算“讲良心”了……

他突然感到很烦躁，也很无聊。他想给老婆打电话，但一看时间已经是半夜，就不打了。这时候打电话，老婆不骂他是神经病才怪。

# 六

第二天巴图仓起得很早，一开门就看见有一个人站在门外。他有点吃惊，因为他估计到这个人已经这么站了好久，冻得脸色都发青了。再看他身后的马却浑身冒着热气，说明他跑了不少路。

“巴图仓……”那人冻得发青的脸上出现了一种羞涩的笑容。

巴图仓看了半天，突然认出来是谁了。“你怎么一早跑到这儿来了？”他问道。

来人叫昆都布，是巴图仓的小学同学。两个人后来都回去当牧民，因为两家住得比较远，因此并不常见。但巴图仓知道昆都布是个十分善良的人，住在全苏木最偏远的一个角落里，家里孩子多，老婆有病，生活很困难。

“听说你来苏木了，我就来找你……”昆都布脸上仍然是歉意的笑容。

“那你快进来呀，怎么站在外边……”巴图仓责怪道。

他从昆都布手里夺过马缰绳，拴在房后的电线杆上。接着把昆都布领进屋里，开始动手在铁炉子里生火，又跑到职工食堂提来一壶热茶。

“我跟老婆商量了大半夜，最后还是想来找你，没有办法……”昆都布说。

“见我还需要商量半夜？说吧，有什么事？”巴图仓笑了起来。

“嘻嘻，你跟我们不一样，你是人大代表嘛……”

“好吧，有什么事你就说吧。”

“去年修公路，那条路从我的住房和羊圈之间修过去了。羊圈那边还有我的水井……”

昆都布讲得慢而且乱，偶尔用怯生生的眼睛看巴图仓一眼又很快躲开，满脸不好意思的微笑。但巴图仓还是很快听明白了：修那条全旗最笔直的公路，把昆都布的住房与羊圈、水井隔在公路两边，给他造成了很多的麻烦。

“夜里汽车过去，羊群就惊起来乱跑，有时候还把羊撞死。我们去羊圈，去挑水，都得过公路。我跟老婆商量，把住房搬到公路那边吧，但又没钱。修路那会儿，苏木领导倒是说过给一点补贴……”

“后来没给吗？”

“没给。”

“那你找他们呀。”

“找了几次。”昆都布苦笑了起来，说，“领导们也忙，找多了他们就生气……”

“那……？”

“我是想……让你给领导们说说。嘻嘻。”

“当然可以。”巴图仓痛快地说，看着昆都布可怜的样子心里很难受。

“那……我走了。”

“你别走呀，我这就去找领导。你跟我一起去。”巴图仓说。

“还是你一个人去吧。我在这儿等着。”昆都布笑着说。看来他怕见领导。

巴图仓叹了口气出去了。

他在职工食堂找到了其其格姑娘。她端着一碗面条站在饭桌旁吃着，仍然是很忙的样子。看见他进来，笑着问：“昆都布来找你了吧？”

“是啊，他……”

“等我吃完，就让他去找我，把钱领走。先给他一点，其余的完了再说。”

巴图仓出了食堂边走边想，其其格怎么知道昆都布来找我？还知道他是来要钱？他们的眼睛是不是一直在暗中盯着我？这样想心里就有点不舒服。

巴图仓回到房间，昆都布站了起来，紧张地望着他。

“怎么说？……”

“你现在就去找其其格领钱，她说先给一点，剩下的完了再给。”

“真的给呀？”昆都布似乎有点不相信。

“当然是真的，我已经说好了。”

“那太好了，我这就去……”昆都布没有说完就跑了出去。巴图仓看到他的眼睛里闪动着泪花，心里很不是滋味。

就在这时候其其格姑娘来叫他去占楚布副书记那里。

占楚布铁青着脸站在办公室里。看见他跟其其格进来就问：“昆都布那家伙走了？”

“刚走。”其其格说。

“真是个糊涂虫，节骨眼上他添什么乱？”占楚布骂道。

“他有困难嘛。”巴图仓说。

“哼，困难！没有那么简单吧？他八成是别人动员来的。”

巴图仓当然明白占楚布说的是什么意思，他生气了。

“你这样说就不对了，本来你们答应给补贴，却又迟迟不给兑现，人家来找你们有什么错？”他说。

占楚布并不搭理他，对其其格说：“看来修路补贴不发是不行了，你拉出个名单，派人坐车一家一家地发下去。我们不能在节骨眼上给朝书记造成不好的影响。”

“咱们账上没有那么多钱。”其其格说。

“那每家少发一点，先堵住他们的嘴。”

其其格出去了，占楚布又朝巴图仓瞪眼睛。

“我看你那里快变成秘密联络点啦。”占楚布说。

“什么?”

“你昨天刚到，卓力克图就去找你，今天一早昆都布又来找你。你明白他们想干什么吗?”

巴图仓不高兴了，跟占楚布吵了起来。

“我根本就不愿意来，是你们派小车把我请来的。”他说，“现在你却说我那里是什么联络点。谁去我那里还需要向你报告吗?”

“你不要给我喊叫。”

“看到你们的毛病我还不能说说？看你们干的事！昆都布是你我的小学同学，人家有困难你为什么不能管一管?”

“你没有听其其格说吗？我们账上没钱。”

“没钱你们还给财税所补五千块？还派车去采购海味?”

“这个你管不着！但我告诉你，我已经决定把修路补贴发下去一部分了，我刚才给其其格交代的，你没有听见?”

“那是为了掩盖你们的缺点！谁还看不出来?”

占楚布不说话了，两个人一个坐着，一个站着，喘粗气。占楚布叹了口气，拿出一包烟扔给巴图仓。

“你干什么？你又不是不知道我不抽烟。”巴图仓瞪了他一眼。

“你当牧民的，不知道当官的苦处。”占楚布说，“你坐呀，那不是椅子吗?”

“你怎么不说我的难处?”巴图仓坐到椅子上说。

“什么难处?”

“我昨夜几乎一夜没有睡。”巴图仓说，“你说我跟考核组怎么谈？我能说咱们那些‘全旗之最’是好事吗？比如说那条公路，给牧民造成了多大的不便？昆都布不是活生生的例子吗?”

“你说什么？你不会是让卓力克图收买了吧?”占楚布又开始瞪眼睛。

“这是两码事。”

占楚布没有说话，只是用失望的眼神望着他。巴图仓也感到对占楚布很失望。

## 七

巴图仓气呼呼地回到了房间。他们不仅暗中盯我，现在又开始怀疑我了，他这么一想就感到委屈和愤怒。我一直信任你们，尊重你们，因为你们是领导。没有想到你们竟然这样。更让他感到难过的是，他们为了掩盖自己的缺点，为了升官，还采取这样一些办法，你们这个“父母官”原来是这样当的……

他没有想到事情变得这么复杂。他突然想现在就回家了。对，回家！我本来是个老百姓，家里只有老婆一个人忙着，而且天又下雪了，我凭什么在这里掺和你们这些恶心事？他想道。这样回家，老婆会说他没出息，会说让他当代表真是白当了。她愿意怎么说就让她怎么说吧。这样想着他走出房间，到几个小卖部转了转，买了一些茶、糖、酒之类，还给杜力格尔玛买了一条头巾。之后他就打听有没有顺路车，把他捎到半路也可以。但因为下雪，他没有找到车，只好等到明天再说。

## 八

但接着发生的另一件事情又让巴图仓犹豫不决了。

早晨他刚洗完脸就听到汽车马达的轰鸣。他打开门准备把洗脸水泼出去，正好看见一辆卡车停在门口，那木德嘎从驾驶室里下来。

“你怎么开上大车了？”他问。

“卡车司机病了，让我给你家送草料。”那木德嘎说着走进了屋。

“什么?”他看了看，发现车上真的装着一捆捆的饲草和几麻袋饲料。他弄不清楚这是怎么回事，就回头进了屋。

“我这就去你家。有什么给老婆捎的没有?”那木德嘎坐在床上问。

“怎么给我家送草料?”巴图仓问。

“领导在关心你呗。是其其格让我送的，她说是领导定的。”

巴图仓吃惊了，“哪个领导定的?”他着急地问。

“她没说。也许是朝书记来电话让送的，也可能是占楚布的决定。”那木德嘎拿出烟卷抽起来。

巴图仓第一个感觉是不安，而且十分不安。他知道这个季节，牧户最需要的就是草料，而且相当一部分牧户的草料已经告急了。在这种情况下苏木领导却单单给他家送草料，他就有一种占了别人便宜的感觉。他甚至害怕人们看见这辆装满草料的车朝他家驶去。接着他又想到这件事跟考核有关，于是他就有点不高兴了。这是在……收买吗?他想着。

“你别送了，这样做……不合适。”他说。

“怎么了?”

他突然愤怒了，想说很多话，但又一下子说不出来。“他们不信任我……把我看成什么人了?”他脸憋得通红。

那木德嘎吃惊地望着他。

“而且……现在很多户都缺草料，他们关心了吗?为什么只关心我一个人?这不是让我挨众人骂吗?你这辆车一旦开到我家，我就没有勇气在乡亲面前抬头了。我成了什么人了?”

那木德嘎这才明白了他为什么生气，说：“听你这么说，我也觉得有点不合适。但怎么说这也是领导的关心呀，你这不是成心让领导不高兴吗?”

巴图仓感到很痛苦。他确实不想得罪领导，但又无论如何不愿意接受这车草料。

“你别送。你就说我不让你送的。”他终于鼓起勇气说。

“你什么时候变得这么倔了?”那木德嘎说。

听了那木德嘎这话他吃了一惊。我倔吗?他想道。他从来认为自己是个比较和善的人，连他老婆都这样评价他，但他今天才发现，自己一旦倔起来谁也休想拉他回头。

“就这样定了，这车草料我不要。”他说。

那木德嘎叹了口气出去了。他站在屋中央，越想越生气。他感到自己受了一场侮辱。在跟考核组谈什么、怎么谈的问题上他确实犹豫过，现在仍在犹豫。但他对领导是真心的，说他们好或者说他们有这样那样的缺点，那都是出于真心，一点恶意都没有。而他们却在怀疑他，甚至要用一车草料堵住他的嘴，就像用一把糖果收买一个不听话的孩子一样……

他躺在床上闭上了眼睛。

到了中午，其其格姑娘进来了。他坐了起来，有点不安地望着她。他想其其格会问他为什么不让送草料，还会数落他辜负了领导的关心。她要是真的那样说，他就很难说清楚自己真实的想法。

但其其格姑娘只字不提草料的事。她的神态那么自然，态度照样很热情。

“考核组下午就到。”她说着长长出了一口气说，“我们总算要忙到头了，你也可以很快回家了。”

“是吗?”他说，声音很低。

“其实吧，这种年终一次性考核的办法并不好，很难反映出真实情况。招待好了，考核组高兴了，是一种结果。什么事情上考核组不高兴了，或者考核组某一个成员对咱们哪个领导有看法，又是另一种结果。”

“哦，哦……”巴图仓应付着。他很想装出一副很自然的样子，但根本做不到。也不知道是为什么，他本来没有做什么错事，但面对着其其格姑娘他总有一种负罪感。

“所以说，对这次年终考核根本用不着那么实心实意。对付过去就行。”其其格笑了起来。

“哦，哦。”

“有一件事，我们想拜托你。”其其格说。她没有说清楚“我们”是哪些人，但正因为没有说清楚，他才感到她的话里藏有一种力量。

“我们替你起草了一份材料，你签上名就行了。我们考虑到已经下雪了，你家里也缺少人手，你在这个材料上签名以后我们就可以送你回去。”其其格说着，拿出了一份材料放在桌子上。

他吃惊地望着她。就是其其格所说的“我们”，现在不打算让他跟考核组见面了，而是让他在这个现成的材料上签字。

“材料我给你放下，你看完了没有意见就签字，交给我就行。”其其格说，“我们下午就可以派车送你回去。”

“送我回去?”他问，很悲哀的样子。

其其格笑了起来，说：“听说你昨天就打听顺路车呢。”

“哦，这个……我考虑考虑。”

其其格眼里掠过一丝惊奇，但很快又变成了热情的微笑。“是吗?那你考虑吧。我们只听说你在打听车，又考虑你家里忙……好了，你休息吧。”

其其格出去以后他翻了翻放在桌子上的材料。

考核组的各位领导：

我是旗人大代表巴图仓，因为正是抗灾保畜关键时刻，家里缺少人手，我不能跟你们面谈了。下面我就把我对我们苏木领导班子今年工作情况的看法用书面进行一次汇报……

他不需要继续看下去了，他知道材料里写了一些什么。

他静静地坐着，坐了很久。不知道为什么，他现在反而越来越平静了。烦恼、急躁、愤怒等等统统没有了。他想起了老婆的话。

杜力格尔玛说得对，其实这个事情没有什么为难的，太简单了，他想着，心静如水。

## 九

下午，他透过窗玻璃看到两辆“三菱”越野车开了进来，其其格姑娘招呼着占楚布和几个穿民族服装的男女上车。那几个男女有的拿着酒瓶，有的拿着银碗和哈达。他知道他们是去迎接考核组。两辆车开了出去。接着厨房那边传来砍肉切菜的声音，一场丰盛的晚宴正在筹备之中。

雪下得更大了，雪花变得很密集，也不是随风飘舞，而是顺着风势“刷刷”地往地面砸来。密集的雪花挡住了他的视线，他现在看前面那一栋办公室都看不太清楚了。

下午那木德嘎来了，说是送他回家，车已经准备好了。

“这是在侮辱我。”巴图仓眼眶里转动着泪水，嘴唇也在哆嗦，“想回家我自己走，用不着别人为我安排……”

那木德嘎叹口气说：“我也觉着他们有点不合适。你是不是不想回去了？”

巴图仓没有说话，那木德嘎走了。

晚上在职工食堂举行了盛大的宴会。其其格来叫他去参加，他说感冒了，去不了。过了一会儿占楚布进来了。

“你真的不去？”占楚布问。

“不去。”他平静地说。

占楚布出去了。

他没有开灯，一直站在窗前。食堂的灯光射了出来，雪仍在下。食堂那边传来占楚布在致辞，接着大家鼓掌，后来又传来占楚布唱歌，其其格姑娘唱歌，几个男女又唱起了敬酒歌，欢声笑语一浪高过一浪。

有人进来开灯，他一看是那木德嘎。那木德嘎看来喝了点酒，脸色红润。

“你怎么出来了？”他问。

“想来跟你说说话。”那木德嘎说着坐到了床上。

“原来这就是年终考核呀。”

“是呀，每年有这么一次。”

他没有再说话，转过身望着窗外飞舞的雪花。他想到了老婆，想到了昆都布，想到了左邻右舍那些牧民，他知道他们今天夜里在干什么，下雪了呀……

“朝书记回来了。”那木德嘎说。

“是吗？他没有参加宴会？”

“没有，他不参加这种活动。他是个有头脑的人。”

“他……身体好吗？”

“我下午看见他了，变得又黑又瘦……”

巴图仓犹豫了一下说：“我给他拿来的两壶酸马奶……你过两天给他送去吧。”他说着，从床底下拽出两个塑料壶。

“你……不想见他啦？”那木德嘎手里提着塑料壶问他。

他没有说话。

半夜时分巴图仓一个人走出了房间，他想吹吹风。食堂里的欢声笑语仍在继续，他走出苏木大院一直朝前走去。他其实没有什么目标，只是想走走。他走到了广场，据说这个广场也是那些“全旗之最”中的一个，花了好几十万元。走过广场他突然看到一栋房子，其中一处亮着灯光。他站住脚长久地望着那个灯光。他知道那就是朝书记的宿舍。

他眼睛湿润了。我怎么办？他想着。

马上回去！他想着突然冲动了起来。材料上我不签字，考核组我也不见，再开人代会我也不去，能把我抓去开会？不当人大代表又能怎么样？我照样当我的牧民。你们愿意怎么折腾就怎么折腾去吧，我再不受这个折磨。别看是黑夜，别看在下雪，也别看没有车，我照样能走回去，我又不是没有走过……

但他同时又在犹豫。他想起了杜力格尔玛，她说过："你既然当了人大代表，就应该有人大代表的样子，起人大代表的作用。"接着他又想起了昆都布……他似乎现在才意识到，人大代表不仅仅是个身份，其实还有责任。

他这样想着站了很久，雪仍在下……

# 第九个牧户

## 一

那还是“文革”时期，“林彪事件”刚刚过去。那年深秋我带着一辆马车从公社出发，朝着一个最偏远的放牧点走去。那地方距公社很远，大概要走大半天。那次我是去接新录取的学生。一个多月以前，我以招生老师的身份在那片草原待了十来天。现在录取名单终于确定下来了，九个孩子里录取三个，并且派我把那三个孩子接到学校开学。

深秋的草原灰蒙蒙的，天气已经开始冷了。马车在慢慢地摇晃。赶车的是一个中年人，一路上几乎没有跟我说过一句话，大概是为了打发漫长而寂寞的路程，他不停地哼着歌，声音很低。我注意听了听，是毛主席语录歌。

我深深地叹了口气。说实话我心里很难过，那里有九个孩子，而被录取的只有三个。那三个孩子是经过生产队领导和大队革委会推荐，最后由公社革委会批准上学的，但还有六个孩子失去了上学的机会。我知道那六个孩子和他们的家长是多么失望！我甚至感到没有勇气面对那些家长和孩子。而最使我揪心的是小哈达和他的母亲南斯勒玛。那是一对孤儿寡母，他们已经遭受过太多的不幸，这次小哈达上学的愿望又被击碎了，那母子俩能承受得了吗?

南斯勒玛三十五六岁，她的儿子小哈达只有十来岁。南斯勒玛遭遇很不好，她是个离婚的女人，刚生儿子不久就被丈夫抛弃了，她的生活一直很困难。一户人家一旦生活变得困难，就很容易被人瞧不起。她的情况正是这样。比如过年过节，邻居们去她家拜年，她无法拿出其他各户那样丰盛的食物款待客人。哪家邻居办喜事或为孩子过生日，她送的礼物也比别人逊色得多，而且她和儿子的穿戴也总是半旧不新的，上面还有补丁和尘土。这样大家都感到扫兴。但她被别人瞧不起的原因不单单是这个，她和她儿子还曾经偷过东西！

那时候“文革”还没有开始，“四清”运动却搞得轰轰烈烈。小哈达那时候只有两岁，突然病了，发高烧，昏迷不醒。她吓坏了，哭着跑到公社请大夫，却没有钱买药。她跑到供销社门市部，那里有她一个表姐，她想跟表姐借几块钱，偏偏表姐又不在。就在这时候有人来门市部买东西，售货员拿货，顾客付钱。也许售货员忘了，也许没忘只是没有很快把钱放进钱箱里，反正那钱就在拦柜上放着，总共是三块几毛钱。她把手伸了过去，刚拿到钱就被抓住了。正值“四清”运动高潮，这种“反面典型”当然不会放过，公社那边的电话打到生产大队，大队派民兵押着她回来，立即召开大会批斗。据说她当时紧紧咬着牙关，双眼睁得大大的，溢满了泪水，显得很痛苦也很害怕，但一句话都不说。她出身历史都没有问题，偷的钱也不过是三块几毛钱，而且当场被收回，因此批斗完了就放她回家。她流着泪跑回家，守在患病的儿子身边。连续高烧几天的小哈达突然乱喊乱叫起来，手脚乱舞，接着竟咬住了自己的胳膊。她吓坏了，费了很大劲让儿子张开了嘴，但儿子突然又一次咬住了胳膊。她哭着，“咬妈妈，咬妈妈的胳膊……”她又一次让儿子张开了嘴，把自己的胳膊送进了儿子的嘴里。儿子咬住了她的胳膊就没有松开，小孩子尖利的牙齿深深咬进她的肉里。她流着泪喃喃着：“咬吧，儿子，把不争气的妈妈咬死算了……”过了两天儿子退烧了，她却似乎垮了。她见了人就红着脸低着头，从那以后她似乎永远抬不起头了。

她儿子小哈达偷东西时只有六岁。事情其实很简单，那年公社举行那达慕大会，跟她家做邻居的几个女人从门市部里一人买了一盒雪花膏，是很小的蓝色铁盒的那种。她也带着儿子跟她们去了门市部，但她没有买雪花膏，她舍不得花那个钱。儿子大概是心疼母亲，或者觉得那小蓝盒很好看，就偷了一个女邻居的雪花膏。一盒雪花膏不到一块钱，但丢了东西的人总是很不高兴，而且很快就怀疑到了她头上，因为她有“前科”，还因为她也曾跟她们一起去过门市部。几个女人一起去了她家，让她拿出雪花膏。她当时很紧张，脸变得通红，不停地喃喃着“我没有拿”。几个女邻居毫不客气地进行了搜查，从枕头底下搜出了雪花膏。女邻居们倒没有太为难她，只是训斥她怎么这么没有出息，几毛钱的东西也偷？她红着脸不说话，她的儿子却说，雪花膏是他“拿”的。其实他还分不太清楚偷与“拿”的区别。

一个穷人，再加上自己和儿子都偷了东西，她在周围人心目中的地位就会一落千丈。谁都有权利毫无顾忌地对她表示厌恶……

南斯勒玛母子的这些事情是我上次去那里听说的。刚去我还不认识她和她的儿子。告诉我那些事情的人叫海里布，是一个老头，在生产队队部做饭。

## 二

上次我是骑着马去的。我先从旗里乘坐汽车到了公社，到公社又找了一匹马上路。落日时分，我走上一道高坡勒住了马。坡下边是一块不太大的草滩，一些牧户散落在那里。我数了数，共有九户。一点都不错，这里就是我的目的地。早晨我从公社出来时，有人怕我迷路，就给我详细地描述过这里的情况。那个人说，那里有一道高坡，坡下总共有九户，有土房也有毡包，其中有一座砖房是那里的生产队女队长乌德巴拉家。我现在所看到的跟那个人的描述几乎一模一样。草滩西边也是一道坡，那坡上有一处土房，那应该是生产队队部。我便朝那里走去。那里早有人等我，大概听到了我的动静，土房里走出一个老头和一个年轻女人。我知道这个女人就是生产队队长乌德巴拉。公社的人给我讲过乌德巴拉的情况，她今年三十五六岁，五八年“大跃进”时就是全旗十大突击手之一，后来“学大寨”运动中又当过“铁姑娘队”的队长，“文革”初也遭到了冲击，但很快又复出，现在是公社、大队两级革委会委员，又是这个生产队的队长。

“路上累了吧？快进屋。我们等你半天了。”她说着，帮我拴马，拿包。她显得精干而自信，那个年代我在偏远牧区见到过很多像她这样的基层女干部。

走进了屋子，老头给我倒洗脸水。

乌德巴拉对老头说：“海里布大叔，你去给招生老师做饭吧。”我才知道老头叫海里布，大概是生产队队部的炊事员。

“今天你累了，吃完饭早点休息，明天见见家长和孩子们。”她说。

“你们这里有几个孩子？”我问。

“说起来有意思，九个牧户九个孩子，正好一家一个。”她笑着说，又问我，“你们学校这次招几个学生？”

“没有最后定，过几天学校领导会来电话告诉我。不过，不可能把九个孩子全招去。”我笑了笑说。

“好吧，咱们明天谈。”她说。

第二天是这里的牧民带着孩子来见我。他们满脸堆笑，对着我谦卑地点头哈腰，问我路上累不累，习惯不习惯这草原上的生活……接着就把身后的孩子推到前面。“就是这个孩子。”他们说，这孩子就是爱学习，这孩子从不惹事，这孩子成天嚷嚷着要上学……说完这些话他们似乎不怎么拘束了，便热情地请我到他们家吃顿饭，我婉言谢绝着，他们还是不依不饶，我只好说过几天再说。确定录取名单时招生老师也起一定作用，所以我才受到家长们如此的敬重。

我心里数了数，已经来了八户，还差一户。没有来见我的是哪一户呢?

晚上，乌德巴拉在自己家里招待我。她有个十三岁的女儿要上学。但她请我到家里吃饭跟她女儿上学没有多大关系，因为像她这样的身份，哪怕这里只招一个学生，她女儿也必定是首选对象。她之所以请我到家里吃饭，只是作为生产队长对我表示欢迎的意思。

我跟着她到她家的时候，海里布老头刚宰完一只羊，满手是血，正把羊皮搭在墙头，看见我笑了笑。家里还有两个女人在做饭，肯定也是她的邻居。这里还有好几户仍住毡包，但她已经住房子了，房子面积不小，也很干净，按当时的情况她的生活应该属于上中等。女儿在里屋复习功课。

“我爱人在旗武装部，是军人。家里就我和女儿两个人。”她笑了笑说，“为了陪你喝酒，我把邻居们都请了，他们马上到。”

很快她的邻居们都来了。我看得出来，大家在她面前一个个毕恭毕敬，说明她在这个小地方具有不可动摇的权威。她将她的邻居一个个地向我做介绍，其实这些人我上午就见过。我心里又数了数，还是八户。

那个第九户为什么还不露面呢?

## 三

第三天我还要到那些牧户家看看，进一步了解情况。乌德巴拉陪我一家一家地走。我们走了八户，还是昨天的那些牧户，快到中午了，乌德巴拉说回去吃饭。

“不是还有一户吗?”我说，望着草滩的西南角。那里有一顶小小的旧毡包，外边的羊圈也很小。其他户上午我们都去了，唯独那一户没有去，我知道那就是我来了以后一直没有露面的那一户。

“那一家嘛，去不去就是那么回事。”她说。

“那家没有孩子?”

“孩子倒有一个，一个十来岁的男孩。不过……”她笑了笑。那是一种轻蔑的笑。她又说，“你想去看看也可以。”

“当然要去看看。”我说。

“那也只好下午去了。海里布大叔一定做好了饭在等你呢。”她说。

其实我回到队部的时候海里布老头还没有做熟饭。我边帮他烧火，边跟他聊起来。

“那些牧户都去过啦?”他问。

“去了八户。”我说，“住在最西南角的那一户我没有来得及去，那是谁家呀?”

“那是南斯勒玛家。一个寡妇带着一个儿子过日子。”海里布老人说。

“南斯勒玛？她的孩子不想上学吗?”

“谁不想让孩子念书呀？但是……这上学的事，能轮到她家吗?”老头叹着气直摇头。

“她……怎么了?”

“她?”老人的眼光悲哀起来，“该怎么说呢？反正……好事都不会轮到她母子俩。”

“为什么?”

老人沉默着，最后在我的再三要求下才说起了那母子两个人的情况，我才第一次听说了南斯勒玛和她儿子的种种遭遇。他说得很慢，说起她儿子当时发烧有多么严重，说起那个三块几毛钱，说起那个蓝色铁盒雪花膏，还有母子两个人现在的生活……他边说边叹气，脸色像岩石般严峻。

“啊，原来是这样。”我感叹着，终于明白这第九个牧户为什么迟迟不露面了。

“其实，谁不想活得体面一点呢？那不都是生活逼的吗？”海里布说着又叹气。

听了南斯勒玛母子的故事以后我心里产生了深深的同情。等我吃完饭，乌德巴拉也来了。“我去看看南斯勒玛。”我说。

“好吧，我陪你去。”她笑着说。

## 四

我跟乌德巴拉正走着，她突然说：“那不是南斯勒玛的儿子吗？”接着便喊，“哈达，你妈妈在家吗？招生的老师要到你们家看看。”

于是我看到不远处有一群羊，羊群旁站着一个小男孩。那男孩听到了乌德巴拉的话，飞快地向我们跑来，但跑到一半的路，又掉回头跑去。“妈妈，妈妈，招生老师来了……”他喊着。我朝着男孩跑去的方向看，便看到一个女人正挑着水走着。她肯定就是南斯勒玛了。

我们走到她家门口时，她也正好挑着水到了。海里布老人讲过的那些事情立刻浮现在我的脑海里，我静静地望着她。她穿着带补丁的旧衣服，头发大概好长时间没有梳洗过，但引起我注意的并不是她的衣服和头发，而是她的神态。那是一种深度的自卑、羞愧的神态。她想尽量露出笑容，但那笑容刚刚露出来便迅即消失，变成了尴尬和慌乱。是的，我看到的正是一个在生活和精神的双重压力下勉强支撑着的女人。正是她的这种神态深深地打动了我。似乎我的心在发颤，发冷。接着我又看到她的儿子。儿子就站在她身后，多好看的一个男孩呀，脸圆圆的，露出雪白的牙齿笑着，显得那么兴奋，好奇。

“嗨，你这个人怎么了？人家来你家，你得请客人进屋呀。”乌德巴拉责备道。

“哦，哦……”南斯勒玛似乎更加慌张，红着脸说，“请……进屋坐。”

她家真的很穷。她手忙脚乱地给我们倒了茶，又从木柜里拿出一盘奶酪摆在我们面前。接着她就不知道应该干什么了，红着脸低着头站在那里，不停地搓着双手喃喃着：“唉，我家里真的什么都没有……”

“你就是不会安排生活嘛。”乌德巴拉喝了一口茶把碗放下说，“人嘛，不怕穷，就怕不会过日子。”

“是的，是的。”南斯勒玛红着脸笑了。

为了让她尽快摆脱这个尴尬的状态，我开始说话了。“你这个孩子多大了？愿不愿意上学呀？”我问道。

“愿意倒是很愿意，不过……我们家这个情况……”南斯勒玛笑着说，看了一眼儿子。她显得那么没有信心，仍然很自卑，但我也看得出来她听了我的话以后很高兴，眼里充满了感激。

“应该让孩子念书，多好的孩子……”我说。

我当时说这种话，一方面是为了安慰这母子俩，另一方面也是出于无意。我到哪一家也是说这些话，因为我是招生老师。但后来我才慢慢意识到，当时我对这母子俩说这些话简直是一种罪过！

“那好，那好……这个……我们……”她慌乱地说，“其实我们也希望……”

她似乎说不出完整的话了，她的儿子小哈达的脸看上去像突然被阳光照亮了一样发光。

“你们看，见了你们我都高兴得不知道应该干什么了。你们坐着，我这就……做饭。”她说着，对她儿子说，“快去抱柴呀。”

小哈达像个受惊的岩羊一样蹦起来就往外跑。

“行了，行了。我们还有事。”乌德巴拉不耐烦了，对我说，“咱们走吧。”

我看出来了，南斯勒玛很想挽留我们，但又缺乏勇气。于是她有点失望地送我们走出毡包。我们走出好远我再回头望去，看到南斯勒玛和儿子还在门口站着，儿子还抱着柴火。

“社会上就有这么一类人，你说有什么办法?”路上乌德巴拉感叹着说，“她这种人，咳!”

我没有说话，我看到一个幸福的人对不幸的人的鄙夷。我心里酸酸的。

“真不懂得行情。看把她高兴的，她的孩子能上学?”她又说。

我心里针扎般地疼了一下。

## 五

第二天早晨我起得比较晚，发现海里布老人把茶熬好了，把炒米、奶酪等早已摆在桌子上，他人却不见了，不知道去了什么地方。等我喝完茶他才回来。

“我跟你商量一件事。”他吞吞吐吐地说，“你去南斯勒玛家吃一顿饭吧。”

“什么?”

“她今天一早来找我，求我去杀一只羊，她儿子还小，不会杀羊。我去了。”海里布说，“她说她想了一晚上，还跟儿子商量了好久，怎么也觉得应该杀一只羊招待你。她说，看来家家都准备杀羊招待老师，她也想招待你一次……”

“不行，不行。这不合适。”我忙说，“她生活很困难，杀羊干什么?”那时候还是大集体，牧民有权支配的只有自留畜。自留畜是按人口留的，南斯勒玛家只有两个人，她能有几只自留畜?

“真的不行?”他细眯着眼睛盯着我问。

“真的。她哪怕是把准备杀的羊卖掉，也可以贴补家里的生活。”我说得很真诚。

他沉默了好久说：“人这个东西呀……”我看到他的失望和愤怒。

“怎么……？”

看来他很不高兴了，沉默了很久才说：“你……是有文化的人，为什么伤一个可怜人的心？”

“不是……我不是瞧不起她。”我忙说。但我已经意识到我想得太简单了，我不应该忽略别人的善意。

“我这个人没有文化，说话不分轻重。但我从来觉着，其实要看出一个人的品质很简单，就是看他对那些可怜的人、苦命的人，甚至做了错事有这样那样毛病的人是什么态度。”他说。

我明白老头是在骂我，但我却一点都不反感，因为我觉得他的话有道理。“你别生气，我去。”我说着站起来，拉起海里布就朝南斯勒玛家走去。

很显然南斯勒玛把家打扫了一遍，比昨天干净多了。她和儿子都穿上了半新的衣服，那大概是他们最体面的衣服。她热情地迎接了我和海里布。煮熟的羊肉很快端上来，她还拿出半瓶酒。

“我还专门去请乌德巴拉队长了，她说不来。”南斯勒玛笑着说。

羊肉瘦而硬，味道并不鲜美。但我却放开肚子吃起来。这是我一生中一次很奇特的体验，我不是为了吃而吃，而是为了不伤主人的心而吃。我吃了很多肉，还把那半瓶酒也喝完。南斯勒玛和儿子一直高兴地望着我吃喝，脸上全是心满意足的微笑。

当我装了满肚子超量的酒肉离开她家的时候，她和儿子把我送了出来。我回头挥了挥手，在醉眼蒙眬中看到她眼睛里泪光闪闪。

## 六

从那一天起，海里布老人每天都给我讲南斯勒玛的情况。

“你去她家吃了一顿饭以后，她说她一夜都没有睡觉。她是高兴呀，睡不着。”他说。

“她昨天领着儿子把水井的井台修好了。我们这九户就那么一口井，大家只知道去取水，饮牲口，却谁也想不起来修一下井台，那井台早就塌了……”他说。

“朝乐蒙家丢了几只羊，南斯勒玛去找，从晚上一直找到天亮，硬是把那几只羊给找回来了。”他又说。

“她说要去乌德巴拉队长家。她说乌德巴拉队长过去也帮助过她，她却连一句感谢的话都没有说过……”他又说。

那几天，我从队部房子门口都能经常看见南斯勒玛领着儿子走在草滩上，这家进那家出。她和小哈达都穿着那天穿过的衣服。从他们走路的姿势我都可以看出他们是多么愉快。小哈达经常东跑西奔，他大概是在追跳鼠什么的，那时候南斯勒玛就站在那里等儿子。儿子跑一阵又回到母亲身边，两个人手拉着手又继续走去……

孩子上学已经成了这里九个牧户共同的热门话题。其实录取名额还没有定下来，但大家已经开始为孩子做新衣服买书包了。看到这样的情况我开始感到为难。因为他们中多数人最后会失望的。当然我想得最多的是南斯勒玛。我想去看看她。我觉得有必要让她明白，不是每一个孩子都能够被录取的，直接说不好开口，哪怕做点暗示也好。

我是中午去的，母子两个都在，他们正在欢天喜地地看一个书包。

“别的人家又做衣服又买书包，我跟儿子商量，我们家没钱，衣服不做了，就买了个书包。”她说着，“快让老师看看，这个书包怎么样?”

小哈达把书包送到我手里。说实话，这是当时在牧区能够买到的最好的书包，用粉红色尼龙布做成，分好几层，每一层都有拉链，外边还有好几个兜兜。买这样一个书包，也许要花掉他们家两三个月的生活费吧。

“老师，这个书包好吗?”哈达问。

“太好了。”我说。其实我还想说这个书包太贵了，但犹豫了一下没说。我不想扫他的兴。

南斯勒玛笑着说：“贵了一点。但还是买了，不做衣服，书包应该买好的。”

我在她家待的时间不短，但始终没有能够对母子两人暗示什么。我是不忍心。在她和儿子的生活中，这几天这样欢乐的时候肯定很少。这是一种短暂而脆弱的欢乐，我为什么要打碎这个欢乐?

傍晚，我走上了北边那道慢坡上面。这里视野开阔多了，九户牧民家在越来越浓的昏暗中若隐若现。我突然感到很伤感。我给这里的人们带来了什么?按说招生是一件好事，哪怕只录取一个学生也是好事。但我没有想到有些人会受到伤害，而且受伤害的又是最应该同情的弱者。

## 七

大队部有人骑着马来通知我说，学校领导让我到大队部等电话。那时候生产队还没有电话，我骑着马出发了。我知道录取名额定下来了。

那时候偏远牧区的长途电话很不好打，要经过很多话务站转接，我在大队部等了整整一天，到了晚上电话才来了。学校革委会主任通知我，我来的这个牧业点共录取三名学生。

“三名？多录取几个不行吗？”我问。我立刻想到了那些家长和孩子讨好的、兴奋的、渴望的眼睛，我真的不忍心让他们失望。

“多录取几个？这个……”学校革委会主任在电话里犹豫着，“增加一两个也许可以。”他说。

“这里有九个孩子，最好都录取。”我说。我知道哪怕从这里录取八个孩子，小哈达肯定也上不去。

“九个全要？你是在开玩笑吧？”

“那……算了。”我沮丧地放下了电话。

我回到生产队，就找乌德巴拉，告诉她说这里总共录取三个孩子。接着我就哪儿也不去了，我有点不敢见那些家长和孩子了。过了两天乌德巴拉拿着一张纸来找我说，推荐名单已经出来了，按要求推荐了三个，已经经过公社革委会批准盖章了。

我什么话都没有说，把那张名单装进包里就骑着马离开了那里。我感到特别沮丧，甚至感到很痛苦。我完成了招生任务，我不想再回到这个地方了。

但没有想到，学校这次又偏偏派我来这里接新生……

## 八

……这样，我第二次来到这个放牧点。我们是天黑以后到的，直接去了队部，发现海里布老人在那里。

“大叔，麻烦你现在就去告诉乌德巴拉队长，让那三个孩子明天一早就来这里出发。”我对老人说。

海里布去了，我和车老板喝了点茶。车老板喝完茶就睡了，我却睡不着。我走到外边，朝东边的草滩望去。什么都看不到，那里的草滩、牧户已经被浓重的夜色吞没了。我长长地叹了一口气。南斯勒玛和小哈达现在干什么呢？我想。她和他肯定很失望吧，是不是在哭？……我突然后悔起来，当初我为什么去看他们？为什么说那些鼓励小哈达上学的话？是我让他们看到了一个根本不可能实现的希望，最后又把希望粉碎了。我那不是折磨人吗？

黑暗中传来脚步声，是海里布老人回来了。

“明天一早……没有问题吧？”我问他。我真恨不得连夜逃离这个地方。

“没问题。”他说，“我给乌德巴拉说了，她现在正在通知那两家。她只是说，请你们明天一早把车赶到她家，从她家里出发。”

“为什么？”

“她说她的女儿行李多。”

我不好再说什么了。

夜里我跟海里布老人坐了很久，但我们很少说话，他低着头不停地用烟袋抽烟，我看着跳动的油灯火苗发呆。

我终于忍不住了，问：“南斯勒玛和小哈达……？”

“哦，他们很好。”老人说。

“他们……很失望吧？”

“那肯定。不过，他们早就习惯了……”他深深地叹了口气。

还能说什么呢？我只好沉默。

海里布看着我说：“那天我去挑水，南斯勒玛也带着哈达去了。我们就说起了孩子上学的事。她说她一开始还真抱着希望，高兴得一夜一夜地睡不着，但过两天也想明白了，她说好事哪能轮到她？……她还说，她很感谢你，这一辈子都不会忘了你……”

“是……吗？”

“她说孩子上不上学无所谓。她说你把她当人看了……”

我的眼泪在无声地流，幸亏灯光很暗，海里布老人看不见。

第二天一早马车停在乌德巴拉家门前，我要带着三个孩子离开了。大家都来为三个孩子送行。那些自己的孩子没有被录取的人都给乌德巴拉的女儿送一些东西，有送一块两块钱的，也有送奶油、奶酪的。我看了看，人群中没有南斯勒玛和哈达。我想看到他们，又怕他们来。

我突然看到南斯勒玛领着儿子朝这边走来。母子俩今天又穿起了前几天穿过的衣服，那是母子俩最体面的衣服，小哈达还捧着那个漂亮的书包。是的，他像捧某一件贵重物品似的，用双手把书包捧在前面。

大家突然安静了，望着越走越近的母子俩。

我看到南斯勒玛和哈达的脸色很平静，看不到痛苦也看不到兴奋，他们来到车前站住。

“孩子，把礼物送给姐姐。”南斯勒玛平静地对儿子说。

小哈达捧着书包走到乌德巴拉女儿面前，把书包放到她手上。

“这孩子，怎么没有一句话？说送行的话呀。”南斯勒玛说。

“姐姐，到了学校好好学习。”小哈达望着女孩说。他的眼睛是那么纯真。

“不跟老师说几句话？”南斯勒玛又提醒儿子。

小哈达朝我走过来了。我都有点不敢看他。他走到我身边，突然抱住了我，把脸贴在我身上，又放开。

“行了，行了。不早了，走吧。”乌德巴拉有点不耐烦地说。今天她也要走，把孩子一直送到旗里的学校，顺便见见丈夫。

我强忍着眼泪。马车朝前走去，走出很远我回头望去。聚集在乌德巴拉家门口的人们早已散去了。草滩静静的，那九个牧户的毡包和房屋在草原上静默着。我突然看到了小哈达，他在赶着羊群出牧，而且不停地跑来跑去，大概是在追跳鼠吧？接着我还看到了南斯勒玛，她挑着水桶正朝水井走着……

# 最后一场战斗

## 一

残阳如血。

荒原上刚刚发生过一场小型的战斗。现在基本恢复了静寂，听不见枪声了，只是空气中有一股刺鼻的硝烟味。骑兵独立营营长呼日勒骑着马站在队伍面前，听各连连长报告战况。

刚才独立营打了一场遭遇战。他们训练完准备回驻地，半路突然冒出一支国民党骑兵队伍，毫无准备的双方立即乒乒乓乓打了起来。结果还算不错，虽说独立营也损失了一些兵员，但对方最后还是溃退了。现在全营四个连之中的三个已经回来了，在呼日勒面前站成了不太整齐的队形，连长们上前报告情况。

“报告，一连牺牲两个，受伤三人，消灭敌人五名，俘虏两人。”

“报告，二连三人受伤，缴获战马三匹，消灭敌人二人，俘虏一人。”

“报告，三连牺牲三人，受伤二人，消灭敌人四名，缴获轻机枪一挺。”

呼日勒只是听，没有说话。独立营并没有吃太大的亏，总的来说是胜利了，但他一点都高兴不起来。那三个连长没有说牺牲战士的姓名，但他朝队伍里扫一眼就知道谁不在了。那些不在了的战士好像在他的眼前一个一个地走过，渐渐远去，他们再也回不来了。他们长相不同，性格各异，但都很年轻。假如今天没有牺牲，他们可以活很多很多年。呼日勒入伍十八年，在他身边倒下的战友不下百人。他早已变成了铁石心肠。战争年代，当兵的牺牲是常态。但今天他却为牺牲的战友感到惋惜，因为至少对驻扎在内蒙古西部荒原上的这个骑兵独立营而言，战争似乎正在离他们远去。十多天前传来消息说，内蒙古自治区在乌兰浩特宣布成立了，是师部派人来正式传达的。师部同时要求独立营抓好训练，参加自治区成立庆祝活动阅兵式。还有一种传言也在不胫而走，说骑兵独立营有可能全建制转业到地方，参加地方政权建设……

作为一名老军人，呼日勒当然知道国共双方的决战刚刚开始，战争没有结束而只是进入了一个新阶段。但这是从全国的大局而言，具体到他这个骑兵独立营，他们也许真的会集体转业参加地方建设了。所以今天的遭遇战也许是他们打的最后一场战斗。正是这场战斗让独立营的一些年轻人在新生活的门槛前倒下了。

草原的边沿吹来了冷飕飕的风，晚风提前刮起来了。四连还没有回来，需要等一等。过了一会儿站在呼日勒侧后方的警卫员说："营长，看到没有？四连也回来了。"其实他也看到了，在灰蒙蒙的晚风中出现了一支队伍，那就是四连。他们为什么走得那么慢呀？全营四个连队里数四连行动快捷，来去一阵风，而且阵容整齐，朝气蓬勃。因为四连有个特穆尔连长。特穆尔最见不得拖拖拉拉，还见不得邋里邋遢。所以四连的战士一个个都很精干，不仅打仗利索，穿戴都很干净。但今天这四连是怎么啦？走得很慢，而且好像一点精气神儿都没有。

四连越来越近了，呼日勒才发现他们在牵着马步行。四连连长特穆尔搞什么名堂？为什么不骑马？这么想着，他突然看到走在最前面的是一副担架，营部卫生员苞尔玛走在担架旁边，还牵着四连连长特穆尔的战马。呼日勒看到这个，便倒吸了一口冷气，痛苦地闭上了眼睛。他已经明白是怎么回事了。他的心在流血。特穆尔，你这个说话不算数的混蛋！你不是说将来至少要当师长吗？你不是吹嘘说敌人的子弹飞到你前面都会拐弯躲你吗？你不是正在没皮没脸地追求苞尔玛姑娘吗？怎么突然就放弃了你追求的一切？……特穆尔比他小十几岁，今年才二十五岁，但已经有十年的军龄，是全师有名的战斗英雄。他似乎就是为了打仗才来到这个世界，作战有勇有谋，人又长得精干漂亮，没有想到今天也倒下了。

四连站到了呼日勒面前，连指导员只说了一句："报告，四连……"就泣不成声。

## 二

独立营回到驻地时天已经黑了，这个地方叫斋生庙。呼日勒走进房间，警卫员给他打开了从敌人那里缴获的两听军用罐头，又拿出了一瓶酒。他这个房间是驻地庙里的住持给安排的，宽大的炕下边是宽敞的地面，墙上挂着几张地图。他喝了几杯酒，又想起了特穆尔。"大哥，大哥，师部那几个参谋会打仗吗？狗屁！将来我当了师长，我让他们全都脱了军装回家帮老婆抱孩子。""大哥，大哥，除了我以外，全世界军人中有没有骑在快速奔跑的马背上百发百中的射手？有没有这项目的竞赛？如果有，我去参加。我肯定拿第一名，奖品全归你。""大哥，大哥，我爱上苞尔玛了，但她却喜欢上了你弟弟席日莫。我心里难受啊，大哥……"

这就是四连连长特穆尔。特穆尔说这些话的时候表情是那样地生动，眼睛里蹿动着火苗。但他那双蹿动火苗的眼睛今天却永远地闭上了。

呼日勒刚才去看过烈士们的遗体，共六个人。卫生室的几个女兵和几个战士已经为他们清洗过遗体，换上了新军装。在一个大房间里，六个年轻的身躯静静地躺着，好像睡着了一样。他在特穆尔遗体前站了很久，因为换了军装，他看不出他的伤口在什么部位。几个僧人在一旁一个劲地念着经。几个女兵仍在忙碌，眼睛红红的。

“伤员安置好了吗？”他问。

“两个人伤势较重，已经送往师部。其他几个问题不大，包扎了一下，过几天就会好的。”卫生班班长高娃说。

现在他边喝闷酒边想着这些，门外有人喊“报告”！进来的是巴图参谋。

“坐下来，陪我喝几杯。”呼日勒说。他不想在下属面前暴露内心的悲伤。

“营长你忘了？我从不喝酒。”巴图参谋说。

“哦，哦……俘虏都送走了吗？”

“已经送往师部了。”

“部队情绪怎么样？”

“大家都为牺牲的战友惋惜，整个营区都比较沉闷。尤其是四连，一些战士哭了……”

“这怎么行？都是当兵的，没有见过死人？从明天起，各连除了进行列队训练以外还要排练节目，还要进行评比。让大家活跃起来。”

“是。”

“去吧。”

应该尽快给四连派一个连长，呼日勒想。但派谁是个大问题。派去一个一般的角色，四连从干部到士兵都不会服。他们一个个全是目中无人的家伙。如果出现那种情况，那个有名的尖刀连就完了。但独立营教导员乌力吉前几天就去了师部，到现在没有回来，需要等他回来再商量。

巴图参谋刚走不久，呼日勒的弟弟席日莫走了进来。呼日勒很疼爱自己这个弟弟，席日莫入伍后他就让他当营部文书，因为席日莫脑子灵，还识字，写写画画都拿得起来。席日莫几次提出要到连队，要参加战斗，但呼日勒一直不同意。他担心弟弟到火线有什么闪失，他希望弟弟完完整整地活着。

“四连长的遗物整理出来了。”席日莫说。

“他的马鞍子、皮包、手枪等要保存好，将来放进营部光荣室。按说他的私人物品应该交给他家人，但他是个孤儿，连个老婆都没有，所以那些东西也先保存在营部。”呼日勒说着叹气道，“独立营三块金属，现在只剩两块了。”他说的“三块金属”就是他自己、他弟弟席日莫和四连长特穆尔，呼日勒意即青铜，席日莫是生铁，特穆尔是铁，所以战士们说他们三人是独立营的“三块金属”。

“四连长的遗物里有一条纱巾，可能是为苞尔玛买的。怎么处理?”席日莫问。

“那个……就送给苞尔玛做个纪念吧。”呼日勒叹口气说，“他喜欢苞尔玛，而苞尔玛爱的是你。直到牺牲，他也没有得到一个姑娘的爱……听说大家都为牺牲的战友难过，我刚才给巴图参谋说了，明天开始以连队为单位排练节目，想办法让大家活跃起来，你也参加节目排练。哦，对了，苞尔玛唱歌跳舞都行，让她帮助大家排练。”

“好办法。要活跃气氛，我还有个建议。”

“说说看。”

“让大家都穿上新军装吧，大家肯定很高兴。”席日莫说。前几天师部送来了新军装，但明确要求现在不能穿，要等到自治区成立庆祝会上才穿出去。可是骑兵都爱打扮，那些小伙子领到新军装后差不多都试穿过，好多人还拿着军装跑到卫生室求苞尔玛等几个女兵改军装。席日莫是其中的一个。

“不行。”呼日勒断然道。他心疼地望着弟弟说，“今后打仗的事就少了，你和苞尔玛应该去上学。”

席日莫走出呼日勒的屋，已经是深夜了。他向卫生室走去。

## 三

席日莫看到苞尔玛一个人坐在灯下出神。苞尔玛看到他就站起来给他倒了一碗奶茶。席日莫叹了口气拿出特穆尔遗物里的那条纱巾说：“可能是为你买的，你就留作纪念吧。”

“啊！……”苞尔玛把纱巾叠好，放起来，突然哭了。但很快止住哭，说，“你知道我刚才想什么了？”

“想什么了？”

“我想向师部打报告申请结婚。今天晚上就写好报告。”苞尔玛说，“其实这个想法早就有了，每次打仗，枪一响，我就想我为什么还没有嫁给你？今天这个想法更强烈了。四连长牺牲时我就在他身边，真是子弹不长眼呀，一个活生生的人，说没有就没有了……”

“听我哥说，他想让咱们上学。”席日莫说。

“你说，以后真的不打仗了？”

“至少，肯定不会像过去，三天两头打了吧……”

“出去走走。”她说。

两个人走到外边。天空中挂着一轮明月。草原天空的月亮大而圆，四周一片朦胧。

“你听说没有，教导员不回来了。”苞尔玛说。

“什么？不回来了？为什么？”他知道独立营教导员乌力吉前几天去了师部。

“这个消息也不太确切，是我们的班长高娃姐说的。她说不要对别人讲。”

“啊，是吗?”席日莫说。高娃和营教导员乌力吉快要结婚了，她的话不会是随意说的。但乌力吉教导员跟他哥哥呼日勒是好几年的搭档，两个人关系很密切，他哥哥知道这个消息吗?“我刚才去了我哥那儿，没听他说呀。”他说。

“听高娃姐的口气，你哥也不一定知道。”苞尔玛说，“教导员是聪明人。他想好退路了。”

“聪明人?”

“是呀。高娃姐说了，现在战争快结束了，像教导员呀、你哥呀这些出生入死多少年的功臣，应该有个着落了。天下是我们打下来的，坐天下也应该有我们的份儿……”

“意思是到地方当官吧?”

“大概是那个意思吧。还有更难听的话呢。说天下是我们打下来的，现在把天下交给别人坐，我们还去为他们站岗?”

“谁那么说呀?”

“反正有人说，是咱们独立营的。”苞尔玛说，“听高娃姐说，教导员可能去地方当区长，那时候高娃姐也转业去跟他结婚。”

“可是他应该跟我哥商量呀。”

“你觉得应该商量，而人家认为最好不商量吧……”苞尔玛说。

席日莫心里很不是滋味。乌力吉教导员原本是他心中的偶像。乌力吉是大学生，理论水平高，讲话很风趣，军事方面也不含糊。可是今天，这个偶像在他的心中开始坍塌了。

“教导员他……原本不是这样的呀。”他嘟哝。

“我看情况变了，人的心思也会变。”苞尔玛说，“别人我不了解，但咱们这个独立营，没有一个胆小鬼，没有人怕死。但那是过去。现在呢?有人觉得今后可能不再打仗了，就想到死了太可惜了……”

## 四

第二天上午独立营的战士们跑到井台上洗衣服，下午开始排练节目，总算有了歌声和笑声。

呼日勒在房间里看地图。他每天只要有时间就会站在地图前看，看很长时间。其实那不叫“看地图”而是叫“读地图”。读地图是每个军事指挥员的基本功，也是让好多指挥员着迷的一件事。地图上那些抽象的标记，比如三角、虚线、箭头、圆圈等，在呼日勒眼里却会变成活生生的景象：那都是敌我双方的兵力部署。他看着那些标记甚至会看到敌我双方指挥员的表情。他们有的莽撞，有的狡诈，有的锋芒在外，有的含而不露……反正都不是省油的灯。他们将兵力部署在那儿，部署的每一个细节都暗含杀机，要让对方陷入灭顶之灾。所以，他从军用地图上可以看到高档次的智力竞赛。这个看不见的竞赛让他着迷。今天看着看着他好像发现了一个问题。说这是一张过时的地图并没有错，因为敌我双方的兵力部署早已发生了很大的变化。那些国民党部队大部分已经撤到内地去了，我方的变化也很大。但现在他的眼睛却死死地盯住了地图上的一个圆圈，那是国民党某团的驻地。他们仍然驻在那里吗？没听说他们转移呀？到哪儿去了？

一个军事指挥员竟然不知道附近敌人一个团的去向，如果放在过去，这是不可原谅的失误！那么现在呢？呼日勒倒吸了一口冷气。一个团，一千多口人呀，而且他们那个团长可不是一般人物！是他的老对手。他久久地盯着那个圆圈，越来越觉得他的老对手没有走远，也许就待在原来的驻地按兵不动。他这个判断并不是来自直觉，而是来自对老对手的深刻了解。他甚至觉得已经看到了老对手。那是一个中年人，坚毅，自信，足智多谋。那个家伙正站在自己的指挥所，也跟他一样盯着地图，自信地笑着。呼日勒懂得，两军对垒，决定胜负的因素很多，那不仅仅是战斗力的较量，同时也是计谋的较量。其中，出其不意是非常重要的一个环节。要躲就躲到一个对方想不到的地方，要打就选择一个对方想不到的地点和时间。他这个老对手就是这方面的天才，他真的认为那家伙是个天才！

呼日勒心中涌起一股豪情：较量了十来年，这次我非打败你不可！他继续“读”地图。他现在并不是一般地“读”，而是在揣摩对方的意图。这样一来他就看出了一点意思：对方是把住了一个山口，那是一个进退自如的地方，很不好打。也就是说对这个团，不去管不行，要管又肯定会造成不小的伤亡。就像人体里的一个病灶，不动它某一天肯定要发作，但要想切除掉又必定损伤身体。狡猾的家伙！

他想把自己的想法说给乌力吉教导员听听，看他是什么看法。这时候他才想起教导员还没有回来。他应该回来了呀，他想。他只好叫来弟弟席日莫给师部写报告，请求师部尽快查明敌军那个团的具体位置，以便主动处置。

## 五

师部通讯员给独立营送来一封信，是乌力吉教导员给呼日勒写的。前几天呼日勒已经听到了乌力吉要转业的消息。消息虽然不确切，让呼日勒半信半疑，但他也感觉到绝非空穴来风。他什么话都没有说，但心里很是悲苦。今天终于收到了乌力吉的信，他迫不及待地拆开了信封。

信里乌力吉首先表达了对独立营和呼日勒本人的思念。接着说到了不辞而别的理由，说主要是怕影响部队的情绪，所以考虑再三“决定暂不声张”，但也已经想好了，在适当的时候一定要告诉呼日勒，因为不告诉呼日勒就“对不起出生入死的战友”。

呼日勒感到很伤心。乌力吉写得头头是道，但没有一句是心里话。那家伙是用冠冕堂皇的理由为自己开脱。信里还说，他已经给师首长建议，让呼日勒也到地方上工作，师首长说可以考虑。信很长，他本来文化不高，就不想看了。

“警卫员，备马!”他怒气冲冲地朝屋外喊。

他带着队伍来到草原上，各连队开始进行列队训练。他在一旁看着。他十八年前入伍，从战士一直干到营长。几年前他这个营成为师部直属的独立营。多棒的一支队伍啊，是他带出来的。大家不仅把他当营长看，还将他当作大哥，大家都听他的。前两天他命令队伍排练节目，大家都很卖力气。每天下午的训练也搞得不错。那说明大家对他是尊重的。但今天他看着他们训练，却伤感起来。他已经听到一些反映，知道队伍思想比过去复杂了。难道，随着战争的远去，军人的凝聚力、光荣感、无私无畏精神也都远去了吗?

这时师部通讯员飞马而至。是师首长让他去一趟。他立即带着警卫员到了三十公里以外的古寨子里，师部在那里。

师长和参谋长在办公室跟他谈话。都是熟人，没有上下级之间的客套。

“老伙计，部队情况怎么样?”师长问。

“训练，排练节目。”呼日勒说着就开始发牢骚，“谁传出来的话?说我们独立营成建制转业?”

参谋长问：“那怎么啦?”

“你说怎么啦?一听这话，有的战士就打算回家放牧，有的还想到地方上弄个一官半职……”

师长皱着眉说：“这个说法我也听说了，但没有得到证实。也许上级有这个打算但没有最后决定，也许只是一些人这样猜测。应该对战士们说清楚，不管转业还是不转业，都是为了革命。没有转业之前要当好兵，转业了就愉愉快快地接受新的任务。”

参谋长说：“话是这么说，但部队的情绪肯定受影响。现在乌力吉不在，就他一个人，工作太多。”

“乌力吉教导员真的转业了吗？”呼日勒问。

“还没有办手续。”师长说，“这个事情对独立营肯定有影响，但没有办法，他母亲病得很重，不能自理，需要他去照顾。”

“好吧，什么也不说了。你们叫我来究竟有什么事？”

参谋长说：“咱们到作战室谈。”

他们走进作战室，站到了一张大地图前。参谋长指着地图说：“收到你的报告后我们就派出侦察员去侦察，证明了你的判断是对的。敌军那个团真的躲在山里，很少外出活动，所以很难发现他们。”

“派部队围住他们，让他们困死在那里。”呼日勒说。

“我们也这么想，把这个打算报到了上级，上级不同意。”师长说。

“让咱们去打？会有不少损失的，那个地方易守难攻呀。”呼日勒说。

“上级的考虑是有原因的。”参谋长说。

参谋长讲，敌军那个团之所以躲在山里，是因为一个俘虏。那可不是一般的俘虏，是个大科学家。本来他在兰州某研究所供职，国民党方面还打算将其弄到南京“保护”起来。但他大概对国民党失望了，只身离开兰州准备去东北，结果半道上被那个团抓住扣押了……

“上级让我们去救那个科学家？”呼日勒问。

“是啊。你那个老对手真是个狡猾的家伙。”师长说，“他懂得那个科学家无论对共产党还是国民党都很重要，所以他把那个科学家扣押在团部当成了人质。他以为这样谁都不敢动他。”

“这还真有点不好打。但不打又不行。”呼日勒说。

“所以必须打，但先保证科学家的安全。”师长说。

参谋长说：“就是说，先派小股部队悄悄摸进去，把科学家救出来，之后集中力量一举歼灭。”

“但那个科学家在山口里的什么位置？他多大年龄，什么长相，穿什么样的衣服？这些都需要事先弄清楚。”呼日勒沉思着说。

“据了解，独立营有一个人见过那个科学家。”参谋长说。

“什么？谁见过？”

“你弟弟席日莫。”

“我怎么不知道？”呼日勒大为惊奇。

“是有这个事。三年前，有几个战士护送那个科学家走了几天，其中一个就是你弟弟。”师长说。

“哦，哦……”

三个人在作战室一直待到晚上，研究了好多问题，提出了好几条方案，最后决定独立营担任主攻，再派一个团的兵力配合作战。

## 六

后半夜呼日勒带着警卫员在荒原上疾驰。这时候的气温比白天低，两匹战马却跑得浑身冒热气。这是马的习性，天凉时通过增加运动量来提高体温。

呼日勒稳稳地骑在马背上，望着夜色笼罩下辽阔的荒原。这里是他的故乡，他曾无数次在夜色中骑马奔驰过。从十几岁跟着父亲放马到后来当了骑兵，当了营长。他喜欢这种感觉。一个蒙古族男人，只要他骑到马背上就会产生一种豪情。当了骑兵以后他这种感觉更加强烈了。他懂得骑兵是什么！骑兵就是速度、力量和豪情的奇妙统一。骑兵举起马刀向敌阵冲锋的时候，整个大地都会颤抖。

但豪情往往又跟惨烈相伴。荣誉是用牺牲换来的。这次作战，关键是救出那个科学家。而救科学家的任务非席日莫莫属，因为只有席日莫认识那个科学家。战争就是这么残酷，不给你留选择的余地，连犹豫的余地都没有……

回到驻地呼日勒走进房间，让警卫员守住大门口，不要让任何人进来打扰他。师里制订了作战方案，但他必须将方案细化，每个细节都应该想到。

首先，他必须派席日莫进去，但怎么进去？只席日莫一个人还是派几个人？

他承认，在弟弟这个问题上他是有私心的。自从弟弟入伍以后他尽量让弟弟避开风险。但这次不让弟弟去是不行了，如果席日莫不去，将会有更多的人牺牲。他想起了母亲，席日莫入伍时母亲还活着。母亲对他说："你一定要让弟弟活着。"去年母亲已经去世了，但他知道老人在九泉之下仍然挂念着她最小的儿子。但怎么让弟弟尽量安全？

他朝门外喊："警卫员，拿酒。"

天已经开始亮了，警卫员为他倒了满满一杯酒，他一口灌了下去。嗓子里火辣辣地疼，他觉得很痛快。警卫员出去了，他自己又倒了一杯。窗外的曙色照进屋里，让屋里变得朦朦胧胧。

这时警卫员在门外喊："营长，教导员回来了。"

他站起来了。他这才意识到这些天他是多么想念教导员。门开了，乌力吉笑眯眯地站在了他眼前。

"你……回来啦？"他问。他很激动，也有点尴尬，想起乌力吉的不辞而别还有点伤心。

"回来啦，听说要打仗，我坐不住了。"乌力吉说着，坐到炕沿。

警卫员进来为呼日勒和乌力吉倒茶，气氛缓和了下来。

"老母亲怎么样了？"呼日勒问。

"卧床不起，一天不如一天。"乌力吉叹口气说，"我想让高娃去伺候几天，对老人也是个安慰。我妈还没有见过未来的儿媳妇呢。"

“应该。你跟高娃一起回去吧。”呼日勒说。

“我不回去了。作战方案我已经知道了。我看只能让席日莫去。我想好了，我跟他一起去。”乌力吉说。

“那怎么行？你是营首长，应该跟我一起指挥部队。”呼日勒喊道。

“你也是个老军人，怎么就想不明白呢？这次作战的关键是救出那个科学家。只要救出他，其他事情就好办了，你想怎么打都可以。”乌力吉说，“你不要忘了我是个大学生，跟那个科学家比较容易沟通。”

## 七

暮云低垂的荒原上站着四个人：呼日勒、乌力吉、席日莫和苞尔玛。四个人都不说话，就那么平静地互视着。好像任何语言都变得多余了。

乌力吉笑了笑说：“你们回去吧，我俩该走了。”

呼日勒好像没有听见，苞尔玛走到席日莫身边，为他整了整军帽和风纪扣。她说：“你要记着我的话！”席日莫点了点头。她的话是“我等你回来娶我。”是昨天夜里说的。今天下午呼日勒特许弟弟穿上了新军装，所以席日莫显得更年轻也更帅气了。有个相机该多好，可以照张相，呼日勒想。但这里没有相机。

“上马。”乌力吉说着和席日莫两个人跨上了马背。

“等等。”

呼日勒把自己的驳壳枪给席日莫，说：“把这个也带上，射程远。”

两个人催马向前奔去，很快走远了。呼日勒对苞尔玛说：“走吧。”他看到苞尔玛的脸色十分苍白。

他们回到驻地时，队伍早已集合好了。四个连整整齐齐地站在那里，等着呼日勒。呼日勒到队伍前面勒住马，看着这些指战员。作战命令是下午下达的。大家一听说要打仗了，一种紧张严肃的气氛瞬间笼罩了整个营区。嘻嘻哈哈的笑声没有了，懒懒散散的身影不见了，每个人都一下子变得精神起来。他看着指战员的眼神，一个个是那么刚毅，沉静。他知道那些眼神后边凝聚着一种可怕的爆发力。他想起乌力吉教导员对他说过的一句话：战争让军人的灵魂变得纯净！

他从嗓子眼里发出一声低吼："出发！"

## 八

第二天半夜独立营到了敌军占据的那个山口。黑黝黝的山在夜色里变成了一个模糊不清的神秘轮廓。大家下马前行，很快进入了战斗位置。训练有素的战马已经意识到将要发生什么，用前蹄刨地，变得骚动不安。"什么时候行动?"新任四连连长到呼日勒身边问。看来这个新连长也跟特穆尔一样是急性子。

"怎么了?"呼日勒问。

"战士和战马……都快憋不住劲啦。"

"继续憋。"呼日勒说。其实他对这个连长很满意，你就继续憋吧，憋得越久爆发力就越强，我让你憋个够，他想。

虽说天很黑，但他还是看到了苞尔玛。她一直站在几米远的地方，盯着山口那个方向。按说席日莫和教导员这时候应该是进入山口了。那就等于走进了虎穴狼窝。已经侦察清楚了，那个科学家在山口最里边的一顶帐篷里，虽然只有一个班的兵力看守，但从山口到那里有三公里的距离，每前进一步都会遇到危险。而山口有重火力把守。

只能等！

等了很久，山口里传来枪声，虽然并不密集，但说明乌力吉和席日莫已经跟敌人交上火了。“当当当……”“嗒嗒嗒嗒……”呼日勒听出了自己那把驳壳枪和乌力吉带的那支冲锋枪声。接着突然又静寂了。呼日勒知道，这是最捉摸不透的时刻。乌力吉和席日莫成功了吗？或者……呼日勒又看了一眼苞尔玛，她一动不动，好像变成了雕塑。

等，再等。呼日勒在等信号弹的升空。按照约定，乌力吉、席日莫他们带着科学家走出山口就发射三颗红色信号弹。那是解救成功的信号，也是总攻开始的时刻。

三颗红色的信号弹终于划破了夜空。

“快去接应他们。”呼日勒说。执行接应任务的是一个排再加上卫生员苞尔玛，那个排长就一直站在苞尔玛身边。

他们很快向发射信号弹的方向奔去。

## 九

被接来的只有科学家一人，手里提着信号枪。

“他们呢？”呼日勒问。

科学家泣不成声：“那两位同志……把我送出山口，后边的敌人追来了。他们把信号枪交给我说，一直往前跑，我就一直跑……”

“我没有问你怎么跑来的。我问的是救你的两个人怎么了？”呼日勒低吼道。

“可能是……唉……都是为了我……”科学家呜呜地哭，像个做错了事的孩子。

呼日勒跨上马抽出马刀，大喊：“冲啊！……”独立营两侧响起了密集的机枪声，那是配合作战的那个团为独立营提供火力掩护。憋足了劲儿的战马变成了无法阻挡的洪流，向山口冲去。枪声、喊杀声、马蹄声让大地颤抖起来。瞬间冲到了山口，对方的机枪开始疯狂地怒吼。独立营如果是步兵，这时候会出现一个短暂的停顿。但骑兵没有这个停顿，那些憋足了劲儿的军人和战马，想停都停不下来。呼日勒看到山口火光冲天，看到了火光中担任尖兵连的四连，看到了新任四连连长骑着特穆尔的那匹战马冲在最前面。那匹出色的战马巧妙地躲避着机枪的扫射。敌人设在山口的机枪好像失去了效用，那些骑兵倒下去的很少，大部分一眨眼工夫就冲进了山口。接着是一连、三连……

呼日勒都感到吃惊，独立营今天是多么出色。

## 十

一个月后，在这片辽阔的荒原上举行了庆祝自治区成立群众大会。呼日勒带着独立营从简易的主席台前面走过，接受检阅。独立营指战员穿着崭新的军装，吸引了大家的眼光。

那天夜里独立营很好地完成了任务，科学家被救出后，独立营被强烈的仇恨和憋了很久的劲所驱动，无情地扫荡了山里的敌军。打扫战场时却没有找到教导员和席日莫。他站在山口里的某个高处，听人们汇报这个情况时什么话都没有说。他知道在战争的铁与火的轰击下，很多肉体会没有痕迹地消失。战斗结束后独立营得到嘉奖，乌力吉和席日莫被评为烈士……

他带着独立营从主席台前面走过，向主席台行注目礼。他看到主席台上一片花花绿绿。那是这片草原各个阶层的代表人物。那些人在对他们指指点点咧开嘴笑着。但他还是看到了主席台上那几个草绿色的身影。他们是师首长。他看到他们脸上没有笑容，有的只是刚毅、悲壮。他认为那才是真正军人的表情。

他昨天得到确切的消息：独立营成建制转业的命令已经下达到师

部。这样看来，一个月前的那场战斗是他们打的最后一场战斗。他们打得很漂亮……

“敬礼！”

呼日勒向主席台行礼，行的是一个老军人标准的军礼。他看到主席台上的师首长齐刷刷地向独立营敬礼。

他的眼睛湿润了……

# 嘎查中心宴歌嘹亮

嘎查中心常常举办酒宴。每每举办酒宴，家住嘎查中心东边不远的额尔恒达赖就很生气，而且还口不择言地骂个不停。什么腐败分子、流氓婊子、吸血鬼、吃光喝光的败类、比国民党还要坏、早晚得撑死……，得什么骂什么，骂人的话从来不匮乏。可是，不管他怎么骂都无济于事，酒宴照办不误，欢声笑语常常持续到天大亮。

副苏木芒列巴亚尔，是个爱红火的人。一有工夫就跑到嘎查这里来闹红火。不过，有一点好处，招待他用不着烹炒煎炸整那么多菜肴，只要有手把肉、奶茶、烧酒这三样就够了，还有一点，必须得有唱歌的大姑娘、小媳妇陪着。芒列巴亚尔自己也唱得非常不错。来一趟嘎查，就在嘎查中心开一个房间，和嘎查的领导、附近熟悉的能歌善舞的大姑娘、小媳妇一起说说笑笑，红火一宿到天亮走人。这几年，芒列巴亚尔帮助这个嘎查弄来不少银行贷款、项目投资以及扶贫资金等，嘎查领导将他尊为佛爷，对他恭敬有加，每次他来必然要备酒席，好好招待一顿。芒列巴亚尔也不推辞，他不摆架子，平易近人，爱开玩笑，浑的俗的都来，还知道很多黄段子。所以，嘎查的人们招待他并不感觉厌烦，而且如果他有几天不来，人们还常常念叨他："芒列巴亚尔咋不来了呢？"自从去年以来，芒列巴亚尔来的次数明显多了起来。据说是，苏木领导班子要实行年轻化，他要退居二线了，甚至接替他职务的人都来了。这样，他时间宽裕了，又因退居二线，情绪也不好，所以，隔三岔五就到嘎查中心来红火红火散散心。

夏天的一个下午，额尔恒达赖在山上放羊，远远地看见嘎查支部书记朝格图巴特尔骑着摩托疾驰而来的身影。额尔恒达赖一向对朝格图巴特尔不咋感冒，认为他对人不平等，厚此薄彼。在一起喝酒红火的人求他办事，他有求必应。而别人去求他，他就鼻子眼朝天，不理不睬。“他妈的！你是支部书记，还是酒桌书记？”额尔恒达赖鼻子里“哼”一声，骂了一句。

嗨！一看朝格图巴特尔朝他拐了过来。他感到很奇怪。

看朝格图巴特尔很着急的样子。摩托车也没有下，一脚点地：“下午，萨仁其木格你们俩来一趟嘎查中心。刚才，芒列巴亚尔来了电话，他要来我们嘎查。”

朝格图巴特尔说得清清楚楚，可是额尔恒达赖还是丈二和尚摸不着头脑。“芒列巴亚尔来不来，和我们两口子有啥关系？”他心里想。

——萨仁其木格不是歌儿唱得很好吗。今晚好好给他唱一唱。你呢，就在厨房帮帮厨。朝格图巴特尔边说着边发动摩托，还撂下一句话，你们可早点去啊，我还得去叫几个人，便一溜儿烟开走了。

额尔恒达赖愣愣地站在那里。“别介，别介，这是咋回事啊？是朝格图巴特尔来邀请我们夫妇去赴宴，而且是亲自来邀请？”这个想法在脑子里过了一遍，只觉得心情还挺激动。记得念小学的时候，听到吸收自己加入少先队的时候，好像也这样激动过。他在那里站了良久，扔下羊群往家里跑去。

回来一看，萨仁其木格正在捣奶。

——快，快，赶紧洗刷一把，去年你参加那达慕大会时穿的新衣裳在哪里？赶紧找出来穿上！他啰里啰嗦了一通。

——又要举行那达慕大会呀？萨仁其木格一边捣着奶，一边问。

——不是，不是！要招待芒列巴亚尔呀。朝格图巴特尔亲自邀请我俩去参加呢。

萨仁其木格不大情愿，嘴里嘟哝：

——都是些不怎么熟悉的人，和他们在一起喝呀，唱呀的，多没意思呀？

——你真是个不开窍的榆木疙瘩脑袋呀！我曾经找过朝格图巴特尔，求他把西边那片儿洼地划给我们，那家伙就是不开口。那次我们专门宰了一只羊请他，他来都没来，你倒忘了？这次，他可是主动找上门来邀请我俩参加酒宴呢。这样的宴席多参加那么几回，那片洼地早晚成为我们的不是？那块地草长得的确不错。

——会是真的？萨仁其木格笑了笑，半信半疑。

——嗨！活生生的例子不是明摆着呢吗？你说达木丁的那个姑娘怎么进了苏木广播站了？不就是因为唱歌唱得好吗？巴泽尔家怎么分到了那么好的草场？不就是因为他媳妇唱歌唱得好吗？和他们一起喝酒唱歌闹红火的人们可一个也没白辛苦。

——可是……

萨仁其木格还是犹犹豫豫。

额尔恒达赖来气了。他想起来一句戏谑的歇后语："麻绳串豆腐——提不起来。"能陪着嘎查、苏木领导喝酒红火，在本嘎查来说算是上了一个台阶了。这等好事，不是随便谁都能轮得到的。

——那你还犹豫啥呢？额尔恒达赖不悦。

——他们喝醉了，动手动脚的……萨仁其木格嘟哝了一句，脸绯红了。

动就动呗，别的还能咋的了？额尔恒达赖话到嘴边没说出去，改口说道：

——不会的吧？旁边还有那么多人呢。

然后，夫妻俩洗洗刷刷，穿上最漂亮的衣服去了嘎查中心。那次整整红火了一宿，天亮时分芒列巴亚尔一身酒气，握着萨仁其木格的手，说："下次来咱再红火哇！"然后拍了拍额尔恒达赖的肩膀，坐上吉普车扬长而去。一宿没有睡的额尔恒达赖、萨仁其木格两口子虽然很疲惫，但是迎着朝霞说说笑笑地往家走。

——你不是挺忌恨他们的吗？怎么又想起来去了呢？不忌恨了？萨仁其木格问。

——哦，哦……额尔恒达赖支支吾吾。他想了想，想到自己不是忌恨，而是嫉妒。忌恨和嫉妒，是两种不同的概念。忌恨背后隐藏讨厌，而嫉妒后边是隐藏攀比思想……

额尔恒达赖夫妇从此成了喝酒红火一帮的成员，隔三岔五被叫到嘎查中心来。这样比原来忙多了，一去就一宿，但是俩人还挺高兴。间隔时间一长，就有点坐卧不安："芒列巴亚尔该来一次了。怎么不见朝格图巴特尔？"便不由自主地朝嘎查中心方向眊一眊。

他们的地位似乎也有所变化。

有一天，额尔恒达赖上山放羊，遇见了"干部"乌力吉。"干部"只不过是乌力吉的外号，其实他没当过一天干部。因为他平时总穿着带四个衣兜的干部制服，说话像干部拿腔拿调。仅举一个简单的例子，人们见面一般都"你好""我好"打个招呼，可他不，见面总问：怎么样啊，工作忙吗？因此，人们就给他起了个外号，叫"干部"乌力吉。

那天，"干部"乌力吉也上山放羊，身穿带四个衣兜的干部服。他见到额尔恒达赖就问："忙吧？"

——还好，还好。额尔恒达赖答道。他发现"干部"乌力吉向他投来一种敬重的目光。

——芒列巴亚尔副苏木达、朝格图巴特尔书记他们也都挺好的吧？"干部"乌力吉又问。

——挺好，挺好。前天晚上吧，我们又在一起红火过了。额尔恒达赖如此回答，发现自己也有了干部对普通百姓说话的那种腔调。

——怎么老在嘎查中心红火呢？下次去我们家吧。你领上他们去。"干部"乌力吉说。

——我们哪有那个闲工夫？额尔恒达赖摇摇头，笑着说。有时候，芒列巴亚尔来嘎查中心时，有的牧民真的还跑过来往家请过他。这时候，或者是芒列巴亚尔，或者是朝格图巴特尔就是这样摇着头，笑着说话的。这回额尔恒达赖也学得惟妙惟肖。

等“干部”乌力吉走后，额尔恒达赖很有点自鸣得意。只觉得自己个头好像比原先高大了，而家乡这片土地好像变小了。

额尔恒达赖把羊群拢过来赶回家时，看见帕嘎玛老大妈来他们家等他呢。看见他回来，老大妈满脸堆笑地对他说道：“我儿子、儿媳妇想在分到的草场边上打一眼井。可是，我们那个邻居旺吉拉死活不同意，说，要打就往自己草场里边打，边上打会破坏他们的草场。额尔恒达赖呀，我求求你和朝格图巴特尔书记说说，只要他点了头，那旺吉拉就啥也说不出了。”

年逾古稀的老大妈显然是这大热天中午辛苦地专程来的，皱纹纵横的脸上浸满汗水直往下流。

——这个事情麻烦是麻烦一点，不过我和朝格图巴特尔书记商量商量再说吧。额尔恒达赖蛮像那么回事似的说。

——这个事大妈就托付给你了。帕嘎玛大妈满面笑容地说着走了。大妈走后，萨仁其木格笑着说：“老太太还给你带来了两包香烟的礼物哩。”额尔恒达赖很伤感，心里想：“唉，我们的牧民真可怜啊！”

过了些日子，额尔恒达赖想不到在井上遇见吉林台，还挨了一顿臭骂。吉林台性格古怪，人称“倔巴头”。这天，额尔恒达赖去井上拉水，正遇见“倔巴头”吉林台也去拉水。

看吉林台脸色难看，额尔恒达赖就猜到这家伙倔脾气又上来了。一见面，吉林台就开了腔：

——你们喝你们的马尿就喝去吧，可是你们为什么把我的草库伦的大门打开了不给关上？想让牲畜进去糟蹋我的草场呀？吉林台口气非常横。

额尔恒达赖听出来了。芒列巴亚尔的汽车从苏木来嘎查，吉林台的草库伦是必经之路。说不定是哪一次，可能忘了把人家草库伦的大门关上。

——是吗？那我们以后注意吧。额尔恒达赖温和地说。

——我就奇怪了，不把从牧民手里收上来的草牧场租金吃光喝净，你们是不罢休啊？

——老伙计，你有所不知。那样吃吃喝喝也都是为了给咱嘎查多弄点东西回来。额尔恒达赖一脸无奈地笑着说。经过参加几次酒宴之后，额尔恒达赖看待问题的立场和角度以及言谈话语的语气腔调，都和朝格图巴特尔书记十分近似了。

——当然，你肯定会这样说的。你也算是“内院锦衣”[①]们的一员了。说着“倔巴头”吉林台脚步噔噔地走开了。

“倔巴头”吉林台走出很远，额尔恒达赖一直站在那里很久。虽然挨了吉林台的臭骂，他不但不生气，反而还挺高兴。“内院锦衣”者，这句话他听起来觉得挺舒服。

他也不是总高兴，而且有时候还非常苦恼。但是，他从来不给外人透露。别说不给外人透露，连自己想都不愿多想。

说实话，和领导们喝酒闹红火的是萨仁其木格，而他只不过是被他们使唤的人。芒列巴亚尔和嘎查领导他们在那间屋里又喝又唱的时候，额尔恒达赖在伙房忙着烧茶做饭。“额尔恒达赖，拿茶来！”有人喊。“额尔恒达赖，再把这手把肉热一热！”另一个人叫。“额尔恒达赖，没酒了，去路口小商店买回酒来！”还有一个人命令道。萨仁其木格的笑声听得清清楚楚，还有她的歌声。“这帮畜生！”额尔恒达赖心里狠狠地骂道。他不知道这样骂包不包括他老婆。

---

① 内院锦衣：蒙古语直译，意为在上层的服饰华丽者。讽刺受领导宠信的人们。

但是，到了第二天就想努力把这些不愉快统统忘掉，即使是忘不掉，也尽量注意不让别人有所察觉。他尽量故作镇静，甚至给人以他和芒列巴亚尔对桌而坐举杯畅饮，由别人来伺候他们的印象。

然而，终究露了馅。有一次他做出了令人尴尬的事情。

那是秋天的一天。额尔恒达赖正在收拾羊圈，上山放羊的萨仁其木格急急忙忙地回家来，对他说："你赶紧换上衣服。老芒要来。"说完，进屋对着镜子描眉画眼。萨仁其木格称芒列巴亚尔为"老芒"已经有几个月了。正在忙活的额尔恒达赖虽然心里不高兴，但没有吱声，心里想："哼！不就是为了讨得你那个老芒的欢心，这样臭美不是。"老婆在那边不耐烦了，喊道："叫你快点，快点，你还磨蹭什么呀?"额尔恒达赖忍无可忍了："咋的呀？你那个老芒快要饿死了呀?我这不是拾弄羊圈还没完事呢吗?"萨仁其木格回过身来瞅了一瞅，刚描完一边的眉毛，另一边还没描，再加上生气，那脸看着真吓人。"老芒想吃牛肉干。不早点去煮能行吗?"萨仁其木格说。额尔恒达赖听来这不是妻子对丈夫说话的口吻，而是主子命令奴才的口气。"想吃他自己来煮嘛!"额尔恒达赖没有好气地说。这回萨仁其木格不让了："不管你生谁的气也罢，但是可不能拿我来撒气！当初我本来就不愿意去，是你说什么西边洼地的草场什么的非逼我去不可。你以为我那么想去呀。不去就不去!"

额尔恒达赖燃上一根香烟，沉思了起来。"能够和领导在一起喝酒红火的人，在咱嘎查也没有几个人啊!"他又想到"西边那片洼地草长得好啊!"他终于发现自己也下不了不去的决心。他掐灭了烟头，说："那去就去吧，别生气了。"萨仁其木格鼻子"哼"了一声，继续描眉。

那天晚上，额尔恒达赖正在煮牛骨头的时候，那边房间里说笑声音比往常哪一天都听得清楚。"萨仁其木格，你……"接着传来芒列巴亚尔"哈哈"大笑的声音。"老芒，别介，别介，我求求你……嘻嘻”，这是萨仁其木格的声音。“老芒可是帮过咱嘎查大忙的人啊，萨仁其木格你可得代表咱嘎查好好表示表示感谢一下嘛。装什么假正经呢，摸也摸不坏的东西。”像喜鹊叫一样“喳喳”笑的是朝格图巴特尔的声音。接着是男男女女笑笑嚷嚷的声音，好像发生了什么异乎寻常的情况，随之传来妻子被针扎了似的尖叫声。“这样下去，还没等西边洼地归我，我老婆不知归了谁呢？”额尔恒达赖想到这里咬咬牙，随手拿起灶台上放着的揭了盖子的一瓶白酒，“咕嘟咕嘟”地掫了几大口。“这是犒劳厨师的！”朝格图巴特尔每次都送一瓶酒给他。

“叫你送茶，你没听见？”听到老婆的声音，额尔恒达赖抬头一看，萨仁其木格倚在门口，显出不悦的样子。脸红红的，头发蓬松，衣领口扣子解开。

——使唤牲口也得让它歇口气了吧？你们这是怎么了？额尔恒达赖东怒西怨，对老婆发脾气。

——你，你……萨仁其木格欲言又止，接着说：那么多人都在等着呢。你煮完茶休息就不行吗？

——那么多人，那么多人！你为那么多人着想呢？哪一个是你男人？额尔恒达赖更厉害起来了。

——你们也差不多点就行了吧？什么摸不坏的东西摸个没完不行吧？他又嘟哝了一句。

“啪”的一声，只觉得脸上火辣辣的，萨仁其木格扇了他一个耳光。额尔恒达赖上去就薅住了老婆的头发。随之“噼里啪啦”锅碗瓢盆在地上碎的碎，滚的滚，和萨仁其木格哭喊声混在一起，好大一个动静。那边屋子的人跑过来，好容易把撕巴在一起的夫妻俩拉开。

——额尔恒达赖你这是干啥呢？朝格图巴特尔训斥道。

——打我老婆呢。你心疼了？额尔恒达赖声音更高。

——你怎么这么蛮不讲理？朝格图巴特尔怒气冲冲。

额尔恒达赖扔下老婆，气势汹汹地向朝格图巴特尔冲过去，朝格图巴特尔不由自主地倒退了几步，他怕他动起手来。可额尔恒达赖没有动手，而是指着鼻子骂开了，不知是收藏在记忆哪个旮旯里的那些骂人的话口无遮拦地往外流淌了出来。

在他的骂声中，也断断续续听得见那几个人低声说话声：

——这个人怎么这样赖脾气？

——喝醉了呗，喝醉酒的人什么赖毛病没有呀？

——再也不和这样的人在一起喝酒了。好好的酒席让他给搅黄了。

——别理他，咱进去接着喝吧。老芒还在那儿等着我们呢。

芒列巴亚尔走出来来回踱了几步，笑了笑，说："时间不早了，今天就这样吧。"说完便朝汽车走去。朝格图巴特尔他们几个追上去再三挽留，芒列巴亚尔还是走了。

在人们讨厌、鄙视的目光中，额尔恒达赖往家跑去。眼泪不由自主地往下淌。他也不知道自己为什么在哭，但他想这个眼泪可能被憋了很长时间。

他真的醉得一塌糊涂。进了屋一头倒在炕上，什么也不知道了。

一觉醒来时天已大亮。阳光从窗户射进来，照得西墙明晃晃。他闭上眼睛努力地回忆昨晚发生的一切，睁开眼睛一看，萨仁其木格坐在他身旁。难道她就这样坐了一宿，我怎么没有发觉？

——还难受吗？萨仁其木格轻声轻语地问。

——还行……，他低声回答。"昨晚，芒列巴亚尔气得够呛吧？"

——那还用说。朝格图巴特尔也气得肺都快炸了。其他的人也对你恨得咬牙切齿。萨仁其木格说完，又问了一句："你害怕他们生气呀？"

额尔恒达赖没吱声。

萨仁其木格长吁一声，平静地瞅着他说：

——说实话，我早就开始害怕了，倒不是害怕他们生气。

——那你害怕什么呢？额尔恒达赖感到奇怪。

——自从“干部”乌力吉讨好你开始，自从帕嘎玛大妈来求你办事开始，自从“倔巴头”吉林台骂你是“内院锦衣”者开始，我就害怕了。其实，很多人开始忌恨我俩。我怎么能不害怕呢？

萨仁其木格盯了他良久，接着说：

——我们俩为的是啥呢？就为那个西洼地？如果有能耐，咱打官司要回来，甚至把它抢回来，如果没有那个能耐也就罢了。何必因此而成为人们的眼中钉、肉中刺呀？

额尔恒达赖“霍”地站了起来，走到外边，似乎觉得心情豁然开朗。“真的呀，我们为的是啥呀？”

嘎查中心的一溜儿大平房屹立在西边高地上。那里现在静悄悄。从此，芒列巴亚尔没有再来过。可是，其他人照来不误，宴歌照唱不误。

朝格图巴特尔没有再来叫萨仁其木格他俩。不知怎么回事，额尔恒达赖也不再骂骂咧咧了，只是有时候朝嘎查中心怨恨地扫视一下而已。

岱钦　译

# 希日塔拉草原

一眼望不到边儿的希日塔拉草原上，一个骑着马挎着枪的人越跑越远。

随着马儿的奔跑，马蹄带起来的尘土像一串串的珠子落在草地上。

那个人到了地方，很快藏了起来，不久枪响了……

## 一

希日塔拉草原的边缘处有两座一模一样、不高也不低、山顶圆圆的山。像桌子面儿一样平坦的希日塔拉草原上立着这么两座山，也算是个奇观。

到中午了。一条小溪从两座山中间的山谷里流出，蜿蜒向草原深处而去，一眼看不到尽头。那山谷里一群羊在吃草，一只山羊羔子离了群循着青草味儿蹦蹦跳跳地到了山涧，在小溪旁的一丛花儿旁停了下来。离开母羊的这只羔子闻一下溪水，咬一口嫩草，左看一下，右瞧一眼，突然受到了惊吓似的跳到了旁边。这个小家伙非常调皮，可它一定没想到这寂静的山谷里真的会有危险。

实际上这寂静的山谷里暗藏杀机。

这两座山里东面的那座山顶上有一根黑乎乎的枪管伸了出来。

山顶最上面长着一丛柠条，从远处看就像小孩子头顶上长的一缕头发。枪管正好从那丛柠条中间伸了出来。只见还不到二十岁的一个小伙子稚嫩的脸躲在那杆枪的后面。小伙子目不转睛地盯着正前方。这是个年轻的枪手。他并没有盯着溪边的羊羔，而是紧紧盯着对面山坡上的一个山洞的洞口。

也许是因为盯的时间太长了，他眨了好几下干涩的眼睛，又舔了舔干裂的嘴唇。对面的那个山洞口还是毫无动静，可洞口放的一个水壶和旁边石头上晾着的衣服却毫无保留地提示洞里面一定住着一个什么人。那件衣服还时不时被草原上的风吹得一摆一摆的。

这个年轻的枪手昨晚就已经埋伏在这里了。几天前苏木长把他叫了过去，说："听说那个叫草原狼的受伤了，有人在希日塔拉那儿看见他了。你枪法不错，去把他解决了。"随后他又笑眯眯地接着说："别忘了你阿爸还在我们手里。听我的才能让他活命。"全苏木找这个草原狼已经找了两个月了。就这样，年轻的枪手在太阳快落山的时候出发，半夜到了这个地方。

早上，太阳升起来的时候草原狼从山洞里出来过一次。右手用白粗布包扎着，用一根带子挂在脖子上。枪手确定就是这个人，听说他把衣服撕破了包扎的伤口。想到这儿他目不转睛地盯着。满脸络腮胡、异常魁梧的一个大汉右手绑着一根带子挂在脖子上，左手拿着一杆长枪，从洞口探出脑袋左右警惕地看了看，然后走出山洞站在那边开始撒尿。可惜离得太远没法儿开枪。只见那个草原狼提着裤子回到洞口，拿起放在旁边的水壶晃了晃。这边的枪手微微笑了一下。水壶空了的话肯定要到小溪这里来装水。只要他弯下腰装水，就能一枪撂倒。

那家伙进了山洞再也没有探出头来。年轻的枪手就一直在柠条后面埋伏着，等待着机会的到来。

太阳慢慢挪到了头顶正上方，把大地烤得炙热。一滴滴的汗珠开始从脸颊上滚落。可他依然一动不动地等待着那个机会。还不到十岁就跟着父亲打猎，刚开始是兔子、野鸡，后来是黄羊、狼这些动物，所以他从小就知道打猎一定不能着急。就这样煎熬了好长时间，那家伙总算从山洞里出来了。

还是右手用一根带子从脖子上吊着，左手拿着一杆枪，水壶也挂在脖子上，很快就下了山到了小溪旁。这边的枪手就像看到了肥美的黄羊一样兴奋起来，悄悄端起枪往前探了探，开始瞄准猎物。三点一线，随着那个人开始移动。

从那边山坡下来的男人到了小溪边坐下，用单手舀了些水连喝了好几口，接着开始洗脸。哼，先灌饱肚子吧，黄泉路挺长。洗洗脸也是对的，到阎王爷那儿怎么也得干净点不是吗？想到这儿枪手屏住呼吸开始缓缓地把枪栓往后拉。正要扣动扳机的时候好像看到敖包那边有什么东西动了一下。放下枪一看是只小山羊羔子。

这是从哪儿冒出来的？枪手正琢磨的时候那边的猎物水壶里装满了水开始朝山坡爬去，眼看着不一会儿就进了山洞。

耽误了大事儿的那只山羊羔子突然朝小溪的源头那边跑去。这时候，枪手才意识到那边有群羊在吃草。

他有些恼火，又有些遗憾地望去，羊群边上有个年轻的妇女和一个五六岁的男孩。只见男孩儿在忙着捡沙奶子[①]交给自己的母亲，当母亲的弯下腰给自己的儿子擦去了鼻涕。

## 二

夜晚。

弯弯的月牙儿挂在希日塔拉草原的夜空。

---

① 沙奶子：又名地梢瓜，里面白色汁液可食用，有鲜奶的味道。

枪手躺在石板上望着正上方的月亮，一动不动。太阳落山前下了一场急雨，衣服都湿透了，冷得牙齿打战。

正下雨的时候那个草原狼从山洞里出来过一回，而且离他还挺近。虽然瞄准没问题，但他还是没有扣动扳机，放了他一马。

雨很快就从希日塔拉草原的深处飘过来，还没等人反应过来就到了跟前。年轻的枪手也没打算躲雨，实际上也没有地方躲雨。他开始替放羊的母子俩担心起来。因为雨开始下得特别急的时候，那群羊正好在两座山之间的山谷里。雨开始下了，羊群也乱了。为了把羊拢住，母亲把住了一头，儿子把住了另一头，可羊却开始到处乱窜，简直乱成了一锅粥。他本想着过去帮帮忙，可又没那个胆子。那边山洞里的那个家伙，还有他手里的那支枪让他有些害怕。听说那家伙也是个神枪手，一只手举着枪打死我应该也不难，他心里琢磨着。那边母子俩还在跌跌撞撞地来回忙乎着……

雨下得太大，远处白茫茫的一片。突然他发现不是两个人而是三个人在雨中归拢羊群。仔细一看原来是那个草原狼在羊群中来回忙乎。因为有了这么个男人，羊群很快就聚在盆地里不跑了。

瓢泼大雨已经变成了白茫茫的一片。那个女人走到草原狼的旁边好像说了些什么，应该是在表示感谢吧，然后把脖子上的头巾拿下来给男人擦了擦脸。那个男人用没受伤的手摸了摸男孩儿的头。

这三个人离他已经很近了，近得他都能看到女人那张漂亮的脸，男人的胡子也一根一根的很清楚。这女人可真好看啊，他有些分神。接着他又朝草原狼看去。从这儿一枪就能打中，可那边的女人会吓坏的……

想到这里，他放下了手里的枪。你可帮了这个漂亮女人的大忙啊，那就让你多活一天，他嘴里嘟囔了一句。

多美的夜晚啊！

银白色的月光洒向希日塔拉草原，溪边蛙鸣声不断。在牢里的父亲怎么样了？独自在家的母亲是不是还在哭泣？一想到这些他就鼻子发酸。

就在这个时候山那边传来了笛子声。逃命的草原狼居然还带了笛子，他觉得很奇怪。更出乎意料的是那家伙居然笛子吹得那么好。一只手受伤了怎么吹的笛子？

悠扬的笛子声在夜空回荡。他听出来了，这是那首《希日塔拉草原》。据说草原狼受伤后编了这么一首歌……

在希日塔拉草原上
一直坐到月亮升起
想起远方的家人啊
唱起了忧伤的歌。
没有白纸可用
只能写在衣襟上
用血写成的歌儿
藏在了石头下面……

刚刚在思念家人的小伙子听到了笛子的旋律不禁感到心酸。这家伙也是像我一样远离家乡、父母，追杀别人、被人追杀，在野外躲藏、游荡。想到这儿他好像听懂了笛子旋律里的思念、忧伤和苦难。

笛子声戛然而止。

草原深处隐隐约约闪着火光。

太阳落山那会儿他才看到那边搭着一个帐篷，放羊的母子俩就住在那儿。

他盯着火光看了很久，眼前仿佛出现了漂亮女人的样子。其实那地方离他这儿不太远，火光的照映下有个纤细的身影在来来回回地忙乎。

他突然起身朝那边大步走去。

## 三

离篝火越近，那个忙碌的身影就越清楚。帐篷里的东西好像都湿透了，那个可怜的女人在里里外外地忙乎着。

年轻的枪手稍微犹豫了一下，把枪藏到草里，朝帐篷走去。

“你好啊?”他走到篝火旁大声说道。

“嗯……好好好，你好。”那个女人回问了一句，看了他一眼接着说，“是个小伙子呀。从哪儿来的？今天这雨下得也太大了。”

“是啊，下得挺大。”年轻的枪手没回答女人的问题接着说，“在野外住也是个麻烦事儿。”

“兄弟你往这边坐。你的衣服湿成这样了？脱下来姐给你挂在火边晾干了。”

真是个漂亮女人。年轻人好像有意躲这个女人似的，连忙说：“不用，就这样凑合就行。”

“害怕脱衣服啊?”女人突然咯咯笑了起来，说道，“在我这儿，你就是个小孩儿。我都能当你姐了。快点脱了给我，着凉就该感冒了。”

女人接过来小伙子脱下的衣服，到篝火旁里里外外地烘干着。

“这是什么衣服啊？没见过这样的衣服。”女人自言自语。

“这是当兵的穿的衣服。”

“你是当兵的?”

“可不是嘛。”

女人捂着嘴笑了，说：“你可真有意思，当兵的没有枪?”

年轻的枪手没说话，可心里觉得很舒坦。小小的帐篷里男孩儿在睡觉，篝火的照映下卧着的羊若隐若现。

女人打了个哈欠说：“休息吧，挺晚了。”

“啊……休息了。”

“你到帐篷里跟我儿子一起睡。”

年轻的枪手钻进了女人铺好的被子却一点睡意都没有。他只能一动不动地躺在那儿。

女人在帐篷外磨蹭了一会儿，开始脱衣服打算休息了。年轻的枪手一直看着她脱了衣服摩挲着裸露的肩膀。肩膀上有一道疤在月光下特别清楚。

女人摩挲了很久，突然发现年轻人一直在盯着自己看。

“你这没出息的样子，怎么一直偷看女人脱衣服。”女人突然又开始咯咯笑了起来。

年轻的枪手有些害羞，不知道该怎么接话。

女人笑得更厉害了，说：“害羞了？还真是没长成啊。”见他还不说话又继续说：“是不是生气了呀？”说完走到了他旁边。

女人有些心疼地边抚摸着他的额头边说：“想看就看吧，你也是个男人。”

“伤疤是怎么弄的？”

“这个？一个男人咬的……”

“咬的？”

“这个你不懂，你还是个小孩儿。现在睡吧。”女人像哄孩子一样哄着他。

他没再吱声。女人躺在帐篷的门口。可实际上他们俩谁都睡不着。

突然远处传来了笛子的旋律。

“你知道这首歌吗？《希日塔拉草原》，是首新歌。”

“听过。”

“说是一个受伤的当兵的编的歌……家里有父母，有老婆孩子。自己也不愿意离开家。可后面有人追，没办法只能跑。可怜的老婆孩子不知道怎么难过、着急呢。”

笛子的旋律依旧。

“我男人也是个当兵的……”女人突然冒出一句。

“哦，也是个当兵的?”

“被不知道从哪里来的子弹打死了。我就剩两样东西。一个是我的儿子，另外就是我肩膀上的疤。”女人的声音略带忧伤。突然她又提高声音继续说，“为什么一定要互相打打杀杀？男人就是为了这个才活着吗？那娶老婆干什么？疼了半天老婆，老婆给生了孩子后就扔下走了？为什么呀？为什么干那么傻的事情?”

“你男人在哪儿当兵?”枪手问。

“不知道。在哪儿都一样，不是杀人就是被人杀……”

女人说完沉默了好长时间。过了一会儿突然坐起来穿上衣服叹了口气说：“睡不着的话干脆别睡了，起来说说话吧。”

枪手也穿上衣服从帐篷里钻了出来。雨后的夜晚，草原上洒满月光。两个人望着永远看不到边的草原，沉默不语。

枪手突然哭了起来。

女人有些着急了，赶忙说：“你怎么了？是不是碰到什么事儿逃出来的?”

之前憋在心里无法说出口的苦闷，今天晚上，在这片广阔的草原上突然像决堤的洪水挡都挡不住。也许是因为这个女人今晚说的那些话，也许是因为那笛子的旋律，也可能是因为《希日塔拉草原》那首歌。

“我阿爸被抓了，阿妈自己一个人在家……我也许永远见不到他们了……”他哽咽着说。

“因为什么啊?”

“我是个当兵的。”

“唉!”

女人叹了口气也沉默了。过了好一会儿她抚摸着年轻枪手的头说：“别着急，只要人活着总会有办法的。”

枪手一直在哭，到最后枕着女人的腿还在掉眼泪。女人像哄孩子一样一遍遍摩挲着他的头发、下巴、脸颊、肩膀。

“你是个男人，一定要有个男人的样子。要是知道你哭得一把鼻涕一把泪，没有一个女人会看中你……”

可既然哭开了，他就想痛痛快快地哭，刚开始是小声抽泣，到了最后他搂着女人的脖子，头靠着女人的胸口大哭起来。

女人有些吃惊地看了他一会儿，笑了起来，说：“怎么了？想妈了要吃奶？”好像是被自己说的话逗笑了，女人笑得停不下来。

枪手有些不好意思地擦了擦眼泪。

“现在不休息不行了。天都快亮了。今天晚上咱俩难过也难过了，哭也哭了，笑也笑了。差不多该休息了。”女人说。

刚说完枪手突然抱住了女人。

女人犹豫了一下把手放到了枪手的腰上。

“我都能当你的姐姐了。跟姐姐这么胡闹……真是个讨厌的家伙……”她笑着跟枪手耳语了一番。

“我是个男人。而且是个不知道明天是死是活的男人……”枪手也耳语道。

“唉，可怜。男人有的时候比女人还软弱……”

“阿妈，我要尿尿”。听到睡在帐篷里的小男孩儿的喊声两个人才分开。

## 四

太阳升起来之前女人忙着把母羊和小羊分开，准备挤奶的时候枪手往回走去。女人追上了他，问：“要去哪儿？”

枪手指了指那两座山的一个，说：“那儿。”

“别太难过了。男人一辈子的路还长着呢。”

枪手没再说话，继续走。草里面藏着的枪找到了，他扛起枪回头看，草原上笼罩着厚实的白雾，感觉密不透风。走过到膝盖的野草滩，草尖上的雨水打湿了他的靴子和裤腿，感觉凉气都渗到了骨头里。

回到山上他依然埋伏在了那丛柠条的后面。往另外一座山望去，洞口那儿黑乎乎的，还是一片寂静。这家伙昨天装了一水壶水，今天也许一整天都不会出来。要不是昨天那只羊羔子，也许当时就送他见阎王了。虽然有些遗憾，可想起那只羊羔的主人他的脸上不由得露出了笑容。太阳升到了正当空，把草原上的一切烤得有些发烫。早上还覆盖在草原上的厚实的那层白雾现在变成一团团的水汽升到了空中，变成了一朵朵洁白的云悠闲地飘着。投射在草原上的白云的影子也随着白云慢慢移动。

女人家的羊在山坡上吃草。小男孩儿还是在忙乎着捡沙奶子，女人站在羊群旁，好像在缝着什么。

刻着金葫芦的洋钱
是要给心上人的，
她如果问起来
这是我挣来的。

刻着花朵的洋钱
是要给阿爸阿妈的，
他们如果问起来
这是我挣来的。

女人温柔的歌声随着草原上的风飘了过来。

草原狼一整天都没从山洞里出来，太阳眼看快要落山了。年轻的枪手没缘由地心里开始着急。在这山顶上就这样一直躺着，阿爸会怎么样？阿妈上次都哭晕了。

又到了夜晚。他心里特别想去女人的帐篷。那个帐篷能让他忘掉心里的一切烦恼。

自己都没怎么感觉他已经到了帐篷旁。月光下女人婀娜多姿的身材很迷人。女人头发梳得整整齐齐，脖子上还系着一条漂亮的头巾。

枪手看着女人，心里好像有块儿石头在不停地敲击，激动不已。

女人微微一笑，把系在脖子上的头巾摘下来，开始解胸前的扣子。

他呆呆地躺着，一动不敢动。

女人把自己脱得一丝不挂挤在他旁边躺下，在他耳边轻轻说："你哭的样子一整天都在我眼前出现，唉，可怜的人，你想做什么就做吧……"

## 五

第二天。

自打太阳升起来枪手就一直在仔细观察着，最后目光落到了对面山坡上的一大块儿滚圆的石头上。那块儿石头下面还冒出几丛柠条，长得还挺高。

他暗自高兴总算是想到办法了。那家伙儿偶尔会出洞撒尿。那个时候如果从石头后面开枪的话肯定就把他撂倒了。

有了这个想法就必须等待天黑了。可突然出现了点儿意外情况。

快到中午的时候枪手突然看到女人拿着一包东西朝山洞爬去，没多久就进了山洞。

过了好一会儿女人从山洞里出来了，然后直接走到了他这里。

"你是打算要那个可怜人的命才藏在这儿吗？"女人瞪大了眼睛问道。

他默不作声。

“这个人帮我收过羊，就是个逃跑的可怜人，还受了伤。刚才给他送点吃的，他说东面山顶上有个人想要他的命……”女人说着擦了擦汗，又有些责怪地问，“你为什么要干这个？”

“他是敌人。”

“人和人怎么就那么容易成了敌人呢？这个人受伤了，真可怜。”

“他就是草原狼。”

“就是编《希日塔拉草原》的那个人？那个歌一听就想哭……”

他没接话。你觉得他可怜？可是没人可怜我的阿爸阿妈，他心想跟这个女人说这些什么用都没有。她可能觉得这两座山顶上互相提防着的两个男人应该扔掉手里的枪，手牵手到帐篷里好好热闹热闹。可哪有那种事儿啊。

“你可别造孽。”女人说完朝山下自己家的羊群走去。他目送着女人离开。

那一天在他看来很长，等了好长时间总算是到了晚上。他悄悄下山绕了很大一圈爬到了对面的山上，藏到了白天看好的那个石头后面埋伏了下来。

## 六

一直快到第二天中午的时候草原狼都没有出来。这时候枪手才想起来头一天一整天都没有看到他。估计是伤势更严重了吧。

眼看中午到了。女人又拿了一包东西爬了上来。他赶忙藏在柠条丛的后面，从枝蔓的缝隙里看着女人进了山洞。

过了好长时间女人搀扶着那个大汉从山洞里出来了。草原狼的脸煞白，胡子好像更长了。因为阳光过于晃眼，他眯着眼睛，来来回回非常警惕地张望着，脚下步子很慢，左手还拿着一杆枪。

“别怕，那个小伙子听我的……”女人安慰着。

对方没说话。

“你的伤口发炎了，还在发烧。怎么能一直躺在山洞里呢？到我的帐篷去养伤吧。”

在这边的枪手心里面想着现在不赶紧动手的话以后就更麻烦了，可他却有些犹豫。女人扶着大汉越走越远了。

阿爸，阿妈，一想到自己的父母，枪手就有些犹豫。草原狼已经走向了敖包那边，时不时能看到他露出的头，五十步，一百步……

阿爸阿妈……

一百五十步，两百步……

一枪就行，打中是我的运气，打不中是你的运气，枪手心里想着手上开始瞄准。

两百五十步，三百步……

“砰”的一声，枪响了。

他扔下枪头也没回转身跑了。可刚才他好像看到了大汉身子晃了一下就倒了下去，又好像听到了女人的尖叫声。

看上去没有边际的希日塔拉草原静静地伸展着。

草原狼被杀的消息不胫而走。

也有人传跟那家伙相好的一个女人也被抓走了。

当一切归于平静的时候《希日塔拉草原》那首歌却慢慢传唱开了。

那个岩石呀，很硬
那个沙砾呀，很疼
人这一辈子呀
到了最后，慢慢就到了土里……

那日苏　艾日贡　译

# 狼　坝

日落时分，他终于走上了狼坝，身后牵着马。坝上已经很暗，无边的荒草在野风中缓慢地起伏着。他回头看了看，发现自己的家变得遥远而渺小：房子像火柴盒，羊群像小米粒，房子跟前有一个小黑点，那大概是生意人丹巴那个畜生的摩托车。他家西边是一道梁，日头刚才就是在那里落下去的，现在那里有点发红，好像有一堆火正在渐渐熄灭。他感到那里的一切都跟这里没有干系了。他这样想着，看了看，又向前走去。

他浑身被汗湿透，而且气喘吁吁。身后牵着的马拖着蹄子在慢慢地摇晃。他这匹马大概是这个世界上最为糟糕的牲口，懒得要命，别说用鞭子抽，就是用锥子扎都不会有反应。下午那个情景现在仍然断断续续地出现在他的脑海里：外面传来生意人丹巴的摩托车声，他老婆一听到摩托车响就跑出去迎接，接着他就听见他们在笑，在叫。“没良心的，怎么好多天不见人影了？我以为你死了呢。”“我做梦都想见你，但忙啊。”“就忙着去追你那些小情人吧！”“十来天没见面，你好像更漂亮了。看你那个小屁股，滚圆滚圆的。”“小点声，他在家……”接着两个人又笑。当时他怒火中烧，甚至杀人的心思都有了，但实际上他连说一句硬话的勇气都没有。老婆做姑娘的时候就跟生意人丹巴有一腿，是生意人丹巴说合着让他这个穷小子娶了现在这个老婆的，房子是丹巴帮着盖的，羊群是老婆嫁给他时带来的，他根本就没有硬起来的资本。因此，当生意人丹巴进来的时候他不仅站了起来，而且还强挤出了笑容，但心里却骂自己不是人。丹巴来他家，好像是回到了自己的家一样，大摇大摆地迈上炕，还说“这房子应该翻修了”。他老婆早已咋呼开了，“快去做饭。听见没有，你，快去呀。”……

他现在望着自己的家，回想着这些事，而且猜想着自己那座土房子里现在大概在发生着的事情。你们折腾去吧，你们知道吗？爷爷已经上了狼坝了，哼！……

是的，他终于爬上了狼坝，心里已经好受了许多。狼坝是这一带有名的高寒草原，而且没有人烟。他家离这里只有十来华里，但他从来没有来过这里。

是因为地势太高？或者是因为荒无人烟？他感觉这里确实与其他地方不一样。这里静极了，荒草连天，野性十足的凉风在不慌不忙地吹荡着，铁青色的雾开始蔓延。要是在其他地方，落日将余晖和余热反射到草滩上，草滩会被一种淡淡的红色所笼罩，同时也会变得闷热。但这里没有，落日呀、晚霞呀跟这里毫不相干，也根本到不了这里。什么生意人丹巴，什么老婆的卖弄风骚，什么别人的嘲讽和讥笑，还有自己的憋闷和失望，现在突然变得不在话下了似的。凉风一吹，他还打了个寒噤，也许这里的气温要比其他地方低。

嗬，这就是狼坝！他的心开始欢快地跳动，他的马也开始剪动着耳朵，似乎已经意识到了什么。这样走着，他想起了爷爷。

爷爷年轻时好像常上这个狼坝。但上这里究竟干什么？他却没有弄明白。爷爷的年轻时代似乎跟眼前的狼坝一样神秘。他听到家乡人们的一些只言片语，好像爷爷上狼坝是为了“赶马”，所谓的“赶马”其实就是盗马。据说在过去的草原有那么一伙人，他们身无分文而又花钱如流水，他们无家可归却处处是家，被称作“高原好汉”，因为他们一旦得手就立刻遁入人迹罕至的高寒草原。其实按现在的说法他们类似盗马贼。王爷和富人的马群是他们的目标。月黑风高时他们向马群发起突然袭击。他们个个骑术高超，胆大包天，当守护马群的牧人发现他们的时候，他们早已赶着马群中最为出色的一些马匹——少则三五十匹，多则百十来匹——消失得无影无踪。得手以后他们便日夜不离马背，吃喝都在奔跑的马背上，甚至换乘坐骑都在快速奔跑中完成，用很短的时间跨过几个旗甚至几个盟，把马群赶到很远的地方卖掉。再回来时他们的褡裢里塞满了银圆和钞票。他们毫不心疼那些钱，见了敖包就祭，见了穷人就给，大碗喝酒大块吃肉，过起虽说短暂但却是神仙都没法比的日子。他们盗赶马群的目的并不在于换钱自己花，因为他们卖马的钱很快就被散尽，他们仍然身无分文。他们似乎更注重于一种精神的体验。他们将盗赶马群当作表现自己胆量、智慧以及骑术的过程，从中获得别人无法体验的欢乐与满足。正因为如此，草原上的蒙古人不会蔑视和仇恨他们，官府也不会费事去追捕他们，只是提醒夜晚守护马群的牧人们加强提防这些“高原好汉”。其实他们不乏崇拜和爱慕。草原上那些半大小子总是梦想着跟他们去干那个勾当，而年轻的姑娘媳妇中就有不少是他们的情人。据说爷爷曾是那些“高原好汉”里边很出色的一个。

还有人说，爷爷上狼坝是为了跟一个女人相会。据说那个女人比爷爷小二十多岁，有一次爷爷去“赶马”上了狼坝，夜里睡在一顶小小的三角帐篷里，打鼾声传到几里以外。一个年轻女人就是顺着鼾声找到他的。她骑马从好几十里以外来找爷爷。女人在帐篷外边下了马，脱光了衣服，就那么一丝不挂地钻进了帐篷，钻进了爷爷的怀里。本来爷爷有若干个情人，但从那以后爷爷就再也不找别的女人，而是常常上狼坝与这个女人相会。

这些说法简直像个年代久远的传说，但他猜想是真的。因为在他印象里爷爷绝不是一般的人。爷爷的身材出奇地高大，都八十岁了一顿仍然能喝掉三瓶烈性白酒。喝了酒就给他没完没了地讲狼坝。

爷爷说狼坝一般在晚上，而且在喝掉第二瓶酒开始。

“……天狗坝上的天狗那才叫多呢，那才叫凶呢。那些天狗成群结队地出没，脖颈上长着马一样的鬃毛，个头跟三岁马差不多。那年我夜闯天狗坝……”爷爷说的“天狗”就是狼，蒙古人管狼叫天狗。他说的“那年”，大概是指“赶马”时候的事。

“……一些天狗就跟上了我。说来也奇怪，天虽然黑了，但我却能够看到天狗的眼睛。小子，你知道天狗的眼睛是什么样的吗？不知道吧？你肯定不知道。你到现在连天狗都没有见过，怎么能知道呢？……天狗的眼睛跟老鹰的眼睛是不一样的。老鹰的眼睛是凶，而天狗的眼睛却是冷。就那么冷冷地盯着你，还有点懒洋洋的样子。但你会感到这种眼光比老鹰的更可怕，因为在这种眼光后面是钢铁般的意志，无可比拟的信心、决心和对一切的蔑视。”

“你看看现在的人，现在的牲畜。”爷爷边说边开始寻找第三瓶酒，而且很容易就找到了，因为爷爷睡觉的地方总是放着一些酒。爷爷大大地灌了一口酒又说，“那些天狗在的时候，情况可不像现在这个样子。那时候连牲畜都很有灵性，不像现在这些牛马羊，吃饱了打瞌睡，饿着照样打瞌睡。那时候的人就更不用说了，男人们一个个都是男人，女人们一个个美丽又多情……”

他就那么着听下去，看着爷爷的脸。爷爷的脸是一张古铜色的粗糙的脸，一看到这张脸，谁都会想起久远年代的风雪严寒。再往后，爷爷就会睡去，鼾声像打雷一样，三个空酒瓶子在他身旁东倒西歪。他却睡不着，心里久久地想着天狗坝，就想去那里看看。

爷爷在睡梦中开始唱，断断续续。

“苍天上下来呀……三十三只天狗呀……啊哈哈咿哈咿……”

他是无意中看到那匹狼的。

当时，草滩上已经黑了，但天空仍然是灰白色，离星星们出现还早得很，只有一钩弯月挂在很远的天边。他已经骑上了马，慢腾腾地毫无目的地走着。他的马突然剪动起双耳，还低低地嘶鸣了一声。它显然看到了什么。他也觉得有点奇怪，他这匹牲口可从来没有这样过，是属于爷爷说的“吃饱了也打瞌睡，饿了照样打瞌睡”的那种。于是他向前看去，草滩上黑蒙蒙的好像什么也没有，但再仔细一看，便看到了它。

他看到的是一条狗，但他马上又意识到那不是狗，那是狼！狗在野外总是急匆匆地小跑，而他现在所看到的“狗”却不跑，是在那儿不慌不忙地走。而且体格健壮，身上透着一股说不清楚的威风。

狼！……

他在心里喊叫着，好像听见自己的血液在血管里呼呼地流动。

人们说狼坝上已经没有狼了，但这里仍然没人来居住，据说是因为打井打不出水来，但有些人在暗地里说这里仍然有狼。

爷爷是相信有狼的。“天狗能消失吗？这个世界能没有天狗吗？要知道天狗是从天上下来的呀……”爷爷总是这样说，说完总是哈哈大笑。笑声里透着对无知的人们的嘲笑。

“……成吉思汗有一次到了天上，跟玉皇大帝坐在蒙古包里喝茶。蒙古包门开着，成吉思汗往外一看，看见牛圈那边的草滩上有一些狗，有的立着有的蹲着，很威风。成吉思汗说，那些狗多威风呀，下面的世界正缺这种动物呢。玉皇大帝笑呵呵地说，它们不是狗，是狼，你要是喜欢，送给你一些也可以。”从爷爷讲的故事里他好像看到了天上的情景：原来玉皇大帝住的地方也有蒙古包，有牛圈和拴马桩，跟草原上的普通牧户没有什么两样。而成吉思汗跟玉皇大帝两个人就像两个牧马人一样坐在蒙古包里喝茶。

“……成吉思汗回到草原上，有一天傍晚，他发现蒙古草原的天空变得通红，再仔细一看，天的西北角上出现了一个缺口，于是他知道天狗要下来了。那天夜里成吉思汗没有睡觉，一直站在蒙古包外边等，到了后半夜，从西北角那个缺口跑下来一群天狗，成吉思汗数了数，总共是三十三匹。三十三匹天狗就那么跑下来，在草原上朝正方向转了九圈，朝反方向又转了九圈，接着又朝天长嚎起来。

“……天狗在嚎，大地在嚎声中轻轻地震颤，月亮从云团中挣脱出来，世界变成了银白色，马群嘶鸣着用蹄子刨地，卧在浩特里的羊群忽地惊起。人们也听到了狼的嚎声，男人们佩带战刀和弓箭，小伙子们到蒙古包外摔起跤来，姑娘和媳妇们纷纷走向野外与情人相会。从那天夜里开始，蒙古草原变得更加生机勃勃……”

每当爷爷讲起这个故事，他总是盼望有一天自己也能够看到那些“天狗”，盼望走上狼坝。但实际上他是今天才第一次见到狼，在这以前他从没有上过这个狼坝。

开展打狼运动那会儿他还没有出生。据说打狼运动总共进行过两次，第一次是刚解放那会儿。男人们都发给了枪，女人、孩子和老人拿着奶桶、脸盆和木棍敲打着呐喊助威，对狼进行围剿。包围圈有意留几处口子，一些神枪手就埋伏在那里。当狼们从那些口子突围的时候，枪声便响起，那些狼丢下中弹的伙伴，放开四蹄奔跑着消失在远处。这样过了两年，宣布狼已经打完，表彰了一些打狼英雄，又给若干人扣上了包庇狼的罪名，事情便告结束。爷爷便是那些戴罪人中的一个。第二次打狼运动据说是“大跃进”初发生的。那年春天准备开垦草原，夜里突然从草原上传来了狼的嚎声，狼好像还很多，此起彼伏，彻夜不断。这件事引起了人们的议论，有的说狼不是早就打光了吗？怎么又出现了？有的说这是天狗不愿意开荒。接着便是追查“谣言”，一些人被打成了“破坏大跃进”，爷爷也在其中。接着又是第二次对狼进行围剿。

据说从那以后狼真的不见了。

那匹狼缓缓地转过身来，开始盯着他。

这时候他就看到了狼的眼睛。跟爷爷说的完全一样，它的眼睛是冰冷的，就那么漫不经心地望着你，似乎在说：哦，哪儿来的这么一个可怜的家伙……

“他们竟欺负我……”他开始在心里对狼诉说。

“被欺负又能怎么样？”他感觉到狼在问他。

他不知道说什么好。是啊，被欺负又能怎么样？在狼面前值得一提吗？他感到了羞愧。

“你不知道，我老婆当着我的面，跟生意人丹巴调情……”他有点委屈地说。

“当着你的面和背着你有区别吗？”他觉得狼在反问。

他叹了一口气，下了马蹲在地上。狼坝上空，星星在闪烁。他好像又听到了老婆的数落。

“不服气，你跟别人一样有权呀，没有权有钱也可以呀，没有钱有点心计也可以呀。至少有揍老婆的勇气也算个男子汉呀。可你什么都没有，除了填不饱的肚子以外，你什么都没有。你去死吧你……”

老婆的每一句话都像匕首一样一刀一刀地剜着他的自尊心，开始他还觉得疼，但后来就麻木了，他的自尊心也就不复存在。

那匹狼蹲在那里，一直盯着他。

“我爷爷过去来过这里，他常来……”他在心里说。

“你原来是那个大汉的孙子呀，他的孙子怎么会是这样一个弱东西？”狼好像在这样问他。

是呀，我怎么就变成了这个样子？他也曾经问过自己这样的问题，而且还问过无数次，但一直没有弄清楚。

已经记不清是哪一年了，他想去告生意人丹巴，但到了嘎查支书那里，却看见生意人丹巴正在收购嘎查支书家的羊毛，嘎查支书满脸堆笑地给丹巴递烟，他马上就泄了气。过了两天他又跑到苏木党委，想找苏木书记诉苦，结果又看见生意人丹巴正与苏木书记喝酒，而且丹巴正在揪着苏木书记的耳朵灌酒，苏木书记在苦着脸告饶。他只好回家。

坝下面开始有了闪电，看上去好像有人在那里打火镰子一样。他知道雷雨要来了，这时候狼坝上已经漆黑。

狼仍然蹲在那里。奇怪的是天那么黑，那匹狼却看得清清楚楚。

更为奇怪的是，随着闪电在狼坝下面一闪一闪，他记忆深处也有某一种东西在闪动着。他有可能要想到某一件事情。

但那是一件什么事情呢？不管怎么样，肯定与这个狼坝有关，而且肯定是爷爷给他讲过的事情。

当那匹狼低下头，嗅了嗅自己的肩胛骨的时候，他的记忆突然被闪电照亮了，他终于想起了爷爷讲过的故事。

那是关于一匹公狼的故事。

……那匹公狼是在最困难的时候遇到危险的。几个小崽刚刚会睁开眼睛，而母狼又被猎人的夹子夹住了前腿的时刻突然响起了枪声。在人类看来那是一个万分危急的时刻。母狼开始啃咬自己的前腿，咬得腿骨发出咔嚓咔嚓的断裂声。它终于把自己的前腿咬断，血液喷溅到旁边公狼的头上身上。公狼缓缓地舔着那些血。它们必须把那些幼小的狼崽一个一个地搬运到安全的地方。但这几乎又是一件不可能的事情。因为枪声越来越密而且越来越近。终于，在很近的距离响了一枪，母狼滚倒了。它看了一眼公狼，又看了一眼那些小崽，就闭上了眼睛。公狼从小崽中挑选了最为健壮的一个，咬住了脖颈开始奔跑。

当时，有两个人在很近的距离看着它。这两个人一个是爷爷，另一个是枪手。爷爷拿着破脸盆和小棍子，枪手端着枪。刚才那一枪就是他打的。

刚才母狼咬断自己前腿的时候，枪手已经不敢看了，爷爷却一直看着，用一种柔和的目光看着。那是一种理解和赞赏的目光。当母狼的血喷了出来，公狼开始舔那血的时候，枪手像个傻子似的喃喃道：“我的天哪！……”但他还是开了枪，把母狼打倒。

接着枪手看到了公狼的眼睛。他从公狼眼睛里看到的不是仇恨，也不是疯狂，而是蔑视，是一种冷冰冰的蔑视。看着公狼的目光，枪手再也抬不起枪了。公狼咬着小崽的脖颈，从他们前面很近的地方跑了过去。

公狼早已消失，枪手仍在那里发呆。爷爷对枪手耳语道："狼，是没法消灭的……"

他突然产生了一个想寻根究底的欲望。他望着狼，又一次心灵的对话开始了。

"好久以前……也许是你的爷爷奶奶。"他说。

"哦，你是想说那件事。"他觉得狼在说。

"你真的是那匹公狼的后代吗?"

"对狼，这样问毫无意义。"

"人们为什么总想消灭你们?"

狼沉思良久，说："没有想过，不过依我看，大概是因为害怕吧?"

"你感到悲哀吗?"

"什么是悲哀？我不懂。"

雷雨终于来到狼坝上空。震耳欲聋的雷声和刺眼的闪电迅速地交替着，狂风夹裹着暴雨无情地冲刷着大地。

他突然产生了一种快感，从来没有体验过的快感。当白晃晃的闪电再一次照亮的时候，他看到了大雨中的狼坝以及仍然蹲在那里的狼。无边的荒草像海浪一样涌动着，当狂风袭来的时候它们几乎贴着地皮倒伏了下去，但狂风还没有完全过去，它们又迅疾地弹起，而且强劲地欢快地舞蹈起来。而狼却伸长脖子，朝天长嚎起来。

"呜！……"

他的马也似乎在瞬间完成了一次脱胎换骨，完全变成了另外一种样子，突然开始奔跑起来，鬃毛在野风中像一面巨大的旗帜飘荡着，四只蹄子雄壮有力地敲击着地面，快速奔跑所带起来的风在他耳边呼呼地响。

马的变化也迅速感染着他，他自己的精神也开始振奋起来。

狼仍在嚎。

他想起了老婆，想起了生意人丹巴，也想起了自己的种种不如意。他从牙缝里挤出一句话：

“可怜……”

大雨仍在下，沉闷的雨声中夹裹着狼的嚎叫。他骑着马在狼坝上疯狂地奔跑着。他突然听到从狼坝深处传来的爷爷的歌声：

苍天上下来呀……三十三只天狗呀……啊哈哈咿哈咿

爷爷已经去世好多年了，但他现在一点都不怀疑自己的耳朵，而且还坚信爷爷肯定在这个大雨滂沱的狼坝上的某一个地方走着，赶着马群，边走边大口地灌酒，唱着。后来他自己竟也跟着唱起来。

# 秋雨凉

## 一

淅淅沥沥。

这整齐的沙沙声，旺丹就算是梦中亦能闻见，并明白了是在下雨……蒙眬之际身旁的温都尔玛用手臂推醒了他。

“快起床，天亮了。”

旺丹睁眼看见屋里漆黑一片。外面雨声潺潺，房间充斥着一股子土腥味。心想这场雨该是从半夜开始下的，又感到一阵寒意，继续睡了过去。

“都叫你起来了。你这个人，就是想从寡妇被窝里被人揪出来是吧？”

旺丹无奈起身穿着衣服，坐在炕上打着哈欠。看见旧报纸糊上的窗户里透出白光，才明白天是真的亮了。温都尔玛见他起床后才放下了心，肥硕的白肩搭在被子外面，呼吸逐渐平缓。厚厚的黑发堆在枕头上，散发出一阵阵的酸臭。旺丹看了一会儿温都尔玛，用脚摸索着鞋子套上走了出去。

外面已是水的世界。淡薄的羊毛般灰蒙蒙的云雾一直绵延到了地面，散发着凉意。天色开始拂晓，远近的地貌，灌木丛清晰地印出了黑色的轮廓，敖特尔钦[1]暂住的破旧土房随处错落，屋旁羊圈中的羊群安静地躺着。温都尔玛用来拉水的毛驴耷着耳朵站在灰堆边一动不动。

据说十几年前这里还是一个国营的牧场，但现在只剩下了些许破烂的围墙。划分草场的时候，嘎查没把这块地分给个人，而是划成了集体草场。然而今年春天搬来了几个敖特尔钦在这儿住了下来。嘎查的人先是恐吓他们后来好言相劝，却都无济于事。无奈之下嘎查就把旺丹派到这边来管理。旺丹原先是在城里当过干部，前些年提前办好了退休下来的。妻子十几年前就过世了，是个把牛羊家产都分给了两个儿子的闲人，在这儿跟这些人耗着也是再合适不过了。搬来的五户都住在这里，他们在原先的遗址上修修补补，把屋顶修好了就住在里面。温都尔玛也是搬来的五户之一，是个近五十岁的寡妇。吃苦耐劳，并且性格直率深得旺丹的喜爱。这个夏天，有一晚旺丹跟苏木来的兽医一起喝酒。半夜时，醉意醺醺的他偷偷溜进了温都尔玛的小土房。温都尔玛生气地说："你说你一个干部，五十多奔六十岁的人了，怎么这么不知廉耻?"但也没有拒绝他。自那以后，旺丹常常来温都尔玛家里过夜。温都尔玛除了偶尔会抱怨"别人都累够呛了也不让人睡个好觉"以外也不会再多说什么。旺丹有时候会想"以后要不就跟她一起过日子算了"。可是他两个儿子都不同意。"阿爸，你找老伴找一个有草场的人家也行啊，她连个巴掌大的地都没有。一个带着几只羊流浪的人，何必呢?"两个儿子好像商量好的一般一齐拒绝。两个小畜生，哪里为我着想了？就为他们自己想着呢，旺丹想想就气不打一处来，但也不会多说什么。虽然两个儿子都成家了，但是他们的草场都太小了。就想着父亲找一个有大一点草场的女人结婚了，以后兄弟俩又可以分到些草场。

---

① 敖特尔钦：因每季相对固定的时间内搬迁，或因自然灾害而游牧的人。

雨渐渐地小了，草丛中避雨的几只麻雀跑出来叽叽喳喳地叫着。但是乌云却变得更黑了，偶尔滴下几滴冰冷的雨点。旺丹心想这场雨怕是还要接着下，就连忙离开走去。

旺丹正解手时，拖拉机上啁啾的一只喜鹊看见他就飞走不见了。据说喜鹊的叫声是预示喜事临门，他心想着我是不是把喜事赶走了？就自责地望着拖拉机站了一会儿。堆积尘土、锈迹斑斑的拖拉机铁上布满了冰冷水珠。当年这儿还是国营牧场的时候，一台拖拉机坏掉了，就被丢在这里无人问津。如今十几年过去，只剩下现在这堆锈迹斑斑的废铁了。公家的东西就是这样，多么可惜啊！他想着想着就离开了。

路上碰见一个七十多岁的黑瘦老头，骂骂咧咧地走到他跟前。老人叫海儒布，曾经也有个富足的家庭。但自儿子酒驾撞人入狱后，海儒布就变卖了全部家产，赔了对方医疗费。自己又带着几只羊搬到了这里。老人的精神出了些问题，大家心疼的同时又有些嫌弃他。

“我的一只羊不见了，是不是你们宰了吃了啊？现在到底有没有人给我们这些穷人做主啊？”海儒布翘着胡子怒骂。

“不会的，”旺丹安慰着他，“您再找找看，应该能找到。”他也知道搬来的这几户牛羊不见了就是不见了，是找不回来的。但是敖特尔钦也说不了什么。在别人的草场上他们又能怎么样呢。旺丹也管不了这事，管了也找不回来。还容易跟人起冲突，这是他从好几次事件中吸取的教训。

“要是我儿子还在的话，我才不会受这种委屈。”海儒布声音颤抖着。“这老头不会是犯病了吧？”旺丹吓了一跳。海儒布只要想起儿子就容易发病。但是这次还好没有，只是骂骂咧咧地走开了。

旺丹走着，看见东南角的萨仁其其格屋里走出来一个人。他也没太在意，据说萨仁其其格跟她丈夫闹了矛盾，就赶着羊搬到了这里。她是个还不到三十岁的少妇，会唱歌，能喝酒。搬到这儿没过多久，苏木干部、旗里来的商贩、从此路过的司机都往她家走着走着走出了小道。唱歌喝酒的声音，半夜出来呕吐的声音，偶尔还有打架斗殴的声音，都是出自她家那边。萨仁其其格经常求着温都尔玛替她照料羊群后就会跟着路过的汽车消失好几天。几天之后，面色煞白、眼睑浮肿、一身酒味的她就又回来了。萨仁其其格就是个这样的人，所以一大早她家外面站着一个男人一点也不稀奇。

又是哪个酒鬼在她家过夜了？旺丹不屑地看了一眼朝别处走去。突然看见嘎查书记萨楚日勒骑着摩托车向他驶来。

旺丹知道萨楚日勒来了准没好事。

眼看着萨楚日勒停到了旺丹跟前。狞笑着说“这边的草长得挺好啊”，他雨衣的帽子边缘往下滴着水。

旺丹心想：“还不因为是敖特尔钦住的地方，你才觉得长势好？”萨楚日勒为了赶走这几个人真的可以说是绞尽了脑汁。正因为萨楚日勒书记，搬来的敖特尔钦吃尽了苦头。嘎查一群年轻人会骑着摩托驱赶他们的羊群，兽医也来吓唬他们，说他们的牛羊携带病菌，要宰光了再埋起来。他们的羊有时也会像化在了地里一样消失得无影无踪。所有人都知道这些事情的幕后黑手就是这个面目狰狞的萨楚日勒书记。同情敖特尔钦的旺丹也常常跟萨楚日勒争吵，最后他也厌倦了这些，看见萨楚日勒就厌恶起来。

“嘿，旺丹。这片草场已经被旗里一家公司租下来了，转告那几个流浪汉赶紧搬走。”萨楚日勒说道。

“又是你出的坏主意吧。”

“政府就鼓励从外面招商引资，我这是响应号召。”

“那他们几户怎么办？”

“我可没权利管他们，他们爱干嘛干嘛。”

“现在已经入秋了，现在赶走他们，让他们怎么过冬？”

“他们自己没有家乡吗？回他们自己的家里好好修建一下，搭好棚圈，享福不好吗？不比赖在别人草场上强多了？”

能那样生活的话谁会愿意来我们这边？这家伙明知道别人的难处还故意这样刁难人，旺丹想着就来气。

“我们已经定好合同签完字了。过几天公司就该来人了。到时候他们还没搬走的话，让他们自己掏违约金，你得给他们说清楚了。”说完萨楚日勒扬长而去。

旺丹狠狠地盯着他的背影。回头看到敖特尔钦家里烟囱冒着烟，羊群在棚圈边安静地躺着，一幅安宁的景象。他们是流浪了多久，才找到了这么一个落脚点啊！现在又要接着去流浪吗？萨楚日勒说的，这该怎么转达给这些可怜的人呢？旺丹思绪万千，不知所措地杵在那儿。

回来时那只喜鹊又在拖拉机废墟上叫着。如今世道都变了，喜鹊叫声没有了喜事，反而成了坏事，旺丹想着就捡起石头生气地掷了出去。

惊得喜鹊飞走不见了，雨又开始下了起来。

## 二

温都尔玛来到羊圈挤了几只海德格羊[①]。原先在家的时候夏天每天都会挤上几桶牛奶，满缸的酸奶香气弥漫，但来到这边后却再不能那样了。敖特尔钦家连发酵酸奶的奶缸都没有。每天早上也只能挤着这几只海德格羊，将就着熬奶茶。

温都尔玛是个没有文化、有些愚钝的女人。丈夫去世之后，女儿和儿子留下她一个人进城去了，过年的时候也都不回来。从自家草场越来越干旱后，她就一个人赶着牛羊流浪到了这里，之后更是不知道儿女的下落。听说儿子在盟里工地上搬砖，也曾听说女儿在南方

---

① 海德格羊：羊羔死后仍产奶的母羊。

唱歌……就这样她与儿女断了联系。还好她是个性格坚韧的女人，什么样的苦难都挺了过来。

挤完羊奶回去的时候，萨仁其其格笑盈盈地迎了过来。看着她手里的空桶温都尔玛知道她是来要奶子的，心里顿时有点反感。

“姐，又来分你的奶子了，苏优勒巴特尔喝酒了难受，想喝奶茶。”萨仁其其格就当啥事儿没有一样笑着说。

“那个人就是苏优勒巴特尔啊?”温都尔玛朝萨仁其其格住处扫了一眼，她之前看到过那里站着一个高个子。苏优勒巴特尔是这里的单身汉，温都尔玛也认识他。看起来是个挺老实的小伙子。但萨仁其其格还没有离婚啊，温都尔玛想。

“妹妹啊，女人的难处姐姐也不是不知道，但不管怎么说还是要慎重一点才对啊。”温都尔玛语重心长道。

“我决定离婚了，苏优勒巴特尔说要娶我。”萨仁其其格笑着。

“苏优勒巴特尔看起来是个老实人，但人品还是得多了解了解。”

“大不了再离婚呗。”

温都尔玛默默地给她倒了一点奶子。

“姐姐您听说了吗，估计我们几个又得搬家了。”

“不会吧，这眼看就要入秋了，我们能往哪儿搬啊?”温都尔玛连忙问道，这两年搬来搬去她已经怕了。

“是苏优勒巴特尔说的，嘎查的人把我们住的这片地用几万块租出去了。”

“真的吗?那这样，旺丹应该会跟我说的呀。”

“我说姐姐，我们得各自去找出路啊，我看旺丹待你也不错，早点跟他成家吧。这样才能脱离这居无定所的痛苦呀!”

听到关于搬家的消息，温都尔玛顿时觉得浑身发软，紧张地环顾四周，刚好看到旺丹朝这边走过来，才感觉到了一丝丝的欣慰。

她想起醉醺醺的旺丹钻进她被窝的那个夏天。冰冷的雨一直在下，湿气弥漫的那个夜晚，满身酒气的旺丹摸黑来到她家时，温都尔玛简直恨透了他。平时无人关心的寡妇也只会被酒鬼或者无聊寂寞的男人想起来，温都尔玛心里充满了愤怒与失望。但是从那以后旺丹平时也会经常过来，她也就慢慢习惯了。后来见不到旺丹的时候还会觉得寂寞。她偶尔会想：每个月有几百块的工资，还没有孩子的累赘，跟这样的人成家了也挺好的。旺丹好像也有这个意思，但也没挑明过，温都尔玛更没胆量跟他提这个。想起背井离乡到处流浪的自己，她觉得自己更没有资格跟他提起这些，但是旺丹确实已经是她精神的支柱。

旺丹会不会来？如果萨仁其其格说的是真的，他怎么也会跟我说一声的呀，她想着便朝旺丹看了一眼，看见他像是有心事儿一样埋着头走了过去。

“姐，发什么呆呢？”萨仁其其格的声音吓了她一跳。

“哦！我只是……”

“姐，现在不是犹豫的时候。就去跟旺丹说，我不走了，要跟你一起过日子，都听你安排。”萨仁其其格说道。

“那也太……”

“哎，这个老头儿不是喜欢和你一起睡？现在你跟他说一句话又怎么了？”温都尔玛面红耳赤，萨仁其其格的话真的羞死她了。

“去吧，别犹豫。”

“那……那也行。”温都尔玛说道。

## 三

旺丹进屋就开始发呆。望向窗外，云雾迷蒙，雨声淅沥。这雨是越下越大了。

他心想着这几户现在该怎么办，说实话，除了搬走也真是别无选择。萨楚日勒说已经在出租草场的合同上签了字。但说在这秋雨中驱赶这些人，他也是真的做不到啊。

哪里能给他们几个一个说法？他们也是人啊！他想着要不给旗县盟市写信反映反映。想着就开始翻箱倒柜找出了一支笔和几张纸，但又不知道该怎么写。旺丹虽然当了好些年的干部，但他只是管理单位的食堂，要么就是在管理仓库。所以他这一辈子也没写过多少字。

开始他写了几行字，想到旗里应该没人能管这件事。这五户里三个都是外来户，外旗来的。现在自己旗里的都管不过来呢，哪里顾得上别的旗县的人啊？要么给自治区或中央写信？旺丹想着想着就自嘲地笑了笑。等我写的东西走到那儿，被解决那都是猴年马月的事儿了啊！

最后想到管理他们的应该是他们自己旗里的领导，但是家乡的领导要是能帮他们，他们也不至于现在这样到处流浪啊？

旺丹顿时没了兴趣，开始发呆。环顾这泛着湿气的冷清房间，角落里的酒瓶，没洗的碗筷，乱糟糟的床铺全都映入他的眼帘，使他倍感厌恶。

温都尔玛在他脑海中萦绕。这冰冷的秋天又赶着羊该往哪里去流浪？又觉着命运对她实在是太不公平了。但是……但是假如我跟她在一起，她或许就可以逃过这样到处流浪的命运呢？

这时一个披着雨衣的人走了进来。是他大儿媳妇，是一个会过日子的人，智谋过人，每隔一段时间就提着吃的用的来看望公公。

“阿爸，身体还好吧？”儿媳妇把拿来的东西放到炉子边儿上，笑着问道。

“挺好挺好。”

“我路上碰见苏优勒巴特尔了，他说要跟萨仁其其格结婚。”

“是吗？”旺丹问完心想那萨仁其其格岂不是不用再搬了。

“结婚要盖房子修棚圈，分到一块地得用铁丝网圈起来，又需要打井。萨楚日勒肯定不会给他分什么好草场，实际上嘎查里没有像样的草场了。即使分到了肯定也是一块荒地，还得受罪。”

这些话表面上是在说苏优勒巴特尔，实际上都是说给他听的，旺丹心里明白。他看着儿媳妇发着呆，儿媳妇是精明强干的人，穿着打扮看着也很得体。但是他在想着人不应该只为自己而活，也该为别人着想才对吧……

“阿爸您其实应该到我们家里住，一个人住在这里，突然生病啥的也没个照应。”儿媳妇说道。

“嗯，以后再说。”

儿媳妇走了以后，旺丹发呆了很久。儿媳妇的话在他脑海中回旋：“要盖房子棚圈，分到一块地得用铁丝网圈起来，又需要打井……”想一想也确实有道理。是啊，跟温都尔玛结婚也不是件轻松的事情。难道自己现在老了又要开始为着牲畜草场而奔波？温都尔玛的两个孩子也需要成家，一个娶媳妇，一个要出嫁……

但是难道我就要眼看着她而不管不顾吗？想起来就于心不忍。跟萨楚日勒好好商量一下，怎么也得让他们几个在这边过冬啊！死缠烂打的话说不定就能有用。想着想着旺丹不由得就放下心来。

午间时候雨下得更大了。旺丹一直待在屋里。要不要去他们那里转转？他们房子会不会漏雨？但想到最后他还是犹豫了。他想着：他们可能听到了要搬走的消息，那他们提出这样那样的条件我又该说些什么好呢？

他们应该是听到消息了。因为早上解完手回去的时候看到温都尔玛和萨仁其其格在聊些什么，之后温都尔玛朝这边看了一眼。她那眼神充满了焦虑、悲伤、期待。温都尔玛是第一次用这样的眼神看他……

傍晚，温都尔玛突然来了，脸蛋像新娘一样羞涩。

旺丹惊讶地看着她，这女人经常来他这里。以前她来了就唠叨他怎么这么乱，不像个人住的样子，然后就开始收拾起来。但是今天的温都尔玛不像往常，只是直勾勾地看着他，欲说还休。

“坐啊。”旺丹说。

“今天挺冷的。”温都尔玛低声说道。

“是啊，可真冷……”

“我晚上煮风干肉，去我家喝两杯。”

“还是不去了，头疼。”旺丹说道。他突然有点怕去温都尔玛那里。

“那早点休息吧……”

温都尔玛说完笑了一下，那笑里藏着失望与失落。旺丹心里大骂自己不是个人，但也没有表现出来。

温都尔玛站在那里犹豫着，想说些什么，过了一会儿，问道：“是不是……不让我们住在这里了？”说完叹了一口气。

旺丹心想他们还是知道了这个消息，有些不知所措。

“萨楚日勒那个家伙，都说了一个夏天了。”他试着表现出淡定。

“不，听说他们把这块地租出去了。”

“说是那样。”

“那我们除了搬走外也别无选择了。”温都尔玛笑着说道，那笑容充满了悲伤与疲惫。

“但是……”

“但是怎么样？”温都尔玛直直地盯着他。

她那眼神充满渴望与奢求。旺丹看在眼里，这可怜的女人是走投无路才来到了我的身边，想听到她最渴望听到的话。但是温都尔玛渴望的那句，旺丹却是始终没勇气说出来。

“但是，跟萨楚日勒好好说的话，应该可以吧……”他闪躲着温都尔玛的眼神说道。

温都尔玛的眼神中的光感觉已经快要灭掉了。她用力咬着嘴唇，站了一会儿，脸色微红地问：“睡吗？”

“现在挺早的，我……有点头疼……”

“那……我走了。”温都尔玛走了出去。

## 四

漆黑的夜，萨仁其其格在雨中奔跑。雨越下越大，傍晚的时候变成了瓢泼大雨。但是热恋中的她却顾不得这些。这是要去见苏优勒巴特尔。

萨仁其其格想起几年前也是一个这样的夜晚。有一个年轻小伙子跟她约定见面，晚上也是一样下起了大雨。但是为了不让他失望，她也是这样不管不顾地奔跑着前去赴约。后来也正是这个男人成了她的丈夫。再后来两人因感情不和，萨仁其其格就赶着羊来到了这边。想起两人不和的原因，萨仁其其格常常感到自责，她是喜欢热闹的人。说白了就是一个随便的女孩。隔几天就跟着酒鬼出去混几天，她丈夫一个人在家打理里里外外。之后便由吵架升级到打架，最后她丈夫决定再不踏进这个家门，就离家出走了。萨仁其其格虽然很后悔，但她的丈夫却再不会回来了。

好在命运还是眷顾了她，刚来这边就认识了这个叫苏优勒巴特尔的小伙子。现在的她一天见不到苏优勒巴特尔就会魂不守舍。早上苏优勒巴特尔离开时说好的明天见，到晚上萨仁其其格就忍不住想去见他。刚把羊群圈起来就跑向他家，苏优勒巴特尔的家离这里有十几里地远，但她丝毫不觉在这秋雨中这样奔跑能有多么辛苦。

顶着风雨跑到苏优勒巴特尔家的时候，他没有睡觉而是坐着发呆。他吃惊地看了萨仁其其格一眼，从炕上跳起来给她解开雨衣。

“怎么还没睡？”萨仁其其格笑着问。

“正想着到你那儿。”

“这大雨中何必跑那么远呢？那首歌中怎么唱来着，只要哥哥我耐心地等待哟，你心上的人儿就会跑过来哟嗬……”

但是苏优勒巴特尔却叹气：“不是，我是想跟你商量一件事……”

“什么事儿啊？”

“嘎查开会说，新来的牧户不给划分草场了。”

“是……吗？”她听懂了苏优勒巴特尔的话，即使她跟苏优勒巴特尔结婚了，也分不到草场。

“实际上也没什么能划分的草场了。”苏优勒巴特尔闷闷不乐地说完低头叹息。

“但是……你不是有一个草场吗？”

“那是我和弟弟两个人名下的草场，弟弟现在准备结婚，我跟他说好把草场给他了。”

“那……”

“我想跟你一起走。”苏优勒巴特尔咬着牙说道。

“什么？去哪儿？”

“搬来的敖特尔钦需要搬走，我们俩也赶着羊去别的地方。”

萨仁其其格热泪盈眶，坐在那儿沉思良久。

用深邃的眼神看着苏优勒巴特尔：“你不用走，你不知道背井离乡是什么滋味。”

“那我们俩的事儿呢？”苏优勒巴特尔眼睛湿润了。

“你能这样为我着想，真的够了。”萨仁其其格说着，“留在家乡的人不用担心找不到媳妇，姑娘会自己找上来哟，无论哪个姑娘都比我这样离异到处流浪的人强吧。”她强笑着忍住了泪水。

“不，不……”苏优勒巴特尔正要说些什么，萨仁其其格抱住了他的脖子。

“现在睡吧，今晚也许是我俩的最后一晚了。以后我们也许再也见不到了。”萨仁其其格眼泪终是没有忍住掉了下来。

破晓时分萨仁其其格正快步往家里赶，其实破晓也只是她的估计。乌云密布的天空还是漆黑一片。脸上究竟是雨水还是泪水，她自己也分不清了。实际上她现在也顾不得这些了。

难忘的一夜刚刚过去，或许以后她还会遇到这样的夜晚，但是这一晚她将此生铭记。

她走着走着发现已经走到了井边，敖特尔钦在这边定居下来的主要原因还是这口井。这口井是原先的国营牧场打的，他们刚搬来的时候萨楚日勒书记还特意来说过在这口井上饮羊每日每家收两元，但是他们因没钱也从未给过。

井边有手电的灯光，雨中依稀有人交谈的声音。仔细一看还停着一台拖拉机。

萨仁其其格正感好奇时，他们的说话声从雨中传来。

“倒了一拖拉机的羊粪，这口井以后肯定是没法用了。这些要饭的现在看他们搬不搬走。”

“我们是不是有点过分了？井里倒羊粪……”

“我们倒的是自己嘎查的井，又不是去他们家倒的。”

之后又是一阵阵笑声，应该是三个人。萨仁其其格也听出了他们的声音，都是这边的年轻人。不止一次去萨仁其其格家喝酒喝到天亮，有的半夜还对她动手动脚，那时萨仁其其格没生过气，反而第二天还给他们熬好奶茶送走他们。

萨仁其其格走到他们跟前，他们看到她了。

“哟，是萨仁其其格啊，你来请我们去喝酒？”一个人问完大笑。

“你们自己喝这井里的水吧。”萨仁其其格走向另一边。

# 五

旺丹彻夜未眠。

温都尔玛失望的面孔让他整夜煎熬。“温都尔玛叫我去吃饭，我没去。想住在这里，我又用头疼打发回去，我就是这样一个靠不住的混蛋”。真想给自己一巴掌啊。但是心里又为自己辩解自己做得没错，自己现在肯定不能与她纠缠过深。甚至开始后悔自己当初跟她好上，没和兽医喝酒的话就没这么多后续了。没有那次酒后乱情，现在就不会为她这么担心。

雨依然下个不停，屋里充满湿气。怎么也该与她见上一面，把话说清楚才是。“我是真的好好考虑过和你一起过日子，但是两个孩子不同意啊。”刚有这样的想法，他就萌生现在就去找温都尔玛的冲动，起身站了起来。这冰凉的雨夜他发现自己是如此地孤独寂寞。“她该是更加寂寞吧，更是伤心失落吧……我现在过去的话她心里总该是能好受一点吧……”

但是……

但是温都尔玛抱住我哭怎么办？说“我已经没法生活了，和我结婚吧”求我怎么办？我该怎么说出拒绝的话来？想着温都尔玛热忱的怀抱他就想不出拒绝的理由，便没有了勇气，又坐回了炕上。

雨还在下。他一动不动地坐了许久后深吸了一口气。

明天去嘎查找萨楚日勒，好好跟他说说让敖特尔钦在这儿过冬的事儿。我的能力也只有这点，没有我这样的人，连为他们求个情的人都没有，这样想想自己也算是对得起他们了，实际上他们应该谢谢我才对。想到这里，旺丹心里觉得舒坦了一些。想着睡一会儿，却发现天已经开始亮了。

旺丹喝完早茶就往嘎查走去。路过温都尔玛的小土屋，犹豫了一下还是走了进去。房子虽小但收拾得干干净净。温都尔玛熬着奶茶，看起来像是什么事儿也没发生过一样。湿漉漉的小羊羔在炉子边站着颤抖。

“我要去嘎查。”旺丹说道。

“这大雨……要不别去了。”温都尔玛说着给他盛了一碗奶茶。

“不抓紧不行，早点找到萨楚日勒求求情，让他留你们在这边过冬。”

“不会同意的吧？”温都尔玛又忙乎着……

旺丹正要出去，温都尔玛忙说：“等等。”

他站住的时候温都尔玛来给他系上了雨衣的扣子：“到嘎查二十里地呢，天也凉……”旺丹这才发现温都尔玛的眼睛肿了。

旺丹心里一阵阵地发酸，连忙从口袋里掏出了一把钱，他知道是四百块钱。他把钱塞到温都尔玛的手里的那一瞬间，就明白自己是干了件多么愚蠢的事情。因为他看到她的脸色猛然发白，双眼充满了愤恨。

“什么钱啊？”温都尔玛声音在莫名地颤抖。

“你先花着……”旺丹逃也似的走掉了。

## 六

暴雨中敖特尔钦的土房从下午的时候开始坍塌。温都尔玛刚把羊群赶到凹地里稳住，出来的时候就发现萨仁其其格的小土房已经不见了。想了一下想到是塌没了就连忙跑过去，也只是看到了一坨泥巴。转头看向自己的屋子，一个角已经消失了，屋里的锅瓢厨具行李从外面都能清晰地看见。温都尔玛没急着去收拾家当，而是悲伤地在原地站了一会儿。看见海儒布老人的房子也塌了，想到从早上都没见过他就急忙跑了过去。

萨仁其其格也在旁边的凹地里归拢羊群，羊群在灌木丛里避着雨三三两两地站着打战。

“你还好吧？”温都尔玛跑到跟前问道。

“我还好，刚暴雨中羊跑散了，但现在稳住了。”萨仁其其格说的时候被冻得脸色发白。

“你的房子塌了……”

“塌就塌呗。”

雨下得更大了，雨水沿着温都尔玛的脸颊往下淌。她用手擦了一下：“苏优勒巴特尔该来帮帮你啊。”

“我们俩结束了。”萨仁其其格笑的时候脸色愈加惨白。

“那海儒布老人呢……没看见他吗？”

“是啊，没有……”

“一定要找到他，七十多岁的人了……加上精神又有问题。”

她俩紧忙跑着去找海儒布老人，翻过几个小坡都没见着人影。

温都尔玛心急如焚：“难道一群羊和一个老人就这样没了么？”跑到一个坡顶眺望时远处除了缥缈雨雾外什么也看不清。准是羊群在暴雨中走散了，两人顺着风向跑了十多里地看到几只受惊羊在乱跑，海儒布老人在后面踉跄追赶着。温都尔玛她们俩筋疲力竭地帮老人家把羊都拢到了一起，粗略看过去一半多都已经不见了。海儒布老人气喘吁吁，两眼放光，胡子眉毛上滴着雨滴。

“剩下的羊呢？”萨仁其其格问道。

“会找到的……儿子出狱的时候……羊……”

海儒布老人已经说不出话来了，应该是犯了病，羊群稳住了还想着往别处跑。

“羊都在这儿呢，别乱走了。羊会跑丢的。”温都尔玛大喊。

“羊……儿子出狱……羊……我是富人……”

可怜的老人……他是想把羊群找齐了等他儿子出狱。温都尔玛明白了老人想表达的意思，不由自主地流下了眼泪。被冷雨刮得四肢僵硬，追着羊群发疯了的这位老人究竟还能不能等到他儿子出狱那天？温都尔玛想想就觉心酸。

“姐，我们现在就搬走吧，这里真不是人待的地方。”萨仁其其格恨恨地说道。

“房子都塌了，不搬走还能住哪儿啊？走，找回行李今天就走。把海儒布老人也带上，让他骑上我那只毛驴。”温都尔玛说道。

“不仅房子塌了，他们昨晚还往井里面灌了一车子羊粪……”萨仁其其格说话时声音颤抖着。

温都尔玛的脸上布满了哀伤，用力咬着嘴唇。

雨下得更凶了，用力抽打着他们的脸。

## 七

几天之后，旺丹才从嘎查回来。他在嘎查那边住了好几天。因为他到了嘎查的那天便没了回来的勇气。

那天他在暴雨中走了二十几里地来到嘎查的时候，正好赶上了开会。二三十个人熙熙攘攘，厨房里煮着手把肉，满屋飘香。

萨楚日勒正大笑着：“那家公司答应了前期就给十五万块，那可是十五万啊，怎么用这些钱？用十万拉常用电，五万就当给牧民的草场补贴分了。”

“可以这样分吗？”有一个人问道。

“为什么不能啊？草场是牧民的草场，草场的租金不给牧民还能给谁？”萨楚日勒说道。

“那该怎么分？”又有一个人问道。

“干脆按人头分就得了，省事。那每个人都能分到好几百块钱。”

萨楚日勒说道。

大家欢呼雀跃地喧闹着。

“那几个敖特尔钦赖着不走怎么办?”

“那简单，赖着不走的话让法院出一份文件，让几名警察拿着那文件去吓死那几个流浪汉。我早就跟法院的打过招呼了。”萨楚日勒笑道。

“那多麻烦啊！听到能分好几百块钱，你说大家能让他们过上安稳日子吗?”一个人说道。

“但是你们可别去跟人打架，把握好分寸。”萨楚日勒笑着说。

“放心吧，肯定没问题。”有人说道。

“嗨！我们昨晚去他们井里倒了一拖拉机的羊粪。”一个青年说道。

“这是个好办法！你真是个好汉啊。”众人欢呼。

旺丹默默听着。他明白了要赶走这几户人家的不是萨楚日勒一个人，而是全嘎查所有的牧民。这样一来，谁敢开口说让他们留下？为了分到几百块钱而高兴的大伙儿听到这样的话不把你吃了才怪呢。

旺丹在嘎查上住上几天还是觉得心绪难宁。正好听说了敖特尔钦都搬走的消息，就回去看看。

旺丹回到那片草场时他们的房子都消失不见了，只能看到几堆泥巴。

都走了!

旺丹回到自己家，屋里打扫得干干净净，被褥叠得整整齐齐。他知道这是谁做的，又看到了枕边放着那四百块钱。

走到外面环顾四周，突然感觉世间变得空空荡荡……秋雨依旧连绵，他们几个在这雨中又走向何处？该往何处安身？他感觉到了空前的孤寂。

拖拉机废墟上飞来一只喜鹊不停地叫着。

秋雨阵阵，连绵不绝……

陶力　译

## 图书在版编目（CIP）数据

阿云嘎文集 / 阿云嘎著. -- 北京：作家出版社，2024. 1
ISBN 978-7-5212-2615-7

Ⅰ. ①阿… Ⅱ. ①阿… Ⅲ. ①阿云嘎 – 文集 Ⅳ. ①I217.2

中国国家版本馆CIP数据核字（2023）第234225号

## 阿云嘎文集

作　　者：阿云嘎
责任编辑：兴　安
特约策划：锡林巴特尔　哈达奇·刚
特约编辑：戴塔娜　那日苏
封面设计：王一竹
内文设计：张　亮
出版发行：作家出版社有限公司
社　　址：北京农展馆南里10号　　邮　　编：100125
电话传真：86-10-65067186（发行中心及邮购部）
　　　　　86-10-65004079（总编室）
E-mail:zuojia@zuojia.net.cn
http://www.zuojiachubanshe.com
印　　刷：北京盛通印刷股份有限公司
成品尺寸：152×230
字　　数：3000千
印　　张：171.75
版　　次：2024年1月第1版
印　　次：2024年1月第1次印刷
ISBN　978-7-5212-2615-7
定　　价：600. 00元（全九卷）

作家版图书，版权所有，侵权必究。
作家版图书，印装错误可随时退换。